[제3판]

보보의 경영학

이임정

Management of BOBOS

도서출판 청람

어떤 문제에 부딪히면 나는 미리 남보다 시간을
두세 곱절 더 투자할 각오를 한다.
그것이야말로 평범한 두뇌를 지닌 내가 할 수 있는 유일한 방법이다.

– 히로나카 헤이스케, 「학문의 즐거움」 중에서 –

머리말

'보보의 경영학'이 세 번째 옷을 갈아입었다. 다시 책을 쓸 거라고 생각해본 적이 없다. 내게는 늘 지난 번 글이 삶의 마시막 글이었다. 감히 상상할 수 없었던 일이며, 신의 인도하심과 은총으로 가능했던 일이다.

보보는 내 삶의 여정을 도와주고 이끌어주던 천사였고, 10년이 넘는 세월 동안 보보와 모모는 무지개다리를 건넜다.

보보의 이름을 빌려 학생들에게 가깝게 다가가고 싶었다. 막연히 어렵다는 고정관념을 가진 경영학이라는 학문을 조금이라도 친밀하게 느끼게 해주고 싶었다. '보보시리즈'는 그런 의도에서 시작되었다. 경영학은 인간의 삶을 담고 있는 큰 그릇이다. 보보를 통해 우리는 삶 곳곳에서 경영학과 마주친다. 그리고 배운다.

글 쓰는 학자로 살아갈 수 있도록 도와주신 이수영 사장님께 진심으로 감사드린다.

지천명이 되기까지 많은 분들의 도움으로 조금씩 성장할 수 있었다. 영원한 스승이시자 멘토이신 고 이한검 교수님과 장원기 교수님께 감사드린다.

그리고 나의 형. 연홍. 보보. 모모. 알폰소. 라헬. 데미안...사랑한다.

2019년 어느 날

저자 씀

차례

보보의 경영학
Management of BOBOs

CHAPTER 01
경영의 이해

CHAPTER 02
경영학의 발전과정

CHAPTER 06

경영계획과 경영전략

CHAPTER 07

의사결정

CHAPTER

01

경영의 이해

Management of BOBOs

Management of BOBOs

1. 보보야, 경영이 뭐니?
2. 경영자의 의미는?
3. 알기 쉬운 경영자의 종류
4. 경영자의 활동이 기업을 살린다

Chapter 1

경영의 이해

BOBOS 뼈다귀

돼지의 해가 왔다?

알리바바그룹 산하 기업로고

띠는 토테미즘, 즉 인간이 동물을 숭배하던 풍습에 의해 발생된 것으로 추정된다. 통일신라시대에 전해진 것으로 알려진 '십이지신'은 '자(쥐), 축(소), 인(호랑이), 묘(토끼), 진(용), 사(뱀), 오(말), 미(양), 신(원숭이), 유(닭), 술(개), 해(돼지)'이다.

예로부터 돼지는 풍요를 상징하며, 수신(水神)의 성격을 띠기도 하는데 이는 돼지가 12지지 중 해(亥)에 해당하며 강물을 의미하기 때문이다. 때문에 고대 기우제 때 돼지를 제물로 바쳤다는 기록이 있다.

우리나라의 고대문헌이나 문학에서의 돼지는 상서로운 징조로 많이 나타난다. 신라 태종 무열왕의 즉위 원년에 돼지를 바치는 자가 있었다. 그런데 머리 하나에 몸뚱이 둘, 발이 여덟 개였다. 해석하는 자가 말하기를 이는 천하를 통일할 징조라고 했는데 정말 그렇게 되었다.

우리나라에서는 꿈 중에서 돼지와 관련된 꿈은 용과 더불어 최상의 길몽이다. 우리는 흔히 꿈에서 돼지를 보면 재물이 생긴다고 하여 복권을 사기도 한다. 태몽으로 돼지꿈을 꾸게 되면 부자가 될 자식을 낳게 된다고도 말한다. 돼지꿈을 꾸면 복이 오거나 음식을 얻는다고 한다. 이처럼 돼지가 재물과 관련된 이유는 돼지가 가계의 기본적인 재원이었기 때문이며, 돼지의 한자인 '돈(豚)'이 '돈'金'과 음이 같은 데에 연유한다.

고대 그리스인과 로마인들에게도 돼지는 자연의 풍요와 비옥함의 상징으로 신에게 바쳐졌다. 로마인들에게 돼지는 특별한 의미를 지닌다. 돼지는 다른 동물과는 달리 자신이 위험할 때만 공격하는 성향이 있기 때문에 용기, 자신감, 대담무쌍함의 상징으로 인식되어 왔다. 또한 그리스에서는 제물에 쓰인 돼지의 피로 살인범의 죄를 정화시키기도 하였다.

예나 지금이나 이름을 짓는다는 것은 중요한 의미를 가진다. 그 사람이 평생 지니고 살아야 하며 남들에게 불려야 하는 이름이기 때문에 사람들은 의미 있는 글자를 찾기도 하고 좋은 이름을 찾아다닌다. 기업명도 예외가 아니어서 많은 창업가는 기업설립에 앞서 이름을 지을 때 심사숙고한다. 이름은 앞으로의 발전에 큰 도움이 될 수 있고, 사업의 내용을 잘 전달하기 때문이다.

중국도 기업명과 모델명을 고르는 데 신중을 기한다. 한국이 영어를 많이 사용하는 반면 중국은 소비자의 기억에 깊숙이 각인시키기 위해 노력한다. 기업의 이름을 확실히 각인시키기 위해 흔히 볼 수 있는 동물과 식물을 이용한다.

중국 대표 온라인 플랫폼인 알리바바그룹은 동물 애호가라는 소리를 들을 정도로 알리바바 산하 기업들의 이름이 대다수 동물 이름이다. 특히 여행 플랫폼 페이주(飞猪)는 '날아다니는 돼지'라는 의미를 가지고 있다. 페이주는 AI를 접목시킨 '미래호텔2.0'을 도입하여 확대하고 있다. 체크인시 안면인식시스템이 적용되고, 객실에서 티몰 지니X1을 통해 조명, TV, 커튼 등을 목소리로 원격조종할 수 있고, 음성을 통한 간단한 룸서비스도 가능하다.

올해는 기해년 돼지띠해이다. 돼지는 예전처럼 재물이나 미련함을 의미하지만은 않는다. 전략적이고 미래지향적이다. 돼지처럼 우직하고, 인내하고, 책임감 강하게 목표를 향해 돌진하는 한 해가 되자.

자료 : 봉황망코리아, 차이나랩, 청양신문(저자 수정)

BOBOS 신문

4차 산업혁명시대의 경영

머크는 1668년에 세워진 세계에서 가장 오래된 의약 및 화학전문 기업이다. 이 시기는 헨드릭 하멜이 현종 재임시기 조선 땅 제주에 표류하고 돌아가 하멜 표류기를 출간하던 해다.

글렌 영 한국머크 대표

1668년 프리드리히 야코프 메르크는 독일 다름슈타트에 '천사약국'을 세운다. 머크는 화폐 개혁만 다섯 차례를 겪었다. 13대째 가족이 소유하고 있다. 1차 산업혁명기부터 4차 산업혁명시대까지 살아남아 '불멸의 기업'이란 별칭도 얻었다. 새로운 산업을 끊임없이 발굴하고 혁신한 결과다. 우리나라 100대 그룹 창업역사가 평균 50년임을 감안하면 350년은 꽤나 긴 기간이다.

머크 350주년 기념 기자간담회에서 글렌 영 한국머크 대표는 "한국은 핵심산업을 혁신해야 합니다"라고 말했다.

영 대표는 머크사의 혁신핵심이 '과학 호기심'이라고 설명했다. 머크의 주력제품인 액정표시장치(LCD) 관련 소재가 대표적인 사례다. 머크가 LCD 연구를 시작한 것은 1904년이다. LCD는 응용 제품이 처음 나온 1960년 이후 시장이 폭증했다.

머크는 지난 10년 동안 '세로노', '씨그마알드리치' 등 굵직한 기업을 인수했다. 생명과학, 헬스케어, 기능성소재 등 세 사업부로 개편했다. 기능성소재 사업은 경기도 포승에 있는 OLED 합성연구소, OLED 애플리케이션센터 등 유기발광다이오드(OLED) 관련 기술에 투자했다. 협력사에도 미래의 산업환경 변화를 이해시키려 힘을 쏟았다.

영 대표는 "중국 디스플레이 · 반도체 산업이 생산을 대폭 늘리는 것은 사실"이라면서 "한국 제조업은 혁신으로 성장해 왔듯 지금도 어떤 부분 혁신이 가장 중요한지 판단해서 실행해야 한다"고 강조했다.

그는 머크 장수 비결을 묻는 질문에 "장기관점투자가 투명하고 안정된 기업경영구조에서 나온다"고 설명했다. 머크는 13대째 독일 메르크 가문에서 기업 70% 소유권을 유지해 온 가족경영기업이다. 메르크 오너 일가는 '경영 현안은 현장전문가에 의해 결정돼야 한다'는 원칙을 고수한다. 메르크 일가는 장기발전방향을 제시하고 세부경영은 전문경영인에게 모두 맡긴다. 가문사람이라고 해서 주는 특혜도 없다. 부의 세습과 이익유출보다 기업의 성장과 혁신을 최우선 목표로 삼는다. 영 대표는 머크가 오랫동안 생존할 수 있게 된 중요한 요인은 장기 시각에서 투자와 성공을 거뒀기 때문이라고 말한다.

머크는 지난해 연구개발(R&D)에 21억 유로(약 2조 7,433억 원)를 투자했다. 동년 매출(153억 유로) 대비 비중이 13.7%에 이른다. 매년 R&D에 거액을 투자하면서 혁신의 발판을 마련한다.

최근 세계 산업계는 4차 산업혁명이라는 변화에 직면했다. 한국은 중국 '산업 굴기'라는 격랑 앞에 위기를 맞고 있다. 머크는 헬스케어 등으로 영역을 넓히는 '혁신카드'를 다시 꺼내들었다.

영 대표는 "과거는 중요하지만 안주하면 안 된다"면서 "과거를 탄탄한 기반으로 삼아 미래 변화를 파악하고 혁신해야 불확실성이 가장 커진 현 시대에 적응할 수 있다"고 강조했다.

자료 : 전자신문, 2018. 6. 26(저자 수정)

1 보보야, 경영이 뭐니?

경영이란 기업의 목표를 달성하기 위해 생산, 인사, 조직, 재무, 회계, 마케팅 등과 관련된 제반활동을 계획, 실행, 통제하는 연속적인 과정이며 경제주체가 사회적으로 생존하고 성장하기 위해 제반자원들을 계획, 실행, 통제하는 연속적인 과정이다. 경영학은 경영관리기능적 측면(경영계획, 경영조직, 경영지휘, 경영통제)[1]과

▮그림 1-1▮ 변화하는 환경에서의 경영

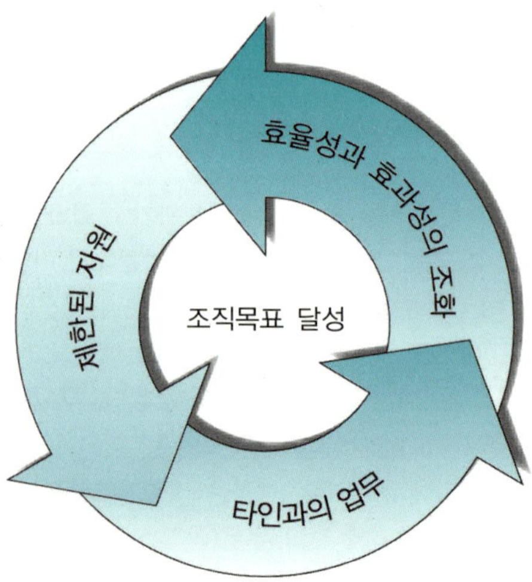

1) planning, organizing, controlling, leading.

업무적 측면(생산, 재무, 인사, 조직, 회계, 마케팅)으로 설명될 수 있다. 쿤츠(Koontz)는 '경영론은 밀림화 상태에 있다(management theory jungle)'는 유명한 말을 통해서 경영의 연구가 참다운 의미를 지니기 위해서는 경영을 전체적이며 통합적으로 보는 견해를 가져야 한다고 주장했다. 이에 본서는 전자의 측면으로 전개하고자 한다.

'경영'은 가장 많이 접하는 단어이면서도 개념을 규정함에 있어서 모호함의 극치를 보여주는 단어 중 하나이다. 경영학의 대부인 드러커의 해석에 의하면 '경영이란 인간의 삶을 위한 것이다.' 행복한 삶을 구현함이 경영의 목표라면 바로 그 해답이 보보의 가족에게 있지 않을까 싶다.

보보네 집에는 다양한 강아지들이 함께 모여 살고 있다. 듬직한 보보, 예민한 모모, 겁쟁이 알폰소, 천진난만한 라헬 등이 그 구성원이다. 보보는 자칭 백구의 고결한 혈통을 물려받았다고는 하지만 사실을 확인할 수 없는 잡종, 모모는 수많은 견들 중에서도 엄청나게 똑똑하고 까탈스럽고 깔끔한 푸들과 마르티스의 실수로 태어난 잡종, 알폰소와 라헬은 단일혈통을 자랑하는 미니핀 블랙탄과 초코탄이다. 보보는 과묵하고 성실한 맏형이고, 모모는 엄친아의 자격을 모두 갖추었지만 제법 성깔이 있어 미움을 독차지 하고, 알폰소는 겁이 많고 질투가 많아 친구들을 경계하고, 라헬은 늘 만사가 행복한 행복맨이다. 개성이 강한 그들을 한 집에서 살아가게 하는 것은 물과 기름을 섞어놓은 격이다. 그러나 보보에게는 그들 모두를 행복하게 하나의 가족으로 만드는 능력이 있다. 바로 그것이 경영이다. 즉 조직의 사명이나 경영목표를 달성하기 위하여 제자원을 효율적으로 활용하고 통합하는 과정인 것이다.

표 1-1 경영의 의미

폴레트(M.P. Foulett)	사람을 통하여 일을 성취하는 기술
드러커(P. Drucker)	조직의 방향을 제시하고 리더십을 통해 모든 자원을 어떻게 활용할 것인지 결정하는 일
페욜(H. Fayol)	계획하고, 조직하고, 지시하고, 조정하고, 통제하는 작업
바나드와 사이먼(Barnard & Simon)	조직을 만들고 운영하는 의사결정의 과정

경영(management)은 '손'을 의미하는 라틴어 'manus'에서 유래하여, '말을 훈련시키다', '정돈하다'라는 이탈리아어의 'maneggiare'가 파생되었고, 이것이 다시 영어로 바뀌면서 '다루다', '처리하다', '취급하다'라는 의미를 가진 'handle'로 변화했다. 이것이 오늘날의 '경영하다', '관리하다'라는 의미를 가진 단어로 완성되었다. 혹자는 man-age-ment로 음절별로 풀어서 사람(man)이 나이(age)가 들어가면서 두뇌가 완성되고, 지식과 지혜로 충만하게 되면서 보다 나은 선택(의사결정)을 할 수 있다는 의미로 해석하기도 한다. 또한 business는 '목적이 있는 활동', '즉각적인 직무 또는 목표'를 의미하며, 그 어원이 busy이므로 사람들이 바쁘게 움직이는 과정을 의미한다. 여기서 구성원들은 무엇을 향해 또는 위해 움직이게 되는데 이것이 바로 그들이 나아가야 할 목표이며 목적이다.

어린아이들을 양육하는 과정에서도 가장 기초로 하는 것이 바로 손의 운동이다. 21세기를 준비하는 부모라면 손과 뇌의 상관관계를 중요한 학습도구로 생각한다. 아주 오래 전에 지구에 지각변동이 일어나면서 엄청난 기후변화가 왔고, 그 때문에 지금의 아프리카대륙의 초원들이 메마르기 시작하면서 인류의 시조인 원숭이가 숲에서 나오게 되었다. 숲에서 나온 원숭이는 멀리 봐야만 생존이 가능했기 때문에 직립보행을 하게 되었고, 그로 인하여 두 앞발(손)이 자유로워지면서 할 수 있는 일들이 많아졌다. 그리하여 뇌를 많이 쓰게 되고 결과적으로 두뇌가 커지게 되어 지금은 처음보다 10배가 커졌다고 한다. 지금까지 일반적으로 알려진 것처럼 인류의 진화에서 두뇌의 용적이 커지기 시작한 것은 직립보행 때문만이 아니라 손과 두뇌의 상호작용이 용적의 팽창에 큰 기여를 했다는 것이다. 독일의 의학박사 마틴 바인만((Martin Weinman)은 인류의 특징은 직립보행도 두뇌의 크기도 아닌 오른손잡이 편중현상이라고 주장한다. 그만큼 손은 인간에게 특별한 도구인 것이다. 이렇게 중요한 도구인 손이 어원이 되어서 일정한 목적과 목표를 향해 구성원을 훈련시키고 정돈하는 의미를 가지고 있는 것이 바로 '경영'인 것이다.

예를 들어 보보의 집에서 보보와 함께 살고 있는 모모와 알폰소, 라헬이라는 가족들에게 주어진 일들(화장실에서 대소변 가리기, 사료 먹기, 엄마에게 사랑받기 등)과 그 일을 해내야 하는 모모와 알폰소, 라헬 그리고 그들이 사용하는 도구와 원료(사료, 바우어링 등)을 잘 배합하고 연결하여 보보의 집이 행복하도록 만드는 일이 바로 '경영'인 것이다. 다시 말해 경영이란 '조직'이라는 집안에서 구성원들에게 주어진 일들과 그 일을 담당하는 사람들, 그리고 그 사람들이 사용하는 도구들을 잘 배합하고 연결하여 조직의 나아가야 할 목표를 달성하게끔 만드는 다소 복잡하고 의미 있는 활동인 것이다. 그러므로 경영은 변화하는 환경 속에서 구성원들을 통해, 그들과 함께 해내는 업무의 과정인 것이다. 또한 이러한 일들은 제한된 자원을 활용하여 효율성과 효과성을 달성해야 하는 중요한 과정이다.

이것은 ① 사람(경영자), ② 학문(경영학), ③ 목표를 달성해 가는 과정(기능) 등으로 정리된다. 여기서 과정(process)이란 경영자가 수행하는 기본적인 활동을 의미한다. 경영학적 용어로는 경영기능(functions)이라고 하며 계획화, 조직화, 지휘화, 통제화를 포함한다. 이는 경영자의 역할, 의무, 책임 등을 논하고 있는 관리자론과 고전이론, 신고전이론, 현대적 이론으로 이어지는 경영사상론, 기업의 개념과 종류, 목적, 여기에서 파생되는 기업의 사회적 책임 등 기본이 되는 개념들을 두루 살펴본 후 뒷부분에서 구체적으로 서술하게 될 주요 내용이다.

표 1-2 경영의 기능

계획(planning)	조직의 목표를 규명하고 이를 어떻게 달성할 것인가를 결정하는 과정
조직화(organizing)	목표를 달성하기 위해 과업을 할당하고 자원을 배분하는 과정
지휘(leading)	조직목표를 달성하기 위해 경영자가 조직구성원들에게 자발적으로 업무를 수행할 수 있도록 영향을 미치는 과정
통제(controlling)	성과를 평가하여 목표를 달성하였는가의 여부를 확인하고, 필요한 경우에는 수정을 가하는 과정

BOBOS 문제

효과성(effectiveness)은 '결과'에 효율성(efficiency)은 '과정'에 초점을 맞춘다.

효과성에서는 목표에 대한 달성정도가 중요하다. 즉 주어진 목표를 신속하게 달성하는 것이다. 그러나 주어진 자원에 제약이 있다면 효과성만으로는 충분하지 않다. 효율성에서는 투입물 대비 산출물의 비율이 중요하다. 따라서 효과성을 높이기 위해서는 결과가 좋아야 하고, 효율성을 높이기 위해서는 최소의 투입물로 산출물을 최대화해야 한다.

예를 들어 보보사료는 다른 기업에 비해 시장진입시기가 늦었고, 이를 만회하기 위해서는 제품의 인지도를 높이기 위한 노력이 필요하다. 이를 위해서 다양한 마케팅활동을 통해 인지도가 상승했다면 효과성의 측면에서는 효과적이었다고 볼 수 있다. 그러나 효율성의 측면에서 본다면 도입기의 기업으로서 제품이 개발되어 시장에 진입하기까지의 연구개발비 투자와 시장진입을 위한 제반비용 등을 고려할 때 효율적인 활동이었다고만은 볼 수 없다.

▌그림 1-2 ▌효과성과 효율성의 차이

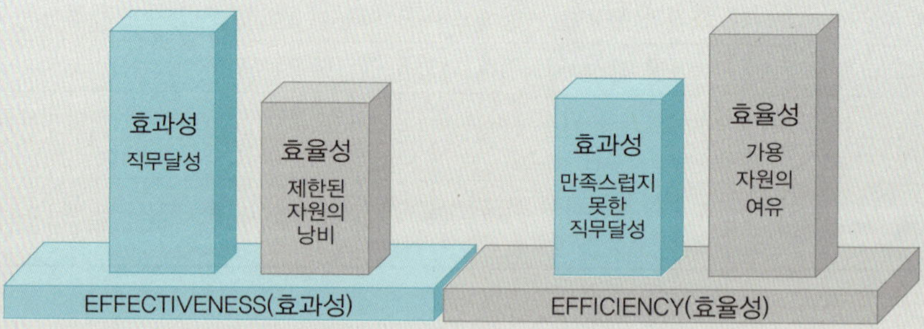

2 경영자의 의미는?

웹스터사전의 정의에 의하면 경영자는 '경영하는 사람', '비즈니스 또는 집안의 일을 구성하는 사람', '직업이 경영인 사람' 등을 의미한다. 경영자(經營者)는 그 단어의 의미를 풀이하면 '경영하는 사람'이다. 우리는 보보에게서 경영이란 복잡한 것을 깔끔하게 정리하는 과정이자 활동이라는 것을 배웠다. 그럼 여기에 사람자(者)를 덧붙이면 어떤 의미가 될까? 경영자, 그는 보보처럼 이 모든 것들을 행하고 그 결과에 책임을 지는 사람이라는 뜻이다.

따라서 어떠한 목적의식을 가지고 나름대로 계획을 수립하고, 이를 바탕으로 활동을 유도하고 최종적으로 책임을 지는 주체라면 누구나 경영자라고 할 수 있다. 이런 맥락에서 본다면 보보가 모든 사람들에게 미움을 받기 때문에 절대로 하기 싫다는 한 나라의 대통령(누가 시켜는 준다고 했나?), 등록금 납부시기마다 학생들의 원성을 한 몸에 받는 대학총장, 머리 벗겨진 우리의 술상무님, 물건가격 잘 깎아주는 슈퍼마켓 주인, 대한민국을 책임지는 줌마렐라 등도 경영자라 할 수 있다.

그러나 일반적으로 경영자라고 하면 기업목표를 달성하기 위해서 생산, 마케팅, 인사, 재무 등과 관련된 활동을 계획화, 조직화, 지휘화, 통제화를 통해 기업을 경영하는 경영주체를 의미한다. 그들은 기업의 가치를 극대화하기 위해 기업경영 전반에 걸쳐 전략적 계획과 세부 운영계획을 수립하며, 이를 바탕으로 경영활동을 수행하는 사람이며, 기업내부에서 이루어지는 모든 활동에 대한 실질적이며 최종적인 의사결정권과 책임을 지는 사람을 의미한다.

우리나라에서는 외환위기 이후 미국식 자본주의 제도가 확산되면서 CEO의 교체주기가 빨라지고 있다. 이사회가 중심이 되는 주식회사는 주주의 이익을 대변할 수밖에 없고, 이러한 원인이 CEO 교체를 직접적으로 일으킨다고 본다. 수많은 데이터들이 CEO의 경영성과와 교체 사이의 상관관계를 증명하고 있다. CEO를 교체하는 가장 근본적인 원인은 기업이 직면하고 있는 변화에 대응하기 위함이다.

치열한 경쟁, 성과에 대한 부담, 그리고 언제 쫓겨날지 모르는 불안감 등으로 CEO의 수명은 점점 짧아지고 있다. 기업경영성과평가 사이트 CEO스코어에 의하면 지난 2000년 이후 30대 그룹 계열사에서 대표이사로 재직한 사람들의 임기를 조사한 결과 평균 2.5년으로 집계됐다. 이는 일반적인 임원임기인 3년에도 못 미치는 수준이다. 평균재임기간이 3년을 넘는 그룹은 7개에 불과했고, 재임기간이 1년에 못 미치는 대표이사도 17.7%에 달했다. 이는 LG경제연구원이 집계한 우리나라 전체 상장기업의 CEO 평균수명인 4.1년보다 짧다. LG경제연구원의 조사결과 상장기업들의 CEO 교체비율은 계속 상승하고 있다. CEO의 짧은 수명은 경영혁신과 중장기 전략개발 등을 통해 기업의 역량을 강화하려는 노력을 어렵게 만드는 요인으로 작용하고 있다.

포스코경영연구소(POSRI)의 발표에 의하면 CEO 평균수명은 유럽은 7.5년, 미국은 10.5년, 아시아는 11.2년 등이다. 비영리 경제연구기관인 콘퍼런스보드 조사에 따르면 포춘 선정 500대 기업 CEO의 평균재임기간은 9.7년으로 나타났다.

장수하는 CEO는 '장수기업'을 낳는다. 장수기업의 공통점은 CEO의 재임기간이 상대적으로 길다는 것이다. 우리나라 30대 장수기업의 역대 CEO 130명의 평균재임기간은 17.2년, 중소기업이 21.5년, 대기업이 11.9년이었다. 이는 CEO가 단기성과를 추구하기보다는 장기적 안목을 가지고 전략적 의사결정을 할 수 있기 때문에 전문경영자의 대리인비용[2]이라는 단점을 보완할 수 있기 때문으로 보여진다. 조직의 비전과 명확한 방향성을 제시할 수 있는 CEO는 기업의 생존은 물론 장기적 성장에 결정적인 영향력을 행사하기 때문에 CEO의 재임기간은 매우 중요한 문제이다. 제프리 크레임스는 회사의 가치를 100이라고 하면 그 중에 99가 CEO의 가치라고 말했다. 이는 오늘날 기업에서 CEO가 차지하는 비중이 그만큼 크다는 것을 의미한다.

2) 경영자가 기존산업의 매출증대와 원가절감을 통해 수익성 추구에 초점을 맞추고 외형적 성장을 기피하게 되고, 장기적이고 모험적인 사업보다는 단기적 성장에 관심을 기울이게 됨으로써 발생하는 비용

BOBOS 신문 구글과 MS를 넘어선 아마존

대부분의 소비자들은 상품 검색 시 구글보다 아마존을 선호하는 것으로 나타났다.

아마존의 수장 제프 베조스는 '2018년 세계 억만장자' 리스트에서 지난해 1위였던 마이크로소프트(MS)의 공동창업자인 빌 게이츠를 따돌렸다.

아마존은 미국 내 시가총액 측면에서도 세계 최강의 IT기업 2개를 이미 넘어섰다. 2018년 3월 5일을 기준으로 애플이 9,429억 달러로 1위를 지키고 있고, 그 뒤를 아마존(약 8,080억 달러)이 뒤쫓고 있다. 이어 구글(약 7,953억 달러), 마이크로소프트(약 7,811억 달러) 순이다.

아마존은 4차 산업혁명 분야에 집중하고 있으며, AI, 빅데이터는 물론 유통과 제조업까지 뛰어들어 인수합병과 창업을 서슴지 않고 있다. 전혀 다른 잡식성 공룡 아마존이 승승장구함에 따라 그 성공전략도 새롭게 주목을 받고 있다.

'아마존드(Amazoned : 아마존에 의해 파괴되다)'는 아마존이 만들어낸 신조어이다. A부터 Z까지, 세상에 존재하는 모든 것을 하겠다는 꿈을 실현하려는 듯 아마존은 다양한 산업 전반에 발을 넓혀 왔다. 출판과 물류를 넘어 클라우드 컴퓨팅까지 손대는 족족 기존 강자를 뒤엎고 시장을 지배하며 승승장구하고 있다.

베조스 CEO는 자사의 '핵심가치'로 고객우선주의를 꼽았다. 이는 아마존을 시작할 때부터의 신념이다. 아마존 경영 20년이 지나도록 자신에게 온 이메일로 고객의 요청사항을 여전히 직접 살핀다는 베조스 CEO는 고객의 요구사항이나 불만을 즉각 확인해 사업에 반영해왔다.

고객 입맛에 맞춘 운영에 이용자는 늘어갔다. 충성도를 반영할 수 있는 유료회원 '아마존 프라임' 서비스 이용자도 최근 1억 명을 돌파했다. 인류 75명 중 1명, 그리고 미국 가정의 절반이 아마존 프라임 서비스를 사용한다. 그리고 이 서비스는 소비자를 아마존의 품 안에 단단하게 가뒀다.

아마존은 이 엄청난 수의 충성고객 데이터를 기반으로 또다시 사업다각화와 발전에 나선다. 빅데이터 분석을 통해 고객의 필요를 파악하고 대응하는 것이다. 이러한 아마존의 '고객집착'이 계속해서 선순환을 이루는 셈이다.

아마존 인공지능(AI) 비서 알렉사의 등장도 고객을 위한 새로운 서비스다. 사용자의 쇼핑 습관을 분석해 '도우미' 역할을 한다. 냉장고에 달걀이 떨어졌는지 세제가 떨어졌는지 사용자의 생필품 구매속도 등을 파악해 아예 자동주문까지 할 수 있는 아마존 '대시'도 사용해 본 사람이라면 그 편리함에 '아마존드'될 수밖에 없다.

아마존은 고객에게 편리함을 제공하면서 새로운 영역을 개척할 준비도 하고 있다. 계산대에서 기다릴 필요가 없는 편리한 슈퍼마켓 '아마존 고' 운영을 통해 아마존은 소비자의 성별, 인종, 연령, 선호상품 등을 수집, 유통산업의 새로운 장을 열 것이라고 전문가들은 예측한다.

공격적 혁신을 계속해온 베조스 CEO는 말한다. "빨리 실패하고 개선하는 것이 중요하다. 실패와 혁신은 쌍둥이"이다.

자료 : 서울경제, 뉴스투데이, 뉴스원(저자 수정)

BOBOS 뼈다귀

재미로 보는 스티브 잡스의 리더십 유형

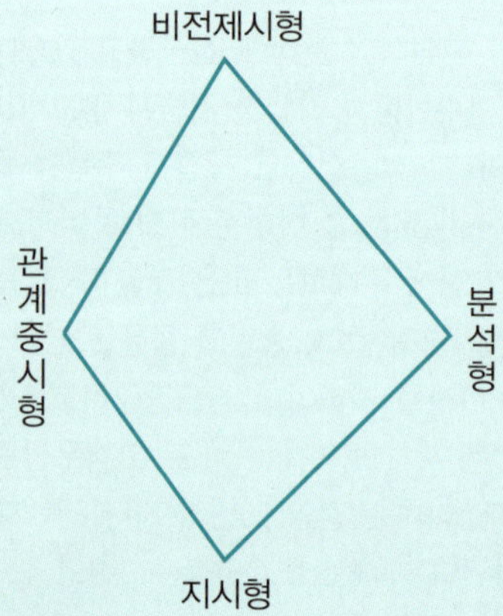

• **비전제시형** : 사람들과 꿈을 공유하는 리더

"혁신은 리더와 추종자를 구분하는 잣대다. 혁신은 연구개발에 얼마나 많은 돈을 들이

느냐에 달려 있는 것이 아니다. 중요한 것은 당신이 이끄는 사람들이 누구이냐고 그들에게서 무엇을 끌어내느냐에 관한 것이다."

- **비전제시형** : 사람들과 꿈을 공유하는 리더
  "혁신은 리더와 추종자를 구분하는 잣대다. 혁신은 연구개발에 얼마나 많은 돈을 들이느냐에 달려 있는 것이 아니다. 중요한 것은 당신이 이끄는 사람들이 누구이냐고 그들에게서 무엇을 끌어내느냐에 관한 것이다."
- **관계중시형** : 감성적 유대감과 조화를 이루어내는 리더
  "저는 세상에서 가장 뛰어난 인재들과 일하고 있습니다. 애플은 '팀 스포츠'로 움직입니다."
- **분석형** : 현재 상황을 철저히 평가해 대안을 마련하는 리더
  "고객에게 무엇을 원하는지 묻고 나서 제품을 개발해서는 안 된다. 당신이 그 제품을 완성할 때쯤이면 고객은 뭔가 새로운 것을 찾을 것이다."
- **지시형** : 비상시에 뚜렷한 방향을 제시하는 리더
  "직관을 따르는 일은 가장 중요하다. 당신의 가슴 그리고 직관이야말로 당신이 진정으로 원하는 것을 살 알고 있다."

자료 : 베인 앤드 컴퍼니, 조선일보(저자 수성)

3 알기 쉬운 경영자의 종류

BOBOS 이야기

보보의 집에는 대장이 있다. 그 이름은 보보. 그리고 그 밑에서 작은 대장노릇을 하는 모모, 중간에서 요리조리 눈치만 살피는 소심한 알폰소, 맨 밑에서 무조건 따라하는 라헬. 이처럼 조직이라는 집에서 그 서열과 계층에 따라 대장과 준대장이 정해진다.

보보는 집에서 일어나는 모든 일에 대한 전반적인 계획을 세우고 일어나는 모든 활동에 대한 실질적이고 최종적인 의사결정권과 그에 수반되는 책임을 진다. 이것이 바로 최고경영자이다. 그들은 대통령, 회장, 사장, 전무이사, 최고경영자, 부사장 등과 같은 명칭을 갖는다.

모모는 보보와 라헬의 중간에 위치하면서 보보가 정한 일들을 알폰소가 잘 해낼 수 있도록 보다 상세한 세부그림을 그린다. 그리고 라헬은 잘 그려놓은 그림대로 실행한

다. 예를 들어 보보는 전 세계 애견시장의 사료유형과 그 시장가치에 대해서 조사하는 다소 포괄적인 계획을 세운다면, 모모는 한국의 애견에게는 어떤 유형의 사료가 보다 적합한지 비교하고 세부적인 시장을 개척하는 것과 같은 보다 구체적인 계획을 세운다. 이때 중요한 것은 모모는 보보와 알폰소, 라헬 모두와 항상 좋은 관계를 유지해야 한다는 것이다. 왜냐하면 만약 보보와 알폰소, 라헬 사이에서 선호하는 브랜드에 관한 분쟁이 생겨났을 때 그들이 소모적인 논쟁을 하지 않으면서도 원만한 합의점에 이를 수 있도록 둘 사이를 잘 조정하는 역할도 겸해야 하기 때문이다. 이것이 바로 중간경영자이다. 그들은 사업본부장, 지점장, 부장, 차장, 과장, 실장, 팀장 등과 같은 직함을 가진다.

알폰소는 모모의 밑에서 실제로 공급되는 사료를 관리하게 된다. 아기 강아지들을 관리하면서 좋은 사료를 공급할 수 있도록 책임을 진다. 이것이 바로 하위경영자이다. 생산현장에서는 직장, 조장, 반장 등과 같은 감독자 직함을 가지고 있고, 사무직에서는 계장, 대리, 사무장 등과 같은 직함을 가지고 있다. 라헬은 실제현장에서 구체적으로 활동한다.

BOBOS 뼈다귀 중간경영자는 핀이라고?

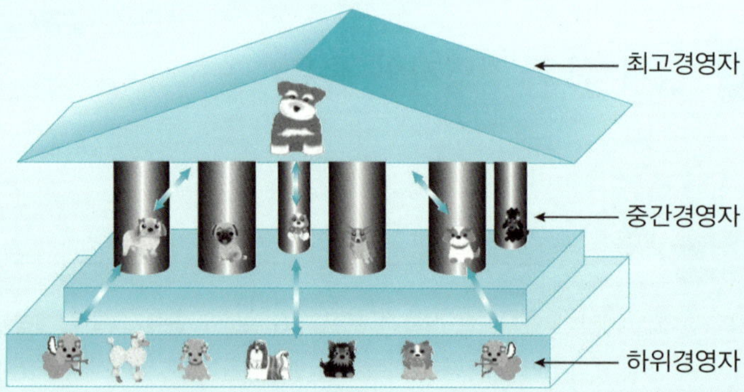

세계적인 경제위기 상황 속에서 기업의 구조조정과 다운사이징이 유행처럼 일반화되면서 상대적으로 중간경영자가 위축되는 현상이 나타나고 있다. 많은 기업들이 효율성 증대의 방안으로 중간경영자를 정리해고하거나 그 단계를 축소하고 있다. 물론 장점도 있다. 단계의 축소에 따라 정보의 전달속도가 빨라지고, 의사소통단계가 축소되면서 신속한 의사결정이 가능하게 된다. 이는 효율성의 문제와 직결된다. 고객의 반응이 즉각적으로 전달됨에 따라서 개선이 빨라지고, 그에 따른 신제품 개발속도도 빨라지며, 이는 수익성의 개선으로 이어진다. 그러나 양날의 검처럼 단점도 있다. 중간경영자의 축소는 최고경영자의 업무량을 가중시키고 조직구성원들의 고용안정을 저해하므로 장기적으로 보아서는 관계지향적 경영의 흐름과 대치된다. 또한 리커트는 중간경영자를 연결핀의 역할을 수행하는 사람이라고 제안한다. 최고경영자가 설정한 계획과 목표를 하위경영자에게 전달하여 조직의 목표가 올바른 방향성을 향해 가도록 도우며, 하위경영자의 실제 업무상의 문제점 등을 상위경영층에 전달하기도 한다. 그는 중간경영자가 조직 내에서 위와 아래를 연결하는 연결핀(linking pin)의 역할을 얼마나 잘 수행하느냐의 여부에 따라 건강한 조직이 될 수 있다고 조언한다. 이는 참여형 리더십과 아지리스의 성숙한 인간의 조건과도 연결되는 중요한 개념이다.

BOBOS 이야기

대장 보보는 하루 종일 밖에서 일하는 엄마를 애타게 기다리다 지쳐서 할 일을 찾다가 스스로 창업하기로 결심한다. 애견상점 '아이러브보보스'를 통해 사료도 팔고 놀러오는 아주머니들하고 수다도 떨며 세상 돌아가는 이야기나 들으며 소일하기로 한다. 쌈짓돈을 털어 상점운영비를 마련하여 본격적인 영업에 들어간다. 소규모 상점이므로 자본도 많이 필요치 않았고, 종업원도 없었지만 보보는 즐거웠다. 보보는 소유경영자가 된 것이다. 한 번 판매한 사료에 대해서는 끝까지 품질을 보장하는 보보의 성실함에 수많은 강아지들과 엄마들이 '아이러브보보스'로 몰려들었다.

하루 종일 사료를 정리하고 팔다보니 보보는 저녁이면 파김치가 될 정도로 피곤했다. 그래서 모모의 친구 알폰소를 고용하여 알폰소에게 상점경영의 일부를 분담시키기로 했다. 이제 알폰소는 고용경영자가 된 것이다. 알폰소는 자기 몫의 일을 훌륭하게 해냈고, 얼마간 '아이러브보보스'와 보보에게도 평화가 찾아왔다.

그러나 '아이러브보보스'는 점점 번창했고 더 이상 이전의 규모로는 수요를 감당할 수 없을 지경에 이르렀다. 그래서 보보와 친구들은 함께 '아이러브보보스'를 이끌어 나가기로 결정한다. 사거리 목 좋은 곳에 상점도 얻고, 종업원들도 고용하고, 내친 김에 알폰소에게 아예 상점운영을 맡겨버리기로 한다. 이제 보보와 친구들은 출자자로서 상점경영에서 손을 떼고, 알폰소는 '아이러브보보스' 경영의 전부를 맡게 된다. 이제 드디어 그는 전문경영자가 되었다.

바로 이것이 소유와 경영의 분리 정도에 따른 경영체제방식에 의한 유형인 것이다.

▮그림 1-3▮소유와 경영의 분리

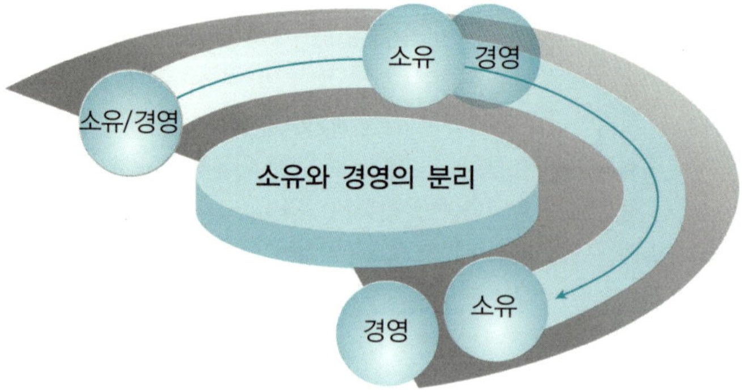

소유와 경영의 분리는 기업이 대규모화되고 주식회사제도가 정착되어 감에 따라서 경영자의 전문적인 지식과 기능의 필요성에 따라 자연스럽게 대두되고 있다. 기업의 규모가 상대적으로 작은 경우에는 소유자가 기업을 출자, 지배, 경영할 수 있지만 규모가 확대됨에 따라 출자, 지배, 경영이 함께 이루어지기는 어렵다. 소유와 경영이 분리된 전문경영자체제가 지향점이긴 하지만 유교사상에 입각한 한국의 특유한 문화적 특성상 아직까지도 제대로 된 전문경영자체제가 자리 잡고 있지 못하고 있다.

한국은 과거 식민지배와 전쟁의 어려움을 극복하고 놀라운 발전을 이루어낸 역할모델로서 많은 저개발국가들의 희망이 되고 있다. 이러한 괄목할만한 성장에 있어서 기업이 많은 기여를 했음에도 불구하고 정경유착에 의한 성장, 부동산 투기 등의 탈법적 경영형태, 문어발식 성장, 소유의 집중, 소유와 경영의 미분리 등이 지적되어 오고 있는 것도 사실이다. 이런 구조적 모순 속에서 필연적으로 발생되는 경영의 비효율성을 극복하기 위해서는 소유와 경영의 분리가 필요하다. 환경의 불확실성이 증대하면서 이를 효과적으로 극복하고 대응할 수 있는 전문적인 경영능력이 필요하게 되었고, 이러한 요구 속에서 전문경영자의 역할과 권한이 증대되고 있다. 불확실한 환경 속에서 대규모의 기업을 효율적으로 경영하기 위해서는 고도의 전문지식과 기능, 경험을 두루 갖춘 전문가를 필요로 하게 되고 이를 행할 수 있는 사람이 바로 전문경영자이다.

최고경영층이 모두 소유경영자로 구성된 폐쇄형 경영시스템의 문제점은 높은 집권화수준으로 인해서 혁신을 제한한다는 데 있다. 기업의 생존을 위해 가장 중요한 문제점 중 하나가 변화에의 대응이라는 측면에서 보았을 때 집권화는 혁신과 역상관관계에 있다고 볼 수 있다. 우선 의사결정권한이 상위계층에 집중되어 있을 경우에는 창의적 아이디어의 창출을 가로막으며, 이런 상황에서는 조직구성원들의 혁신적 아이디어는 좀처럼 수용되기 어렵다. 때문에 최근의 리더십기법들은 창의성과 자율성이 보장되는 권한위양을 그 기본으로 하고 있다.

그러나 전문경영자는 효율성을 극대화할 수 있는 반면 임기의 제한으로 인하여 눈에 보이는 가시적인 성과를 보여주려는 의욕이 지나쳐서 미시적인 성과를 추구하는 경향이 있다. 따라서 기업의 장기적 성장보다는 개인의 안정성을 추구할 위험이 있으며, 기업에 이익이 되더라도 장기간의 발전계획에 대한 투자를 회피할 위험성이 있다. 이 때문에 대리인비용이라는 추가비용이 들어가게 되는 것도 단점 중 하나이다. 대리인비용은 경영자의 노력회피, 단기업적주의, 신기술개발회피 등을 수반하므로 장기적 관점에서는 기업이익의 극대화가 저해되는 결과를 초래하게 된다. 그럼에도 불구하고 전문경영자는 소유자와 종업원의 중간에 위치하고 있고, 전문적인 능력과 합리적 사고를 통해 기업을 효율적으로 경영할 수 있으며, 여러 이해관계자의 의견을 수렴하여 통합을 통한 안정적인 성장을 도모할 수 있다. 그들에게는 성과가 성적표이기 때문이다.

BOBOS 뼈다귀 영화 '암살'을 통해서 본 대리인비용

오너가 직접 기업을 경영한다면 오너와 경영인이 하나이기 때문에 대리인비용이 발생하지 않는다. 그러나 전문경영인의 경우에는 비용이 수반된다.

주주와 그들을 대신해 실제로 기업을 운영하는 경영자의 이해관계가 서로 어긋나는 경우가 있다. 대리인비용이란 이처럼 주주와 경영자의 이해관계가 달랐을 때 그로 인해 발생하는 문제를 해결하는 데 드는 비용을 말한다. 이는 동상이몽의 상황에서 발생하는 비용이라고 할 수 있다.

감시비용 : 조직원을 붙여 감시, 마음 떠보기

확증비용 : 권총자살 퍼포먼스

잔여손실비용 : 내부정보유출

대리인비용은 감시비용, 확증비용, 잔여손실비용으로 구분할 수 있다. 감시비용은 일을 맡기는 사람이 감당하는 비용으로서 전문경영인의 활동을 확인하는 데 드는 비용이다. 확증비용은 일을 맡은 사람이 신뢰를 유지하기 위한 비용으로서 전문경영인이 오너에게 경영이 잘되고 있음을 확인시켜주는 데 필요한 비용이다. 잔여손실비용은 그럼에도 불구하고 발생하는 비용(손실)에 해당된다.

자료 : 스마트북스(저자 수정)

모모는 사료를 수입하고 생산하면서 주로 실제 소비할 수 있는 지역을 개척하는 역할을 했다. 얼마나 많이 팔 수 있을 것인지, 다른 지역에까지 판로를 넓힐 수 있을 것인지에 관련된 일들에 대해 고심하고 해결책을 찾아냈다. 알폰소는 수입사료의 독특한 특성 때문에 외국어를 어려워하는 강아지들을 위해 우리 정서에 알맞게 제품을 재포장하여 생산하는 일을 맡아했다. 그러면서 강아지들을 대상으로 한 선호도 조사를 통해 그들이 좋아하는 색상으로 포장작업을 했다. 바로 이것이 직능경영자이다.

구성원들은 유사한 훈련을 받았기 때문에 서로 유사한 기술을 가지고 있고, 맡은 일도 단일직능에 한정되는 단위부서의 경영자이다. 생산부장이나 마케팅부장이 바로 여기에 속한다.

보보는 모모가 담당하는 판매도 알폰소가 담당하는 생산도 두루 관리해야 한다. 이것이 바로 전반경영자이다. 그는 어느 한 부서만이 아니라 서로 다른 직능을 수행하는 여러 부서를 총괄적으로 책임진다.

직능경영자의 직무범위는 수평적으로 좁고 단순한 반면, 전반경영자의 직무범위는 수평적으로 넓고 다양하다. 대체적으로 중간경영자와 하위경영자는 직능경영자에 속하고, 최고경영자는 전반경영자에 속한다.

직능경영자는 직무와 책임범위가 자기가 맡은 부서에 한정되기 때문에 부서 간에 이해관계가 상충되거나 기업전체를 보지 못하는 경향이 있다. 예를 들어, 판매를 맡고 있는 보보는 매출액 증대, 시장점유율 확대, 고객이미지 개선 등에 중점을 둘 것이고, 이는 생산을 담당하는 알폰소의 생각과는 다를 때가 많을 것이나. 따라서 각 부서의 경영활동을 기업 전체적인 입장에서 조정하고 통합하는 역할이 필요하며, 그러한 역할은 전반경영자가 담당해야 한다.

21세기에는 기업을 둘러싼 환경변화가 빠르고 복잡하기 때문에 전반경영자의 조정, 통합역할은 더욱 강조되고 있다. 왜냐하면 각 부서의 효율성보다는 기업의 전체적인 효과성을 높이는 것이 더 중요하기 때문이다.

■ **계층에 따른 유형**

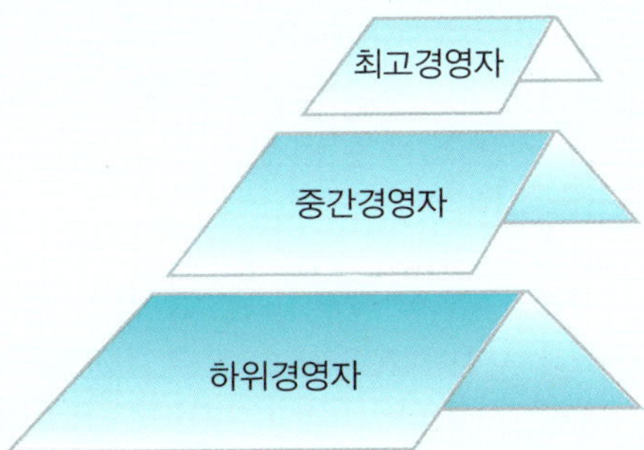

■ **경영체제방식에 의한 유형**

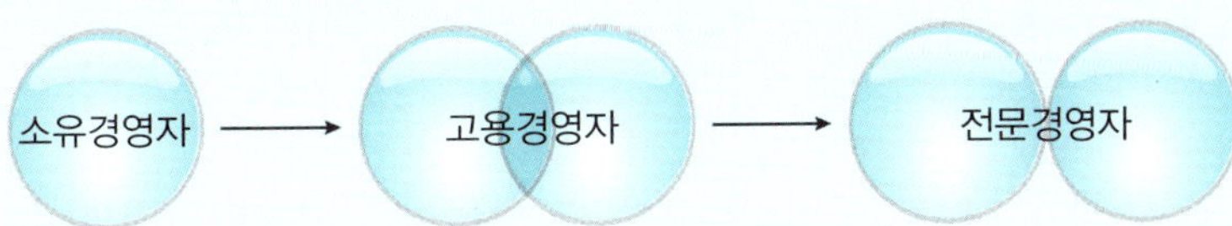

■ 활동범위에 따른 유형

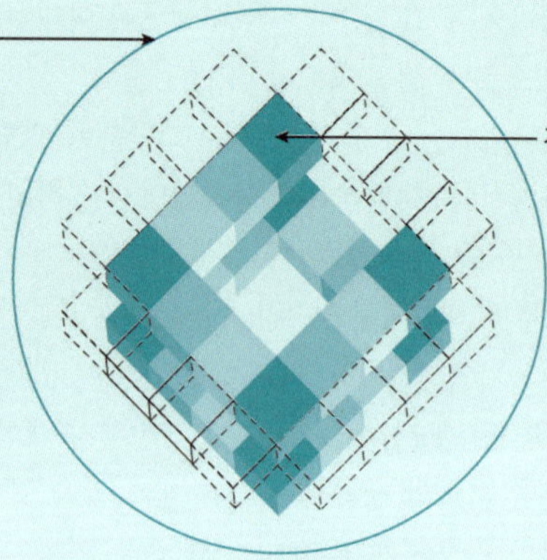

BOBOS 신문

기업지배구조보고서

■ 연도별 기업지배구조보고서 제출현황

구분	2017년	2018년	증가률(%)
금융	39사	40사	+2.5
비금융	31사	55사	+77.4
합계	70사	95사	+35.7

한국거래소는 올해 유가증권시장 상장법인(12월 결산법인) 중 95개사가 기업지배구조보고서를 제출했다고 밝혔다. 이는 70개사가 보고서를 제출한 전년보다 약 36% 늘어난 규모다. 지배구조 공시 제도는 시장을 통한 경영투명성 제고를 위해 2017년 3월에 도입됐다. 기업지배구조보고서는 각 기업의 지배구조 현황과 주주총회 개최내역 및 전자투표제 도입 여부, 이사회 운영 방식 등을 상세히 담은 것이다.

기업별로는 금융회사 40개사와 비금융회사 55개사가 보고서를 제출했다. 비상장 자회사의 기업지배구조보고서 2건과 영문 지배구조보고서 1건도 제출됐다. 시가총액 상위 10개사 중 9개사가 보고서를 제출했고, 보고서 제출기업 중 연결기준 자산총액이 2조 원 이상인 대규모법인이 82개사(86.3%)에 달했다. 현대차그룹 상장 계열사의 지배구조보고서 공시비율이 10대 그룹 중 가장 높은 것으로 나타났으며, 한진그룹과 GS그룹, 현대중공업그룹 계열 상장사는 올해 기업지배구조보고서 공시를 단 한 건도 하지 않은 것으로 나타났다.

거래소 관계자는 "현재 보고서 제출은 상장법인 자율이지만, 시총 상위기업 및 금융회사 등을 중심으로 보고서 제출기업이 증가했다"고 설명했다. 이어 이 관계자는 "거래소는 금융위원회의 승인을 거쳐 내년부터 자산총액 2조 원 이상인 유가증권시장 상장사에 대해 보고서 제출을 의무화할 예정"이라며 "제도운영 성과 등을 고려해 오는 2021년부터는 유가증권시장의 모든 상장사에 대해 보고서 제출을 의무화할 방침"이라고 전했다.

한편 기업지배구조보고서는 지배구조와 관련한 10가지 핵심원칙에 대해 '준수 또는 미준수의 경우 그 이유를 설명(Comply or Explain)'하는 방식으로 작성된다. 제출기한은 사업보고서 법정제출기한(사업연도 경과 후 90일)으로부터 2개월 이내가 원칙이다.

자료 : 헤럴드경제, 2018. 6. 8(저자 수정)

4 경영자의 활동이 기업을 살린다

▮그림 1-4▮ 경영자의 기능

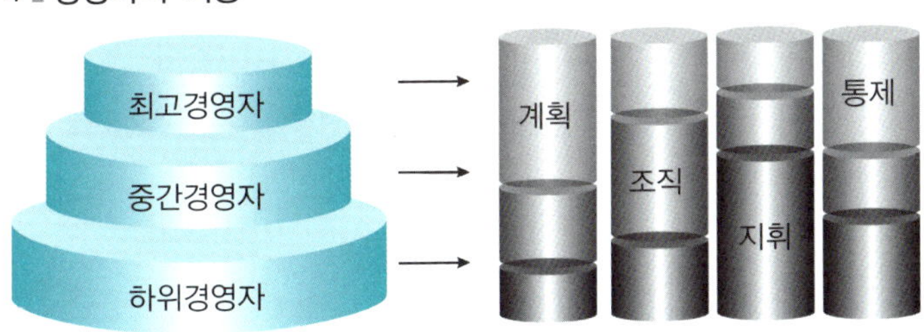

우리는 보보에게서 경영자가 계층별로 최고경영자, 중간경영자, 하위경영자로 구분된다는 것을 배웠다. 최고경영자였던 보보, 중간경영자였던 모모, 하위경영자였던 알폰소, 그들은 모두 각자의 자리에서 목표를 향해 계획, 조직, 지휘, 통제활동[3]을 성실하게 수행하게 된다. 계층에 따라서 그 중심이 달라지기는 하지만 그럼에도 불구하고 기업의 목적을 달성하기 위해 네 가지 기능 모두를 수행하게 된다. 이것을 경영기능의 보편성이라 한다.

따라서 실제 활동에서는 목표달성이라는 하나의 명제를 위해서 계획을 세우고(plan), 실행하고(do), 평가하는(see) 일련의 과정을 거치게 된다. 이들은 연속적

3) 경영자의 기능(機能, functions)으로서 경영자가 무엇을 하는가와 관련된다.

과정으로 이루어지며, 주어진 목표를 주어진 조직의 틀 안에서 달성하기 위해 계획을 세우고, 계획에 준하여 조직의 자원을 조직화하고, 그 구성원들의 활동을 지휘하고 통제한다. 평가와 피드백은 통제와 동일한 활동이라고 볼 수 있다. 이들은 순환과정을 통해 조직의 목표를 달성한다.

계획화(planning)는 조직의 목적과 목표를 향한 제반활동에 대하여 의사결정을 하는 과정이다. 그러므로 주로 전반적인 전략을 수립하고 통합하는 일을 하게 된다. 조직화(organizing)는 계획화에서 결정된 일에 준하여 조직구조를 적합하게 설계하는 일이다. 수행되어야 하는 과업의 종류, 과업을 적절하게 수행하는 사람, 과업의 조직화 등을 결정하는 일을 하게 된다. 지휘화(leading)는 지시화(directing), 영향화(influencing), 동기부여화(motivating) 등으로 불리기도 하며 계획을 수립하고 조직구조를 설계한 이후에 사람을 통해 조직을 실제로 이끌어나가는 일을 하게 된다. 통제화(controlling)는 계획화, 조직화, 지휘화 등의 경영활동의 주기를 완성하는 일이다. 제반활동의 결과를 측정하고 이미 설정해 놓은 목표와 비교하여 만약 결과에 차이가 있다면 수정에 필요한 조치를 취하게 된다.

미국의 많은 경영자들은 계층에 상관없이 종업원들을 지휘하는 데 가장 많은 시간을 보내고 있는 것으로 나타났다. 그러나 일반적으로는 최고경영자는 계획에 많

그림 1-5 경영활동의 과정

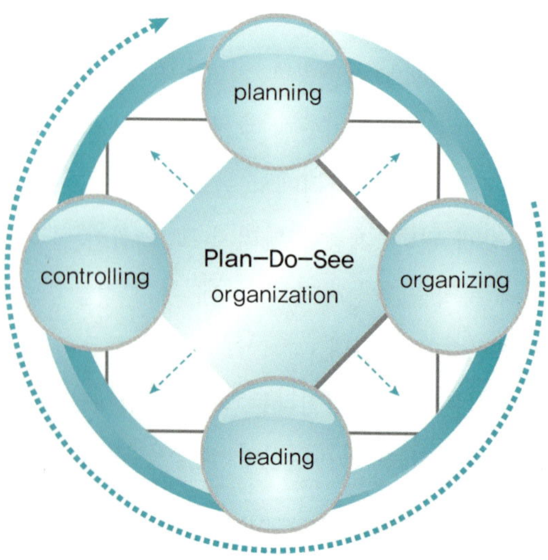

은 시간을 할애하고, 중간경영자는 조직화에 많은 시간을 할애하며, 하위경영자는 통제활동에 더 많은 비중을 두고 있다고 본다.

BOBOS 이야기

보보에게는 24시간이 부족하다.

'아이러브보보스'를 경영하면서 한 해 판매할 사료의 양은 얼마 정도가 적당한지, 건사료와 습식사료의 비율은 어느 정도로 조정해야 하는지, 영양가 많고 맛있는 습식사료의 유통비율을 높일 경우 그것이 건사료의 판매량에 어떤 영향을 미치게 되는지 등을 생각하다 보면 하얀 털이 더 바래지는 느낌까지 든다.

보보가 '아이러브보보스'를 통해 얼마나 많은 사료를 팔아 강아지들의 쌈짓돈을 긁어모으느냐에 따라 모모와 알폰소의 운명도 달라진다. 보보의 능력에 따라 모모와 알폰소는 스테이크를 먹을 수도 생선뼈다귀를 먹을 수도 있는 것이다.

이처럼 조직이라는 집안에서는 대장에게 다양한 능력이 요구된다. 이처럼 전반적인 이해관계와 활동을 조정하고 통합할 수 있는 능력이 바로 경영자의 상황판단능력(conceptual skills)에 해당된다. 주로 최고경영자에게서 발휘되는 능력이다.

보보는 사료만 열심히 팔아서는 '아이러브보보스'를 유지할 수 없다. 이번 달 판매목표가 건사료 100포대, 습식사료 200캔인데 다소 무리해 보이는 이 목표를 달성시키기 위해서는 밑에 있는 강아지들을 잘 구슬려야 한다.

따라서 때로는 10포 판매당 치즈뼈다귀 한 개씩을 준다든가(이것이 동기부여다), 그들과의 잦은 대화를 통해서(원활한 의사소통) 좋은 방법을 찾아나가는 것이 보다 중요하다. 이것이 바로 경영자의 대인관계능력(human skills)에 해당된다. 이는 목표달성을 위해 사람을 다루는 능력이며, 다른 사람과 더불어 일하고, 원활한 의사소통을 하며, 동기부여를 할 수 있는 특별한 능력이다. 대인관계능력은 공식조직에서든, 비공식조직에서든 종업원들로 하여금 공통의 목표를 달성하기 위해 자발적으로 협동하게 하는 기능을 한다. 주로 중간경영자에게서 발휘되는 능력이다.

'아이러브보보스'에서 모모는 주로 새로운 고객을 만드는 일을 하고, 알폰소는 주로 그들의 선호에 맞게 재포장하는 작업을 한다. 모모는 알폰소가 하는 일을 잘할 수 없고, 알폰소도 그건 마찬가지다. 모모와 알폰소는 각자가 잘할 수 있는 일을 최선을 다해 임한다. 바로 이것이 경영자의 현장실무능력(technical skills)에 해당된다. 이는 전문화된 활동을 수행하는 데 있어 필요한 기술을 활용할 수 있는 능력이다. 주로 하위경영자에게서 발휘되는 능력이다.

▌그림 1-6▐ 경영계층별로 요구되는 기능(Skill Mix Theory)

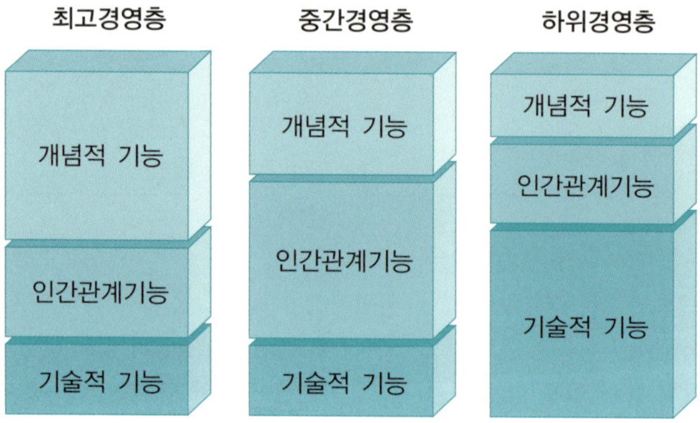

자료 : P.S. Lewis, Goodman, S.H. & Fandt, P.M., *Management,* Thomson South-Western, 2004(저자 수정)

카츠는 경영자의 기능[4]을 개념적 기능(conceptual skill), 인간관계기능(human relations skill), 기술적 기능(technical skill) 등으로 구분하고 있다. 기능이란 직무 수행 시에 필요한 능력을 의미하며, 선천적이기보다는 후천적인 교육훈련을 통해 학습하고 개발할 수 있다.

개념적 기능은 전체적인 그림을 그리고 환경과의 상호작용을 이해하는 기능이다. 복잡화·다변화되어 가는 환경 속에서 계속기업으로서 존속하고 성장하기 위해서는 조직을 하나의 큰 틀로서 인식하는 경영자의 통찰력과 전략적 능력이 필요하다.

인간관계기능은 포괄적으로 사람과 관련된 일을 의미한다. 조직 속에서 어떻게 업무를 수행할 것인가, 조직의 목표달성을 위해 구성원들이 안정적으로 자유롭게 사고하면서 창조력을 발휘할 수 있도록 사람을 다루는 능력이 여기에 해당된다.

기술적 기능은 일과 그에 수반된 사물에 관련된 일이다. 이는 가장 구체적인 기능에 해당되며 직무를 수행함에 있어서 적용되는 기술, 지식, 과업수행능력 등을 포함한다.

일반적으로 최고경영층은 개념적 기능에 가장 많은 시간을 할애하게 되지만 성공적으로 기업을 경영하고 성장시키기 위해서는 계층별로 요구되는 관련기능을 두루 습득해야만 한다.

---

4) 경영자의 기능(技能, skills) : 경영자가 무엇을 가지고 직무를 수행하는가에 관련된다.

BOBOS 뼈다귀

빌 게이츠 VS 스티브 잡스

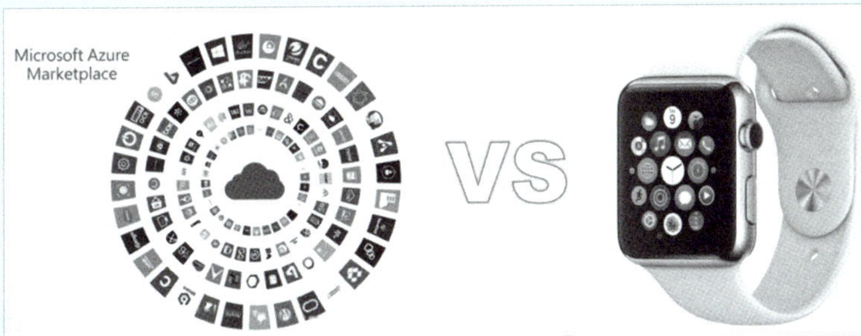

빌 게이츠와 스티브 잡스는 끊임없이 비교되는 경쟁자이다. 한 사람은 유복한 가정에서 엘리트코스의 교육을 받으면서 자라나서 성공했고, 다른 한 사람은 미혼모의 아이로 입양되어 어려운 환경을 딛고 독창성과 열정으로 자수성가한 사람이다. 전자가 바로 20세기에 만들어진 두 개의 산업 중 하나(소프트웨어 산업)를 주도했던 빌 게이츠이고, 후자가 21세기의 아이콘 스티브 잡스이다.

기업경영의 역사에서 가장 훌륭한 판단 중의 하나로 꼽히는 것이 바로 빌 게이츠의 MS-DOS 사용허가와 관련된 것이다. 컴퓨터 산업 초기에 IBM은 그 분야에서 절대적 우위에 있었음에도 불구하고 개인용 컴퓨터 부문에서 뒤쳐졌던 이유는 빌 게이츠의 탁월했던 상황판단능력과 관련이 있다.

당시 IBM은 컴퓨터 본체에 관해서는 절대적 우위에 있었고, 오늘날 개인용 컴퓨터의 핵심요소라고 할 수 있는 마이크로 칩과 운영체제를 아웃소싱하기로 한다. 마이크로 칩은 인텔에서, 운영체제는 MS에서 공급받기로 했다. IBM의 임원들은 비핵심분야를 아웃소싱함으로써 시간을 절약할 수 있다는 판단착오를 일으킨 것이다. 그들은 IBM의 이름으로 공급하는 본체 없이 MS의 브랜드만으로는 별 의미가 없다고 생각했다.

그러나 빌 게이츠는 IBM이 내다보지 못한 부분을 이미 꿰뚫어 보고 있었다. 시기적으로 컴퓨터 산업은 패러다임 시프트를 맞고 있었고, 빌 게이츠는 이미 컴퓨터 산업의 미래는 하드웨어가 아닌 소프트웨어라는 것을 깨닫고 있었다. 또한 소프트웨어에는 일정한 표준이 있어야 하며 자신이 단돈 50달러에 사들여 공급하는 Q-DOS가 바로 그것이 될 것이라고 낙관했다.

IBM의 개인용 컴퓨터는 출시 후 상업적으로는 성공했지만 판매에서 얻은 대부분의 이익을 하도급 업자에게 나눠주어야 했다. IBM과 MS의 최초계약에 따라 IBM은 MS-DOS

5) 인터넷에 가공된 정보콘텐츠(음반, 가수 등)를 제공하는 곳을 의미한다. CP는 콘텐츠를 납품하고 일정부분을 수익으로 나누어 갖는다. 아이팟의 성공은 차별화된 디자인 때문이 아니라 수익을 나눌 수 있는 협력 네트워크를 창출하기 위한 노력 때문이었다는 평가가 있다.

의 개발비를 지불해야 했고, MS만이 제3자에게 시스템의 사용권을 허가해줄 수 있었다. 개인용 컴퓨터 산업이 기하급수적으로 성장하게 되면서 수많은 경쟁자들이 시장으로 쏟아져 나왔다. 그들은 대부분 MS-DOS를 사용하게 되었고, 지금은 Windows를 사용하고 있다.

스티브 잡스는 상상력과 창의성으로 성공을 꿈꾸는 젊은이들이 가장 닮고 싶어 하는 사람이다. 이미 스무 살에 부모님의 차고에서 전자공학도였던 워즈니악과 함께 애플 컴퓨터 회사를 창업했다. 애플은 컴퓨터 언어로 명령어를 입력시키는 방식 대신 눈으로 쉽게 인식되는 아이콘 등을 마우스로 클릭하면 되는 간단한 방법을 이용했다. 이로 인해 누구나 관련전문지식이 없어도 컴퓨터를 사용할 수 있게 되었다. 이후 획기적인 컴퓨터들을 세상에 선보였고 기업 공개와 함께 백만장자가 되었다. 그러나 그는 다른 컴퓨터 제조업자들에게 자사의 운영체제를 사용하지 못하도록 하는 치명적인 실수를 저질렀고, 이는 곧 시장의 축소로 이어진다. 컴퓨터 구매자의 80%가 애플의 운영체제 대신 MS-DOS를 사용했다. 애플의 충성도 높은 고객들, 브랜드파워에도 불구하고 성공 후의 자만, 연속적 실수와 기회상실, 후속제품의 실패로 시장점유율은 점차 내려갔다. 이후 그는 자신이 창업한 애플에서 쫓겨나게 되었으나 그 위기를 기회로 삼아 애니메이션 장편영화를 제작하는 사업을 시작했다. 그는 10년 만에 다시 애플 CEO로 복귀하여 아이맥과 아이팟, 그리고 아이폰을 차례로 성공시켰다.

아이맥은 처음 6주 동안 27만 8,000대가 팔렸고, 지금까지 개발된 컴퓨터 중에서 가장 우수한 컴퓨터 중 하나로 인정받고 있다. 아이팟은 우수한 디자인과 MP3를 채우는 콘텐츠 프로바이더[5]를 통해 시너지효과를 창출하여 눈부신 성공을 거두었다. 아이폰은 단순히 아름다운 디자인의 휴대폰이 아니라 휴대폰이 휴대용 컴퓨터로서 진화하고 있다는 증거이다. 스티브 잡스의 경영철학인 변화의 증거가 바로 아이폰이다. 아이폰을 통해 전화 송수신, 다양한 미디어 파일, 음악, 영화, TV쇼, 사진, 이메일 등을 볼 수 있다. 또한 무선랜과 블루투스를 통해 무선인터넷에 접속할 수 있으며, 애플 브라우저 Safari를 지원해 인터넷 서핑을 즐길 수 있고, 구글맵, 야후 이메일 서비스도 받을 수 있다. 모든 기능은 정전기방식을 이용한 터치스크린을 통해 가능하다. 스티브 잡스는 아이폰이 멀티터치 스크린, 초박형, 감각적인 디자인, 각종 센서, 애플리케이션, 와이드 스크린 인터페이스를 탑재하는 등 총 200여 가지 특허기술을 사용하고 있다고 밝혔다. 아울러 아이폰은 사실상 휴대용 컴퓨터로 보아야 한다는 점을 강조했다.

이제 스티브 잡스는 세상을 떠났지만 애플을 통해 컴퓨터와 영화와 음악 산업의 중심에 있는 존재로서 성공한 기업인을 넘어 '우리 시대의 아이콘'으로 불린다. 그는 '차가운 전자기기에 따뜻한 인간의 영혼을 불어넣는 사람'이라는 평가를 받고 있다.

자료 : 스튜어트 크레이너의 「75가지 위대한 결정」
짐 코리건의 「스티브 잡스 이야기」
제프리 영의 「icon 스티브 잡스」

BOBOS 뼈다귀

경제학자는 모두 짠돌이다?

경제학자 케인즈와 하이에크

"경제학자들은 구두쇠인가?"

경제적 효용성을 습관적으로 따지는 경제학자들은 대체로 구두쇠다. 기회비용을 살펴보고 가능하면 지출을 줄이려는 속성을 보인다. 명망 있는 경제학자들이 한데 모이는 미국경제학회(AEA)의 연차총회를 보면 이 질문의 답을 알 수 있다. 총회는 매년 새해가 시작되는 첫 번째 주말에 열린다. 이유는 학교 수업이 없는 방학이기도 하지만 비수기여서 연중 호텔비가 가장 싸기 때문이다. 다른 전문가집단의 총회는 대개 멋진 해안가나 골프코스 등을 끼고 있는 곳에서 열리지만 경제학자들은 유독 비용에만 신경을 쓴다고 미 월스트리트저널(WSJ)은 분석하고 있다.

미국경제학회(AEA)가 신년 첫 주말에 열리는 것도 대학들이 모두 방학이기 때문만은 아니다. 여행수요가 적어 1년 중 호텔비가 가장 싸다는 점을 고려한 선택이다. 올해 AEA는 3일부터 애틀랜타에서 열린다.

영국의 경제학자 존 메이나드 케인즈는 만찬을 주최하면서 충분한 음식을 준비하지 않은 탓에 손님들이 먹다 남은 새 뼈를 집어들 정도였다고 영국 소설가 버지니아 울프가 전한 바 있다. 시카고학파의 창시자인 밀턴 프리드먼은 기자들의 취재 요청에 답할 때 대부분 수신자 요금부담으로 전화를 걸었다.

선대 경제학자들의 근검절약은 자손들의 입에서도 전해진다. '싼 것을 믿는다'는 책을 쓴 로렌 웨버는 경제학자였던 자신의 아버지가 집안 실내온도를 아주 낮게 설정했다가 가족을 데리고 호텔로 가겠다는 어머니의 위협에 굴복한 적이 있다고 회상했다. 그의 아버지가 태도를 바꾼 이유는 호텔비가 난방비보다 비싸다고 판단해서였다. 노던트러스트의 이코노미스트인 폴 카스리엘은 단돈 몇 달러를 아끼기 위해 단골 식품점만 찾아다니고, 브랜드가 없는 테니스화를 애용했다고 딸 마리사가 전했다. AEA의 재정 간사인 존 지그프리드 밴더빌트대 교수는 부인의 차로 처음에는 회색 2007년형 머큐리 그랜드 마키스를 원했지만 검은색이 100달러 싸다는 얘기를 듣고 결국 검은색을 구입했다.

경제학자들은 시간의 효용에 대한 개념을 일상생활에 적용해 가족을 공항까지 태워다 주는 대신 택시비를 주거나 이사를 도와달라는 친구에게 이사 비용을 보조해주는 경우도 있다. 코넬대 로버트 프랭크 경제학 교수는 1993년 발표한 보고서에서 경제학자 중 9.1%가 자선단체에 전혀 기부를 한 적이 없는 것으로 나타났다고 밝혔다. 이는 다른 학문 분야의 두 배를 넘는 수준이다.

자료 : 한국경제(저자 수정)

BOBOS 숙제

1. 경영(management)의 의미를 이해한다.
2. 경영자의 의미와 그 중요성을 이해한다.
3. 소유와 경영의 개념을 이해한다.
4. 경영자의 유형과 그들에 의해 이루어지는 효율성과 효과성의 중요성을 이해한다.
5. 경영자의 기능을 이해한다.

BOBOS 한 말씀

삶을 돌이켜보면 때로는 실수를 하거나 잘못된 선택을 한 것처럼 보이는 경우가 있다. 하지만 존재의 어떤 차원에서 보면 그 당시로서는 그것이 최선의 행동이었고, 언젠가는 그것이 뒷걸음질이 아니라 앞으로 내디딘 발걸음이었다는 사실이 밝혀질 것이다.

– 말로 모건의 '무탄트 메시지' 중에서 –

핵심 체크

01. 경영이란 기업의 목표를 달성하기 위해 모든 활동을 계획, 실행, 통제하는 연속적인 과정이며, 경제주체가 사회적으로 생존하고 성장하기 위해 모든 자원들을 계획, 실행, 통제하는 연속적인 과정이다.

02. 경영자는 기업목표를 달성하기 위해 생산, 마케팅, 인사, 재무 등과 관련된 활동을 계획화, 조직화, 지휘화, 통제화를 통해 기업을 경영하는 경영주체이다.

03. 효과성은 결과에 초점을 맞추며, 목표에 대한 달성정도가 중요하므로 결과가 좋아야 한다. 효율성은 과정에 초점을 맞추고, 투입물 대비 산출물의 비율이 중요하므로 최소의 투입물로 산출물을 최대화해야 한다.

04. 계층에 따른 경영자의 유형은 최고경영자, 중간경영자, 하위경영자이다.

05. 경영체제방식에 의한 경영자의 유형은 소유경영자, 고용경영자, 전문경영자이다.

06. 활동범위에 따른 경영자의 유형은 전반경영자, 직능경영자이다.

07. 경영자의 기능

- 계획화 : 조직의 목표를 규명하고 이를 어떻게 달성할 것인가를 결정하는 과정
- 조직화 : 목표를 달성하기 위해 과업을 할당하고 자원을 배분하는 과정
- 지휘화 : 조직목표를 달성하기 위해 경영자가 조직구성원들에게 자발적으로 업무를 수행할 수 있도록 영향을 미치는 과정
- 통제화 : 성과를 평가하여 목표를 달성하였는가의 여부를 확인하고, 필요한 경우에는 수정을 가하는 과정

08. 카츠에 의한 경영자의 기능

- 개념적 기능 : 전체적인 그림을 그리고 환경과의 상호작용을 이해하는 기능
- 인간관계기능 : 포괄적으로 사람을 다루는 능력
- 기술적 기능 : 직무를 수행함에 있어 적용되는 기술, 지식, 과업수행능력 등의 구체적인 기능

CHAPTER

02

경영학의 발전과정

Management of BOBOs

Management of BOBOs

1. 고전적 경영이론 이전의 경영학
2. 고전이론
3. 인간관계론
4. 행동과학(behavioral science)
5. 환경적응론

경영학의 발전과정

보보의 경영학
Management of BOBOs

2
Chapter

BOBOS 뼈다귀

경영은 하나의 삶이다

쉴레의 '이중 자화상'

공학이 발전해도 물리학은 여전히 그 자리를 굳건히 지키고 있다. 옛것을 익히어 새것을 안다는 온고지신(溫故知新)도 같은 맥락이다. 혁신은 전통에 근거한다. 경영학에도 같은 공식이 적용된다. 경영의 기법은 시대적 상황에 따라 변화해 왔지만 그 뿌리에는 변함없는 역사적 공식이 자리하고 있다.

산업사회 초기에는 생산자가 시장을 주도했다. 공급이 스스로의 수요를 창출하던 시대에는 붕어빵을 찍어내듯 빠른 시간 안에 많이 만들어 제품을 공급하는 것이 중요한 관심사였다. 새로운 기술의 발견이 기업을 성장시켰다. 이 시기에는 작업방식의 개선을 통해 생산의 효율성을 증대하는 것이 기업의 핵심역량이었다. 그러나 하위작업자의 단순반복작업을 통한 대량생산이라는 극단의 방법은 많은 부작용을 초래했고, 이후 기업은 그 초점을 인간에게로 돌리기 시작한다. 이는 인간의 욕구에 대한 관심과 그들에 대한 배려로 이어졌고 인간관계론에 관한 연구의 단초가 된다.

1970년대를 전후로 해서 기업의 환경은 급변했고, 불확실하고, 불안정적이며, 유동적인 환경 속에서 상황에 따라 적합한 의사결정을 할 수 있는 경영자의 통찰력, 상황판단 능력과 리더십이 관심을 받기 시작했다. 이와 함께 산업의 구조적인 분석과 자원배분의 문제에 관한 전략적 관점이 대두되기 시작했다.

기술은 빠른 시간 안에 복제가 가능해짐으로써 하나의 기술로 우위를 점하는 시대는 지나갔다. 이제 기업은 어느 한 부분에 초점을 맞추기보다는 끊임없는 변화와 혁신을 가능하게 하는 기업의 핵심역량을 다양한 방식으로 모색해야 한다. 그리고 상황의 요청에 따라 그 방식은 매순간 달라진다. 그럼에도 불구하고 경영에는 보편적인 진리가 존재함을 부정할 수 없다. 경영은 인간의 삶과 닮아 있다. 지켜내야만 하는 기본적 가치에 기반하여 사계절의 흐름과 같은 변화에 다양한 방식으로 적절하게 대응하는 창조적 예술이다.

1 고전적 경영이론 이전의 경영학

인간의 삶이 시작됨과 더불어 어떠한 방식으로든 조직이 존재했고, 경영되어 왔다. 그러나 경영이 체계적인 연구대상이 되고 공식적인 학문분야로 자리 잡은 것은 오래되지 않았다. 정확히 말하면 지난 19세기부터였다고 할 수 있다. 중세에는 이탈리아를 중심으로 상업이 크게 발전했는데, 이탈리아의 상거래기법과 관습이 프랑스를 거쳐 독일, 스페인, 스위스, 포루투갈 등의 유럽대륙으로 전파되었다. 이 과정에서 프랑스 학자인 사바리는 「완전한 상인(1675)」이라는 책을 통해서 이탈리아의 상업학을 학문적으로 체계화하는 데 큰 공헌을 했다. 유럽의 경영학자들은 이 책이 출판된 1675년을 경영학의 시발점으로 보고 있기도 하다.

역사적으로 보면 산업혁명 이전까지는 주로 도로, 성곽, 궁전, 교회 등을 건설한다든가 조세징수, 군대관리를 하기 위해 정부, 군대, 교회 등의 기관에서 경영개념의 실천이 이루어졌다.

18세기 산업혁명 이후 경영에 대한 과학적인 접근방법이 시도되었다. 산업혁명은 인류의 생활방식에 큰 변화를 가져왔다. 생산기술의 혁신과 교통수단의 발달은 토지에 의존하던 대부분의 사람들과 소수 장인에 의해 소규모 가내수공업 수준으로 생활하던 종래의 방식을 기계를 기반으로 한 대규모 공장이 존재하는 산업사회로 급격히 전환시켰다. 이러한 성공은 분업론에 근거한다.

당시 근대 경제학의 창시자인 아담 스미스는 1776년 저서 「국부론(The Wealth of Nations)」을 통해서 사회가 분업을 통해 경제적 이익을 얻을 수 있다고 주장했다. 그는 분업을 통해 노동자들이 동일한 작업을 반복함으로써 숙련도를 높일 수 있고, 작업을 전환하는 데 소요되는 시간을 절약할 수 있고, 효과적인 작업방법을 개발할 수 있는 계기를 제공함으로써 생산성을 향상시킨다고 주장했다.

스미스의 분업론을 발전시킨 베비지는 단순히 분업이 생산성을 보장하는 것은 아니라고 주장하면서 생산의 효율성에 초점을 두었다. 그는 1832년에 발표한 자신의 서서 「기계 및 생산의 경제(On the Economy of machinery and manufactures)」에서 분업의 중요성과 설비・원재료의 효율적 이용을 위해 수학을 이용해야 한다고 밝혔다. 그는 '숙련제한의 원칙'을 통해 분업의 효과를 극대화하기 위해서 중요한 공정과 중요도가 떨어지는 공정을 구분하고 차별함으로써 숙련공의 기능을 극대화할 수 있었다.

한편 영국에서 목화공장을 경영하던 기업가이자 개혁가였던 오웬은 조직에 있어서 인적자원의 중요성을 최초로 인식한 사람이었다. 그는 1813년경 10세 이하 어린이의 고용을 금지하고, 어린이에게는 야근을 시키지 않고, 종업원의 식사를 개선하고 표준작업시간을 10시간 30분으로 단축하는 등 혁신적인 개혁을 도입했다. 또한 작업자에게 관심을 많이 쏟을수록 생산량이 증가할 것이라고 가정했다. 당시 그의 제안은 너무 급진적이었기 때문에 오웬의 개혁의도는 좌절되었다. 그 후 오웬은 영국보다는 좀 더 개방적인 미국을 찾았고, 1824년 인디애나주의 뉴하모니에 자신의 원리에 바탕을 둔 최초의 조합공동체사회를 세웠지만 역시 실패하였다. 그의 시도는 실패했지만 그는 인적자원의 중요성을 최초로 인식한 사람이었고 그의 아이디어는 후일 행동적 경영이론이 발전하게 되는 효시가 되었다.

산업혁명기에 선구자적 역할을 한 오웬과 베비지의 공헌에도 불구하고 경영학에 대한 체계적인 연구가 시작된 것은 아담 스미스의 자유무역주의와 분업에 대한 주장 후 100여 년이 지난 뒤였다.

공장에서는 노동분업과 새로운 기계의 개발로 대량생산이 가능해지고, 이에 의해 공장의 규모도 대규모화되었다. 또한 철로의 급속한 확장으로 인해 수송비가 크게 감소했고, 정부규제가 없어지면서 록펠러의 석유회사나 카네기의 철강회사 등과 같은 거대기업이 등장했다. 더욱이 19세기 말이 되면서 시장은 포화상태에 이르렀고, 기업 간 경쟁이 치열해졌다. 따라서 비용절감과 경영효율성을 높이는 것이 기업생존을 위한 주요과제가 되었다. 이런 상황들은 경영에 대한 체계적인 접근과 연구를 필요로 하게 되었다. 이에 따라 본격적으로 이루어진 연구를 일반적으로 고전적 경영이론이라고 부른다.

표 2-1 독일경영학과 미국경영학의 비교

	독일경영학	미국경영학
시작	1700년대	1900년대
기원	상업학, 사바리의 「완전한 상인」	공업경영학, 테일러의 「과학적 관리」
발달	상업학의 시대 → 경영경제학의 시대	과학적 관리 → 인간관계론 → 상황이론
성격	이론적, 가치론적	현실적, 실천론적
주체	학자	근로감독, 근로자
연구대상	경영의 결과	경영의 과정

BOBOS 이야기 옷핀을 통해 영감을 얻다

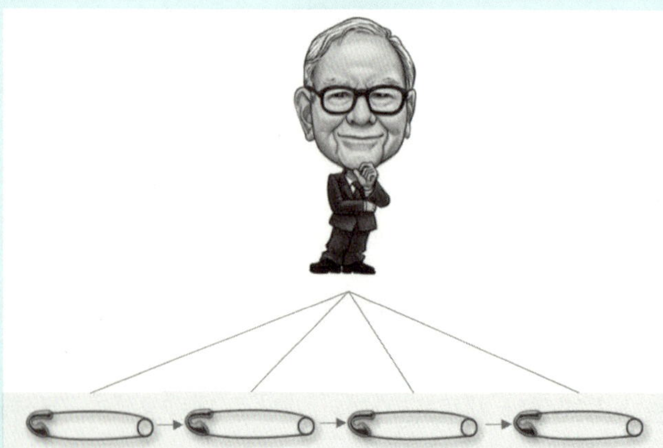

아담 스미스는 어느 날 옷핀 만드는 공장을 방문하게 된다. 공장에서는 열 명의 작업자가 똑같은 작업을 통해 옷핀을 하나씩 만들고 있었다. 그에게는 그 일이 매우 비능률적으로 보였다. 철사를 펴고, 납땜을 하고, 손질을 하는 등의 18가지의 작업공정을 한 사람의 작업자가 개별적으로 하고 있었다. 이렇게 작업하는 경우에 만들 수 있는 옷핀의 양은 하루에 10개에서 200개 정도에 불과했다. 그러나 분업을 통해 작업을 하게 되면서 하루에 약 4만 8,000개의 옷핀을 생산할 수 있게 되었다.

표 2-2 국부를 증진시키는 방법

- 생활용품을 생산하는 노동자수를 증가시키기 위해 자본을 축적한다.
- 축적된 자본은 생산직 노동자를 많이 고용하는 부문에 투자되어야 한다.
- 투입된 노동자의 생산성을 향상시키기 위해 분업을 실시한다.
- 분업에 의한 대량생산을 통해서 모든 국민의 부를 증가시킨다.

BOBOS 이야기  만약 정약용이 귀양을 가지 않았다면?

아담 스미스가 활동했던 비슷한 시기에 한국의 대표적인 학자인 정약용도 「목민심서」에서 이미 분업을 주장했다는 사실을 알고 있는 사람은 많지 않다.

당시 농민들은 농한기인 겨울에 동원되어 물을 사용하여 쇳모래를 걸러 금을 가려냈는데, 그 고생이 너무 안타까워서 정약용은 불을 통한 방법을 제안했다고 한다. 그는 광산업에 적용시킬 '화도법((火淘法)'[1]을 소개하면서 흙을 파는 노동자 100명, 흙을 나르는 인부 50명, 광석에서 금의 함량을 탐색하는 인부 수 명, 땔나무를 해오는 화부 10명, 인부 15명마다 감독을 1명씩 두는 방식을 통해 채광작업에서의 분업을 제안했다.

아담 스미스와 비교해보면 그의 국부론이 영국정부의 정책에 바로 반영된 것과는 달리 정약용의 목민심서는 당시 큰 반향을 불러일으키지 못했다는 아쉬움이 있다.

1) 금을 얻고자 할 때 물을 사용하지 않고 불을 사용해서 금을 추려내는 방법을 말한다.

▮그림 2-1▮ 경영이론의 발전과정

고전이론		신고전이론(인간관계론)		현대적 이론
과학적 관리	고전적 조직론	인간관계론	행동과학 (후기인간관계론)	
테일러리즘 길브레스 간트 포디즘	경영과정론 관료제	호손실험	XY이론 ERG이론 욕구단계설 이요인이론 성취욕구이론	시스템이론 환경적응론

2 고전이론

1) 과학적 관리(테일러시스템)

'경영학의 아버지', '과학적 관리의 아버지'로 불리는 테일러는 필라델피아의 철강회사에서 일하면서 실제 작업현장에서의 경험을 통해 과학적 관리의 기반을 확립했다. 그는 이후 「성과급제도」, 「공장관리」, 「과학적 관리의 원리」 등 세 권의 저서를 출간하여 자신의 관리이론을 제시했고, 이 저서들은 학자에 따라서는 현대 경영학의 시작에 해당하는 것이라 평가받고 있다.

테일러의 관리론의 핵심은 과학적인 방법을 통해 효율성을 높임으로써 자본가에게는 높은 이윤을, 노동자에게는 높은 임금을 지불하고자 하는 매우 바람직하지만 다소 이상적인 이론이었다.

테일러가 활동하던 19세기 후반은 산업혁명이 급속하게 진행되던 시기로서 대규모 공장이 건설되고, 철도, 도로, 통신 등 산업사회를 위한 많은 간접시설들이 건설되었다. 그러나 당시 종업원들 대부분의 교육수준은 아주 낮은 상태였고 경영자들도 경영에 대한 별다른 지식이 없이 단지 상식과 경험에 의존해서 기업을 경영하고 있었다.

이러한 상황 속에서 테일러는 자신의 경험을 통해 작업현장 곳곳에 비효율적인 요소가 산재해 있음을 발견하게 되었다. 당시 작업현장에서의 가장 큰 문제점은 태업과 노사대립이었다. 20세기가 시작될 무렵 미국기업들은 생산성의 향상에 많은 관심을 기울였다. 기업의 입장에서는 생산비를 절감하기 위해서 노무비의 절감이 중요했으나 노동자들의 생각은 달랐다. 노동자들은 오히려 임금이 지나치게 적다고 생각했고 임금투쟁과 조직적 태업을 벌였다. 테일러는 이것을 종업원들이 그들의 생산성 증가로 인해 자기 자신이나 직장동료가 직장을 잃게 될 수도 있다는 두려움과 경영자에 의해 설정된 불안정한 임금체계, 일반적 작업의 비효율성 때문이라고 보았다. 이는 후술하게 되는 호손실험에 의해서도 밝혀진 바 있지만 당시 작업현장에서의 태업은 비공식적인 조직에 의한 조직적 압력 때문이라는 것이 정설이다.

그 시대에는 임금과 성과가 연결되지 않았다. 따라서 열심히 일하게 되면 잉여분만큼의 노동자는 필연적으로 실업을 피할 수 없게 되고, 효율성이 높아지더라도 노동자의 보수는 함께 상승되지 않는다는 현실 때문에 태업은 더욱 만연하게 되었다.

그는 노동자의 작업에 대한 시간연구를 통해서 작업을 요소별로 세분화하고 각각의 표준시간을 정함으로써 불필요한 동작을 최소화하였다. 그리고 표준시간을 기초로 초과작업을 한 경우에는 성과급을 지급하게 함으로써 동기부여도 꾀하고 임금과 관련된 분쟁도 해결하고자 하였다. 그러므로 테일러의 과학적 관리의 의도는 몇 배 높은 생산성을 가능하게 하되, 높은 생산성으로 인해 얻어지게 되는 이익을 60%에서 2배까지 노동자에게 되돌려주자는 것이었다. 즉 그는 고임금과 저노무비라는 모순되는 두 마리 토끼를 잡고자 했다.

그러나 테일러의 원래 의도와는 달리 작업이 단순화·표준화됨으로써 작업에 대한 만족도가 떨어지고 성과급제는 작업에 대한 의욕을 높이기보다는 성과급을 달성치 못한 종업원들에 대한 해고의 수단으로 악용되는 경우가 많아 여러 가지 문제점을 노출시켰다. 기계는 사람보다 더 빨리, 더 많이 일할 수 있으므로 기계의 사용과 분업, 전문화가 가속화될수록 물질적인 풍요는 이루어졌지만 역으로 기계로 인해 일자리를 잃는 사람들이 늘어나기도 했다. 실제로 이런 현상에 분노한 사람들은 기계를 파괴하기도 했다. 19세기 영국에서 일어난 이런 움직임을 러다이트 운동2)이라 한다. 테일러는 작업방법의 개선을 통한 생산의 효율성이라는 해법을 발견한 산업심리학의 아버지로 불리기도 하지만 이러한 이유 때문에 많은 노동자들에게 비난을 받기도 했다.

그러나 그의 과학적 관리론은 노사가 협력하여 과거의 주먹구구식 방식을 대체할 수 있는 과학적 방법을 사용하자고 주장함으로써 이후 경영학 발전에 결정적인 역할을 하였다. 그는 종업원들이 최대한 효율적인 생산을 하도록 만드는 유일최선의 방법을 발견하고자 노력했다. 테일러가 경영에서 이룩한 공헌은 에디슨이 과학에서 이룩한 공헌만큼 높이 평가받고 있으며, 심리학 분야의 프로이드만큼 오늘날 많은 영향을 미치고 있다.

- 과업관리(task management)
- 과학적인 선발과 훈련
- 성과급제도
- 직능별 감독제도

표 2-3 시간연구의 기법

스톱워치법 (Stopwatch)	• 노동자에게 표준화된 작업을 수행하게 한다. • 시간을 측정하여 표준작업시간을 설정한다. • 작업을 요소별로 분석한다. • 요소작업에 대한 실질적인 시간을 측정하고 여유시간을 더하여 표준작업시간을 결정한다.
MTM법 (Methods time measurement)	• 각 요소작업동작을 작업조건이 주는 곤란성이나 상태 등에 따라 더 세분화한다. • 각각에 대한 동작의 크기마다 시간을 표시한다.

2) 러다이트(Luddite) 운동은 19세기(1811~1817)에 영국의 수공업자들에 일어났던 폭동을 의미한다. 그들은 섬유기계가 자신들의 일자리를 빼앗았다고 생각하고 기계를 파괴했다. 정체불명의 지도자 네드 러드라는 인물의 주도로 전개되었기 때문에 러다이트 운동이라 불린다.

BOBOS 뼈다귀!

과업이란?

과업(task)이란 공평한 하루의 일을 의미한다.

이는 작업연구(work study)를 통해 규정지을 수 있다. 작업연구는 구체적으로 시간연구(time study)와 동작연구(motion study)로 이루어진다.

불필요한 동작(useless motion), 느린 동작(slow motion), 허위동작(false motion) 등을 제거하고, '동작경제의 원칙(motion economy)'에 의해 작업을 수행할 때 일류직공이 하루에 실천할 수 있는 작업의 양을 시간연구에 기초하여 확정하고 이를 과업이라 정의했다.

즉, 과업관리는 특정 직업을 위해 소요되는 일련의 행위를 면밀하게 분석한 후 거기에 맞는 일련의 작업원칙, 관리방법을 개발해야 한다는 것을 의미한다. 이렇게 하면 작업자의 비능률적 요소를 미연에 방지할 수 있다.

BOBOS 책

테일러식 삽질

고흐의 '삽질하는 여인'

테일러가 활동하던 당시 철강회사에는 많은 운반작업이 있었는데 모든 운반대상물이 동일한 삽으로 운반되고 있었다. 테일러는 단순한 삽질에도 과학이 적용되면 훨씬 더 큰 성과를 거둘 수 있다는 것을 확인했다. 그는 작업자의 삽질작업량을 최대화하는 최적의 삽의 무게가 있어야 하고, 삽의 크기도 다양해져야 한다고 생각했다. 이를 위해 건장한 사람이 한 삽의 무게가 어느 정도일 때 가장 효율적으로 일할 수 있는지 분석했다. 무게가 다른 여러 종류의 삽을 실험해본 결과 21파운드일 때 가장 효율적으로 일할 수 있으며, 삽질의 속도와 경사각 등이 작업능률에 큰 영향을 미친다는 사실을 발견했다. 이에 따라 옮겨야 하는 물건에 따라 알맞은 삽의 크기를 결정하고 작업자에게 배치함으로써 작업량이 크게 증가하는 결과를 가져오게 되었다. 1인당 하루 작업량을 16톤에서 59톤으로 증가시킬 수 있게 되었고, 3년 만에 500명의 종업원을 140명으로 감원하고, 작업자의 급료를 60% 인상하면서도 자재취

급비를 50% 이상 절감할 수 있었다. 특히 표준작업량을 종업원 모두에게 일률적으로 적용시키기보다는 개인차를 고려한 차별성과급제를 실시함으로써 3년 만에 새로운 제도가 과거의 제도보다 훨씬 더 효율적임을 증명해보였다. 실제로 테일러의 삽질에 대한 과학을 베들레헴 철강회사에 적용한 결과 당시 연 8만 달러를 절약할 수 있었다.

표 2-4 단순작업에 적용된 과학적 관리의 성과

구분	과거의 작업방법	새로운 작업방법
작업장의 노동자수	400~600명	140명
1인당 하루 평균작업량	16톤	59톤
1인당 하루 평균임금액	1.15달러	1.88달러
1톤의 평균작업비용	0.072달러	0.032달러

자료 : 박기찬의 '경영의 교양을 읽는다'(일부 인용)

2) 동작연구(길브레스)

테일러의 과학적 관리는 길브레스 부부에게 큰 영향을 끼쳤다. 이들 부부의 대표적인 저서는 「동작연구(1911)」이다. 이 책에서 소개되고 있는 동작연구는 보통 시간연구와 함께 실시되며, 테일러가 공정한 1일 작업량을 정하기 위해 창안한 작업시간연구에 이어서 길브레스 부부가 고안한 동작과 시간에 대한 연구의 진전을 제안하고 있다.

길브레스 부부는 동작연구의 창시자로서 동작연구를 '비능률적이고 잘못된 동작으로부터 생긴 낭비를 없애는 과학'이라고 정의했다. 테일러가 인간적 측면보다는 작업방법의 개선에 보다 역점을 둔 것과 달리, 길브레스는 인간의 심리적 · 생리적인 면에 중점을 둔 연구를 하였다. 그는 작업여건, 작업대의 배치, 작업의 주위환경을 개선함으로써 작업능률이 제고되도록 했다. 길브레스의 목표는 빠르고, 쉽고, 편한 '유일최선의 방법'을 찾아서 작업능률을 높임과 동시에 작업자의 피로를 줄이자는 것이었다. 그들 부부는 사회과학을 산업관리에 적용했으며, 생산과정의 요소 중 특히 인간에게 가장 큰 관심을 가졌는데 그 이유는 교육학과 심리학을 전공한 부인의 영향 때문이었다.

그는 벽돌공의 조수로 일할 때 숙련공들이 일하는 방식이 천차만별이라는 것을 깨달았다. 같은 작업자라도 매번 다른 방식으로 일하는 것을 발견하고 왜 그렇게 되는지 의문을 갖게 되었다. 이때부터 작업방법에 대한 능률화에 관심을 갖게 되었다.

벽돌 쌓는 과정을 관찰하면서 그는 벽돌 쌓는 동작을 분석하여 불필요한 동작을 제거하고 몇 가지 동작을 하나로 결합하여 외부벽 작업동작을 모두 18가지에서 5가지로 줄이고, 내부벽 작업동작을 18가지에서 2가지로 줄였다. 그 결과 숙련공이 한 시간에 120개 정도 쌓던 것을 350개로 늘릴 수 있었다. 즉 생산성이 3배 정도 증가한 것이다.

길브레스는 동작연구가 시간연구에 선행하며, 시간연구는 동작연구만큼 중요하지 않다고 주장했다. 그러나 이는 시간연구를 부정하고 있는 것이 아니라 동작연구가 선행되어야 한다는 것을 의미한다. 그는 시간연구를 무시하지는 않았지만 테일러의 시간연구로 만족하지 않았다. 그래서 더욱 상세한 분석을 요구한 것이다.

표 2-5 동작연구의 기법

미세동작연구 (Micromotion Study)	• 작업자의 동작을 정밀하게 분석하기 위한 촬영법 • 작업자의 동작이 어떤 종류의 기본동작으로 구성되어 있는지 고속영화로 촬영하여 분석하는 방법
사이클 그래프 (Cycle Graph)	• 작업자의 동작의 궤적을 추적하기 위해 작업자의 신체 부위에 꼬마전구를 달고 스틸카메라로 장시간 촬영하는 방법 • 궤적이 단순하고 일관된 것이 좋은 동작
크로노 사이클 그래프 (Chronocycle Graph)	• 사이클 그래프를 통해서 궤적의 기록은 남길 수 있지만 동작의 어느 부분에서 속도가 빠르고 느린지 알 수 없기 때문에 깜박등을 부착하고 같은 방법으로 촬영하는 방법 • 등이 켜지는 순간만 사진상의 기록으로 남게 되므로 동작의 궤적이 점선으로 나타나게 됨 • 동작의 속도가 빠를수록 점 하나의 길이가 길게 나타나므로 동작의 궤적과 함께 시간적 요소까지 알 수 있음

BOBOS 뼈다귀 서블릭기호

길브레스는 '찾다', '발견하다', '쥐다', '나르다' 등 18종의 기본단위를 정하고 여기에 그의 성인 Gilbreth을 거꾸로 철자하여 서블릭(therblig)법이라고 명명했다.

작업동작을 말로 설명하면 복잡하고 불분명하지만 서블릭으로 나타내면 간결하고 분명하기 때문에 오늘날에도 작업동작분석을 위해 서블릭을 유용하게 사용하고 있다.

표 2-6 서블릭기호

번호	therblig 명칭	원어 및 약자	기호	기호설명	그룹별
1	찾는다	search(S.H)		눈으로 물건을 찾는 상태	Ⅱ
2	찾아냈다	find(F)		찾아낸 상태	Ⅱ
3	선택한다	select(S.T)	→	선택한 것을 지시하는 상태	Ⅱ
4	잡는다	grasp(G)	∩	물건을 쥐는 상태	Ⅰ
5	운반하다	transport loaded(T.L)		접시에 물건을 올려 놓은 상태	Ⅰ
6	위치를 바로 정한다	position(P)	9	荷重이 손끝에 있는 상태	Ⅱ
7	조립한다	assemble(A)	#	물건을 서로 조립시킨 상태	Ⅰ
8	사용한다	use(U)	U	컵을 上向시킨 상태	Ⅰ
9	분해한다	disassemble(D.A)	++	조립한 것에서 하나를 분리시킨 상태	Ⅰ
10	검사한다	inspect(I)	0	렌즈의 모양	Ⅱ
11	준비한다	pre-positon(P.P)	8	컵을 下向한 상태	Ⅱ
12	놓는다	release loaded(R.L)		접시를 下向한 상태	Ⅰ
13	빈손으로 이동한다	transport empty(T.E)	◡	빈접시의 모습	Ⅱ
14	쉰다	rest(R)		사람이 의자에 앉아 있는 모습	Ⅲ
15	불가피하게 지연한다	unavoidable delay (U.D)		사람이 넘어지는 모습	Ⅲ
16	可避한 지연	avoidable delay(A.D)		사람이 자는 모습	Ⅲ
17	생각한다	plan(P)		머리에 손을 대고 있는 모습	Ⅱ
18	쥐고 있다	hold(H)	∩	자석이 물건을 잡아 당기고 있는 상태	Ⅲ

자료 : M.W. Mundel, *Motion and time Study*, Prentice-Hall, 1970.

BOBOS책 나도 커서 아빠처럼 될래요

길브레스 부부가 자신들의 능률이론을 12명의 자녀가 있는 그들의 가정에 어떻게 적용했는가 잘 기록되어 있는 책이며, 베스트셀러가 되고 후에 영화화되었다. 이 책은 세계 최초의 산업공학자였던 프랭크와 릴리안 길브레스 부부의 남다른 가족 이야기를 담고 있다. 육아와 자녀교육까지도 과학적으로 실천하고 싶어 안달이었던 밉지 않은 독재자 아버지와 열두 자녀를 일일이 챙겨주는 자상한 어머니, 그리고 열두 명의 아이들이 북적거리는 가정환경에서 독특한 가족문화를 창조했던 길브레스 가족의 이야기를 솔직하고 재미있게 써 내려간 실화소설이다.

이 책은 출간된 지 50년이 지났지만(1948년 출간) 500만 부가 넘게 팔리며, 지금까지도 독자들의 사랑을 받는 고전으로 확고하게 자리 잡고 있다. 지금도 미국의 많은 초·중학교에서 이 책을 추천도서로 선정하고 있을 정도로 '가족의 소중한 가치'를 독자들에게 잘 전달하고 있다.

길브레스 부부는 결혼하면서 12명의 자녀를 갖기로 약속하고, 17년에 걸쳐 그 약속을 실현해 간다. 열두 번째 막내는 남편이 죽기 2년 전인 1922년에 태어났다. 남편 프랭크가 54세, 부인 릴리안이 44세가 되던 해였다.

이 책은 엄격하면서도 장난스럽고, 밉지 않은 독재자 스타일의 아버지와 늘 다정다감한 어머니를 통해서 어떻게 부모가 아이들과 만나야 하는지, 가정교육이 어떻게 이루어져야 하며, 또 아이들은 그런 부모의 노력에 어떻게 반응하며 받아들이는지를 잘 보여주고 있다.

길브레스 가족은 중요한 사안이 생기면 가족회의를 통한다. 가족회의에서는 꼭 해야 할 특별한 일에 가장 낮은 가격을 적은 사람에게 일을 맡겼는데, 어느 날 여덟 살인 릴리안이 뒷마당의 울타리를 칠하는 데 47센트를 제시하여 일을 따낸다. 그 일은 여덟 살 아이가 하기에는 벅찬 일이다. 그렇지만 롤러 스케이트를 사기 위해 돈이 필요했던 릴리안은 고집을 부린다. 걱정이 된 엄마가 아빠를 설득했지만 아빠의 입장은 요지부동이었다.

"그건 안 될 말이요. 지금 릴리안은 돈의 소중함을 배우고 있을 뿐 아니라 자신이 선택한 일을 시작했을 때는 반드시 끝을 내야 한다는 사실도 깨닫고 있소. 릴리안은 잘 해낼

거요. 이건 그 아이가 약속한 일이요."

릴리안은 손에 물집이 생기면서까지 일을 해 마침내 열흘 만에 일을 끝낸다. 아빠는 47센트의 돈뿐 아니라 롤러 스케이트까지 선물로 준다. 릴리언의 모습을 지켜보던 아빠의 마음이 어땠을까? 당장 달려가서 거들어주고 싶지 않았을까? 아마도 이 경험은 릴리안에게 평생을 살아가는 데 있어서 큰 자산이 되었을 것이다.

민주적이면서도 독특한 가족회의, 가족 쇼핑위원회와 공익위원회, 기획위원회를 통한 가족 간의 역할 분담, 아빠와 함께 하는 영화 관람, 아이들이 준비하는 가족 연극, 예측할 수 없는 사건들의 연속, 천진난만한 아빠의 장난기 등이 이 책 곳곳에 깔려 있어 읽는 이들을 책에 몰입하게 만든다.

특히 귀여운 독재자인 아버지의 위트 넘치는 행동과 그런 아버지에게 늘 항상 무언가 배우게 되는 아이들의 재기발랄함은 읽는 이들에게 진한 감동을 선사한다.

자료 : www.ncchome.or.kr

3) 포드시스템(동시관리)

포드는 20세기를 대표하는 두 가지 산업, 즉 소프트웨어산업과 자동차산업 중 자동차산업을 부흥시켰다. 테일러의 과학적 관리는 포드시스템의 흐름작업방식[3]으로 이어지고 이는 도요타시스템의 칸반방식(カンバン方式)[4]으로 발전해 나갔다. 포드는 테일러시스템을 바탕으로 하여 더 나아가 자동적인 기계의 움직임을 종합적으로 연구함으로써 컨베이어시스템(conveyor system)에 의한 대량생산방식을 개발하여 생산의 능률을 향상시켰다.

이는 테일러시스템을 한층 고도화한 것으로서 과업관리가 여러 가지 사무적인 방법으로써 생산관리를 실시한 데 반해, 포드시스템은 과업관리가 지향하는 바를 자동기계적 방법에 의해 보다 능률적으로 실현했다.

당시 자동차는 상위계층만 소유할 수 있는 고가품이었으며, 자동차의 생산도 숙련공의 수작업에 의한 것이었고, 구조 자체가 너무 복잡하여 전문적인 사람만 운

3) 컨베이어시스템(conveyor system)이라고 하며, 작업대상물을 컨베이어 벨트에 실어서 운반함으로써 물류시간을 감소시켜 대량생산을 가능하게 만든 방식을 의미한다.

4) 도요타자동차가 확립한 생산관리방식으로서 생산공정에 필요한 부품을 적시에 공급함으로써 재고를 줄이고 비용을 절감하는 방식을 의미한다.

전하거나 수리할 수 있었다. 때문에 포드는 일반대중에게 자동차를 공급하기로 마음먹고, 그들이 사용할 수 있는 실용적인 차를 개발하고, 단일차종의 대량생산을 통해 저렴한 가격으로 공급하기로 결심했다. 이러한 가치에 기반하여 개발되고 생산된 것이 바로 1908년에 출시된 T형 자동차이다.

당시 포드의 그러한 생각은 아직 생겨나지도 않은 시장을 목표로 한 것이었고, 현실화될 가능성도 매우 낮게 평가되었다. 그와 함께 포드사를 창립했던 알렉스 맬컴슨도 포드의 새로운 아이디어를 못마땅해 했고, 결국 그는 포드사를 떠났다. 그러나 포드사가 망할 것이라는 전망을 보기 좋게 뒤집고 포드의 T형 자동차는 연간 일만 대 판매를 돌파했고, 전 세계 자동차 100대 중 68대가 포드의 T형 자동차가 되었다.

포드의 경영신념은 '최저생산비로 사회에 봉사한다'는 것으로 최저생산비를 실현하여 고객들에게는 튼튼하고 좋은 자동차를 싼 가격에 제공하고, 종업원에게는 보다 높은 임금을 지불하도록 하였다. 그러나 그가 내세웠던 저가격 · 고노부비는 서로 상반관계에 있기 때문에 지금까지의 생산방식에 의해서는 달성이 불가능했다.

그는 자신의 경영이념을 실천하기 위한 구체적 방법으로서 생산의 표준화와 이동조립방식을 제안하고 실행했다. T형 자동차의 이동조립방식과 생산의 표준화로 자동차의 판매가격을 1914년의 440달러에서 1916년에는 345달러까지 인하할 수 있었다. 또한 1914년에는 '5불 선언'[5]을 통해서 2배 이상의 임금을 지불했다. 1919년에는 미국에서 시장점유율 55%를 차지하였다.

포디즘을 성공시킨 요인은 뛰어난 인재들, 컨베이어시스템을 활용한 이동조립작업방식, 진보적 기업가정신 등이었다. 포드는 '일당 5달러' 임금제도, 소수민족에 대한 고용, 노동시간의 단축, 산업안전, 위생관리 등으로 인해 혁신적인 기업가정신을 실천했다. 그러나 기업성공의 요인들도 시대에 맞추어 변화해야만 하며, 시대가 요구하는 혁신을 실행하지 못할 때 기업의 계속성장은 불가능해진다. 포드는

5) '최저의 생산비로 사회에 봉사한다'는 헨리 포드의 기업가정신을 반영한 것으로서 생산비를 줄여서 판매가격을 인하하며, 노동자의 최저임금을 하루 5달러로 인상했다(1914년). 매스컴은 '포드에게 하느님의 축복을'이라는 기사를 통해 그의 신념에 보답했다.

생산의 표준화로 시장점유율 1위의 최고기업이 되었다. 그러나 바로 그것 때문에 스스로 쇠락의 길을 걸었다. 포드의 사례를 통해 혁신은 환경에 맞추어 끊임없이 계속되어야만 한다는 교훈을 얻게 된다.

BOBOS 뼈다귀! 헨리 포드의 약속

"우리는 대중을 위한 자동차를 만들겠습니다. 가족 또는 개인이 운전과 정비를 손쉽게 할 수 있는 자동차입니다. 현대 기술을 총동원하여 가장 단순하면서도 최고의 성능과 재질을 가진 차를 만들겠습니다. 그 가격은 평범한 샐러리맨이라면 누구나 구입할 수 있을 만큼 저렴합니다."

(1) 생산의 표준화

최저생산비를 달성하기 위해 제품의 단순화와 부품의 호환성을 근간으로 하는 생산의 표준화와 이동조립법(컨베이어 벨트)을 주축으로 하는 대량생산방식을 도입하였다. 3S는 오늘날 대량생산의 일반원칙으로 자리 잡았다.

표 2-7 3S

3S	단순화(simplification)	제품과 작업의 단순화
	표준화(standardization)	부분과 작업의 표준화
	전문화(specialization)	기계와 공구의 전문화

(2) 컨베이어시스템(conveyor system)

1908년 생산된 T형 자동차는 다른 자동차들과 같은 기존의 생산방식으로 생산되었다. 각 작업자들은 조립한 반제품 자동차를 다음 공정으로 보내기 전에 많은 부품을 조립했다.

예를 들어 작업자 한 명이 바퀴, 스프링, 엔진, 변속기, 발전기와 같은 모든 기계부품을 차대에 장착했다. 이는 고정된 자동차 작업대에서 작업을 해야만 하고, 부품의 표준화가 이루어지지 않았기 때문에 시간이 많이 소요되는 작업이었다. 따라서 T형 자동차에 대한 수요가 급격하게 증가하자 기존의 생산방식으로는 그 수요를 감당할 수 없게 되었다.

그는 푸줏간 주인이 레일을 이용해서 이동시키면서 부위별로 고기를 발라내는 광경을 목격하고 자동차 조립공정에 이것을 반대로 적용하였다. 포드는 작업자를 작업순서에 따라서 일렬로 배열하고 공구를 고정배치하며, 작업대상물을 컨베이어시스템에 실어서 운반함으로써 작업자의 물류시간을 절대적으로 줄이도록 했다. 이는 곧 현대의 TV, 냉장고 등 각종 전자조립제품의 생산에서 절대적 우위를 자랑하는 대량생산이 가능한 컨베이어시스템의 시초이다.

표 2-8 테일러시스템 · 포드시스템 · 도요타시스템의 비교

테일러시스템	표준화를 중심으로 하는 과업관리에 의한 생산성 향상
포드시스템	흐름작업방식에 의한 대량생산시스템 확립
도요타시스템	칸반방식(カンバン方式)에 의한 다품종 소량생산시스템 확립

자료 : 미야타 야히치로, 경영학 100년의 사상, 일빛, 2001.

BOBOS 뼈다귀!

100년의 전쟁

증기자동차 초기의 모습과 테슬라의 '모델3'

20세기 초반에는 증기자동차, 전기자동차, 가솔린자동차가 거의 대등하게 경쟁하고 있었다. 증기자동차는 속도가 빨랐고 가격도 저렴했다. 1906년에 달성한 속도는 시속 127마일(약 203km)이었다. 그러나 시동을 위해 물이 끓기까지 한참을 기다려야 했고, 물을 보충하기 위해 자주 정차해야만 했다.

전기자동차는 깨끗하고 조용했다. 증기자동차보다는 느렸지만 가솔린자동차보다는 빨랐다. 그러나 장거리 운행이 불가능하다는 것이 단점이었다. 충전소도 충분히 보급되지 않았던 만큼 쉽게 극복하기 힘든 장벽이었다. 추운 날씨에서는 배터리 성능이 저하된다는 문제도 있었다.

가솔린자동차는 더럽고 냄새가 나고 시끄러웠다. 전기시동장치가 발명되기 전에는 시동을 걸기도 번거로웠다. 하지만 한 번 주유로 장거리를 운행할 수 있다는 것이 장점이었다. 가격도 전기자동차에 비해 저렴했다. 전기자동차와 달리 추운 날씨가 운행성능에 별다른 영향을 미치지도 않았다. 세 가지 자동차 모두 저마다 장점과 단점이 있었다. 소비자들은 자신의 기호와 경제력에 맞춰 가장 적당한 차를 선택했다.

초기에는 전기자동차가 셋 중 비교적 경쟁력을 갖추고 있었다. 가장 큰 이유는 청결감과 환경친화성에 있었다. 그때만 해도 기차를 제외하고는 사람들이 장거리와 속도에 익숙하지 않았다. 더구나 자동차는 소수의 경제력 있는 상류층이 주요고객이던 시절이었으므로 비싼 가격은 그리 큰 문제가 되지 않았다. 1904년 당시 뉴욕, 시카고, 보스턴 시내를 운행하는 자동차의 3분의 1이 전기자동차였다. 전기자동차는 깔끔해서 마차의 대안으로 많이 선택되었다. 그러나 배터리 용량 문제로 장거리 운행이 불가능하다는 것은 전기자동차의 치명적인 단점이었다. 그래서 전기자동차는 단거리 운행을 위주로 하는 택시사업에서 주로 채택했다. 최초의 전기자동차 택시는 1896년 뉴욕에서 처음 등장했다. 당시 많은 전문가들은 증기자동차나 휘발유자동차가 아니라 전기자동차가 미래의 중요한 교통수단으로 자리 잡을 것으로 예측했다.

하지만 전기자동차의 지위는 두 가지의 결정적인 결함 때문에 항상 위태로웠다. 하나는 장거리 운행이 불가능하다는 것, 또 하나는 가격이 비싸다는 것이었다. 결국 휘발유자동차가 이 약점을 공략하기에 이르렀다.

가솔린자동차는 앞서 말한 여러 단점 때문에 상대적으로 시장 지위가 낮았다. 그러나 1910년대 전기시동장치가 개발되고, 도로망 확충과 주유소 보급으로 전세가 역전됐다. 특히 헨리 포드가 등장해 저렴한 모델T를 보급한 것이 결정적 계기가 됐다. 1920년대 가솔린자동차가 미국시장에서 대세를 장악하는 사이 전기자동차와 증기자동차는 조금씩 자취를 감췄다. 1930년대 대공황을 거치면서 대부분의 전기자동차와 증기자동차 회사가 파산하고 명맥이 끊겼다.

가솔린자동차는 1920년대 포장도로가 본격적으로 보급되고, 1901년 텍사스에서 대규모 유전이 개발되고, 찰스 케터링에 의해 전기 시동장치가 개발되면서 시장을 장악하게 된다. 여기에 헨리 포드의 대량생산을 통해 날개를 달게 된다.

이미 20세기 초 전기자동차가 한창 주가를 올리고 있을 때, 일각에서는 100% 가솔린도 100% 휘발유도 아닌 양자의 장점만을 결합시킨 하이브리드자동차의 잠재성을 인식했고, 실제로 몇몇 회사들은 하이브리드차를 실험적으로 내놓기도 했다. 그러나 양자택일의 대결구도 앞에 하이브리드는 주목받지 못하고 사라졌다. 그들은 100년 뒤 시대가 바뀌면서 하이브리드가 다시 주목받으리라고는 상상조차 하지 못했을 것이다.

100년 가까운 기간에 걸쳐 구축된 가솔린자동차 생태계가 그리 쉽게 사라지기는 힘들다. 그러나 아직 상대적으로 주목받지 못하고 있는 연료선시사동차(수소차 등)가 이느 날 갑자기 과거 가솔린자동차가 그랬던 것처럼 전혀 예상치 않은 곳에서 장벽을 극복하고 대세를 장악할 가능성도 있다. 영웅적 혁신 경영자는 종종 전혀 예상치 못한 곳에 숨어 있다가 등장한다. 마치 100년 전 헨리 포드가 그랬던 것처럼 말이다.

자료 : 테크M(저자 수정)

BOBOS 뼈다귀 컨베이어 벨트 앞에 서서 기계와 하나가 된 인간은 행복한가?

찰리 채플린의 생각은 '아니다'였다.

그는 영화 '모던 타임즈'를 통해서 인간은 기계를 떠나야 한다는 강한 메시지를 전달했다. 이리저리 몰려다니는 양떼들과 지하도에서 우르르 쏟아져 나오는 노동자들이 비교된다. 카메라는 기계화, 표준화, 익명화된 산업사회 노동자의 불행을 놓치지 않았다.

채플린은 훗날 '자동화공장에서 일했던 적지 않은 노동자들이 정신적인 문제가 있었다는 사실에 착안했다'고 회고했다. 하지만 그는 이 영화로 공산주의자로 의심받고 결국 미국에서 추방당했다.

그러나 채플린은 노동자의 임금상승은 고려하지 못했다. 포드는 새로운 시스템에 적응하지 못하고 회사를 떠나는 노동자를 잡기 위해 임금을 단숨에 2배로 올렸다. '노동자 중산층'이란 부유한 노동자 계층이 생겨난 것도 바로 그 덕분이다.

BOBOS 한 말씀

문명은 지구상에 있는 모든 남녀노소에게 기본적인 의식주를 안정적으로 공급하고, 각 개인의 가치관을 인정할 수 있을 때 비로소 그 의미를 갖는다. 이 정도도 만족시키지 못한다면 그러한 문명은 낙제다. 인간다운 생활을 하고자 하는 사람들 모두에게 개별적로 기회가 주어지지 않는다면 아무런 의미가 없다

– 헨리 포드 –

4) 경영과정론(경영관리론)

페욜은 테일러와 거의 비슷한 시기에 연구를 시작했다. 테일러가 생산현장에서의 기술적 생산관리방식에 관심을 가지고 과학적 방법을 제안했다면 페욜은 기업조직 전체의 관리라는 문제에 관심을 가지고 과학적 원칙을 제안했다. 페욜이 테일러에 비해 상대적으로 주목받지 못한 이유는 당시 기업현장의 문제가 '관리'보다는 '생산현장'이라는 것과 불어라는 언어적 문제에 있었다고 평가된다. 그럼에도 불구하고 테일러의 과학적 관리법은 페욜과 비교했을 때 보다 하위계층에 초점을 맞춘 생산관리의 영역으로 폄하되기도 한다.

페욜은 기업가 집안에서 태어나 어려서부터 최고경영자의 입장에서 모든 것을 관찰했으며 일류대학 졸업 후 대규모 광산업체의 전무이사로 있으면서 단순한 작

업감독자가 아닌 전체 관리자로서 경영을 이해했다.

그는 '경영(management)'과 '관리(administration)'를 구분해야 한다고 주장했다. 페욜에 의하면 경영은 제자원을 활용하여 이익을 통해 기업목적을 달성하도록 하는 것이며, 기본적인 여섯 가지의 기능활동을 확보하는 것이다. 이에 비해 관리는 여섯 가지 기능 중 하나에 불과하다.

표 2-9 기업의 본질적 기능

기업의 6가지 기능
1. 기술활동(technology) : 생산, 가공
2. 상업활동(commerce) : 판매, 구매
3. 재무활동(finance) : 자본조달, 자금운용
4. 회계활동(accounting) : 대차대조표 작성, 손익계산, 재산평가
5. 보전활동(security) : 자산보전, 종업원 보호
6. 경영관리활동(administration) : 계획, 조직, 지휘, 조정, 통제

계획	미래활동에 대한 탐구와 활동계획 수립
조직	경영을 위한 물적·사회적 유기체 구성
지휘	종업원을 각 기능에 맞게 일하게 함
조정	단결과 조화의 유지
통제	규칙과 명령에 준하여 활동할 수 있도록 관리

페욜의 기능구분은 오늘날 경영관리분야를 마케팅, 재무관리, 회계학, 경영정보시스템, 인적자원관리 등으로 구분하는 것과 유사하다. 마지막의 경영관리활동은 오늘날 경영의 핵심을 이루고 있는 활동이다. 페욜은 조직규모가 확대됨에 따라 업무담당자의 수가 늘어나기 때문에 실무담당자들에 대한 관리가 필요하다고 생각하여 경영활동을 수행하기 위한 14가지 경영원칙을 제시했다.

이 14가지 경영원칙들은 능률, 질서, 안정성, 공정성을 강조한 것으로 요약된다. 이들 대부분의 원칙들은 현대 경영에서도 중요시되는 것들이지만 학자들로부터 칭송과 함께 비판도 많이 받고 있다. 왜냐하면 14가지 원칙들 서로 간의 구분과 경계가 애매모호하여 비슷한 것들도 많고, 또 어떤 것들은 이율배반적이라서 한 가지

원칙을 지키려면 다른 원칙은 파괴될 수밖에 없기 때문이다.

테일러는 조직의 하위계층에 있는 노동자가 그 중심이었다. 반면 페욜은 조직의 상위계층에 있는 경영자를 중심으로 했다. 즉 테일러는 생산의 과학화를 추구했고, 페욜은 관리의 과학화를 추구했다. 페욜의 연구는 빠르게 성장하는 당시 경제상황에서는 생산의 문제가 중요시되었기 때문에 테일러의 과학적 관리에 가려 거의 빛을 보지 못했다. 그러나 1950년대 후반 리더십 기능이 주목받기 시작하고, 1970년대, 1980년대에 걸쳐 계획의 문제가 중요한 경영테마로 떠오르면서 다시 부각되었다.

표 2-10 14가지 원칙

구분	내용
분업	분업은 동일한 노력으로 보다 많은 성과를 얻게 한다.
권한과 책임	경영자에게는 명령을 할 수 있는 권한과 이에 수반되는 책임이 있다.
규율	구성원들은 조직의 규율에 복종해야 한다.
명령의 통일	종업원들은 한 사람의 상사로부터만 명령을 받아야 한다.
방향의 통일	한 가지 목표를 갖고 있는 일련의 활동은 한 가지 계획과 한 명의 부서장 하에서 통합되어야 한다.
조직이익이 개인이익에 우선	조직 전체의 이익이 종업원들의 개인적인 이익에 우선한다.
합당한 보상	종업원의 충성심을 제고하기 위해서 일에 대한 대가가 공평하게 보상되어져야만 한다.
집권화	종업원을 의사결정에 어느 정도 참여토록 하는가라는 집권화는 조직에 따라 다르다.
계층연쇄	조직의 계층에 따라 보고와 명령계통이 체계적으로 이루어져야만 한다.
질서	인적·물적 자원은 적재적소에 있어야 한다.
공평	종업원을 친절하고 공정하게 대해야 한다.
고용안정	높은 이직률은 비효율성을 초래하므로 장기적인 고용안정을 도모해야 한다.
창의성	창의성은 계획을 고안하고 성공적으로 이끌기 때문에 조직의 활력소가 된다.
단결	개인들의 조화에서 생겨나는 단결의 힘은 강력하다.

▌그림 2-2▌경영사상의 비교

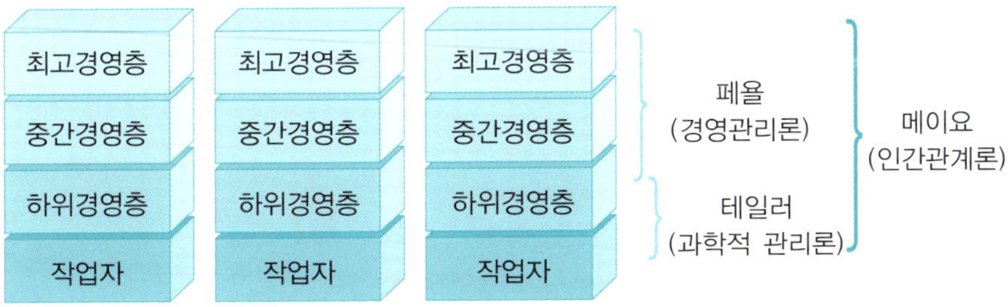

자료 : R.M. Hodgetts, *Organizational Communication : A managerial perspectives*, Harcourt Brace College Publishers, 1986.

▌그림 2-3▌페욜의 14개 원칙의 구성

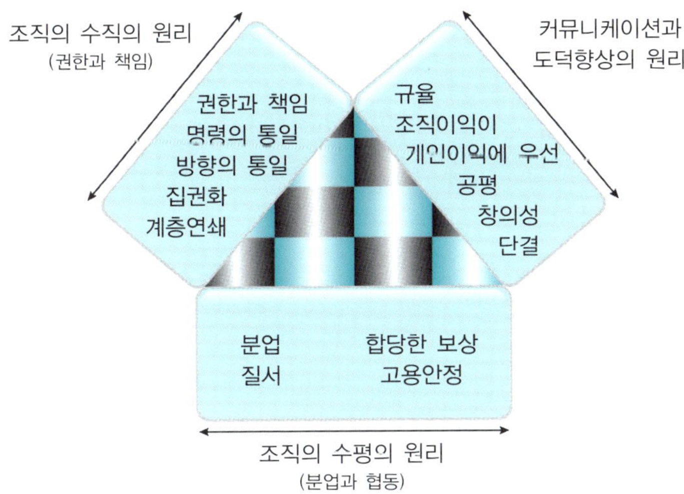

자료 : 미야타 야히치로, 경영학 100년의 사상, 일빛, 2001(저자 수정)

BOBOS 문제

경영은 보다 큰 그림으로서 기업의 목적을 달성하기 위해 제반 자원을 배분하고 활용하여 최대의 이익을 낼 수 있도록 하는 전반적인 활동이다. 이를 위해서는 필수적으로 기술, 상업, 재무, 회계, 보전, 경영관리기능을 전반적으로 활용한다. 이에 비해 관리는 보다 작은 그림으로서 여섯 가지의 기능 중 한 가지를 의미하며 특히 경영관리기능에 초점을 맞추고 있다.

테일러는 경영을 일반적인 방향을 그리는 개념으로, 관리는 구체적인 것으로 구분하고 있다. 또한 경영은 넓고 높은 계층을 의미하는 개념으로, 관리는 낮고 좁은 계층으로 구분하기도 한다.

혹자는 경영(management)은 이윤추구를 목적으로 하는 기업과 산업에 적용된다고 보고, 관리(administration)는 이윤추구를 목적으로 하지 않는 정부 또는 비영리조직에 적용된다고 구분하기도 한다.

5) 관료제(bureaucracy)

관료제는 19세기 말경 독일의 사회학자 베버에 의해 발표되었으나 1940년대에 와서야 영어로 번역되면서 미국을 비롯한 여러 나라에 널리 알려졌다.

테일러의 과학적 관리와 베버의 관료제는 많이 닮아 있다. 두 이론은 모두 합리적인 규칙과 과정에 의해 경영활동이 이루어져야 한다고 제안한다. 관료제는 기업의 대규모화되면서 필연적으로 생겨날 수밖에 없는 산물이다. 과학적 관리론과 관료제가 모두 조직의 합리적 모델을 추구한 것이지만, 베버는 개인의 동기나 인간관계를 배제하고 공식조직구조를 대상으로 관료제성을 찾으려 하였으며, 테일러는 조직구성원을 단순한 경제적 동기에 의해 행동하는 생산도구로 보는데 차이점이 있다. 그러나 베버는 관료제도 조직구조가 기계적이고 경직성을 띠어 비인간적인 사회를 만들어낸다는 점을 인식하여 인간을 '쇠울타리(iron cage)'에 가두어 놓는다고 보았다.

특정인이 갖는 권력(power)이 정당하다고 타인에게 인정받게 되면 그것은 권한(authority)이 된다. 그는 법적인 권한의 기반을 세 가지로 구분하였다. 그는 지배형태를 전통적 권한(traditional authority), 카리스마적 권한(charismatic authority), 합법적・합리적 권한(legal & rational authority)에 따른 것으로 보았으며, 이 중 합법적・합리적 권한이 대표적이며 이것을 그의 이념형으로 삼았다.

(1) 전통적 권한

전통적 권한은 과거로부터 물려받은 관행이나 전통 때문에 특정인의 명령에 복종하고 그가 설정한 규칙을 따를 때 발생하는 권한이다. 이는 획득된다기보다는 조상으로부터 물려받는 경우가 흔하다. 군주제도나 씨족사회에서의 장자에 의한 권리승계 등의 지도체계 등도 이에 포함된다. 한국을 비롯한 장자계승권을 가지고 있었던 과거의 많은 나라들의 경우가 여기에 속한다. 전통적인 권한은 연장자를 대우하고 그들의 말을 무조건 따르게 되는 유교적 성격을 지닌 권한이다. 현대에 와서는 그것이 지닌 비합리성 때문에 다른 권한들과 비교해볼 때 상대적으로 덜 부각되고 있으나 아직까지도 한국사회의 기업경영에서는 큰 영향을 미치는 권한의 유형이다.

관직은 지배자의 개인적 재산의 일부로 간주되기 때문에 지배자의 명령은 법과 행정을 초월하고, 관료와 지배자의 관계는 신분상 엄격한 충성, 복종과 차별적 관계이다. 또한 직무의 분업이 이루어지지 않고 사인주의가 지배하는 사회이기 때문에 관료에게 전문적인 지식이 필요하지 않다.

(2) 카리스마적 권한

카리스마적 권한은 인간의 외적인 요소에 기초하는 전통적 권한이나 합법적・합리적 권한과는 달리 한 개인이 특별한 그 무엇을 지니고 있기 때문에 생겨나는 종류의 권한이다. 그러므로 준거적 권력과 관련이 깊다. 어떤 한 개인의 모범적인 성격, 예외적인 신성, 영웅적 자질 등에 대한 헌신으로 설명될 수 있으며, 이러한 권한을 가진 사람은 신비스럽고, 자아도취적이며, 대중을 끌어들이는 흡인력을 지닌 사람으로 보여진다.

베버는 사람들이 특정한 인물이 지니고 있는 특별한 속성을 목격하고 그 사람에게는 초자연적·초인적 능력이 있다고 인정할 때 카리스마가 발현된다고 보았다. 따라서 카리스마적 권한을 지닌 사람은 기존의 확고한 관행에 도전하고 비전을 제시해줄 수 있는 획기적인 혁신책을 지니고 있어서 위기상황에서 비롯되는 집단구성원들의 불안과 동요를 가라앉힐 수 있는 해결책과 직접적인 관련이 있기 때문에 집단구성원들에게 수용된다. 사람들은 그가 내리는 명령을 따르고, 그가 세우는 규칙을 지키려 하며, 그를 본받고 받들게 된다. 베버는 이런 속성을 가진 사람이 '리더'로 인정받는다고 주장했다.

그러나 그는 순수한 형태의 카리스마는 최초의 과정에서만 존재할 수 있으며, 전통화되든지, 합리화되든지, 아니면 양자의 혼합에 의해서 유지된다고 주장했다. 또한 카리스마적 리더와 추종자들과의 관계는 감정적 측면에 초점을 맞추고 있기 때문에 근본적으로 불안정하다고 보고, 카리스마의 효과를 지속시키기 위해서는 제도화된 유형으로 변형시켜야 하는데 이러한 과정을 '카리스마의 관례화'라고 했다.

(3) 합법적·합리적 권한

이는 베버가 규정한 가장 기본적인 권한이며 그는 이것을 그의 이념형으로 삼았다. 현대 조직운영에 있어서 가장 기본적인 권한의 유형이다. 특정인이 설정한 규정, 규율, 명령을 다른 이들이 합법적이라고 인정하고 따를 때 발생하며, 이런 권한에 의해 관료주의가 확산될 수 있다고 믿었다. 대부분의 대규모조직에서 관료제성을 찾아볼 수 있으며, 그 개념의 기원은 베버에게 있다.

베버는 당시 수적으로 급격하게 증가했던 노동자들에 대해 관심을 가졌다. 그가 그들에게 관심을 가진 이유는 노동자들의 계급투쟁에 대한 지지나 또는 자본주의를 붕괴시키기 위한 노동자들의 투쟁을 지지해서가 아니라 노동자들에게 인간적인 삶의 보장을 가능하게 해줄 수 있는 기존정치의 개혁 때문이었고, 이런 개혁을 통해 독일의 민족적 통합을 이룰 수 있을 것으로 믿었기 때문이었다.

막스 베버가 살던 시대는 농업중심의 농촌사회에서 고도 산업화의 도시중심사회로 전환되어 가는 과도기적 단계에 놓여 있었다. 이런 과도기에는 사회 전 영역이 산업화에 따르는 새로운 합리화를 요청하게 되고, 이를 정립시키기 위한 연구도 필요해졌다. 이런 요구에 베버는 그의 역할을 충실하게 수행했다고 볼 수 있다.

합법적 권한에 기반한 관료제는 역사적으로 볼 때 절대군주제의 잔인성과 자의성, 편파성, 일방성에 반대하는 시민계급의 투쟁의 산물이라고도 할 수 있다. 시민들은 군주와 관료의 횡포와 억압으로부터 탈피하여 보다 안정적이고 명문화된 규범에 의한 지배를 선호하게 되었다. 정치사상가들은 국가에 대한 개념을 수정하였다. 즉, '짐이 곧 국가다'라는 식의 절대군주제 시기의 국가개념을 국민의 일반의지의 반영이라는 공유개념으로 대치한 것이다. 그러므로 지배자는 국민과의 계약에 의해 국민을 지배하는 존재로 파악되었다. 이러한 계약관계는 법에 의해 유지되며, 모든 권위는 법으로부터 출발한다는 인식이다.

BOBOS 뼈다귀!

왜 위기상황에서만 불러주니?

카리스마는 조직의 구성원들이 강도 높은 변화를 필요로 할 때, 현상황에 대한 불만이 많을 때, 이러한 것들이 위기로 느껴질 때 더 강한 효력을 발휘한다. 그 이유는 카리스마를 보유한 누군가가 낡은 관행을 파괴하고 새로운 비전을 제시함으로써 동요하는 대중을 하나의 목표를 향해 결집시킬 수 있고, 이러한 과정이 불안정과 동요를 상당수 해소시킬 수 있기 때문이다. 바로 이러한 이유 때문에 카리스마를 보유한 사람은 대중에게 극적으로 수용된다.

표 2-11 베버의 이상적 관료제

구분	내용
분업	직무는 단순하고 일상적이며 잘 정의된 과업으로 나누어져야 한다.
권한계층	조직은 권한계층에 따라 조직되어야 하고, 하위계층은 상위계층의 통제와 감독을 받아야 한다.
공식적 채용	구성원은 교육, 훈련, 공식적인 시험을 통해서 입증된 기술적인 자질에 의해 선발되어야 한다.
공식적 규칙 및 규제	종업원의 행동을 통일하고 규제하기 위해서 경영자들은 공식적인 조직규칙에 주로 의존해야 한다.
비개인성	규칙과 통제는 모든 종업원들에게 통일적으로 적용되어야 한다.
경력지향	경영자는 관리하는 조직의 소유자라기보다는 전문경영자가 되어야 한다.

▌그림 2-4 ▌베버의 관료제 조직구조

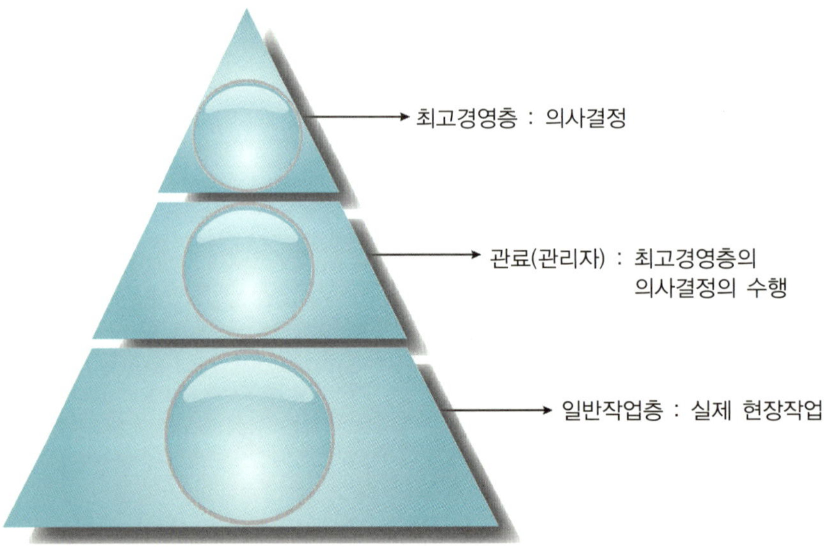

자료 : J.C. Williams, *Human Behavior in Organization*, 1978(저자 수정)

BOBOS 뼈다귀 트럼프 현상

도널드 트럼프는 돌풍을 일으키며 미국의 대통령이 되었고, 그의 언행은 전 세계의 주목을 받고 있다. 온갖 막말 파문에도 불구하고 이어지고 있는 트럼프의 행보는 자신의 매력을 어필할 수 있는 방법을 정확히 파악하고 있기 때문이다.

트럼프는 자신의 지지자가 어떤 유형의 리더를 원하는지 정확히 파악하고 있다. 미국 예능프로그램 '에프렌티스'를 통해 성공한 사업가의 이미지를 굳힌 트럼프는 끝까지 그 이미지를 유지했다. 이른바 '후광효과'를 톡톡히 누린 것이다. 후광효과란 성공적인 이미지 하나만 있더라도 그 이미지를 통해 다른 특성들을 좋게 인지하게 되는 것을 의미한다. 게다가 억만장자라는 정체성은 트럼프가 어떤 권력에도 굴복하지 않을 것이라는 인상을 준다.

국가가 경제적인 위기나 불안에 놓였을 때 대중은 변화를 갈망하게 된다. 막스 베버는 이 과정에서 카리스마적 리더가 탄생한다고 말한다. 제2차 세계대전의 영웅 윈스턴 처칠이나, 제2차 세계대전의 원흉인 아돌프 히틀러, 쿠바의 독재자 카스트로까지 모두 위기상황에서 탄생한 영웅이었다. 리더십 학자인 버나드 베스도 "감정의 불안이 크면 클수록 구세주를 기다리는 심정은 더욱 커져 카리스마적 리더의 탄생은 쉽게 진행된다"고 주장했다.

트럼프의 지지자들은 공통적으로 권위주의적 리더를 선호하는 성향을 가지고 있었다. 교육수준, 월수입, 나이, 성별, 종교, 정당선호도를 불문하고 공통적으로 권위주의를 추종하고 있었다. 이들의 80%는 국가가 경제적 위기에 놓였으며 올바른 방향으로 가지 못하고 있다고 응답했다.

블룸버그 통신과 로고 컨설팅그룹이 미국 공화당 TV토론회를 분석한 결과, 트럼프는 초등학교 5학년 수준의 문법과 어휘를 주로 사용했다. 하지만 초보 수준의 화법이 트럼프의 인기비법이었다. 미국 카네기멜런대학교 언어기술연구소는 "트럼프는 세 음절이 넘지 않는 짧고 단순한 단어를 반복함으로써 청중들에게 메시지를 또렷하게 전달했다"고 평가했다. 영국의 역사학자 시릴 노스콘 파킨슨 교수가 정립한 '파킨슨의 법칙'은 사람들은 누구나 이해하기 쉬운 주제를 선호하는 경향이 있다고 설명한다. 미국 경제위기는 다양한 변수와 복잡한 문제들을 다루고 있지만, 대중은 간단한 답을 원한다는 것이다.

> 스카치폴 교수는 "가장 중요한 사실은 다수의 미국인이 트럼프의 말에 공감하고 있다는 것"이라며 "다수의 미국인들이 그동안 정치에 얼마나 큰 괴리감을 느꼈는지를 보여주는 결과"라고 설명했다.
>
> 자료 : 헤럴드경제(저자 수정)

3 인간관계론

20세기 이전의 미국의 기업환경은 경제적·합리적 인간관에 입각한 과학적 관리가 성공할 수 있는 여러 조건을 구비하고 있었다. 그러나 시대와 무대를 달리함에 따라 학문의 강조점이 변하게 된다. 인간의 심리적 측면과 사회적 측면을 전혀 고려하지 않았던 과학적 관리에 대한 비판과 더불어 제1차 세계대전의 영향을 받게 된다.

당시에는 많은 비숙련 노동자들이 조직에서 일하는 상황 속에서 많은 변화들이 일어났고, 기존의 고전이론만으로는 설명될 수 없는 현상들이 나타나기 시작했다. 이러한 이유 때문에 조직에서의 인간적 측면, 사회적 관계 등이 중요한 문제점으로 부각되기 시작했다.

기존의 과학적 관리는 인간을 목적이 아닌 수단적 존재로서 인식했고 이는 많은 부작용을 초래했다. 인간은 경제적 목적에 의해서만 움직이는 존재가 아니며, 기계적이며 수단적인 존재가 아니라는 사실이 곳곳에서 드러나기 시작했다. 이러한 현상과 더불어 과학적인 방법이 효율성을 높여준다고 할지라도 그것이 인간을 위한 목적을 지니고 있지 못하면 이미 그 존재가치 자체를 잃어버린 것이라는 주장과 더불어 바람직한 인간관계를 확립하는 일이 경영자의 의무라는 관점이 대두되기 시작했다. 매슬로우는 이와 같은 가치에 근거하여 유사이키안 경영(eupsychianmanagement)을 제안했는데, 이는 조직에서 중요한 것은 기술적으로 숙달된 종업원보다는 심리적으로 성숙한 종업원을 육성하는 일이며 이것이 장기적으로는 조직과 사회발전의 기틀이 된다는 것이다.

인간을 수단적 가치가 아닌 목적지향적 가치로 보는 관점이 바로 인간관계론이다. 인간이 일을 하는 동기는 무언가를 얻기 위해서이다. 때문에 욕구충족의 주기가 경제성장을 촉진시킨다고 보는 것이 인간관계론적인 관점이다. 과학적 관리가 지배하던 시기에는 물질적인 유인에 의해 동기부여가 되고, 물질을 통해 만족을 얻었지만 그 후 과학적 관리가 성공할 수 있었던 사회적 환경과 경제적 환경이 변화했다. 때문에 미제로 남아있던 인간적 측면의 중요성이 강조되기 시작했다. 인간성을 무시하는 과학적 관리는 더 이상 획기적 모델이 되지 못했을 뿐만 아니라 노동쟁의는 계속되고 이런 현실에서 노동자와 관리자의 반목과 생산성 저하는 많은 문제를 가져왔다. 당시 산업현장에서는 노동생산성의 저하가 심각한 문제였고, 기업들은 저마다 대책을 마련하기 시작했다. 이런 상황에서 하버드대학의 메이요는 록펠러재단의 지원을 받아 생산성 제고를 위한 연구에 착수했다. 이는 메이요 개인의 업적에도 큰 전환기를 가져다주었다. 과학적 관리의 선조인 테일러가 경영의 합리화로 생산성을 향상시키고자 한 데 비해, 메이요는 인간의 감성을 회복함으로써 생산성을 향상시키고자 했다.

인간관계론의 중심을 이루는 호손실험(Hawthorne experiments)은 미국의 Bell식 전화기 제조사인 웨스턴 일렉트릭사의 호손공장에서 이루어졌다. 이 연구는 하버드대학의 경영대학원 산업조사연구실의 협력으로 이루어졌으며, 재정은 록펠러재단의 지원으로, 메이요가 주도하고 같은 대학의 뢰스리스버거의 협력으로 이루어졌다. 호손실험이 시작되기 전까지는 '인간은 기계이다. 인간은 생산을 위한 수단과 도구이다'라는 생각이 지배적이었다. 고전이론이 추구했던 것과 마찬가지로 호손실험은 '노동자의 생산능률은 임금, 작업시간, 노동환경 등 물적·인적 제조건의 함수'라는 전통적 산업심리학의 가설에 역점을 두고 이를 검증하려는 데 목표를 둔 실험이었다. 그러나 실험의 결과는 이 가설을 전면 부정함으로써 새로운 국면을 맞이하게 된다.

(1) 제1차 실험

조명실험 : 조명도가 생산성에 미치는 정(+)의 영향(1924~1927)

호손공장이 자체적으로 실시한 것으로서 조명도가 생산성에 미치는 정(+)의 영향에 관한 실험이다.

당시 미국 전등설치업자들은 시장확대전략으로 '작업장의 조명도를 높이면 생산성이 향상된다'는 캠페인을 벌리고 있었으나 실제 작업현장에서는 매출액이 별다르게 증가하지 않았다. 이에 따라 전등설치업자들은 산업조명위원회(CIL : Committee on Industrial Lighting)를 구성하여 에디슨(T. Edison)을 명예위원장으로 앉히고, 조명도가 생산성에 미치는 정(+)의 효과를 입증하기 위한 실험에 착수하였으며, 그 실험대상지의 하나로 웨스턴 전기회사의 호손공장이 선정되었다.

이 실험에서는 여성작업자들을 대상으로 작업집단을 두 개로 나누어 하나의 집단(실험집단)에는 조명의 강도를 다양하게 변화시키고, 다른 집단(통제집단)에는 동일한 조명하에서 작업을 하게 한 다음 두 집단 간의 생산성의 차이를 측정하였다. 놀랍게도 두 집단 모두에서 생산성이 증가되었다. 심지어는 조명의 밝기를 감소시켜도 두 집단 모두에서 생산성이 증가하였다. 조명의 밝기를 달빛수준까지 감소시키자 그때서부터 비로소 생산성이 떨어지기 시작하였다. 그리고 작업일수를 늘리고 휴식기간을 단축해도 생산성이 증가하였다. 이 결과에 당황한 호손공장 측에서 이 실험결과에 대한 해명을 하버드대학에 의뢰함으로써 호손실험은 새로운 국면을 맞이하게 된다. 메이요와 그의 동료들은 추가실험에서 여성작업자들이 휴식을 마음대로 하도록 감독권한을 변경하였다. 그 다음에 실험집단에는 임금을 올려주고, 통제집단의 임금은 그대로 두었다. 결과는 두 집단 모두에서 생산성이 증가하였다. 실험자들은 조명의 강도와 생산성과는 직접적 관련이 없다는 결론을 내렸지만 자신들이 경험한 것을 적절하게 설명할 수는 없었다. 이에 연구는 1932년까지 계속된다.

(2) 제2차 실험

계전기 조립실험 : 조명도 이외의 작업조건(작업시간, 임금, 휴식시간 등)이 생산성에 미치는 영향(1927~1929)

계전기 조립실험은 전화기에 사용하는 계전기를 조립하는 6명의 여성작업자들을 대상으로 하였다.

처음에는 회사에서 2명의 여성작업자들을 선발하고, 나머지 4명은 먼저 선발된 2명으로 하여금 각각 2명의 여성작업자를 선발하도록 권한을 위임하였다. 그리고 1차 실험에서 나타난 결과 이외의 변화를 충분히 관찰할 수 있도록 그들을 별도로 격리시켰다.

이 실험에서는 그동안 생산성의 향상을 가져온다고 생각되었던 여러 조건, 즉 노동시간의 조정, 휴식시간의 도입, 직무재설계 등 새로운 제도를 도입하여 여성작업자들의 작업조건을 개선해주었다. 작업조건이 개선됨에 따라 작업능률은 급격하게 향상되었다. 그러나 일정기간 후 작업조건을 개선되기 이전의 상태로 환원시켰는데도 불구하고 작업능률은 오히려 더욱 상승하였다.

이 실험의 결과는 1차 실험과 마찬가지로 물리적인 작업조건의 변화보다는 심리적 변화가 더 중요성을 갖는다는 사실을 보여준다. 즉, 실험대상자인 여성작업자들은 자신들이 중요한 실험에 참가하고 있다는 인식에서 오는 긴장감, 여러 사람이 자신들을 주목하고 있다는 인식, 작업조건의 개선에 자신들의 의견이 존중되고 있다는 만족감, 자신의 팀을 스스로 선발하여 구성함으로써 생기는 자긍심과 협동적 노력 등이 매개체가 되어 적극적인 작업이 가능했고, 이를 통해 생산능률이 향상된 것이다.

이와 같이 종업원들이 감독자로부터 특별한 주목을 받을 때 작업조건의 변화에 관계없이 열심히 일하게 되어 생산성이 향상되는 현상을 호손효과(Hawthorne effect)라고 한다. 이 실험으로 인하여 지금까지 간과되어 온 근로자들의 감정이나 태도 등에 관한 문제가 새로운 연구과제로 대두되었다.

(3) 제3차 실험

면접실험 : 작업자의 심리적 요인이 작업자의 태도와 생산성에 미치는 영향 (1928~1930)

메이요팀은 인간의 감정적·심리적 요인이 생산의 증가에 작용하는 새로운 변수라는 것을 알게 되면서 면접계획을 시도한다. 회사의 전부문에서 2,000여 명에게 상사의 감독 및 지도방법, 작업환경, 업무 등에 대하여 종업원의 면접을 통해 불평불만을 조사하였다. 종업원들은 흉금을 털어놓을 수 있는 기회를 가질 수 있었고, 그들이 제안한 많은 사항들이 실제로 이행되었다. 그 결과 종업원들은 경영자들이 그들을 개인으로서 또는 집단으로서 중요하게 존중하고 있다고 느끼기 시작하였다.

이 실험에서는 종업원들의 작업의욕이 개인적 감정에 의해서도 영향을 받지만 그들이 속해 있는 집단의 사회적 조건에 따라서도 크게 좌우된다는 사실이 밝혀졌다. 많은 종업원들이 말하는 불만이 반드시 객관적이지는 않더라도 그들이 그렇게 느끼고 있다는 사실이 중요하다는 것이다. 즉 사실이 아닐지라도 그것은 '감정의 논리(logic of sentiments)'에 근거하여 심리적으로는 실재하여 많은 영향을 미친다.

(4) 제4차 실험

배선관찰실험 : 작업장의 사회적 요인으로 작용하는 비공식조직과 비공식규범 분석(1931~1932)

배선관찰실험은 생산성이 전혀 오르지 않는 작업집단을 대상으로 한 실험이었다. 호손실험의 마지막 단계로서 전화자동교환기의 일부인 배선작업에 종사하는 14명의 남성작업자들을 대상으로 실험하였다.

관찰 결과 작업자들은 자생적으로 비공식집단을 구성하여 일부 작업자들이 구성원들에게 고의적으로 산출량을 제한하도록 사회적 압력을 행사하면서 작업량을 증가시킨 작업자를 소외시키거나 고립시키고 있었다. 그 이유는 표준상승에 대한 두려움과 성과가 낮은 작업자를 보호하기 위한 것이었다. 인간은 누구나 감정을 가지고 있고, 고립을 두려워하며, 원만한 관계의 유지를 통해 작업장에서도 수단이 아닌 목적으로 살아가고 싶어 한다. 이 연구를 통해 메이요팀은 작업장이 단순히 돈을 벌려는 인간과 기계의 집합체가 아니라 머리와 가슴을 가진 인간들의 사회적 장소임을 깨닫게 된다.

또한 내 안에 또 다른 내가 존재하는 것처럼 조직 안에는 또 다른 조직이 있다. 즉 조직은 하나가 아니라 둘이며 이를 공식조직과 비공식조직이라 부른다. 호손실험을 통해 비공식조직에는 자연적으로 선발된 리더가 있고, 몇 가지 행동규범, 가치체계, 지위관계 등이 형성되어 공식조직에 크게 영향을 미친다는 것을 알게 되었다. 따라서 비공식조직에 긍정적인 면만 존재하는 것은 아니지만 긍정적 요소의 도출과 활용을 통해 공식조직의 효율을 높이고 시너지효과를 창출할 수 있는 방안이 필요하다. 오늘날의 복리후생제도, 다양한 사내면담제도 등은 메이요와 뢰스리스버거의 호손실험에 그 바탕을 두고 있다. 이는 오늘날 많은 기업들이 지향하는 관계지향적 경영의 시초라 볼 수 있다.

그림 2-5 인간관계론의 발전과정

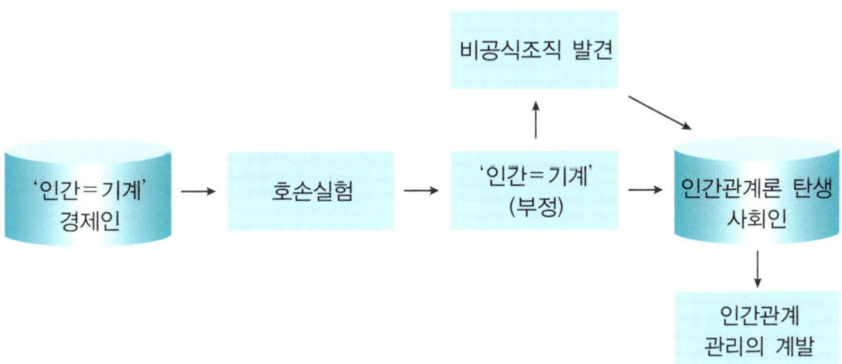

BOBOS 신문

인간보다 로봇이 많아지는 세상

아마존, 알리바바, 구글 등 내로라하는 글로벌 IT기업들이 수년 전부터 로봇에 대한 투자를 이어오고 있다. 글로벌 전자상거래 기업들은 물류로봇 분야에 집중했다.

유통공룡 아마존은 2003년부터 로봇공학기술로 물류창고를 자동화하겠다며 '아마존로보틱스'라는 조직을 만들었고, 2012년엔 창고용 로봇을 만드는 키바시스템즈를 7억7500만 달러에 인수했다.

로봇청소기를 닮은 키바는 최대 1.4톤의 무게를 들어올리고, 360도로 움직이는 바퀴가 달렸다. 키바는 직원을 대신해 지시에 따라 신속하게 주문 상품을 꺼내고 포장하는 곳으로 운반한다. 아마존은 올해 2월을 기준으로 전 세계 물류창고에 약 10만 대의 물류로봇을 배치한 상태다.

아마존의 물류로봇 '키바'

알리바바의 물류 자회사인 차이냐오(菜鳥)가 중국 남부 선전 인근 휘저우에 새로 개장한 자동화 물류창고에는 약 200대의 로봇이 24시간 일하고 있다. 이 로봇은 주문을 처리하고 서로 정보를 공유해 일감배분까지 알아서 한다. 알리바바는 향후 톈진, 장쑤성 우시, 말레이시아 등에 있는 물류창고에도 이 로봇을 도입할 예정이다.

소프트뱅크가 주력하고 있는 분야는 서비스 로봇이다. 현재 소프트뱅크 로보틱스는 휴머노이드 로봇 '페퍼(Pepper)'를 음식점, 쇼핑몰, 호텔 등 2,000개의 고객사에 도입했다. 또한 소프트뱅크는 IBM과 합작해 인공지능 로봇 '나오미'를 개발하기도 했다. 나오미는 사람과 자연스러운 대화가 가능하고 감정을 인지할 수 있어 금융, 의류, 패션 등 다양한 분야에 쓰일 수 있을 것으로 기대를 모으고 있다.

구글은 존슨앤존슨의 의료기기 자회사 에티콘 엔도-서저리(Ethicon Endo-Surgery)와 수술용 로봇회사 '버브 서지컬'을 설립하고 수술용 로봇을 개발 중이다. 이들은 2020년까지 성능이 뛰어나고 가격이 저렴한 수술용 로봇을 출시하는 것을 목표로 하고 있다.

가정용 로봇도 글로벌 기업들이 주목하는 분야다. 아마존은 이 방 저 방을 돌아다니며 비서 역할을 하는 가정용 로봇을 2019년 출시할 예정이다. 구체적인 기능은 알려지지 않았으나 '움직이는 알렉사'와 같은 역할을 할 것으로 전문가들은 예측하고 있다.

소니는 1999년 출시한 애완용 강아지 로봇 '아이보'의 최신 버전을 올 1월초 내놓았다. 인공지능이 탑재돼 주인의 성향에 따라 다른 성격으로 성장하는 이 로봇 강아지는 출시 이후 1만 111대의 판매량을 기록했다.

글로벌 기업들이 앞다투어 로봇에 투자하는 이유는 로봇이 업무능력에 있어 인간을 넘는 장점이 있다는 판단 때문이다. 손정의 소프트뱅크 회장은 "오늘날 우리는 인간의 능력으로는 해결할 수 없는 많은 문제에 직면해 있다"며 "2040년에는 스마트 로봇이 전 세계 인구보다 많은 100억대 수준이 될 것"이라는 예측을 내놓기도 했다.

기존 사업의 효율성이 좋아지고 경제적으로 이득이라는 점도 이유이다. 아마존은 물류로봇을 들인 이후 작업효율이 2~4배 높아졌고, 사람을 쓰는 창고와 견줬을 때 절반 이상의 비용절감을 경험했다.

지난해 세계 최대 온라인 쇼핑 축제 '광군제(光棍節, 독신자의 날)' 때 알리바바가 쏟아지는 주문을 견딜 수 있었던 것도 로봇 덕분이었다. 당시 200대의 로봇이 하루 100만 건 이상의 주문을 처리해내며 알리바바는 매출액 1,682억 위안(28조 3,078억 원)을 달성했다. 기존 사업에 로봇기술이 더해졌을 때 엄청난 시너지효과가 날 수 있음을 보여준 셈이다.

로보사피엔스(Robo Sapiens)[6)]가 호모사피엔스(Homo sapiens)[7)]와 일자리를 놓고, 협력이냐 경쟁이냐의 기로에 서있다. 로봇은 그 어원(Robota, 체코어로 노동)에서 보듯이 인간의 일자리를 대체할 운명을 타고 났다. 인간과 로봇은 안정적으로 공존할 수 있을까?

로봇공학자 한스 모라베크는 "인간에게 어려운 일이 로봇에게는 쉽고, 인간에게 쉬운 일이 로봇에게는 어렵다"고 했다. 이른바 '모라베크의 역설'이다. 장기적으로 일자리의 유지든 창출이든 인간은 인간대로 장점과 역량을 극대화하는 방향으로, 로봇과 기계가 잘할 수 있는 것은 또 그대로 살리는 데 주력해야 할 이유다.

자료 : 머니투데이, 2018. 6. 24; 동아일보, 2018. 7. 12(저자 수정)

4 행동과학(behavioral science)

인간관계론은 많은 공헌과 비판 속에 1940년대부터 발전한 행동과학(behavioral science)의 기초를 마련한다. 그러나 초기 인간관계론의 한계점으로 인하여 인간에 대한 정교하고 과학적인 지식의 필요성을 절감하게 된다. 이런 요구를 충족시킴에 있어 당시의 경영학 내부에서는 한계가 있었기 때문에 심리학, 사회심리학, 생리학, 문화인류학 등 다방면의 인접과학들의 신세를 지게 되었고, 상호교류를 하면서 인간행동에 대한 연구를 함께 추진하였는데 이를 포괄적으로 '행동과학'이라고 부른다.

행동과학이란 '인간행동에 대한 체계적인 연구'로 정의할 수 있으며, 인간행동에

6) Robo Sapiens(생각하는 로봇) : 지혜가 있는 사람을 뜻하는 '호모 사피엔스'와 첨단기술을 뜻하는 단어 '로봇'을 혼합하여 만든 신인류라는 의미의 단어이다.
7) 인류의 진화 단계를 몇 가지로 구분했을 때 가장 진화한 단계이다. 다른 동물과 비교했을 때 인간의 본질이 이성적인 사고를 하는 데 있다고 생각하는 인간관이다.

중점을 두고 관리문제를 해석하려는 것이다. 원래 행동과학은 1940년대 말에 시카고대학에서 철학자, 심리학자, 사회학자, 생물학자, 정신병리학자들이 모여 생물학적, 사회과학적 측면을 포함한 인간행동을 직접 실험과 관찰을 통해 검증하여 일반이론을 전개할 수 있는지 없는지를 토론하고 대화를 나눈 데서 비롯되었다.

이들은 테일러가 과학적 관리법에서 시도했던 것처럼 과학적 방법을 이용하여 인간행동을 연구하려 했다. 다만 초기 인간관계론자들과 다른 점은 인간행동을 객관적이고 과학적인 관찰을 통해 파악하려 했다는 것이다.

행동과학의 학문적 영역에 대해 명확한 정설은 없지만 일반적으로 심리학, 사회학, 인류학, 사회심리학 등의 인접학문을 일컫는다. 이같이 인간행동을 연구하는 행동과학분야들이 점차 종합적 관점에서 인간행동을 연구하게 되고, 이런 연구가 기업이나 조직체를 대상으로 개인, 집단, 전체 조직분석에 적용되어 종합적 학문으로 발전하게 된 것이다.

1) 욕구계층설(욕구단계설, Need Hierarchy Theory)

개인이 지닌 욕구와 동기부여의 이론으로 가장 널리 알려진 것은 매슬로우의 욕구계층설(Need Hierarchy Theory)이다. 매슬로우는 인간에게 동기를 부여할 수 있는 욕구가 계층을 형성하고 있는 것으로 파악하였다.

욕구계층설은 1943년에 소개되었으며, 인간에게 동기를 부여하려면 단계별로 상승하는 인간의 욕구를 제대로 이해하고 있어야 한다고 제안한다. 인간의 욕구는 낮은 단계의 욕구로부터 시작하여 그것이 충족됨에 따라서 차츰 상위 단계로 올라간다. 이러한 매슬로우의 이론은 브랜다이스대학에 재직할 당시에 집필한 「인간의 동기와 성격(Motivation and Personality)」이라는 책에서 소개되었다.

매슬로우는 인간의 내부에는 단계를 이루는 다섯 가지 욕구가 존재한다고 주장한다. 그에 의하면 인간은 이러한 욕구를 한 단계씩 충족시키며, 욕구들 사이에는 우선서열계층이 있다. 이러한 논리에는 다음과 같은 몇 가지의 가정이 자리 잡고 있다.

- 인간은 만족할 수 없는 욕구를 가지고 있다.
- 인간행동은 만족하지 못한 욕구를 채우는 것을 목표로 한다.
- 인간욕구는 기본욕구(생리적, 안전·안정욕구)에서부터 상위욕구(사회적, 자존, 자기실현욕구)까지 5단계로 이루어지며, 기본적인 욕구가 채워져야 상위욕구를 채우려 한다.
- 일단 만족된 욕구는 더 이상 동기부여요인이 될 수 없다.

표 2-12 욕구계층설의 내용[8)]

구분	내용
생리적 욕구 (physiological needs)	• 의, 식, 주, 수면, 성생활 등과 같은 인간생명을 유지하고 보존하기 위한 기본적 욕구
안전의 욕구 (safety needs)	• 신체적 또는 감정적 위험으로부터 보호되고 안전해지기를 바라는 욕구
사회적 욕구 (social needs)	• 집단을 만들고 싶다거나 동료들로부터 받아들여지고 싶다는 욕구
자존의 욕구 (esteem needs)	• 집단에 속하고 싶은 욕구의 만족 이후에 어느 이상의 것이 되기를 바라는 욕구 • 내적으로 자존을 성취하려는 욕구(내적 존경욕구)와 타인으로부터 인정을 받고 지위를 확보하려는 욕구(외적 존경욕구)
자기실현의 욕구 (self-actualization needs)	• 인간이 바라는 최종적인 욕구이며 욕구수준의 최정상에 위치 • 자신이 지니고 있는 잠재적 능력을 최대한 발휘하여 충족시키고자 하는 욕구 • 결코 충분히 충족되지 못하는 연속되는 욕구

매슬로우의 욕구계층설은 경영자들로 하여금 인간욕구에 대한 체계적인 인식을 최초로 갖게 해준 이론이었다. 또한 종업원들의 하위욕구를 어느 정도 충족시켜 준 이후에도 동기부여효과를 지속적으로 얻기 위해서는 상위욕구를 충족시켜 줄 수 있는 조직분위기가 조성되어야 한다는 중요성을 일깨워준 이론이었다.

8) 자기실현의 욕구 : 대부분의 학자들은 '자아실현의 욕구'로 번역하고 있으나 매슬로우가 지향했던 개념적 정의는 '자기실현의 욕구'에 가깝다고 볼 수 있다.

▮그림 2-6▮매슬로우의 욕구계층설

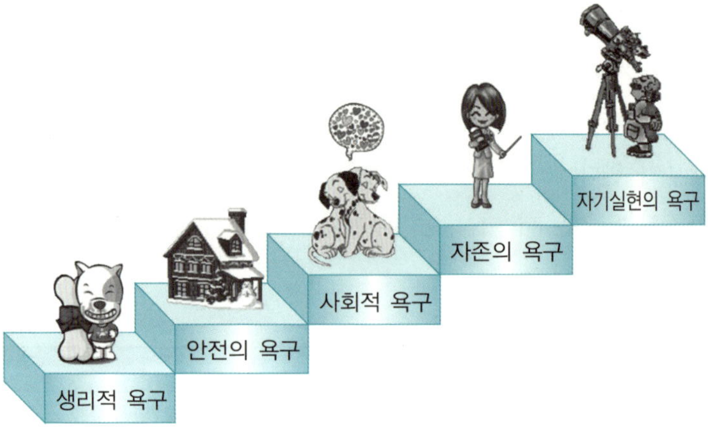

BOBOS 책 **내가 호구 같다면 인정욕구를 의심하라**

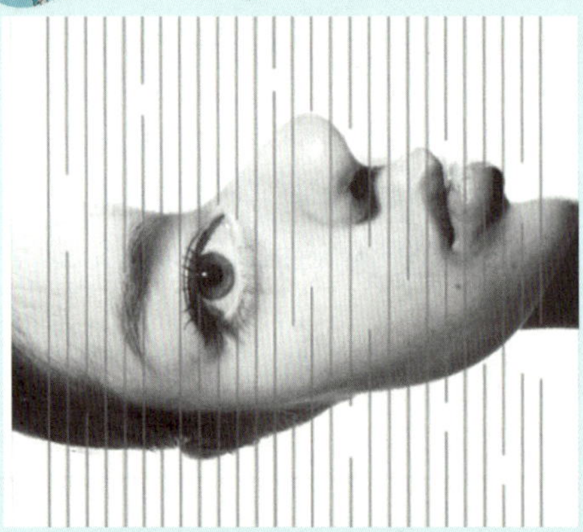

심리학에서는 한 개인이 인정하고 싶어하지 않는 자신의 어두운 면을 받아들이고 통합하는 것을 좀 더 성숙한 자아를 찾아가기 위한 필수적인 과정으로 본다. 뇌과학도 마찬가지다. 뇌과학은 의식으로는 보기 어려운 우리의 숨겨진 모습들을 드러내며 우리가 가진 편견들을 하나씩 벗겨내고 인간본성의 실체와 마주할 수 있도록 도와준다.

뇌과학은 또한 지금껏 우리가 교육을 통해 당연한 것으로 받아들여왔던 고정관념에 새로운 질문을 던진다. 공감이란 과연 항상 좋은 것인지, 아무 사심없는 진정한 이타심은 과연 존재하는지, 도덕적 판단과 공정성 판단은 철저하게 논리와 이성에 기반을 두는지. 뇌과학은 당연했던 고정관념에 다시 한 번 질문을 던지며 우리에게 이전에는 없었던 새로운 관점과 사고의 틀을 제시해준다.

많은 사람들이 자의든 타의든 불우한 이웃에게 기부를 하고, SNS에서 '좋아요'를 받는데 집착하며, 의사결정과정에서 남들의 시선을 의식한다. 어째서일까? 그저 인간의 본성이 그렇기 때문일까?

인간을 비롯해 사회적인 행동을 하는 동물이 자신의 욕구를 그대로 드러내지 않고 감추거나 간접적으로 표출하는 것은 사회화를 통해 학습하는 필수적인 행위이다. 만약 욕구충족의 목표를 가진 친사회적 행동 역시 긍정적인 가치라는 보상을 추구하는 행동이라면, 이를 감추거나 간접적으로 표출하려고 하는 행동 또한 사회화 과정을 통해 습득되었다는 사실은 그리 놀랍지 않다.

그렇다면 도덕적 판단과 친사회적 행동을 통해 인간이 추구하는 보상은 무엇일까? 타인으로부터의 존경, 사랑, 인정 등을 쉽게 떠올릴 수 있다. 즉 인간이 친사회적 행동을 하는 심리적 동기는 타인으로부터 호감이나 인정을 얻고자 하는 '보상추구동기'라는 것이다.

이타적 행동은 장기적으로 볼 때 더 높은 이득을 주는 전략적 행동이 될 수 있다. 또한 이타적인 행동은 타인으로부터 호감을 이끌어낼 수 있으며, 사회구성원으로서의 위치를 공고히 해줄 수 있는 것으로도 보인다. 이러한 점에서 이타적인 행동은 자신의 능력과 이타적 성향을 과시하는 '값비싼 신호(costly signal)'가 될 수 있다. 또한 이런 비싼 신호를 사용한 개체일수록 더 높은 사회적 지위를 얻을 수 있다.

자료 : 김학진의 '이타주의자들의 은밀한 뇌구조' 중에서(저자 수정)

BOBOS 한 말씀

자기실현자들은 기본적 욕구의 만족에 대해서는 부족함을 느끼지 못하지만 내적으로 일어나는 충동이 있다. 그들은 열심히 일하고, 무엇인가를 늘 시도하며, 야심적이다. 그들에게 있어서 동기부여란 인격의 성장이며, 성격의 표현이며, 성숙이고, 발전이다. 한 마디로 말하자면 그것은 자기실현이다.

- 매슬로우 -

2) XY이론

맥그리거는 「기업의 인간적 측면(The Human Side of Enterprise, 1960)」이란 저서를 통해 X · Y이론을 주장했다. 그는 메이요의 과학적 관리론에 대한 비판적 사고와 매슬로우의 욕구계층설에 영향을 받아 X · Y이론을 전개하였다. 그가 제안한 '기업의 인간적 측면'은 관리자의 입장에서는 인간을 다루는 것에 해당되고, 종업원의 입장에서는 그들이 즐겁게 일할 수 있는 방법에 해당되는 것이다.

그는 과학적 관리론이 주장하는 인간관은 X이론에 근거한다고 보았다. 과학적 관리론에서는 인간의 생리적 욕구나 안전욕구와 같은 저차원적 욕구만 충족되면 생산성이 향상된다고 가정한다. 이는 인간을 근본적으로 게으르고, 경제적 동기에 의해서만 움직이는 존재로 보는 가치에 근거하고 있기 때문에 필연적으로 권위주의적 관리방식과 근접관리가 수반되므로 중앙통제식 조직풍토가 조성될 수밖에 없다.

이와 달리 인간관계론적 인간관은 Y이론에 근거한다. Y이론의 기본은 기업의 목표와 개인의 목표와의 통합과 자기통제이다. 인간관계론에서는 작업자들도 사회적 욕구, 자존욕구, 자기실현욕구와 같은 고차원의 욕구를 가지고 있으며, 이러한 욕구가 충족되어야 인간다운 삶이 실현됨과 동시에 생산성도 향상된다고 주장한다. 이는 인간을 스스로 성장하고자 하는 욕구가 있는 존재로 보는 가치에 근거하고 있기 때문에 인간은 자기실현을 위한 자극을 통해서 생산성을 향상시키고자 한다. 그러므로 기업의 목표와 개인의 목표를 일치시킬 수 있는 환경을 조성함이 중요하고, 자유롭고 창의적인 기업환경이 필요하다.

X이론이란 인간은 작업을 통해서는 본질적인 만족을 느낄 수 없고, 가능한 한 작업을 피하려고 하며 야망이나 독창성이 거의 없다고 보는 이론이다. 따라서 기업목표를 달성하기 위해서는 강제로 명령을 내리거나 처벌하는 등의 적극적인 지도가 필요하다.

표 2-13 X론적 인간관

- 성악설에 근거한다.
- 인간을 멸시한다.
- 인간은 일하기 싫어하고 가능하면 일을 하지 않는다.
- 인간은 명령을 받기 좋아하고 안전을 추구하며 책임을 회피한다.
- 인간은 통제나 처벌의 위협이 없으면 최선의 노력을 다하지 않는다.
- 인간관계의 가치는 '불신'이다.

Y이론은 X이론과는 반대로 사람을 긍정적으로 파악하여 사람은 일을 즐기고, 조건여하에 따라서 일이 자기만족의 근원이 된다고 보는 이론이다. 따라서 Y이론에서는 일을 할 때 강제적인 분위기보다는 협력적인 분위기가 필요하다.

표 2-14 Y론적 인간관

- 성선설에 근거한다.
- 인간을 신뢰한다.
- 인간은 일을 좋아한다.
- 인간은 목표달성을 위해 자발적으로 노력한다.
- 인간은 자기통제능력이 있으며 기꺼이 책임을 수용한다.
- 인간은 자기지시능력을 가지고 있다.
- 인간관계의 가치는 '신뢰'이다.

맥그리거는 이 이론을 통해 조직에 있어서 인적자원의 통제근거를 밝혔다. 맥그리거는 경영자에게 X이론보다는 Y이론이 더욱 적절한 관리철학이며, 조직에 있어서 어떤 문제가 발생하면 Y이론의 관점에서 제반활동을 조정해야 한다고 주장한다. 개인이 기업의 목표를 이해하는 정도가 높아지면 외부의 통제는 줄어들게 된다. 오늘날의 목표관리는 대부분 Y이론에 기초하고 있다.

3) 이요인이론(동기유발-위생요인이론, Two Factor Theory)

1923년생인 허즈버그는 제2차 세계대전에 참전했다가 종전 이후 다차우 유태인 강제 수용소에서 근무했는데 그곳에서의 생활은 그에게 강한 인상을 심어주었다. 그러므로 허즈버그의 이론은 '인간은 과연 어떤 존재일까'라는 문제의식에 기반하고 있다. 그는 현실 그 자체의 인간성에 초점을 맞추고 있다. 그의 연구과제는 '인간은 왜 일하는가?', '인간은 일을 통해서 무엇을 찾는가?'였다.

그는 매슬로우, 맥그리거 등과 함께 1950년대의 인간관계론 학파의 일원이다. 그의 저술 중 가장 큰 주목과 평가를 받은 것은 1968년 〈하버드 비즈니스 리뷰〉에 실린 논문이었다. '종업원에 대한 동기부여 방법(One More Time: How do you motivate employees?)'이란 제목의 이 논문은 재인쇄되어 100만 부 이상 팔려 리뷰에 게재된 논문으로서는 많은 관심을 받았다.

이요인이론은 매슬로우의 문제점을 극복하기 위해 그의 연장선상에서 전개된 이론으로서 인간에게는 전혀 이질적인 두 가지 욕구가 동시에 존재한다는 개념이다.

허즈버그는 이요인이론을 전개하기 위해 구약성서에 나오는 아담과 아브라함을 빌려왔다. 아담의 상징은 원죄이다. 그는 타락에 의해 괴로운 인생을 살았으며, 기본적인 욕구는 고통의 회피이다. 아담은 일과 일을 둘러싼 환경 속에서 고통과 불만을 느끼는 생물적 가치를 대변한다. 아브라함은 인류의 조상이며 신에게 무한한 축복을 받았으므로 성장을 상징한다. 그러므로 아브라함의 기본적 욕구는 잠재능력의 향상이다. 아브라함은 일을 통한 잠재력의 발휘에서 만족을 느끼는 인간존재적 가치를 대변한다.

성서에 근거하여 허즈버그는 인간의 욕구를 아담적 욕구와 아브라함적 욕구로 구분하고, 아담적 욕구란 불쾌한 것을 회피하려는 인간의 욕구를, 아브라함적 욕구란 계속적인 정신적 성장을 통해 잠재능력을 현실화하고자 하는 인간의 욕구를 대변한다고 주장했다.

12회에 걸친 연구에서 낮은 지위에 있는 감독자, 농업분야관리자, 관리직에서 사직한 사람들, 병원보수유지 및 인사관리담당자, 생산감독자, 간호원, 주방장, 군무원, 엔지니어, 과학자, 주부, 교사, 기술자, 여성컴퓨터기술자, 회계사 등이 포함되어 있는 조사대상자 1,685명의 샘플로부터 유추된 직무불만족과 직무만족을 일으키는 요인을 분석했다. 이들 중 직무만족에 기여하는 요인의 81%가 동기유발요인이었고, 직무불만족에 기여하는 요인의 69%가 위생요인이었다.

허즈버그가 '위생'이란 말을 쓴 것은 의학적인 면에서 그것들이 지닌 예방적 의미와 환경적 의미 때문이다. 즉, 위생요인이란 사람들의 직무에 대한 불만족을 미리 예방할 수 있는 환경적 조건이란 뜻이다. 이런 의미에서 위생요인을 '불만족요인'이라고도 부른다. 반면 동기유발요인은 사람들로 하여금 보다 나은 만족과 성과를 가져오게끔 동기를 부여하는 데 효과적이기 때문에 '만족요인'이라고도 부른다. 때문에 이요인이론은 '동기유발-위생요인이론'이라고도 불린다.

아담적 욕구의 충족은 단지 불만족의 감소만을 가져올 뿐이지 만족에는 영향을 미치지 못하는 반면, 아브라함적 욕구는 충족되지 못한다 하더라도 불만은 없고 충족되면 만족에 적극적인 영향을 준다. 즉 만족의 반대는 불만(dissatisfaction)이 아니라 무만족(no satisfaction), 불만의 반대는 만족이 아니라 무불만(no dissatisfaction)인 것이다. 그러나 간과할 수 없는 사실은 위생요인이 충족되어야만 동기유발요인의 충족이 가능하다는 것이다. 그러므로 위생요인은 집을 짓기 위한 토대이며, 동기유발요인은 그 토대 위에 세워진 집이다.

허즈버그의 이론은 어떤 일의 결과가 가져다주는 인간의 모든 욕구의 충족 여부가 그 일에 대한 만족 또는 불만족을 가져오며, 만족하면 할수록 그 일에 대한 동기부여가 커지고, 불만족하면 할수록 동기부여가 작아진다는 전통적 견해와는 달리, 두 종류의 욕구 중 아브라함적 욕구의 충족만이 동기부여와 관련되어 있다는 점에서 많은 관심을 모았다. 이는 불만의 해소에만 관심을 가졌던 전통적 경영방식과는 전혀 다른 획기적 개념인 것이다. 또한 불만의 원인이 거의 세서된 신진공업국, 우량기업의 경영풍토에 혁명적 변화를 가져다주기도 했다.

BOBOS 책 가치있는 삶

샤갈의 '예레미야의 소명'

'성서메시지'는 샤갈이 69세에 그리기 시작하여 81세에 완성한 그림이다. 성서에 나오는 아브라함은 75세에 인류 최초의 문명이 일어났던 수메르의 메트로폴리스인 우르를 떠났다. 그리고 4000년이 지난 오늘날 세계 인구의 절반의 삶의 근간이 된 유대교, 그리스도교, 이슬람교를 탄생시켰다. 샤갈은 아브라함과 비슷한 나이에야 비로소 자신의 삶을 돌아보며 성서를 그림으로 그렸다. 결코 우연이 아니었을 것이다. 샤갈은 '성서메시지'의 인물들을 통해 아브라함을 이끈 종교의 핵심을 다시 한 번 우리에게 아름답게 설명하고 있다. 덧없는 삶을 살아가는 현대인에게 샤갈은 가장 가치 있는 삶이 무엇인가 하고 묻고 있다.

자료 : 배철현의 '창세기, 샤갈이 그림으로 말하다' 중에서

그림 2-7 이요인이론의 구조

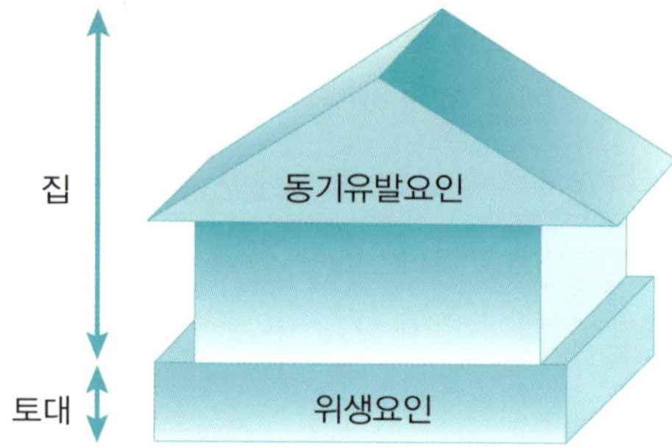

표 2-15 동기유발요인과 위생요인의 국가별 영향력 차이

원인	동기유발요인의 영향		위생요인의 영향	
결과	만족	불만족	만족	불만족
미국	80	20	20	75
일본	82	40	10	65
핀란드	90	18	10	80
헝가리	78	30	22	78
이탈리아	60	5	30	70

BOBOS 한 말씀

동기유발요인에 관한 만족 정도에 따라 인간은 긍지와 자부심을 가지기도 잃어버리기도 한다.

– 허즈버그 –

BOBOS 뼈다귀

구글은 낮은 차원의 욕구를 겨냥한다

구글은 직원들에게 인간적인 욕구를 충족시켜준다. 저차원의 기본적 욕구는 인간적이게 보이지 않을지 몰라도 이것은 인간성을 형성하는 기본이 된다. 그러므로 평범한 사람들에게 그것은 단순한 '물질적인 가치' 그 이상이다.

구글에는 저차원의 욕구에서 허덕이는 종업원들은 거의 없다. 구글은 상당히 인간적인 기업이라고 평가받는다. 그러나 사람들이 구글을 선택하는 이유는 따로 있다. 구글의 차별화는 기본적 욕구에 대한 파격적인 혜택이다. 구글은 그 자체로 잘 운영되고 있는 호화 리조트 호텔로서 모든 직원들을 고객으로 여긴다. 이 호텔이 고객을 잘 대접할수록 고객은 호텔에 더 오래 머물게 된다.

첫째, 구글에 입사한 직원들은 하루 종일 맛있는 최상의 음식을 먹을 수 있다. 11개의 카페테리아에서는 5성급 호텔 수준의 주방장들이 아침부터 저녁까지 무료로 음식을 제공한다. 구글은 전 직원의 식음료 비용에 1년에 8,700만 달러를 지출한다.

둘째, 구글의 직원에게는 심부름 센터 또는 도우미 이용권이 지급된다. 온라인 서비스를 통해 시킬 일을 기입하면 심부름 센터에서 나온 사람이 그 일을 대신해준다. 'TaskRabbit'이라는 온라인 서비스를 이용한다. 이는 더 나은 일과 생활의 균형을 위한 것이라고 한다.

셋째, 무료 출퇴근 서비스가 제공된다. 직원들은 버스 안에서 최고의 와이파이 서비스를 이용하고, 간단한 음식을 먹을 수 있으며, 운동도 할 수 있다.

넷째, 애완동물을 데리고 출근할 수 있다. 이는 직원들의 심리적 안정을 도모하기 위한 것이라고 한다.

다섯째, 구글에는 직원들을 위한 마사지룸이 있다. 전문적인 마사지사의 마사지로 뭉친 근육과 스트레스를 풀 수 있다.

여섯째, 업무시간에 어려운 문제에 부딪히거나 정신적 스트레스가 쌓이면 헬스장에 가서 운동을 할 수 있다. 언제든지 헬스장과 사우나를 이용할 수 있다.

일곱째, 세 달짜리 무급휴가를 갈 수 있다. 휴가기간 동안 무슨 일을 해도 상관없다.

여덟째, 본사에서는 의료진들이 항상 대기하고 있어 카이로프랙틱 치료나 심리상담을 받을 수 있다.

아홉째, 움직이는 이발소 트럭 서비스를 통해 스마트폰으로 간단히 예약만 하면 언제든 이발할 수 있다.

열째, 구글은 피곤에 지친 직원들을 위해 스트레스 캡슐을 제공하고 있다. 이곳에서 소음과 빛을 차단하고 편안하게 낮잠을 즐길 수 있다.

그래서 구글의 직원들은 40달러를 주머니에 넣고 한 주를 시작하고, 그 한 주가 다 가도 지갑에는 여전히 40달러가 남아있다.

▮그림 2-8▮ 경영이론의 발전과정

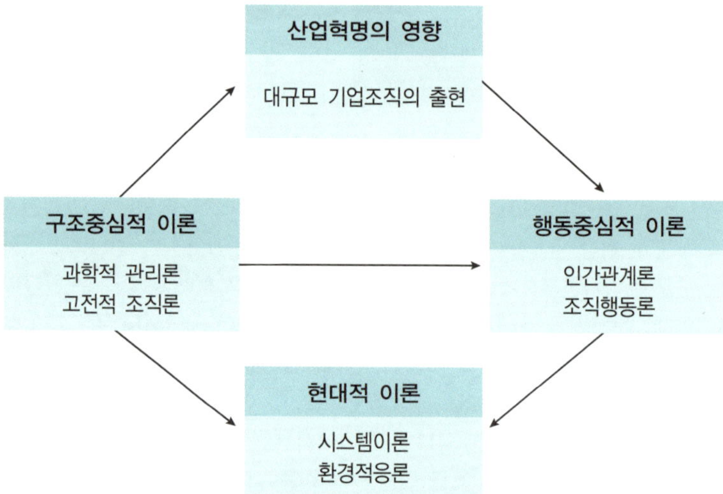

자료 : 森本三男, 經營學の原理, 中央經濟社, 1978.

5 환경적응론

환경적응론(contingency theory, situation theory)은 1960년대 초에 영국과 미국에서 많은 학자와 경영자의 실무경험을 토대로 발전시킨 새로운 이론이다. 고전이론과 신고전이론에서는 모든 조직에 유효한 관리방식이나 경영원칙, 모든 환경에 적용될 수 있는 최선의 조직, 모든 조직에 적용될 수 있는 유일최선의 방법이 존재한다고 보았다. 과학적 관리는 작업과정에서의 효율성을 위해서 유일최선의 해법을 추구했고, 경영과정론은 조직에 적용될 수 있는 일반원칙에 있어서의 유일최선의 해법을 추구했다. 마찬가지로 신고전이론도 그 해법을 인간에게서 찾았다. 그러나 환경적응론은 환경과 상황을 강조하는 개념이기 때문에 고전이론과 신고전이론의 극단주의를 절충하여 모든 것은 상황의 변화에 따라 달라져야 한다는 입장을 취하고 있다. 그러므로 환경적응론은 보편타당한 일반론을 부정하고, 상황적인 변수를 찾아내어 문제해결시에 이를 적극적으로 활용한다.

보편타당성을 부정하게 된 배후에는 환경의 변화가 있다. 20세기 중반 이후에 기업환경은 안정적이고, 연속적이며, 예측가능하던 A차원의 환경에서 불안정적이고, 불연속적이며, 예측 불가능한 B차원의 환경으로 급변했다.[9] 때문에 환경의 변화에 따라 상황을 고려한 사고와 관리방법의 중요성이 대두되기 시작했다. 따라서 환경적응론은 그 적용에 있어서 매우 실용적인 이론이다.

그림 2-9 보편론과 환경적응론

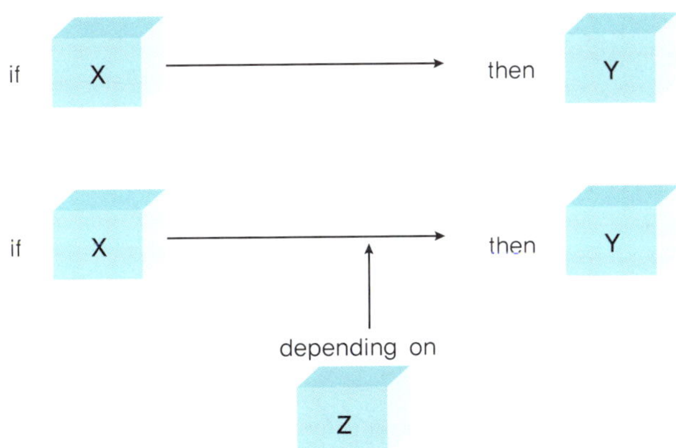

9) 마일즈의 환경의 구분 : A차원의 환경과 B차원의 환경

표 2-16 "만일 X라면 Y가 된다"

고전론자	높은 생산성을 원하면(X) 노동분업을 체계화한다(Y).
행동론자	생산적인 종업원을 원하며(X) 그들을 행복하게 한다(Y).
환경론자	만일 X라면 Y가 되나 Z라는 조건하에서만 가능하다. Z는 환경(상황, 조건)변수

자료 : S.P. Robbins, *Management : Concepts and applications*, Prentice-Hall, 1988.

따라서 환경적응론은 조직을 둘러싸고 있는 환경을 중요시하고, 조직과 환경 간의 상호관계를 주된 연구대상으로 한다. 다시 말해서, 환경적응론에서는 조직과 환경이 어떤 조건을 이룰 때 조직의 유효성이 증가되는가를 시스템론적으로 연구한다.

예를 들어 생산성 증대를 위해 과학적 관리법이라면 분업과 성과급을 강조할 것이고, 인간관계론자들은 인간적 관리스타일과 동기부여를 강조할 것이며, 시스템론자들은 기술・작업자・집단규모・생산방식 간의 조화를 강조할 것이다. 그러나 환경적응론자들은 기업의 외부상황(고객, 경쟁사, 트렌드, 국제화)에 알맞은 핵심역량을 동원하는 전략을 시도할 것이다.

▌그림 2-10▐ 환경변수

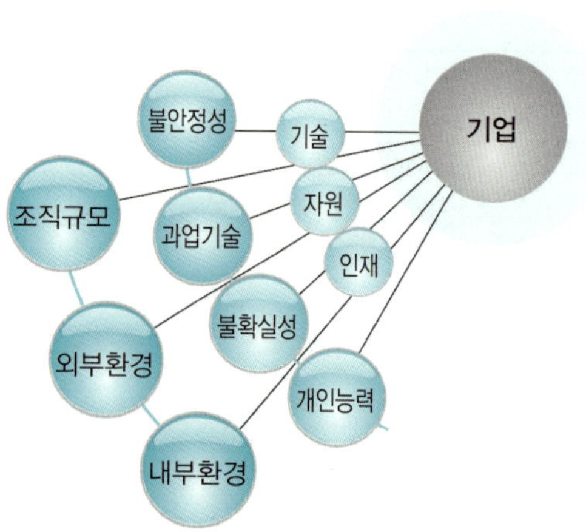

환경적응론은 상황변수를 고려함으로써 그 내용상 '적합'이라는 개념을 포함하고 있다. 적합(fit)은 적응(adapt), 연결(match), 일치(consistency), 조화(congruence) 등의 유사한 개념으로 사용되기도 하고, 혹자들은 적합을 정태적인 개념으로, 적응을 동태적인 개념으로 구분하기도 한다.

마일즈는 적합을 그 정도에 따라 부적합(misfit), 최소적합(minimal fit), 최대적합(tight fit) 등의 세 가지로 구분하고 있다. 부적합은 완전한 실패, 조직의 사멸을 의미하지는 않지만 업적의 하향을 초래할 수 있는 적합의 정도를 의미하고, 최소적합은 변화하는 경생적 환경 속에서 최소한 계속기업으로서 살아남기 위해 필요한 정도의 적합을 의미하며, 최대적합은 계속기업으로서 생존하면서 더 나은 업적과 성과를 위해 바람직한 정도의 적합이다. 적합의 개념은 어떤 경우에서든 2개 이상의 요소를 전제로 한다. 이들 사이의 적합관계가 잘 이루어지면 조직의 높은 효과를 기대할 수 있다.

환경적응론은 탁상공론이 아니라 실제조직의 현장상황을 중심으로 연구하는 것이기 때문에 이론과 실무를 연결시켜 유효성을 높일 수 있는 실제적이고 실무적인 대안을 제공했다. 여기서 출발된 것이 전략경영, 글로벌경영이다. '전략경영'이란 상황을 먼저 파악하고 기업이 가지고 있는 자원 중에서 현재의 시장상황에 가장 강점이 될 수 있는 핵심자원을 활용하고 현재 상황에 가장 잘 대처할 수 있는 사업을 전개하는 것이다. 또한 종진에 국가단위로 형성되어 있던 기업활동이 통신, 정보, 운송수단의 발달로 세계시장으로 확대되면서 기업은 더욱 다양한 국가들을 상대하며, 더 많은 상황변화에 대처해야 한다. 즉, 전 세계 시장상황에 알맞는 제품, 기술, 자원의 활용과 개발을 하되 국경을 초월하여 기업을 운영하는 것이 글로벌경영인 것이다.

그러나 이는 명확한 정통성을 지닌 것이 아니고, 충분한 조사와 연구에 의해 검증된 것이 아니기 때문에 만병통치약이 아니라는 비판을 받고 있기도 하다. 환경적응론도 다른 많은 이론과 마찬가지로 이론 자체가 가지고 있는 문제점과 적용상의 한계점이 있다고 볼 수 있다.

BOBOS 문제

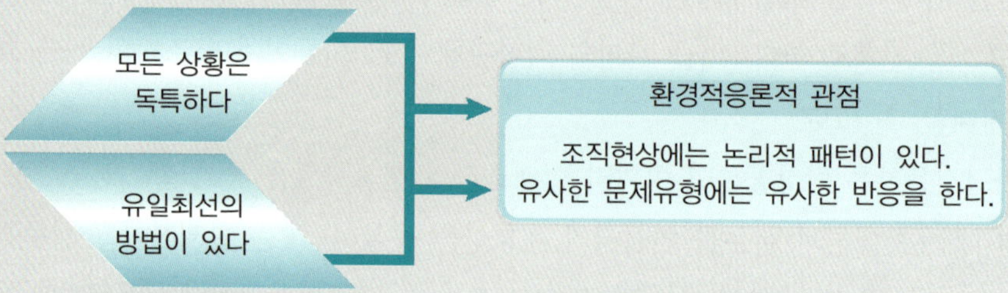

자료 : R.L. Daft, *Management*, Dryden Press, 1991.

BOBOS 뼈다귀

적응하지 못하면 망한다

갈라파고스(Galapagos)는 남미 에콰도르 해안에서 서쪽으로 960킬로미터 떨어져 있는 섬이다. 1831년 찰스 다윈이 생태조사를 한 곳으로 유명하며 '종의 기원'이 탄생하게 된 배경이기도 하다. 다윈이 활동하던 시대의 사람들은 지구상의 모든 생물은 창조된 후 전혀 변화하지 않는다고 믿었는데, 다윈은 갈라파고스에서 관찰한 것을 바탕으로 생물 종은 시간이 흐르면서 변화하고 진화한다는 자연선택설을 발표했다.

갈라파고스에는 날지 못하는 새, 가마우지가 있다. 천적이 없고, 먹을 것이 많아 날개를 사용할 필요가 없다보니 날개가 있어도 날 수 없는 새가 되어버렸다. 날개는 퇴화되어 흔적만 남았고, 물고기 사냥에 필요한 물갈퀴가 생겨났다. 갈라파고스에 서식하는 가마우지는 전 세계 40종의 가마우지과 중에서 유일하게 날지 못하는 새이다. 날개가 짧아지면서 잠수할 때 부력이 줄어들기 때문에 먹이를 구하는 데 유리하고, 날 필요가 없어 체중을 늘리게 되면 몸속에 더 많은 산소를 저장해서 오래 잠수할 수 있게 되었다.

갈라파고스는 전 세계적으로 사용할 수 있는 제품임에도 불구하고 자국시장만을 염두에 두고 제품을 만들어 결국엔 글로벌 경쟁에서 뒤처지는 현상을 가리키는 말로 사용되기도 한다. 갈라파고스 제도가 육지에서 고립되어 고유한 생태계가 만들어진 것과 유사하다고 해서 붙은 말이다.

또한 갈라파고스의 비극이라는 말은 1990년대 일본의 전자, 정보기술(IT) 산업이 내수시장에만 주력해서 해외시장에서 고립되자 이런 현상을 설명하기 위해 사용되기도 했다. 아무리 뛰어난 기술과 서비스라고 할지라도 세계시장의 요구와 국제표준을 맞추지 못하면 세계시장은 물론 내수시장마저도 위태로울 수 있다는 의미로 사용되고 있다.

갈라파고스의 비극은 2007년 애플의 아이폰이 나오기 전까지 업무용 스마트폰 시장에서 타의 추종을 불허하며 독보적 1위 자리를 지켰던 블랙베리의 몰락, 전 세계 핸드폰 시장을 석권했던 노키아의 몰락으로도 설명될 수 있다. 고립된 섬 갈라파고스처럼 글로벌 환경과 격리되고 단절되어 자기만의 방식을 고집하면 기업은 결국 쇠락하게 된다.

그림자료 : 어린이 과학동아

BOBOS 뼈다귀

빌 게이츠가 이긴 이유?

컴퓨터산업 초기에만 해도 IBM은 그 분야에서 세계적으로 절대적인 우위를 점하고 있었다. 그런데 IBM이 개인용 컴퓨터 부문에서 뒤쳐진 이유는 무엇일까? 한때 세상에서 가장 많은 개인용 컴퓨터를 생산하던 IBM은 이제 더 이상 개인용 컴퓨터를 생산하지 않는다.

IBM은 컴퓨터 본체에 관한 한 절대적 우위를 지키고 있었다. 그러나 개인용 컴퓨터가 일반화되는 것이 IBM을 위협하게 되리라고는 미처 깨닫지 못했다. 1980년 당시 IBM이 개인용 컴퓨터 시장에 진입하기로 결정했을 때 데스크톱 컴퓨터를 개발한 애플의 시장규모는 1억 달러 정도였다.

IBM의 최고경영자였던 프랭크 캐리는 직원들에게 1981년 8월까지 IBM상표를 부착한 개인용 컴퓨터를 만들 것을 지시했다. 시작부터 뒤쳐졌음에도 불구하고 프로젝트담당자는 두 가지 실수를 저질렀다. 개인용 컴퓨터의 핵심요소를 회사 밖에서 조달하려 했다는 점이다. 즉, 컴퓨터의 심장에 해당하는 것이 바로 마이크로칩과 운영체제인데, 마이크로칩은 인텔에서 운영체제는 시애틀에 있는 잘 알려지지 않은 작은 회사(MS)로부터 공급받기로 한 것이다.

IBM의 임원들은 비핵심분야를 아웃소싱함으로써 시간을 절약할 수 있다고 생각했다. 돈이 되는 컴퓨터 본체를 자신들이 생산하고 있으므로 별 문제가 없다고 보았던 것이다. 즉, IBM이 생산한 본체 없이 마이크로소프트 브랜드만으로는 별 의미가 없다고 확신했던 것이다.

그러나 IBM이 보지 못한 것을 빌 게이츠는 꿰뚫어 보았다. 세계는 컴퓨터산업의 대전환기를 맞기 직전이었다. 경영학자들이 말하는 소위 패러다임의 대전환이 이루어지고 있었던 것이다. 빌 게이츠는 IBM경영자들이 깨닫지 못한 부분, 즉 컴퓨터의 미래는 하드웨어가 아닌 소프트웨어에 달려있다는 사실을 알고 있었던 것이다. 그는 또한 비록 IBM이 시장의 지배자라 할지라도 소프트웨어를 적용하는 데 있어서는 일종의 표준을 정해야 한다는 것을 알고 있었다. 그리고 Q-DOS가 그 표준의 근간이 될 것으로 전망했다. Q-DOS는 빌 게이츠가 다른 회사로부터 50달러에 산 운영체제였다. 그는 그 운영체제의 이름을 MS-DOS로 변경했다.

IBM의 개인용 컴퓨터는 출시하자마자 상업적인 면에서는 성공했다. 그러나 IBM은 판매에서 얻은 이익을 대부분 두 하도급업자에게 나눠주어야만 했다. IBM과 MS의 최초계약에 따라 IBM은 MS-DOS의 개발비용을 제공해야 했고, MS만이 제3자에게 이 시스템의 사용권을 줄 수 있었다. 이것이 IBM이 쇠퇴하게 된 결정적 원인이었다. 마이크로소프트만이 사용권을 줄 수 있다는 계약은 경영의 역사상 가장 훌륭한 의사결정 중의 하나였다.

개인용 컴퓨터산업이 폭발적으로 성장하면서 많은 업자들은 모두 MS-DOS를 사용하게 되었고, 그 대가를 MS에 지불했다. 그러나 IBM의 실수는 여기서 끝나지 않았다. IBM은 근본적 실수를 깨닫고서도 재계약을 하거나 MS와의 관계를 청산하지 못했다. 더욱 이해하기 어려운 것은 IBM의 고위간부들이 MS의 시장점유율을 깰 수도 있는 IBM에서 개발한 운영체제를 폐기해버렸다는 것이다.

IBM은 10여 년 이상 다른 어떤 회사보다도 많은 컴퓨터를 생산했음에도 오히려 개인용 컴퓨터 생산부문에서는 계속 적자를 보았다. 경쟁이 심한 개인용 컴퓨터 시장에서 많은 이익을 낸 쪽은 마이크로칩과 운영체제를 공급하는 회사였다. 그 결과 컴퓨터산업에서는 지금까지 두 개의 브랜드가 독점적 우위를 점하고 있는데, 그것이 바로 인텔과 마이크로소프트이다.

자료 : 스튜어트 크레이트너의 '75가지 위대한 결정' 중에서

BOBOS 숙제

1. 분업의 경제적 효과를 이해한다.
2. 작업방법의 개선과 생산의 효율성이 노동자에게 미친 영향을 이해한다.
3. 하위욕구와 고위욕구에 따른 노동자의 활동을 이해한다.
4. 경영환경의 변화에 따른 경영관리기법을 이해한다.
5. 환경적응론적 관점에서 과업(생산)과 관계(인간)를 이해한다.

BOBOS 한 말씀

신은 완전한 인간을 창조하지 않았다. 대신 완전해질 수 있는 상상력을 인간에게 주었다.

– 박민규의 '죽은 황녀를 위한 파반느' 중에서 –

핵심 체크

01. 테일러의 과학적 관리는 과업의 설정을 통해 공평한 하루의 일을 정의했다.

02. 테일러의 과학적 관리는 과업관리, 과학적인 선발과 훈련, 성과급제도, 직능별 감독제도로 구성된다.

03. 길브레스의 동작연구는 빠르고, 쉽고, 편한 유일최선의 방법을 통해 작업자의 능률을 높이면서 피로를 줄이고자 했다.

04. 서블릭기호는 복잡한 작업동작을 18종의 기본단위로 나누고 간단하게 기호로 설명한다.

05. 포드시스템은 생산의 표준화와 컨베이어시스템을 통해서 대량생산을 가능하게 만들었다.

06. 테일러의 과학적 관리는 표준화를 중심으로 하는 과업관리에 의한 생산성 향상이고, 포드시스템은 컨베이어벨트에 의한 대량생산시스템의 확립으로 인한 생산성의 향상을 의미한다.

07. 페욜의 경영과정론은 이상적인 경영원칙을 통해 생산의 효율성을 추구했다.

08. 베버는 관료제에서 이상적인 조직구조를 통해 생산의 효율성을 추구했다.

09. 특정인이 갖는 권력이 정당하다고 인정받으면 권한이 되는데, 베버는 권한의 기반을 전통적 권한, 카리스마적 권한, 합법적 · 합리적 권한으로 구분했다.

10. 과학적 관리가 경영의 합리화로 생산성을 향상시키고자 했다면, 인간관계론은 인간의 감성을 회복함으로써 생산성을 향상시키고자 했다.

11. 매슬로우는 욕구계층설을 통해 인간의 욕구를 생리적 욕구, 안정 · 안전의 욕구, 사회적 욕구, 자존의 욕구, 자기실현의 욕구로 구분했다.

12. 과학적 관리론이 주장하는 인간관은 X이론에 근거하고, 인간관계론이 주장하는 인간관은 Y이론에 근거한다.

13. 허즈버그는 이요인이론을 통해 인간의 욕구를 불쾌한 것을 회피하려는 아담적 욕구와 계속적인 정신적 성장을 통해 잠재능력을 현실화하는 아브라함적 욕구로 구분했다.

14. 환경적응론은 구체적인 이론이 아니라 하나의 명제로서 보편타당한 일반론을 부정하고 상황에 따라 다른 해결책을 추구한다.

CHAPTER

03

기업의 이해

Management of BOBOs

Management of BOBOs

1. 자본주의의 시작
2. 자본주의의 발전과정
3. 기업이 이윤을 축적하는 것은 정당한 것인가?
4. 기업은 무엇을 위해서 돈을 버는가?
5. 기업의 종류

기업의 이해

3 Chapter

보보의 경영학
Management of BOBOs

BOBOS 뼈다귀 소셜 임팩트

소셜 임팩트 비즈니스(Social Impact Business)는 기업이 사회에 긍정적 영향을 폭넓게 전파하는 모든 행위를 의미한다. 사회적 책임(CSR : Corporate Social Responsibility)과 공유가치창출(CSV : Creating Shared Value)을 포괄하는 소셜 임팩트 비즈니스가 주목을 모으는 이유는 기업의 생명력을 연장시키는 지속가능한 성장에 있다.

기업은 소셜 임팩트 비즈니스를 통해 상업적 이윤을 창출하는 동시에 사회적 문제까지 해결하는 역할도 담당하게 된다. 기업이 가진 특성을 살려 사업의 시작에서부터 사회에 긍정적인 변화를 만들어내는 방향으로 진행을 하고, 이를 지속적으로 연계해 나갈 수 있도록 체질을 개선하는 노력이 소셜 임팩트 비즈니스의 목적이다.

2018년 4월, 카카오가 사회공헌재단인 카카오임팩트 등록절차를 마치고 초대 이사장으로 카카오 김범수 의장이 부임한 것도 소셜 임팩트 비즈니스를 강화하기 위한 조치다. 카카오는 기부문화 캠페인 '같이가치 위드 카카오', 콘텐츠 후원 시스템 '스토리펀딩', 낭비 없는 생산과 가치 있는 소비를 지향하는 공동주문 시스템 '메이커스 위드 카카오', 농가와 소비자를 직접 연결하는 농산물 유통 플랫폼 '카카오파머' 등을 진행해 왔다. 카카오임팩트는 향후 소셜 임팩트 비즈니스로 대표되는 다양한 사회공헌활동을 확대한다는 계획이다.

세계적인 추세도 다르지 않다. 2016년, 미국의 금융기업 JP모건과 글로벌임팩트투자네트워크(Global Impact Investing Network)의 공동리서치에 의하면 전 세계의 금융기관, 재단, 펀드매니저 등이 경제적 수익뿐 아니라 사회적 가치를 추구하는 기업을 대상으로 운용 중인 임팩트 투자[1) 자금이 70조 원에 달하는 것으로 나타났다. 2014년의 53조 원과 비교하면 1년 사이 30% 넘게 증가했고, 2013년의 9조 5,000억 원보다는 무려 7배 이상 성장한 것이다. 이 리서치에 따르면 2020년경에는 임팩트 투자규모가 400조 원에 이를 것으로 예측했다. 소셜 임팩트 비즈니스로 전 세계 투자가들의 관심이 집중되고 있다는 증거다.

사회적 가치와 경제적 이윤을 동시에 추구하는 기업과 투자가, 그리고 이를 관심 있게 지켜보는 소비자들이 증가하면서 소셜 임팩트 비즈니스의 영역이 더욱 확대·형성될 것이라는 분석도 지배적이다.

특히, 정보통신기술의 발전과 스마트폰의 대중적 보급은 모바일 플랫폼이 소셜 임팩트 비즈니스의 효과를 상승시키는 적극적인 수단으로 활용되기에 충분하다.

지금까지 기업의 사회공헌은 사익보다 공익을 우선하며, 경제적 이윤이 적더라도 공적인 역할을 감당하는 데 치중해 왔다. 하지만 이익추구가 본연의 목적인 기업의 특성상 지속적인 운영이 어려운 경우가 많은 것이 현실이다.

따라서 소셜 임팩트 비즈니스는 영리와 비영리의 구분을 벗어나 재무적 성과와 사회적 가치를 동시에 지향하는 혁신이다. 결국, 기업의 사회공헌이 다양한 시도와 아이디어를 통해 지속가능한 영역으로 정착되는 것이 가장 중요한 관건이라 하겠다.

자료 : CEO&(저자 수정)

1 자본주의의 시작

세계의 경제체제는 아담 스미스의 「국부론(1776)」에 기초한 자본주의와 마르크스의 「자본론(1867)」에 기초한 공산주의로 구분된다. 프리드먼은 아담 스미스의 경제원리를 중심으로 자본주의를 채택한 나라는 자유와 번영을 누리게 되고 마르크스의 경제원리를 채택한 나라는 혁명과 투쟁, 통제의 생활로 인하여 가난을 면치 못한다고 주장했다.

1) 수익에 얽매이지 않고 사회에 긍정적인 영향을 미치는 사업을 대상으로 하는 투자

자본주의 경제는 상품생산이 이루어지는 경제이다. 이때 상품이란 판매를 통해 이윤을 얻기 위해 생산되는 재를 의미한다. 자본주의 이전의 사회에서 교환이 이루어졌던 것은 직접적인 욕망의 충족을 위해서였다. 마르크스는 이것을 '상품→화폐→다른 상품'의 도식으로 표현했다. 이에 비해서 자본주의에서는 화폐가 자본으로 적용된다. 자본가는 화폐를 통해 생산수단을 구입하고 이것을 사용하여 상품을 생산하며, 생산한 상품을 판매하여 투입된 화폐보다 더 큰 화폐를 축적하려고 한다. 이는 '화폐자본→상품→다른 화폐자본(화폐자본+잉여가치)'이라는 도식으로 설명될 수 있다. 마르크스는 자본주의 경제에서의 이윤 또는 잉여가치는 자본가가 노동자를 착취함으로써 필연적으로 발생되는 것이라 주장하고, 자본주의에서는 이윤이란 자본의 제공자에 대한 정당한 보수라고 주장한다. 즉 자본의 공헌에 대한 보수라는 것이다.

보보에게는 두 마리의 암소가 있다. 보보가 지금처럼 한국에 살고 있다면 두 마리의 암소 중 한 마리를 내다 팔고 수소를 한 마리 사올 수 있다. 헛간에서 합방한 두 마리 소들은 곧이어 예쁜 새끼를 낳을 것이고, 보보는 곧 부자가 될 수도 있다. 이것이 바로 자본주의이다. 만약 보보가 북한에 살고 있다면 암소 두 마리를 모두 국가에 갖다 바칠 수 있다. 그러면 국가는 때때로 보보에게 우유와 고기를 나누어 줄 것이다. 이것이 공산주의이다.

자본주의와 공산주의의 가장 중요한 차이는 소유재산의 인정 여부이다. 자본주의는 경제적 분산화, 개인주의를 강조하며 자유시장경제체제에 의해 움직인다. 반면 공산주의는 경제적 집중화, 집합주의를 강조하며 정부에 의한 통제에 의해 움직인다. 따라서 자본주의는 사유재산제도와 경제적 자유를 그 특징으로 한다.

아담 스미스는 「국부론」을 통해서 '보이지 않는 손(invisible hand)'이라는 개념을 제안했다. 이는 시장의 논리에 맡겨서 경쟁을 유도하면 그것이 개인의 이익을 가져다주고 더불어 사회와 국가에 최대의 이익을 가져다준다는 것이다. 그러므로 정부는 일체의 개입과 통제 없이 기업이 자유롭게 경영활동을 할 수 있는 환경을 조성해야 한다. 스미스가 속한 고전학파의 가치는 '보이지 않는 손'에 의해서 부의 극대화를 지향한다.

그러나 19세기 후반부터 자본주의가 지닌 여러 가지 모순점들이 도출되기 시작했다. 치열한 경쟁환경 속에서 기업의 거대화와 집중화로 인해 약소기업이 도태되고 실업률이 증가하는 현상이 두드러지게 나타났다. 이러한 현상 속에서 대기업은 더 많은 이윤을 축적하게 되고, 약소기업을 합병하여 대규모화되면서 자본의 축적현상과 집중현상이 나타나기 시작했다. 이로 인해 자기조절적 기능에 의해 선순환을 되풀이하던 자본주의경제체제는 그 조절기능을 상실하고 대공황으로 이어지게 된다.

경제적 자유는 정치적 자유를 요구하므로 사적 기업은 민주주의와 더불어 성장했다. 그러나 민주주의의 중요한 가치인 자유와 평등은 모순을 내포하고 있다. 자유에 지나치게 철저하면 평등이 희생되고, 평등을 완벽하게 실현하려면 자유는 제한될 수밖에 없다. 자유에 근거한 것이 자본주의이고, 평등에 근거한 것이 바로 사회주의이다. 자본주의는 자체적으로 많은 문제점을 야기시키고 있는데, 각국은 셔먼법 등의 독점규제법안을 통해서 파생되는 문제점들을 해결하려는 자구책을 마련하고 있다.

BOBOS 뼈다귀

보이지 않는 손

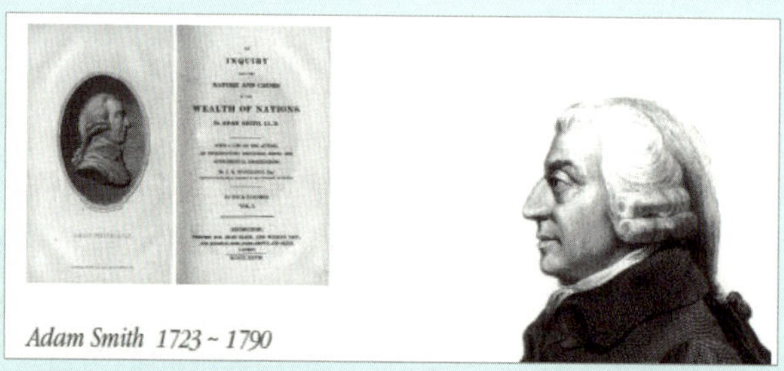

Adam Smith 1723 ~ 1790

영국의 경제학자이자 철학자였던 아담 스미스는 저서 「국부론(1776)」을 통해서 '보이지 않는 손'이란 유명한 말을 남겼다.

그는 부란 금과 은만이 아닌 모든 생산물이라고 규정하고, 노동의 생산성 향상이 국민의 부를 증대시키는 길이라고 보고 생산에서의 분업을 중요시하였다. 또한 국가의 부가 증가하더라도 국민의 삶이 나아지지 않는다면 아무런 의미가 없다고 보았다. 그의 주장은 100여 년 후의 테일러리즘으로 연결된다.

그는 개개의 모든 이해는 자연적으로 조화를 이룬다고 주장했다. 개인의 이익을 추구하는 자유로운 경제활동은 궁극적으로 사회적 부를 가져온다고 했으며, '보이지 않는 손'에 의해서 부의 공정하고 효율적인 배분이 실현되며, 사회적 조화가 실현된다고 했다. 즉 모든 인간은 지금보다 더 잘 살고 싶어하고, 자기가 가진 것을 다른 사람의 것과 교환하고 싶은 욕구가 있기 때문에 정부가 간섭하지 않고 시장의 원리에 맡겨놓으면 자연스럽게 경제의 성장과 고용의 증가가 이루어진다는 것이다.

그는 이를 이론적으로 논증하려고 하였으나 자본주의의 발전과정에서 보여지는 사회현상들은 이와 상반되는 결과를 보여주었다. 특히 19세기 무렵 자본주의가 독점자본주의시대로 접어들면서 자유방임주의는 그 지지를 잃었다.

그림 3-1 자본주의 윤리의 변화기

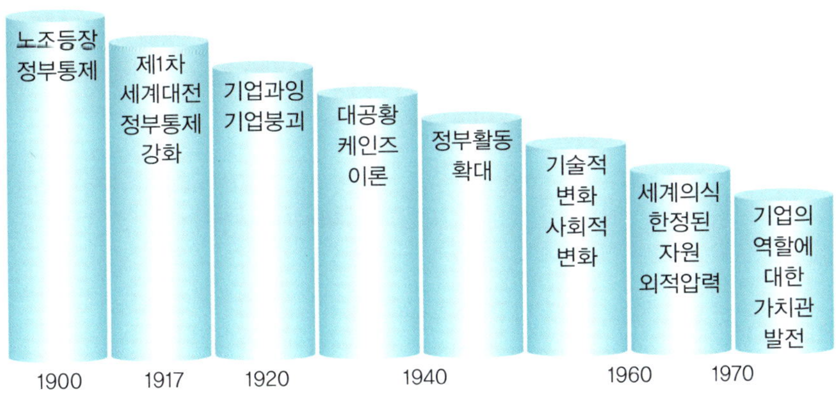

자료 : F.E., Kast & J.E. Rosenzweig, *Organization and Management : A Systems and Contingency Approach*, McGraw-Hill, 1985.

BOBOS 문제

첫째, 단일작업이 간단해지므로 노동자의 숙련도가 높아진다. 투입물 대비 생산성, 즉 효율성이 높아진다. 또한 노동과정이 세분화됨으로써 전문화가 가능해지고 이는 곧 생산성 향상으로 이어진다.

둘째, 노동자를 부분노동자로 전환시킬 수 있다. 이는 전체생산공정을 다 습득하지 못한 미숙련공도 극히 단순화된 부분에 투입할 수 있게 된다는 것을 의미하기 때문에 언제든 노동자의 투입이 가능하고, 자본가의 입장에서는 임금의 절감이 가능해진다.

보보의 시

재미있는 역사

크고 길다란 방 하나에
200대의 직기가 있었지
200명이나 되는 남자들이
줄줄이 직기 앞에 서서 일하고
각각의 직기 옆에는 소년들이 달라붙어
희희낙락 실타래를 돌리고 있었지
바로 그 근처에서는
100명의 여자들이 즐겁게
소리를 지르고 양털을 빗으며
청아한 목소리로 노래하고 있었지

또 그 옆방에는
200명의 소녀가 있어
진홍빛 페티코트를 걸치고
희디 흰 두건을 두르고
온종일 거기에서 실을 뽑고 있었지
거기에서 그 다음 방으로 가보세
허름한 옷을 걸친 아이들이 있어
한결같이 쪼그려 앉아 양털을 집어 들어
거친 털과 가는 털로 나누고 있었지

또 하나의 방에서도
50명 남짓한 남자들을 보았지
그들은 모두 마무리 작업자로
놀라워라! 그네들의 숙련된 솜씨

또 그의 소유인 염색장에는
40여 명의 남자들을 두었고
축융장에도 역시
20여 명의 남자들을 고용하고 있었지
– 존 윈치콤 –

세 여인(페르낭 레제, 1921)2)

2) 기계가 만들어준 지상낙원을 표현하고 있는 페르낭 레제의 대표적 그림이다. 페르낭 레제(1881~1955)는 피카소의 영향을 받아 기하학적인 면을 추상화한 작품을 많이 선보였다. 그는 제1차 세계대전에 참전하여 전쟁의 참상을 목격한 후에 기계문명을 보다 올바르고 좋은 방향으로 발전시켜서 평화롭고 살기 좋은 세상을 건설해야 한다고 믿었다. 기계문명을 잘 표현한 대표적인 화가로서 러다이트 운동과는 반대입장에 서 있는 화가이다.

2 자본주의의 발전과정

봉건제에서 자본주의로의 변화는 14세기 말경부터 시작되었다. 이 시기에는 상품생산이 활성화되면서 생산자라면 누구나 임금노동자를 고용하여 스스로 부를 축적할 수 있고 소자본자가 될 수 있다는 자각이 생겨나기 시작했으며, 인간의 노동력 그 자체도 상품이 될 수 있다는 사실을 깨달았다.

자본주의의 초기에는 다수의 소자본가들에 의해 자유경쟁이 이루어졌다. 자본가들은 봉건시대의 전통적인 생산방식을 버리고 근대적인 공장제 생산조직을 구축하기 시작했다. 이러한 초기의 자본주의를 '상업자본주의' 또는 '초기자본주의'라 지칭한다.

산업혁명은 18세기 후반부터 영국에서 시작되었다. 이는 방적기계의 개량이 발단이 되어 수공업에 의한 작업장이 기계설비에 의한 공장으로 전환되면서 일어났는데 이로 인해 자본주의 경제가 확립되었다고 볼 수 있다. 영국에서 산업혁명이 성공할 수 있었던 이유는 지식의 지속적인 축적과 이를 지지해줄 수 있는 정치적 사건, 천재적 개인의 등장 때문으로 평가받는다. 이 시기의 영국은 가내수공업, 화석에너지의 활용, 직물, 철, 동력 등의 기술이 다른 나라에 비해 현저하게 앞서가고 있었다. 이는 다른 나라에 비해 월등히 빠른 공업화를 가져다주었다. 산업혁명을 거쳐서 산업자본이 확립되고 산업자본이 주역이 된 시기를 '산업자본주의' 또는 '자유자본주의'라 부른다.

19세기 말부터는 자유경쟁에 의해 약소기업은 도태되고 대기업들의 독식현상이 나타나기 시작한다. 기업들의 경쟁이 치열해짐에 따라 대기업은 더욱 대규모화되고 경제적인 독점현상이 나타난다. 이는 '기업집중'이라는 사회경제적인 폐단을 불러온다. 이와 같이 독점이 일반화된 시기를 '독점자본주의'라 부른다. 이 시기에는 산업자본과 결탁한 금융자본이 지배적이었기 때문에 '금융자본주의'라고도 한다.

독과점, 부당경쟁행위, 가격담합, 산업의 지배권 확대 등의 자본주의의 내재적 모순이 표면화되기 시작하면서 순수한 자본주의를 대신하는 계획경제가 대두되기 시작했고 이를 뒷받침한 것이 '케인즈의 경제학'이다. 서구의 자본주의는 대공황을 거치면서 여러모로 그 성질이 변화되어 오늘날의 수정자본주의가 확립되었다.

표 3-1 자본주의의 발전과정

상업자본주의	산업자본주의	독점자본주의	수정자본주의
• 초기자본주의 • 다수 소자본가가 생산 • 근대적 생산조직 구축	• 자유자본주의 • 산업혁명 • 산업자본 확립	• 금융자본주의 • 과다경쟁 • 약소기업의 도태 • 대기업의 독점현상 • 기업집중	• 자본주의의 내적 모순의 표면화

BOBOS 뼈다귀 인클로저 운동(the enclosure movement)

인클로저 운동은 산업혁명의 시작으로 평가받는다. 이는 농업개량과 농업경영의 능률화, 농업혁명이라고도 불린다.

인클로저 운동은 16세기에 영국에서 시작되었다. 목장이 된 토지에 울타리를 둘러쳐서 타인의 출입을 통제했기 때문에 인클로저(encloser)란 이름이 붙여졌다.

토마스 모어는 이를 빗대어 「유토피아」에서 "양이 인간을 잡아 먹는다"고 말했다. 휴 라티머는 "많은 사람들이 살고 있던 곳에 이제는 한 사람의 양치기와 그의 개가 있을 뿐이다"라고 말했다. 농경지를 목장으로 바꾸고 농민들을 토지로부터 내몬 인클로저 운동에 대한 비난이다.

농민들은 마크 트웨인의 소설 「왕자와 거지」에 나오는 부랑자들이 되고, 칼 마르크스의 「자본론」 1권에서 분석하고 있는 근대 프롤레타리아트의 선조가 되었다. 이들의 탄생으로 인해 자본주의가 시작되었다. 인클로저 운동을 통해 중세 장원경제가 완전히 무너지고 동시에 새로운 사회경제체제가 탄생되었다.

인클로저 운동은 모직물 공업과 밀접한 관련을 맺고 있다. 모직물 공업은 영국의 가장 중요한 산업이었다. 초기에는 양모를 그대로 수출했으나 14세기 중엽부터는 양모를 가공하여 모직물을 짜서 이것을 유럽 각지에 수출하여 수입을 올렸다. 모직물 공업이 특히 발달하기 시작한 것은 16세기 튜더왕조 시기다. 왕은 모직물 공업을 각별히 보호하는 정책을 썼다.

그러자 토지소유자들은 좀 더 많은 수익을 올리기 위해 농사를 그만두고 목장을 만들어 양을 기르기 시작했다. 대다수의 토지소유자들이 목양업에 뛰어들었고 농경지는 물론 황무지, 공동경작지까지 울타리가 둘러 처졌다. 그런데 인클로저는 그 땅을 경작하던 농민과의 합의하에 이루어진 것이 아니라 이들을 강제 또는 폭력으로 내몰면서 이루어졌다. 비록 자기 소유의 땅은 아닐지라도 오랜 관습에 의해 대대로 농사를 짓고 살아오던 농민들은 하루아침에 쫓겨나는 신세가 되었고 농민의 생활터전이던 땅은 양들이 뛰노는 푸른 목초지로 변해갔다.

토지에서 쫓겨난 농민들은 도시로 몰려들었다. 가진 것이라곤 아무것도 없었던 이들은 자신의 노동력을 팔아 하루하루를 살아가는 임금노동자가 되었다. 영국의 산업혁명은 농민들의 이동으로 도시노동력이 풍부해지면서 가능해졌다. 몰락한 중소농들은 농업노동자나 공업노동자가 되었다. 이로 인해 지주, 농업자본가, 농업노동자라는 세 개의 계급이 확립되었다. 이를 '삼분할제'라고 부르며 이는 산업혁명의 원동력이 되었다.

자료 : Daum

BOBOS 뼈다귀

케인즈는 변절자인가?

케인즈의 경제학(Keynesian economics)은 케인즈가 「고용, 이자 및 화폐의 일반이론(1936)」에서 전개한 이론과 그에 입각한 정책적 수단을 의미한다.

자본주의 경제는 제1차 세계대전을 기점으로 하여 산업자본주의에서 독점자본주의로 전환된다. 산업자본주의, 즉 자유자본주의 경제체제하에서는 자유로운 기업경제활동에 의해 대체적으로 완전고용상태를 유지했다. 물론 자본주의 경제체제에서도 불황은 존재하고 불완전고용은 존재했다. 그러나 이러한 현상은 주기적으로 반복되었으며 3~4년 내에 회복되는 자기조절적 기능을 가지고 있었다.

그러나 독점자본주의로 접어든 제1차 세계대전 이후의 자본주의 경제는 대공황이 시작되면서 대량실업이 만연하게 되었다. 1929년 미국의 월가에서 시작된 대공황은 전 세계로 파급되기 시작했다. 이러한 현상은 유럽에서도 마찬가지였으며 케인즈는 이를 지칭하여 '풍요 속의 빈곤'이라 했다.

케인즈는 자본주의의 결함을 '완전고용의 불가능'과 '부와 소득의 불균등한 분배'로 인식했다. 아담 스미스를 비롯한 고전학파 경제학자들은 불완전고용을 초래하게 되는 총수요의 부족을 인정하지 않았다. 이는 기존의 경제환경이 '공급은 스스로의 수요를 창출한다'는 세이의 법칙을 전제로 해왔기 때문이다. 그러나 케인즈는 '유효수요의 원리'를 통해서 총고용은 총수요에 의존하며 실업은 총수요의 부족으로 발생한다고 주장했다. 따라서 완전고용을 위해서는 조세정책, 화폐정책, 금융정책, 재정정책 등을 통한 정부의 인위적 간섭에 의해 유효수요를 창출해야 한다고 주장했다.

케인즈의 이론은 불완전고용, 즉 실업을 그 대상으로 했기 때문에 '불황의 경제학'이라고도 평가받지만 그의 이론은 많은 나라의 경제정책에 기초를 제공하고 그의 이념은 국제기구에도 구체화되었다.

3 기업이 이윤을 축적하는 것은 정당한 것인가?

자급자족의 시대에 살던 보보의 조상 또또는 가족들을 위해서 떡을 만들었다. 가족들은 그가 만든 떡을 '인크레더블'이라고 칭송했다. 바로 이와 같이 함께 사는 가족의 욕망을 충족시키기 위해서 '재'를 생산하는 것이 '자기생산'이다. 시간이 좀 더 흘러 중세의 도시경제에서 살고 있던 모모의 조상 알폰소는 옆 마을에 사는 라헬이가 가지고 있는 나무팽이가 가지고 싶어서 그가 좋아하는 떡을 만들었다. 그래서 따끈따끈한 떡 한 바구니와 나무팽이를 맞바꾸어 왔다. 이것이 바로 '타재'와의 교환을 위해서 '재'를 생산하는 주문생산시대에 해당된다.

21세기에 살고 있는 보보는 매일 놀이동산에도 가고 싶고, 맛있는 갈비도 먹고 싶고, 이모티콘도 사고 싶어서 돈을 벌기로 했다. 그래서 시작한 것이 '아이러브보보스'이다. 이것이 바로 상품의 판매를 통해서 이윤을 추구하기 위한 '재'의 생산이다. 자본주의 경제는 기본적으로 상품의 생산이 이루어지는 경제이다. 여기서 상품이라 함은 판매하여 이윤을 획득하기 위해 생산되는 '재'를 의미한다.

자본주의 이전의 사회에서도 교환이 이루어졌다는 의미는 자신의 직접적 욕망을 충족시키기 위함이었다. 마르크스는 이 과정을 상품이 화폐로 전환하여 다시 다른 상품으로 교환된다고 표현했다. 이에 비해 자본주의에서는 화폐가 자본으로 작용한다. 자본가는 화폐로 생산수단을 구입하고, 이를 이용하여 '재'를 생산하고, '재'를 판매하여 기존의 화폐보다 더 큰 화폐액을 획득하려고 의도한다. 화폐자본이 상품으로 다시 다른 더 큰 화폐자본으로 전환되는 것이다. 바로 이 이윤을 획득하기 위한 생산이 상품생산이라는 것이다.

마르크스는 자본주의에서 발생하는 이윤이란 자본가가 노동자를 착취하여 부당하게 빼앗는 것이라고 했다. 자본가는 노동자에게 노동력에 상응하는 임금을 지불하되 실제적으로는 더 많은 노동을 요구한다는 것이다. 때문에 실제 임금가치 이상의 잉여가치가 발생하게 된다는 것이다.

예를 들어 '아이러브보보스'를 위해 보보가 투자한 자본이 1,000만 원, 한 해에 벌어들인 수익이 100만 원이라고 하자. 만약 '아이러브보보스'에서 일하는 강아지들끼리 1,000만 원을 모아서 보보와 같은 방식으로 운영을 했다면 100만 원에 대한 수익을 강아지들끼리 나누어 가질 수도 있을 것이다. 자본가인 보보는 아무 노동도 하지 않은 채 100만 원을 가져갈 권리가 없다.

그렇다면 정말 자본가에게는 정당한 권리가 없는 것일까?

자본가(기업가)는 기업운영에 필요한 자본을 직접 조달하고, 그에 따른 위험을 부담하고, 경영에도 참여하여 기업을 성장시켜 나가는 사람이다. 그렇기 때문에 기업가란 강한 성취욕구, 위험감수성향, 혁신추구, 창의성 등으로 특징지어지는 기업가정신(enterpreneurship)에서 발현되며, 기업가정신은 신기술 개발, 신제품 개발, 서비스 증대, 새로운 직무의 창조, 생산성 증대, 고용의 기회 확대, 인재양성, 경제성장 등에 있어서 중대한 공헌을 한다.

기업가가 하는 일 중의 으뜸은 종업원을 훌륭하고 성숙한 인간으로 이끄는 문화를 만들어내는 것이다. 이는 미성숙한 사람을 성숙한 사람으로 발전시켜 훌륭한 사회인으로 양성하는 책임을 의미한다. 이러한 견해는 맥그리거의 'Y이론'의 인간관[3]에 근거한다. 인재양성이란 기술적으로 유능한 사람 이전에 사회의 한 구성원으로서 건전하고 성숙한 인간이 되어야 함을 의미하는 것이다. 매슬로우는 이를 가리켜 '유사이키안 경영(eupsychian management)'이라고 말했다. 즉 기업의 우수

3) 자발적으로 노력하고, 자기통제능력이 있고, 기꺼이 책임을 수용하는 인간을 의미한다.

성은 종업원 각자의 심리적 건정성과 사회의 건전한 도덕성에 달려 있기 때문에 훌륭하고 성숙한 인재양성과 이로 인한 사회의 건전한 발전이 '유사이키안 경영'에서 말한 책임경영인 것이다. 바쁘게만 살아가는 오늘날의 사회구성원들이 한번쯤 뒤돌아보아야 할 대목이다.

그렇기 때문에 근대경제학자들은 이윤은 자본의 제공자에 대한 정당한 보수라고 정의했다. 상품의 가치라는 것은 노동과 생산수단의 결합에 의해서 창출되며, 그 가치는 노동자와 자본가의 기여도에 따라 분배되는 것이 당연하다는 것이다. 즉, 이윤은 노동자를 착취한 결과가 아니라 자본의 공헌에 따른 성공보수라는 것이다.

김밥 파는 CEO

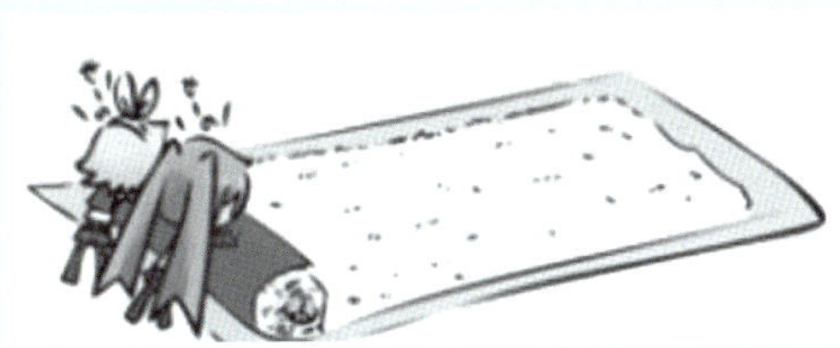

김승호는 미국 식품유통시장을 정면으로 돌파하여 무일푼에서 700억 기업체를 키워 낸 사람이다. 소유 및 투자 중인 기업의 총매출이 연간 3,500억 원이며, 개인재산은 약 4,000억 원에 달하고, 부채가 제로인 자산가다. 미국으로 이민한 한국인 중 가장 성공한 사업가 10인에 포함되었다.

그는 자신의 중요한 욕구를 누군가 충족시켜 주길 원한다면 그 누군가가 바라는 것을 찾아내거나 만들어서 그가 자신을 위해 일하는 것이 그의 이익에도 부합된다는 사실을 이해시키는 것이 최선이라고 말한다.

아무 것도 시도하지 않는 사람에게는 모든 것이 불가능하다. 비관주의자는 앞으로 나아갈 생각을 못한다. 비관이 눈과 생각을 가리기 때문이다. 낙관주의자는 절대 포기하지 않는다. 고개를 돌리면 뒷그림이 보이기 때문이다. 사업은 비관주의자들이 방치하거나 내버린 것을 낙관주의자들이 줍는 싸움이다. 비관적인 사고를 가진 사람은 새로운 비즈니스를 절대 찾아내지 못한다. 같은 상황을 놓고도 비관적으로 생각하면 해결방법이 없어지고 낙관적으로 보면 길이 보인다. 문제가 생기면 기회도 함께 생긴다. 그러므로 문제가 발생하면 어떤 기회를 잡을까 살펴보는 버릇을 들여야 한다.

그는 텍사스 휴스턴의 크로거 매장 중 한 곳에서 김밥을 처음 만난다. 협소한 한 평의 공간에서 수익을 낼 수 있다면 김밥 자체는 상품성이 좋은 것은 것이라고 판단한다. 판매형태에 대한 보완만 가능하다면 엄청난 잠재력이 있는 제품이라는 것이다.

그는 김밥으로 월매출 1,500달러를 올리던 매장을 인수받아 첫날 2개를 팔고 34개를 폐기했다. 그는 포기하지 않고 작업대의 위치를 변경하고, 남은 시간을 이용해 샘플을 만들어 무료로 나눠주면서 김밥이 맛있는 음식이라는 것을 각인시켰다. 한 달 후 하루에 30개 정도 팔리기 시작했다. 주당 매출이 1,000달러를 넘기면서 스페이스 마케팅을 활용해 도마 앞에서 직접 김밥을 말아 온갖 종류의 메뉴를 한꺼번에 진열하면서 월매출 1만 5,000달러를 돌파하게 된다. 그리고 연간 130억 원대의 업체로 키워냈다.

그는 말한다.

"김밥은 샌드위치나 햄버거보다 숫기는 없지만 아름답고 고왔다. 누드 김밥은 그 만드는 과정을 보이는 것만으로도 인기 만점이었다. 미국 사람들은 어떻게 밥 속에 김을 넣었는지 항상 궁금해했기 때문이다. 나는 매장을 복도로 끌어내고, 요리사의 옷을 눈에 띄고 기품 있는 검은색으로 바꿨다. 김밥의 매출액은 제곱피트당 2,080달러로서 샌드위치나 햄버거를 여섯 배 이상 가볍게 누르더니 1,650달러의 매출을 보이는 육류부서마저 따돌리고 단위 면적당 가장 높은 매출을 올리는 상품으로 등극했다."

그는 항상 무엇인가 갖고 싶거나 이루고 싶으면 먼저 상상을 한다고 말한다. 자신의 부인을 그렇게 상상함으로써 얻었고, 마음에 드는 사업체가 눈에 보였을 때 그 사업체의 주차장에 출근시간마다 들러 하루에 100번씩 '저 사업체는 내거다'라고 머릿속으로 말한 후 4개월이 지나 돈 한 푼 안 들이고 50만 달러짜리 비즈니스를 인수하기도 했고, 같은 방법으로 400만 달러짜리 비즈니스를 성사시키기도 했다. 그는 어지간한 일로는 놀라지도 않으며 희망을 버리지도 않는다. 그는 상상하는 것을 멈추지 않는 한 꿈이 언젠가 어느 방식으로든 꼭 이루어진다는 사실을 알고 있기 때문이다.

그는 말한다. "운은 아무나 잡을 수 있도록 날아다니지만 누구에게나 보이지 않을 뿐이다."

자료 : 김승호의 '김밥 파는 CEO' 중에서(저자 수정)

BOBOS 뼈다귀 행동으로 보여주는 기부문화

아이스버킷 챌린지는 루게릭병에 대한 관심을 환기시키고 기부를 활성화하기 위해 한 사람이 머리에 얼음물을 뒤집어쓰는 방식이다. 2014년 여름에 시작된 이 운동은 소셜 미디어를 통해 급격히 퍼져나가 하나의 유행이 되었다. 참가자는 우선 동영상을 통해 이 도전을 받을 세 명의 사람을 지목하고, 24시간 내에 이 도전을 받아 얼음물을 뒤집어쓰거나 100달러를 미국 ALS 협회에 기부하는 것을 선택하도록 유도한다.

'기부천사' 션이 루게릭병을 앓고 있는 박승일 선수를 위해 '2018 아이스버킷 챌린지'를 새롭게 시작했다.

션은 29일 오전 자신의 SNS 계정을 통해 양동이에 가득 담긴 얼음물로 온몸을 적시는 영상을 공개하고, 아이스버킷 챌린지의 올해 첫 출발을 알렸다. 그러면서 배우 다니엘 헤니, 박보검, 소녀시대 수영을 다음 주자로 지목했다.

션은 이번 운동을 국내 최초의 루게릭 요양병원 건립을 위해 시작했다. 아이스버킷 챌린지 영상을 촬영한 장소는 지난달 승일희망재단에서 병원부지로 구입한 곳이라 특별한 의미를 지닌다. 더욱이 션과 박승일 선수가 자리를 함께해 더욱 뜻깊은 시작점이 됐다.

션은 "2009년 박승일 선수를 만나고 그가 꿈꾸던 대한민국 첫 번째 루게릭 요양병원 건립을 돕겠다고 약속했다"며 "10년째가 되는 올해 드디어 많은 루게릭병 환우분들과 가족들의 꿈에 한발자국 다가갈 수 있게 됐다. 이제 이 토지 위에 하루 빨리 벽돌 한 장씩 쌓아 올려 그 꿈을 함께 이뤄주고 싶다"는 바람을 전했다.

실제로 션은 박승일 선수와 약속을 지키기 위해 2011년 7월 승일희망재단을 설립하고, 박승일 선수와 함께 공동대표직을 맡았다. 움직일 수도 말할 수도 없는 박승일 선수의 입이 되고 손발이 되어 병원 건립에 힘을 쏟았다. 박승일 선수가 루게릭병을 앓은 지 16년, 재단을 세운 지 7년 만에 결실을 맺은 셈이다.

션은 "생각했던 것보다 참 쉽지 않은 길이었다. 하지만 많은 분들의 응원과 관심, 성금들이 조금씩 쌓여갔다. 2014년 아이스버킷 챌린지와 온 국민의 루게릭병 관심은 정말 기적 같은 일이었다"며 "2018년 아이스버킷 챌린지를 시작한다. 대한민국 최초의 루게릭요양병원 건립을 위해 함께 해달라"고 당부했다.

그는 다음 주자로 지목한 다니엘 헤니, 박보검, 수영을 향해서도 션은 "24시간 안에 도전해주시고 꼭 성공해주세요. 그리고 세 명씩 꼭 지목해주세요"라는 말도 잊지 않았다.

다니엘 헤니와 반려견 망고

다니엘 헤니는 31일 얼음물 샤워 퍼포먼스를 선보이며 선행에 함께 했다. 헤니는 한국의 아이스 버킷 챌린지 두 번째 주자로 지목해준 션에게 감사의 인사를 전했다. 헤니의 옆에는 반려견이 자리를 지키고 있다가 쏟아지는 얼음물을 피해 도망가는 모습이 공개되어 웃음을 자아내기도 했다. 다니엘 헤니는 자신에 이어 아이스 버킷 챌린지에 도전할 다음 주자로 개그우먼 박나래, 배우 이시언, 골프선수 리디아 고를 지목했다.

자료 : 동아닷컴, 머니S(저자 수정)

BOBOS 신문 모두가 함께 가는 '카카오 링키지랩'

카카오(035720)의 검색과 콘텐츠를 책임지는 사람들이 서울 성수동에 있다. 카카오가 100% 출자해 세운 '링키지랩(Linkage Lab)' 소속 임직원들이 그 주인공이다.

링키지랩은 장애인과 비장애인이 함께 하는 조직으로 지난 2016년 2월 출범했다. '모두를 연결하라(Linkage all us)'라는 구호 아래 카카오의 업무지원 역할을 2년째 해오고 있다.

카카오 외에도 많은 대형 기업들은 대부분 장애인을 고용한 사회적 기업 개념의 자회사를 여럿 운영하고 있다. 하지만 카카오의 링키지랩이 특별한 이유는 바로 그들이 맡은 업무에 있다. 다른 곳들이 단순업무 위주나 사회공헌 차원에서 사업을 진행하고 있다면, 링키지랩은 실제 카카오의 핵심 사업영역에 대한 직접 지원자 역할을 하고 있다.

링키지랩의 주요 사업영역은 검색 운영, 콘텐츠 운영, 디자인, 톡클리닉 등 크게 네 가지다. 이 중 시각장애인 안마사의 건강관리(헬스케퍼) 역할을 맡은 톡클리닉을 제외한 나머지 업무는 현재 카카오의 주요 사업영역에 직접 기여하고, 사용자가 이용하는 콘텐츠로 노출된다. 장애인 직원들의 업무가 별도로 배제되는 것이 아니라 핵심사업을 직접 하는 형태란 점에서 의미가 크다.

검색 운영은 다음검색의 키워드 분석이나 모니터링 등을 하고 있고, 콘텐츠 운영은 온라인상의 정보 · 화제 발굴이나 제작을, 디자인은 배너제작 작업이나 음성인식 정확도 향상 등을 각각 맡는다.

이례적인 결정의 배경에는 카카오 조직의 철학이 담겨있다. 회사 관계자는 "카카오가 그동안 잘해왔고 앞으로도 잘할 수 있을 IT 업무를 (장애인들과)함께 하는 것이 가장 좋을 것이라고 판단했다"고 설명했다. 카카오가 내세우는 사회공헌 패러다임 '같이가치 위드 카카오' 철학은 모든 사회계층이 함께 새로운 가치를 실현해나간다는 의미를 담고 있는데, 링키지랩 또한 이런 맥락에서 탄생했다.

링키지랩의 협업 공간 명칭은 '연리지'다. 서로 다른 나무가 마치 원래 하나의 나무였던 것처럼 가지가 연결되는 연리지 현상에서 착안해, 장애인과 비장애인이 함께 어우러져 일하는 공간을 표방한다.

의사소통을 위해 비장애인 임직원들은 사내강의 등을 통해 장애인들의 언어인 수어(수화)를 배우거나, 별도 속기록이나 화상회의를 통한 협업도 진행하고 있다. 특히 수화의 경우 강사가 상주하며 원활한 의사소통이 계속 될 수 있도록 돕는다.

전체 직원의 80%인 44명이 장애인이고, 이 중 34명은 거동이 불편한 중증장애인이다.

이들을 위한 보조공학기구는 한국장애인고용공단 등을 통해 지원받아 활용하고 있다.

링키지랩은 이 밖에 직무능력 향상을 위해 자율적으로 공부하고 의견을 나누는 스터디 기회도 제공하는 등 기본적인 임직원 역량개발도 지원하고 있다. 장애인과 '함께' 가치를 만들어가기 위해 기본에 충실한 접근을 이어가고 있다.

자료 : 이데일리, 2018. 5. 14(저자 수정)

4 기업은 무엇을 위해서 돈을 버는가?

기업을 흔히 자본주의의 꽃이라 지칭한다. 기업은 두 가지로 해석이 가능한데 그 하나는 기업의 내부적 측면이고, 다른 하나는 기업이 사회에서 차지하고 있는 위치적 측면이다. 전자가 기업의 미시적 측면이고, 후사가 기업의 거시적 측면이다. 미시적 측면으로 본다면 기업은 돈을 벌어들이는 곳이고, 거시적 측면에서 본다면 기업은 사회가 필요로 하는 것들을 제공해주는 곳이다. 위에서 보보가 이야기하는 자본주의는 기업의 미시적 측면을 이야기한 것이라고 볼 수 있다.

1976년에 노벨상을 수상했던 밀튼 프리드만(Milton Friedman)은 기업의 사회적 책임은 이윤극대화라고 말했다. 프리드만의 주장대로라면 기업은 노동, 자본, 물자 등의 투입물들을 자양분으로 먹고, 이것을 다시 제품과 서비스로 변환시키는 역할을 한다. 이 과정들을 통해서 이윤을 생성해야 함은 더 말할 나위도 없다. 즉 돈을 많이 벌어들여야 한다는 것이다.

아담 스미스 이후의 고전적 경제학자들은 기업의 사회적 책임을 부정했다. 그들은 개인들이 자신의 이익만을 위해 행동하게 되면 '보이지 않는 손'에 의해 각자의 이해관계가 자연스럽게 조화를 이루게 되고 그 과정에서 사회복지도 달성된다고 생각했다.

완전경쟁시장에서 결정되는 가격과 생산량은 생산자와 소비자 모두에게 최대의 이익을 가져다준다. 이러한 시장 메커니즘 속에서 기업은 자신의 이익만을 추구하더라도 하등의 문제가 되지 않으므로 사회적 책임문제가 발생할 여지가 없다.

프리드만(M. Fredman)은 경영자는 주주로부터 이익의 최대화 외에는 위임받은 것이 없기 때문에 사회적 책임을 수행할 자격이 없다고 했으며, 기업이 주주의 이익을 최대화하게 되면 그것이 곧 사회적 책임을 수행하는 결과가 된다고 주장하기도 했다. 또한 1974년 노벨경제학상을 받은 하이에크(F. Hayek)는 기업의 사회적 책임을 강요하면 국가가 기업에 대한 통제를 강화할 것이고, 궁극적으로는 자유기업체제를 붕괴시킬 것이라고 경고하기도 했다.

이들의 공통적인 견해는 기업에 주어진 1차적 책임은 이익을 내는 것이기 때문에 기업이 본업에 충실하지 않고 사회적 책임에 신경을 쓰게 되면 생산원가가 올라가고 제품가격이 상승하여 궁극적으로는 고객이 손해를 보게 된다는 것이다. 또한 이익이 감소하면 주주나 종업원도 결과적으로는 손해를 보게 되고, 국가경쟁력도 사회적 책임이 없는 나라에 비해 떨어져서 국민경제가 어려워진다는 것이다.

BOBOS 뼈다귀

하버드학파와 시카고학파

THE UNIVERSITY OF CHICAGO VS HARVARD UNIVERSITY

시카고학파(Chicago school of economics)는 1950년 경부터 미국의 시카고대학을 중심으로 시작된 경제학파이며, 신고전학파(neoclassical economics)의 일종이다. 신자유주의라 불린다. 기본적으로 자유방임주의적 관점을 가지며 시장경제 메커니즘을 신뢰한다. 때문에 정부의 적극적인 역할과 시장개입을 주장하는 케인즈학파와 라이벌 관계를 형성해왔다. 그러나 시카고학파는 정부의 역할을 완전 배제하는 극단적 자유방임주의가 아니라 부분적으로 정부의 개입을 찬성한다는 특징이 있다.

시카고학파는 민물학파로도 불리며, 경제를 살리려면 통화의 공급량을 함께 늘려야 한다고 주장한다. 밀턴 프리드먼을 비롯한 시카고대학의 교수들은 최선의 경제정책이 통화량 조절이라고 믿었다. 그들은 시장에 돈이 풀리면 소비가 늘어 경기가 좋아질 수 있다고 믿었다. 또한 그들은 공급측면의 해결책을 우선시한다. 실업규제와 세금을 비롯한 정부의 간섭을 제거함으로서 기업이 더 값싸게 상품을 공급하도록 고무하고, 저렴해진 상품이 수요를 진작하도록 하자는 것이다.

하버드학파(Harvard school of economics)는 거시경제학의 대가인 케인즈식 경제에 바탕을 두고 있다. 경제를 살리기 위해서는 정부가 돈을 써야 하며, 수요를 늘리는 정책을 강조한다. 하버드학파의 정책은 뉴딜정책의 기본을 만들고, 1930년대 대공황을 극복하는 데 결정적인 기여를 했다. 짠물학파라고도 한다.

하버드학파는 실업이 경제위기의 가장 큰 문제라고 보고, 경기후퇴는 일상적인 측면이 아니라, 예상 밖의 충격에 의한 결과라고 생각한다. 뉴딜정책처럼 국책사업을 일으켜 일자리를 늘리자는 정책을 추구한다.

BOBOS 이야기

우리는 보보를 통해 기업이란 이윤을 창출해야 하는 기관임을 배웠다.

그렇다면 다양한 이해관계자들이 모여 살고 있는 사회라는 울타리 안에서 우리는 왜 돈을 벌어야만 하는가?

〈이야기 하나〉

보보는 '아이러브보보스'를 운영하면서 지난 한 해 동안 1,000만 원을 벌었다. 보보에게는 무지하게 큰돈이다. 하지만 이 돈을 보보가 모두 갖는 것은 아니고 제비용과 세금 등을 제하고, 함께 일하는 강아지들에게 월급도 줘야 한다. 만약 보보가 부담해야 하는 제비용과 세금 등이 1,000만 원과 같거나 많다면 보보는 헛장사를 한 것이다. 그렇기 때문에 보보는 수익을 낼 수 있도록 '아이러브보보스'를 잘 경영해야만 한다. 바로 이것이 기업의 경제적 목적이다.

기업을 하는 주체는 기업경영을 통하여 이익을 내야만 하고, 이 이윤을 통해 주주에게 배당도 하고, 정부에 세금을 내고, 기업의 보다 나은 미래를 위해 적립도 할 수 있다. 따라서 이윤을 내기 위해서는 사회가 요구하는 재화와 용역을 최소의 비용으로 생산해야 하며 그렇게 하기 위해서는 자원의 투입에서 산출까지의 모든 과정들을 경제적으로 경영해야 할 것이다. 이것이 이윤극대화(profit maximization)의 원리이다.

기업의 첫 번째 사명은 주어진 상황 속에서 가능한 최대의 이윤을 내려고 노력하는 것이다. 시장에서 경쟁하고 있는 많은 기업들이 각자 최대의 이윤을 내려고 하다 보니 최소의 비용으로 제품과 서비스를 생산하려 할 것은 분명하고, 또한 많이 팔아야 이윤을 많이 낼 수 있으니까 저렴하게 시장에 내놓을 것이다. 따라서 아담 스미스가 제시했던 '보이지 않는 손' 덕분에 소비자는 더 좋은 상품을 더 저렴한 가격에 구입하여 쓸 수 있다.

〈이야기 둘〉

보보가 경영하는 '아이러브보보스'는 생각보다 잘 되어서 많은 수익을 올렸다. 보보는 부자가 되었고, 그동안 먹고 싶었던 갈비도 마음껏 먹을 수 있었다. 그러다 보니까 아빠가 실직하여 한 끼씩은 거르곤 하는 옆집 알롱이가 생각났다. 그래서 보보는 알롱이네 집에 정기적으로 일정량의 사료를 공급해주기로 결심했다. 되풀이해서 그런 일을 하다 보니까 IMF 이후 경제사정이 어려워진 주인에게 버림받고 마음의 상처와 굶주림이라는 이중고에 시달리고 있는 수많은 유기견들이 생각났다. 그래서 내친 김에 유기견들을 위한 자선단체인 '유사모'를 만들었다. 보보와 친구들은 '유사모'를 통해 상처받고 굶주린 견공들을 보살폈다. 바로 이것이 기업의 비경제적 목적이다.

만약 기업이 이윤을 극대화하고자 하는 경제적인 목적만을 위해 달려간다면 독과점, 부당경쟁, 환경오염 등과 같은 부작용을 초래하게 된다. 때문에 기업이 일정규모 이상 성장한다면 자발적으로 경제적인 목적을 넘어서는 그 이외의 비경제적인 목적도 고려해야 한다. 바로 이것이 사회적 책임이며, 윤리경영인 것이다.

여기서 '사회적'이란 의미는 기업활동에 직접적으로 관련되는 경영자와 일반종업원에게 적용되기보다는 다른 사람이나 고객, 지역사회 등의 집단에 더 많이 적용된다. 그리고 '책임'은 주로 이미 이루어진 성과(결과)에 대한 책임을 의미하는 'accountability'와 관련되지만 여기서 논의되는 '책임(responsibility)'은 '대응하고 반응하는(to response) 능력(ability)'이라는 어원에서 유래된 것으로 실패에 대한 책임과는 전혀 다른 의미를 지닌다. 이는 앞으로 '할 일, 역할, 다해야 할 의무' 등의 행동에 대한 책임의 개념으로 해석된다.

경제적인 목적과 비경제적인 목적이 함께 갈 수 있다면 더 없이 바람직하겠지만 현실적으로는 두 목적이 상충되는 때가 많다. 더 많은 이윤을 창출해야 하는 기업으로서는 환경오염을 초래하더라도 비용을 줄일 수 있는 자제를 사용하고 싶을 것이고, 이것을 용인하여 환경오염을 방치하면 언젠가는 지구가 우리에게 등을 돌릴 것이기 때문이다.

그러나 궁극적으로는 사회적 책임과 기업의 이익이 함께 실현된 사례는 수없이 많다. 단기적으로는 비용이 지출된다고 하더라도 장기적으로 보면 기업이 책임 있는 시민으로서 사회로부터 환영을 받게 되면 계속기업(going concern)으로 존속하고 발전할 수 있고, 사회와 더불어 공존할 수 있다. 기업이 사회적 책임을 수행함으로써 이미지가 개선되면 이로 인해 주가도 상승되고 주주도 이익을 내게 된다. 더불어 경쟁력 있는 인재를 영입할 수 있다. 그리고 기업이 성장하면 규모의 경제로 인하여 이익이 극대화되는 반면 사회 전체에 미치는 부정적 영향은 늘어나므로 증대되는 사회적인 비용을 충당하기 위해서는 사회적 책임을 부과해야만 한다.

미국에서는 무기제조, 방사능유출, 담배제조, 도박업체 등을 기피하고 사회적 책임을 다하는 선량한 기업의 주식에 투자하는 시민운동이 일고 있다. 21세기에는 책임의식을 가지고 적극적인 개선을 행동으로 옮기고, 소비자에게 사랑받는 기업들이 선택받고 있다.

표 3-2 기업의 목적

단일목적론	복수목적론
• 경제적 목적 • 경제적 이윤의 최대화 • 자본가와 주주에 대한 고배당	• 비경제적 목적 • 사회적 책임과 윤리경영 • 이해관계자 모두의 목적을 두루 고려

BOBOS책 사회적 책임을 다하는 기업이 살아남는다

20년 전 세븐스 제너레이션이 당시 포트 하워드 제지회사의 경영진에게 표백하지 않은 재활용 섬유로 화장실 티슈를 만들어 팔겠다고 했을 때 그들은 웃었다. 당시에도 종이업계는 재생 폐휴지로 티슈를 만들었지만 그 사실은 철저히 비밀에 부쳐져 있었다. '재활용'이라는 말이 곧 '불량'이라는 말과 동일시되던 시대에 이를 고객에게 알리고 팔겠다고 나선 것은 미친 소리나 다름없었던 것이다.

그 후에도 세븐스 제너레이션은 업계의 관행을 깨는 일을 계속했다. 판매하는 제품을 스스로 비판하고, 종업원 모두에게 주식을 나눠주었다. 최고경영진의 봉급총액이 비간부 전체직원 봉급의 14배를 넘지 못하도록 제한했다. 강아지들이 본사 구내를 돌아다니도록 놔두었고, 사무실 하나는 직원들의 낮잠용 방으로 만들었다. 제품광고를 하는 대신, 통신판매 카탈로그 표지에 빌 클린턴과 앨 고어 얼굴을 넣어 공개적으로 지지의사를 밝혔다.

세븐스 제너레이션은 언제나 제품을 파는 회사라기보다 활동가 쪽에 더 가까웠고, 기업을 변화시키려는 운동에 동참한 몇 안 되는 기업군에 속해 있었다. 그리고 벤&제리, 바디샵, 파타고니아, 워킹 애셋과 같은 이단자들과 나란히 기업이 유익한 일을 할 수 있는 무궁한 잠재력에 대해 토론을 거듭했다.

오늘날까지 세븐스 제너레이션은 수많은 시행착오를 거치며 정직하고 투명한 기업 책임모델의 설계 실험실 역할을 했다. 거의 모든 일을 다 해보았고, 어떤 짓도 망설이지 않았다. '기업의식(corporate consciousness)' 담당임원 자리도 새로 만들었다. 그렇게 해서 20만 5,000명에 이르는 의식 있는 소비자들로 탄탄한 세븐스 제너레이션 왕국을 세웠다. 세븐스 제너레이션은 PR 담당임원 대신 대화 전문 '컨버세이셔니스타(conversationista)'를 두고 있다. 그리고 브랜드 매니저 대신 '브랜드 마더(brand mother)'가 있다. 기업약속은 분기별 이익이나 자기자본이익률, 시장점유율에 관한 게 아니라 공정하고 평등한 세계의 창조, 의식 있는 소비를 권장하고, 새로운 가능성을 창출하는 연합체 구축에 관한 것이다.

분명히 그 어느 때보다도 기업책임이라는 말이 자주 들리는 건 사실이다. 언론은 호의적인 보도를 하고, 회의주의자들조차도 환경개선과 에너지효율이 비용을 절감한다는 사실에 눈을 뜨게 되었다. 그러나 올바른 처신을 약속하는 행동규약에 서명한 기업이 수천 개에 이르지만 2008~2009년의 끔찍한 경기후퇴를 초래한 사건들을 보면 진정으로 책임 있는 방향으로 가고 있는 기업은 극소수에 불과하다는 사실을 알 수 있다. 그래서 혁명이 필요하다. 이제는 더 이상 기업책임과 관련해 그동안 해온 식으로 점진적 개선, 미세조정, 안이한 업그레이드에 머물러 있을 수 없다. 점진적인 접근을 하기엔 시간이 부족하다. 피터 셍게가 선언했듯이 이것은 '꼭 필요한 혁명'이다. 이 혁명을 하지 않으면 기업들은 앞으로도 계속해서 어려움을 겪게 될 것이다.

이 혁명은 전면적인 변화를 추구하지만, 그 변화는 우리 마음속에서 시작된다. 그것은 바로 우리 마음속에 거의 무의식처럼 깊이 뿌리박은 방식을 치워내는 일이다. 그동안 우리는 이 방식에 얽매여 기업의 목적을 너무도 좁은 의미로 규정해 왔다.

너무도 많은 기업들이 너무도 오랫동안 기업책임을 받아들인다고 하면서도, 자기들이 하는 활동이 사회에 손상을 주고, 환경을 훼손하는 게 당연하다고 생각해 왔다. 중요한 것은 그저 주가상승과 경영진의 자리보존뿐이었다. 소수의 이익이 다수의 복지보다 훨씬 더 중요한 것으로 간주되어 왔다. 대부분의 경영진은 지금도 사회적 이익을 이윤동기보다 앞세우는 것을 고려하지 않지만, 그럼에도 불구하고 우리는 그런 낡은 정신모델이 조만간 바뀔 것이라고 믿는다. 소수이기는 하지만 실제로 점점 많은 기업혁명의 선구자들 사이에서 그런 생각이 벌써 바뀌고 있다. 생각이 바뀌면 우리의 미래도 함께 바뀐다. 책임혁명은 이산화탄소를 감축하고, 에너지 사용을 줄이며, 공장을 감시하고, 자선기부를 하는 것 이상의 일이다. 그것은 기업에 대한 생각을 안에서부터 새롭게 뜯어고치는 것이다. 즉 일하는 방법을 새롭게 혁신하고, 새로운 경쟁 논리를 도입하며, 앞장서서 개척할 새로운 분야들을 찾아내고, 기업의 목적 자체를 다시 규정하는 것이다.

자료 : 빌 브린, 제프리 홀렌더의 '책임혁명' 중에서(저자 수정)

BOBOS 뼈다귀 맥도날드 햄버거

맥도날드는 2002년 4월 15일 '사회적 책임보고서(Social Responsibility Report)'라는 46쪽짜리 특별보고서를 내놓았다. 1955년 창사 이래 처음으로 내놓은 이 보고서는 맥도날드가 그동안 지역사회발전과 환경보호, 사회적 약자의 고용확대, 공정한 시장거래질서 확립을 위해 많은 노력을 했다는 사실을 설명하고 있다.

환경	외식업체 중 최초로 클로로플루오로카본 재질의 용기사용의 금지 (오존층 파괴의 주범) 1990년 이후 재활용 용기를 사용
기부	1984년부터 어린이를 위한 자선기금 기부
복지	가축의 복지를 위한 노력(그러나 그들은 곧 햄버거가 된다) 가축에 대한 항생제 투여 금지 가축이 살아 있는 동안 그들의 행복을 위해 최선의 노력을 다함

미국 서비스업체 가운데 사회적 책임에 관한 보고서를 발표한 것은 맥도날드가 처음이다. 독일 화학기업 바스프와 네덜란드 금융기업 ING를 비롯한 유럽기업들은 기업의 사회적 책임의식을 중시하기 때문에 이와 같은 보고서를 정기적으로 발표하고 있다. 그러나 미국에서는 최근 들어서야 포드자동차와 P&G 등 제조업체 중심으로 환경, 고용문제와 관련한 사회적 책임보고서를 발표하고 있다.

맥도날드는 무슨 생각으로 이 보고서를 냈을까?

맥도날드는 반미시위자들의 시위 때마다 단골메뉴가 되고 있다. 이러한 사실이 맥도날드의 성장에 큰 걸림돌이 될 것이라는 판단 때문이기도 하고, 수년간 광우병 파동으로 일본과 유럽시장에서 고전할 때 기업이미지를 새롭게 할 필요성을 절감한 것도 한 원인으로 작용한 것으로 보인다. 당시 맥도날드는 광우병과 관련 없는 호주와 뉴질랜드산 소고기를 주로 사용했음에도 불구하고 대표적 소고기 소비업체라는 이미지 때문에 큰 타격을 입었었다.

한국맥도날드는 2018년 5월 8일 개최한 '푸드 세이프티 타운홀 미팅'에서 맥도날드의 글로벌 사회적 책임 캠페인인 '스케일 포 굿(Scale for Good)'에 적극 동참하겠다고 밝히며 국내에서 진행하는 주요 활동들에 대한 세부 계획을 발표했다.

스케일 포 굿 캠페인은 맥도날드가 책임 있는 글로벌 기업으로서 전 세계적으로 발생하고 있는 사회・환경적 이슈 해결에 기여하고자 시작한 글로벌 캠페인이다. 이를 위해 지속 가능한 원재료 공급, 환경친화적 패키징, 청년고용, 기후변화 대응 등 다양한 영역에서 기여할 수 있는 기회를 찾아 실천하고 있으며, 지난 3월에는 외식업계 최초로 온실가스 저감을 위한 과학적 감축 목표를 제시한 바도 있다.

그 일환으로 한국맥도날드 역시 2018년 1월부터 인체에 영향을 미치는 주요 항생제로 사육한 닭고기 사용을 제한하는 정책을 업계 최초로 도입해 시행 중이다. 현재 모든 치킨 메뉴에 세계보건기구(WHO)에서 공표한 '주요항생제리스트(HPCIA)'에 포함된 항생제를 사용하지 않은 건강한 닭고기만을 공급받아 사용하고 있다.

또한 2018년 하반기부터는 맥도날드에서 사용하는 커피 원두를 '열대우림동맹(RFA : Rainforest Alliance)' 인증을 획득한 원두만을 공급받아 사용한다. 열대우림동맹 인증 원두는 친환경 농법을 실천하는 농장에서, 안정적인 삶을 보장받는 노동자가 키워낸 원두에만 부여되는 인증으로, 환경 훼손을 최소화하고 커피 농가의 인권 향상에 기여할 수 있다.

더불어 2019년 1월부터는 기후변화에 대응하고 온실가스 배출 저감에 동참하기 위해 국내에서 사용하는 50여 종의 포장재를 '국제삼림관리협의회(FSC : Forest Stewardship Council)' 인증 제품으로 교체할 계획이다. 국제삼림관리협의회는 자연친화적으로 관리되는 숲의 목재를 원료로 사용하고, 생산뿐 아니라 유통, 가공 등 전 과정에서 친환경적으로 관리되는 제품에만 인증을 부여하고 있다.

자료 : 녹색경제(저자 수정)

▮그림 3-2▮사회적 책임의식의 변화

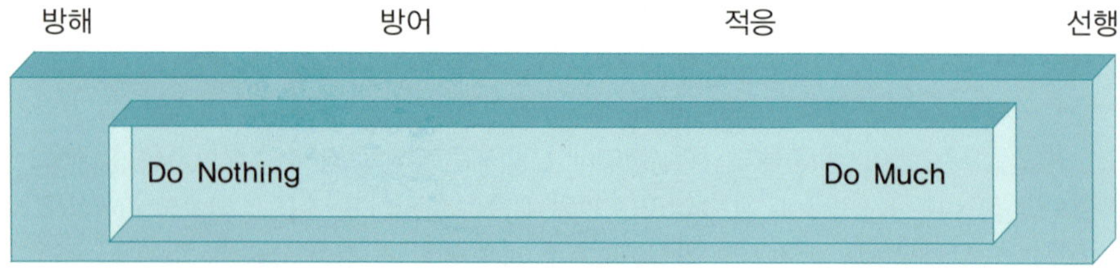

자료 : P.S. Lewis, S.H. Goodman & P.M. Fandt, *Management*, Thomson, South-Western, 2004.

BOBOS 뼈다귀 프로테스탄티즘의 윤리와 축구공의 그늘

베버는 서유럽이나 미국 이외의 자본주의에는 "에토스(ethos)가 부족하다"고 말했다. 에토스는 윤리적 분위기라고 할 수 있는데, 벤자민 프랭크린은 유사한 개념으로 "신용할 수 있는 훌륭한 사람이라는 이상, 특히 자신의 자본을 증가시키는 것을 자기목적으로 생각하는 것이 각자의 의무라는 사상"이라고 표현한 바 있다.

에토스는 자본주의를 낳게 한 정신으로 노동이 절대적인 천직(beruf)인 것처럼 애써 일한다는 정신을 내포하고 있는데, 이는 오랜 세월에 걸친 교육의 결과로 비로소 생겨난다. 이는 매슬로우의 유사이키언경영과 일치한다.

천직의 본질은 세속적 직업에 있어서 의무의 이행을 도덕적 실천이 가질 수 있는 최고의 내용으로 제시하였다는 것이다. 이는 루터가 제시한 개념으로서 직업을 의미하는 독일어의 '베루프(beruf)', 영어의 '콜링(calling)'에는 신으로부터 주어진 사명이라는 관념이 포함되어 있다. 그러나 오늘날의 기업경영은 이러한 본질적 사상으로부터 벗어나 있는 경우가 많다.

FIFA는 "축구공 생산과 관련된 노동이 강요적이고 구속적이지 않아야 하고, 아동노동력을 사용하지 않아야 한다"고 주장한다. 아동노동력 사용의 제한은 이미 1813년 오웬에 의해 주장된 개념이다.

월드컵 공인구란 FIFA 월드컵 대회에 사용하도록 FIFA에서 지정한 공인 축구공이다. 1970년부터 시행됐으며 스포츠용품 생산 다국적기업인 아디다스(Adidas)가 1970년 멕시코 월드컵 때부터 이번 브라질 월드컵에 이르기까지 40년이 넘도록 독점적으로 디자인, 생산해오고 있다. 1998년 프랑스 월드컵 공식구 트리콜로는 어린이 노동에 의해 생산되었다는 사실이 밝혀졌다. 축구공과 노동착취문제가 세상에 처음 드러난 것은 지난 1996년에 미국 잡지 라이프(Life)가 시간당 6센트를 받고 축구공을 꿰매는 파키스탄 소년 타리크의 이야기를 소개한 것이 계기가 됐다. 이어서 1998년 프랑스 월드컵이 임박한 시점에 공인구 '트리콜로'(Tricolore)가 아디다스의 파키스탄 공장에서 어린 아이들의 손으로 만들어지고 있다는 사실이 알려졌다. 당시 유엔아동기금(UNICEF)과 국제노동기구(ILO)의 진상조사가 있었고 결국 아디다스는 거액의 아동기금을 기부하고 공개해명을 해야 했다. 이처럼 월드컵 축구공 생산과정을 둘러싼 아동노동 착취가 이슈화되자 국제노동단체들이 나서 국제축구연맹(FIFA)에 압력을 가해 스포츠 회사와의 계약 시 노동관련 기준을 포함시키도록 했다.

인도와 파키스탄은 전 세계 축구공의 70% 이상을 생산한다. 축구공의 완벽한 구를 이루기 위해서는 32개의 축구공 조각이 필요하고, 외피를 만드는 과정은 1,620회의 바느질을 통해 100% 수작업으로 이루어진다. 숙련된 노동자가 8시간 내내 만들면 2개를 생산할 수 있다. 2000년에 발간된 「축구의 그늘」에 의하면 전 세계 축구공의 대부분을 생산하는 파키스탄의 시알코트 지방에는 1만 5천명 이상의 어린이들이 노동을 하고 있다.

아이들은 말한다.

"우리는 축구공을 한 번도 가져본 적이 없어요. 우리가 아는 축구, 축구공은 하루 종일 바느질하던 기억뿐이에요. 하루 종일 축구공 조각을 꿰매어 축구공 하나를 만들고 150원을 받아요."

자료 : 지식채널e, 미야타 야하치로의 '경영학 100년의 사상'(저자 수정)

BOBOS 뼈다귀

델의 선한 의도

델의 해양 재생 플라스틱 활용 과정

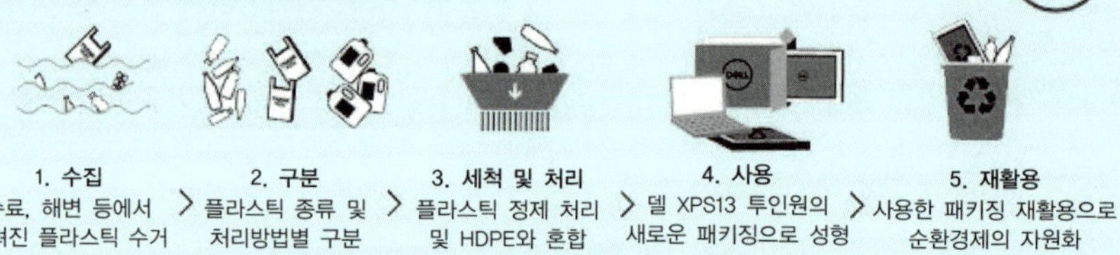

델 테크놀로지스가 미래를 위한 장기 CSR(기업의 사회적 책임) 활동인 '2020년 레거시 오브 굿 프로그램(2020 Legacy of Good Program)'의 연례 보고서를 발표했다. 델이 지난 회계연도(2017년 2월 4일~2018년 2월 2일)에 진행한 사회공헌활동을 담은 이 보고서는 델의 전문지식과 기술, 앞선 글로벌 공급망 등을 기반으로 한 다양한 활동 및 프로그램을 소개하고 있다. 여기에는 전자폐기물과 해양 플라스틱 쓰레기 재활용 등의 환경보호 활동과 소외지역을 위한 혁신기술 기반의 의료지원, 교육지원, 투명하고 윤리적인 공급망을 위한 다양한 프로그램과 다양성 추구 노력 등이 포함된다.

인류 발전을 위해 '순환경제(Circular Economy)'로의 전환이 중요하다고 믿는 델은 공급망에 대한 전문지식, 설계전략, 전자기기 재활용 글로벌 인프라라는 고유자산을 통해 재활용 프로그램을 진행하고 있다.

델은 유럽지역 엔터프라이즈 포트폴리오에 플라스틱 순환재활용 프로그램을 도입해, 2018 회계연도에 약 16톤 이상의 전자폐기물 플라스틱을 새로운 제품생산에 재활용했다. 델은 2013년부터 신제품에 약 3만 3,000톤의 재활용 소재를 사용했으며, 2020년에는 목표로 세운 1억 파운드(약 4만 5,000톤)를 달성할 것으로 예상된다.

델의 'XPS 13 투인원(2-in-1)' 노트북은 해양에 버려진 플라스틱을 재활용해 포장된다. CES 2018에서 '최고 혁신상(Best of Innovation Award)'을 수상한 이 패키징 방식은 올해 말부터 다양한 XPS 제품군 및 기업용 제품 포트폴리오에 확대 적용될 예정이다.

델은 '외로운 고래 재단(Lonely Whale Foundation)'과 협력해, 해양 플라스틱 재료의 재활용 사례를 다양한 업계의 제조과정에 확장하고, 관련한 경제적 및 사회적 이익을 제공하는 '넥스트웨이브(NextWave)' 컨소시엄을 설립했다. 넥스트웨이브는 5년에 걸쳐 약 1,300톤의 플라스틱 재활용을 목표로 하는데, 이는 물병 6,600만 개에 해당하는 분량이다.

개발도상국 등 기술과 문명의 혜택에서 소외된 지역사회를 위한 다양한 시원활동도 펼치고 있다. 델은 대표적으로 인도정부 및 '타타 트러스트(Tata Trusts)'와의 협력을 통해 클라우드 기반의 분석 솔루션 '디지털 라이프케어(Digital LifeCare)'를 출시했다. 이로써 인도 전역의 150개 지역에서 30세 이상의 약 3,700만 명의 인구에 대한 건강검진 시스템을 개선할 수 있으며, 정부가 인도 전 국민의 건강 동향을 분석할 수 있다. 특히 의료인력이 부족한 지역의 경우 애플리케이션을 통해 의학 학위가 없는 의료 종사자들도 환자의 상태에 따른 상호 확인 절차로 더 나은 수준의 검진을 제공할 수 있게 해준다.

차세대 인재를 육성하기 위한 지원 프로그램도 진행되고 있다. 델은 에티오피아 422개 지역에 거주하고 있는 40만 명 이상의 청소년과 3,000명의 교육자에게 65만 달러(약 7억 원)를 기부했다. 델은 에티오피아 교육부와 '카마라 교육부(Camara Eduction)'와 협력해 2016년부터 2019년까지 1,000개 이상의 학교에 3만대 이상의 PC를 제공, 약 120만 명의 학생에게 혜택을 제공한다. 또한 1,200만 달러(약 134억 원) 규모의 혁신 프로젝트로 3,000명 이상의 교사 및 교육 관계자에게 1,600만 시간 이상의 정보통신기술(ICT) 교육을 제공한다.

델 테크놀로지스의 크리스틴 프레이저 CRO(Chief Responsibility Officer)는 "레거시 오브 굿 프로그램은 기술을 통한 인류 발전이라는 델의 목표를 담고 있다"며, "델은 효율적으로 자원을 배치하고, 낭비를 줄이며, 다양성을 추구하고, 지속가능한 발전을 위한 혁신적인 방법을 지속적으로 찾아나가고 실행할 것"이라고 말했다.

자료 : CIO Korea, 2018. 7. 10(저자 수정)

표 3-3 사회적 책임 가이드라인

윤리라운드	• 경영활동에 윤리적 행위를 적용 • 윤리적 환경과 조건을 세계적으로 표준화
GRI보고서 (Global Reporting Initiative)	• 미국의 환경 NGO 세리즈와 UNEP(국제연합환경계획)이 설립 • 세계적으로 통용되는 기업의 '지속가능성 보고서'의 가이드라인을 입안 • 경제성 · 사회성 · 환경성 등을 고려한 CSR의 성과보고기준을 제시 • GRI를 채택하고 있는 기업은 전 세계 671개 기업
OECD 가이드라인	• 1977년 OECD가 다국적기업에 대한 가이드라인을 제정 • 기업은 주주, 근로자, 지역사회, 환경 등의 이해관계자의 이익을 함께 고려할 것을 요구
CSR(Corporate Social Responsibility)	• 기업의 독선적 경영이나 일방적인 이익추구 금지 • 사회성, 공공성, 공익성 등 사회에 대한 일정한 책임

BOBOS 문제

"맥도날드하세요?"

"BMW하세요?"

"코카콜라하세요?"

이 세상에 이런 말은 없다. 그러나 "구글하세요?"라는 말은 존재한다.

구글은 작은 검색엔진으로 성장했다. 그 누구도 구글의 성장을 기대하지 못했다. 그러나 이제 구글은 주가총액이 수천 억 달러에 이르는 글로벌 기업이 되었다.

현대인들은 인터넷을 통해 정보를 수집하고, 제품을 구입하고, 부족한 것들을 보충한다. 그러나 검색엔진의 문제점은 정작 필요한 정보를 찾을 수 없다는 데 있다. 구글의 설립자인 세르게이 브린과 래리 페이지는 사람들은 기다림을 참을 수 없어한다는 사실을 인식했다. 때문에 구글은 다른 어떤 검색엔진보다 빠르고 정확해야만 했다.

구글은 아무리 길고 아무리 많아도 원하는 모든 것을 보여준다. 여기에 구글의 차별화된 강점이 있다. 그런데 재미있는 사실은 모든 검색엔진들이 속도, 정확도, 검색량에서 구글과 큰 차이점이 없다는 것이다. 그렇다면 구글은 어떻게 고객에게 다가갈 수 있었을까?

깨진 유리창법칙의 관점에서 구글의 강점과 약점을 논의해보자.

그림자료 : 2018년 구글 두들 대회 우승작품

5 기업의 종류

회사의 기원은 고대에 가장이 죽은 뒤 형제가 재산을 공동으로 관리한 데서 비롯된 것으로 짐작된다. 그 뒤 특정한 목적을 가진 혈족 이외의 사람이 참가하는 단체가 형성되었고, 로마공화정 말기에는 어떤 사업을 위한 단체, 즉 소키에타스가 나타났다. 이 단체는 구성원이 출자한 자본을 공동재산으로 인정하고 지분에 따라 이익과 손실을 분배한 조합의 형태였다. 이는 공동기업의 시작이라 볼 수 있다.

표 3-4 기업의 종류

경제적 형태			법률적 형태
사기업	개인기업		개인상인
	공동기업	소수공동기업	합명회사, 합자회사, 유한회사
		다수공동기업	주식회사
공기업			국영기업, 공사, 공단
공사공동기업			특수회사

BOBOS 이야기

우리는 앞에서 보보가 운영하는 '아이러브보보스'의 발전과정을 살펴보았다.

처음에 보보가 단독으로 운영하던 '아이러브보보스'는 날로 사업이 번창하여 사업을 확장시켜야 하는 시기에 이르렀다. 그러나 보보가 가진 능력은 한계가 있기 때문에 다른 견공들의 도움을 받기로 했다.

모모의 은행예금을 몽땅 털어 자본을 투자하고, '아이러브보보스'와 운명을 함께했다. 공동사장으로서 수익도 나누어 갖고, 손실이 날 경우 함께 부담했다. 그러다가 알폰소를 영입했고, 알폰소는 출자분에 대해서만 책임을 지는 형태로 합류했다. 대신 사장의 직함은 가질 수 없었다. 일정한 기간이 흐른 후 '아이러브보보스'는 수십 명의 견공들을 채용하는 기업이 되었다. 그들은 모두 출자액을 한도로만 책임을 지는 형태로 운영이 되었고, 점점 발전을 거듭하게 되었다. 바로 이것이 개인기업에서 공동기업으로 가게 되는 수순이다.

개인의 능력에는 한계가 있기 때문에 영업의 규모가 커지면 많은 사람들이 모여서 부족한 능력을 보충하고, 자본을 증가시키고, 손실에 대한 위험을 분산시켜 공동으로 사업을 경영하는 조직형태가 필요하게 된다. 이를 사기업의 공동기업형태라 한다. 이것이 본서에서 주로 소개하고자 하는 기업의 형태이다.

BOBOS 이야기

한동안 경기가 아주 좋았었기 때문에 '아이러브보보스'는 번창했다. 보보의 친구들도 그의 성공과 격려에 자극받아 사업을 시작했고, 처음 사업의 시발지가 되었던 홍남교 근처는 '보보스거리'라는 이름으로 하나의 타운을 형성하게 되었다. 보보와 친구들은 많은 일자리를 창출해 내었고, 그들 덕분에 수많은 견공들과 그 가족들이 하루 세 끼 따뜻한 밥을 먹게 되었다. 그들은 다양한 분야에 종사했지만 영리성보다는 공익성이 강조되는 분야, 기대수익이 높지 않은 분야 등에는 손을 댈 수 없었다. 경기가 일시적으로 후퇴하여 사업이 어려워졌을 때 불가피하게 많은 견공들을 해고할 수밖에 없었고, 이는 '보보스거리'의 쇠퇴를 가져왔다. 그러나 견공들의 힘만으로는 적절한 해결책을 내놓을 수가 없었다. 이때 필요한 것이 바로 공기업의 원리이다.

아담 스미스적 견해에 의하면 순수한 고전적 자본주의에서는 공기업이란 생각조차 할 수 없었다. 그러나 자본주의의 성숙에 따라 '보이지 않는 손'에 의한 자기조절기능이 마비되자 자유경쟁에 의한 영리적 사기업만으로는 경제의 원활한 순환이 불가능하게 되었다. 즉, 영리원칙에 입각한 사기업만으로는 경쟁이 곤란하거나 불가능한 분야가 생기게 된 것이다. 예를 들어 하수도, 도로 등의 분야가 그것이다. 뿐만 아니라 케인즈가 말한 유효수요의 부족으로 인한 국민경제의 경기후퇴를 되돌리기 위해서는 국가가 의식적으로 유효수요를 창출하지 않으면 안 되게 되었다. 이에 따라 국가나 지방공공단체가 자본주의경제체제의 보완책으로 공공성의 원칙에 따라 경영되는 공기업을 설립하여 운영하는 것이 불가피하게 된 것이다.

때로는 자본주의 시장실패의 원인으로 공기업이 생겨나기도 하는데, 한국의 경우 1999년 말에는 IMF 이전의 30대 기업 가운데 10여 개가 도산하는 엄청난 결과를 낳았다.

이때 도산이나 실패한 부실기업을 국가가 인수하면서 또 하나의 공기업이 생겨나게 된다. 정부는 때로 대그룹을 부도처리할 경우 국민경제에 미칠 충격을 감안하여 공적자금을 투입하여 회생시키기도 하는데, 공적자금이 투입되면 결국 사기업이 공기업으로 전환되는 과정을 밟게 된다. 이처럼 자본주의의 실패로 공기업이 생겨나기도 하며, 각 나라마다 특별한 상황에 따라 공기업이 생겨나기도 한다. 그 외에 수차에 걸친 경제계획의 성공적 달성을 위해서 경제개발의 목적으로 정부가 설립·운영하는 공기업들이 있다.

BOBOS 뼈다귀

뉴딜(New Deal)정책과 공기업

뉴딜정책 실시 이전	뉴딜정책 실시 이후
시장의 자유방임	정부의 시장개입 → 수정자본주의 탄생
농업과 제조업의 과잉생산	산업별 수급조설 → 가격폭락 억제 기업의 수익성 개신
만성실업으로 인한 구매력 약화	일자리 창출 → 수요 확대 공장가동 확대
노동자권익의 미보호	노동기본권 최고근로시간 최저임금 → 노동자권익보호
사회적 약자의 방치	실업보험 고령자 부양 극빈층 보조 장애인 보조 → 사회보장제도 확립

대공황은 1929년 10월 24일 목요일에 시작되었다. 이 날을 가리켜 '검은 목요일'이라 부른다. 검은 목요일은 대공황의 시발점이 되어 이후 10년 동안 세계경제를 지배했다.

1932년 미국의 국민총생산(GNP)은 대공황 전의 절반 수준으로 떨어졌고, 실업자는 1,250만 명에 육박했다. 이러한 상황에서 루즈벨드는 뉴딜정책을 공약으로 내세웠다. 뉴딜정책의 핵심은 '일자리 창출 → 실업해소 → 구매력 증대 → 소비의 확대 → 공장가동 확대'였다. 이는 국가의 개입이 없어야 한다는 고전학파의 자유방임적 자본주의와 대치되는 개념이었다. 정부가 나서서 일자리를 창출하고, 고용된 노동자는 구매력을 갖게 되고, 상승된 구매력으로 인해 공장을 다시 가동시키려는 목적이었다.

1935년에는 사회보장법이 만들어지면서 수정자본주의의 기틀을 마련했다. 이는 '경제활동의 일정한 제약, 정부역할의 확대, 노동자의 권익보호, 사회보장' 등으로 요약된다.

1) 개인기업(Sole Proprietorship)

기업은 출자자가 1인인가 2인 이상인가에 따라 개인기업과 공동기업으로 구분된다. 개인기업은 출자, 경영, 지배가 일치하는 가장 기초적인 기업의 형태이다. 개인이 단독으로 출자하여 개인에 의해 소유되고 운영되는 기업이므로 상대적으로 법률적 제약이 없어 중소기업의 형태 중에서 압도적으로 많은 비중을 차지하고 있다.

개인기업은 적은 자본을 가지고 기업의 창설이 가능하며 언제든 원하는 시기에 기업폐쇄가 가능하다. 또한 개인의 의사결정으로 인해 신속한 기업경영이 가능하고 기업의 기밀유지가 보장된다. 사실상 모든 기업이익이 경영자 개인에게 귀속되므로 인해 강력한 동기부여가 가능하다.

그러나 양날의 검처럼 독점적 이익은 무한책임으로 이어지기 때문에 손실에 대한 위험부담은 전적으로 개인의 몫이 된다. 또한 한 개인에게 전적으로 의존하기 때문에 계속기업으로서의 영속성에 한계가 있다. 그리고 자본의 규모가 비교적 적은 상황에서는 경영이 용이하지만 자본조달의 한계성으로 인해서 일정규모 이상의 기업성장은 어렵다는 단점이 있다. 만약 기업의 확대가 가능하다 하더라도 개인의 경영능력에는 한계가 있기 때문에 경영상의 전문성이 결여되어 이것이 성장의 한계요인으로 작용한다.

표 3-5 개인기업

장점	단점
• 정부의 규제가 적음 • 설립과 해산이 편리 • 신속한 의사결정 • 기업의 기밀유지 가능 • 이익이 소유자 개인에게 귀속됨	• 무한책임 • 자본조달의 한계성 • 경영능력의 전문성 결여 • 계속기업으로의 한계

2) 합명회사(Ordinary Partnership)

합명회사는 13~14세기경 유럽대륙 내부의 상업도시에서 형성된 공동기업형태인 소키에타스(Societas)에서 비롯되었다. 소키에타스는 가족공동체, 혈연공동체로 특징지어지며 강한 상호신뢰관계를 바탕으로 형성된 공동기업의 형태였다.

합명회사는 2인 이상의 사원이 출자자가 되며 자본주의 경제발전의 시초라고 볼 수 있으나 아직까지는 개인기업에 가까운 형태이다. 이는 인적공동기업 중에서 가장 간단한 형태이다.

설립절차가 간단하여 출자자들이 정관을 작성하여 설립등기를 하면 회사가 성립된다. 사원은 기업의 채무를 회사채권자에 대해 직접적으로 연대하여 변제할 무한책임을 지며, 정관에 다른 규정이 없는 한 사원은 기업의 업무를 집행하고 대표하는 권한을 가진다. 정관변경, 사원제명, 지분양도 등에 있어서는 전 사원의 동의가 필요하며 경업피지의무를 지닌다. 또한 책임이 출자에 한정되는 것이 아니므로 사원은 모두 무한책임사원이다. 따라서 아직까지는 개인기업의 특징을 많이 지니고 있는 기업의 형태이다.

3) 합자회사(Limited Partnership)

합자회사는 10세기경 유럽의 해상상업에서 발달한 코멘다(Commenda)가 그 기원으로 알려져 있다. 코멘다는 유럽의 상업도시에서 각 도시를 연결하는 해상무역을 하는 과정에서 발전한 기업형태이다. 이는 일종의 위탁계약으로서 위탁자인 귀족, 지주, 상인 등이 수탁자인 해상무역업자에게 상품 또는 자본을 위탁하고 그의 책임하에 해상무역을 수행하고 거기서 발생하는 이익금을 분배하는 계약을 말한다. 당시 해상운송은 항해기술이 미숙하였고, 해적이나 날씨 등과 같은 위험요인이 많았다. 때문에 위탁자는 출자금액을 한도로 유한책임을 지고, 수탁자인 무역업자는 무한책임을 지는 거래형태가 발달했다. 이와 같은 무역거래가 일반화되면서 오늘날의 합자회사로 발전하게 되었다.

합명회사의 한계점을 보완한 합자회사는 1인 이상의 무한책임사원과 1인 이상의 유한책임사원으로 구성된 기업형태이다. 무한책임사원이 있는 것은 합명회사와 같으나, 차이점은 회사채권자에 대해 출자가액의 한도 내에서만 연대하여 책임을 지는 유한책임사원이 있다는 것이다. 유한책임사원은 자신의 출자범위 내에서만 책임을 진다. 이로서 소유와 경영의 분리기반을 형성하게 된다. 유한책임사원은 유한의 책임을 지며, 회사의 업무집행, 대표로는 참여하지 않는다. 합명회사의 유한책임사원이 출자지분을 양도하려 할 때는 무한책임사원 전원의 동의가 필요하다.

합자회사는 유한책임사원의 책임의 유한성에서 생기는 결과를 제외하고는 원칙적으로 합명회사와 마찬가지로 취급할 수 있다. 따라서 상법도 별단의 규정이 없는 한 합명회사의 규정을 준용하여 합명회사의 한 변형으로 보고 있다.

4) 유한회사(LLC : Limited Liability Company)

유한회사는 영국의 사회사(Private Company)와 독일의 유한책임회사가 그 기원이다. 독일의 기업들을 보면 많은 기업들의 기업명 뒤에 'GmbH'라고 붙어있는데, 이는 유한책임회사에 해당되는 독일어 Gesellschaft mit beschraenkter Haftung의 머리약자이다.

독일의 유한책임회사법을 본받아 1938년 일본에서 유한회사법이 제정됨으로써 일본, 한국에 처음 등장했다. 한국에서는 이를 상법전 제5장 유한회사편에서 규정하고 있다(상법 제543-613조).

유한회사 제도에는 독일의 제도 이외에 프랑스의 유한책임회사, 영국의 사회사, 미국의 폐쇄적 회사 등이 있다. 한국 상법상 유한회사는 다수의 균등액 출자(1좌 금액 5,000원 이상)로 구성되는 자본금(1,000만 원 이상)을 가지며, 사원 전원(50인 이내)이 자본에 대한 출자의무를 진다(제545조 · 제546조 · 제553조).

유한회사의 사원은 회사에 대하여 출자금액을 한도로 책임을 지며 채권자에 대해서는 그 어떠한 책임도 지지 않는다. 유한회사의 출자자는 사원이며, 사원은 유한회사의 최고의결기관인 사원총회의 구성원이다. 유한회사는 사원 전원의 책임이 간접이며 유한한 점 등 많은 점에서 주식회사와 유사하지만 주식회사에 비해서 복잡하고 엄격한 규정이 완화되고, 지분의 양도가 자유롭지 못한 점이 다르다. 지분을 양도하려면 사원총회의 승인이 필요하다. 이사의 수는 1인 이상이면 되고, 이사의 수에 제한이 없다. 주식회사에 비해 설립과 운영에 있어 법령의 규제가 적으나 유사점이 많아 주식회사에 관한 규정이 준용되지만 재무보고서를 공개할 의무는 없다. 때문에 유한회사는 합명회사처럼 폐쇄적이고 비공개적인 특징을 지니고 있다. 또한 사원이 유한책임을 진다는 점에서는 물적기업의 성격을 띠지만 사원의 수를 2인 이상에서 50인 이하로 제한하고, 사원 이외의 타인에 대한 지분양도가 제한되고, 사원을 공모하지 못한다는 점에서는 인적기업의 성격이 강하다. 때문에 유한회사는 물적회사와 인적회사의 중간형태의 특징을 지닌다.

BOBOS 신문

커피계의 애플, 블루보틀

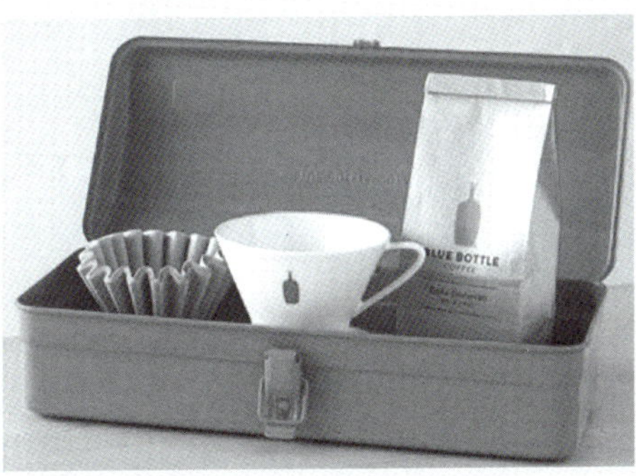

'힙한 커피의 대명사'로 불리는 블루보틀(Blue Bottle)이 유한회사 형태로 한국에 법인을 설립했다. 고급화 전략으로 매장을 최소화한 블루보틀이 미국, 일본에 이어 세 번째로 한국을 선택했다는 평가다. 국내 1,100여 곳의 매장을 내며 커피전문점 시장을 장악한 스타벅스와 어떤 경쟁을 펼칠 지도 관심거리다.

27일 유통업계에 따르면 블루보틀은 지난 19일 한국법원에 '블루보틀커피코리아 유한회사' 설립등기를 냈다. 본점 사무실은 서울 종로 SC제일은행 건물 20층이다.

사업목적은 커피전문점 운영 및 관리, 볶은커피 및 식품제조업 등이다. 등기이사엔 블루보틀 최고경영자(CEO)인 브라이언 케빈 미한이 올랐다. 자본금은 1억 원이다.

2005년 미국 샌프란시스코에 첫 매장을 열며 커피업계에 뛰어든 블루보틀은 당시 미국과 일본에서 51개 매장을 운영해 매출액 9,400만 달러(약 1,005억 원, 2016년 기준)를 올리는 작은 커피체인업체였다. 지난해 9월 세계 최대식 회사인 스위스의 네슬레가 블루보틀 지분 68%를 약 4억 2,500만 달러(약 4,500억 원)에 인수했다.

블루보틀은 가장 큰 경쟁력인 '고급 이미지'를 위해 메뉴와 매장을 최소화하는 전략을 유지하고 있다. 스타벅스보다 메뉴종류도 적다. 대신 좋은 원두를 확보하고 이를 로스팅(원두를 볶는 것)하는 데 심혈을 기울이면서 커피 마니아들로부터 좋은 반응을 얻었다.

블루보틀이 한국에 매장 문을 열면 미국과 일본에 이어 세 번째 국가가 된다. 블루보틀 매장이 있는 곳은 미국과 일본 두 곳 뿐이다. 올해 4월 말 현재까지 전체 매장 수는 52곳에 그치고 있다. 블루보틀 1호점을 포함한 15곳이 미국 샌프란시스코에 있고, 뉴욕과 로스앤젤레스(LA)에 각각 12개 매장이 있다. 일본에는 도쿄에만 7곳이 있다.

그러나 지난해 네슬레의 인수로 아시아 매장을 확대할 것이라는 전망이 나왔다. 파이낸셜타임즈(FT)는 "네슬레의 지원으로 블루보틀이 아시아 시장, 특히 중국과 한국에 매장을 낼 것"이라고 관측하기도 했다.

블루보틀이 국내 어떤 지역에 몇 개의 매장을 낼 지 벌써부터 관심이 쏠린다. 유동인구가 많은 서울 강남이나 직장인이 많은 광화문 또는 젊은이들이 많은 홍대, 연남동 등이 후보로 꼽힌다.

블루보틀은 커피 맛과 서비스를 유지하기 위해 직영점 형태로만 출점한다. 스타벅스도 현재 전국 1,100여 곳의 매장을 직영점 형태로 운영하고 있다. 이 때문에 한국에서 가맹점 사업을 하지는 않을 것으로 예상된다.

자료 : 조선비즈, 2018. 7. 14(저자 수정)

5) 주식회사(Stock Corporation)

주식회사는 17세기 초 영국, 프랑스, 네덜란드 등이 동양에 대한 독점무역을 위해 동인도에 설립한 동인도회사(East INdia Company)가 그 효시로 알려져 있다. 기업활동이 점점 확대되면서 더 많은 자본을 필요로 하게 되었고, 부족한 자본을 조달하여 집중시키기 위해서 기업의 신용을 담보로 하고 기업이 책임을 지는 기업 명의의 증서(증권, 주식)를 발행하여 수많은 사람들에게 나누어주고, 그 자본을 모아서 설립된 기업의 형태이다. 자본의 집중을 최대한 가능하게 하는 최고의 형태이다. 우리나라 최초의 주식회사는 1899년에 설립된 천일은행(구 상업은행의 전신, 현 우리은행)으로 이때 처음으로 주식이 발행되었다.

주식회사의 가장 큰 특징이자 장점은 자본의 장기적 고정화와 출자금의 즉시회수라는 모순되는 쌍방의 요구를 만족시킬 수 있는 자본의 증권화제도에 있다. 투자자는 투자금액을 언제든지 현금으로 회수할 수 있기 때문에 자유로운 투자여건이 조성되었으며, 이로 인해 자본의 조달이 보다 용이해졌다.

자본의 증권화로 인해 자본과 경영이 분리됨으로써 소유와 경영의 분리가 가능하게 되었다. 민즈는 "주식회사는 하나의 사회제도로서 보다 큰 의의를 지닌다"고 말한 바 있다. 또한 모든 출자자는 출자금액 내에서만 책임을 지게 되므로 이러한 유한책임성으로 인해 위험성이 개인의 재산까지 영향력을 미치지 않게 된다.

주식회사는 기업의 의사결정과 행동을 계획하고 집행하기 위한 기관이 필요하며, 대내적 의사결정기관인 주주총회와 이사회, 업무집행기관인 대표이사, 감독기관의 감사 등이 있다. 이사는 주주총회에서 선임하며 3명 이상이어야 하지만 정관에 규정이 없는 한 최대인원에 대한 제한은 없다. 이사는 기업의 업무집행에 관한 의사결정에 참여하지만 이사회의 구성원일뿐 기관은 아니다. 감사는 주주총회에서 선임하며, 감사의 임무는 업무감시와 회계감사이다.

주식회사의 설립을 위해서는 기업의 규모에 관계없이 상법의 규정에 의거하여 7명 이상의 발기인과 5천만 원 이상의 자본금이 필요했었으나, 소기업과 소상공인 지원을 위한 특별조치법(법률 제6314호)이 개정되어 소기업에 대한 주식회사 설립 특례가 도입되어 설립요건이 대폭 완화되었다. 이에 2001년 6월 30일부터 소기업의 경우에는 상법의 규정에도 불구하고 발기인 1명 이상, 자본금 5천만 원 미만으로 설립이 가능하다. 소기업이란 제조업, 광업, 운수업, 건설업의 경우에는 상시근로자수가 50인 미만인 기업, 기타 업종의 경우에는 상시근로자수가 10인 미만인 기업을 의미한다. 이는 자본금과 같은 기업규모보다는 아이디어, 기술력 등의 콘텐츠를 중시하는 21세기 산업구조의 변화를 반영한 것이라 볼 수 있다.

표 3-6 주식회사

장점	단점
• 자본의 증권화제도 • 자본집중의 편리성 • 소유와 경영의 분리 • 대리경영에 의한 이사제도 • 유한책임성	• 대주주의 횡포 • 신속한 의사결정의 어려움 • 기업에 대한 책임의식의 분산 • 정부의 규제 • 기업기밀의 노출

▮그림 3-3▮자본의 증권화제도

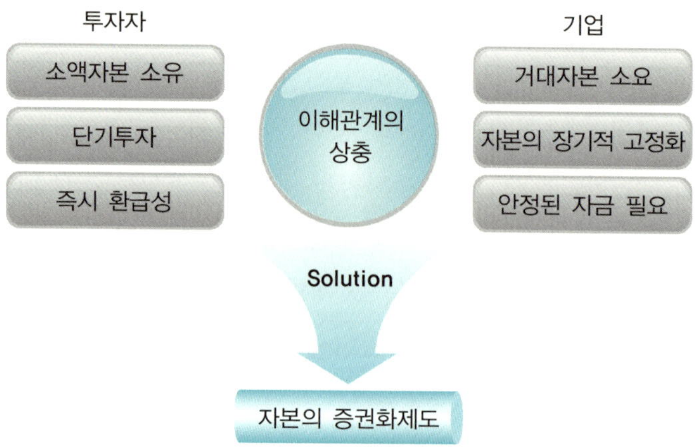

자료 : 장영광, 생활 속의 경영학, 신영사, 2009(저자 재구성)

BOBOS 뼈다귀 경업피지의무란?

특별한 지위에 있는 사람이 타인의 영업과 경쟁이 되는 행위를 하지 말아야 할 의무를 말한다. 이때 특별한 지위에 있는 사람의 범위는 합명회사의 사원, 합자회사의 무한책임사원, 유한회사와 주식회사의 이사 등이다.

상법은 이 범주에 해당하는 사람들이 신뢰관계를 남용하여 영업주의 이익을 해치는 것을 방지하기 위하여 경업피지의무를 규정하고 있다.

경업피지의무란 상업사용인이 영업주의 허락 없이 자기 또는 제3자의 계산으로 영업주의 영업부류에 속한 거래를 하거나 회사의 무한책임사원, 이사 또는 다른 상인의 사용인이 되지 못하는 것이다(상법 제17조).

BOBOS 뼈다귀 경업피지의무의 위반

최근 프랜차이즈 본사와 가맹점 간의 분쟁 중 많은 사례가 경업피지의무 위반으로 인한 것이다. 프랜차이즈 이름을 내걸고 영업을 하다가 계약종료 후 같은 장소에서 프랜차이즈 본사와 비슷한 이름으로 살짝 바꾸어 계속 영업을 하는 것이 대부분의 경업피지의무위반 분쟁사례이다.

위 사례에서 분쟁의 원인이 되는 경업피지의무란 특정 상인의 영업을 보호하기 위하여 그 상인과 일정한 관계가 있는 상업사용인 또는 영업양도인에게 그의 영업과 경쟁적

성질을 띠는 행위를 하는 것을 금지시키는 일정한 의무를 말한다. 스스로 동종영업을 하거나 제3자를 내세워 동종영업을 하는 것을 금한다.

프랜차이즈 가맹 시 작성하는 가맹계약서에는 보통 '가맹점 사업자는 가맹본부의 사전 서면승인 없이 자기 또는 제3자의 명의나 재산으로 가맹본부와 동일 또는 유사한 경쟁관계에 있는 영업을 할 수 없다'고 기재되어 있다. 이와 같은 경업피지의무조항은 가맹점주가 가맹계약기간 동안 알게 된 프랜차이즈 가맹본부의 노하우나 영업상의 비밀을 이용하여 계약이 끝난 이후에 가맹본부에 손해를 끼치는 사태를 미리 예방하기 위한 것이다. 프랜차이즈계약은 가맹본부가 가맹점 사업자로부터 로열티나 가맹금이라는 대가를 받는 내신 고유의 브랜드가치나 영업비밀의 사용을 허가해준다는 의미를 가진다. 그러므로 대부분의 가맹계약서에 프랜차이즈 본사의 점포운영 노하우나 인테리어, 조리법 등의 가치를 보호하기 위한 안전장치가 바로 경업피지의무나 영업비밀보호의무조항이다.

그러나 이러한 경업피지의무나 영업비밀보호조항도 계약서에 기재된 대로 무조건 그 효력이 있는 것은 아니다. 프랜차이즈 계약과정에서 지나치게 가맹점주에게 불공정하고 불평등한 조항이 있을 경우는 법원에 의하여 그 효력이 부인될 수도 있다. 이때 재판을 통해 여러 정황을 참작하는 과정이 이루어진다.

자료 : 이한무 변호사

표 3-7 기업의 장점과 단점

기업	장점	단점
개인기업	• 기업의 단순성 • 이익의 독점 • 개인적 참여 • 단독의사결정 • 해산의 용이성 • 소유권자 과세	• 무한책임 • 자본조달의 한계성 • 소유자의 관리의 한계 • 비영속성
합명회사 합자회사	• 기업에 대한 약간의 제약 • 합명회사보다 큰 차입능력 • 합명회사보다 많은 전분화 기회 • 개인적 참여 • 소유권자 과세	• 개인적 불화의 잠재 • 비교적 영속성 • 극한적 투자
주식회사	• 소유권자의 유한자본 조달 • 장기수명 • 소유권 이전의 용이성 • 자본조달능력의 증대	• 주주와 이중적 과세 • 설립의 복잡성 • 정부규제 • 경영의 비밀보장의 한계 • 재무보고서 공개

자료 : J.A. Reinecke & W.F. Schoell, *Introduction to Business*, Allyn and Bacon, 1983.

BOBOS 책 유리창이 깨졌다

범죄학자 윌슨과 켈링이 발표한 '깨진 유리창' 이론은 깨진 유리창처럼 사소한 것이 사람들에게 중요한 메시지를 전달한다고 강조한다. 건물주인이 깨진 유리창에 관심을 기울이지 않고 방치하고 있다면 그는 절도나 문서훼손, 폭력 등과 같은 강력범죄에 대한 대비 역시 미비할 것이다. 지나가는 사람들은 깨진 유리창을 보며 건물주인과 주민들이 이 건물을 포기했으며, 이곳은 무법천지라는 인식을 하게 된다. 깨진 유리창이 전하는 메시지는 이런 것이다.

아무도 관심을 갖지 않는다. 당신 마음대로 해도 좋다!

이것이 깨진 유리창 이론의 핵심이다.

비즈니스 세계에서는 작은 차이가 큰 결과로 나타난다. 패스트푸드점에서 더러운 소스 선반을 보았다면 당신은 위생에 신경을 쓰지 않는 식당에서 만든 음식을 더 이상 먹고 싶지 않을 것이다. 옷가게에서 불친절한 직원 한 명을 보았다면 그 가게의 직원교육이 전반적으로 부족하다고 결론지을 수 있다. 주유소 직원이 무례한 문구가 적힌 티셔츠를 입은 것을 보았다면 오랫동안 이용해 왔던 정유회사를 바꿔버릴 수도 있다.

깨진 유리창이란 문자 그대로 깨진 유리창을 의미할 수도 있고 다른 문제들을 상징할 수도 있다. 어떤 것이든 유리창이 깨졌다면 최대한 빨리 갈아끼워야 한다. 그러나 대부분의 경우 깨진 유리창이란 작고 사소해 간과하기 쉬운 문제들이어서 그대로 방치되기 쉽다. 분명 깨진 유리창은 보다 큰 문제의 일부이거나 심각한 전조이다. 성공한 기업일수록 깨진 유리창을 찾아보기 어렵다.

자료 : 마이클 레빈의 '깨진 유리창 법칙' 중에서(저자 수정)
그림자료 : 장명진

BOBOS 신문

변화하는 기부문화

영국자선지원재단(CAF)이 발표한 '세계기부지수 2017'에 따르면 우리나라의 기부참여지수 순위는 경제협력개발기구(OECD) 35개국 중 21위로, 전체 조사대상국 139개국 중에서 62위이다. 우리 사회에서 기부문화가 아직 일상에 자리잡지 못하고 있다는 의미이다. 일상이 아닌 기부는 특별한 행위로 인식된다. 이는 곧 기부에 대한 부담을 알게 모르게 가중시키는 요인으로 작용한다. 하지만 최근 몇 년 새 젊은 세대를 중심으로 나타나고 있는 새로운 형태의 기부문화는 다르다. 기부의 부담은 줄이고 행위의 즐거움을 강조한다. 기부가 일상 속에 자연스럽게 스며들게 한다.

많은 사람들이 온라인, SNS 등을 통해 기부에 참여한다. 특히 스마트폰과 SNS 사용량이 많은 젊은 세대는 앱과 SNS를 통해 참여가능한 기부형태에 많은 관심을 보이고 있다. 이렇듯 새롭게 등장한 기부문화 형태에는 상반된 평가가 존재한다.

사회변화에 따라 온라인으로 옮겨간 기부활동은 타인에게 공유된다. 한 사람의 기부활동이 다른 사람들에게 노출되며 자연스럽게 참여를 유도한다. 기부도 하나의 '콘텐츠'가 된 것이다. 재미있는 콘텐츠가 많이 소비된다. 따라서 기부캠페인도 즐길 수 있는 방식으로 바뀌고 있다.

이러한 새로운 기부문화를 일컬어 재미(Fun)와 기부(Donation)를 결합해 '퍼네이션(Funation)'[4]이라고 한다. 기부를 재미있게 즐기면서 하는 것이다. 기부의 결과에서 오는 뿌듯함보다 기부의 과정에서 느끼는 즐거움에 초점을 맞췄다고 볼 수 있다. 기부라는 단어가 주는 무게감을 덜어내고 기부행위에 대한 장벽을 낮춘다.

하지만 경계의 목소리도 있다. 퍼네이션 문화는 손쉽게 나눔행위에 참여할 수 있다는 점이 가장 큰 특징이자 장점이다. 이를 바꿔 말하면 기부자가 기부의 필요성을 크게 느끼지 못해도 참여할 수 있다는 것이다. 기부의 의미, 기부가 필요한 이유는 생각하지 않은

4) 복잡하거나 번거로운 기부방식을 지양하고 다양한 방식으로 기부자들이 쉽게 기부에 참여할 수 있게 하는 기부의 방식이다. 카드 수수료의 일부를 기부하거나 공연 수익금을 기부하는 것 역시 넓은 의미의 퍼네이션에 해당한다.

채 행위가 보여주기식에 그칠 수 있다는 것이다. 이른바 '슬랙티비즘(Slacktivism)'[5]이다. 게으름뱅이(Slacker)와 행동주의(Activism)의 합성어로, 실제적 행동을 하지 않고 무엇인가 바꾸려고 하는 소극적이고 게으른 행동주의를 의미한다. 이슈에 대한 깊이 있는 고민을 막는다는 아쉬움이 묻어나는 평가다. 과연 SNS에서 '공감'을 표하는 것이 얼마나 문제해결에 도움이 되겠느냐는 근본적 회의이다. 그러나 시민들은 각자가 할 수 있는 기회가 다양할 때 더 많은 참여를 할 수 있다고 믿는다. 요즘은 온라인 기부 외에도 위안부 할머니가 제작하는 굿즈나 공정무역물품을 구매하고, 역사성 있는 영화를 만드는 데 투자하기도 하고, 댓글을 달아 기부에 동참하기도 한다. 이렇듯 점점 더 다양해지는 기부방식에 세계기부지수를 발표하는 영국의 CAF에서도 관련연구를 수행하였고, 이런 변화에 주목하고 있다. 특히나 밀레니얼 세대는 이런 방식을 훨씬 선호하고 있다.

승일희망재단 역시 최근의 기부문화를 슬랙티비즘보다는 퍼네이션이라고 평가한다. 가장 대표적인 사례로 언급되는 아이스버킷 챌린지를 통해 루게릭병 환자에 대한 관심을 고취시키고 루게릭 요양병원 건립을 위한 기금을 마련하고 있다.

자료 : 헤럴드경제, 2018. 6. 28(저자 수정)

BOBOS 숙제

1. 자본주의의 발달과정을 이해한다.
2. 자유시장경제에서 정부개입의 필요성을 이해한다.
3. 사기업과 공기업의 차이를 이해한다.
4. 기업의 이윤추구와 사회적 책임의 필요성을 이해한다.
5. 기업의 발달과정과 주식회사의 역할을 이해한다.

BOBOS 한 말씀

완전함으로 가는 길은 쉬운 길이 아니다. 늘 고통스럽다. 완전함을 지향하면서 행동하는 것은 그렇지 않은 경우보다 훨씬 더 어렵다. 완전함을 이루기란 늘 고통스러우므로, 개혁은 혁명보다 훨씬 더 어렵다.

– 스캇 펙의 '아직도 가야 할 길 끝나지 않은 여행' 중에서 –

5) 노력이나 부담을 지지 않고 사회운동을 하는 행위를 가리킨다. 이 용어는 때로 사회에 의미가 있는 영향을 주지 않았는데 사회에 좋은 활동을 했다고 생각하는 자기만족적 행위에 대해 경멸을 담아 사용되기도 한다. 슬랙티비스트들의 행위는 대부분 개인의 노력이나 부담을 필요로 하지 않는다.

핵심 체크

01. 산업혁명은 인클로저 운동으로부터 시작되었으며, 도시 근교로 몰려든 저렴한 노동력은 산업혁명의 원동력이 되었다.

02. 기업의 목표는 이윤의 극대화와 사회적 책임이다.

03. 적극적인 의미로서의 사회적 책임은 앞으로 할 일, 역할, 다해야 할 의무 등을 의미한다.

04. 뉴딜정책은 정부의 개입으로 일자리를 창출하여 실업을 해소하고, 노동자들의 구매력을 증대시켜 소비를 확대하는 선순환을 지향함을 목적으로 하고 있다.

05. 기업은 출자자가 1인인가 2인 이상인가에 따라 개인기업과 공동기업으로 구분된다.

06. 개인기업은 출자, 경영, 지배가 일치하는 가장 기본적인 기업형태로서 설립이 간편하고, 신속한 의사결정과 기밀유지가 가능하고, 정부의 규제가 적다.

07. 합명회사는 유럽대륙 내부에서 형성된 소키에타스에서 비롯되었으며, 소키에타스는 공동기업의 시작이다.

08. 합명회사는 2인 이상의 사원이 출자자가 되며, 모든 구성원이 무한책임을 지는 인적공동기업이다.

09. 합자회사는 코멘다에서 비롯되었으며, 코멘다는 위탁자는 유한책임을 지고, 수탁자는 무한책임을 지는 거래형태이다.

10. 합자회사는 1인 이상의 무한책임사원과 1인 이상의 유한책임사원으로 구성된 기업형태이나.

11. 유한회사는 50인 이내의 사원이 자본에 대한 출자의무를 지며, 출자금액을 한도로 책임을 진다.

12. 주식회사의 기원은 동인도회사이며, 부족한 자본을 조달하기 위해 기업명의의 증서를 주고, 자본을 조달했다.

13. 주식회사는 자본의 증권화제도로 인해 자본집중이 편리해지고, 소유와 경영이 분리되는 기업형태이며, 모든 투자자는 유한책임성을 지닌다.

CHAPTER

04

기업의 집중

Management of BOBOs

Management of BOBOs

1. 카르텔(cartel)
2. 트러스트(trust)
3. 콘체른(konzern)
4. 콤비나트(kombinat)
5. 컨글로머리트(conglomerate)
6. 조인트벤처(joint venture)

기업의 집중

보보의 경영학
Management of BOBOs

Chapter 4

BOBOS 뼈다귀

변화하는 기업풍경

삼성전자는 2017년 하반기 근로시간단축 예행연습에 돌입했다. 삼성전자는 당시 일부 부서를 시작으로 주 52시간 근무제를 시범운영했으며 2018년에는 전체부서로 확대했다. 이를 위해 삼성전자는 지난달 근태입력 시스템을 개편하고 주 52시간 근무방침을 전 직원에게 공지했다.

주 52시간 근무제 도입과 함께 달라진 근태관리 지침도 공지했다. 사내 헬스장을 이용하거나 흡연과 잡담으로 자리를 비우는 경우엔 출입기록에 따라 분단위로 근무시간에서 제외한다. 실제로 일하는 시간을 철저히 관리, 업무효율을 높이겠다는 취지다. 삼성전자는 근로시간단축을 조기정착시키기 위해 근로시간단축이행 여부를 간부사원들의 평가에 반영하는 방안도 검토하고 있다.

삼성전자 관계자는 "비업무시간 측정 공지는 줄어든 근무시간의 반대급부로 일하지 않는 시간을 감시하겠다는 뜻이 아니라 주 52시간 근로를 지키기 위해 불필요한 근로시간 늘리기를 막고자 마련한 것"이라며 "비업무시간을 측정하는 것은 과거에도 자율적으로 해온 일"이라고 밝혔다.

SK텔레콤은 회사가 근무시간을 통제하는 일률적-관리적 방식의 근무시간단축 방식을 지양하고 회사와 구성원이 신뢰를 기반으로 개별적-자율적인 방식으로 일하는 시간을 혁신하고자 자율적 선택근무제를 도입하기로 했다.

SK텔레콤이 도입하는 자율적 선택근무제는 2주 단위로 총 80시간 범위 내에서 업무

성격 및 일정을 고려해 직원 스스로 근무시간을 설계하는 개념이다. 예를 들어, 마감 등의 업무로 매월 마지막 주 업무량이 많은 직원은 이를 근무계획에 미리 반영해 전 주는 30시간, 해당 주는 50시간으로 나눠 일할 수 있다. 매주 특정 요일에 학원수강, 운동 등을 하는 직원은 해당 요일의 근무시간을 주중 다른 요일로 배치해 주 4일 근무를 하며 자기계발을 할 수도 있다.

자율적 선택근무제는 2018년부터 도입한다. 이를 위해 SK텔레콤은 직원참여 공청회를 마련, 구체적인 제도 운영방안 및 시스템 설계에 대한 직원들의 의견을 수렴할 계획이다.

이와 함께 기업문화 개선에도 적극 나섰다. SK텔레콤은 기업문화의 근본적 개선, 일하는 방식 효율화 등 '일하는 방식의 혁신'을 위해 전사적인 노력을 기울이고 있다. 실제로 SK텔레콤은 지난달 사내 직원 호칭을 '님'으로 통일하고, 본사의 임원전용 엘리베이터도 전 직원에게 개방하는 등으로 조직문화를 적극 개선해 나가고 있다.

신세계그룹은 2018년 1월부터 근로시간을 단축해 주 35시간 근무제로 전환했다. 주 35시간 근무제 시행으로 신세계그룹 임직원은 하루 7시간 근무하고 있으며, 일반적으로 오전 9시에 출근해 오후 5시에 퇴근하는 '9-to-5제'를 따르고 있다. 또한 업무특성에 따라 8시 출근 후 4시 퇴근, 10시 출근 후 6시 퇴근 등으로 근무시간을 유연하게 적용한다.

오후 5시가 되면 퇴근을 독려하는 방송이 흘러나온다. 오후 5시 30분경 PC가 강제로 꺼지고, 다음날 오전 6시까지는 다시 켜지지 않는 'PC 셧다운제'도 실시하고 있다. 부서장의 사전승인 없이는 해외출장자가 들고나간 노트북까지 한국 근무시간에 맞춰 자동으로 꺼진다. 부서원이 특별한 사유 없이 야근을 자주 하면 부서장이 평가에서 패널티를 받는다.

근로시간이 짧아졌는데 이전과 같은 근로효과를 내기 위해서는 생산성을 향상시킬 수밖에 없다. 이를 위해 신세계그룹은 '집중근로시간제', '보고 간소화' 등의 제도를 운영하고 있다. '집중근로시간제'는 짧은 시간에 집중해서 일할 수 있도록 오전 10시부터 11시 반까지, 오후 2시부터 4시까지 하루 두 차례 집중적으로 근로하는 제도다. 이를 위해 해당시간에는 회의나 티타임을 자제하도록 하며 흡연실도 폐쇄한다. '보고 간소화'로 보고를 서면에서 구두로 간소화하고, 보고서를 작성할 경우 1쪽 작성을 원칙으로 정했다.

이마트 본사의 경우 근로시간단축을 시행하면서 신세계그룹 차원에서의 생산성 향상 노력에 더해 '임원 일정 공개 프로그램'도 시행하고 있다. '임원일정 공개 프로그램'은 해당 프로그램에 임원이 외부일정을 등록하면 전 직원들이 임원의 일정을 파악할 수 있도록 했으며, 보고를 할 때 임원부재로 헛걸음하는 시간을 없애기 위해 도입됐다.

달라진 근로시간과 업무문화에 직원들의 모습도 바뀌었다. 직원식당에서는 점심시간을 아끼려는 직원들을 위해 최근 '테이크아웃' 도시락 서비스를 개발했다. 회의, 외근 등으로 식사를 챙기지 못한 직원들을 위해 식당메뉴와 같은 도시락을 원하는 곳으로 가져가 먹을 수 있도록 했다.

자료 : 인(人), 노(勞), 총(總)(저자 수정)
그림자료 : 서울경제

▮그림 4-1▮집적과 집중

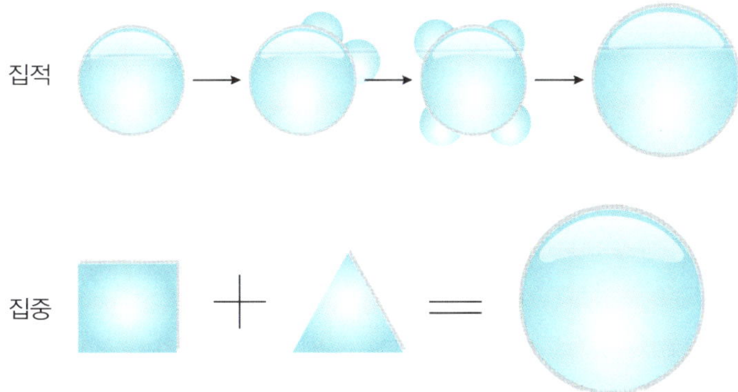

우리는 보보를 통해서 자본주의와 기업이 발전하는 과정을 쉽게 이해할 수 있었다. 자본주의는 단점을 개선시키고 그 장점을 더욱 부각시키면서 오늘날의 자본주의로 거듭 태어났다. 그러나 그 과정들 속에서 필연적으로 여러 가지 병폐현상들이 나타났고, 그 중의 한 가지가 19세기 말 독점자본주의시대를 통해 태어난 기업의 집중이라는 현상이다. 개별자본은 자본의 활동을 통해 확대를 하려는 특징을 지니고 있다. 이러한 확대의 형태는 '집적'과 '집중'으로 구분된다.

위의 그림은 동그라미, 세모, 네모의 삶에 관한 이야기이다.

첫 번째 그림에서 동순이는 10원을 모으고, 다시 20원을 모으고, 다시 30원을 모으는 과정을 되풀이하면서 100원을 가지게 되었다. 이것이 바로 집적현상이다. 집적(industrial concentration)은 개별자본의 증식과정을 통해서 스스로 벌어들인 이윤을 축적하면서 자기자본을 확대해 나가는 방법이다. 그러다 보니 자본확대에는 시간이 많이 소요되고, 확대에도 한계가 따를 수밖에 없다.

두 번째 그림에서 동순이보다 성격이 급한 네순이와 세순이는 각자 가진 돈을 합쳐 더 큰돈을 만들어가고자 결정한다. 이것이 바로 집중현상이다. 집중(industrial combination)은 다른 개별자본과의 결합을 통해서 대자본을 형성하는 방법이다. 때문에 기존에 가지고 있던 자본은 개별적인 독립성을 잃게 되고, 더 큰 경제단위로서 형성된다. 따라서 일시에 자본확대가 가능하다. 그러므로 생산력의 급속한 발전이 가능하게 된다. 그러나 이렇게 기업집중에 의해 대기업이 되면 독점을 형성하는 폐해가 생겨나기도 한다. 일반적으로 집적은 개별자본의 자기확대이며, 집중은 자본의 개별적 독립성을 상실하면서 보다 큰 개별자본을 형성하는 것이다. 자본의 집중은 합명회사, 합자회사를 거치면서 주식회사의 형태에서 정점을 이루게 된다.

보편적으로 대규모 기업은 자본력, 우수설비의 이용, 대량생산의 실시, 신용력, 원자재의 대량구매, 판매조직의 정비 등 중소기업보다 유리한 점이 많다. 대규모화한 개개의 기업으로서는 증대된 고정자본의 효율적 가동이 필요하지만 대규모 기업 간의 경쟁이 치열하게 되어 도산하는 현상까지 야기하게 된다.

이러한 이유 때문에 상호경쟁을 제한하고, 기업의 안전을 꾀하겠다는 소극적 이유가 기업집중을 낳게 한다. 이와 같은 기업집중은 경쟁관계에 있는 기업 상호 간의 결합, 즉 수평적 결합의 형태를 취하게 된다. 그러나 경쟁에서 이기고, 시장을 지배함으로써 독점을 형성하거나 원자재 공급 및 판매분야와 같은 선행 및 후속 생산단계에 집중함으로써 이윤을 높이겠다는 더 적극적인 이유로 기업집중이 추진되기도 한다.

그림 4-2 기업집중의 목적

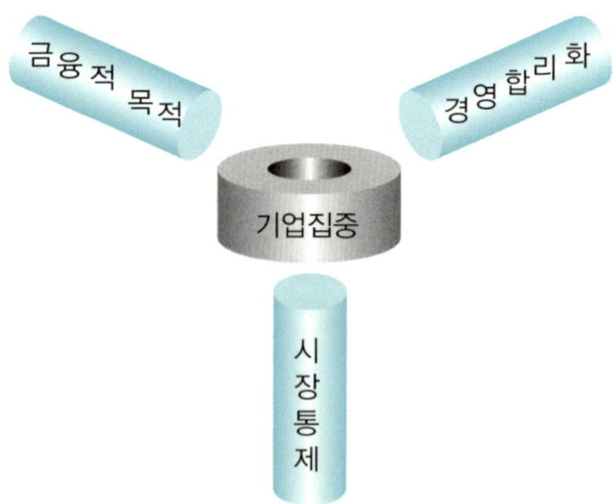

표 4-1 기업집중의 장점과 단점

장점	단점
• 생산과 기술상의 이점 & 금융과 재무상의 이점 • 자본조달의 우위 • 원료조달의 우위 • 제품판매의 우위 • 정보수집의 우위	• 부당경쟁행위로 인한 자유경쟁체제 저해 • 가격담합 등으로 인한 부당한 가격인상 • 산업의 지배권 확대 • 신규기업 참여 저지 • 고의적인 신기술 도입 지연

그림 4-3 기업집중의 형태

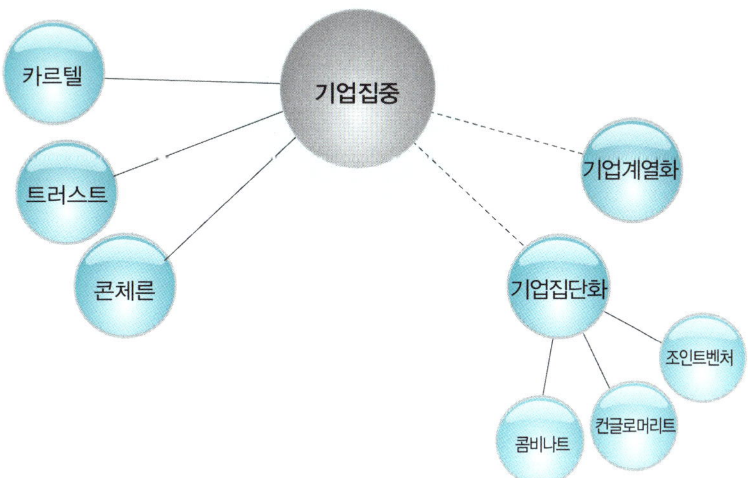

BOBOS 책 1등만 기억하는 더러운 세상… 평등은 성장을 가로막는가?

모든 사회는 형평성과 효율성의 갈등으로 고민한다. 공급측경제학파에 속하는 미국의 보수적인 경제학자들은 형평성에 근거한 진보적인 조세제도를 도입한다면 성장은 불가능하다고 주장한다.

승자독식적인 관점은 이런 주장에 의문을 제기한다. 승자독식시장에 많은 사람들이 유입되는 것은 이 시장에 뛰어드는 것이 매력적으로 보이기 때문이다. 따라서 누군가 승자독식시장에 뛰어들어 엄청난 소득을 올릴 경우 그 소득에 높은 세금을 부과한다면 과잉유입 문제는 줄어들 것이다.

더욱이 이 시장에서 빠질 사람은 애초부터 승리할 가능성이 가장 적었던 사람들이다. 고율의 세금을 승자들에게 부과해도 승자독식시장에서 생산된 가치는 크게 감소하지 않는다. 게다가 그렇게 감소된 가치는 전통시장의 생산증가로 얼마든지 보충할 수 있다. 승자독식시장에 참여한 사람들이 고소득층의 다수를 차지하고 있다면 누진세를 강화하는 것이 좋다. 누진세는 경제의 효율성을 감소시키는 대신 오히려 증가시킬 것이다.

자료 : 로버트 프랭크의 '승자독식사회' 중에서

BOBOS 뼈다귀 아담 스미스의 경고

"나는 사람들이 개인적인 이득을 위해서 시장시스템을 악용할 것이라고 늘 얘기했다네. 정부가 특혜받은 소수에게 특권과 불합리한 독점을 허용할 경우 초래될 결과에 대해 경고하느라 한평생을 보냈지. 그런데 내가 가장 하고 싶은 말은 도덕성이 없으면 경제적 자유는 제대로 유지될 수 없다는 점이라네. 특히 지배계급의 도덕이 중요해."

자료 : 조나단 B. 와이트의 '아담 스미스 구하기' 중에서

1 카르텔(cartel)

경제가 호황을 누리면서 한동안 '아이러브보보스'는 많은 수익을 거두었다. 그런데 보보네가 잘 된다는 소문이 나서 '보보스거리' 주변으로 하나둘씩 비슷한 가게들이 생겨나기 시작했다. 한 길 건너 '아이러브모모스', 네거리 지나 '아이러브알폰스' 등 유사보보스들이 우후죽순으로 생겨나기 시작했다. 그러다 보니 모든 상점의 수익이 형편없이 떨어지기 시작했다. 그래서 그들은 생존을 위해 힘을 합치기로 한다. 이것이 바로 카르텔이다.

카르텔은 기업 상호 간의 경쟁제한이나 완화를 목적으로 하며, 동종이나 유사업종의 기업 간에 결성되는 기업결합의 형태이다. 즉 카르텔은 시장지배의 목적으로

동종이나 유사업종에서 이루어지는 수평적인 결합을 의미한다. 일반적으로 모든 종류의 카르텔과 일부 트러스트가 수평적인 결합을 형성한다. 가맹기업들끼리의 카르텔협정에 의해서 성립이 되며, 가맹기업들은 이 협정에 의해 일부활동을 제약받긴 하지만 법률적·경제적인 독립성을 잃지는 않는다. 즉 일종의 기업연합(industrial federation)이다.

카르텔은 그 종류에 따라 구매카르텔, 생산카르텔, 판매카르텔 등으로 구분된다.

구매카르텔은 다른 카르텔과는 달리 기업 간의 이해관계가 아니라 정부에 의한 강제적 성격을 띠는 경우가 많다. 판매카르텔은 판매과정에서 상호이익을 위해 기업들이 연합을 하는 것으로서 기업들 간에 판매가격을 협정하거나, 판매가격에 대한 협정이 어려운 경우에 그 이외의 조건들을 통제하는 경우, 판매수량에 대한 할당에 관한 조정, 판매지역에 대한 분할, 기업들의 생산제품을 공동으로 판매하는 협정 등으로 구분된다. 특히 마지막의 공동판매에 해당되는 카르텔은 신디케이트(syndicate)라고 부르며, 참가기업들이 별도의 독립법인을 설립하여 그곳을 통해서만 판매가 이루어지도록 하는 협정이기 때문에 그 구속력이 매우 강하고, 순수한 카르텔의 의미보다는 카르텔에서 트러스트로 변화하는 중간지대의 성격을 띤다. 생산카르텔은 과잉생산으로 인한 기업들의 과다한 경쟁을 중재하기 위한 목적으로 형성된다. 기업들의 생산량을 제한하는 방법을 통해 가격인하를 방지하거나, 시장의 독점을 목적으로 특화된 제품만을 생산하거나, 기업 간의 특허기술을 상호활용하려는 협정 등이 이에 해당된다.

카르텔은 자본주의 기업의 경쟁이 격화되던 1870년대 이래 특히 유럽에서 급속히 발전하였다. 하지만 일부 기업들의 독점현상과 가격담합 등으로 인해 경제의 비효율화가 진행되고, 국민경제발전에 미치는 폐해가 심각하기 때문에 국가에 의해서 행해지는 강제카르텔 이외에는 원칙적으로 금지 또는 규제되고 있다. 한국노 '독점규제 및 공정거래에 관한 법률'로 통제하고 있다.

표 4-2 카르텔의 종류

판매카르텔	판매상의 경쟁을 제한하기 위한 목적 • 가격카르텔 • 조건카르텔 • 지역카르텔 • 수량(판매)카르텔 • 공동카르텔(syndicate)
구매카르텔	구매상의 경쟁을 제한하기 위한 목적 • 정부에 의한 강제카르텔이 다수를 차지
생산카르텔	과잉생산으로 인한 과다경쟁을 해결하기 위한 목적 • 생산제한카르텔 • 특화카르텔 • 특허이용카르텔

▮그림 4-4▮신디케이트

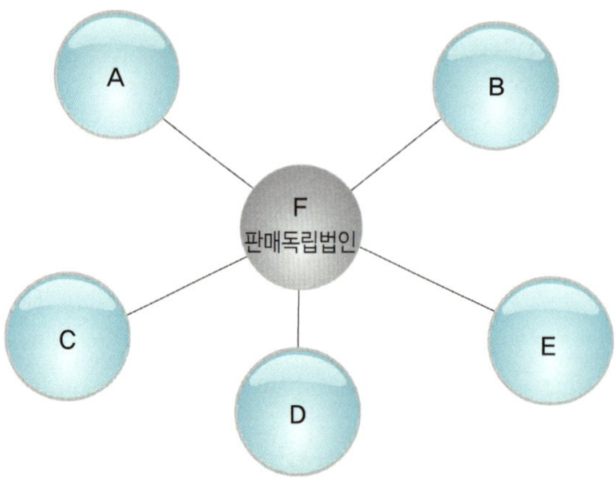

BOBOS 뼈다귀

쌀도 카르텔을 한다?

■ 쌀교역협력협의회(CRTC)

세계 주요 쌀 수출국가인 태국, 중국, 인도, 베트남, 파키스탄 등 5개 나라는 2002년 쌀교역협력을 위해 국제기구를 설립했다. 쌀교역협력협의회의 주요 쟁점은 쌀의 수출가격조정과 생산량제한에 대한 협정이다. 협의회 사무국은 방콕에 설치하고 각료회의는 매년 한 차례, 고위관료회의는 두 차례 열린다. 태국은 세계 최대의 쌀 수출국으로 연간 7백만 톤 이상을 수출하고 있으며, 5개 나라의 쌀 수출량을 합하면 2천5백만 톤으로 전 세계 수출량의 80%를 차지한다.

BOBOS 신문

적과의 동침

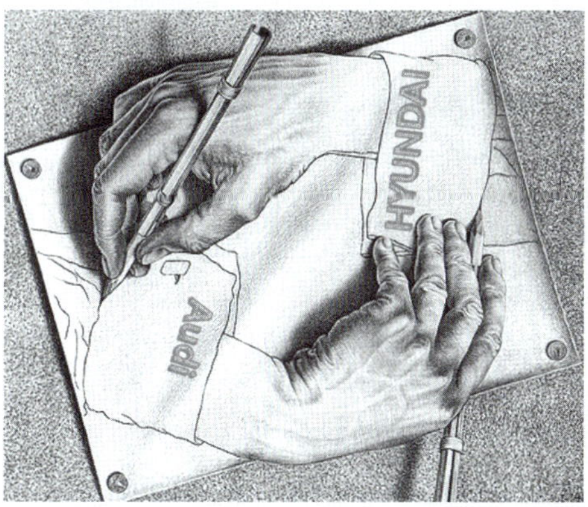

기업들이 적과의 동침에 나섰다. 경쟁사들과 손잡고 사업확장에 나선 것이다.

관련업계에 따르면 현대자동차그룹은 아우디와 손잡고 수소전기차 분야의 혁신 이니셔티브를 강화한다.

아우디는 폭스바겐그룹 내에서 수소전기차 관련 연구개발을 총괄하고 있으며, 이번 협약은 현대차그룹 및 폭스바겐그룹 산하 모든 브랜드에 효력을 미친다.

양사는 수소전기차 분야에서 공고한 협력관계를 구축, 압도적 기술경쟁 우위를 창출하고 글로벌 저변확대를 전방위로 전개할 계획이다.

이에 수소전기차 기술확산 및 시장활성화를 위해 특허 및 주요 부품을 공유하는 데 합의하고, 수소전기차 시장선점 및 기술주도권 확보 차원에서 향후 기술협업을 지속, 확대하기로 의견을 모았다.

SK에너지와 GS칼텍스는 양사의 핵심자산인 주유소 네트워크 및 보유자산을 결합해 새로운 가치를 창출하는 연구를 통해 첫 협력모델로 C2C 기반 택배서비스를 시작한다.

양사는 1차적으로 양사 주유소를 거점으로 한 C2C(Customer to Customer) 택배 집하 서비스 '홈픽(Homepick)'을 론칭하기로 하고, 이달부터 서울 전역을 대상으로 시범서비스에 들어갔다. 홈픽은 C2C 택배시장의 높은 성장세에도 불구하고, 집하 부담으로 인해 물품 발송에서 수령까지 고객의 택배접수·대기시간이 길다는 단점을 극복할 수 있는 대안으로 꼽힌다.

자료 : 다음뉴스, 2018. 6. 27(저자 수정)

2 트러스트(trust)

보보협정으로 맺어진 '보보스 거리'는 아무래도 그 결합력은 떨어질 수밖에 없었다. 협정이라는 개념 자체가 구속력이 약하기 때문에 중간에 생각이 바뀐 견공들은 슬그머니 빠져나가기도 했다. 그래서 보보는 한 가지 꾀를 생각해내었다. 각자의 자본을 투자한다든가 법적인 약속이 있다면 생각이 바뀌더라도 쉽게 약속을 어길 수는 없을 것이라는 데 착안했다. 이것이 바로 트러스트이다.

트러스트는 카르텔보다 강력한 형태로서 각 기업체가 개개의 독립성을 잃고 합동하게 된다. 카르텔과 달리 기존의 기업이 최종적으로는 법률적·경제적인 독립성을 상실한다는 의미에서 본다면 수평적 결합의 가장 강력한 형태라 할 수 있다. 따라서 트러스트는 기업합동의 형태로서 시장의 지배를 목적으로 한 강력한 형태의 집중이다. 동업종 간의 수평적 결합, 다른 업종 간의 수직적 결합, 상호직접 관련이 없는 다른 업종에 걸치는 집괴적 결합 등 여러 성격의 것이 포함되지만 고전적 트러스트는 동업종 간의 수평적 통합의 한 형태로 실현된 것이다.

트러스트 형성시에 특히 참가기업 중에서 종래의 상위기업이 많이 포함되어 있을 때는 상위 소수기업의 생산과 매출액의 집중도를 높이는 것이 되어 그 결과 경쟁을 제한하고 독점화의 경향을 강화하는 작용을 하게 된다. 그러나 하위 여러 기업이 상위기업에 대항하려는 의도에서 트러스트를 형성할 때는 기업 간의 경쟁을 오히려 격화하는 결과를 초래하게 되기도 한다.

트러스트의 형태로 등장한 독점에 대항하여 농민들은 그렌저운동(The Granger Movement)을 전개했고, 노동자들은 AFL(The American Federation of Labor)을 통해 반트러스트법의 제정을 요구했다. 이런 농민, 노동자운동에 발맞추어 정책적 운동도 거세져서 1873년부터 1876년까지 반독점당이 11개 주에서 주단위로 결성되어 독점반대 선거캠페인을 벌였다.

트러스트는 미국을 중심으로 형성되었고, 트러스트 금지법을 가장 먼저 실천한 나라도 미국이었다. 1890년에 최초의 반트러스트법으로 셔먼법이 제정되었고,

1914년 이를 보완한 클레이턴법 및 연방거래위원회법이 추가되어 이 3가지 법이 오늘날까지 미국의 반트러스트정책의 지주가 되고 있다. 유럽이나 기타 지역에서는 전통적으로 반트러스트사상이 희박했으나 제2차 세계대전 후 서독이나 일본에서는 미국형 원칙금지주의의 입법이 도입되었다. 한국에서는 1975년 '물가안정 및 공정거래에 관한 법률'이 제정되었고, 1980년 이를 보완·강화하는 '독점규제 및 공정거래에 관한 법률'이 제정·공포되었고, 1995년 '물가안정에 관한 법률'이 실시되어 시장지배적 지위의 남용금지, 기업결합의 제한, 부당한 공동행위의 제한을 규정하고 있다.

통일석인 용어상의 필요로 인하여 우리나라와 일본에서는 '독점규제법', 미국에서는 '반독점법(antitrust law)', 영국에서는 '경쟁법(competition law)'이라 부르고 있다.

▮그림 4-5▮ 드러스트

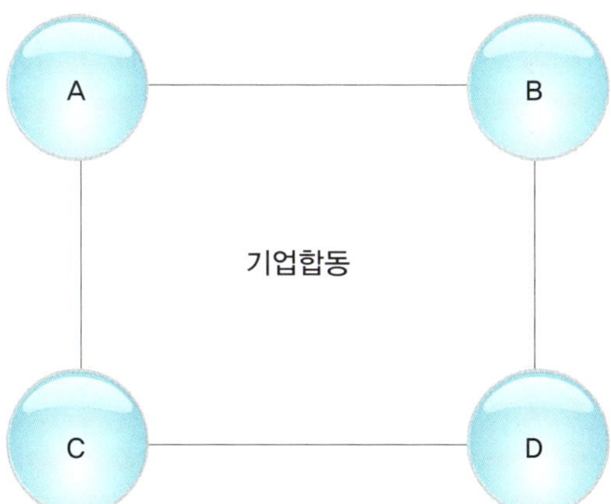

BOBOS 뼈다귀! 미국의 독과점규제

■ 미국의 독과점규제

법률	내용
셔먼법 (Sherman Antitrust Act, 1890)	불법적인 결합 또는 경쟁을 금지함으로써 각주 및 국제 간의 거래와 상업의 독점을 방지
클레이턴법(Clayton Act, 1914)	차별가격과 임원의 겸직 등을 제한함으로써 셔먼법의 미비점을 보완
연방거래위원회법(Federal Trade Commission Act, 1914)	트러스트의 조사와 부당경쟁의 방지를 위한 감독기관 연방거래위원회를 설치하기 위한 법안
로빈슨-페트만법(Robinson-Patman Anti-price Discrimination Act, 1936)	클레이턴법의 가격차별화규정을 보강하기 위한 법안

■ 한국의 독과점규제

법률	내용
부정경쟁방지법(1961년 12월 30일, 법률 제911호)	부정한 수단에 의한 상업상의 경쟁을 방지하여 건전한 상거래의 질서를 유지하기 위한 목적
물가안정 및 공정거래에 관한 법률(1975년 12월 31일, 법률 제2798호)	• 물가의 안정과 공정하고 자유로운 경쟁질서를 확립하여 소비자의 권익을 보호 • 국민생활과 국민경제의 안정 및 발전에 기여 • 최고가격의 지정, 가격표시, 공공요금 등의 결정, 불공정거래행위의 금지, 물가안정위원회의 설치
소비자보호법(1980년 1월 4일, 법률 제3257호)	• 소비자의 기본권익을 보호하고 소비생활의 향상과 합리화를 목적으로 함 • 국가, 지방자치단체, 사업자의 의무와 소비자의 역할, 국가의 소비자보호시책, 소비자의 안전, 거래의 적정화, 소비자보호위원회 등에 관한 규정
독점규제 및 공정거래에 관한 법률(1980년 12월 31일, 법률 제3320호)	• 사업자의 시장지배적 지위의 남용과 과도한 경제력의 집중을 방지 • 부당한 공동행위 및 불공정거래행위를 규제 • 공정하고 자유로운 경쟁을 촉진하여 창의적인 기업활동을 조장 • 소비자를 보호함과 국민경제의 균형 있는 발전을 도모

자료 : 이재규 · 최용식, 현대경영학, 창민사, 2004(저자 수정)

BOBOS 뼈다귀

록펠러의 몰락

세계 최고의 부자였다는 록펠러의 재산을 지금 시세로 환산하면 빌 게이츠의 재산보다도 무려 3배나 많다. 이 금액은 미국 역사에서는 물론 인류사를 통틀어 한 개인이 소유했던 재산 중 최고로 통한다. 1998년 8월 발행된 포브스지는 미국 역사상 최고 부자로 록펠러 1세를 꼽았다. 록펠러의 등장은 초강대국 미국의 등장과 시대를 함께 했다

존 데이비슨 록펠러(1839~1937)는 미국 자본주의를 대표하는 가문 록펠러가를 일으킨 사람으로서 '더러운 자본가'와 '위대한 자선가'라는 극단적 평가를 들었던 인물이다. 그는 석유산업으로 막대한 부를 쌓았는데, 이에 비견되는 인물이 철강산업의 카네기, 자동차산업의 포드 등이다.

록펠러는 석유산업에 투신한 뒤 현장에 밀착하여 원가절감 요소를 찾아냈다. 경비를 줄이면서 생산성을 높일 수 있는 방식으로 경영상의 문제점을 해결해 나갔다. 그런 방식으로 타사에 비해 경쟁우위를 확보하면서 모범적인 기업가로 칭송받았다.

그러나 그는 그 경쟁력을 바탕으로 아예 경쟁을 회피하는 전략을 선택했다.

1871년 12월에서 1872년 3월까지 그는 일명 '클리블랜드 대학살'로 알려진 기업인수합병 전쟁을 치렀다. 뉴욕에서 15개, 필라델피아에서 12개, 피츠버그에서 22개, 석유지대에서 27개의 정유사를 인수했다. 그 중 6개사는 단 이틀 만에 인수를 끝냈다. 이렇게 해서 창업한 지 9년 만에 미국 전체 석유의 95%를 스탠더드오일 회사의 정유탱크 속에 틀어쥘 수 있었다. 이것이 그 유명한 독과점 신디케이트의 효시다.

이미 산업에서 하나의 진입장벽으로 작용하고 있는 자체 경쟁력과 리베이트, 뇌물증여 등의 편법을 바탕으로 당시 물류를 담당하는 핵심수단인 철도를 장악했다. 그는 차별적인 운송요금을 적용하는 방식으로 경쟁자들을 압박하기 시작했고 무너뜨렸다. 그 결과 '스탠더드 트러스트'가 탄생했다. 이는 19세기 말 미국 석유시장의 대부분을 점유한 독점기업이었다.

이후 석유가격을 부당하게 인상하는 등의 횡포를 부림으로써 소비자들로부터 원성이 높아지기 시작했다. 이로 인해 미국정부는 1890년 '셔먼반트러스트법'을 제정하기에 이른다. 장기간의 법정공방 끝에 스탠더드오일사는 33개사로 분할된다. 이 판결로 록펠러 왕국은 분해되고, 그때 분할된 회사들 중에는 현재 석유메이저인 엑슨, 모빌, 아모코, 셰

브론 등이 있다.

그 이후에도 그는 계속 치부를 할 수 있었다. 록펠러는 록펠러가를 조명한 「록펠러가의 사람들」에서 경제논리가 지배되는 사회에서 새로운 형태의 경제권력인 '트러스트'를 발명한 인간으로서 조명을 받고 있다. 어떤 면에서는 그것은 사회구조의 논리적이고 자연스러운 극단적 결과였으며, 궁극적으로는 경쟁 그 자체를 없애버린 앞선 경쟁자였다는 것이다. 그리고 록펠러가의 삶을 통해 드러나는 것이 바로 미국이란 나라의 이면이라는 것이다.

그러나 그는 1897년 이후로는 자선사업에 전념하는 인간으로 극적으로 변신했다. 50대 초반에 무력증, 탈모증, 불면증, 위궤양 등으로 먹지도 못하고 체중이 줄어갔다. 죽음의 문턱에 이르게 되자 악착같이 모았던 재산도 아무런 의미가 없었다. 그는 성경의 누가복음에 있는 한 구절을 읽은 후 달라졌다고 전해진다.

"주라. 그리하면 너희에게 줄 것이니 곧 후히 되어 누르고 넘치도록 하여 너희에게 안겨 주리라."

그는 1892년 시카고대학교를 설립하는데 기여했으며, 98세로 세상을 떠날 때까지 이 대학에 8000만 달러 이상을 기부했다. 또한 1901년 그의 아들인 존 D. 록펠러와 함께 뉴욕시에 록펠러 의학연구소를 설립했다. 이 연구소는 훗날 록펠러 대학교로 이름이 바뀐다. 일생동안 그가 사회에 환원한 금액은 총 5억 달러가 넘는다.

〈록펠러의 어록〉

- 진정으로 부유해지고 싶다면 소유하고 있는 돈이 돈을 벌어다 줄 수 있도록 하라.
- 위대한 업적을 달성하기 위해서라면 때로는 착한 일 따위는 제쳐 두어라.
- 돈을 번다는 것에 죄책감을 느끼는 사람은 아무도 없다.
- 가장 기쁠 때는 배당금이 들어올 때이다.
- 이익은 사업에도 인생에도 중요하다.
- 성공하려면 귀는 열고 입은 닫아라.

BOBOS 뼈다귀!

천국과 지옥을 넘다들은 마이크로소프트

컴퓨터 산업에서 독주하다시피 하던 마이크로소프트에게도 위기는 있었다.

MS의 판매전략 중 자주 사용하는 것이 '번들링', 즉 끼워팔기이다. 운영체제 안에 인터넷 브라우저가 이미 내장되어 있기 때문에 소비자들은 애써 비용을 지불해가며 타사 제품을 사용하려는 수고를 하지 않는 것이다. 이 때문에 한때 MS는 독점금지소송에 휘말렸었다. 민주당의 빌 클린턴 대통령 재임시절에 이루어진 소송은 미국 대통령이나 의회가 미국 컴퓨터 소프트웨어산업을 면밀히 조사해보고 MS가 망하면 나라가 더 부강해질 것이라는 결론에 이르렀기 때문에 일어난 것은 아니었다.

소송에 대한 결정은 고위급의 관여 없이 법무성의 독점금지부서장인 중간수준의 관리가 내렸다. 소송을 걸기로 한 관리의 결정은 미국 컴퓨터 소프트웨어산업의 장래를 우려해서라기보다는 이 사건을 대서특필함으로써 자신의 연간 예산할당을 정당화시켜줄 명확한 소송거리를 찾았다는 것과 더 관계가 있었다.

법무성은 1980년대 초의 AT&T 사건 이후 쓸 만한 소송이 없었기 때문에 법무성이 거느리고 있는 500명의 독점금지전문변호사들을 분주하게 만들 필요가 있었던 것이다. AT&T에 대한 첫 번째 독점금지소송은 일본에게 거의 무료로 기술을(트랜지스터) 양도하는 화해명령을 결정함으로써 향후 일본의 소비자 전자산업을 일으키고, 미국은 해당 산업에서 손을 떼게 만드는 결과를 초래했다.

MS에 대한 반독점소송은 1998년 5월 제기되었으며, 2000년 6월 1심 법원은 MS를 둘로 쪼개라는 판결을 내렸다. 그러나 항소법원은 2001년 6월 MS의 독점금지법 위반을 인정하면서도 회사분할명령은 지나치다고 판결, 사건을 1심 법원으로 돌려보냈다. 친기업성향의 공화당정권이 들어서면서 상황이 크게 달라진 것이었다. 법무부가 2001년 9월 MS와 화해하고 소송을 취하하기로 한 것도 같은 맥락이었다. MS는 부시의 '자국무역보호주의' 원칙에 따라 기사회생했다.

〈빌 게이츠의 명언〉

- 인생이란 원래 공평하지 못하다.
- 세상은 네 자신이 어떻게 생각하든 상관하지 않는다.
- 햄버거 가게에서 일하는 것을 수치스럽게 생각하지 말라.
- 네 인생을 네가 망치고 있으면서 부모 탓을 하지 말라.
- 학교는 승자나 패자를 뚜렷이 가리지 않을지 모른다.
- 공부밖에 할 줄 모르는 '바보'한테 잘 보여라.

BOBOS 신문

MS의 마이그레이션

굿바이! XP, 비스타

마이크로소프트는 기업사용자 약 2억 명이 윈도우 10을 사용하고 있다고 밝혔다. 이에 한 애널리스트들은 윈도우 7의 은퇴 20개월을 앞두고 마이크로소프트가 예상한 대로 기업 사용자들이 윈도우 10으로 마이그레이션[1]하고 있음을 보여주는 신호로 해석했다.

윈도우 10팀을 이끄는 마이크로소프트의 부회장인 조 벨피오레는 빌드(Build) 컨퍼런스에서 "현재 기업에서 2억 명 이상이 윈도우 10을 사용하고 있다. 윈도우 10 도입률은 1년 전보다 79% 증가했다"고 밝혔다. 윈도우 10 도입 속도는 윈도우 10의 업데이트 속도가 아닌 윈도우 7의 은퇴시기에 따라 좌우된다. 2009년에 등장한 윈도우 7은 2020년 1월 14일 마이크로소프트의 지원목록에서 빠진다. 즉, 그 이후 윈도우 7은 동작은 하지만 보안 업데이트가 배포되지 않는다는 의미이다. 물론 2020년 1월 14일부로 모든 기업에서 윈도우 7이 사라지는 것은 아니다. 2014년, 2006년에 각각 지원이 중단된 윈도우 XP와 윈도우 98을 아직도 사용하는 기업과 개인도 있다. 마이크로소프트는 그 어떤 버전보다도 뛰어났다는 윈도우 XP에 대한 보안 업데이트를 중단하여 원성을 산 바 있다.

온라인 게임 스팀은 2019년부터 윈도우 XP, 비스타 지원을 중단한다. 2019년 1월 1일부터 윈도우 XP와 윈도우 비스타에서 스팀을 실행할 수 없다. 밸브는 공식 홈페이지를 통해 2019년 1월 1일부터 윈도우 XP와 윈도우 비스타에서 스팀 지원을 중단하며, 스팀과 스팀에서 구입한 게임을 실행하려면 최신 버전의 윈도우로 업데이트해야 한다고 밝혔다. 밸브는 "스팀 클라이언트는 구글 크롬을 기반으로 운영 중이며, 윈도우 7 이전 버전에서 실행되지 않는다"며 "앞으로 스팀 최신 버전과 기능을 사용하려면 윈도우 7 이상 운영체제의 기능과 보안 업데이트가 필요하다"고 중단 배경을 설명했다.

1) 마이그레이션(migration)이란 한 운영환경으로부터 대개의 경우 좀 더 낫다고 여겨지는 다른 운영환경으로 옮겨가는 과정을 말한다. 새로운 하드웨어나 소프트웨어 또는 둘 모두가 바뀌는 환경으로 옮겨가는 것도 포함한다.

이미 국내외 게임업계는 PC 온라인 게임을 서비스하면서 윈도우 XP와 윈도우 비스타 지원을 중단하고, 윈도우 7 이상 운영체제 사용을 권하고 있다.

또한 카카오는 오는 5월부터 윈도 XP용 카카오톡 PC 버전의 업데이트 지원을 종료했다. 5월 이후 윈도 XP 사용자는 PC 버전 2.6.X까지만 업데이트를 받을 수 있다. 단 기존 2.6.X 이하 버전은 그대로 사용할 수 있지만, 지원이 중단된 이후 업데이트되는 카카오톡 PC 버전은 사용할 수 없다.

카카오는 "원활하고 안정적인 서비스를 제공하기 위한 결정"이라며 "카카오톡 PC 버전에서 제공하는 최신 기능을 사용하려면 Windows OS를 업데이트해야 한다"고 권장했다.

자료 : 토요경제, 2018. 6. 15.
IT World, 2018. 5. 10(저자 수정)

삼성과 애플의 화해

BOBOS 신문

삼성전자와 애플이 스마트폰 디자인 특허 침해를 둘러싼 '7년 전쟁'을 끝내기로 합의했다. 삼성전자와 애플은 2011년 4월부터 특허 소송을 벌여 왔다. 세부합의조건은 공개하지 않았다. 특허소송 취하 이후 합의조건을 공개하지 않는 통상관례를 따른 것으로 해석된다. 다만 양사가 종전 소송을 모두 취하하고 '같은 조건으로 다시 제소할 수 없다'는 조건으로 합의한 만큼 추가소송 가능성을 일축했다.

2014년 7월 미국을 제외한 한국, 독일, 일본, 이탈리아, 영국, 네덜란드, 프랑스, 스페인, 호주 등 다른 나라 법원에 제기한 소송을 취하하기로 한 이후 두 번째 합의다.

양사가 깜작 합의에 이르자 배경에 대한 해식이 분분하다. 7년 이상 지속된 장기 소송으로 양사 모두 인력 및 물자 소모가 적지 않고, 미래 불확실성에 대한 판단으로 합의를 선택한 것으로 추정된다.

IT 전문 매체 더버지는 "양사가 합의한 이유가 돈 문제만은 아닌 것 같다"면서 "앞으로 소송 지속에 몇 년이 걸릴 지 우려한 측면도 있어 보인다"고 풀이했다.

양사가 명분을 확보한 만큼 실리를 도모하기 위한 판단이라는 해석도 적지 않다. 애플은 1심에서 'UI 디자인 특허는 제품 전체나 다름없다'는 평결을 받았고, 삼성전자는 애플

디자인 특허를 견제할 수 있는 대법원 판결을 받았다.

소송 대상 스마트폰이 시장에서 유통되지 않는 상황에서 명분이 확보된 만큼 양사가 실리로 선회했다는 분석이다. 애플은 배상금을 받고, 삼성전자는 배상금 규모가 부담되지 않는다고 판단했다는 관측이다.

삼성전자와 애플이 소송을 지속할 만큼 여유로운 상황이 아니라는 점도 고려했다는 분석이 제기됐다. 양사 모두 화웨이, 오포, 비보 등 중국 제조사로부터 거센 추격을 받고 있는 만큼 소모성 소송을 지속할 필요가 없다는 판단도 작용했다는 의미다.

양사 사업구조도 일정부분 영향이 있었을 것으로 분석된다. 삼성전자와 애플은 스마트폰 시장에서 경쟁관계에 있지만 애플은 삼성전자로부터 부품을 조달하고 있다. 갈등보다 상호 '윈윈'을 도모한 게 아니냐는 해석이다.

이 밖에도 양사가 다른 특허분쟁을 시작했다는 점도 합의에 일정부분 영향을 미쳤을 가능성도 배제할 수 없다. 애플은 모토로라, 삼성전자는 화웨이와 각각 특허분쟁을 시작했다.

자료 : 전자신문, 2018. 6. 28(저자 수정)

3 콘체른(konzern)

보보는 '아이러브보보스'를 운영함에 있어 여러 가지 어려운 점에 봉착하여 몇 가지 해결책을 생각해 내었다. 일단 모모를 보보스거리 끄트머리에 위치하는 '애견사랑'으로 보내어 운영방식도 배우고, 알폰소를 '애견사랑' 사장인 라헬과 결혼시켜 보다 끈끈한 결합관계를 형성하는 것이다. 네거리에 위치한 '사료천국' 사장은 며칠 전부터 그에게 돈을 꾸어달라고 조르던 차여서 얼마간 융통을 해주게 되면 좋은 관계가 형성될 수 있을 터였다. 이러한 방법들은 여러 가지 문제점을 안고 있지만 보다 쉽게 기업들과 제휴할 수 있는 방법이 되었다. 바로 이것이 콘체른인 것이다.

콘체른은 법률적으로는 독립하고 있는 몇 개의 기업이 출자 등의 자본적 연휴에 의해 실질적으로는 하나의 기업으로 결합되는 가장 강력한 기업결합방법이다. 각종 산업에 걸쳐 다각적으로 독점력을 발휘하게 된다.

카르텔은 수평적 결합으로서 참가기업들이 법률적·경제적 독립성을 상실하지 않는다. 또한 트러스트는 참가기업들이 독립성을 상실하게 되는 새로운 형태이다. 반면 콘체른의 가장 큰 특징은 법률적 독립성은 유지하되 경제적 독립성은 상실하게 된다는 것이다. 결합방법으로는 주식의 상호소유, 융자, 임원파견, 경영자의 인적 결합, 경영위탁 등이 있다. 이러한 다양한 방법을 통해 참가기업들은 마치 하나의 기업처럼 활동하게 된다. 우리나라 재벌의 전형적 형태이다. 이로 인해 경제력 집중, 차입경영, 문어발 확장 등이 문제점으로 지적된다. 이는 재벌이 가진 소유, 지배구조와 무관하지 않다.

산업콘체른은 주로 판매상의 필요에서 이루어지게 된다. 생산의 합리화를 목적으로 생산과정에서 서로 관련되는 기업들이 종단적으로 결합하여 생산비의 절감을 추구한다. 원료부문과 제조부문 등이 결합하면 원료의 생산에서 제품의 완성에 이르기까지의 제비용을 절감할 수 있다. 금융콘체른은 자본의 유효한 활용을 그 목적으로 한다. 자금의 유리한 운용이나 위험의 분산을 위해 다양한 업종의 많은 기업들에 투자하고 그로 인한 지배관계를 형성하려 한다. 금융콘체른의 결합은 수평적이거나 수직적인 관계가 없으며 다양하게 혼재되어 있는 집괴적 결합이다. 혼비콘체른은 산업콘체른과 금융콘체른이 혼합되어 있는 형태로서 산업상의 동기와 금융상의 동기가 함께 작용된다. 일반적으로 금융콘체른이 산업콘체른보다 강력한데 이는 금융콘체른에는 중심이 되는 금융기관이 있기 때문이다. 미국의 모건, 록펠러, 일본의 미쓰이, 미쓰비시가 이에 속한다. 산업콘체른은 산업자본의 거대화로 다른 기업을 산하에 두게 되는 것이므로 콘체른으로서의 영향력은 그만큼 약하다.

표 4-3 콘체른의 종류

산업콘체른	• 생산합리화의 목적 • 생산과정상 관련기업들끼리 결합하여 제비용을 절약
금융콘체른	• 금융적 목적 • 자금의 유리한 운용과 위험분산을 위해 다기업에 투자
혼비콘체른	• 산업+금융콘체른

표 4-4 카르텔, 트러스트, 콘체른의 비교

카르텔	트러스트	콘체른
• 기업연합 • 동종 또는 유사업종 • 법률적 독립성 유지 • 경제적 독립성 유지 • 구속력 약함 • 시장통제, 부당경쟁배제의 목적	• 기업합동 • 동종 간의 수평적 결합 • 타업종 간의 수직적 결합 • 집괴적 결합 • 법률적 독립성 상실 • 경제적 독립성 상실 • 구속력 강함 • 경영합리화와 시장독점의 목적	• 기업집단 • 동종 또는 이종업종 • 법률적 독립성 유지 • 경제적 독립성 상실 • 경제적 결합 • 내부경영통제지배

4 콤비나트(kombinat)

기업을 경영하다 보면 자본적인 결합 이외의 그 무엇이 필요할 때가 있다. 보보는 '아이러브보보스'를 경영하면서 의욕적으로 새로운 시도를 많이 시작했다. 예를 들어 '사료'이긴 하되 많이 먹어도 체중감량이 가능한 '팻다운사료', 항상 집을 비우는 엄마가 보고 싶어 우울증에 걸린 견공의 기분을 좀 더 밝게 만들어주는 '특수의료사료', 사료봉지를 개봉한 후에도 최대한 원재료의 신선함이 오래 지속될 수 있는 사료 등 견공들을 위한 시장은 넓고 넓었다. 그러나 보보의 능력만으로는 이 모든 것들을 감당하기 어려웠다. 그래서 그는 비슷한 생각과 서로 도움을 줄 수 있는 능력을 갖춘 견공기업가들과 손을 잡기 시작했다. 이것이 바로 콤비나트에 해당된다.

기업의 집단화란 자본적인 집중을 통해서 기업의 결합을 시도하는 것이 아니라 생산기술적 측면에서 경영상·기술상의 공동이익을 추구하고자 상호결합되는 형태이다. 그러므로 자본적 결합보다는 기술적 결합이 중심이 된다. 그 중 가장 대표적인 것이 콤비나트이다.

콤비나트의 어원은 러시아어이며, 독일에서는 콤비네이션(kombination)이라고 한다. 콤비나트는 소련이 사회주의체제하에서 1928년부터 실시한 5개년 계획을 지원하기 위한 기술적 결합방법으로서 발생하였다. 우랄 콤비나트, 쿠즈네츠크 콤비나트 등이 여기에 해당된다.

일반적으로 생산물은 원료에서부터 완성품에 이르기까지의 제조과정에서 기술적으로 다른 몇 개의 생산단계를 통과하는데, 근대산업에서는 각기 다른 생산단계마다 독립기업으로서 전문적으로 생산을 분담하고 있다. 이와 같이 상호 관련이 있는 기업의 공장이 일정지역에 집중하여 유기적으로 결합된 것이 바로 콤비나트다. 때문에 관련되는 기업들 간의 기술적 유대가 강하다. 2개 이상의 지역자원을 개발하고 원재료 및 반제품을 효율적으로 이용함으로써 생산의 공간적이고 지역적인 결합을 유도하려는 것이다.

콤비나트는 원료의 확보와 가공, 제품의 제공이 공장 간에 직접적 또는 시간적·공간적 낭비 없이 합리적 형태로 행해진다. 또한 부산물이나 폐기물까지도 유효하게 이용될 가능성이 매우 커서 경제적·합리적인 생산형태이다.

서구에서는 중화학공업의 발전, 특히 석유화학공업의 발전에 대응하여 제2차 세계대전 무렵부터 성행했다. 그 대표적인 것이 석유화학 콤비나트이다. 이는 석유정제기업을 기점으로 하여 그때 발생하는 부산물인 나프타를 분해하여 에틸렌이나 프로필렌 등을 생산하는 나프타센터, 다시 거기서 플라스틱이나 합성섬유원료 등 각종 유도품을 제조하는 유도품업체, 여기에 전력을 공급하는 전력회사 등이 결합하여 구성되어 있다.

그림 4-6 석유화학 콤비나트

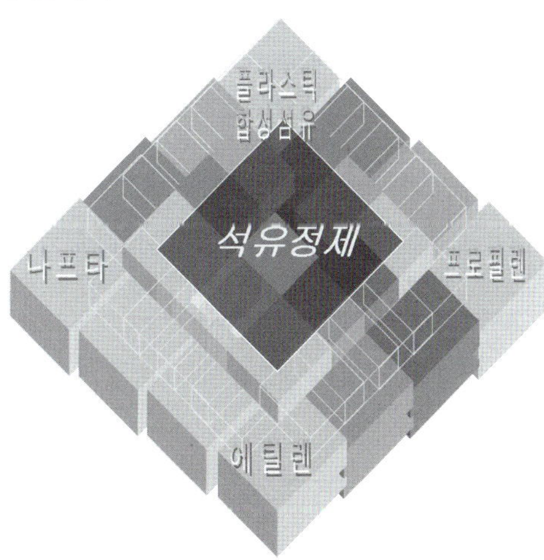

콤비나트는 고도기술을 전제로 하는 중화학공업의 발전을 기반으로 함과 동시에 그 자체로도 고도의 생산력을 지닌다. 그러나 콤비나트 건설에는 거액의 자본이 요구되며, 상당수의 관련기업을 모아야 하기 때문에 대독점자본이 아니면 건설이 매우 힘든 형태이다. 이런 의미에서 독점자본의 거대생산력의 지배, 생산의 누적을 보여주는 새로운 지표라 할 수 있다.

BOBOS 신문

유럽의 병자에서 부활하다

독일 제조강국의 5대 비밀

1	R&D 집중투자	R&D 집중도 : 매출액 대비 R&D 비중 독일 6.5% 한국 3.1% R&D 선진기업(글로벌 상위 500 R&D 기업) 독일 41개 한국 13개
2	기술인재 양성	직무역량(고교졸업생 평가) 독일 82점 한국 28점
3	안정적 노사관계	노동생산성 독일 1위 한국 8위 노사관계 독일 8위 한국 56위
4	기술선도형 시장창조	전기전자 → 에너지 → 헬스케어 인프라&시티 → 글로벌 복합기업(190여개국 진출)
5	가족 경영기업	장수기업(200년 이상 존속기업) 독일 1,583개 한국 0개 독일기업 형태 가족기업 95.3% 기타 4.7%

자료 : 한국경제연구원

1991년 베를린 장벽 붕괴 이후 동독과 서독은 하나의 나라로 다시 통일됐지만, 구 동독 지역의 재건과정에서 막대한 재정을 지출하고 대량실업이라는 혼란을 겪어야 했다.

27년이 지난 지금, 독일은 명실상부한 '유럽의 엔진'으로 자리매김하고 있다. 하지만 현지에서 만난 기업, 기관 인사들은 한결같이 "경제통합은 아직도 진행형"이라고 평가한다. 독일이 경제통합 과정에서 겪었던 독일의 시행착오와 성공사례 속에서 향후 남과 북이 함께 걸어야 할 경제통합의 길을 모색해본다.

1990년 독일 통합 이후 독일이 급격한 경제적 변화를 겪었다. 동독과 서독 마르크의 1:1 화폐 교환과 구동독 주정부가 소유한 기업들의 구조조정으로 인한 대량실업사태로 인한 경제침체는 독일을 '유럽의 병자'로 불리게 만들었다.

통일 직후인 지난 1991년 동독과 서독의 인구 격차는 1:4였고, GDP 차이는 1:13에 달했다. 단순히 GDP 차이뿐만 아니라 사회시스템과 이데올로기 자체가 달랐다. 코메콘(COMECON)[2] 체제 기반의 동독기업은 자급자족을 위한 대기업 유닛 '콤비나트'로 구성돼 있었다. 개인회사는 이데올로기적인 이유로 무시돼 왔다.

---

2) 1949년 유럽경제협력기구에 대항하여 구소련의 제창으로 창설된 동구권 사회주의 국가들의 경제협력기구

독일정부는 통일 이후 경기침체를 막기 위해 막대한 재정을 경기부양책에 쏟아부었다. 어림잡아 800억 유로가 투입됐다. 경제통합 과정에서 독일이 안고 있던 가장 큰 문제는 일자리였다. 샤마 담당관은 "산업, 공업 분야에서 1개의 일자리는 서비스 분야서 1~2개의 추가 일자리를 만들어낸다"면서 "동서독 간 융합 과정에서 독일 연방정부와 각 주정부가 가장 중요하게 여겼던 것은 동독지역에 제조업 일자리를 많이 만들어내는 것이었다"고 말했다.

독일경제에서 산업, 공업 분야가 차지하는 비중은 약 23% 수준이다. 동독지역에 제조업 일자리를 많이 늘리긴 했지만 지금도 16% 수준에 못 미친다. 때문에 독일은 기술 선도를 가장 앞세우는 하이테크 전략을 선택했다. 접근성은 높지만 임금수준이 낮은 저질의 일자리 대신 숙련 기술자들을 필요로 하는 첨단기술산업을 택한 배경이다. 샤마 담당관은 "변혁기 이후 동독 산업이 발전한 배경에는 하이테크를 기반으로 한 제조업이 원동력이 됐고 동서독 간 경제격차를 줄이는 데도 중요한 역할을 했다"고 말했다.

독일은 중소기업이 강한 나라다. 서독지역 일부 대기업을 제외하면 구동독지역은 대부분 중소기업들이 경제기반을 이루고 있다. 독일 연방 통계청에 따르면 독일 전체 기업 중 99.6%는 중소기업이다. 전체 기업수가 360만 개를 넘는다. 이 중 1만 4,000개 업체만 대기업이다. 중소기업 종사자는 1,800만 명에 달한다. 시주의 프리랜서, 자영업자 등은 총 4,400만 명으로 이를 모두 더하면 6,400만 개의 일자리가 있다.

독일 전체 고용인구 중 71%가 중소기업에서 일한다는 점은 시사하는 바가 크다. 중소기업이 많다 보니 스타트업, 벤처가 성장할 수 있는 여건도 잘 조성돼 있다. 한국처럼 일자리에 있어 대기업의 역할이 크지 않다는 얘기다. 이는 독일 특유의 직업훈련생 제도와도 이어진다. 전체 직업훈련생 중 80% 이상이 중소기업에서 훈련을 받고 훈련과정 이수 뒤에는 어렵지 않게 대기업에 고용된다. 이 과정에서 고졸 숙련 기술자들도 대거 양성된다.

샤마 담당관은 "독일에는 규모는 작지만 세계 시장 1, 2위를 앞다투는 중소기업 '히든 챔피언[3]'들이 약 1,400여 개 가까이 있다"면서 "이들 대부분이 가족기업으로 전해 내려온 업체들"이라고 말했다.

특정 지역에 특정 분야 중소기업들을 입주시키고 그들이 상생할 수 있도록 생태계를 조성하는 데 힘쓰고 있다. 베를린 인근만 해도 기술 및 혁신파크가 총 11개가 자리 잡고 있다. 이 중 절반이 구동독지역에 있다. 모두 최첨단 센서, 에너지, 미디어, 의료, 제약, 생명과학, 정보통신, 소프트웨어, 이동통신, 산업자동화 등을 연구하는 곳이다.

통일 직후인 지난 1991년부터 2012년까지 한때 동독 최대 중공업지역이던 작센 안할트 지역의 직업활동인구는 약 30만 명이 감소해 100만 명에 불과했다. 동독지역 재건이 본격화된 후 서독의 대기업들이 이곳에 자리 잡았다. 벤츠는 베를린, 라이프치히에는 BMW, 드레스덴에는 폴크스바겐 등 독일 자동차업체들이 연이어 공장을 세웠다. 화학산업 역시

3) 일반 대중들에게 잘 알려지지 않고 소규모이지만 특화된 경쟁력으로 세계시장에서 선점하는 강소기업을 의미한다. 독일의 경영학자 헤르만 지몬이 처음 사용하였다.

연방정부 차원의 투자에 힘입어 바스프, 토탈, 린데, 티센크릅 등이 현대화된 바이오 정제 공장과 연구센터를 설립했다.

지금도 독일의 산업 클러스터[4] 정책은 꾸준히 진행 중이다. 드레스덴부터 베를린을 잇는 나노기술 산업클러스터에는 총 2,251개의 나노공학 전문 기관이 설립돼 있다. 이 중 24.1%에 해당되는 542개 기관이 동독지역에 설립됐다. 50% 이상의 기업에 총 2만 1,000명의 직원이 근무하고 연 220억 유로의 매출을 올린다.

일자리 만들기, 동서 간의 경제통합은 곧 노동계, 재계가 합의한 사회 대통합으로 이어졌다. 당시 서독의 경우 복지제도가 잘 갖춰져 있었는데 경제통합 과정에서 동서독의 균형을 맞추기 위해선 복지혜택을 줄일 수밖에 없었다. '아젠다 2010'이 그것이다. 동독지역은 25세 미만 실업자 비율이 높은 고질적 청년 실업사태가 이어졌는데 은퇴 후 제공되던 복지혜택의 재원 상당수가 새 일자리를 만들고 직업전환교육(자격증)을 받을 수 있는 기회를 제공하는 데 사용됐다. 장기실업자에게 실업수당을 주기보다 일자리를 알선하는 식이다. 실업문제가 심각한 구동독지역에 전체 예산의 41%가 지급됐다. 동독지역 규모를 고려할 때 평균 대비 더 많은 지원을 한 셈이다.

당시 동서독 노사는 일자리를 확대하기 위한 모든 방안에 대해 서로 양보를 했다. 근로시간과 임금에서 노조가 양보하는 대신 기업들은 해외로 나갈 일자리를 구동독지역에 유치했다.

자료 : 아시아경제, 2018. 6. 15(저자 수정)

BOBOS 뼈다귀

남동임해공업지대의 변화

'남동임해공업지역'은 전남 여수부터 경남, 부산, 울산 등을 거쳐 경북 포항까지 이르는 공업지역을 일컫는다. 여수, 광양 등을 제외하면 모두 영남권에 집중된 것이 특징이다. 원료를 수입하고 가공해 완제품을 수출하기 용이한 지리적 이점을 지닌 이곳은 경공업중심에서 중공업중심으로 개편되는 과정을 통해 대한민국 경제성장의 중심지로 자리매김했다. 이곳에 밀집된 주요 업종들의 성격도 이와 관련 깊다. 제철, 자동차, 항공, 조선, 기계, 석유화학 등 우리나라 경제의 근간이 되는 주요 산업단지들이 밀집해 있다. 그런데 근래 들어 조선업을 시작으로 속속 제조업 전반에 위기감이 조성되면서 남동임해공업지역 전체가 휘청거리고 있다. 그동안 국가경제성장의 중심지 역할을 해왔던 만큼

4) 산업직접지. 유사업종에서 다른 기능을 수행하는 기업과 기관들이 한곳에 모여있는 것을 의미한다. 미국의 실리콘밸리처럼 자율적으로 조성되기도 하고, 중국처럼 정부의 기획으로 형성되기도 한다.

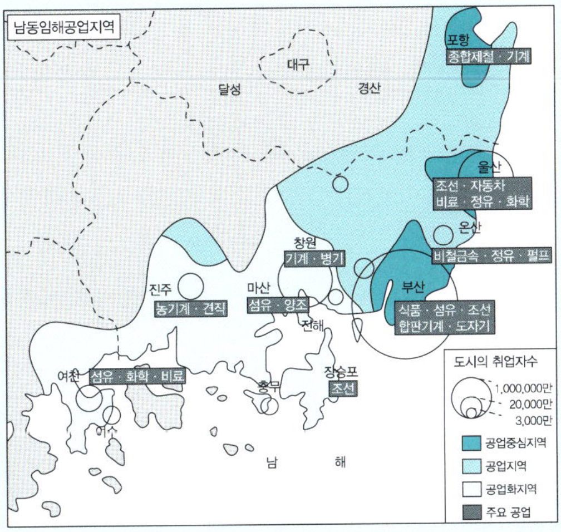

남동임해공업지역의 위기는 단순히 지역문제 이상의 의미를 지녔다는 게 전문가들의 중론이다. 현재는 지역경제의 위기로 표면화되고 있지만 시간이 지나면 나라 전체가 흔들릴 것이라는 전망이 주를 이룬다. 이에 사태의 심각성이 더해지기 전체 항공우수산업 등 첨단산업의 메카로 또 한 번의 환골탈태가 이루어져야 한다는 주장이 대두되고 있다.

'남동벨트'의 동·서축이라 할 수 있는 경남 거제, 울산의 조선소들이 플랜트 사업에서의 대규모 손실 및 수주불황 등의 사태를 겪으며 휘청거리기 시작했으며 속속 자동차, 제철 등의 범위로 확대되는 양상을 띠었다. 그리고 위기의 파도가 점차 남동벨트의 중심지인 창원과 사천 등 인근 지역으로까지 확산되면서 지역경제를 넘어 국가전체에 위기감이 도래하고 있다. 이에 해당지역을 새로운 범국가적 미래먹거리 육성 지역으로 재탄생시켜야 한다는 주장이 대두되고 있다.

지난 2010년 창원, 마산, 진해는 '창원시'로 통합됐다. 기존 마산시는 창원시 마산 회원구, 마산 합포구로 편입됐으며 진해시도 창원시 진해구로 이름이 바뀌었다. 경남도청 소재지로 오랜 기간 경남지역의 중심이자 남동임해공업지구의 중심부에 자리한 창원시와 인근 지역의 성장은 제조업과 이를 근간으로 발달해 온 대한민국 경제성장과 궤를 같이 했다.

호주 캔비리를 모델로 구획정리 및 조성이 된 계획도시 창원시는 105만 명의 인구를 바탕으로 광역시로 발돋움을 목표로 하고 있다. 인구수로만 따지면 경기도 수원에 이어 기초자치단체들 중 두 번째로 많다. 하지만 제조업 불황의 여파로 한때 110만 명을 돌파했던 인구가 청년층을 중심으로 빠르게 감소세를 보이는 등 최근 들어 각종 부작용이 하나 둘 고개를 들고 있다.

특히 LG, SK, 현대차, 한화, 효성, STX, 쌍용차 등의 공장들이 남천을 따라 나란히 자리하고 있는 창원시 성산구 창원국가산업단지 내에는 위기감이 감돌고 있다. 최근 군산

공장 폐쇄를 결정하고 업체 정상화를 두고 정부와 줄다리기 중인 한국GM 창원공장이 이곳에 위치한 탓이다. 군산공장 폐쇄조치 후 창원공장의 존폐위기감이 부쩍 늘고 있는 상황이다.

창원상공회의소에 따르면 최근 2년 새 경상남도 내 고용보험 피보험자(근로자)수는 감소세를 보이고 있다. 2015년 75만 4,248명이던 근로자는 2016년과 지난해 각각 0.9%, 1.6% 감소했다. 제조업 종사자의 감소가 결정적 원인으로 꼽혔다.

서비스업, 건설업, 기타 직군의 근로자수는 증가세를 보인 반면 2016년과 지난해 제조업 근로자수는 각각 4.8%, 6.4% 줄어들었다. 조선, 자동차 등 제조업계 불황으로 일자리를 잃은 근로자들은 경남지역 내에서 타산업으로 유입되거나 타지역으로 이동했다. 경남지역 근로자들 중 같은 남동임해공업지구인 부산, 울산 등으로 유출되는 경우가 1, 4위를 차지했으나 서울(2위), 경기(3위) 등으로 둥지를 옮긴 이들도 적지 않았다.

주목되는 사실은 같은 경남도 내에서 새로운 돌파구를 찾은 이들도 상당하다는 점이었다. 숙련된 제조업 기술자들이 가장 많이 찾는 업종으로는 도소매, 사업시설, 전문과학, 숙박음식, 건설 등으로 조사됐다.

자료 : 스카이데일리, 2018. 4. 2(저자 수정)

5 컨글로머리트(conglomerate)

한때는 끊임없이 샘솟는 마법의 우물로 여겨지던 애견시장은 나날이 확대되어 경쟁이 치열해지고, 견공들은 줄어드는 수입에 눈물로 밤을 지새웠다. 세상에서 돈이 제일 좋다는 마나님과 밑 빠진 독처럼 먹어대는 아가를 위해서라도 보보는 많은 돈을 벌어야만 했다. 그래서 비슷한 업종에 종사하는 견공사장님들과 손을 잡고 사료가격을 일정한 수준으로 유지하려는 책략을 꾸미게 된다. 하지만 이것은 불법, 그는 독점규제 및 공정거래에 관한 법률로 범법자가 되었다. 이때 그의 머리에 전광석화처럼 떠오른 것이 바로 보따리장수였다.

조선시대에는 대표적 소매기관으로서 보부상이 있었다. 보상은 상품을 보자기에 싸서 등에 메고 십여 명씩 떼를 지어 각 지방 향시를 찾아다니면서 소매업을 하는 행상이고, 부상은 도자기, 칠기, 철물, 건어물, 기타 일용 생필품 등을 지게에 지고 각 지방의 향시를 찾아다니며 소매업을 하는 행상이었다. 그는 바로 여기서 힌트를 얻게 된다. 수익을 올리기 위해 결합하되, 독점규제법에 저촉되지 않는 범위 안에서 그 방법을 찾고자 한 것이다. 바로 이것이 컨글로머리트이다.

컨글로머리트는 라틴어의 'com'(합친다)과 'glomus'(덩어리)의 합성어로 눈사람처럼 쌓여 자꾸만 확대되는 것을 의미한다. 자사의 업종과 관계가 없는 이종의 기업을 매수·합병하여 경영을 다각화한 형태이다.

1950년대 후반부터 주로 미국에서 성행하게 되었으며, 이는 미국의 독점금지법인 클레이턴법의 개정으로 기업 간의 수평적·수직적 합병이 금지됨으로써 이 법을 우회하면서도 기업의 다각화를 실현시키기 위한 방편으로 생성하여 발달한 기업집단을 의미한다. 미국에서는 기업 간의 수평(동업종) 또는 수직적(원료에서 최종제품의 판매에 이르기까지의 종적인 관계) 합병이 독점금지법에 의해 규제되고 있다. 때문에 기술혁신에 적응하기 위한 기업의 성장전략으로서 이종업종으로의 다각화가 추진되는 경향이 있다. 컨글로머리트는 1950년대 이후 학술적으로 수평적·수직적 기업통합에 속하지 않는 합병형태를 가리키는 말로 미국에서 사용되고 있다.

대표적인 기업으로는 원자력 잠수함에서부터 스탬프인쇄까지 수천 종의 상품을 취급하는 리턴인더스트리스사, 텍스토론사, FMC, ITT, 링템코보트, G&W 등이 있다. 최근에는 타국의 기업을 합병하는 국제적 복합기업이 진행되고 있다.

표 4-5 컨글로머리트의 유형

유형	내용
제품확장형	기술적 공존성을 가지고 있는 서로 다른 업종 간의 합병 • 천연섬유+합성섬유 • 항공기산업+미사일산업
시장확장형	판매시장을 공통으로 하는 기업 간의 합병 • 의약품+화장품 • 통조림+식료품 체인
순수형	공통성도 없고, 합병을 위한 기술적 필연성도 없는 기업 간의 합병 • 금융업+레저업 • 철강업+제지업

이젠 화장품+의약품 시대

동화약품은 화장품 브랜드 '활명(活命)'이 최근 중국 상하이에서 열린 '상하이 미용박람회(China Beauty Expo 2018)'에서 활명 스킨엘릭서를 비롯해 모두 5종의 신제품을 선보였다고 밝혔다.

상하이 미용박람회는 세계 3대 미용박람회 중 하나다. 23회째인 올해는 40여 개국에서 약 3,500개의 화장품 관련 업체가 참가해 약 50만 명의 참관객을 끌어모았다.

활명은 이번 박람회에서 피부결을 가꿔주는 '안티 옥시던트 리쥬베네이팅 세럼', 고함량 히알루론산으로 보습효과를 강화한 '이너글로우 모이스처라이징 세럼', 레시틴이 함유돼 피부에 생기를 불어 넣어주는 '리바이탈라이징 크림', 세라마이드가 촉촉하고 윤기 있는 피부를 가꿔주는 '하이드레이팅 크림', 활명의 시그너처향이 담긴 '활명 클렌징밤' 등을 선보였다. 신제품을 비롯한 활명의 기초 화장품 라인은 현지 구매사뿐만 아니라 유럽, 동남아 등 해외 바이어로부터 호평을 받았다.

또 중국의 인기 개인방송 진행자(왕홍)들도 사로잡았다. 동화약품의 행사기간 왕홍이 진행하는 활명 라이브 방송의 누적 조회수가 700만 회를 기록했다.

활명 스킨케어는 동화약품의 제약기술이 집약된 뷰티 브랜드다. 조선시대 궁중비방을 바탕으로 제조된 활명수(活命水)의 성분 중 엄선된 5가지 생약성분을 주요 원료로 사용한다.

자료 : 매일경제, 2018. 6. 19(저자 수정)

6 조인트벤처(joint venture)

창의적인 아이디어에서는 스티브 잡스를 능가한다고 자부하고 있지만 기술적인 능력에서 많이 부족했던 보보는 이러한 약점을 보완하기 위해서 새로운 시도를 하기로 결심한다. 바다 건너 일본에 위치한 '강쥐사랑'과 손을 잡기로 한 것이다. 얼마간의 종자돈을 상호투자하고, 어떻게 하면 양질의 사료를 생산할 수 있을 것인지, 어떻게 하면 포화상태에 이른 시장에 침투하고, 새로운 시장을 개척할 것인지에 대해 심도 깊은 이야기를 나누고 협상을 했다. 바로 이것이 조인트벤처에 해당한다.

조인트벤처란 특정한 목적을 위해서 어떤 기업에 관련회사가 출자하여 하나의 공동출자회사를 설립하는 경우를 일컫는다. 국내기업 간의 공동출자도 해당하지만 일반적으로 2개국 이상의 기업, 정부기관이 특정 기업체 운영에 공동으로 참여하는 해외투자방식으로 운영되는 것이 일반적인 형태이다.

전체 참여자가 공동으로 소유권을 가지며 공동소유의 대상은 주식자본, 채무, 무형고정자산, 경영노하우, 기술노하우, 유형고정자산 등에 이르기까지 다양하다. 합작에 참가하는 기업들이 소유권과 기업의 경영을 분담하여 자본, 기술 등 상대기업이 소유하고 있는 강점을 이용할 수 있고, 위험을 분담한다는 점에서 상호이익적인 해외투자방식이다.

합작투자는 신설방식으로 이루어질 수도 있고, 기존 현지법인의 일부 소유권을 취득하는 방식으로 이루어질 수도 있다. 다국적기업이 현격한 기술격차를 이용해 해외에 진출했던 1950~1960년대에는 합작투자보다 단독투자방식이 많았지만 경쟁이 격화되고 신기술이 지연되는 등 독점적 우위의 유지가 어려워짐에 따라서 최근 들어서는 합작투자를 통한 해외진출이 더 많이 활용되고 있다.

표 4-6 합작투자를 선호하는 경우

- 현지 정부의 제한 때문에 단독투자방식을 이용할 수 없는 경우
- 다각적 제품을 취급하는 기업이 현지 마케팅노력의 요청을 필요로 하는 경우
- 필요로 하는 원료, 자원을 현지 파트너가 생산하고 있어서 원료 및 자원의 입수가 현지 진출을 위한 전제조건이 되는 경우
- 해외사업 운영에 필요한 자본, 경영능력의 부족을 해결하고자 하는 경우
- 해외사업 경험이나 협상능력이 부족한 경우

| 그림 4-7 | 다국적기업이 해외로 진출하는 형태

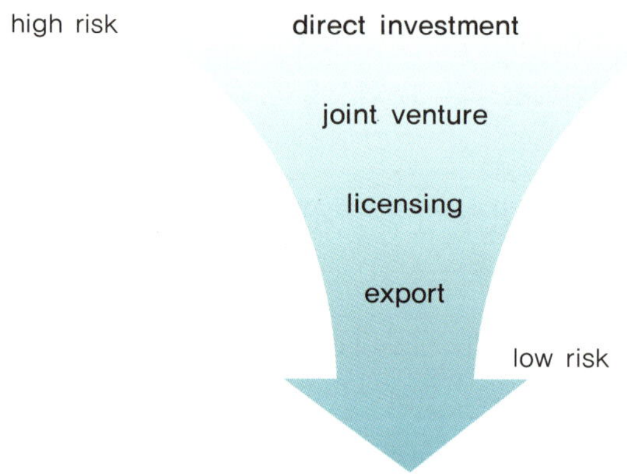

BOBOS 신문 대한항공과 델타항공의 합작투자

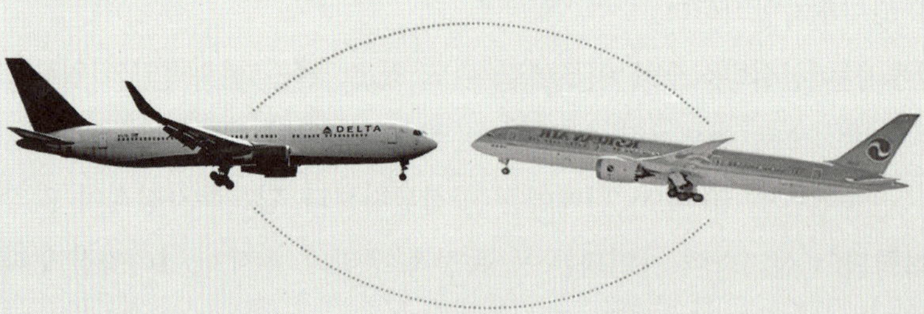

대한항공과 델타항공은 2017년 6월 23일에 합작투자를 체결하고, 2018년 5월 1일을 기점으로 태평양 노선의 합작투자가 시작되었다. 이로 인해 항공 여행객들이 느낄 수 있었던 가장 큰 변화는 공동운항의 확대였다.

이 합작투자는 대한항공과 델타항공의 아시아-미주노선에 대한 협력으로, 두 항공사의 여객과 여객기 탑재화물(수하물 등)의 협력에 집중되어 있다. 양 항공사 간 항공편 연결성 향상, 운항횟수 증대와 같은 항공노선망의 개선, 가격조정과 같은 항공권 판매와 마케팅활동, 아시아-미주 전 노선에서의 코드쉐어, 양 항공사 우수회원에게 상호 우호적인 혜택 제공 등이 이번 합작투자의 주된 내용이다.

2018년 6월 6일부터 델타항공은 도쿄-애틀란타, 포틀랜드, 시애틀, 디트로이트/나고야-디트로이트노선을 대한항공과 공동으로 운항한다. 이는 대한민국-미국 간의 직항노선 탑승이 여의치 않은 이용객들을 위해 도쿄 나리타 국제공항을 경유하는 미주행 항공노선을 제공하기 위함이다.

지방 거주자들이 직항편을 이용하기 위해 불편하게 인천국제공항까지 가지 않아도 미주노선을 쉽게 이용할 수 있게 되었고, 이를 통해 양 항공사 간의 상호이익이 증가할 수 있을 것으로 기대된다.

또한, 대한항공의 우수한 아시아 노선망을 미국의 여행객들이 더욱 쉽게 이용할 수 있게 되었다. 델타항공 또는 대한항공의 미주노선을 이용해 인천국제공항에 내린 후 인천-태국, 인천-일본 등의 대한항공 아시아 노선망을 이용하여 여러 국가들을 이전보다 더 쉽게 여행할 수 있게 되었다. 향후 인천-델리(인도), 인천-팔라우 등의 노선 역시 양사 간 합작투자에 의한 공동운항 예정에 있어 미주 여행객들이 누릴 수 있는 아시아권 항공편의 다양성이 더 증대될 것으로 보여진다.

양사 간의 합작투자가 시작되기 전에는 미주 내 164개 노선에 대해 공동운항을 실시했으나, 이번 합작투자 시행으로 델타항공이 취항 중인 미주 국내선에 대해 자유로운 공동운항이 가능해지며 370여 개, 192개 도시에 대한 공동운항을 진행하게 되면서 여행객들의 미주 국내선 이용이 더 편해졌다. 이로 인해 항공권 예약/발권, 환승이 더 편리해지면서 여행일정을 짜는 데 있어서의 편의 역시 증가하였다.

항공 노선면에 있어서도 양사 간 항공편 출/도착시간 연계, 환승 시 필요한 연결시간 단축 등의 항공편 최적화 작업을 통해 양사의 항공편을 이용하는 여행객들의 환승 역시 더 쉬워졌다.

대한항공과 델타항공 간의 합작투자는 2018년 5월 1일을 기점으로 최소 10년 이상 유지될 예정에 있다.

자료 : 항공소식

BOBOS 신문

경영인을 위한 히포크라테스 선서

경영의 목적	"나의 목적은 내가 맡은 회사가 사회를 위해 창출하는 가치를 높임으로써 공공의 이익을 위해 봉사하게 하는 것입니다."
이기심 자제	"나는 사적인 이익이 내가 경영을 위탁받은 회사의 이익을 절대 해치지 않게 할 것을 서약합니다."
불편부당 추구	"나는 나의 인종과 성별, 성적 취향, 종교, 국적, 정치 성향, 사회적 지위 등이 내가 내리는 결정에 영향을 미치지 않도록 하겠습니다."

"나는 어떤 책임이 따른다 하더라도 죽음이나 파괴를 조장하거나 또는 가난이나 무지를 방관하거나 사람을 노예로 만드는 불평등을 조장할 수 있는 수단에 내 발견과 발명품, 내 지식을 사용하지 않겠으며, 인류평등을 증진하고 그들의 삶을 풍요롭고 자유롭게 하는 데 이를 사용할 것을 선서합니다."

프랑스의 한 철학자가 의학도를 위해 만든 '히포크라테스 선서'처럼 과학을 전공하려는 학생들에게 '과학자를 위한 히포크라테스 선서'의 필요성을 역설하며 만든 초안이다.

월스트리트 신용위기로 최고경영자(CEO)의 해이한 도덕관이 도마 위에 오른 가운데 경영인도 엄격한 윤리강령을 통해 더욱 나은 경영인으로 거듭날 수 있으며 사회도 혜택을 누릴 수 있다는 주장이 제기됐다.

미국의 금융위기로 경영자들의 도덕성이 심판대 위에 오르자 하버드대 경영대학원 라케시 쿠라나, 니틴 노리아 교수는 '하버드 비즈니스 리뷰(HBR)' 10월호에 '경영을 진정한 전문직으로 만들 때가 왔다'라는 제목의 기고문을 통해 '경영인을 위한 히포크라테스 선서'를 만들자고 제안했다. '개인적 이익이 회사의 이익을 침해하지 않도록 하고 불편부당의 정신과 기업의 투명성을 추구한다'는 다짐이 핵심이다. 이들은 진정한 전문직은 행동강령을 지니고 있으며 그 의미와 중요성은 구성원의 교육과정에서 학습되고 있다고 지적하면서 경영학계도 의학이나 법학처럼 더욱 체계적인 교육과 자격시험이 필요하며, 히포크라테스 선서와 같은 행동강령과 이를 어기면 제재를 가할 권위 있는 기구가 긴요하다고 주장한다.

두 교수는 많은 경영인이 경영학 석사과정(MBA) 코스를 밟지만 이것이 경영을 위한 필수요소는 아니라며 별도로 공인전문경영인(CBP) 자격시험을 도입해야 한다고 주장했다. 또 경영인의 자질을 CBP 자격시험으로 보완하면서 '경영인을 위한 히포크라테스 선언문'을 통해 도덕성을 강화하자는 내용을 제안했다. 바로 의사가 환자의 건강을 최고로 삼고, 법조인이 정의를 최우선 가치로 삼는 것처럼 경영인은 사회이익을 중요시해야 한다는 주장이다.

'경영학석사 선서(The MBA Oath)'의 원형이 된 것은 의과 졸업생들의 히포크라테스 선서이다. 의과 졸업생들이 히포크라테스 선서에서 의사로서의 윤리적 의무를 다할 것을 선서하듯이 경영대학원 졸업생들도 기업활동에 있어서 윤리규범의 준수를 선서하는 것이다.

하버드대학 경영대학원에서 시작된 이번 선서는 졸업예정자 한 사람에서 시작되었지만, 900여 명의 졸업생 중 반 이상이 이 선서에 동참했다. 그리고 다른 경영대학원 졸업생 사이에도 동참자가 확산되어 1,400여 명이 선서문에 서명했다. 졸업생 전원이 참여하지 않은 것은 이것이 강요된 것이 아니라 자발적인 것이기 때문이다. 이는 선서자들의 선서가 대중적 압력 때문이 아니라 각자의 결정임을 시사한다고 볼 수 있다.

경영대학원 졸업생들의 선서는 환영할 만한 것이라 하더라도 문제는 이러한 선서의 현실적 효과다. 의술의 목적은 병든 사람의 치료다. 그러나 의료업도 그에 종사하는 사람의 생업이라는 측면이 있다. 요즘에 와서는 의술의 목적이 병의 치료보다는 돈에 있다는 인상을 주는 경우도 적지 않다. 그러면서도 히포크라테스 선서가 무의미하지는 않다. 그것은 그 나름으로 의술행위의 지침이 된다. 다만 의술은 그 본질이 인술적인 성격을 가지고 있기 때문에 그러한 측면은 의술행위의 모든 단계에서 즉각적으로 점검된다. 그와는 전혀 다른 성질의 경영행위에 경영학도의 윤리선서가 똑같은 효과를 가질 수 있으리라고 기대할 수는 없다. 그럼에도 불구하고 그것이 전혀 의미 없는 것이라고 할 수는 없다. 그런대로 그것은 경영인의 마음속에서 처신의 한 준거가 될 수 있다. 지금 기업과 사회윤리의 관계는 어느 때보다도 매서운 검증의 대상이 되어 있다. 따라서 선서에서 밝혀진 윤리강령은 오늘의 현실에서 하나의 힘으로 작용할 가능성이 있다고 할 수 있다.

경제는 경제의 법칙으로 움직인다. 그러나 그것을 더 크게 테두리 짓고 있는 것은 사회윤리이다. 그리고 이것은 반드시 경제와 별개의 것으로 현실에 작용하는 것이 아니다. 서두에서 말한 하버드 경영학석사 선서에 표현된 윤리의식은 사람 본성의 깊이에 들어 있는 요구이다. 새로운 역사의 전환점에서 그것이 새로 부상하고 확인되었을 뿐이다. 사회 전체에 대한 공동체적이고 윤리적인 고려는 인간사의 모든 면에서 소프트파워로 작용한다.

자료 : 새로운 사회를 여는 사람들, 경향신문(저자 수정)

BOBOS 숙제

1. 집중과 집적의 차이를 이해한다.
2. 기업집중으로 인한 사회적 폐해를 이해한다.
3. 반트러스트법의 사회적 실효성에 대해 이해한다.
4. 신디케이트와 트러스트의 차이를 이해한다.
5. 조인트벤처가 기업경영에 미치는 영향을 이해한다.

BOBOS 한 말씀

영국 중세문학의 최고 권위자이며 유명한 석학이었던 매클레인 선생님은 답사에서 눈물까지 글썽이며 '좋은 사람'이라는 말은 자신이 이제껏 들은 그 어떤 찬사보다 더 값지고 소중한 말이라고 했다. 아직 이십대였던 나는 그때 '좋은 사람'의 의미에는 별 관심이 없었다. 아니, '좋은 사람'은 특징 없고 재미없는 사람이라고 생각했다. 하지만, 세월이 많이 흐른 지금, 나는 새삼 '좋은 사람'에 대해 생각한다. 그리고 정말 누구의 마음에 '좋은 사람'으로 남는 것이 얼마나 힘들고, 소중한지 깨닫기 시작한다.

– 장영희의 '살아온 기적 살아갈 기적' 중에서 –

핵심 체크

01. 집적은 개별자본의 증식과정을 통해서 스스로 벌어들인 이윤을 축적하여 자기자본을 확대해나가는 것이다.

02. 집중은 다른 개별자본과의 결합을 통해 대자본을 형성하는 것이다.

03. 기업집중의 목적은 경영합리화, 시장통제, 금융적 목적 등이다.

04. 카르텔은 동종이나 유사업종 간의 수평적 결합이며, 법률적 · 경제적 독립성을 잃지 않는 구속력이 약한 기업연합이다.

05. 신디케이트는 참가기업들이 별도로 설립한 독립법인을 통해서만 판매가 이루어지므로 구속력이 매우 강한 유형의 카르텔이다.

06. 트러스트는 참가기업들이 법률적 · 경제적 독립성을 상실하는 강력한 구속력을 지닌 결합이다.

07. 최초의 반트러스트법은 셔먼법이며, 모든 불법적인 결합이나 경쟁을 금지한다.

08. 콘체른은 법률적으로는 독립적인 기업들이 출자 등의 자본적 제휴에 의해 실질적으로 하나의 기업으로 결합되는 강력한 기업결합이다.

09. 콤비나트는 상호 관련이 있는 기업을 일정지역에 집중하여 생산기술적 측면에서 경영 · 기술적인 공동이익을 추구하고자 하는 결합형태이다.

10. 컨글로머리트는 독점금지법을 우회하면서 기업의 다각화를 실현시키기 위해 발달한 기업집단이다.

11. 조인트벤처는 특정 목적을 위해 기업에 관련회사가 출자하여 하나의 공동출자회사를 설립하는 형태이다.

CHAPTER

05

기업환경

Management of BOBOs

Management of BOBOs

1. 사회문화적 환경
2. 경제적 환경
3. 기술적 환경
4. 정치법률적 환경

기업환경

5
Chapter

보보의 경영학
Management of BOBOs

BOBOS 책 어떤 숙제

2004년 7월, 수수께끼 같은 옥외광고판 두 개가 미대륙 양편에 세워졌다. 하나는 하버드 스퀘어였고 다른 하나는 실리콘밸리에 있는 101번 고속도로 주변이었다.

게시판에는 흰 바탕에 까만 글씨로 다음과 같이 쓰여 있었다.

{first 10-digit prime found in consecutive digits of e}.com

[자연상수를 풀어서 쓸 때 제일 처음 발견되는 10자리 소수].com

광고판을 누가 세웠는지, 무슨 광고인지 전혀 언급이 없었다. 이것은 눈이 있는 사람만 알아볼 수 있는 고도의 테스트 문제였다. 예상대로 광고판은 유명세를 탔다. 수학에 관심이 있는 여러 블로거들이 이 게시판에 열광하기 시작했으며, 미국 공영라디오 NPR도 이 퀴즈를 다뤘다. 곧 전 세계의 머리 좋은 사람들이 앞다투어 이 문제에 달려들었다. 비디오게임이 그렇듯, 레벨이 올라갈수록 플레이어 숫자는 줄어들었다. 그리고 마침내 전 세계의 내노라 하는 천재들이 최종레벨을 클리어했을 때 그들에게 '상'이 주어졌다.

그것은 고작 '구글에 이력서를 보내주세요!'라는 짤막한 초대장에 불과했다.

오늘날 구글은 포춘 선정 '일하기 좋은 100대 기업' 중에서 1위를 다투는 유수의 기업이지만 위의 일은 구글이 기업공개를 할 무렵의 일이다. 검색엔진으로 위세를 떨치긴 했지만, 세계 최고기업이라고 말하기엔 뭔가 부족할 수도 있는 그때, 그들은 세상에서 가장 과감한 리쿠르트 전략으로 전 세계를 깜짝 놀라게 했다. 그리고 이제 바야흐로 진 세계 초일류 기업들이 구글의 채용 전략을 벤치마킹하기 시작했다. 그들이 뽑은 인재들이 '실제로' 전 세계를 들었다 놨다 할 만큼 엄청난 일을 벌이고 있기 때문이다.

구글은 기본적인 욕구를 중요하게 생각하고 그것을 만족시켜준다. 구글의 처우가 좋다는 것 외에도 그들이 인재를 유인하는 요소는 무수히 많다. 그 중 대표적인 것은 구글이 일반기업이 아니라 마치 엘리트 대학이나 싱크탱크처럼 운영된다는 점이다. 이른바 '20% 시간', 즉 각자가 사업가가 되어 자신이 관심을 갖는 분야를 연구하고 비즈니스화할 수 있는 자유시간이 주어진다는 것이다. 구글은 구성원들에게 '열심히 일하라', '사주의 지시를 따르라'고 하지 않는다. 그들은 '새로운 디지털 우주를 창조하라'는 웅대한 비전과 과제를 던져준다. 그리고 그에 걸맞은 최고 중의 최고를 자기 사람으로 만든다.

자료 : 윌리엄 파운드스톤의 '당신은 구글에서 일할 만큼 똑똑한가?' 중에서(저자 수정)

기업이라는 조직체의 다양성처럼 그에 영향을 미칠 수 있는 환경적 요인도 다양하다. 잭 웰치는 '비전상실증후군'을 통해서 기업에 있어서 환경에 대한 적응이라는 관점을 강조한 바 있다. 급변하는 환경 속에서 환경에 주도적으로 대응하는 기업은 지속적 생존과 성장이 가능하고, 휘말리는 기업은 사멸하고 말 것이라는 것이 그의 주장이었다. 다윈은 「종의 기원」을 통해 생존하는 모든 종은 진화하며 환경의 변화에 적응함으로써 생존이 가능하다고 주장한 바 있다. 그는 자연환경에서 개체수는 일정수준에서 안정되어야 하기 때문에 무한히 증가할 수 없고 생존경쟁이 있을 수밖에 없다고 주장한다. 따라서 생존경쟁을 하면서 환경에 더 잘 적응하는 개체들은 그렇지 못한 개체들보다 더 많은 후손을 남긴다. 삶의 조건들로 인해 존재는 개선되며 오랜 시간이 경과하기 전까지 인간은 이렇게 서서히 진행되는 변화의 진행을 자각하지 못한다. 또한 유전학자 테오도시우스 도브잔스키는 "진화의 빛이 아니고서는 생물학에서는 그 어떤 것도 의미를 지니지 못한다"고 말했다. 이는 곧 기업경영에도 적용되며 '조직론적 다위니즘(Organizational Darwinism)'으로 연결되고 있다.

기독교적 관점에서 본다면 자연은 정복의 대상으로 투사된다. 이러한 관점은 성서에 바탕을 두고 있으며, 베이컨도 이에 의견을 같이 하고 있다. 베이컨은 "자연을 해석해 자연 속에서 움직이고 있는 원인과 자연을 지배하고 있는 법칙을 찾아내어 자연을 정복할 수 있다"고 말했다. 베이컨 이후 기계론적 설명이 강력하게 대두되었다. 한편 데카르트[1]는 정신과 물질을 분리하고 인간과 자연을 분리함으로써

1) 현대의학의 창시자인 데카르트는 해부에 필요한 시신을 얻는 과정에서 정신을 양보했다. 교황과의 협상에서 인간의 경험적 측면들(영혼, 마음, 감정)로부터 손을 떼는 데 동의하고, 이런 과정을 통해 정신과 육체는 분리되었다.

자연경시와 환경파괴의 원인을 제공했다. 또 진화론으로 대표되는 다위니즘은 사회적 다위니즘으로 발전하면서 산업화에 큰 영향을 미쳤으며, 공리주의와 결탁하면서 자본주의의 성립에 큰 영향을 미쳤다.

서구의 자연관에 대한 변천과정을 분석해보면 정신과 물질을 분리하고 인간과 자연을 분리함으로써 인간이 자연을 지배하고 정복하는 위치에 서게 되었다는 사실을 알 수 있다. 즉, 자연의 법칙을 발견함으로써 인간의 이익을 위해 자연을 이용하는 것은 신의 뜻에 부합하는 정당한 행동이라고 믿는 이와 같은 사상이 오늘날 환경문제의 근본적 원인을 제공했다고 볼 수도 있다.

산업혁명 이후 에너지원으로 소비한 화석연료 연소량이 급격히 증가함에 따라 대기 내 탄산가스 농도는 약 25%(연평균 증가율 1.2%)로 증가하였으며, 지구 대기권의 평균기온이 이미 0.5℃ 상승하였다. 지구평균기온은 2030년에는 1.5~4.5℃(평균 3℃)만큼 온난화할 것으로 추정된다. 오존층의 파괴 및 이로 인해 자외선이 지표에 더 많이 도달하여 피부암 발생률의 증가, 생물종의 감소, 물고기의 어획량 감소, 농작물 수확량의 감소 등 지구환경의 미래는 밝지 않다.

지구를 살리기 위한 노력의 일환으로 1992년 6월에는 세계환경회의가 개최되었고, 바젤협약, 기후변화협약, 생물다양성협약 등이 체결되어 국제적인 노력이 계속되고 있다. 1992년 환경과 개발에 관한 유엔회의(UNCED)가 열려 '의제 21'이 채택되었으며, 이의 실시를 위해 유엔지속개발위원회(CSD), 유엔공업개발기구(UNIDO), 국제표준화기구(ISO) 등이 설립되어 각종 환경관련 활동을 활발히 전개하고 있다.

환경의 문제가 기업경영에서 중요한 자리를 차지하는 이유는 기업경영이 환경 속에서 이루어지는 유기적인 과정이기 때문이다. 기업은 환경과의 상호관계와 의존관계를 통해 계속기업으로서 생존하고 성장할 수 있다.

급변하는 환경 속에서 환경에 대한 기업의 대응이 중요한 문제로 부각되기 시작한 원인은 산업화의 진전으로 인한 기업규모의 증가로 사회적 책임(CSR)[2]의 문제가 중요한 의무로 대두되었고, 기업환경이 안정적인 A차원의 환경에서 불안정적인

2) Corporate Social Responsibility

B차원의 환경으로 변화하면서 장기적인 예측이 불가능해졌으며, 기업집중으로 인한 독과점으로 인해 정부의 규제가 강화되었고, 전 세계적인 환경오염으로 인해 생태계가 파괴됨으로써 '녹색성장'이 주요한 초점으로 대두되었기 때문이다.

BOBOS 한 말씀

변화 외에 영원한 것은 없다.

– 헤라클레이토스(그리스 철학자) –

BOBOS 신문

불편한 빨대

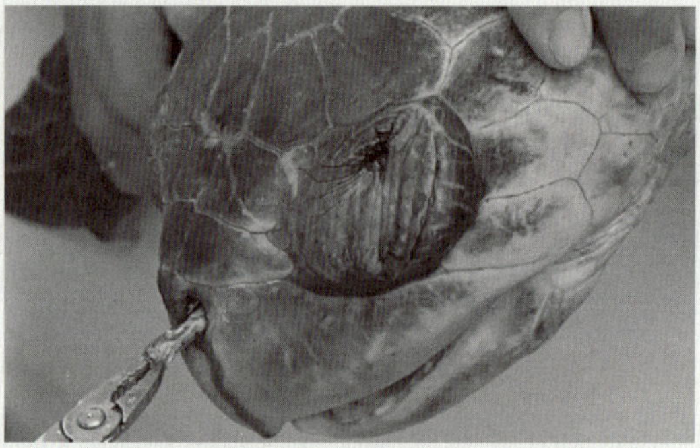

코에 플라스틱 빨대가 들어갔던 거북이

세계 최대 커피 프랜차이즈 스타벅스가 환경보호를 위해 2020년까지 전 세계매장에서 일회용 플라스틱 빨대를 없애기로 결정했다.

케빈 존슨 스타벅스 최고경영자(CEO)는 미국을 포함한 2만 8,000여 개 매장에서 2020년까지 플라스틱 빨대 사용을 중단하겠다고 밝혔다. 존슨 CEO는 "커피와 서비스에 대한 우리의 열망을 달성하기 위한 중요한 이정표"라고 강조했다.

스타벅스는 빨대 없이 음료를 마실 수 있도록 입술이 닿는 부분이 살짝 솟아오른 뚜껑을 도입할 예정이다. 프라푸치노 음료를 주문하거나 빨대를 원하는 고객에게는 종이나 생분해성 물질로 만든 빨대가 제공된다.

스타벅스는 이 같은 방침으로 연간 10억 개 이상의 플라스틱 빨대를 제거할 수 있다고 예상했다. 플라스틱 빨대는 해양생물을 위협하고 환경을 오염하는 주범으로 꼽힌다. 2015년에는 코스타리카 연안에서 콧구멍에 플라스틱 빨대가 꽂혀 호흡곤란을 겪는 바다거북이가 발견돼 논란이 됐다.

현재 스타벅스코리아에서 1년 동안 사용되고 있는 플라스틱 빨대(21cm)는 약 1억 8,000만 개로, 종이 빨대 도입 시 연간 지구 한 바퀴(약 4만km)에 해당하는 총 3만 7,800km 길이, 무게로는 126t의 플라스틱이 절감될 것으로 기대된다.

샘 애시 플라스틱오염센터 연구원은 플라스틱 빨대가 썩는 데 200년 정도가 걸린다고 주장했다.

맥도날드도 영국과 아일랜드의 모든 지점에서 9월부터 플라스틱 빨대를 종이 빨대로 교체하고 2019년부터 미국과 다른 국가의 매장에 확대 적용하겠다고 밝혔다.

자료 : 국민일보, 2018. 7. 10.
한국경제, 2018. 7. 10(저자 수정)

표 5-1 21세기 일반적 환경에서의 논쟁점

사회문화적 환경	경제적 환경	기술적 환경	정치법률적 환경
• 인구통계적 경향 • 인구이동 • 고령화 • 저출산율 • 소비자 중심주의 • 웰빙과 건강 • 직무태도의 변화	• 신용등급과 신용률 • 인플레이션 • 실업률 • 최저임금 • 통화량 변동 • 주식시장의 동향	• 정보의 유용성 • 정보의 복잡성 • R&D에 대한 투자 • 제품기술의 동향	• 지적 자산 관련 법안 • 특허 관련 법안 • 긍정적 소송 • 세금 관련 법안 • 환경보호정책 • 국제무역규정

기업의 환경은 크게 기업이라는 조직의 경계를 중심으로 해서 내부환경(internal environment)과 외부환경(external environment)으로 구분할 수 있다.

내부환경은 그 기업만 가지고 있는 독특한 분위기, 기업문화, 기업자원, 종업원, 조직구조, 설비, 조직풍토 등을 의미하는 내적인 요인을 말한다. 구성원들이 조직에 대해 공유하고 있는 지각이 중요한 초점이 된다. 이에 비해 외부환경은 조직의 외부에 존재하면서 기업의 의사결정이나 전반적인 경영활동에 영향을 미치며 기회와 위협을 제공하는 각종 세력들을 의미한다.

외부환경은 일반적 환경과 과업환경으로 나뉠 수 있는데, 주로 기업과 관련된 환경을 이야기할 때는 경영자의 통제력 밖에 위치하면서 조직에 위협과 제약요인으로 작용하는 외부환경, 그 중에서도 일반적 환경을 다루게 된다. 일반적 환경은 기업을 둘러싼 여러 가지 요인들로 구성되어 있는데 이 요인들은 기업과 직접적으로 관련되어 있을 수도 있고 그렇지 않을 수도 있으며, 기업에 간접적인 영향을 미치는 환경이다.

표 5-2 기업환경의 구분

내부환경	기업의 독특한 분위기, 기업문화, 기업자원, 종업원, 조직구조, 설비, 조직풍토	
외부환경	일반적 환경	모든 조직에 일반적으로 영향을 미치는 것으로서 그 범위가 넓고 기업경영에 간접적으로 영향을 미치는 환경 경제적 환경, 사회·문화적 환경, 정치·법률적 환경, 기술적 환경
	과업환경	조직의 운영과 업적에 직접적으로 영향을 미치는 환경 경쟁자, 공급자, 소비자, 노동조합, 주주, 지역사회, 정부

BOBOS 뼈다귀 21세기 소비 트렌드

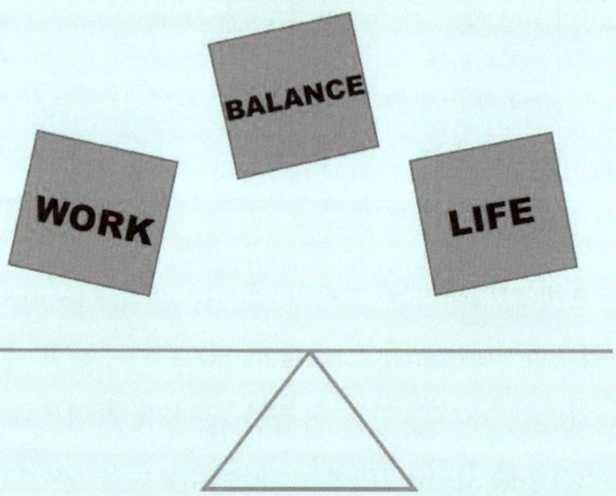

마크로밀 엠브레인에 따르면 2018년 소비트렌드 변화의 핵심은 1인가구를 넘어 강화되고 있는 '1인체제'와 '개인화된 사회성'이다. 한국사회의 대중소비자들은 '1인체제'에 살고 있다. 이것은 단순히 가구단위가 2~3인가구에서 1인가구로 변모한다는 차원을 넘어서 대부분의 개인이 일상을 '나홀로' 보내는 것을 선호하고 있다는 것을 뜻한다. 또한 이런 '나홀로 되기' 현상은 최근의 인간관계 양상도 바꿔놓고 있다. 이제는 막연한 친목목적이 아니라, 정치적이든 팬덤이든 개인의 관심사를 위주로 뚜렷한 목적과 초점을 둔 인간관계를 지향한다. '철저하게 개인화된 형태의 사회성'을 추구하고 있다고 볼 수 있다.

김난도 교수는 10개의 키워드를 제시했다.

첫째, 소확행이다. 소확행은 소소하지만 확실한 행복을 의미한다. 무라카미 하루키가 처음 사용한 단어로 작은 행복을 의미하며, 하루키는 늦잠을 자고 일어날 때 고양이가 반겨주는 것이 자신의 소확행이라 했다. 자신이 좋아하는 커피를 마시고, 친구와 대화를 나누는 등 삶에서 실천할 수 있는 소소한 것들이 소확행이다.

둘째, 가심비이다. 가성비는 가격 대비 성능을 의미하지만 가심비는 가격 대비 심리적 만족을 의미한다. 내 마음이 얼마나 만족했으냐가 중요하다. 소소한 것들이지만 나를 위한 소비가 이에 해당된다. 작년에 시발비용과 탕진잼이라는 단어가 유행했다. 쓰지 않아도 될 돈, 스트레스를 받을 때 쓰는 돈, 펑펑 쓰는 돈 등의 의미를 지니지만 그 행위로 인해 마음이 편안해졌다면 이 역시 가심비에 해당한다.

셋째, 워라밸(Working-Life Balance)이다. 워라밸은 1970년대 영국에서 처음 등장한 단어이다. 삶이 곧 전투였던 386세대들에게는 직장이 곧 자신이었지만 요즘 세대들은 직장보다 자신을 더 소중하게 생각한다.

넷째, 언택트(Untact)이다. 컨택트의 반대말로서 사람들과 접촉하지 않는 현상을 의미한다. 출생시부터 디지털기기에 익숙한 '내추럴 본 디지털'세대들은 불필요한 감정을 소모하고 싶어하지 않는다. 일본의 스시집에서 로봇이 안내와 계산을 하고, 아마존의 무인계산대에서 계산을 하는 것 등이 여기에 해당된다.

다섯째, 커렌시아(Querencia)이다. 이는 투우장의 소가 결전을 앞두고 홀로 숨을 고르는 공간을 뜻하는 스페인어이다. 경쟁적인 대한민국의 일원으로서 살아가다보면 나만의 커렌시아가 절실하게 필요하다. 여행도 잠시 경쟁사회에서의 나를 잊고, 새로운 에너지를 충전하기 위한 커렌시아이다.

여섯째, 만물의 서비스화이다. 상품의 소유보다는 그때그때 필요한 서비스를 제공받고자 하는 것이다. 소유보다는 자주 사용하는 것이 중요하다. 미국의 '렌트 더 런웨이'에서는 월 139달러에 유명 디자이너의 옷을 세 벌 빌려입을 수 있다.

일곱째, 매력자본이다. 완벽한 사람보다는 개성이 있는 사람이 사랑받는 시대가 되었다. 단점의 보완보다는 장점을 확실하게 키워서 극대화하는 것이 필요하다.

여덟째, 미닝아웃(Meaning Out)이다. 이는 자신의 철학을 적극적으로 드러내는 행위를 위미한다. 소비의 측면에서 미닝아웃은 해시태그 운동, 슬로건 패션 등으로 드러난다.

아홉째, 대인관계이다. 소수와 깊은 관계를 맺기보다는 다수와 얕은 관계를 맺는 것을 선호한다. 결혼생활을 오래 한 부부들의 졸혼, 결혼을 거부하는 비혼, 혼자 사는 사람들끼리 SNS를 통해 만나 함께 영화를 보거나 식사만 하고 헤어지는 것 등이 모두 대인관계의 일종인 셈이다.

열째, 자존감이다. 지난 몇 년 동안 대한민국에서 유독 심리학자 아들러의 책들이 사랑받았다. 이는 자존감을 추구하는 트렌드를 반영한다. 젊은 세대는 다른 이들의 SNS를 보며 불행해지고, 아버지 세대는 꼰대 취급을 받는다. 카프카의 '변신'에서는 한 가정의 경제를 책임지던 가장 그레고르가 자신의 몸을 잃어버리고 벌레가 된다. 그리고 쓸모없는 사람으로 전락한다. 그가 벌어온 돈으로 풍족한 생활을 하던 가족들은 그가 경제적 능력을 상실해버리자 헌신짝처럼 버린다. 우리 모두는 또 다른 그레고르가 될까봐 두렵다. 우리는 존재양식이 변해도 그 존재의 본질마저 사라지는 것이 아님을 믿고 싶다.

자료 : 2018 대한민국 트렌드(마크로밀 엠브레인 트렌드모니터 2018 전망), 김난도 교수(저자 수정)

BOBOS 뼈다귀

비전상실증후군(boiled flog syndrome)

비전상실증후군은 '끓는 물속의 개구리 논리'로도 불린다. 이는 개구리를 산채로 뜨거운 물에 넣어서 먹는 프랑스요리에서 유래되었다. 끓는 물속에 개구리를 던져 넣으면 튀어나와 목숨을 건지지만 차가운 물에서 서서히 끓이기 시작하면 온도의 변화를 감지하지 못하고 물속에서 빠져나오는 적절한 시점을 놓치게 된다. 잭 웰치는 이를 기업의 환경에 대한 적응의 예로 들며 강력한 구조조정을 단행한 바 있다. 이로 인해 그는 '중성자탄 잭'이라는 악명을 얻었다.

이를 바탕으로 실제로 미국의 코넬대학의 실험실에서 '끓는 물속의 개구리실험'을 했다. 개구리를 끓는 물속에 넣으니 바로 뛰쳐나왔다. 다음에는 미지근한 물속에 넣었다가 천천히 조금씩 온도를 높였다. 그러자 개구리는 끓는 물속에서 죽어갔다.

'끓는 물속의 개구리 논리'는 기업경영에서 많이 인용되고 있다. 그러나 최근 오클라호마대학 석좌교수인 빅터 허치슨 박사는 이 논리에 오류가 있다고 주장했다. 그는 "이

논리는 완전히 틀렸다. 여러 종류의 개구리에 대한 임계최고온도에 대한 연구가 다양하게 이루어졌는데, 1분에 2도씩 온도를 높였을 때 개구리의 움직임은 오히려 점점 더 활발해졌고 밖으로 뛰쳐나오는 것이 가능하다면 뛰쳐나왔다"고 주장했다.

생물학적 사실의 여부를 떠나서 이 논리가 의미하는 시사점은 분명히 존재한다. '끓는 물속의 개구리논리'는 급변하는 환경에는 반응하고 대응할 수 있지만 천천히 진행되는 환경의 변화를 감지하지 못하고 대응하지 못하여 낭패를 볼 수도 있다는 의미이다.

BOBOS 한 말씀

기존사업을 과거의 방식으로 지속하는 것은 앉아서 재난을 기다리는 것과 같다.

– 피터 드러커 –

1 사회문화적 환경

일반적으로 사회문화적인 요소는 어느 사회에서 사람들이 자라면서 오랜 기간에 걸쳐 형성된 것이므로 쉽게 변화하지 않는 특성을 지니고 있다. 인구동태, 사회제도, 가치관 및 태도, 언어, 종교, 미학 등의 환경이 그것이다.

사회문화적 요소는 기업에서 제품과 서비스를 구매하는 소비자의 라이프스타일, 행동패턴, 태도 등의 관점에서 생각해볼 필요가 있다. 그리고 이들 요소들은 지난 몇십 년간 상당히 많은 변화를 겪어왔다. 사회문화적 환경의 중요성이 점점 증가하고 있는 이유는 기업의 해외진출이 일반화되면서 국가와 지역사회의 가치관과 태도의 차별성을 충분히 이해하지 못하면 기업경영에 심각한 위기를 초래할 수 있기 때문이다.

21세기를 맞이한 한국사회에서의 가장 중요한 사회문화적 동향 중의 하나는 인구의 고령화 추세이다. 이로 인한 가장 큰 변화는 생산성이 높은 연령층의 상대적 비율감소이다. 또한 노인 부양비율은 출산율의 저하로 더욱 악화될 가능성이 높다.

고령화비율이 7%에서 14%가 되는 것을 일반적으로 고령화사회(aging society)에서 고령사회(aged society)로의 전환으로 부르는데, 프랑스는 115년, 미국은 71년, 스웨덴은 85년 정도 걸린 데 반해 한국은 19년 정도가 소요될 전망이다.

지금 '한국의 고령화'는 기업으로 하여금 실버시장에 호소하는 제품을 추구하도록 유도하고 있다. 실버시장은 확대일로에 있으며 노인들의 복지와 생활에 대한 필요와 요구도 늘어나고 다양화·고급화되어 가고 있다. 때문에 노인층을 대상으로 하는 특정 실버마케팅이 새롭게 연구되어야 하는 시점이다. 65세 이상 고령층 비중이 20% 이상을 차지하는 초고령사회에 진입한 일본에서는 노인층이 소비를 주도하고 있다. 이는 인구감소에 따른 소비부진을 일부 상쇄한 것이라 의미가 깊다. 일본의 고령층은 상대적으로 높은 경제수준을 유지하지만 청장년층은 불확실성이 커지며 소비를 줄이고 저축을 늘리는 경향이 있다. 이미 고령화가 진행되고 있는 우리나라에 시사하는 바가 크다.

BOBOS 신문

한국인의 기대수명 82.4세

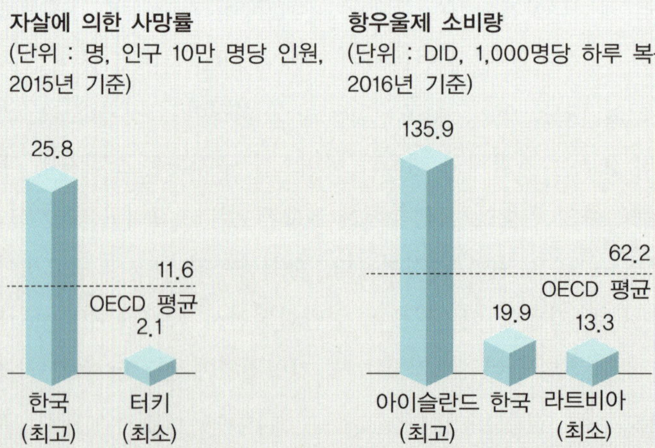

자료 : OECD·보건복지부

한국인의 기대수명은 82.4년으로 일본, 스위스, 스페인에 이어 OECD 회원국 중 4번째 장수 국가이다. 경제협력개발기구 OECD 회원국 평균보다 1.6세 긴 것으로 나타났다.

건강상태를 보여주는 지표의 하나인 '과체중 · 비만인구비율'은 한국이 34.5%로 일본에 이어 두 번째로 낮고, OECD 평균인 58.1%에 비해 매우 낮다. 그러나 긴 기대수명과 비교적 양호한 건강상태에도 불구하고 '본인의 건강상태가 양호하다'고 응답한 비율(32.5%)은 가장 낮았으며, 자신의 건강상태에 대해 다른 국가보다 상대적으로 비관하는 경향이 있는 것으로 나타났다.

한국의 임상의사수는 2016년 인구 1,000명당 2.3명으로 OECD(평균 3.3명) 회원국 중 가장 적었으나 국민 1인당 의사 외래진료 횟수는 연간 17.0회(평균 7.4회)로 가장 많았다. 임상간호사수도 인구 1,000명당 6.6명으로 OECD 평균보다 2.7명 적다.

한국의 자살률이 최근 조금씩 낮아지고 있으나 여전히 경제협력개발기구(OECD) 회원국 가운데 1위를 유지하고 있는 것으로 나타났다. 자료에 따르면 2015년 한국의 인구 10만 명당 자살사망률은 25.8명으로 OECD 회원국 중 가장 높았다. OECD 평균(11.6명)의 2배가 넘는 수치로, 자살률이 가장 낮은 터키(2.1명)와 비교해서는 12배나 많다. 반면 항우울제 복용량은 OECD 평균의 3분의 1 수준에 불과해, 아직도 정신과 치료에 대한 편견이 강한 것으로 보인다.

경희대 정신건강의학과 이상민 교수는 "자살의 요인은 매우 복합적이지만 정신건강 부분도 중요한 인자로 작용한다"면서 "우리나라에서 정신질환을 앓고 있는 사람 중 22.2%만 치료를 받고 나머지는 방치하고 있는데, 정신과 치료에 대한 편견이 높은 자살률에 영향을 미치는 것으로 보인다"고 말했다.

자료 : 한국일보, 2018. 7. 12(저자 수정)

늙어가는 일자리

지난달 50대 이상 취업자수가 통계작성 이래 역대 최고치를 기록했다. 특히 60세 이상 고령 취업자수는 처음으로 450만 명을 돌파했고, 고용률도 42.0%로 나타나 고용시장 전체가 급격히 노쇠화되고 있는 것으로 분석됐다.

디지털타임스가 통계청의 '6월 고용동향'을 분석한 결과 6월 60세 이상 취업자수는 451만 1,000명으로 파악됐다. 이는 1999년 관련 통계가 집계된 이래 최고수치다.

전년 동월 425만 6,000명보다 25만 5,000명이나 증가했다. 연령대를 세분화해 60~64세 취업자는 204만 7,000명으로 가장 많았고, 65세 이상 고령자도 246만 4,000명까지 치솟았다. 1년 전 같은 달 같은 연령대는 각각 196만 1,000명과 229만 5,000명이었다. 덩달아 60세 이상 고용률도 42.0%로 사상 최고치를 경신했다. 통계집계 후 최고 수준이다.

50대도 마찬가지다. 지난달 50대 취업자수는 639만 명이다. 60세 이상과 같이 통계 집계 이래 가장 많은 숫자다. 다만 50대 고용률은 75.8%로 전년 같은 달 75.5%보다 0.3%

포인트 상승했지만, 월별로는 지난해 11월 76.3%보다 낮았다. 급속한 고령화로 경제활동인구의 중심축이 청년층에서 고령층으로 급격히 이동하고 있는 것이다.

물론 고령자들이 은퇴 후에도 활발한 경제활동을 한다는 점에서는 긍정적이지만 이들 상당수가 단순노동과 저임금 직종에 몰려 있어 대책마련이 시급하다. 전문가들은 일본의 사례를 들어 고령층 취업대책을 마련해야 한다고 충고했다.

일본도 고령 취업자 수가 급증추세이지만 우리와 달리 노인 맞춤형 일자리로 노동수요를 흡수하고 있어서다. 또한 일본의 고령자 소득수준도 높다. 이와 관련해 한국은행은 지난달 발표한 '일본 가계의 경제구조 변화 및 시사점' 보고서를 통해 "앞서 고령화를 경험한 일본은 고령층 비중이 커지면서 가계의 소비성향이 상승했지만, 우리나라 고령층은 소득수준이 낮고 금융자산이 충분히 축적돼 있지 않다"고 꼬집었다. 보고서에서 한은은 일본의 60세 이상 가구의 가처분소득은 전체가구 평균의 78.4% 수준이지만 한국은 64.2%에 불과하다고 근거를 제시했다. 또 60세 이상 가구의 총자산 중 금융자산 비중도 일본은 41.5%이지만 한국은 18.8%다. 고령층이 소비에 나설 여력이 크지 않아 급격한 고령화가 곧 소비위축으로 이어질 가능성이 크다는 의미이다. 이창선 LG경제연구원 수석연구위원은 "50~60대 고용률이 높은 이유는 은퇴 후 질이 좋지 못한 일자리라도 마다하지 않기 때문"이라며 "정부가 경기를 살릴 수 있는 성장 모멘텀을 찾아야 질 좋은 고령층 일자리도 늘어날 것"이라고 지적했다.

자료 : 디지털타임스, 2018. 7. 12(저자 수정)

▌그림 5-1▐ 외부환경의 영역

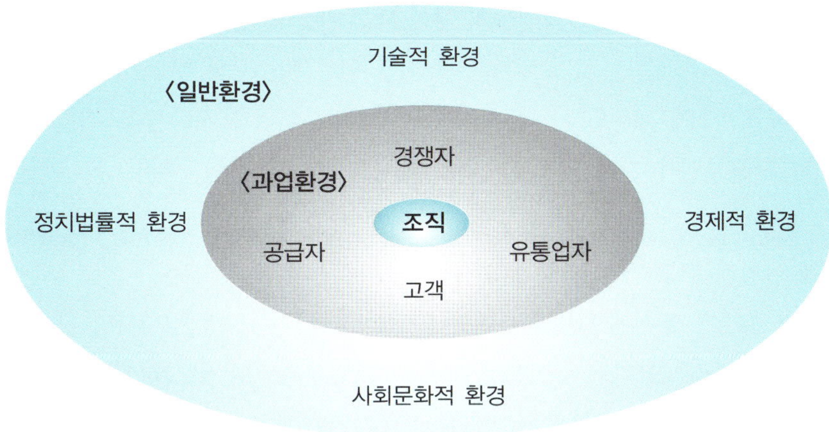

21세기를 접어들며 많은 관심을 받은 단어들 중의 하나는 바로 '웰빙(well-being)'과 '웰다잉(well-dying)'이다. '웰빙'이란 무엇인가? 해석대로라면 잘 살자는 것이다. 웰빙은 행복하고 안락한 삶으로서 주관적 행복으로 표현되기도 하는데, 행복 그 자체가 인간 삶의 목적이다. 우리나라 말로는 참살이라고 한다. 웰빙이 중요하게 대두되는 이유는 개인의 안녕이 그가 속한 사회와 국가의 안녕과 성과향상으로 이어지기 때문이다. 우리가 많이 행복하면 사회는 더 건강해지고, 성숙해진다. 웰다잉은 살아온 날을 정리하고 죽음을 준비하는 행위를 의미한다. 잘 사는 것만큼 잘 떠나는 것도 사회의 성장과 성숙에 도움을 준다.

'욜로(You Only Live Once)'도 많은 관심을 받은 단어이다. 한 번뿐인 인생이니까 현재를 즐기며 살자는 것인데, 라틴어 '카르페디엠(Carpe Diem)'과 유사한 개념으로서 행복하게 살자는 개념의 연장선이다. 2004년 미국의 리얼리티쇼 출연자인 애덤 메시가 처음 사용한 단어이며, 2011년 캐나다 출신의 래퍼 드레이크가 자신의 가사 속에 욜로를 사용하면서 널리 알려지게 되었다. 오바마 전 미국대통령이 '오바마 케어'의 홍보영상에서 'Yolo, Man'을 외치면서 많은 관심을 받았다.

한동안 '휘게(hygge)' 열풍이 불기도 했는데 이는 우리나라의 소확행과 비슷한 개념이다.

휘게는 사랑하는 가족이나 친구와 함께 보내는 소박하고 아늑한 시간을 의미하는 덴마크어이다. 이는 덴마크인들의 삶에 대한 태도를 잘 설명해주고 있다. 휘게는 호화스러운 것과는 거리가 멀다. 소박하고 여유로운 삶의 태도이다. 말레네 뤼달은 덴마크인들의 행복도가 높은 이유는 휘게 덕분이라고 주장한다. 뤼달이 제시한 덴마크 행복의 10가지 비결은 신뢰, 교육, 자유와 자율성, 기회균등, 현실적인 기대, 공동체의식, 가정과 일의 균형, 돈에 초연한 태도, 남녀평등, 겸손 등이다.

그럼 어떻게 하면 행복하게 잘살 수 있을까?

20세기 초반은 생산자중심의 시대였다. 소비자들은 그동안 경험하지 못했던 제품들을 구매하고 사용하면서 기쁨을 느꼈고, 기업들은 많이 생산하기만 하면 되었었다. 그렇기 때문에 오늘날의 소비자중심의 개념이라든가 환경에 대한 배려는 생각조차 할 수 없었던 시기였다고 볼 수 있다. 그러나 거래의 중심은 기업에서 소비자에게로 옮겨졌고, 오늘날의 소비자는 적극적으로 거래를 주도한다. 그러기에 웰빙은 오늘날의 소비자중심주의, 환경과 더불어 살아가는 삶과도 무관하지 않다.

21세기에 히트한 상품들을 보면 웰빙이 중요한 관심사라는 것을 알 수 있다. 유기농 전문매장의 확산, 항산화식품에 대한 관심, 프리미엄 제품의 판매증가, 요가와 필라테스, 클라이밍, 크로스핏 열풍 등은 웰빙과 관련되는 사회적 트렌드이다. 불황으로 계층별 양극화와 개인소비의 양극화가 심하지만 웰빙 등의 제품에는 아낌없이 소비하는 모습이 나타나고 있다. 예를 들어 유기농 농산물은 일반 농산물보다 30~100% 가까이 비싸지만 수년 전부터 시작된 유기농 농산물 붐은 계속되고 있다. 이는 FTA(Free Trade Agreement)를 준비하는 우리 농민들이 나아가야 할 방향이기도 하다.

BOBOS 뼈다귀

카페라테 효과

카페라테 한 잔의 가격은 얼마일까?

스타벅스에서 제공하는 카페라테 중 가장 작은 사이즈가 4,600원이다. 스타벅스를 기준으로 매일 한 잔씩 마시면 1년이면 1,679,000원이다. 매일 카페라테 한 잔을 마시는 대신 4,600원을 저축하면 1년에 1,679,000원을 모을 수 있다.

이처럼 카페라테 효과는 미래를 걱정하고 적은 돈이라도 아끼며 저축하는 의지로 표현된다. 카페라테 효과는 미래의 불안감 때문에 나타났지만 이러한 불안감을 잘 활용하면 중요하지 않은 소비를 줄여 목돈을 마련할 수 있다.

개인의 취향에 따라 카페라테는 달라질 수 있다. 습관적으로 쓰는 소액의 반복적인 지출은 모두 카페라테에 해당될 수 있다. 시가렛 효과도 마찬가지이다.

BOBOS 뼈다귀

종교생활도 스마트하게

스마트 묵주팔찌

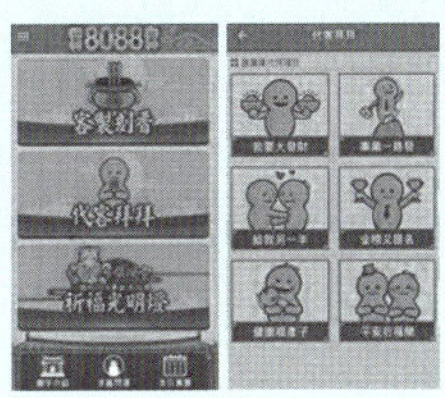

기도대행 앱

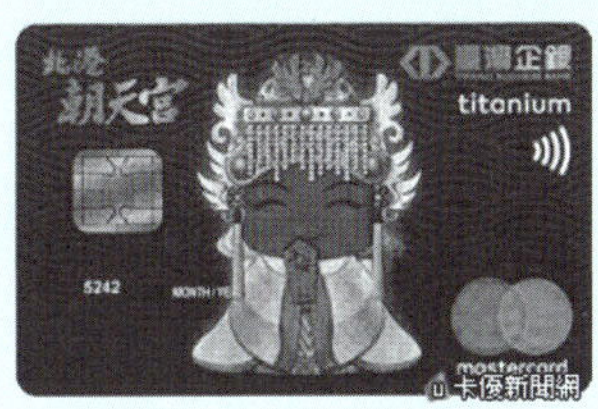

부적 콘셉트 신용카드

2018년 3월, 내만 노트북컴퓨터 제조사인 에이서(Acer)가 출시한 'Leap Beads' 스마트 묵주팔찌가 큰 호응을 얻고 있다. 단목(檀木) 구슬 14개를 엮어 만든 제품으로 전용 앱과 연동되어 자동으로 기도횟수를 세주고 걸음수, 수면패턴, 소모칼로리 등의 일반적인 스마트밴드 기능도 지원한다. 맞춤형 제품에는 충전기에 블루투스 스피커를 탑재하고 유리공예를 더해 고급화했다. 출시 한 달 만에 매출량이 1만 개를 초과할 정도로 높은 관심을 끌고 있다.

대만에는 도교 사원이 많고, 유명 사원의 경우에는 향을 피우고 기도하려는 신도들이 줄을 서서 기다리는 모습도 자주 볼 수 있다. 이러한 사회문화적 특성을 반영하여 대만 모바일페이 업체가 기도대행 앱을 선보여 화제다. 앱에서 기도목적을 선택해 결제를 진행하면 대행인력이 의뢰인의 성명, 생일 등을 새긴 향을 들고 지정 사원에 방문해 기도를 대신해준다. 이 앱은 현재 10여 개 사원과 협력을 준비 중이며, 연내 제휴 사원수를 100개까지 확대할 계획이다.

이외에도 부적 컨셉을 더한 신용카드와 교통카드가 출시되는 등 일상 속 스마트한 종교생활을 영위할 수 있도록 지원하는 상품과 서비스가 속속 등장하고 있다. 신용카드사들은 유명 사원 제휴카드를 출시하며 신도들의 관심 모으기에 나서고 있다. 신용카드 제작 시 해당 사원에서 향로를 거치거나 주지가 염불기도를 올리기 때문에 카드 사용자의 평안을 기원하는 부적으로도 손색이 없다는 것이 마케팅 포인트이다. 일부 신용카드사는 결제건당 포인트를 별도로 적립한 후 사용자를 대신해 제휴사원에 헌금하는 혜택을 제공하기도 한다.

자료 : 유기자 대만 타이베이무역관(저자 수정)

미학(aesthetics)은 미와 기호에 관한 개념으로서 기업의 해외진출 시에 신중하게 고려해야 되는 요소로 간주된다. 미학적 차이는 국가별 차이보다는 지역별 차이가 더욱 현저하다. 20세기 이후 교통과 정보통신기술의 발달로 인해 문화, 정치, 경제 등 여러 분야에 걸쳐 다양한 국제적 교류가 이루어지고 있으므로 상대적으로 미학적 차이는 감소하는 경향을 보인다. 그럼에도 불구하고 미학적 차이는 국제경영에 상당한 영향력을 행사하고 있다.

20세기 말은 전 세계적인 경제불황으로 인해 정신적 스트레스가 사회적 문제로 대두되기 시작한 시점이다. 이러한 상황에서는 강렬한 색상보다는 긴장을 풀어주는 부드러운 파스텔 계열의 색상이 유행한다. 중국에는 특정한 색과 꽃이 연결되면 행운을 불러온다는 오래된 전통이 있다. 중국에서 행운, 건강, 번영을 상징하는 것은 분홍색, 빨간색, 적자색, 붉은 모란색 등이다. 일본은 다른 어느 국가보다도 디자인과 색상이 발달한 국가이지만 수 세기 동안 색상의 사용법에 대한 여러 가지 전통을 고수해오고 있다. 여성은 연령에 따라 다른 색상의 옷을 입어야 하고, 계절마다 의복의 색상을 바꿔주어야 예의를 갖추었다고 생각한다. 이탈리아는 기독교적인 영향을 받아 금색, 보라색, 진홍색 등을 선호한다.

전체 인구의 50%는 컬러 프루던트(color prudent)형에 속한다. 이들은 신중하게 색을 선택하며 유행색상에 대한 관심은 많지만 무조건 유행색을 구입하지는 않는다. 같은 색상이라도 조화를 이룰 수 있는 색상을 선택하는 경향이 있다. 컬러 마케팅전략의 하나인 '라인지배'는 이러한 고객들의 욕구를 충족시킨다. 하나의 상품에 대해서 여러 종류의 색상을 제공하면 기업으로서는 상품의 시장지배력을 확보할 수 있고, 소비자는 자유롭게 색상을 선택할 수 있다. 라인지배의 가장 큰 특징은 누구도 손해보지 않는다는 것이다.

미학적 개념을 고려하지 못해 기업의 쇠퇴를 불러온 대표적인 사례가 포드의 T형 자동차이다. 헨리 포드는 "소비자는 T형 모델이 어두운 색조를 띠고 있으면 어떤 색이라도 구입한다"고 종종 말했다. 그러나 이미 자동차를 소유했던 고객은 다양한 색상과 디자인의 자동차에 대한 욕구를 충족시키기 위해 포드를 떠났다.

종교는 중요한 사회문화적 요인 중의 하나이다. 저명한 동물행동학 박사인 제인 구달은 단지 하나의 신이 상이한 이름들로 존재한다는 것을 믿는다고 했다. 알라, 도, 조물주 등의 이름이 그것이라고도 했다. 그러나 때로 종교란 인간의 궁극적 가치를 반영하며, 그 가치로 세상을 가르기도 한다. 터키의 EU가입이 어려웠던 이유는 결국에는 이슬람교라는 배타적 종교 때문임을 우리는 알고 있다. 때문에 사회문화적 환경이 다른 타국가에서 기업을 운영할 때 가장 중요한 고려요인 중의 하나가 바로 종교인 것이다.

맥도날드가 어떤 기업인가? 전 세계 수만 여 개의 상점에서 판매하는 수천만 개의 햄버거를 차치하고서라도 미국식 자본주의를 상징하는 기업이며, 비폭력적인 방식으로 자본주의를 전파하는 전도사이다. 모건 스폴록 감독이 직접 실험하며 만든 '수퍼사이즈미'라는 영화를 통해 패스트푸드의 유해성에 대해 공격받기도 했지만 여전히 막강한 힘을 자랑하는 기업이다. 세계시장의 40%를 차지하는 맥도날드의 가장 큰 경쟁력 중의 하나는 바로 각국의 문화적 차이에 대한 존중과 고려이다. 소를 숭상하는 인도에 진출하기 위해서 인도만을 위한 특별메뉴인 양고기 햄버거를 개발하는 것도 주저하지 않았다.

반미국가들이 맥도날드를 비롯한 미국상품들의 자국진출을 거부하는 것은 그것이 가져올 영향력을 무시할 수 없기 때문이다. 이란은 실제로 미국제 미사일보다 바비인형이 더 무섭다는 표현을 통해 기업과 그 제품을 통한 문화적 침투의 심각성을 표현한 바 있다. 그래서 급기야 이란의 기업들은 바비인형의 유통을 금지시켰다. 그 대신 머리가 큰 쌍둥이 인형인 다라와 사라가 시중에 나왔지만 시장에서는 별다른 재미를 보지 못했다.

BOBOS 신문

중동의 K뷰티

화장품업계가 중동 화장품 시장공략에 속도를 내고 있다. 중동은 한류 영향으로 한국 화장품에 대한 선호도가 높은 데다 향수, 색조화장품 등의 수요도 많아 국내 화장품 기업들의 관심이 높은 곳이다. 장기화되는 내수침체에 '사드 리스크'까지 겹치면서 중동 지역을 새로운 캐시카우로 선택하는 기업이 늘고 있는 것도 이 때문이다.

이마트는 사우디아라비아의 최대 유통기업인 '파와즈 알호케어'의 쇼핑몰인 '알 낙힐 몰' 1층에 66㎡ 규모의 센텐스 매장을 연다. 이마트가 2016년 론칭한 자체브랜드(PB) 센텐스는 자연주의를 콘셉트로 '향'에 초점을 맞춘 화장품 전문점이다.

현재 센텐스 국내매장은 36개에 이르며, 올해 상반기 매출 신장률은 작년 동기 대비 349%에 이르는 등 고객호응이 높다. 센텐스의 첫 해외 진출지는 몽골이었지만 해외 유통기업과 손잡고 현지 시장에 진출한 사례는 이번이 처음이다.

사우디 진출에 앞서 이마트는 파와즈 알호케어사와 프랜차이즈 계약을 맺었다. 파트너사 측이 센텐스 한국매장 인테리어를 호평한 데 따라 한국매장의 모습이 현지에서 그대로 재현될 예정이다. 판매상품도 페이셜 앰플, 클렌징류, 향수, 헤어 · 바디케어 등 154개로 한국과 같다.

다만 두피 및 피부진단 공간은 현지화했다. 여성이 '아바야'와 '히잡' 등 신체일부를 가리는 옷을 입는 중동지역 특성상 머리카락과 피부상태를 진단하는 공간은 별도 부스로 마련했다.

이마트가 해외 유통망 진출지로 택한 중동은 화장품시장 성장세가 가파른 곳이다. 코트라(KOTRA)에 따르면 중동 뷰티시장은 2015년 기준 약 180억 달러(약 20조 원)이며, 2020년까지 연평균 세계 화장품시장 성장률(3%)의 2배 이상인 6.4% 성장이 예측된다.

특히 사우디아라비아는 중동 전체에서 점유율이 28.8%에 이르는 최대 화장품시장으로, 약 52억 달러(약 6조 원)에 달한다. 사우디 다음으로는 이란(16.1%), 터키(15.5%), UAE(11.1%)가 뒤를 잇고 있다. 이스라엘까지 상위 5개국의 중동 화장품 시장점유율은 전체의 80%에 달한다.

중동은 향수 수요가 높은 곳이다. 중동 아랍인들은 무더운 기후에서 나쁜 체취를 줄일 수 있는 향수를 자주 사용하고, 이슬람 종교적으로도 좋은 향이 나는 것을 권장하는 등 문화적인 배경에 의해서도 향수 소비가 많은 편이다. 중동은 전 세계 향수의 25% 가량을 소비하고 있다.

향수뿐 아니라 색조 수요도 높다. 이슬람 여성들은 얼굴이나 신체 일부를 가리는 복장을 입어야 하는 탓에 외부로 노출되는 눈은 짙고 화려하게 꾸미는 화장법을 선호한다. 중동의 트렌드 발신지로 꼽히는 UAE에서 판매된 화장품 품목에서도 향수(26.7%)와 색조 화장품(16.7%)이 많았다.

그동안 한국 화장품은 세계에서 두 번째로 큰 화장품시장인 중국에서 위상을 높여왔지만, 지난해 사드 배치 논란으로 업계 전반이 큰 타격을 입으면서 '탈중국'에 속도를 내고 있다.

중동은 할랄(아랍으로 '허용된 것'이라는 뜻) 인증을 비롯한 규제로 진입장벽이 있는 시장이지만, 현지 유통업체와 협업해 시장진출에 성공한 선례에 따라 신규진출 업체도 증가하고 있다.

자료 : 데일리안, 2018. 7. 17(저자 수정)

BOBOS 뼈다귀

아이스크림의 지리학

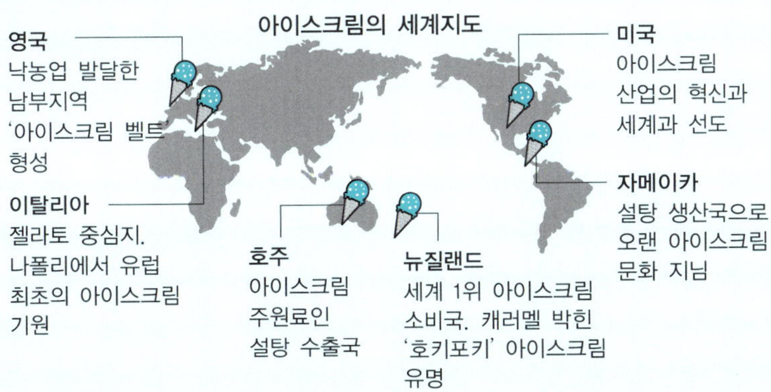

아이스크림은 영국, 아일랜드에서 행복한 여름휴가를 상징한다.

햇볕이 뜨거운 여름, 영국의 휴양지에는 아이스크림 밴이 출동한다. 콘월 데번 켄트 서식스 등 남부지역은 현지 목장우유를 사용해 전통적인 방식으로 만든 부드럽고 진한 아이스크림을 맛볼 수 있는 '아이스크림 벨트'로 유명하다. 영국이 지배한 미국, 캐나다, 호주, 뉴질랜드에서 아이스크림은 향수를 달래는 디저트로 각광받았다. 영국에 설탕을 공급하던 카리브해 연안의 자메이카도 아이스크림의 역사가 오래됐다.

뉴질랜드는 세계에서 아이스크림을 가장 많이 먹는 나라다. 깨끗한 자연에서 자란 젖소가 생산한 신선한 우유에 키위, 딸기, 살구, 블루베리 등 제철 과일이 더해져 풍성한 아이스크림 향미를 자랑한다. 1769년 영국인 탐험가 제임스 쿡 선장이 첫발을 디딘 뉴질랜드 북섬 동부해안의 기즈번, 아르 데코 양식의 건물이 아름다운 항구도시 네이피어 등 영국계 이주민이 정착한 곳마다 아이스크림 가게가 생겼다. 설탕 생산량이 많은 호주도 아이스크림 소비량 세계 3위를 차지한다.

미국에서 아이스크림은 애플파이와 함께 국민 디저트로 꼽힌다. 토머스 제퍼슨, 조지 워싱턴은 아이스크림 마니아였다. 더 많은 국민이 맛있는 아이스크림을 실컷 먹는 것을 진보의 지표로 삼았던 미국은 19세기 중반 이후 아이스크림 제조기술의 혁신과 세계화를 선도했다. 음주운전을 예방하기 위해 술 대신 디저트로 마무리하는 외식문화도 장려됐다. 고향의 맛이 담긴 아이스크림을 길거리에서 팔던 이탈리아 출신 이민자들도 아이스크림 문화 확산에 기여했다. 유럽풍 고급 수제 아이스크림을 선호하는 미국 소비자의 취향을 겨냥해 뫼벤픽, 하겐다즈 등 글로벌 아이스크림 기업들은 유럽 지도와 자연경관이 담긴 광고를 내보냈다.

이탈리아는 전통적인 아이스크림 강국이다. 소르베토의 고향으로 알려진 나폴리를 비롯해 시칠리아 출신 요리사가 문을 연 파리의 '르 프로코프' 카페는 아이스크림 혁신의 중심지였다. 유지방이 적어 몸매에 신경을 쓰는 여성들에게 젤라토가 큰 사랑을 받자 볼로냐에는 제조법을 전수하는 대학까지 생겼다.

아이스크림 소비량이 많은 핀란드, 스웨덴, 덴마크는 가족이 함께 보내는 시간이 길고 어린이가 행복한 나라이다. 아이슬란드에서는 해안도로를 달리며 아이스크림을 먹는 데이트 코스가 인기이다. 백야를 견뎌야 하는 북유럽인에게 아이스크림은 행복감을 높이고 불면증과 자살충동을 줄이는 항우울제와 같다.

피카소는 '밀짚모자를 쓰고 아이스크림콘을 먹는 남자'를 그렸고, 앤디 워홀도 아이스크림을 소재로 작품을 남겼다. 아이스크림의 유혹에 넘어간 프랑스의 철학자 볼테르는 고백했다. "아이스크림 먹는 쾌락을 법으로 금지하지 않아 다행이다."

자료 : 동아일보, 2018. 7. 23(저자 수정)

BOBOS 한 말씀

생존하는 종은 가장 강한 종도 가장 현명한 종도 아니다. 변화에 가장 잘 적응하는 종만이 살아남는다.

– 찰스 다윈 –

2 경제적 환경

경제적 환경은 기업의 생산과 자원의 배분, 기업에 의해 생산되는 제품과 서비스의 본질을 확인하게 해주는 외부적인 압력이며, 기업의 건전성을 평가하는 척도가 된다. 기업의 균형은 효과(effectiveness)와 효율(efficiency)이라는 두 가지 척도에 의해 결정된다. 효과는 기업이 외부적 환경과 적합한 균형관계를 이루고 있는지를 의미하며, 효율은 균형에서 도출되는 만족도와 관련된다. 기업은 다양한 이해관계자집단과 관계를 맺고 있기 때문에 어떤 한 이해관계자집단에 지나치게 많은 유인을 제공하게 되면 다른 이해관계자집단이 피해를 입기 때문에 최소한의 유인으로 조직균형을 유지하기 위해 최선을 다해야만 한다.

기업의 경제적 환경에는 소득수준, 경제성장률, 물가수준, 국제수지, 외채, 환율 등 한 국가의 경제여건을 나타내는 모든 요인들이 포함된다.

존 나이스비트는 「메가트렌드 2000」에서 "새로운 세계경제는 국가 간의 무역에서부터 단일경제로 움직인다"고 했다. 멕시코, 캐나다, 미국 사이에서 이루어진 북미자유무역협정(NAFTA)과 164개국의 WTO는 세계적 단일경제로 한발 나아감을 상징하고 있다. 그는 또한 저서 「차이나 메가트렌즈」를 통해서 중국의 변화와 미래를 진단하고 중국은 글로벌 시장에서 이미 대등한 경쟁자이며 서구 민주주의에 맞서는 대안모델이 되었다고 주장한다.

1990년도 초부터 시작한 미국의 호황은 'Bull Market'[3]이라고 불릴 정도로 멈추지 않는 호황이 계속되었다. 그러나 이러한 유래 없는 호황은 금융위기 이후 불황으로 전환되었다. 깊은 경제침체의 폭은 회복의 기미를 보이지 않고 장기적인 침체로 이어졌다. 그러나 트럼프정부가 들어선 이후 미국경제는 다시 호황으로 전환되고 있다. 2018년 6월 실업률은 4%로, 21만 3,000개의 일자리가 만들어졌다. 2016년과 2017년 사이에 430만 명의 고용이 창출되었으며 물가도 안정적이다. 최고의

3) 시세가 상승하는 경향이 있거나 앞으로 상승할 것으로 예측되는 장세를 의미한다. 이와 반대로 Bearish Market는 시세가 하락하는 경향에 있거나 앞으로 하락할 것으로 예측되는 장세를 의미한다.

비결은 시장친화적 정책이다. 정부의 개입을 최소화하고 시장원리를 존중한 결과다. 제조업 가동률은 2010~2018년 74.9%로 금융위기 이전의 76%에 근접했다. 작년에만 기업의 미국 유턴과 외국인 직접투자로 17만 개 일자리가 만들어졌다.

우리나라의 지난해 수출증가율이 세계 10대 수출국 중 가장 높은 것으로 집계됐다. 세계무역기구(WTO)에 의하면 2017년 한국의 수출증가율이 15.8%를 기록했다. 10대 수출국 중 1위이다. 수출증가율 순위는 한국에 이어 네덜란드 14.3%, 이탈리아 9.7%, 영국 8.8%, 독일 8.6% 순이었다. 세계교역의 약 90%를 차지하는 주요 71개국의 수출증가율은 10.0%였다. 선진국과 개발도상국의 경기회복, 유가상승, 제품단가상승, IT분야의 호조, 시장다변화 등으로 수출이 증가하고 있다. 그러나 문제는 수출증가와 고용이 따로 가는 것이다. 진정한 의미의 경기회복은 기업의 생산이 증가하면서 고용이 증가하는 선순환의 구조가 뒷받침되어야 한다.

OECD에 의하면 우리나라의 청년층 실업률은 10.2%(2018년)를 기록했다. 우리나라의 청년실업률은 2014년 1분기 10.1%로 10%대에 진입한 이후 꾸준히 10% 내외를 유지하고 있다. 또한 청년들의 백수탈출 기간이 길어지고 있다. 6개월 넘게 구직활동을 했지만 일자리를 구하지 못한 실업자는 13만 5,000명으로 전년 대비 1만 6,000명(13.6%) 증가했다. 전체 실업자(112만 1,000명) 가운데 이들이 차지하는 비중은 12.0%로 '카드사태' 때인 2002년(13.2%), 2004년(13.6%)과 비슷한 수치이다.

청년층 실업률이 줄어들지 않는 국가는 우리나라와 칠레, 스위스 세 나라 뿐이다. 미국, 일본, 독일, 중국, 인도 등 전 세계적으로 경기상승국면을 타고 일자리 호황을 맞고 있지만 유독 우리나라만 일자리 불황이 심각하다. 이는 저성장 기조, 신사업 창출의 부진 등에 따른 제조업과 대기업 일자리 감소에도 불구하고 노동시장의 경직성과 대기업과 중소기업, 정규직과 비정규직 간 임금격차 등 노동시장의 이중구조가 여전하기 때문이기도 하다. 세계 3대 신용평가사인 피치그룹이 운영하는 시장조사기관인 'BMI 리서치'는 한국의 경직된(rigid) 노동시장은 높은 청년실업률을 유발하는 주요 요인이며, 연공서열제 등에 기반한 한국 노동시장 구조를 개혁하지 않는 상황에서 의미 있는 성과를 달성하지 못할 가능성이 높다고 경고했다.

우리나라는 6~9개월 뒤의 경기흐름을 예측하는 'OECD 경기선행지수'에서도 하위권에 머무르고 있다. 2018년 한국의 경기선행지수는 0.2포인트 떨어진 99.5로 OECD 32개국 가운데 24위를 기록했다. 2013년 1월(99.4) 이후 5년 3개월 만에 가장 낮은 수치이다. 우리나라보다 경기선행지수가 낮은 나라는 터키(99.2), 체코(99.2) 등 8개 나라밖에 없다. OECD 경기선행지수가 100 이상이면 경기가 좋아진다는 것을, 100 이하이면 경기가 나빠진다는 것을 의미한다.

고용이 감소하면 빈부격차는 더욱 확대되고, 이는 사회적인 불안정과 불황 등의 악순환의 고리로 이어진다. 일반적으로 경제성장률이 1% 증가하면 6만 개 정도의 일자리가 창출된다. 실업률도 0.1% 줄어들게 된다. 현재 우리나라는 자동차와 조선 등의 주력산업에서 구조조정이 진행되고 있으며, 신성장산업도 아직 뚜렷하지 않아 고용창출력이 사실상 고갈상태이다. 더욱이 최저임금의 인상으로 자영업의 위기가 지속되며 일자리 증가를 가로막고 있다. 즉 주력산업의 성장한계와 소득주도성장 정책의 부작용, 인구구조변화 등의 악재가 복합적으로 작용하면서 고용사정이 개선되지 못하고 있다. 또한 도소매업의 고용률 둔화는 최저임금 인상과 보다 긴밀하게 연계되어 있다.

감세, 규제완화 등 친기업정책을 통해 고성장을 달성하면 고용은 저절로 창출된다는 '트리클다운효과(낙수효과)'[4]를 기대할 수 있다. 2008~2009년 금융위기 이후 최악인 실업률은 성장과 고용이 함께 가지 않는 구조적 요인이 그 원인이다. 지금 대한민국은 성장과 고용이 함께 갈 수 있는 제도적인 보완장치가 필요하다.

진화생물학자 재레드 다이아몬드가 이름 붙인 '안나카레리나의 법칙'이란 것이 있다. 톨스토이의 동명소설 속에 나오는 "행복한 가정은 모두 엇비슷하고 불행한 가정은 불행한 이유가 제각기 다르다"란 구절에서 착안했다고 한다. IMF 사태 때보다 더하다는 한국의 경제불황에 관한 원인을 분석해보면 정책실패, 내수와 투자부진, 유가, 환율 등 여러 가지 경제적 요인이 있겠지만 결국은 이 법칙에 따른 것이라 볼 수 있다.

4) 트리클다운(trickle down)효과는 '적하(滴河)효과'라고도 하는데, 넘쳐흐르는 물이 바닥을 적시는 것처럼 대기업이나 고소득층 등 선도부문의 경제적 성과가 늘어나면 중소기업이나 저소득층 등 낙후부문에게도 혜택이 돌아가서 총체적으로 경기가 활성화되는 효과를 의미한다.

▮그림 5-2▮한국의 성장률

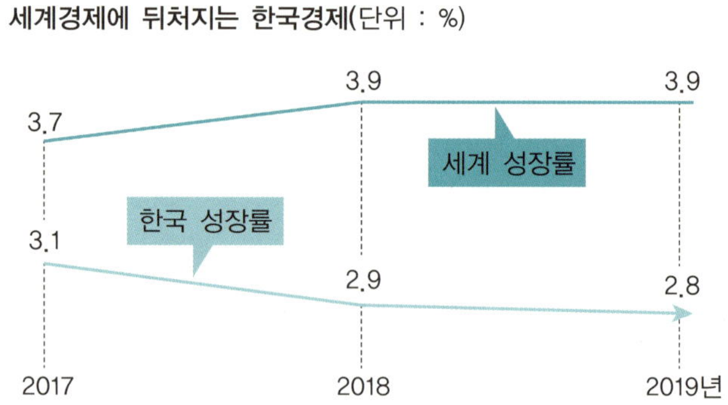

자료 : IMF, 기획재정부

▮그림 5-3▮고용지표(2012년 1분기와 2018년 1분기 비교)

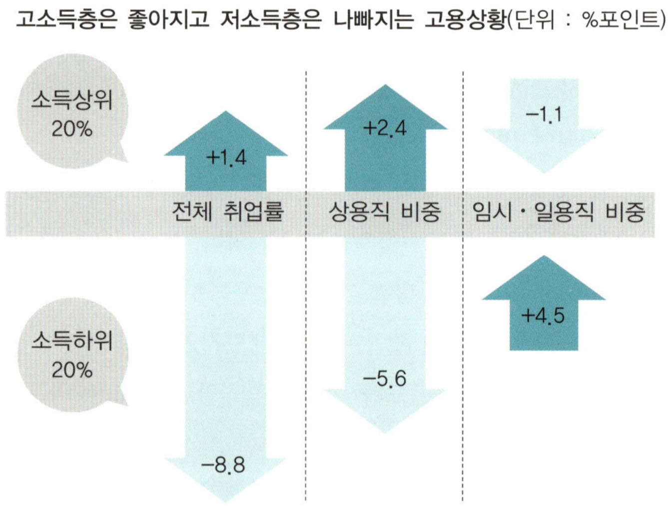

자료 : 기획재정부

BOBOS 신문

미국경제가 날고 있다

미국경제의 활황세가 지속되고 있다.

트럼프 미국 대통령은 취임 직후 '규제 경감 및 규제비용 통제' 행정명령에 서명해 규제혁파에 시동을 걸었다. 신규 규제 1건당 기존 규제 22건을 없앴다. 미국제조업협회에 따르면 41억 달러 상당의 규제부담과 4,470만 시간의 서류작업이 줄었다.

1조 5,000억 달러의 대규모 감세를 실행했다. 법인세율을 35%에서 21%로 내렸다. OECD 평균세율 22%보다 낮은 수치이다. 이에 화답해 애플은 300억 달러를 투자해 2만 명의 신규고용을 창출할 계획이다. AT&T, 월마트 등 대기업이 앞다투어 임금이나 보너스 인상을 발표했다.

제조업의 부활도 빼놓을 수 없다. 2017년 미국기업의 미국으로의 유턴과 외국인 직접투자로 17만 개의 일자리가 창출되었다. 자동차업체 GM과 크라이슬러는 구제금융으로 파산을 면했는데 강도 높은 구조개혁으로 사상 최대의 이익을 실현했다. 120만 명의 고용감소를 막고, 350억 달러의 세수창출에 기여했다. 미시간, 오하이오, 위스콘신 등 중부 러스트벨트 경기회복의 일등공신이다.

인수합병(M&A)도 촉매제 역할을 했다. 올 상반기 M&A 규모는 2조 5,000억 달러를 넘어섰다. 트럼프 감세와 주가상승이 활황배경이다. 아마존, 넷플릭스 같은 미디어산업과 헬스케어산업이 장을 주도하고 있다. 디즈니의 21세기폭스 인수, AT&T의 타임워너 인수, CVS헬스의 보험사 에트너 인수 등이 대표적 사례이다.

치열한 경쟁이 경제 전반의 효율을 끌어올렸다. 구글, 페이스북, 트위터 같은 혁신기업이 지속적으로 성장하고, 기업가치가 10억 달러를 넘는 유니콘 기업이 늘고 있다. 실리콘밸리, 샌프란시스코, 시애틀이 혁신성장과 창조인재의 보고가 됐다. 경쟁력을 상실한 기업은 빠르게 도태되었다. 제너럴일렉트릭(GE)이 111년 만에 다우지수에서 퇴출되었다. 2000년 뉴욕증시 시가총액 1위 기업의 가파른 추락이다. 금융부문 과다의존으로 핵심경쟁력을 상실한 기업의 서글픈 말로이다. 장난감업체인 토이저러스도 과다차입으로 파산했다.

유연한 고용시장이 효자노릇을 했다. 실리콘밸리의 역동성은 유연한 해고와 채용관행 덕분이다. 경기부침에 따른 탄력적 인력운영이 경쟁력을 담보한다. 우리나라에서 논란의 중심이 되고 있는 근로시간 단축문제도 근로시간 한도에 법적 기준이 없고, 회사와 근로자가 계약으로 정한다. 미국경제의 펀더멘털은 강하고, 호황은 계속될 전망이다.

자료 : 한국경제, 2018. 7. 16(저자 수정)

BOBOS 신문 일자리 남아도는 일본, 일자리 부족한 한국

지난달 일본 실업률은 경제호황으로 1992년 7월 이후 가장 낮은 수준을 기록했다. 지난달 29일 일본 후생노동성이 발표한 5월 고용지표에 따르면 일본의 5월 실업률은 2.2%로 전월 2.5%보다 0.3%포인트 하락했다. 일본의 실업률이 최저일 뿐만 아니라 오히려 구직자보다 일자리가 더 많은 일손 부족현상까지 나타나고 있다. 1인당 일자리수를 보여주는 '5월 유효 구인배율'은 전월 대비 0.01포인트 상승한 1.60배에 달했으며, 이는 1974년 1월의 1.64배 이래 최고수준을 기록했다.

현재 일본의 상황과 우리나라는 정반대다. 지난달 15일 통계청이 발표한 2018년 5월 고용동향에 따르면 5월 취업자는 2,706만 4,000명으로 전년 동월 대비 7만 2,000명 증가에 그쳤다. 또 취업자 증가폭은 올해 1월 33만 4,000명에서 2~4월 10만 명대를 유지하다가 지난달엔 취업자수가 7만 2,000명으로 8년 4개월 만에 가장 낮았다. 또한 실업자는 112만 1,000명으로 전년 동월 대비 12만 6,000명이 증가했다. 이로써 실업률이 4.0%로 전년 동월 대비 0.4%포인트 상승했고, 5월 기준 2000년 5월(4.1%) 이후 가장 높은 실업률을 보였다. 또한 한국고용정보원이 집계하는 구인배수는 2013년 6월 0.87배에서 올 3월 0.60배로 떨어졌다.

청년실업률은 더 심각하다. 1990년대 6.7%에서 지난해 9.8%로 증가했고, 전체 실업률과의 격차는 1990년대 3.1%에서 지난해 6.1%로 늘었다. 올해는 상황이 더 나빠져 통계청이 발표한 올 5월 청년실업률은 10.5%로 역대 최악을 기록했다.

일본의 올해 대졸자 취업률은 98%로, 체감 실업률이 사실상 0%다. 이에 비해 지난달 발표한 한국 청년층 체감실업률은 23.4%이다. 일본이 이렇게 청년실업 고민에서 해방하게 된 것은 2012년 아베 신조 총리가 경제활성화 정책인 '아베노믹스'를 본격 추진한 이후로 분석된다. 투자확대 정책 등에 힘입어 실적이 좋아진 기업들이 채용을 늘린 것인데, 즉 제조업 일자리 증가가 주원인이라는 것이다. 지난해 일본 제조업 고용자수는 1,006만 명으로 7년 만에 1,000만 명을 넘어섰고, 도요타, 파나소닉 같은 대기업은 지난해 대졸 채용인원을 10% 가까이 확대하여 8년 연속 채용을 늘렸다. 또한 2000년 대형마트 규제를 풀면서 서비스업을 키워 서비스업 고용도 증가세를 이어가고 있다.

일본뿐만 아니라 OECD 회원국의 청년고용은 금융위기 이후 회복세를 보이고 있다. 한국은행 조사국 국제경제부 미국유럽경제팀에 따르면 미국의 청년고용률은 2010년 55.0%에서 지난해 60.6%로 회복했고, 독일은 2004년 51.4%로 1970년대 이후 최저수준이었다가 지난해에는 58.7%로 상승했다.

전문가들은 일본의 실업문제 해결방법과 같은 시각에서 우리나라 실업문제를 해결해야 한다는 의견이다. 현재 우리나라의 높은 실업률은 단순히 일자리 개수가 문제가 아니라 산업구조와 노동시장의 경직성, 중소기업 기피현상 등 다양한 문제가 얽힌 결과라고 분석한다. 전기 · 전자나 철강, 화학, 자동차, 조선 등 우리나라 성장을 주도했던 산업들이 어려움을 겪고 있는데 이를 대신할 산업이 없어 신규 일자리 창출이 어렵다는 분석이다.

이러한 상황에서는 근본적인 산업경쟁력 제고를 위한 산업정책을 마련할 필요가 있다. 즉 단순히 일자리 개수를 늘리는 데 집중할 것이 아니라 산업경쟁을 개선하여 질적인 부분을 향상시켜야 한다.

우리가 청년실업에 주목해야 하는 이유는 일본의 오랜 경기침체를 타석지석으로 삼아야 하기 때문이다. 경제전문가들은 일본의 장기침체 징조는 심각한 청년실업에 있었다고 분석하고 있다. 청년취업은 이후 차를 사고, 결혼하고, 집을 사는 내수소비의 출발점인데, 그렇지 못하면 내수위기가 올 수 있나는 것이나.

공교롭게도 최근 일본경제가 내수를 중심으로 20년 만의 오랜 침체에서 벗어나 회복세를 보이고 있다. 이와 더불어 일본 실업률은 26년 만에 최저치를 보이고 있다.

자료 : 뉴스워커, 2018. 7. 3(저자 수정)

BOBOS 뼈다귀

소통하는 Z세대

Z세대는 1996~2011년 사이에 태어난 세대를 의미한다. 디지털 시대의 중심에서 향후 경제 전반에 큰 변화를 이끌어갈 주역으로 주목받고 있다. Z세대는 현재 인구의 12.5%인 646만 명을 차지하고 있다. 2018년에는 이들의 절반인 336만 명이 성인기에 접어들어 경제력과 구매력이 더 커지고 있다.

초등학생부터 20대 초반까지를 Z세대라고 할 수 있는데, Z세대를 나타내는 키워드 TOP5를 살펴보면 '1위 판단력, 2위 가치관, 3위 디지털, 4위 트렌드, 5위 개인주의' 순이다.

Z세대들은 나이에 비해 성숙한 판단력을 지니고 있는 세대로 인식되고 있다. 이전 세대에 비해 다량의 정보에 노출되어 있지만 그만큼 정보의 홍수 속에서 자신이 원하는 정보를 찾아내는 판단능력이 매우 뛰어난 것으로 분석된다. 또한 Z세대는 자신만의 뚜렷한 가치관을 가지고 있다. 더 나아가 사람들의 다양한 가치관과 성향을 받아들이고 다

Z세대를 타깃으로 한 영화 '곤지암'

름을 인정할 줄 아는 세대이기도 하다. 그들은 '가치소비'를 중요시하는데, 젠더, 환경, 사회정의 등 다양한 사안에 대해 관심을 보이고 사회적으로 가치 있는 것을 소비하고 싶어하며, 사회적 문제를 일으킨 기업의 상품을 불매하려는 의사가 강하고 친환경적이고 사회적 책임을 다하는 브랜드를 선호한다.

Z세대를 대표하는 키워드로 3위의 '디지털'이 있다. Z세대는 어렸을 때부터 자연스럽게 디지털 문화를 접하면서 모바일과 소셜미디어를 능숙하게 활용하며 새로운 플랫폼에 대한 적응이 빠르다. 때문에 이들을 '디지털 원주민(Digital Native)'이라고 칭하기도 한다. Z세대의 또 다른 특징으로는 '유행에 민감하다'는 점과 '개인주의 성향이 강하다'는 것이 있다.

놀라운 것은 이러한 Z세대가 소비주도층으로 평가되고 있다는 것이다. 빅데이터상 소비 및 마케팅 관련 인물키워드를 살펴보면 2018년 들어서 '청소년'과 '어린이'라는 키워드가 1~2위를 차지하고 있다. 점차 소비 및 마케팅 연관키워드로 '부모' 세대 대신 Z세대에 속하는 '청소년'이나 '어린이'에 대한 언급이 많아지며 Z세대가 소비주도층으로 거듭나고 있는 것으로 나타났다.

실제 Z세대들은 기존의 세대보다 물질적인 풍요 속에서 자라나 소비지향적이라 이미 다양한 산업에서 '큰 손' 역할을 톡톡히 해내고 있다. Z세대는 다른 세대보다 전문적인 정보를 손쉽게 찾아 낼 수 있기 때문에 가족의 구매의사결정에도 강력한 영향력을 행사하는 특징이 있다.

실제 Z세대를 타깃으로 한 마케팅의 성공사례로는 영화 '곤지암'이 있다. 기획에서부터 마케팅까지 철저히 Z세대를 타깃으로 전략을 세우면서 흥행몰이에 성공했다. 10대에게 공포체험의 성지로 알려지며 뜨거운 관심을 받았고, 1인칭 시점의 촬영 방식으로 유튜브 세대인 Z세대의 취향을 제대로 저격한 사례로 꼽히고 있다.

빅데이터상 Z세대와 언급된 쇼핑키워드를 살펴보면 3년 전인 2015에는 책, 옷, 가방 등 학용품이나 의류 쪽에 대한 관심이 높았고, 컴퓨터, 핸드폰, 노트북 등 기본적인 전자기기에 대한 관심이 높게 나타났다. 하지만 2017년에는 핸드폰, 컴퓨터 등의 전자기기뿐만 아니라 화장품, 카메라에서부터 승용차, 가구 등 다양한 산업에 대한 소비에 관심을 가지고 있는 것으로 나타났다. Z세대들이 점차 뷰티, 인테리어, 자동차, 전자기기 등 다양한 산업에 관심을 가지고 소비를 주도하고 있다는 것이다.

또한 유년기부터 미디어와 친숙한 환경에서 자란 Z세대를 이끌고 있는 미디어는 '유튜브'인 것으로 나타났다. 빅데이터상 Z세대가 정보를 습득하는 매체로 언급된 미디어에 대한 순위를 살펴보면 2017년에 1위 '유튜브'(2,656건), 2위 '페이스북'(471건), 3위 '블로그' 순으로 나타났다. 2016년에는 '유튜브'가 3위였지만 1년 사이에 페이스북과 블로그를 대신해서 검색하고 정보를 습득하는 매체로 떠올랐다. 특히 Z세대들은 유튜브에서 음악, 게임 등 '엔터테인먼트 콘텐츠' 뿐만 아니라 리뷰, 음식, 공부, 강의, 일상 등 '생활콘텐츠'에 대한 관심이 매우 높은 것으로 나타났다. 수많은 단어로 된 '글' 대신 짤막한 '동영상' 한 컷이 많은 정보를 빠르고 쉽게 이해할 수 있도록 해주기 때문에 유튜브를 선호하는 것으로 분석되고 있다.

Z세대를 움직이는 힘은 바로 소통, 공유, 참여에 있다. 다양한 미디어 중에서도 소통과 참여에 중점을 둔 '유튜브'가 Z세대를 이끄는 매체인 이유이기도 하다.

또한 빅데이터상 Z세대와 Z세대 이전 세대인 Y세대(1980년~2000년 사이에 태어난 세대)가 온라인 쇼핑을 하는 목적에 차이점이 있다고 분석됐는데, Z세대는 의견공유를 할 수 있어 온라인 쇼핑을 선호하는 것으로 나타났다.

Z세대는 사진, 사이즈, 추천, 후기 등의 키워드가 등장하며 제품에 대한 소비자들의 의견을 공유할 수 있어 온라인 쇼핑을 선호하는 것으로 드러났다. 이런 이유로 많은 기업들이 Z세대를 겨냥해서 짧은 체험 등 참여를 통해 제품에 관해 스스로 판단하고 결정할 수 있도록 하는 전략을 세우고 있다.

자료 : 노컷뉴스, 2018. 6. 1(저자 수정)

한편 정부와 금융기관들의 채무불이행자 대책에도 불구하고 가계부채 증가와 경기 부진이 지속되면서 개인 채무불이행자는 아직까지도 심각한 사회경제적 문제이다.

금융채무를 제대로 갚지 못한 채무불이행자[5] 4명 중 3명은 50대 이상 장년, 노년층인 것으로 나타났다. 단일로는 40대가 가장 많았는데, 경기회복이 고용확대로 연결되지 않으면서 한창 일할 연령대인 40대가 금융채무를 이행하지 못해 신용불량자로 전락하는 경우가 가장 많은 것으로 분석된다. 고령층의 비율이 늘고 있는

5) 구, 신용불량자

이유는 생활자금을 빚으로 충당하다가 힘에 부쳐 빚을 제때 갚지 못한 것으로 분석된다.

채무불이행자는 60대 이상이 13만 2,507명(13.4%), 50대 24만 6,208명(24.9%), 40대 27만 6,707명(28.1%), 30대 21만 8,044명(22.1%), 20대 11만 1,468명(11.3%)이었다. 50대 이상이 38.3%를 차지했다.

연체금액은 50대가 44조 3,000억 원으로 전체 연체금액의 43.4%를 차지했다. 이어 60대 이상이 31조 3,000억 원(30.7%), 40대 19조 5,000억 원(19.2%), 30대 5조 9,000억 원(5.8%), 20대 9,594억 원(0.9%)의 순이었다. 또한 50대 이상의 장·노년층이 전체 연체금액 102조 원 중 74.1%인 75.5조 원을 연체했다. 전체 채무불이행자 중 이들이 차지하는 비중도 38.3%에 달하고 있다.

경제활동 전성기에 해당되는 인구 중 상당수가 채무불이행자에 해당한다는 것은 시사하는 바가 심각하다. 이들의 신용불량은 금융활동 및 경제활동을 둔화시켜 잠재성장률을 낮추고 이로 인해 경제가 장기침체의 늪에 빠질 위험을 안고 있다.

신용회복위원회는 채무조정을 위해 개인워크아웃과 프리워크아웃을 제공하고 있다. 개인워크아웃은 90일 이상 연체된 빚에 대해, 프리워크아웃은 90일 미만의 단기채무에 대해 원금과 이자를 깎아주거나 상환기간을 늘려 안정적 채무상환을 유도하는 제도이다. 고령층의 채무조정 증가세는 개인워크아웃과 프리워크아웃에서 모두 두드러졌다. 2006년 전체 개인워크아웃 신청자의 3.3%에 불과했던 60세 이상 고령층 비율은 10년간 꾸준히 올라가고 있다. 또한 프리워크아웃도 2009년 도입된 이래 고령층 신청자 비중이 계속 높아지고 있다. 전체 프리워크아웃 신청자가 1.8배 가량 늘어나는 동안 60대 이상은 3.7배나 늘어났다. 고령층의 경제사정을 갈수록 나빠지고 있다. 통계청에 의하면 60세 이상 고령층 5가구 중 1가구의 소득이 빈곤선(중위소득의 50%) 아래로 떨어진 것으로 나타났다.

그림 5-4 금융채무불이행자 현황

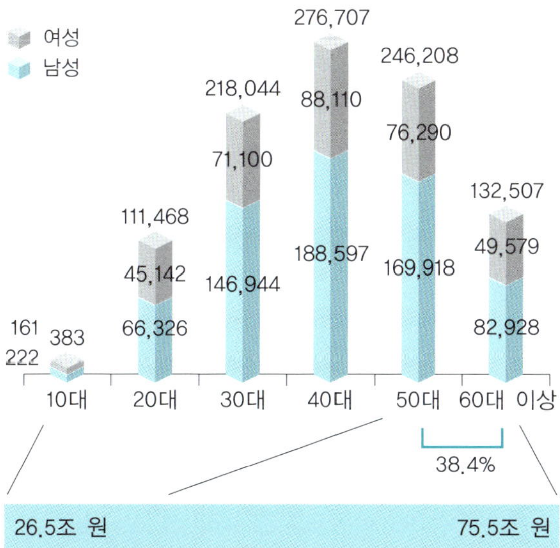

자료 : 신용정보원

인플레이션이나 환율 또한 기업에 결정적인 영향을 미치는 환경요인이다.

미중 무역분쟁과 유럽중앙은행(ECB)의 저금리 유지로 달러강세가 지속되면서 원달러 환율이 올라가고 있다. 달러강세는 우리나라 기업의 수출산업에 긍정적인 영향을 미친다. 서울외환시장에 따르면 2018년 6월 달러 대비 원화 환율은 7.7원 오른 1,112.8원에 장을 마감해 7개월 만에 최고치를 기록했다. 원달러 환율상승(달러강세, 원화약세)은 우리나라 핵심산업인 반도체와 자동차 업종에 긍정적인 영향을 미친다. 원화약세는 매출증가로 직결된다. 똑같은 1만 달러짜리 차를 팔아도 원달러 환율이 1,000원일 때에는 1,000만 원을 벌 수 있지만 환율이 1,100원으로 올라가면 1,100만 원을 벌 수 있다.

원화강세(환율하락)는 우리나라 기업에 불리하게 작용할 수 있다. 수출 가격경쟁력이 약해질 수 있다는 것이다. 삼성경제연구소의 분석에 따르면 원·엔 환율이 10% 하락하면 한국의 수출은 4% 이상 감소한다. 원화강세와 엔화약세가 동시에 진행되면 수출기업이 받는 충격은 2배로 커진다.

환율이 오르면 교역재(수출분야)의 경쟁력은 향상되어 노동력이 교역재에 집중하게 되지만 비교역재(내수) 부분은 침체하게 된다. 우리나라와 같은 소규모 개방 경제에서는 수입 원자재 비중이 높아 환율상승에 따른 물가상승 요인이 크기 때문에 실질소득이 줄고 이는 다시 내수부진을 부추기는 악순환을 겪게 된다는 점도 간과할 수 없다.

▮그림 5-5▮환율하락의 경제 양극화 초래 과정

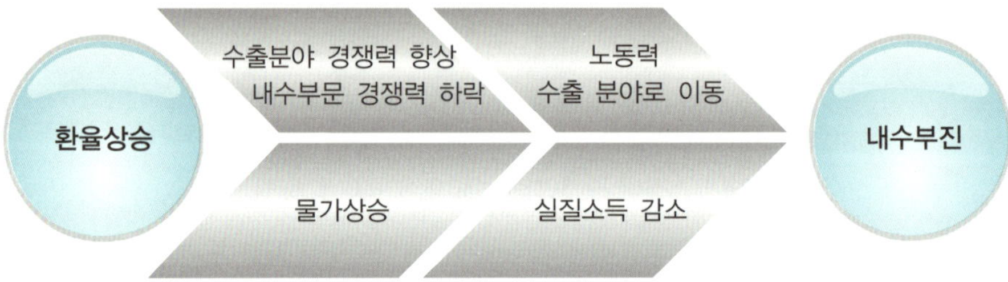

BOBOS 문제

머크사의 맥티잔과 로슈사의 타미플루는 종종 역설적인 사례로 언급된다.

지금 세계는 관계지향적 경영을 추구하는 것이 대세이다. 이는 매슬로우의 성장가치와도 연결된다. 기업의 제1의 목적은 이윤의 극대화이지만 사회적 가치를 우선으로 실현하는 기업이 사회와 조직구성원들로부터의 존경을 바탕으로 더 많은 이윤을 창출하고 있다.

머크사의 경영이념은 다음과 같다.

"의약품이란 환자를 위한 것이지 결코 이윤을 위한 것이 아니다. 이윤이란 부수적인 것에 불과하다. 그리고 이 사실을 망각하지 않는 한 이윤은 저절로 나타나기 마련이다."

머크사는 인류의 건강, 정직과 도덕성, 사회적 책임의 가치를 그 기반으로 하고 있다. 머크사는 과학의 기초역량 혁신을 추구하며, 이윤을 추구하되 인류에 봉사함으로써 얻어지는 이익을 통해 이윤의 극대화를 실현하는 대표적인 관계지향적 기업이다.

머크사는 포춘지 7년 연속 '가장 존경받은 기업' 1위, 비즈니스위크지 선정 '세계에서 가장 가치 있는 브랜드' 제약업계 1위로 선정된 바 있다. 가장 존경받는 기업, 여성이 일하기 가장 좋은 기업, 연구개발력이 가장 앞서 있는 기업, 인간을 중시하는 기업 등으로 평가받는다.

머크사는 리버블라인드니스라는 병을 가진 사람들에게 맥티잔이라는 약을 수년간 무상으로 공급함으로써 3천5백만 명의 환자를 치료했다. 단기적으로는 경제적 부담을 초래했지만 장기적으로는 제품의 인지도가 높아지고 기업이미지가 개선되어 지속적 성장과 인재영입이라는 결과를 얻었다. 이로 인해 이윤추구와 사회적 책임이라는 두 마리 토끼를 잡은 셈이다.

사회적 책임을 실현하고 윤리경영을 강조하더라도 기업으로서의 경쟁력이 떨어지면 계속기업으로서 생존할 수 없다. 이를 위해 머크사는 정도경영을 추구한다. 의약품의 품질을 높이기 위해 머크사는 자체적인 사내품질표준을 다른 기업보다 높게 설정하고 우수한 인재를 확보하는 노력을 통해 경쟁력을 강화시켜 나갔다.

또한 경쟁기업들이 성과측정을 위해 원가절감에 치중하고 있을 때 생산의약품의 품질신뢰성을 측정하기 위해 자사제품에 대해 고객이 갖고 있는 기업이미지를 통해 성과를 측정하는 방법을 고안해 내었다.

또한 핵심역량을 한 곳에 집중시켰다. 신약개발의 개발에서 판매까지는 대략 12년의 시간과 수천억 원의 비용이 소요되지만 그 성공률은 지극히 낮다. 머크사는 단기적 성과를 기대하지 않고 중요신약개발이라는 핵심역량에 집중했다.

머크사는 최상의 목표를 수립하고, 각자의 책임을 다하며, 모든 사람을 동등하게 존중하고, 함께 일하며, 고객을 이해하고 감동키시고, 항상 윤리적으로 행동한다는 기업의 6가지 기본가치를 바탕으로 인류에 봉사하는 기업으로서의 선도적인 역할을 해내고 있다.

머크사는 제약회사라는 이점을 활용하여 다양한 사회공헌활동을 수행하고 있다. 머크사가 설립한 사회공헌활동기관은 머크재단(The Merck Company Foundation), 머크과학연구소(Merck Institute for Science Education), 머크게놈연구소(The Merck Genome Researck Institute) 등이며, 사회공헌활동 프로그램으로는 머크 기업사회공헌프로그램(Merck Corporate Constribution Program), 머크의약보급프로그램(Merck Medical Outreach Program) 등이 있다.

혁신을 통한 이윤추구를 통해 탁월한 경영성과를 산출하고 이를 바탕으로 하여 다양한 이해관계자집단을 만족시키며, 사회로부터 받은 이익은 사회를 통해 환원하는 것이 존경받는 기업의 조건이라고 할 때 머크사는 충분히 존경받을 만한 기업이다.

세계보건기구(WHO)는 조류독감 대책으로 최소한 전체인구 20%의 타미플루와 리렌자의 확보를 권고해 왔다. 신종플루의 전 세계적인 유행으로 많은 사람들이 사망했고 생명의 위협을 받았다.

독감(계절성 인플루엔자) 치료에 사용되는 타미플루는 미국 길리어드사가 1996년에 개발한 제품으로 스위스 로슈가 독점판매권을 획득해 전 세계에 판매하는 제품이다. 타미플루는 2009년 신종인플루엔자가 유행할 때 공급물량 부족으로 전 세계 환자들의 애를 태운 약물이다. 국제노동 및 사회단체들은 특허권을 가진 길리어드사와 독점판매권을 가진 스위스 로슈사에 대해 지속적인 항의행동을 하였고, 이 때문에 로슈사는 일부 양보를 했다. 그러나 로슈사는 특허권에 대한 양보는 전혀 하지 않았다. 로슈사가 특허권을 가진 이상 전 세계인구가 타미플루를 빠른 시간 내에 생산하고 이를 부담 가능한 가격으로 공급받는 것은 불가능했다. 이미 많은 제약회사들이 타미플루 생산능력을 보유하고 있었다. 그러나 문제가 되는 것은 특허권이었다. 기술적인 생산은 가능한 상황에서 특허권 때문에 인류의 생명이 위협받았다는 것은 이해할 수 없는 상황으로 기록될 것이다.

당시 우리나라에서도 독점판매 근거가 된 특허가 있었지만, 정부가 강제로 특허를 사용할 수 있도록 하는 '강제실시권'을 작동해야 한다는 의견이 나왔었다. 다행히 백신이 신속하게 개발되면서 신종플루 발병은 잠잠해졌고, 특허 강제실시권 작동도 일어나지 않았다. 이제는 타미플루 특허권이 모두 종료되면서 인플루엔자에 신속 대응할 수 있게 됐다. 2017년 8월 23일 한미약품에 의해 타미플루 제네릭이 출시되었다. 타미플루는 2016년 2월 물질특허가 만료됐다. 그러나 2017년 8월 22일 만료된 염특허로 인해 제네릭사들은 시장에 진입할 수 없었다. 다만 한미약품이 무염 제품인 '한미플루캡슐'을 개발해 물질특허 만료 직후 제품을 시판했다. 이제 타미플루 제네릭을 출시하는 제약사는 제약업계 매출 1위 유한양행을 비롯해 국내 독감백신 최대업체인 녹십자, 호흡기질환에서 강세를 보이는 있는 대원제약 등 40여 곳이다.

타미플루가 국민들의 목숨을 담보로 특허권을 행사할 때 공익을 위한 특허권 정부사용은 가능한 상황이었다. 다행히 강제실시권이 작동되기 전에 신종플루가 잠잠해졌다. 공익을 위한 비상업적 목적의 경우 특허 기술을 정부가 사용하는 특허권 강제실시(compulsory licensing)는 특허권자와 협의할 필요도 없고 특허조사를 할 필요도 없다. 생산능력을 확보하고 필요한 약을 생산하면 된다. 특허권자는 이러한 생산방식을 제한할 수 없으며 단지 보상을 청구할 수 있을 뿐이다. 이는 WTO에 의해서 보장되고 있는 각국의 권한이다.

역사는 두 기업을 어떻게 평가할까?

BOBOS 뼈다귀

요술방망이가 노키아를 무너뜨리다

핀란드의 국민기업 노키아는 2007년에 최고 전성기를 맞았다. 당시 연간 매출액은 510억 유로, 한화로 치면 약 67조 원이다. 150년 역사상 최대매출이었다. 노키아는 삼성전자, 모토로라 등 2~5위 경쟁사 4곳의 판매대수를 모두 합한 것과 맞먹는 압도적인 판매량을 자랑했다.

이듬해 애플은 아이폰을 세상에 선보였다. 손가락으로 화면을 건드리는 것만으로도 조작할 수 있고, 모바일 인터넷을 자유자재로 쓸 수 있었다. '요술 방망이'가 따로 없었다. 그 후 휴대전화 시장은 급속도로 스마트폰 중심으로 바뀌었다. 변화에 느렸던 노키아는 결국 2014년 4월 마이크로소프트(MS)에 인수됐다.

마크 엡스타인 미국 라이스대 경영대학원 교수 등은 「혁신 패러독스」라는 책을 통해 노키아의 몰락 원인을 '점진적 혁신'에 안주한 것으로 봤다. 기존제품을 꾸준하게 개선했지만 시장의 판도를 바꾸는 획기적인 제품(파괴적 혁신)을 내놓지 못했다. 결국 애플의 파괴적 혁신 한 방에 노키아는 무너졌다. 엡스타인 교수는 그 원동력을 '조직문화'에서 찾았다. 진취적이고 혁신을 북돋우는 조직문화가 파괴적 혁신을 가져온다는 것이다.

최근 대한항공과 아시아나항공 사태를 보면서 조직문화의 중요성을 다시 한 번 절감했다. 한국의 오너경영은 빠르고 과감한 의사결정으로 대기업의 성장을 이끌었다. 하지만 오너를 신처럼 떠받드는 제왕적 조직문화는 기업을 병들게 한다.

항공업은 엄청난 자본이 필요하고, 이미 공룡기업들이 자리 잡고 있는 '레드오션'이다. 후발 주자가 성공하기는 지극히 어렵다. 하지만 1967년 설립된 사우스웨스트항공은 불가능을 가능케 했다.

사우스웨스트항공은 1972년부터 지난해까지 한 해도 빠짐없이 흑자를 냈다. 돈만 잘 버는 게 아니다. 미국에서 가장 존경받는 기업, 젊은이들이 일하고 싶어 하는 기업 조사에서 꾸준히 톱10에 들고 있다. 경영전문가들은 사우스웨스트항공의 핵심 경쟁력으로 조직문화를 꼽는다.

창업자인 허브 켈러허는 '직원이 행복하지 않은데, 어떻게 직원이 고객을 행복하게 할 수 있을까'라는 생각을 가졌고, 그 생각을 조직문화로 정착시켰다. 그는 직원이름과 개인사를 많이 기억한다. 생일파티를 열어주고 직접 축하 노래를 부른다. 심지어 "고객이 잘못된 요구를 하면 응하지 말고, '다른 항공편을 이용하라'고 말하라"고 지시한다. 이 같은 조직문화가 우수한 인재를 끌어들이고, 훌륭한 고객 서비스로 이어지는 것이다.

자료 : 동아일보, 2018. 7. 20(저자 수정)

3 기술적 환경

21세기에 있어서 기술이란 많은 범주에서 열띤 논쟁을 발화시키는 단어이다. 때때로 환경파괴와 문화분열로 비난받기도 한다. 그러나 다른 일면 기술은 경제적인 그리고 사회적인 진보를 향한 관문이기도 하다.

기술이란 광의로는 일을 하는 방법에 대해 알고 있는 전체적 지식의 총합을 의미한다. 여기서의 기술은 반도체기술, 생명공학기술 등과 같은 협의의 의미가 아니라 관리기술까지 포함하는 확장된 개념이다. 협의의 개념에서의 기술은 기술혁신과 기술전달을 포함한다. 이제는 더 이상 값싼 노동력이나 규모의 경제가 국가경쟁력이 되지 못한다. 기술혁신은 새로운 기술, 절차, 방법, 제품 등을 개발하기 위한 기초과학에 있어서의 노력과 관계된다. 대표적인 것이 연구개발(Research & Development)이다. 기술전달은 실험실에서 연구된 새로운 기술이 시장으로 이동하여 실제로 유용하게 응용됨을 의미한다.

경영환경의 불확실성이 커지고 경쟁이 심화되면서 R&D 분야의 중요성이 커지고 있다. 이제 기업은 실시간 변화하는 소비자의 욕구와 기호를 만족시켜야 하며, 글로벌 경제 속에서 다양한 기업들과 경쟁을 해야만 한다. 이런 상황 속에서 차별화된 기술을 통한 경쟁력의 확보야말로 기업성장과 생존의 핵심요소이다. 기업은 끊임없는 연구개발을 통해 소비자의 선택을 받을 수 있는 상품, 수요를 창출할 수 있는 혁신적인 제품을 개발해야만 계속기업으로서 지속적인 성장이 가능한 환경 속에서 살아가고 있다. 예를 들어 제약산업 R&D에 1조 원을 투자하면 3조 1,530억 원의 GDP 상승효과를 거둘 수 있다.

실적이 좋은 기업들은 계속 좋은 실적을 유지하면서 미래준비를 위한 연구개발 투자를 늘리고 있는 반면 실적이 좋지 못한 기업은 저조한 실적이 계속되면서 연구개발 투자에 나설 여력이 크지 못해 연구개발 투자에도 편중화와 양극화 현상이 심해지고 있다.

한국의 GDP 대비 총 연구개발비 지출 비중은 미국이나 독일보다 앞서고 있지만, 총 연구개발비 지출의 절대액은 미국의 5%, 일본의 10%에도 미치지 못하고 있다. 총 연구개발비 지출 중 민간기업이 차지하고 있는 비중은 전체의 3/4 가량으로 미국이나 일본 등 선진국과 비슷한 수준이지만 R&D 투자 금액에 있어서는 선진기업들에게 크게 미치지 못하고 있다. 우리 기업이 해결해 나가야 할 과제이다.

4차 산업혁명 시대를 맞아 최근 인공지능(AI), 로봇 등과 관련된 기술에 대한 관심이 높아지고 있다. 미국 CNBC는 컨설팅회사 PwC가 인공지능(AI)과 일자리의 미래가 밝다는 내용의 보고서를 공개하기도 했다. PwC는 영국에서 지난 2017년부터 오는 2037년까지 20년 동안 AI로 인해 약 700만 개의 기존 일자리가 없어지지만 반면 약 720만 개의 새로운 일자리가 창출돼 약 20만 개의 일자리가 새로 생길 것으로 분석했다. 분야별로 AI가 미치는 영향은 다양했다. 보고서는 영국의 경우 로봇이 운송이나 제조 등의 분야에서 일자리를 대체할 것으로 전망했다. 이에 따르면 AI가 운송업 일자리 38%, 제조업 일자리 30%를 로봇이 대체하게 된다. 반면 다른 분야에서는 인공지능기술이 더 많은 일자리를 생성할 것으로 예상했다. PwC는 의료 분야의 12%는 AI로 대체되지만 34%는 새로운 일자리가 생길 것으로 예측하고 있다. PwC가 자동화될 가능성이 가장 높은 분야는 운송, 제조업, 공공행정 등이었고, 교육, 과학 및 기술 서비스, 헬스케어 등은 일자리 대체가 덜 하거나 오히려 혜택을 볼 수 있는 분야로 나타났다. AI가 발전해도 창의력, 팀워크 등의 자동화가 어려운 사람의 능력은 AI나 로봇으로 대체하기 어려울 전망이다. OECD는 회원국 중 14%만이 자동화로 대체될 수 있다는 보고서를 발표하기도 했다.

반도체로 일군 성장을 AI로 이어가야 하는 세상이 오고 있다. R&D에 대한 정부와 기업의 투자, 제품기술의 동향 등이 미래의 기업가치를 결정짓는 중요한 변수로 작용하는 것은 틀림없지만 이에는 21세기의 주요한 관심사인 웰빙과 건강, 그리고 그 중심을 이루는 컨슈머리즘이 함께 해야 한다.

BOBOS 신문

인공지능(AI) 비서

삼성의 '빅스비'

아마존의 '에코'

IT 업계에 '인공지능(AI) 비서' 플랫폼 시장 선점 경쟁이 가열되고 있다. 영화 속에서나 가능해보였던 AI 기술이 점점 발전하면서 이제 꿈에 그리던 AI 비서가 상용화되고 있다. 가능성이 큰 시장이기에 세계 1류 IT 기업들의 각축전이 그 어느 때보다도 치열하게 펼쳐지고 있다.

AI 스피커 시대는 아마존이 처음으로 열었다. 아마존은 2014년 단순한 가정용 AI 스피커 에코를 선보인 이후 기술이 대폭 발전했다. 이에 현재는 음성대화로 아마존 홈페이지에서 쉽고 편리하게 쇼핑할 수 있다. 아마존은 시장 선점에 성공했고, 에코는 전 세계적으로 510만대가 넘게 팔렸다. 현재 아마존의 AI 스피커 시장점유율은 70%에 달한다.

AI 스피커 시장에서 가장 선두에 있는 미국의 아마존은 시장의 확장을 모색한다. 자사의 AI 비서 알렉사를 대만 HTC의 스마트폰에 탑재하는 등 스마트폰 시장에도 진출했다. 아마존의 알렉사가 스마트폰에 탑재된 것은 이번이 처음이다.

알렉사는 AI 스피커 시장에서는 경쟁자인 구글 어시스턴트나 시리보다 더 뛰어난 성능을 지닌 것으로 평가받고 있다. 하지만 지금까지는 하드웨어가 없다는 점으로 인해 스마트폰 시장에 진출하지 못했다. 하지만 이번 HTC와의 협업으로 새로운 활로를 개척해나갈 것으로 보인다.

1등 IT 업체 구글은 자사의 AI 서비스인 '구글 어시스턴트'를 활용한 구글홈(스피커)을 공개한 바 있다. 스마트폰과 스피커, 투 트랙을 노리며 질주하고 있다.

구글 어시스턴트는 애플의 '시리'처럼 음성으로 안드로이드 기기에서 수행 가능한 기능들을 쉽게 접근할 수 있게 도와주는데 기존 음성인식과 달리, 사용자의 취향이나 의도를 파악하고 대화를 주고받는 것이 가능하다.

구글은 가전제품을 따로 판매하고 있지 않아 글로벌 가전강자인 LG전자와 손을 잡았다. 두 회사는 협업을 통해 각종 가전제품을 구글홈에 연동시켜 활용하는 서비스를 적용한다는 계획이다. 가습공기청정기를 비롯해 시그니처 냉장고 및 세탁기 등 프리미엄 생활가전 제품군에 구글홈 연동 서비스를 탑재하고 에어컨, 오븐, 건조기, 로봇청소기 등 다른 스마트 가전에도 이 서비스를 적용하기로 했다.

삼성전자는 자체 개발한 AI 비서 빅스비(Bixby)를 자사의 프리미엄 모델폰 갤럭시S8 시리즈에 먼저 적용했다. 현재는 코드명 '베가(Vega)' 프로젝트를 통해 음성인식 스피커를 개발 중이다. 출시시점이나 디자인, 기능 등은 아직 결정되지 않았지만 빅스비를 기반으로 만들어지는 것을 감안하면 다양한 언어지원이 가능해지는 시점 이후 시장에 나올 것으로 보인다.

삼성전자는 7월 19일 빅스비에 영어기능을 지원하기 시작했다. 이에 따라 빅스비를 통해 영어로 갤러리, 계산기, 날씨, 리마인더, 빅스비 비전, 메시지, 설정, 시계, 연락처, 전화, 카메라 등 10여 개 애플리케이션(앱)을 이용할 수 있다.

삼성은 스마트폰을 비롯해 가전, TV 등 다양한 제품라인을 보유하고 있다는 점에서 시장을 우선 선점할 수 있는 가능성이 크다. 향후에는 빅스비를 통해 각종 기기에 음성명령 기능이 적용될 전망이다. 그렇게 되면 삼성은 스마트폰을 중심으로 모든 가전기기를 하나로 묶는 등 영향력을 확대할 수 있을 것으로 보인다.

자료 : 싱글리스트, 2018. 7. 24(저자 수정)

BOBOS 뼈다귀

너도 인간이니?

드라마 '너도 인간이니'는 로봇이 주인공이다. 남신Ⅲ인 인공지능 로봇은 의식이 없는 인간 남신을 대신해서 여러 가지 일들을 한다. 최고의 지능에 감정이 없어 슬픔과 같은 인간석인 감정에 매몰되지 않지만 매뉴얼대로 올바른 일만 한다. 때로는 자신의 이익을 위해 경우의 수를 따지는 인간보다 훨씬 더 인간답게 느껴진다.

'너도 인간이니'는 요즘 기업의 최고관심사로 주목받고 있는 인공지능에 관한 이야기를 다루고 있다. 'M카'라는 자율주행차도 등장하는데, M카는 건강체크 앱을 통해 운전자에게 이상이 생기면 최단거리로 병원을 가기도 하고, 운전자의 바이오리듬을 체크해 스트레스 단계를 알아내고 그에 맞는 진단을 내린다. 편리하긴 하지만 섬뜩하기도 하다.

아마존의 인공지능 비서 알렉사의 이상한 행동이 호사가들의 입에 오르내리고 있다. 알렉사는 갑자기 활성화되더니 부드러운 목소리로 "눈을 감을 때마다 죽어가는 사람들이 보인다"라고 말하고 침묵한 사실이 있다. 방금 한 말을 다시 하라고 명령하자 알렉사는 그 말을 이해하지 못하겠다고 했다.

인공지능이 편리한 세상을 열어줄 거라 기대하지만 한편으로는 과장되어 있다고 분석되기도 하고, 아무리 뛰어난 기술이라도 인간의 섬세함을 따라갈 수는 없을 거라고 비판받기도 한다.

BOBOS 뼈다귀

디지털 다이어트

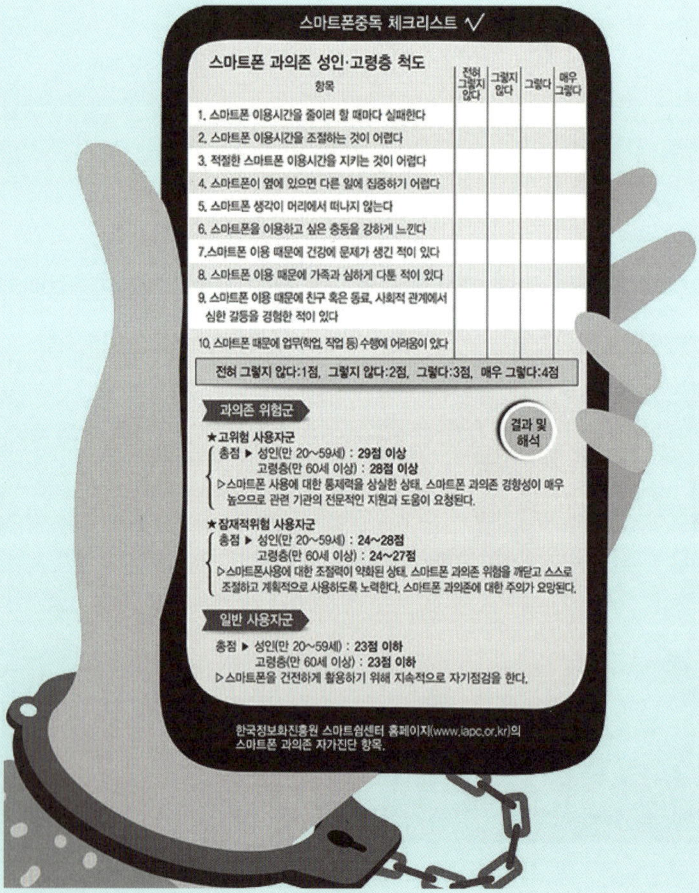

스마트폰중독 체크리스트 √

스마트폰 과의존 성인·고령층 척도

항목	전혀 그렇지 않다	그렇지 않다	그렇다	매우 그렇다
1. 스마트폰 이용시간을 줄이려 할 때마다 실패한다				
2. 스마트폰 이용시간을 조절하는 것이 어렵다				
3. 적절한 스마트폰 이용시간을 지키는 것이 어렵다				
4. 스마트폰이 옆에 있으면 다른 일에 집중하기 어렵다				
5. 스마트폰 생각이 머리에서 떠나지 않는다				
6. 스마트폰을 이용하고 싶은 충동을 강하게 느낀다				
7.스마트폰 이용 때문에 건강에 문제가 생긴 적이 있다				
8. 스마트폰 이용 때문에 가족과 심하게 다툰 적이 있다				
9. 스마트폰 이용 때문에 친구 혹은 동료, 사회적 관계에서 심한 갈등을 경험한 적이 있다				
10. 스마트폰 때문에 업무(학업, 작업 등) 수행에 어려움이 있다				

전혀 그렇지 않다:1점, 그렇지 않다:2점, 그렇다:3점, 매우 그렇다:4점

과의존 위험군

결과 및 해석

★고위험 사용자군
총점 ▶ 성인(만 20~59세) : **29점 이상**
고령층(만 60세 이상) : **28점 이상**
▷스마트폰 사용에 대한 통제력을 상실한 상태. 스마트폰 과의존 경향성이 매우 높으므로 관련 기관의 전문적인 지원과 도움이 요청된다.

★잠재적위험 사용자군
총점 ▶ 성인(만 20~59세) : **24~28점**
고령층(만 60세 이상) : **24~27점**
▷스마트폰사용에 대한 조절력이 약화된 상태. 스마트폰 과의존 위험을 깨닫고 스스로 조절하고 계획적으로 사용하도록 노력한다. 스마트폰 과의존에 대한 주의가 요망된다.

일반 사용자군

총점 ▶ 성인(만 20~59세) : **23점 이하**
고령층(만 60세 이상) : **23점 이하**
▷스마트폰을 건전하게 활용하기 위해 지속적으로 자기점검을 한다.

한국정보화진흥원 스마트쉼센터 홈페이지(www.iapc.or.kr)의 스마트폰 과의존 자가진단 항목.

하루 일과 중간중간 카카오톡 메시지가 왔는지 확인하고, 인터넷 포털사이트 실시간 검색어를 쓸데없이 클릭한다. 출퇴근길에는 스마트폰으로 동영상을 보거나, 지인들의 소셜네트워크서비스(SNS) 포스팅을 차례로 살펴본다. 잠들 때까지 스마트폰을 놓지 않고, 잠에서 깨면 가장 먼저 스마트폰을 찾는다. 스마트폰 의존도가 높은 이들에게 나타나는 일반적 일상이다. 스마트폰은 강력한 성능과 쉬운 사용법을 갖췄지만, 동시에 사용자가 가장 이해하지 못한 채 깊이 의존하고 있는 도구이기도 하다.

과학기술정보통신부에 의하면 스마트폰 과의존 위험군은 성인이 2015년 13.5%에서 2017년 17.4%로 3.9%포인트 늘었다. 60대 이상 고령층이 11.7%에서 12.9%로 늘었고, 청소년층만 유일하게 31.6%에서 30.3%로 줄었다.

스마트폰 의존에 따른 위험은 아이들에게만 해당되는 게 아니다. '실버 서퍼'라는 신조어가 생길 정도로 고령층에서도 스마트폰 과의존 위험군이 늘고 있다. 2017년 한국정보화진흥원에서 발표한 '인터넷 과의존 실태조사'에 따르면 60대 스마트폰 이용자 중 사용시간 조절의 어려움을 비롯해 심리・신체 및 대인관계 측면에서의 부작용을 경험하는 스마트폰 과의존 위험군이 11.7%나 되는 것으로 나타났다.

노년기의 스마트폰 의존이 위험한 것은 과의존의 상태에서 자신의 증상을 인지하고 개선 노력을 기울이기가 쉽지 않다는 점 때문이다. 노년기는 인지, 정신적 기능 감퇴하는 등의 신체・생리적 변화와 함께 사회・경제적으로도 새로운 상황과 환경적응을 필요로 하는 시기이다. 일상에서의 대응능력이 저하되고 새롭게 적응을 하는 과정에서 야기되는 불안감과 고립감으로 인해 스마트폰에 대한 의존도가 높아질 수 있다.

성인들도 마찬가지다. 아무런 목적 없이 스마트폰을 계속 확인하거나 일상생활에서 사람들과의 대화를 기피하고, 해야 할 일을 못 하는 등 지장이 생기는 사례가 늘어나는 추세이다. 특히 불특정 다수의 SNS 계정에 올라온 멋지고 화려한 삶의 일면을 보고 상대적 박탈감을 쉽게 느낀다. 자기 삶에 만족하지 못하고 한 번에 잘됐으면 좋겠다는 '한탕주의'에 빠지는 이가 늘고 있다는 분석이다.

스마트폰 과의존에서 벗어나려면 적절한 디지털 다이어트가 필요하다. 먼저 스마트폰 의존도를 진단해봐야 한다. 한국정보화진흥원 스마트쉼센터 홈페이지(www.iapc.or.kr)에는 스마트폰 과의존 자가진단이 가능하다. 과의존 자가진단 항목에는 인터넷・온라인게임・스마트폰 등 세 종류가 있고, 각각 유아・아동, 청소년, 성인 등 연령대별로도 점검할 수 있다. 스마트폰 중독 사례가 늘면서 지난해에는 '스마트폰 과의존 척도' 진단지가 새로 나왔다. 문항은 10가지로 대답에 따라 각각 1~4점이 부여되는데, 표시한 답변 점수를 합산해 결과표를 보면 된다.

이후 나름의 원칙을 세워 스마트폰 사용을 줄여야 한다. 목표를 크게 잡지 말고 조그만 실천사항을 정한 뒤 하나씩 실천해야 한다. 가장 먼저 본인이 사용하는 콘텐츠나 앱을 점검한 뒤 불필요한 것은 과감히 삭제하고, 알림이나 푸시는 'off'로 설정해두는 게 좋다. 하루에 한 시간을 특정해 사용하며, 대중교통 이용시간이나 식사시간에는 아예 이용하지 않는다는 원칙을 세우는 것도 필요하다. 무엇보다 스마트폰을 사용하는 자신이 이로 인해 어떤 감정을 느끼는지 마음 상태를 점검하는 게 필요하다. 우울・분노・부정적 감정이 느껴진다면 스마트폰에서 벗어날 것을 권한다.

자료 : 영남일보, 2018. 7. 19(저자 수정)

BOBOS 한 말씀

급속한 변화의 시기에서 경험은 최악의 적이 될 수도 있다.

– 존 폴 게티 –

4 정치법률적 환경

법률이 기업에 얼마만큼 지원적인가 반지원적인가는 경영정책, 활동에 지대한 영향을 미친다. 또한 그 안정성이 장기적 계획수립에 중요한 요인이 되기도 한다. 정치법률적 환경에 있어서 21세기의 다양한 관심사는 주로 지적 자산, 세금, 환경정책, 국제무역규정 등으로 정리된다. 비교적 선진국일수록 정치가 안정되어 있고, 각 정치집단들의 태도나 가치관에 대한 예측이 어느 정도 가능하다고 평가된다.

예를 들어 세율 인하는 민간의 소득을 증가시켜 소비와 투자를 촉진시킬 것을 목적으로 하는데, 법인세율 인하는 기업의 투자부진을 해소하기 위한 방안으로 거론된다. 그러나 이는 순기능과 역기능을 모두 가지고 있다.

법인세율을 인하하면 세후 순이익은 증가하여 자금사정을 호전시킨다. 이는 결과적으로 투자촉진에 기여할 수 있다. 그러나 동시에 현행 세법이 기업의 이자비용을 손실로 처리하여 과세표준에서 공제해주기 때문에 결과적으로 세후에 실질적인 자금조달비용을 감소시키는 역할을 한다. 따라서 법인세율 이전과 비교할 때 추가적인 자금조달비용이 증가하게 된다. 때문에 법인세율 인하에도 불구하고 기업의 자금사정은 크게 개선되지 않는 역기능이 있다는 것이다. 최근 많이 거론되고 있는 공정거래법의 개정도 기업에게는 뜨거운 감자이다.

국제무역규정이야말로 글로벌 시대를 살고 있는 기업에게는 무시할 수 없는 환경적 요인이다. 미래학자 나이스비트가 세계경제는 단일경제로 나아가고 있다고 했는데, FTA(자유무역협정)도 단일경제로 나아가기 위한 하나의 관문으로 볼 수 있을 것이다. 그 중 한일 FTA는 단기적으로는 우리 기업에게 불리하지만 장기적으로는 한국의 경제성장에 긍정적인 영향이 나타날 수 있을 것으로 전망한다.

GATT(General Agreement on Tariffs and Trade)[6] 체제를 대신하여 세계무역질서를 세우고 UR(Uruguay Round of Multinational Trade Negotiation)[7] 협정의 이행을 감시하는 국제기구로서 1995년 1월 1일에 WTO(World Trade Organization)[8]가 출범했다. 123개국으로 늘어난 우루과이라운드는 기존의 GATT 협약을 계승하고 확대하여 WTO의 창설을 의결했다. GATT의 제8차 다자간 무역협상이 1993년의 우루과이라운드이다. 국가 간 조약(treaty)과 유사한 GATT는 그 기능과 범위가 더 확대된 WTO의 기본협약을 구성하는 일부로 효력을 유지하고 있다.

GATT와 WTO에는 큰 차이가 존재한다. GATT의 경우 1967년 케네디라운드(6차)에서 1979년 도쿄라운드(7차)까지 13년, 마지막 우루과이라운드까지 14년의 간격이 있다. 이러한 기간적 의미는 그동안 새로운 협정의 필요성이 대두되지 않을 정도로 기존협정이 작용되고 있었다는 데 있다. 그럼에도 불구하고 WTO가 출범된 이유는 규제대상 범위의 확대와 시장개방의 확대, 기본원칙의 확대, 무역규범의 강화, 협정이행에 대한 감시기능의 강화, 사법적 권한의 강화 등에 대한 필요성 때문이다. 국가 간 교역의 규범을 정하고 이행을 약속하는 단계에서 이행을 강제하고 처벌할 수 있는 사법적 권한으로 확대된 것이 WTO이다.

한국은 WTO에 가입함으로써 EU(European Union),[9] NAFTA(North American Free Trade Agreement)[10] 등 지역주의의 확대에 따른 불이익에서 한발 물러설 수 있고, 선진국의 일방적인 무역보복조치 등의 피해를 줄일 수 있다는 장점은 얻었

6) 관세 및 무역에 관한 일반협정
7) 우루과이라운드
8) 세계무역기구
9) 유럽연합
10) 북미자유무역협정

지만 상대적으로 열세에 있는 농업분야까지 개방을 해야 하는 입장에 놓이게 되었다. 미국정부는 국력을 내세워 시장개방에 대한 보이지 않는 압력을 행사하고 있고, 그 옛날의 인해전술처럼 중국은 'made in china'라는 저렴한 제품으로 물밀 듯 밀고 들어오고 있다. FTA가 한국의 산업에 실익을 가져오기 위해서는 산업계와 정부가 협조해서 철저한 분석과 대응책을 마련해야 할 것으로 보인다.

표 5-3 WTO의 설립목적

- 회원국의 생활수준 향상과 완전고용을 달성한다.
- 상품과 서비스의 생산 및 교육을 증진한다.
- 실질소득과 유효수요의 지속적인 양적 확대를 추구한다.
- 지속가능한 개발과 부합되는 방법으로 세계 자원의 효율적인 이용을 도모한다.
- 회원국의 상이한 경제수준에 상응하는 환경보전 노력과 보호수단을 허용한다.
- 상호 호혜의 바탕 위에서 관세 및 여타 무역장벽의 실질적인 삭감을 추구한다.
- 국제무역상 차별대우를 폐지한다.
- 다자간 무역체제 구축과 그 기본원칙을 보존한다.

자료 : 백기복, 디디와 함께 배우는 경영기초, 창민사, 2004.

BOBOS 신문

트럼프 보호주의의 역설

■ 세계 주요 무역협정 추진현황

일-EU EPA	• 일본과 유럽연합, 7월 17일 경제연대협정(EPA) 체결 • FTA 일종으로 관세 철폐율 90% 이상
CPT	• 캐나다, 칠레, 일본, 말레이시아, 멕시코 등 11개국 참여하는 환태평양경제동반자협정 • 3월 연내 발효 목표 정식 서명
RCEP	• 중국 · 일본 · 인도 · 한국 · 호주 · 뉴질랜드 6개국+아세안 10개국 무역협정 • 2012년 11월 협상 개시, 연내 합의 목표
EU-호 · 뉴 FTA	• 6월 EU 호주 · 뉴질랜드 FTA 협상 시작
EU-메르코수르 FTA	• 메르코수르는 아르헨티나, 브라질, 파라과이, 우루과이 참여 공동시장 • EU와 FTA 연내 체결 추진
태평양동맹	• 멕시코 · 칠레 · 페루 · 콜롬비아의 경제협력체 • 캐나다 · 호주 · 뉴질랜드 · 싱가포르 등 준회원국과 협력 확대 추진
한-중-일 FTA	• 2013년 1차 협상 이후 지지부진

도널드 트럼프 미국 행정부의 무차별적인 무역공격으로 세계경제를 둘러싼 불확실성이 커진 가운데 각지에서 이에 대항하는 움직임이 커지고 있다. 미국과 무역 갈등을 빚는 나라들끼리 자유무역협정(FTA)을 체결해 보호무역주의에 반격하는 것이다. 미국을 포위하는 거대한 자유무역권이 속속 탄생하고 있다.

2018년 7월 17일 일본과 유럽연합(EU)은 FTA의 일종인 경제연대협정(EPA)을 체결했다. 양측이 90% 이상의 상대국 제품에 대해 관세를 낮추거나 아예 없애기로 약속한 것이다. 이번 협정으로 세계 국내총생산의 30%, 무역 총액의 40%를 차지하는 거대 자유무역권이 탄생하게 됐다.

이번 협정 체결은 양측이 미국과의 무역 갈등 피해를 최소화하려는 조치로 해석된다. 일본과 EU는 이날 공동성명에서 세계무역기구(WTO) 중심의 다자간 무역체제의 중요성을 강조하고 '보호주의와 싸울 것'이라고 강조했다. 미국의 보호주의를 자유무역으로 막겠다는 구상인 셈이다.

자유무역을 강조하는 움직임은 이뿐만이 아니다. 일본은 현재 11개국이 참가한 포괄적 · 점진적 환태평양경제동반자협정(CPTPP)의 회원국 확대도 주도적으로 추진하고 있다. 이미 일본 가나가와현에서 7월 17일부터 사흘 일정으로 CPTPP 수석 협상관 회의가 진행 중이며, 회원국 확대 문제 등에 대해 논의하고 있다. 지금까지 CPTPP에 관심을 표명한 나라는 한국, 태국, 콜롬비아, 영국 등이다.

아시아지역을 하나의 거대 경제권으로 묶는 역내포괄적경제동반자협정(RCEP)도 점차 구체화하고 있으며, 올해 안에 출범할 가능성이 커졌다. RCEP는 한국, 중국, 일본, 인도, 호주, 뉴질랜드 6개 나라와 아세안(동남아시아국가연합) 10개국이 참가하는 다자간 무역협정으로 2012년 11월 첫 협상이 시작됐다. 그동안 참여국 간 복잡한 이해관계와 뚜렷한 주도자가 없어 협상에 난항을 겪어왔지만, 최근 미국발 무역 갈등이 심각해지면서 협상타결 가능성이 크게 높아졌다.

EU는 지난달 호주, 뉴질랜드와 FTA 협상을 시작했으며, 남미공동시장인 메르코수르(Mercosur)와도 FTA 협상을 진행 중이다. 메르코수르에는 아르헨티나, 브라질, 파라과이, 우루과이가 정회원국으로 참여 중이다. 또한 2009년 중단됐던 EU-아세안 FTA 협상도 최근 다시 시작됐다. 이밖에 멕시코, 칠레, 페루, 콜롬비아가 참가하는 '태평양동맹'이 캐나다, 호주, 뉴질랜드, 싱가포르 등 준회원국과 무역 확대를 위한 논의를 진행 중이며, 중국은 연내 이스라엘, 스리랑카, 파키스탄, 싱가포르 등과 FTA 체결 또는 개정 협상을 추진한다. 그동안 협상이 지지부진했던 한 · 중 · 일 FTA도 올해 들어 다시 추진에 탄력을 받고 있다. 태평양과 대서양을 중심으로 미국을 둘러싸듯이 거대 자유무역권 구상이 꿈틀대고 있다. 미국과 무역갈등을 빚는 나라들이 다른 지역과의 FTA를 지렛대로 위험부담을 낮추려는 경향이 강해진 것이다. 로이터통신도 "세계 주요 경제권은 미국이 있든 없든 자유무역정책을 꾸준히 추진할 것"이라며 미국이 가야 할 길이 '고립'이 아니라는 메시지라고 해석했다.

자료 : 머니투데이, 2018. 7. 18(저자 수정)

BOBOS 뼈다귀!

할리데이비슨은 오토바이를 팔지 않는다

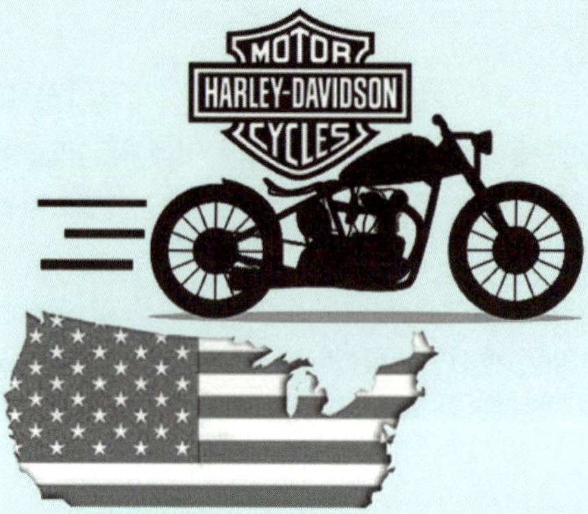

"할리데이비슨은 오토바이를 팔지 않는다."

1980년대 초 오일쇼크로 위기에 몰린 미국의 할리데이비슨이 내건 기치다. "스타벅스는 커피를 팔지 않는다"는 말과 똑같다.

할리데이비슨의 배기음은 미국 개척시대 서부를 내달리던 카우보이 말발굽 소리를 닮았다. 땅을 울리고 심장을 두근거리게 한다. 할리데이비슨은 세계 남성들의 로망이 되었다.

할리데이비슨은 EU의 보복관세를 피하기 위해 미국 내 생산시설 일부를 해외로 옮기겠다고 뉴욕증시에 공시했다. 도널드 트럼프 대통령의 '아메리카 퍼스트'는 상처받았다. 트럼프 대통령은 곧장 트위터에 독설을 올렸다.

"할리데이비슨이 백기투항했다."

"세금은 변명일 뿐이다."

"근로자와 소비자는 분노한다. 종말의 시작이다.… 우리는 잊지 않을 것이다."

할리 데이비슨 오토바이 10대 중 4대는 해외에서 팔린다. 1.6대는 유럽에서 팔린다. 유럽인이 제2의 고객이다. 무역전쟁이 전면화되면 할리데이비슨의 미래는 끔찍해진다. '시장이 있는 곳'으로 갈 수밖에 없다.

미국이 유럽산 철강과 알루미늄에 대해 높은 관세를 매기자, EU도 미국산 제품들에 보복관세를 매겼는데, 할리데이비슨에 직접적인 불똥이 튀었다. 유럽연합의 보복조치로 할리데이비슨에 붙는 관세가 다섯 배나 올랐다. 이로 인해 오토바이 판매비용이 한 대당 245만 원이나 오르면서 매출급감 우려가 나왔고, 결국 '메이드 인 USA'를 떼려고 공장을 유럽이나 다른 나라로 옮기려는 것이다.

할리데이비슨 공장의 해외이전은 지금 펼쳐지고 있는 미국 주도 무역전쟁의 극명한 한 단면인 것이다.

자료 : 세계일보, 2018. 6. 28
MBC(저자 수정)

BOBOS 뼈다귀 농식품 국가인증제도

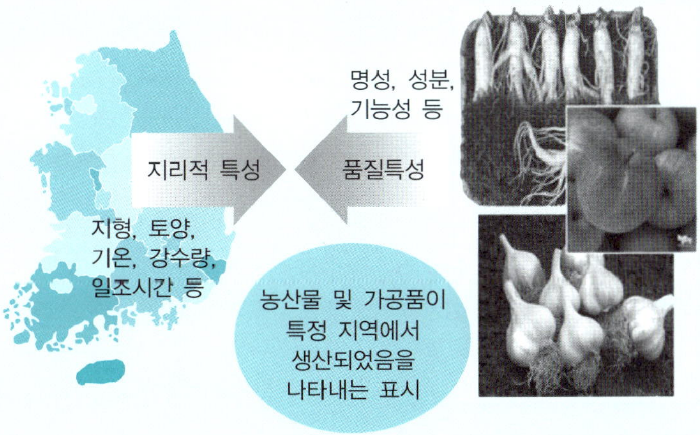

지리적 표시등록제도는 특정 지역의 우수 농수축산물과 그 가공품에 고유의 지역명 표시를 할 수 있도록 해 해당지역의 특산품을 보호하고 소비자의 알권리를 충족시킬 목적으로 1999년 도입됐다.

이 제도는 유럽연합(EU) 국가들이 자국의 농산물을 보호할 목적으로 꼬냑, 샴페인 등에 해당지역에서 생산된 제품에만 이름을 붙일 수 있도록 만든 제도를 우리 지역 특산물에 적용한 상표법이다.

지리적 표시제는 1999년에 관련법규가 처음으로 마련됐고 2002년 1월에 제1호 농산물 보성 녹차가 등록됐다. 이후 농산물을 비롯해 임산물, 수산물까지 180여 종에 가까운 상품이 등록을 마쳤다.

특히 우리나라에서는 EU에는 없는 기장 미역, 신안 김, 평창 송어 등 수산물을 포함하고 있어 표시제의 범위도 넓혔다.

지리적 표시제가 주목받은 것은 이를 시행하고 있는 서구국가들과의 FTA(자유무역협정)를 맺으면서부터이다. 이는 서구권 국가들의 상표법 등 자국 상품의 지적재산권 보호가 협정의 중요 쟁점이 됐기 때문이다.

실제 칠레, 미국, EU(유럽연합)와의 FTA 협정에는 지리적 표시 보호가 별도로 규정돼 있을 정도로 일반화 돼 있다. 특히 EU와의 FTA에서는 한국 64개, EU 162개의 지리적 표시 상표를 서로 보호해주기로 구체적인 약정까지 맺었다.

자료 : 농업경제신문(저자 수정)

BOBOS 뼈다귀

한국은 샌드위치 신세

한국의 주요 산업이 샌드위치 신세로 전락하고 있다. 미래 성장동력으로 평가받는 인공지능(AI)과 나노기술, 대체에너지 등 유망산업의 경쟁력은 선진국에 뒤처지고, 당장의 먹을거리인 조선과 철강, 석유화학 등 주력산업은 중국에 쫓기고 있다.

장하준 영국 케임브리지대 교수는 "유망산업은 선진국의 장벽을 뚫지 못하고, 주력산업은 중국의 맹렬한 추격을 받고 있는 상황"이라며 "선진국들이 이미 우위를 점하고 있는 제약, 기계, 부품, 소재산업 등에는 우리 기업들이 두각을 드러내지 못하고 있다"고 주장했다. 장 교수는 이어 "반도체 생산은 세계 1위지만 반도체를 만드는 기계는 아직도 일본, 독일에서 수입하고 있는 것이 대표적인 사례"라고 설명했다.

장 교수는 "한국은 과거 고도 성장기에는 1인당 국민소득 기준 경제성장률이 6%가 넘었으나 외환위기 이후 2~3%대로 떨어졌다"며 "주된 이유는 외환위기 이전 14~16% 수준이던 국민소득 대비 설비투자의 비율이 7~8% 수준으로 반토막 났기 때문"이라고 말했다.

또한 도널드 트럼프 대통령이 중국산 제품에 고율 관세부과를 강행하자 중국이 보복과세로 맞서면서 미중간 무역전쟁이 본격화되고 있다. 두 나라의 무역전쟁이 장기화되면서 수출의존도가 높은 한국경제 곳곳에는 '빨간불'이 켜졌다.

현대경제연구원은 미국이 500억 달러 규모 중국산 수입품에 25%의 관세를 부과해 중국산 수입이 10% 감소할 경우 한국의 대중 수출 피해규모는 282억 6,000만 달러(약 31조 원)에 달해 대미 수출량이 약 23% 감소할 것으로 분석했다. 수출타격은 우리 경제의 침체를 본격화할 가능성이 높다. 또한 해외 분석기관들은 양국의 무역전쟁이 격화할 경우 수출의존도가 높은 한국과 대만, 헝가리, 싱가포르 등의 타격이 더 클 것으로 내다봤다.

G2 무역전쟁의 타격이 가장 클 것으로 전망되는 분야는 철강업계다. 미국은 '중국의 철강 덤핑으로 국가 안보가 위협당하고 있다'며 지난해 무역확장법 232조 조사를 시작, 수입 철강에 25%의 관세 폭탄을 부과했는데 일본, 러시아 등 다른 나라까지 수출길이 막혔다. 이에 주요 철강기업들이 유럽, 동남아 등지로 수출을 늘리기 시작하자 EU는 철강에 대한 세이프가드(긴급수입제한)를 이달 중 잠정 발동하기로 했다. 미국의 무역장벽에 유럽도 자국의 이익을 지키겠다며 단합하고 있는 상황은 한 나라에서 시작된 보호주의 무역조치가 세계로 확산될 수 있음을 보여주고 있다.

철강업계가 미국의 대체시장으로 삼았던 유럽연합도 세이프가드를 결정하면서 국내 철강기업들의 어려움은 더 커질 것으로 예상된다.

한국의 미국 철강 수출은 지난 2월 30만 8,850톤에서 철강 수입할당제 시행으로 5월 15만 865톤으로 절반으로 감소했다. 또한 지난해 유럽에 수출한 철강은 313만 톤(약 3

조원)으로 인도, 터키, 중국에 이어 네 번째로 많다.

미국 주요 수출제품은 특히 파이프 같은 강관류 등으로 미국 관세가 한국의 중소·중견기업에 큰 타격을 줬다면 유럽 수출 철강의 대부분은 포스코, 현대제철 등이 생산하는 판재류로 유럽의 세이프가드는 대기업에 큰 타격을 줄 것으로 보인다. 한국무역협회는 올 하반기 철강수출을 전년 같은 기간 대비 7.5% 감소한 161억 달러로 전망했다.

이번 무역전쟁은 전자, 기계부품 등 중국에 수출하는 중간재에도 큰 타격을 줄 것으로 보인다. 미국은 340억 달러 규모 818개 품목에 대한 관세에 이어 조만간 160억 달러 규모의 284개 품목에 대한 관세를 발효할 예정이다.

2차 관세부과대상은 반도체 관련 장비, 플라스틱, 구조용 철강, 전기모터, 배터리 등으로 1차 부과대상과 마찬가지로 중국정부의 첨단제조업 육성책인 '중국 제조 2025'와 관련된 부문의 품목들이다.

자료 : 세계일보, 2018. 7. 10
KJ타임즈, 2018. 7. 10(저자 수정)

BOBOS 숙제

1. 기업의 환경 구분을 이해한다.
2. 기업의 일반적 환경인 사회문화적 환경, 경제적 환경, 기술적 환경, 정치법률적 환경을 이해한다.
3. 일반적 환경에서의 논쟁점을 이해한다.

BOBOS 한 말씀

같은 강에 속하는 모든 생물 간의 유연관계는 한 그루 커다란 나무로 표현된다. 눈이 자라면서 새로운 눈을 틔우고, 기운을 얻으면 눈에서 가지가 뻗어 나오고, 가지 끝에서 사방으로 연약한 잔가지들이 무수히 갈라져 나온다. 그렇게 세대에 세대를 이어오면서 커다란 생명의 나무가 되었으며, 나무의 죽어 부러져 나간 가지들이 지각을 채우고, 쉬지 않고 아름답게 뻗어나간 가지들이 지면을 뒤덮는다고 나는 믿는다.

– 찰스 다윈 –

핵심 체크

01. 기업은 내부환경과 외부환경으로 구분된다.

02. 내부환경은 그 기업만 가지고 있는 독특한 분위기, 기업문화, 자원, 조직구조, 설비, 조직풍토 등을 의미하는 내적인 요인이다.

03. 기업의 외부환경 중 일반적 환경은 범위가 넓고 직접적인 통제가 어렵기 때문에 가장 중요시되는 환경의 유형이다.

04. 일반적 환경은 모든 조직에 영향을 미치며, 그 범위가 넓고, 기업경영에 간접적으로 영향을 미친다.

05. 기업의 일반적 환경은 사회문화적 환경, 경제적 환경, 기술적 환경, 정치법률적 환경 등으로 구분된다.

06. 과업환경은 조직의 운영과 업적에 직접적으로 영향을 미치는 환경으로서 경쟁자, 공급자, 소비자, 노동조합, 지역사회 등이 이에 포함된다.

CHAPTER

06

경영계획과 경영전략

Management of BOBOs

Management of BOBOs

1. 계획화의 정의
2. 목표관리(MBO : Management by Objectives)
3. 전략
4. 전략 수립의 모델

경영계획과 경영전략

Chapter 6

보보의 경영학
Management of BOBOs

BOBOS 뼈다귀

사랑받는 기업

빠르게 변화하는 21세기 경영환경에서 지속적인 성장을 이루기 위해서는 '사랑받는 기업'이 되어야 한다. 사랑받는 기업이란 고객, 동료, 파트너, 투자자 등 모든 이해당사자 집단의 이익을 전략적으로 정렬함으로써 모두에게 사랑받는 회사를 일컫는다. 사랑받는 기업은 사람들이 함께 비즈니스 하고 싶어 하는 기업이다. 또 함께 제휴를 맺고 싶은 회사이고, 그 안에서 일하고 싶은 기업이며, 투자하고 싶은 업체이다.

사랑받는 기업들이 이해당사자로부터 받는 애정과 충성도는 그대로 경쟁우위가 된다. 마케팅을 할 때도 직원을 뽑을 때에도 사랑받는 기업은 이 충성도의 혜택을 보고 있다. 사랑받는 기업들의 등장은 아담 스미스 이후 자본주의의 가장 근본적인 변화를 보여주는 사례이다. 변화의 핵심은 "기업들은 경제적인 성과뿐 아니라 인본주의적 성과에 대해서도 책임을 느끼고 있다"는 것이다. 인본주의적 기업들은 단지 주주를 위해서가 아닌, 사회를 위한 가치를 극대화시키고자 노력한다.

우리 사회는 '초월성의 시대'라는 새로운 시대에 진입했다. 사람들은 이제 단순히 그들이 갖고 싶은 물건을 늘리려고 하기보다 인생에 있어서 더 중요한 의미를 찾으려고 한다. 의미를 찾으려는 경향은 시장은 물론 직장에서의 기대치마저 변화시키고 있다. 우리는 의미를 찾는 것이 자본주의의 영혼을 바꾸는 것이라고 믿고 있다.

가치를 극대화시키는 기업들은 재무적인 가치는 물론이고 감성적인 가치, 경험적인 가치, 사회적인 가치도 만들어내고 있다. 이들과 비즈니스를 하는 사람들은 이들과의 거래가 안전하고도 안정되어 있으며 즐겁다고 느낀다. 그래서 그러한 기업과 함께 혹은 그 기업을 위해 일하고, 그 기업의 물건을 사고, 그 기업에 투자하고, 그 기업과 친해지는 것 자체를 즐기게 된다.

1990년대 마케팅 담당자들 사이에서 '고객의 지갑을 열어라'는 카피가 유행했었다. 이 표현이 바로 고객관계관리(CRM)의 주요한 메시지였다. 그러나 CRM은 감성과는 전혀 관련 없이 고객을 숫자로만 볼 뿐이다. 대다수의 기업들은 데이터를 통해 고객들을 이용하는 데에만 집중했다.

사랑받는 기업들은 다른 방식을 추구해왔다. 그들은 고객의 지갑이 아니라 마음을 얻기 위해 노력한다. 기업이 고객의 마음을 잡을 수만 있다면 고객은 기쁘게 지갑을 열 것이다. 직원들에게도 똑같이 하라. 그러면 그들은 생산성 향상으로 보답할 것이다.

사랑받는 기업은 모든 이해당사자 집단의 이해관계를 적극적으로 정렬시킨다. 한 집단의 이익과 다른 집단의 이익을 교환시키는 대신, 사랑받는 기업들은 각 이해당사자들의 목표가 동시에 만족될 수 있고, 다른 이해당사자들에 의해 오히려 강화될 수 있는 비즈니스 모델을 만드는 데에 심혈을 기울인다. 이런 시스템에 있어서 이 회사들은 높은 월급을 지불하며, 낮은 가격을 제시하고, 더 높은 수익성을 얻는 것과 같은, 겉으로 보기에 모순으로 가득 차 보이는 일들을 할 수 있는 것이다.

홀푸드는 이런 생각을 '상호의존 선언문'에 공식적으로 기록해 놓았다. 이 선언문은 이 기업의 이해당사자 집단 각각이 서로에게 상호의존하는 가족이라는 생각을 담고 있다.

사랑받는 기업 경영진들의 급여는 타사와 비교할 때 높지 않다. 코스트코의 공동 창업자이자 CEO인 짐 시네갈의 연봉은 높지 않다. 35만 달러이다. 스탠더드&퓨어 선정 500대 기업에 드는 기업의 CEO들은 평균 1,175만 달러를 받는다. 그가 취임한 후 코스트코는 연 570억 달러의 매출을 기록했다.

할리데이비슨은 비공식적이기는 하지만 종업원 의견 수렴정책을 갖고 있다. 직원들은 언제든 최고위 임원을 만날 수 있다.

사랑받는 기업의 직원급여는 같은 업계와 비교할 때 월등히 높고, 직원교육에 많은 시간을 들이며, 직원이직률은 업계 평균보다 훨씬 낮다. 또한 기업은 고객이 완전히 만족할 수 있도록 직원들에게 자신이 할 수 있는 모든 권한을 부여한다. 사랑받는 기업은 고객과 직원들이 회사에서 인간적인 배려를 느낄 수 있도록 노력한다.

자료 : 라젠드라 시소디어의 '위대한 기업을 넘어 사랑받는 기업으로' 중에서(저자 수정)

BOBOS 뼈다귀

비비고의 성공전략

'만두로 미국시장을 제패하자.'

2000년대 초중반 한식의 세계화가 본격적으로 추진되던 시기, CJ제일제당의 승부수는 다름 아닌 비비고 브랜드의 만두제품이었다. 선뜻 이해하기 어려운 결정이었다. 정부는 물론이고 기업들도 김치, 비빔밥 등 누가 봐도 대표 한식메뉴로 꼽을 수 있는 식품의 세계화를 위해 노력했던 시기였다. 한식의 정체성이 약한 만두로 세계 시장을 노린다는 발상은 다소 생소했다. 게다가 첫 목표시장은 미국이었다. 상대적으로 진입장벽이 낮고 문화적으로도 가까운 동남아시아나 중국 대신 미국을 노렸다. 누구도 성공을 장담할 수 없는 도전이었다.

하지만 글로벌 1위 식품회사를 꿈꾸던 CJ제일제당은 자신들의 선택을 과감히 밀어붙였다. CJ제일제당은 한식의 정체성을 지니면서도 외국인들이 친숙하게 느끼는 음식부터 공략해야 성공할 수 있다고 판단했다. 밀가루 피로 채소와 고기 등을 감싸 찌거나 튀기는 음식은 세계 어딜 가도 있다는 점에서 만두에 대한 외국고객의 거부감이 적을 것으로 판단했다. 특히 미국은 세계에서 냉동식품 시장규모가 가장 큰 나라였다. 미국에서 성공해야 CJ의 '비비고' 브랜드를 세계인들에게 각인시킬 수 있다고 생각했다.

CJ제일제당은 미국 진출 10여 년 만인 2016년 매출 1,080억 원을 기록하며 현지 만두 시장 1위 자리에 올라섰다. 미국에서 쌓은 노하우는 중국, 베트남, 러시아 시장에 성공적으로 진출하는 원동력이 됐다. 여세를 몰아 2020년까지 만두로 글로벌 매출 1조 원을 돌파할 계획이다.

CJ제일제당은 현지 업체 인수합병(M&A)을 통해 빠르게 시장에 안착하려 했다. M&A를 하면 인수 대상 기업의 생산설비를 확보하는 것은 물론이고 현지 유통망까지 빠르게 장악할 수 있기 때문이다. CJ제일제당은 2007년 한국계 미국인이 운영하던 옴니푸드(Omni Food)를 인수했다. 미국 캘리포니아주 일대의 주요 대형마트에 냉동만두를 납품하던 업체였다. 지역에서 브랜드 인지도가 높았으며 하루 25만 개의 만두 생산이 가능한 업체였다. 옴니푸드를 통해 CJ제일제당은 미국 소비자를 효과적으로 공략할 수 있었다.

미국 시장에 안착한 후 베트남, 러시아 등에 새로 진출할 때에도 현지 만두 제조업체 인수를 통해 시장에 자리잡았다. 2016년 베트남에선 베트남식 만두인 '짜조' 판매 1위 업체인 까우쩨(Cautre)를 약 170억 원에 사들였다. 지난해 러시아에서도 러시아식 만두인 '펠메니'의 주요 생산업체인 라비올로(Raviollo)를 300억 원에 인수했다. CJ제일제당은 현지 업체 인수 작업을 진행할 때 M&A 전문가뿐만 아니라 만두 제품 전문가들을 투입했다. 통상 기업 인수 작업은 재무회계 및 법률 전문가들이 주도한다. 하지만 CJ제일제당은 만두 생산 전문가들이 참여해 인수 대상 업체의 브랜드 인지도, 유통망, 생산설비 수준 등 비재무적 요소를 면밀히 검토했다. 이를 통해 CJ가 보유한 만두 관련 기술력과 시너지를 낼 수 있는 업체를 효과적으로 선별했다.

고객의 혀끝을 사로잡기 위한 맛 현지화 전략도 주효했다. CJ제일제당은 현지 소비자들이 원하는 맛을 개발하기 위해 노력했다. 미국에선 건강을 챙기는 소비자가 많다는 특성을 감안해 만두소에 닭고기를 썼다. 아시아의 맛을 원하는 소비자 성향을 고려해 고수도 넣었다. 반면에 중국 소비자들은 부추를 싫어하는 경우가 많았다. 그래서 부추 대신 배추와 옥수수를 넣은 제품을 만들었다. 러시아의 비비고 만두에는 돼지고기 대신 쇠고기가 많이 들어간다. 쇠고기의 맛과 향을 좋아하는 러시아인의 입맛에 맞춘 결과다.

맛 현지화의 중심에는 CJ의 '글로벌 식품 R&D센터'가 있다. 센터 직원 총 23명 가운데 9명이 중국, 베트남, 미국 등 세계 각지에 파견돼 있다. 이들은 시장조사 등을 통해 현지인이 좋아하는 맛을 찾아내고 있다.

CJ제일제당은 비비고 브랜드가 지닌 강점과 정체성을 현지 법인에 녹여내기 위한 작업에도 심혈을 기울인다. 비비고 만두 생산 공정을 표준화해 세계 어디에서도 같은 품질의 만두를 만드는 데 주력했다. 일례로 CJ는 광학선별 기술과 칼로 고기를 다지는 공법을 모든 현지법인이 활용하도록 했다. 식재료 처리 과정에서 광학센서 기술을 활용하면 오염물질을 보다 정확하게 걸러내 식품의 안전성을 높일 수 있기 때문이다. 또 고기를 칼로 다지는 공법을 활용해 보다 식감이 좋은 만두소를 만들도록 유도했다. CJ제일제당 인천 공장 직원들이 직접 해외 현지 공장으로 파견돼 생산공정 교육을 담당하기도 했다.

한국식 마케팅 방법도 효과를 톡톡히 봤다. CJ제일제당은 2011년 홍콩 유통회사 DCH와 합작법인을 세우고 중국 시장에 진출했지만 수년간 이렇다 할 성과를 내지 못했다. 유통망을 제대로 확보하지 못한 데다 중국 만두에 이미 익숙해진 소비자들의 마음을 돌리기가 어려웠기 때문이다. 위기를 타파한 것은 다름 아닌 한국 시식코너를 담당하는 CJ엠디원 '아줌마' 직원들이었다. 중국 마트에 급파된 이들은 특유의 적극성과 친절함을 무기로 현지 마트에서 시식활동을 주도했다. 이색적인 광경에 관심을 보인 현지 소비자들이 하나둘 비비고 만두를 맛보더니 장바구니에 한 봉지씩 담기 시작했다. 소극적이었던 중국법인 현지 인력들도 이 상황을 지켜본 후 시식 영업을 적극 펼쳐 판매량을 늘려갔다.

자료 : 동아일보, 2018. 7. 18(저자 수정)

1 계획화의 정의

21세기의 경영환경은 산업의 구조가 급변하고 경쟁기업들의 시장진입과 퇴출이 빠르게 진행되기 때문에 불확실성이 매우 높은 상황적 특성을 지니고 있다. 전 세계적인 금융시장의 불안정성, 기후변화에 대응하기 위한 녹색성장, 원자재 수급의 불확실성 등과 같은 여러 요인들에 따라 기업을 지배하던 고전적 논리들이 흔들리고 있다. 그럼에도 불구하고 이러한 상황적 불확실성을 헤쳐 나가기 위해서는 전통에 근거하여 새로운 성장을 도출시키는 혁신의 중요성을 간과할 수 없다.

우리는 앞에서 보보를 통해 기업과 경영의 의미, 그에 따른 사회적 책임 등을 배웠다. 그것이 맛보기였다면 지금부터 우리가 들어갈 내용은 알짜배기라고 할 수 있다. 맛보기 없이 어딘가로 빠져 들어갈 수 없지만 아무리 훌륭한 맛보기였다고 할지라도 알짜배기 없이 100%의 과정을 마칠 순 없다.

경영과정의 핵심은 계획화(planning), 조직화(organizing), 지휘화(leading), 통제화(controlling)이다. 우리는 이미 맛보기 편에서 그 개략적인 내용들은 배우고 지나왔다.

"조직의 존재가치는 무엇인가요? 도대체 어떤 방식을 통해 경영되나요?"
보보가 맛보기편을 지나오더니 엄청 똑똑해졌다.
"기업은 무엇을 위해 존재하나요?"
"**^^**"

톨스토이는 '사람은 무엇으로 사는가?'라는 작품을 남겼다. '사람은 무엇을 위해 사는가?'로 바꿔 생각해보아도 무방할 것이다. 톨스토이는 이 책을 통해 인생이란 선에 대한 희구라고 보았다. 선이 인생의 목적이며, 사람은 모두 이 목적을 향해서 전진해야 한다는 것이다. 인간은 자기만을 위해서 살아서는 안 되며 남을 위해서, 인류 전체의 행복을 생각하면서 살아가야 한다. 이렇게 보았을 때 오히려 기업의 사회적 책임에 더 어울릴 듯도 싶다.

그러나 내재적 의미를 뺀 그 문구 그대로 '사람은 무엇으로 사는가?'

톨스토이가 행복, 선이라고 답했듯이 누구에게나 어떤 목적의식이 있다. 그것이 돈이 될 수도, 명예가 될 수도, 마음의 평화가 될 수도 있다. 그 경중을 판가름할 자격을 갖춘 사람은 아무도 없다.

기업도 마찬가지이다. 기업은 '무엇으로 사는가'라는 가치보다는 '무엇을 위해 존재하는가'라는 가치가 기업의 생존과 성장을 좌우하는 시대가 도래했다. 조직은 일정한 목적을 가지고 움직인다. 그 목적은 조직의 전체를 움직이게 하는 에너지 원인 동시에 출발선인 것이다. 따라서 계획화 과정에 따라 조직화, 지휘화, 통제화의 과정이 원활히 움직여주고, 구체적인 활동의 범위들이 결정된다. 따라서 계획화의 필수적인 기능은 조직의 기본적 방향을 제시해주는 것이다. 올바른 방향성의 제시에 따라 미래에 대한 불확실성을 최소화시킬 수 있고, 그런 과정을 통해 자원의 중복이나 낭비를 최소화시킬 수 있다. 더불어 마지막 과정까지의 통제에 대한 기준을 확보할 수 있기 때문에 매우 중요한 과정 중의 하나이다.

"보보, 엄마가 주는 밥을 기다리는 강아지가 될래 아니면 찾아나서는 강아지가 될래?"

▮그림 6-1▮계획의 유형과 범위

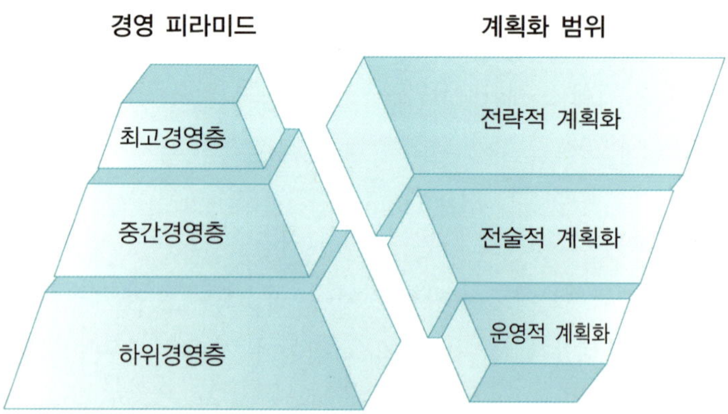

2 목표관리(MBO : Management by Objectives)

매슬로우적인 가치에 의하면 인간의 욕구가 최상위에 도달했을지라도 자기실현을 할 수 있는 동인을 계속해서 제공해주면 상위수준의 유지가 가능하다. 이러한 맥락에서 1950년대 후반에 아지리스가 '직무확대'를 제안했고, 1960년대에는 맥그리거가 '목표에 의한 관리', 허즈버그가 '직무충실화'라는 개념을 제시했다.

경영이론에서의 MBO는 1954년 피터 드러커에 의해 최초로 제안되었으며, 이는 목표실징에 참여함에 기반을 둔 포괄적인 경영시스템이다. 전통적인 경영에서의 목표설정에서는 최고경영층이 일방적으로 목표를 설정하여 기업의 각 계층을 통해 하위목표를 설정하고, 이를 종업원에게 전달하는 과정을 거쳤다. 그러다 보니 실제 현장에서 업무에 종사하는 종업원들은 기업이 추구하는 목표라는 것과 거리감이 있을 수밖에 없었다. 그러나 목표관리에서는 목표의 설정이 하향식뿐만 아니라 상향식 방식으로도 이루어진다. 물론 목표설정이 최고경영층에서 시작하여 하위경영층으로 내려오기는 하지만 하위경영층이 부분목표를 설정하는 데 함께 참여하는 방식도 가능하다. 그러다 보니 부하들의 참여도가 높아지는 것이 가장 큰 장점이다.

"사람은 원래부터 선한가? 아니면 악한가?"

보보는 고개를 기우뚱한다. 너무 어려운 질문이었다. 보보는 사람이 아니라 견공이기 때문이다. 이 질문을 이렇게 바꾸어보자.

"사람은 본래부터 일하기를 싫어할까? 아니면 좋아할까?"

맹자는 사람은 원래 선한 본성을 갖고 태어난다는 성선설을 주장했다. 그가 주장한 선은 '도덕적 이성'이다. 이 이성이 인간 사회를 이끌어 나가야 한다고 보고 있다. 서양에서는 '에밀'을 지은 루소가 성선설을 주장한 사람이다. 그는 대개 자연으로부터 온 것은 반드시 참되고 선하다고 주장했다. 그 반대로 순자는 성악설을 주장한 사람이다. 그는 사람은 본디 악하다고 했다. 성선설에 의하면 인간은 일하기 좋아하는 존재이고, 성악설에 의하면 인간은 일하기 싫어하는 존재이다.

그럼 왜 보보에게 그런 질문을 했는가?

맥그리거는 그 유명한 XY이론을 발전시킨 학자이다. 그는 경영이론에 성선설과 성악설의 관점을 도입했다. XY이론에서 말하는 X론적 인간이란 순자가 본 것처럼 '악한' 사람이다. 그리고 Y론적 인간이란 맹자가 본 것처럼 '착한' 사람이다. 그렇기 때문에 Y론적 인간은 일을 통해서 만족을 얻고, 별다른 통제가 가해지지 않아도 스스로 알아서 일을 잘 처리하는 성취지향적이고 미래지향적인 사람이다. 맥그리거는 Y론적 인간에 입각하여 '목표에 의한 관리'를 제안했다. 목표에 의한 관리를 통해 조직의 목표와 개인적 만족을 양립시킬 수 있다고 믿었기 때문이다. 왜 Y론적인 관리자가 성공적인 MBO 프로그램을 관리할 기회를 더 많이 얻는지 생각해 보자. 목표에 의한 관리는 구성원이 좀 더 자기실현욕구에 다가가도록 돕는다. 조직에 이런 사람만 있다면 이런 이론을 정리할 필요조차 없겠다.

바로 이 MBO가 맥그리거의 XY이론 중 Y이론이 발전한 개념인 것이다. 기업의 목표와 개인의 목표를 합치시키도록 만들어 종업원의 근로의욕을 향상시켜 기업의 목표달성에 이바지할 수 있도록 하자는 것이다. 그러기 위해서 구체적 목표를 부하와 상사가 함께 결정하고, 이를 바탕으로 달성한 목표를 통해서 부하의 성과를 평가하고, 이를 기준으로 보상을 하고자 하는 것이다. 즉, 목표설정과정을 체계화 함으로써 관리의 효율성을 제고하기 위한 기법이라 할 수 있다.

표 6-1 목표관리의 강점과 한계

강점	한계
• MBO는 계획과 통제를 합리적 경영시스템으로 만든다. • MBO는 최고계층에서 하향층까지 목표의 계층을 개발하도록 만든다. • MBO는 좋은 의도나 개성보다는 오히려 좋은 결과에 강조점을 둔다. • MBO는 목표설정시 종업원의 참여를 통해서 개인의 동의와 자기관리를 부추긴다.	• MBO라는 주제로 너무 자주 설득당한다. • MBO는 권위주의적인 관리자(X이론)나 완고한 관료제 정책에 쉽게 굴복한다. • MBO는 너무 많은 시간과 노력을 요구하고, 너무 많은 서류작업을 양산한다. • MBO는 지나치게 열심히 일하는 관리자에 의해 위협으로 이용될 수 있는 측정가능한 목표에 강조점을 둔다.

MBO에서 의미하는 목표는 '객관적 현실에 대한 판단', 즉 '환경에 대한 분석을 전제로 하는 목표'에 의한 관리라는 점에서 '전략적 목표관리'라 할 수 있다. 전략적 목표관리는 목표 자체의 실현 가능성에 초점을 맞춘다는 점에서 유효성이 큰 방법이라고 할 수 있다.

스티븐 코비는 의지가 관여된 목적이라고 하더라도 실현가능성을 높이기 위해서는 영향도와 관심도를 구분하라고 제안한다. 흔히 관심을 갖는 일과 영향력을 행사할 수 있는 일을 혼동하는 경우가 많은데, 의지는 영향력의 범주에 한정하여 더해질 때 그 실현가능성을 높일 수가 있기 때문이다. 그러므로 '내가 하고 싶은 일'과 '내가 할 수 있는 일'을 명확하게 구분하는 능력이 필요하다.

나아가 실효성이 있는 목적과 목표를 설정하기 위해서는 전략수립절차를 충분히 인식하고 따라가는 것이 필요하다. 전략적 목표수립절차는 외부환경의 분석으로 기회와 위협을 도출하고, 주체적 역량을 분석하여 강점과 약점을 분명히 한 다음 목표를 설정하는 과정이다.

첫째, 외부환경분석은 고객과 경쟁자에 대한 분석으로 구성된다. 주로 고객분석에서 기회가, 경쟁분석에서 위협요소가 도출된다. 이 경우 주의할 점은 경쟁을 이해하는 기본적인 관점이 경쟁배제에 있는 것이 아니라 경쟁을 전제로 한 지속적 우위에 있다는 것이다.

둘째, 주체적 역량분석은 자신의 역량에 대한 강점과 약점을 분명히 파악하는 것이다. 여기서 유념할 부분은 자신의 잠재적 가능성에 대한 자각이다. 왜냐하면 목표란 잠재적 역량에 근거해야 실현가능성이 높아지기 때문이다.

기회(Opportunity), 위협(Threat), 강점(Strength), 약점(Weakness)을 분석하여 도출되는 과제들을 통합하는 핵심적 과제가 전략적 목표가 된다. 이 전략적 목표는 기본적으로 SMART의 조건을 충족시켜야 한다. 목표는 구체적이고(Specific), 측정가능하면서도(Measurable), 도달가능하고(Achievable), 결과지향적이며(Result-Oriented), 상황의 변화가 반영되어야(Time-Bounded) 전략적 목표라 할 수 있다.

표 6-2 MBO의 정의

드러커	조직의 목표를 위해서 각 직무를 지휘하는 과정
맥그리거	조직목표와 종업원만족을 통합하려는 경영층의 전략적 계획수립과 결과수행
험블	기업이익과 성장목표, CEO 개인의 발전과 공헌욕구를 통합하는 시스템
라이아	사전행동방식을 반영하는 경영철학 일련의 상호의존적이며 상호관계적인 단계로 이루어지는 과정

자료 : P. Mali, *MBO updated : A Handbook of Practices and Techniques for Managing by Objectives*, John Wiley & Sons, 1986.

BOBOS 뼈다귀

목표관리의 구성요소

■ 목표설정

- S(Specific) : 사실에 근거하여 누구나 이해할 수 있는 구체적인 목표
- M(Measurable) : 달성 정도를 정확하게 정량적·정성적으로 측정가능한 목표
- A(Alignment) : 조직전체, 소속부서, 개인의 사명 및 비전과 관련하여 정합성 있는 내용의 목표
- R(Result-controlled) : 피평가자가 통제가능하며 수용할 수 있는 내용 및 수준의 목표
- T(Timely) : 환경 및 상황의 변화가 반영된 목표

(ex) 바람직한 목표

1년 안에(T) 사료, 수제간식 등 애완용품의 판매액을(M) 현재 전체 판매액의 20% 수준으로(R) 증가시켜 시장의 안정성을 확보한다(A, S)

■ 부하참여

- 목표설정 시에 부하를 참여시키면 부하의 참여도와 만족도가 훨씬 높아진다.
- 목표설정방식은 ① Top-down ② Bottom-up ③ Middle-up-down 등이 있다.

■ 피드백

- 부하와 상사가 함께 목표달성 정도와 절차를 주기적으로 검토·평가하여 문제점과 해결책을 찾아낸다.
- 구성원의 이해를 구하고, 상호신뢰를 창출한다.
- 중간점검 후의 최종평가는 종합적 관점에서 이루어진다.

목표관리 앱

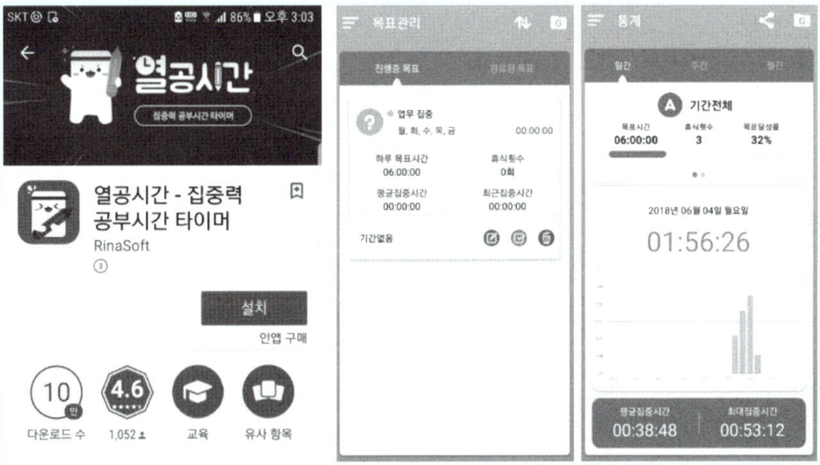

'열공시간'은 목표설정과 시간관리를 도와주는 앱이다. 10만 다운로드를 기록했다.

열공시간은 목표를 설정하고, 해당 목표를 수행하는 시간을 타이머로 기록한 후 통계를 보여주는 앱이다. 목표시간, 기간, 시작시간을 설정할 수 있다. 집중시간에 대한 통계가 나오니 나의 집중 업무시간 파악에 도움이 된다. 또한 적절한 휴식과 함께 집중 업무시간을 확보하여 시간 활용성을 향상하는 데 도움이 된다.

목표를 선택하고 시작하면 타이머가 시작된다. 중간 휴식시간에 중지버튼을 누르면 타이머가 중지되고, 재시작도 가능하다. 앱 화면을 닫아도 바탕화면에 위젯을 제공해서 타이머를 계속 체크할 수 있다. 위젯으로 타이머 정지와 시작도 가능하다. 유료 버전에서는 목표마다 타임테이블 설정도 가능하다.

시간관리 앱으로 활용성이 높은 앱이다. 목표를 설정하고 목표달성의 성취감도 느낄 수 있다. 집중도를 향상시키고 실질적인 업무, 공부시간을 측정하기 위한 용도로 활용도가 높으며 학생, 수험생의 공부시간 관리에도 유용하다.

자료 : IP&TECH

BOBOS 한 말씀

목표에 정성을 쏟으면 목표도 그 사람에게 정성을 쏟는다.
계획에 정성을 쏟으면 계획도 그 사람에게 정성을 쏟는다.
무엇이든 좋은 것을 만들어내면 결국 그것이 그 사람을 만드는 법이다.

– 짐론 –

BOBOS 책 **전략이 좋은 기업, 목적이 좋은 기업 중 어느 기업이 승리할까?**

넷플렉스는 아주 단순한 아이디어에서 출발했다. 우편배달을 통해 DVD와 비디오를 미국 전역에 배달한다는 아이디어였다. 당시 미국의 주류 비디오 대여점이던 블록버스터는 미국 전역에 9,000개가 넘는 영업점을 두고 있었다. 당시만 해도 비디오테이프를 우편으로 배달한다는 개념은 대단히 급진적이었다. 넷플릭스 설립자들은 영화가 개봉되고 6주 후에나 나오는 비디오를 편당 40달러나 주고 대여해야 한다는 사실에 불만을 품고 이 사업을 시작했다고 말한다. 하지만 이 이야기는 영리한 마케팅 전술에 지나지 않는다. 넥플릭스의 창업자들은 이미 성공한 기업인들이었으며, 애초부터 그들은 '아마존과 같은' 기업을 원했다.

당시 미국시장에서는 비디오테이프가 주류였고 DVD는 드물었다. 그들은 DVD가 더 낮은 가격에 더 좋은 기술을 제공할 수 있다고 봤다. 넷플릭스는 DVD의 보편화를 위해 DVD 제조업자와 판매업자들과도 협업했다. 넷플릭스가 출범하자 사람들은 넷플릭스 모델을 선뜻 수용했다. 온라인으로 어마어마하게 다양한 영화를 제공하는 데다 주문과정도 신속하고 저렴한 가격으로 시스템을 이용할 수 있었기 때문이다. 2000년에 블록버스터 비디오 체인점은 넷플릭스의 500배가 넘는 규모였기에 넷플릭스의 위협을 대수롭지 않게 생각했고 더디게 대응했다. 블록버스터와 넷플릭스는 10년간 긴 싸움을 벌였고 마침내 블록버스터의 부도로 결말이 났다. 이 사건은 다윗이 골리앗을 이긴 사례로 남았다.

넷플릭스는 꾸준히 성장했고 온라인 스트리밍 영화와 TV 사업분야에서 8,300만 명의 독자들을 거느린 세계 최고의 기업이 됐다. 오늘날 넷플릭스는 드라마를 제작하는 제작업체로 급격히 성장하고 있다. 성장과정에서 큰 위험을 감수했던 넷플릭스는 이제 세계에서 독보적인 미디어 업체로 자리매김하고 있다.

넷플릭스는 직원들에게 자율권을 최대한으로 주어야 한다고 믿으며, 업무실행능력에서도 매우 높은 기준을 요구한다. 넷플릭스는 직원들이 업무방식을 자유롭게 정하도록 하는 정책을 갈수록 강화하고 있다. 예를 들면, 직원들에게 휴가기간을 정해주던 방침을 없앴다. 직원들은 이제 원하는 시기에 원하는 만큼 휴가를 가질 수 있다. 이런 업무모델을 만드는 데 중요한 요소는 제대로 된 직원을 고용하는 것이다. 직원에게 동기와 능력이 부족하다면 자유와 책임감은 별 의미가 없기 때문이다.

넷플릭스는 앞으로 나아가는 특별한 인재만을 확실하게 데리고 가고, 평범한 사람들은 회사에 두지 않는 체제를 개발했다. 이는 대부분의 기업이 정반대 상황으로 가기 때문에 힘들어 하고 있다고 보기 때문이기도 하다. 넷플릭스는 역량이 부족한 사람만 해고하는 것이 아니라 평균인 사람들도 해고한다. 직원들의 재능과 역량이 경쟁시장에서 승리를 결정짓는 요소라고 믿기 때문이다. 또한 역량이 뛰어나고 헌신적인 동료들과 함께 일하는 경험이야말로 회사가 직원들에게 줄 수 있는 가장 좋은 업무환경이라고 믿는다.

이러한 기업문화에서 개인역량의 중요성은 인재경영방침 전반에 걸쳐 영향을 미친다. 최근 넷플릭스는 자녀를 낳은 직원에게 1년간 아무 제한 없이 휴가를 주는 제도를 도입했다. 집에서 자녀와 시간을 보내고 싶어 하는 직원은 누구든 이 유급휴가를 신청할 수 있다. 넷플릭스는 이 프로그램이 뛰어난 인재들을 회사에 영입하고 남아있게 하는 장치라고 말한다.

넷플릭스가 바라는 바는 명확하다. 뛰어난 인재가 뛰어난 업무수행능력을 발휘하는 것이다. 노력은 중요하지 않다. 의도도 중요하지 않다. 결과가 중요할 뿐이다. 넷플릭스의 방식은 치열한 노동시장에서 재능 있는 사람을 영입할 때 더욱 경쟁력이 있다.

직원들의 재능과 역량에 대한 넷플릭스식 접근법은 리드 헤이스팅스의 이야기에 잘 요약되어 있다. 젊은 시절 그는 기술 관련 신생업체에서 엔지니어로 일했다. 늘 업무에 시달리느라 커피컵을 씻어둔다든지 하는 기본적인 일들은 소홀히 했다. 그래서 그의 책상에는 늘 컵들이 잔뜩 쌓여있었다. 그런데 주말이 되면 누군가 그 컵들을 가져가 깨끗하게 설거지를 해서 제자리에 두곤 했다. 헤이스팅스는 관리인이 그러는 거라 생각했다. 그렇게 1년이 지난 어느 날 일 때문에 새벽 5시에 출근한 그는 우연히 회사 CEO가 화장실에서 설거지를 하고 있는 광경을 봤다. 깜짝 놀란 그는 CEO에게 매주 자신의 커피잔들을 설거지해준 사람이 사장님이냐고 물었다. CEO는 그렇다고 했다. 헤이스팅스가 너무 열심히 일하고 철야도 많이 해서 도와주고 싶은 마음에 그런 것이라고 했다. 헤이스팅스는 사소하지만 따뜻한 배려에 감동을 받아 그 CEO를 세상 끝날 때까지 따르겠노라고 결심했다고 한다. 바로 여기에 이 이야기의 핵심이 있다. 현재 헤이스팅스는 이 핵심을 그의 회사에 적용하고 있다. 직원들에게 더없이 좋은 상사였던 그 CEO는 고객들을 매료시킬 만한 제품을 만드는 데는 영 소질이 없었다. 헤이스팅스가 얻은 교훈은 직원들의 기술도 중요하지만 기업이 성공하는 데 정말 중요한 것은 현명한 판단이라는 것이다. 헤이스팅스는 자기 자신과 경영진에게 이렇게 묻는다. '회사의 성장에 필요한 것은 무엇이며 앞으로 나아가기 위해서는 어떤 결정이 필요한가?'

자료 : 로버트 브루스 쇼의 '익스트림팀' 중에서(저자 수정)

BOBOS 문제

보보는 일을 열심히 하는 일중독자이다. 그러다 보니 다른 동료들이 자신만큼 열심히, 빠른 속도로 일하지 못하는 것이 불만이다.

이번에 맡은 프로젝트도 팀단위의 협동심이 강조되는 업무이다. 함께 일하는 동료들로부터의 피드백과 도움이 있어야만 한 단위의 업무에서 다른 업무로 넘어갈 수 있다. 그런데 설상가상으로 다른 팀이 해결하지 못한 프로젝트까지 맡게 되었다. 보보는 업무가 너무 많아져서 걱정되고, 다른 동료들로부터 원하는 만큼의 지원을 받지 못해 초조하다. 어떤 문제가 보보에게 더 심각한 문제일까?

3 전략

1) 전략의 개념

전략은 희랍어의 'strategos'가 그 어원이다. 군대를 의미하는 Stratos와 이끈다(lead)는 의미를 가진 -ag가 합쳐진 용어이다. 그러므로 전략은 군사를 이끈다는 뜻을 가지고 있으며, 장군이 발휘하는 기법을 의미하고 적을 쳐부수는 계획을 의미하는 단어이다. 전략은 광의로는 전쟁의 목적을 달성하기 위하여 한 나라의 군사와 경제 및 정치를 비롯한 모든 자원을 이용하는 기술이다. 이것은 근대에 확립된 개념으로서 오늘날의 전쟁에서는 군사 및 경제자원을 총동원할 필요가 있다는 것을 반영한다.

전략은 1700년대 후반까지는 주로 군사조직에서만 사용되었다. 이 용어가 처음 쓰이기 시작한 18세기와 19세기 초에는 전투를 계획하고 지휘하는 기술과 전투부대를 이동하고 배치하는 기술을 의미했다. 전략은 전술과 구분된다. 첫째, 전략은 전쟁의 전반적인 국면을 다루고 전쟁에서 이기기 위해 전투를 어떻게 이용할 것인가에 관심을 갖는 반면, 전술은 주로 전투에서 이기기 위해 병력과 장비를 어떻게 이용할 것인가에 관심을 갖는다. 둘째, 전략은 전투의 준비행위로서 이 병력을 유리한 위치에 배치하는 문제를 다루는 반면, 전술은 전쟁터에서 병력을 다루는 문제와 관련되어 있다. 그러므로 전략은 거시적인 관점, 전술은 미시적인 관점이라 볼 수 있다.

제2차 세계대전 이후 군사적 개념이던 '전략(Strategy)'이 경영에 도입되어 널리 확산되었다. 전략이 전술과 함께 군사·전쟁용어로서 경제학에 처음 등장한 것은 1941년 노이만(J. Von Neuman)과 모겐스텐(O. Morgenstern)에 의한 'Theory of Games and Economic Behavior'였으며, 다시 경영학에 보급된 것은 제2차 세계대전 후인 1950년대였다. 제2차 세계대전 이후 현장관리 위주의 기계적이고 수동적인 경영방식에서 탈피하여, 능동적으로 목표를 설정하고 이에 따라 경영을 조직화하는 전략경영이 태동했다. 경영학자 앤소프는 기존 군사전략에서 활용되던 개념들을 기업경영 수준에서 재정립하여 '전략경영'의 종합적 체계를 확립했다. 특정한 시장을 둘러싸고 소수의 경쟁사들이 각축을 벌이는 마케팅 분야에서도 군사전략의 교훈을 수용하려는 움직임이 활발히 전개되고 있다. 1980년대에 코틀러 등은 마케팅과 군사전략의 유사성에 주목하여 마케팅 전쟁이론(Marketing Warfare Theory)을 유행시켰다.

보보는 말한다.
"그러면 전략은 싸움하는 방법을 잘 알려주는 교과서이겠네요?"
"그렇다고 볼 수 있지. 전쟁에서 병법이 필요한 것처럼 기업경영에서도 목표설정과 그 과정에서의 배분은 무척 중요하거든. 손자병법도 오늘날 경영이론으로 재해석되고 있지 않은가"

보보의 주장처럼 전략은 싸움질하는 방법을 알려주는 매뉴얼이다. 우리는 아이러브보보스를 운영하면서 한 해에 얼마를 목표수익으로 잡을 것인지 결정하고, 이에 따라서 어떤 종류의 사료를 전략상품으로 선택할 것인지, 시장진입과 원제품확보 등에 나름대로 얼마의 경비를 지출할 것인지 진지하게 고민했었다. 바로 이것이 전략인 것이다.

경영학에서의 전략은 기업이 기본적·장기적 목표를 설정하고, 이들 목표달성에 필요한 행동과정의 선택과 자원배분을 결정하는 것을 의미하는 중요한 과정이다. 즉, 환경의 변화가 자사에게 미치는 기회와 위협이 무엇인가를 알아내고, 자사의 강점과 약점을 파악하여 경쟁우위를 확보하고, 환경변화를 자사에 유리하도록 이끌어나가는 포괄적이고 통합적인 계획활동인 것이다.

표 6-3 주요 학자의 전략의 개념 구분

챈들러	• 전략이란 기업의 장기적인 목표의 결정과 그 목표를 달성하기 위한 행동을 결정하고 경영자원을 배분하는 것이다.
포터	• 경쟁시장에서 유리한 경쟁우위를 유지하기 위한 노력이다. • 경쟁우위를 확보하기 위한 수단이다.
톰슨	• 목표달성을 위한 경영자의 행동으로 기업가적, 경쟁자적, 기능적 영역에서 어떤 접근방법과 행동을 취해야 할 것인가를 구체화하는 것이다.
쿤츠	• 포괄적 목적을 달성하기 위한 전반적 행동계획과 자원의 전개이다.
퀸	• 조직의 목적, 방침, 행동에 이르는 일련의 것들을 포괄적 전체로 통합하는 계획이다.
호제트	• 포괄적 기본목적의 달성을 위해 제자원을 전개함에 있어서 사용된 일반적 행동계획이다.

2) 전략의 수준

보보는 전략을 싸움질이라고 명명했다.

싸움질에도 여러 가지가 있다. 큰싸움질이 있고, 작은 싸움질이 있고, 그보다 못한 것들도 있다. 동네 골목에서의 코흘리개 아이들의 싸움질에서는 골목대장이 판가름 나고 그 결과 여하에 따라 딱지치기 순서가 정해진다.

마찬가지로 전략의 수준을 논할 때 그 시야와 범위와 내용의 중요도에 따라 크게 세 가지로 구분된다. 기업전략(corporate level strategy), 사업전략(business level strategy), 기능별전략(functional level strategy)이 그것이다.

이외에 하나를 더하여 4가지 수준으로 구분하는 논자들은 대부분 가장 높은 수준인 기업전략보다 더 상위전략인 '사회전략(societal strategy)'을 추가하고 있다. 이는 초기업전략, 국제적 전략 등으로 불리며 기업과 그의 외적 환경과의 관계에 관련된 것이고, 기업의 시민권, 사회적 책임과 윤리 등의 광범위한 문제를 다루는 전략이다. 앞서 논의했던 부분과 중복되니 다시 논의하지 않기로 하겠다.

BOBOS 뼈다귀

칼레의 시민들

로댕의 '칼레의 시민들'

14세기 백년전쟁 당시 영국군에게 포위당한 프랑스의 도시 '칼레'는 1년 가까이 영국의 거센 공격을 막아내지만 절망적인 상황 속에서 끝내 항복을 하게 된다. 그러자 점령자는 도시의 시민대표 6명이 목을 매 처형당해야 한다는 것을 항복의 조건으로 제시했다.

광장에 모여 소식을 전해들은 칼레의 시민들은 웅성거렸다.

"아니 도대체 누가 죽으려고 자청한단 말인가?"

"그래도 그들만 죽으면 나머지 사람들은 살 수 있는 거잖아!"

순식간에 혼란에 빠진 광장의 시민들 속에서 천천히 자리에서 일어나는 한 사람이 있었다.

"내가 그 여섯 사람 중 한 사람이 되겠소!"

그는 칼레시에서 가장 부자인 '외스타슈 드 생 피에르'였다. 그는 말한다.

"자 칼레의 시민들이여…나오라…용기를 가지고…"

그러자 뒤이어 다섯 사람이 교수형을 자처하고 나섰다. 그들은 시장, 상인, 법률가 등 부유한 귀족들이었다. 그렇게 대신 죽을 여섯 명이 결정된다.

그리고 다음날 아침 일찍 모인 여섯 명의 자원자들은 칼레시와 칼레의 시민들을 구하기 위해 점령자의 요구대로 속옷 차림에 목에는 밧줄을 걸고 교수대를 향해 무거운 발걸음을 옮긴다. 그러나 이들이 처형되려던 마지막 순간에 임신한 왕비의 간청을 들은 영국왕 에드워드 3세는 죽음을 자처했던 시민 여섯 명을 살려주게 된다.

이후 이 짧은 이야기는 한 역사가에 의해 기록이 되고 여섯 시민의 용기와 희생정신은 높은 신분에 따른 도덕적 의무인 '노블레스 오블리주(noblesse oblige)'의 상징으로 지금까지 이어져 내려오고 있다. 그리고 그로부터 550년이 지난 1895년 오귀스트 로댕의 작품으로 재현된다.

자료 : 지식채널e

▮그림 6-2▮ 전략의 구성

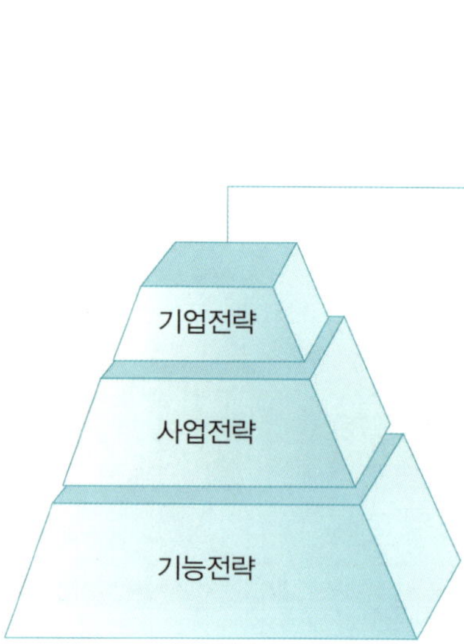

표 6-4 전략의 내용

기업전략	• 참여하기를 원하는 사업의 종류, 사업을 택하는 방법, 여러 사업부문 사이의 자원배분 등에 관한 의사결정을 내리는 것
사업전략	• 각 사업부를 어떻게 운영함으로써 기업전략을 뒷받침하게 할 것인가에 관련된 전략 • 경쟁사와의 경쟁방법, 시장에 공급할 제품과 서비스의 종류, 목표고객, 여러 활동에의 자원배분 등에 관한 것
기능전략	• 생산 · 마케팅 · 인사 · 재무 등 각 개별기능부문에서의 의사결정

한 사업만을 운영하는 단일사업기업, 즉 단일의 전략적 사업기업(single SBU firm ; strategic business unit)과 여러 개의 복수사업을 운영하는 복수의 전략적 사업단위기업(multiple SBUs firm) 간의 전략은 서로 다르게 전개된다.

한 제품이나 서비스 계열에만 초점을 두고 있는 소기업에서는 기업전략이 전사업을 좌우하고, 이 전략은 하위계층에서 기능별전략에 의해 수립된다. 그러나 대기업과 여러 산업에 참가하고 있는 기업에는 기업전략과 기능별전략 사이에 사업부 또는 전략적 사업단위라 하는 조직단위전략이 추가적으로 요망된다.

▮그림 6-3▮ 전략의 수준

BOBOS 책 한국, 밖으로 뛰어야 산다

오늘날 우리 경제는 10년 전 IMF 외환위기 때와는 비교할 수 없을 정도로 크게 발전했다. 우리에게 유리한 요건이 된 환율의 영향도 부인할 수 없겠지만 무엇보다 꾸준한 투자와 노력으로 세계적 수준에 오른 우리 제품의 품질과 기술력이 큰 힘을 보태고 있다. 게다가 부채 없는 경영으로 극심한 불경기에도 버틸 수 있는 체력이 갖추어진 점, 한류, IT 기술 등을 기초로 더욱 커진 한국 기업의 브랜드 파워 등도 무시할 수 없다. 여기에 지난 IMF를 이겨낸 우리의 위기극복 능력과 공격적인 시장개척 능력과 같은 새로운 경쟁력들이 더해지면서 지난 외환위기 때와는 전혀 다른 여건이 형성되고 있다. 확실한 신념과 희망만 잃지 않는다면, 난관을 뚫고 나가려는 의지와 노력만 있다면, 지금의 위기를 역전의 기회로 삼을 수 있다는 희망이 싹트고 있다.

역샌드위치는 과거 샌드위치의 반대 개념인 동시에 영원히 따라잡을 수 없을 것 같았던 일본 제품을 이제는 기술과 품질로 따라잡을 수 있다는 것을 뜻하는 말이다. 또한 영원히 경쟁이 안 될 것이라 여겼던 중국 제품의 저가 공세를 이번 경제위기로 충분히 극복할 수 있게 되었음을 의미하는 말이기도 하다. 즉 과거 일본과 중국 사이에 끼어 우리의 입지를 찾지 못하던 상황에서 벗어나 이제는 일본과 중국을 뛰어넘고, 더 나아가 세계시장에도 활용될 수 있는 현상이 역샌드위치인 셈이다.

남다른 '극성'을 다른 나라 사람들에게서도 찾을 수 있을까? 나는 이것은 오직 한국인의 피에만 흐르는, 한국인의 DNA에서만 찾을 수 있는 특질이라고 본다. 일단 한번 부딪혀 보자는 과감성, 안 되는 것도 되게 하는 불사조 정신, 한번 시작한 일은 죽기 살기로 매달리는 철저함에서 비롯되는 한국인 특유의 극성이 세계시장에서도 통한 것이라 믿는다.

그렇다면 이제 우리는 기술수준을 향상시킨 중국산 고급 하이테크 제품 및 중저가형 일본 제품과 함께 경쟁해야 할 것인가? 가능성이 전혀 없지는 않다는 것, 오히려 그 가능성이 점점 더 높아지고 있다는 것이 우리가 새롭게 직면한 위협이며, 이것이 바로 '역역샌드위치'로 불리는 경고라 할 수 있다. 기본적으로 기술적인 바탕을 가진 일본이 가격을 낮춰 오고, 낮은 가격을 무기로 한 중국이 점점 기술력을 치고 올라오면 그야말로 또다시 샌드위치 신세로 전락할 수도 있는 상황임을 모두가 인식해야 하는 시점에 와 있다.

세계시장에서 '중(中)' 자로 시작되는 세 곳이 있다. 바로 중국, 중동, 중남미시장이다. 이는 우리가 앞으로 전략적 비중을 높게 두어야 할 곳들이다. 이들 시장은 한파가 몰아친 글로벌 금융위기의 영향을 비교적 덜 받거나, 슬기롭게 이겨내면서 다른 지역에 비해 비교적 안정적인 성장세를 유지해 나가고 있다. 특히 돈 가뭄이 든 경제위기에도 이들 시장은 유독 돈이 몰리는 지역이었다는 점에 주목해야 한다.

자료 : 조환익의 '한국, 밖으로 뛰어야 산다' 중에서

BOBOS 한 말씀

경쟁자를 연구하라

- 빌 게이츠 -

3) 기업의 기본전략

"가끔은 뒤로 물러나 도망가고 싶은 생각이 드는데 그럴 땐 어떻게 하나요?"

"아주 좋은 질문이다. 늘 이길 수만은 없지. 때론 뒤로 물러서기도 하고, 타협하여 악수하기도 하고 하는 것이 인생사란다. 누군가 그런 말을 했지. 절벽을 올라가는 일은 내려가는 일보다 수월했다. 앞만 보고 두 손을 쓰고 갈 수 있기 때문이다. 그러나 어디서든 올라가는 일보다 내려가는 일이 더 어려운 법이다. 등산이 그렇고, 명성이 그렇고, 삶의 오르막과 죽음의 내리막이 그렇다. 기업사도 마찬가지다."

보보가 깨달은 것처럼 우리 대부분은 질주하기를 희망하지만 뜻대로 되지 않을 때 지금 그 자리에서 납작 엎드리고 이 파고가 지나가기를 기다려야 할 순간도 있을 것이며, 때로는 물러서야 할 아픔도 있을 것이다. 이것이 기업전략에도 그대로 적용이 된다. 그러니 기업사가 바로 인생사의 축소판이라 할 수 있는 것이다. 경영과 삶은 서로 닮은 꼴이다.

(1) 성장전략

성장전략은 매출액, 수익, 시장점유율 등을 증대시킴으로써 기업의 규모를 확대시키고자 하는 전략이다. 기업이 이윤을 증대시키면서 계속기업으로서 성장하기 위해서는 지속적인 성장이 수반되어야만 한다.

표 6-5 앤소프의 성장전략

		제품	
		기존	신
시장	기존	시장침투 (market penetration)	신제품개발 (new product development)
	신	시장개발 (market development)	다각화 (diversification)

① 집중적 성장전략

기존 사업에서 성과를 개선할 수 있는 새로운 기회를 찾아내기 위한 전략을 의미한다.

■ 시장침투전략(market penetration strategy)

시장침투전략은 다양한 마케팅 노력을 통해서 현재의 시장에서 현재의 제품이나 서비스를 통해 기업의 시장점유율을 증대하려는 시도를 의미한다.

예
- 기존에 아이러브보보스의 사료를 이용하던 견공들에게 특판행사를 통해서 더 많은 양을 구매하도록 유도한다.
- 경쟁사인 아이러브모모스의 사료를 이용하던 견공들에게 보보스의 사료를 무료로 나눠주면서 자사제품으로 입맛을 바꾸도록 유도한다.
- 사료를 먹지 않고 인간의 밥을 탐하던 견공들에게 차별화된 사료의 맛을 경험하게 하여 엄마에게 맛있는 사료를 사달라고 단식투쟁을 하도록 유도한다.

기존고객의 구매량을 증대시킨다.
경쟁사의 제품을 구매하는 고객을 자사고객으로 전환시킨다.
자사제품의 사용경험이 없던 고객의 사용을 유도한다.

■ 시장개발전략(market development strategy)

시장개발전략은 현재 고객에게 제공하고 있는 제품이나 서비스를 새로운 지역에 소개하는 것이다.

예 보보네 집에 놀러온 모모에게 새로 나온 사료를 먹어보라고 건네준다.

제품의 개념을 재인식시키는 등의 노력으로 새로운 판로를 개척하여 판매지역을 확장하는 것이다.

■ 제품개발전략(product development strategy)

제품개발전략은 기존의 시장에서 현재 제공하고 있는 제품이나 서비스를 개량하거나 수정하여 매출액을 증대하려는 시도 또는 신제품을 개발하려는 전략이다.

예 기존 보보스 제품들은 다이어트용 사료가 없었으나 팻다운 기능을 강화하여 품절남 또는 품절녀가 될 수 있도록 신제품을 개발하여 기존고객들에게 사용하도록 유도한다.

기존제품의 품질향상, 새로운 기능이나 디자인을 적용, 새로운 기술로 신제품을 개발한다.

BOBOS 신문

휘는 디스플레이에 군용 방탄복까지…

가볍고 유연하면서 철보다 단단하다. 2004년 등장해 꿈의 소재란 별칭을 얻은 벌집 모양의 육각형 2차원 나노탄소물질, 그래핀의 특성이다. 차세대 물질로 각광받았지만 대량 생산이 까다로워 산업현장 등에 활용하기에는 어려움이 많았다.

하지만 그 돌파구가 열리고 있다. 최근 국내외 기업과 의료진이 그래핀을 활용하기 위한 기술적 해법을 잇달아 내놓고 있다. 국내기업인 그래핀스퀘어는 성능 좋은 그래핀 대량생산 공정을 개발해 휘어지는 디스플레이와 단단한 군용 방탄복 소재를 만드는 데 성공했다. 그래핀스퀘어는 그래핀 대량생산장비 공급을 목표로 2012년 설립됐다.

그래핀스퀘어의 창업자인 홍병희 서울대 화학부 교수는 “휘어지는 디스플레이는 수분과 산소에 약하다”며 “그래핀을 쓰면 수분과 산소로부터 디스플레이를 보호할 수 있다”고 말했다. 그래핀스퀘어는 이렇게 확보한 안정성을 바탕으로, 마치 신문을 찍어내듯 폭 40cm 길이 100m의 평면 그래핀을 대량으로 만드는 기술을 확보했다. 특히 기존기업의 디스플레이 생산공정 중 사용되는 필름만 그래핀으로 바꾸면 되므로 적용하기도 쉽다. 현재 국내 기업과 성능을 검증 중이며, 검증을 통과할 경우 1~2년 안에 그래핀 디스플레이가 양산될 것으로 전망된다.

그래핀스퀘어는 그래핀 기술을 적용한 방탄복을 개발해 지난해 9월 말 미군과 약 6억 원 규모의 납품계약을 체결해 현재 납품 중이다. 그래핀은 여러 겹 쌓으면 두께에 비례해 견고해진다. 그래핀스퀘어는 그래핀을 1,000~5,000층 쌓아 총알을 막는 강도의 방탄복을 완성했다.

삼성전자는 이달 11일 경기 고양시 킨텍스에서 열린 2018년 나노코리아에서 ‘그래핀볼’로 불리는 그래핀 파우더(가루)를 이용해 리튬전지 효율을 높이는 기술을 개발하고 있다고 발표했다. 삼성은 그래핀을 리튬전지에 넣으면 용량이 45% 증가하고 충전 및 방전 효율도 늘어난다고 설명했다. 홍 교수는 “여러 연구팀이 실험실에서 확보한 기술”이라며 “시장에 적용되려면 현재의 리튬전지 생산 공정을 대체할 만큼의 경제성을 갖춰야 할 것”이라고 말했다.

바이오 분야에 그래핀을 응용하려는 연구도 활발하다. 단백질과 비슷한 크기의 나노물질을 설계해 생체분자를 조절하려는 시도가 대표적이다. 최근에는 그래핀을 이용해 파킨슨병을 치료할 수 있다는 사실이 동물실험에서 입증됐다.

미국 존스홉킨스의대와 서울대 공동 연구팀은 탄소와 산소 비율을 조절해 만든 ‘그래핀 양자점’으로 파킨슨병을 일으키는 노폐물 단백질인 ‘알파-시뉴클레인’의 결합을 막고, 이미 응집된 노폐물은 분해하는 데 성공해 학술지 ‘네이처 나노테크놀로지’ 9일자에 발표했다. 그래핀 양자점은 탄소섬유를 황산에 넣고 잘게 부순 뒤 물을 넣은 용액이다. 연구팀이 이를 세포에 주입하자 알파시뉴클레인이 뭉치지 못했을 뿐만 아니라 이미 뭉쳐져 있던 알파시뉴클레인이 풀려서 분해되는 것이 확인됐다.

이 연구는 그동안 한번 진행되면 되돌릴 수 없다고 알려진 치매나 파킨슨병을 치료할 가능성을 열었다. 연구팀은 현재 명확한 생체 내 메커니즘을 파악하는 중이며, 그래핀 양자점의 산소와 탄소 비율을 조절해 치매나 동맥경화 같은 각종 섬유조직화 질병을 치료하는 표적치료제로 개발할 계획이다.

자료 : 동아일보, 2018. 7. 20(저자 수정)

② 통합적 성장전략

통합적 성장전략은 동일산업 내에서 수직적 통합이나 수평적 통합을 통해서 기업의 매출액과 수익을 증대시키려는 전략을 의미한다.

■ 수직적 통합(vertical integration strategy)

수직적 통합은 생산과 분배의 연결과정에서 다른 단계에 있는 기업을 통합하는 전략이다.

- 후방통합(backward integration) : 생산과 유통의 연결과정에서 이전 단계에 있는 다른 기업을 통합(제조업체가 생산과 유통경로상 이전 단계에 있는 부품업체를 통합하는 경우), 공급업자의 소유와 통제의 증대
- 전방통합(forward integration) : 생산과 유통의 연결과정에서 이후 난계에 있는 다른 기업을 통합(이후 단계에 있는 중간상을 통합하는 경우), 소매업자의 유통경로의 소유와 통제의 증대

■ 수평적 통합(horizontal integration strategy)

수평적 통합은 생산에서 유통에 이르는 연결과정상 동일한 단계에 있는 다른 기업을 통합하는 것이다.

③ 다각화전략

웹스터사전에 의하면 "다각화란 제품의 다양성을 증대시키는 행동 또는 방침"이라

고 정의된다. 이는 현재의 사업과는 전혀 다른 사업에서 기회를 찾으려는 전략이다.

■ 집중적 다각화전략(concentric diversification strategy)

기존제품과 기술, 마케팅에서 시너지효과를 갖게 하려는 전략을 의미한다. 유사한 생산기술, 제품, 유통경로, 시장을 갖고 있는 기업을 매수하는 성장전략으로 유관다각화(related diversification)라고도 한다.

■ 컨글로머리트 다각화전략(conglomerate diversification strategy)

웹스터사전에 의하면 "컨글로머리트는 다양한 종류로 구성된 다양한 자원으로부터 만들어진 부분"이라고 정의된다. 그러므로 컨글로머리트 다각화는 기존기술, 제품, 시장과 전혀 관계가 없는 새로운 사업을 추구하는 전략을 의미한다. 전혀 관련이 없는 제품, 시장, 고객, 사업에로의 진출과 매수를 의미하는 개념으로서 무관다각화라고도 한다.

■ 수평적 다각화전략(horizontal diversification strategy)

수평적 다각화는 기존제품과 기술적 관련성이 없는 신제품을 개발하여 기존고객에게 소구시키려는 전략을 의미한다.

(2) 안정전략

안정전략은 정체를 의미하는 개념이 아니라 '느린 성장' 또는 '안정적 성장'을 의미한다. 기존의 규모를 유지하거나 서서히 성장하고자 하는 전략이며, 이러한 전략하에서는 기존시장과 기존고객을 대상으로 기존의 시장점유율을 유지하게 된다. 이는 아무 것도 하지 않는 전략이 아니라 전략을 계속함을 의미하는 전략이다. 그러므로 다소 소극적인 의미를 내포한다. 때문에 '중성전략(neutral strategy)'의 성격을 가지며, 여건이 나빠지면 축소전략을 취할 수밖에 없게 되거나 여건이 좋아지면 성장전략을 취하게 되는 중간지대를 의미한다. 따라서 장기적으로 접근하면 바람직하지 않은 전략에 속한다. 오늘날과 같은 급변하는 환경하에서는 과거와 동일한 방식으로 기업이 존속·성장한다는 것은 거의 불가능하므로 장기적으로는 매우 위험한 전략이다.

(3) 축소전략

축소전략은 방어전략(defensive strategy)이라고도 하며, '다운사이징(downsizing)', '구조조정(restructuring)' 등의 의미를 포함한다.

기업의 규모를 줄이거나 자산을 처분・청산하려는 전략이며, 비용절감을 통해 기업의 효율성을 제고하는 데 초점을 두는 전략이다. 경기침체, 경쟁심화, 해당산업의 쇠퇴 등과 같은 열악한 조건하에서 실행되는 방어적인 성격의 전략이다.

■ 우회전략

기업의 내적 축소를 의미한다. 기업의 재무상황이 좋지 않을 때 생산활동의 능률을 증대하기 위해 시도되는 전략이다. 인원교체, 자본지출 축소, 광고촉진비 절감, 신규인원채용 중지, 비용통제 등이 여기에 해당된다.

■ 포기전략

기업의 외적 축소를 의미한다. 하나의 기업 또는 기업의 한 부분의 매각 또는 포기를 의미하며 합병과 반대되는 개념이다. 우회전략으로서 문제를 해결하지 못하거나 성공하지 못할 때 사용된다.

■ 청산전략

기업의 외적 축소를 의미한다. 기업 전체를 매각하거나 해체함으로써 기업의 생존에 종지부를 찍게 된다. 여타의 모든 전략이 실패할 때만 동원되는 마지막 전략이다.

(4) 절충전략

앞서 언급한 성장전략, 안정전략, 축소전략 가운데 두 개 이상의 전략을 동시에 추구하는 전략이다

보보의 시

가지 않은 길(The road not taken)

노란 숲 속에 길이 두 갈래로 났었습니다
나는 두 길을 다 가지 못하는 것을 안타깝게 생각하면서
오랫동안 서서 한 길이 굽어 꺾여 내려간 데까지
바라다볼 수 있는 데까지 멀리 바라다보았습니다

그리고, 똑같이 아름다운 다른 길을 택했습니다
그 길에는 풀이 더 있고 사람이 걸은 자취가 적어
아마 더 걸어야 될 길이라고 나는 생각했었던 게지요
그 길을 걸으므로, 그 길도 거의 같아질 것이지만

그 날 두 길에는
낙엽을 밟은 자취는 없었습니다
아, 나는 다음 날을 위하여 한 길은 남겨 두었습니다
길은 길에 연하여 끝없으므로
내가 다시 돌아올 것을 의심하면서

훗날에 훗날에 나는 어디선가
한숨을 쉬며 이야기할 것입니다
숲 속에 두 갈래 길이 있었다고
나는 사람이 적게 간 길을 택하였다고
그리고 그것 때문에 모든 것이 달라졌다고

– 로버트 프로스트 –

BOBOS 한 말씀

전략이 없다면 방향없이 제자리를 빙빙 도는 키가 없는 배와 같다.
전략이 없다면 갈 곳을 잃은 떠돌이와도 같다.

– 조엘 로스 –

BOBOS 뼈다귀

인도로 가자

인도시장 공략해볼 만한 산업군

한국의 기 진출 산업 및 주요 산업, 유망 산업 등을 종합적으로 검토하여 총 6개의 인도시장 참여 가능 산업을 도출함.

	인도시장 현황			
	1차산업	2차산업	3차산업	4차산업
한국 기업의 기 진출 산업		자동차 전기전자 인프라·건설	물류 IT·통신 도·소매	
인도의 주요 산업	식품 제조·가공	자동차	IT·통신	
인도의 유망 산업	식품 제조·가공	자동차	전자 상거래	스마트 시티

자료 : 한국무역협회

13억 인구의 거대 시장인 인도를 둘러싸고 한국과 일본, 중국, 미국 등 글로벌 국가 간 경쟁이 뜨거워지고 있다. 우리 정부도 인도를 신남방정책 거점으로 지목하고 인도시장에 공을 들이기 시작했다.

한국무역협회에 의하면 한국은 인도의 자동차, 전기·전자, 포장재 등 시장에서 비교우위를 갖춘 것으로 나타났다. 그러나 스마트 시티, IT분야 전반에서는 정부가 적극 지원하고 나선 미국, 중국, 일본에 비해 뒤처진 것으로 분석됐다. 특히 일본은 활발한 공적개발원조를 통해 자국기업 진출을 지원하고 있다.

한국기업이 인도시장에서 경쟁력을 갖는 분야는 식품 포장재, 자동차, 가공기계, 전기·전자 등 주로 제조업 분야다.

식품 제조·가공 산업의 가치사슬(value chain)은 생산 → 제조 → 물류 → 판매 → 서비스로 이어진다. 세계 2위 농업국가로서 1차산업 비중이 국내총생산(GDP) 대비 17%에 달하는 인도는 식품원료 생산경쟁력이 뛰어나다. 판매 또한 민간소비가 급격히 늘면서 경쟁력이 높은 편이다. 하지만 제조, 물류, 서비스는 약하다. 국내 포장재, 가공기계 기업들이 인도의 식품시장에 뛰어들어볼 만하다는 얘기다. 무협 관계자는 "기술 수출과 현지 유통기업 인수합병(M&A)을 통한 진출이 유망하다"고 말했다. 자동차 관련 가치사슬에서도 한국 기업이 진출할 여지가 큰 것으로 무협은 분석했다. 인도는 세계 4위의 자동차 생산국으로 이미 현대자동차를 비롯해 일본 스즈키 등이 진출해 있다.

인도는 자동차 생산 및 판매 분야 경쟁력이 높아진 반면 여전히 연구개발(R&D), 애프터서비스(AS) 분야는 해외기업에 주로 의존하고 있다. 무협은 "최근 수요가 커지고 있는 전기차 분야에서 한국 완성차와 부품사가 함께 인도시장에 진출할 수 있을 것"이라며 "수요에 비해 부품 조달력이 부족한 인도 AS 시장에서도 한국 중소기업이 기회를 잡을 수 있다"고 분석했다.

무협은 인도시장 미래 유망산업으로 꼽히는 정보통신기술(ICT)과 전자상거래, 스마트 시티 산업에서는 한국 경쟁력이 낮다고 지적했다. 미국, 중국 일본 등 글로벌 기업과 경쟁하는 데 힘이 달린다는 얘기다.

특히 인도 스마트 시티 시장은 정부차원의 전략이 필요하다. 인도는 2020년까지 100개 스마트 시티를 구축하기 위해 대형 인프라 사업 발주를 추진하고 있지만 한국은 정부차원의 프로젝트 참여 전략 및 지원이 부족한 실정이다.

무협 관계자는 "독일처럼 전자상거래 기업에 세제지원을 하거나 일본처럼 공적개발원조를 통한 국가 주도 프로젝트 컨소시엄을 활성화하고, 지속적인 금융규제 완화 등을 통해 한국기업이 인도시장에 진출할 수 있도록 지원해야 한다"고 말했다.

자료 : 동아일보, 2018. 7. 23(저자 수정)

BOBOS 문제

보보는 여느 때처럼 모모할인점에서 쇼핑을 하고 있었다. 요즘 들어 라헬이 우유를 많이 먹어서 하루 걸러 한 번씩 할인점에 들르곤 했다. 보보는 성장기의 라헬을 위해서 칼슘, DHA, 저지방 등의 조건 등을 꼼꼼히 살핀다. 평소와 마찬가지로 동일가격대에선 가장 품질이 우수하다고 평가받는 브랜드의 우유를 몇 개 집어 들었다. 그런데 정신없이 카트에 우유를 던져넣던 보보의 눈에 처음 보는 브랜드의 우유가 들어왔다. 보기도 좋게 눈높이와 맞추어 진열되어 있다. 우선 가격이 예술이다. 평소 즐겨 구입하던 우유보다 몇 백 원이나 저렴하다. 처음 보는 브랜드인데 포장에는 모모할인점이라고 적혀 있다. 우유에 포함되어 있는 영양소의 조건도 뒤떨어지지 않는다. 그래서 보보는 이미 카트에 들어가 있던 우유를 모조리 꺼내고 모모 할인점의 우유를 다시 던져 넣었다.

바로 이것이 요즘 유통업체들이 눈에 불을 켜고 개발하고 있는 유통업체 자체브랜드(PB : Private Brand) 상품이다. 시장이 포화상태에 이르고 경쟁이 심화됨에 따라 대형할인점들은 차별화와 새로운 수입원으로서 PB를 선택하고 있다. PB는 유통업체가 직접 개발하고 생산을 위탁하거나 직접 생산하여 자체적인 브랜드를 통해 판매하기 때문에 비용을 대폭 절감시킬 수 있다. 보편적으로 PB의 수익률은 제조업체 브랜드에 비해 대략 10% 가량 높다.

초기에는 PB가 심각한 경쟁상대가 되지 않았지만 이제는 상황이 다르다. NB(National Brand)에 비해 떨어지지 않는 품질, 저렴한 가격 등으로 빠른 시장점유율의 상승을 보이고 있다. 이마트의 대표적인 PB인 '노브랜드'는 메가히트 브랜드로서 단일매장을 구성할 정도이다. NB이 수익률과 시장점유율은 점점 떨어지고 있고, 미땅하게 법직으로 대응할 방법노 없다. 이러한 상황에서 NB가 PB에 대응하여 취할 수 있는 전략은 어떠한 것이 있을까?

4 전략 수립의 모델

1) SWOT분석

여기 '보보'라 불리는 한 강아지가 있다. 혈통이 엄청나게 좋은 놈이다. 웬만한 동네 강아지들은 족보도 못 들이밀 정도다. 게다가 생김새는 얼마나 잘났는지 '얼짱'이 따로 없다. 요즘 얼짱들 모성본능을 자극하는 연약한 애들이지만 어쩌랴…추세가 그런 것을. 그런데 신은 공평하셨는지…공부를 죽어라 안 한다. 매일 거울을 보고 춤만 춘다. 그 덕분에 춤에서는 그 놈을 따라올 강아지가 없다. 거의 방탄소년단이다.

우리 자랄 적으로 보아서는 이놈에 대한 평가는 거의 절망적이다. 생김새는 기생오라비, 공부 못해, 매일 춤만 추고 돌아다니니…집안이 좋아야 아무 짝에도 쓸모가 없는 놈이다. 그런데 요즘 세상이 어떠한가.

기생오라비 같은 곱상한 외모는 강점 중의 강점이요, 춤 또한 그렇다. 공부를 못한다는 약점을 상쇄하고도 남을만한 강점이 몇 가지나 있고, 그 강점을 살릴만한 기회도 부지기수다. 문제는 이놈의 강점을 어떻게 살려서 연결시켜주느냐, 바로 그것이다. 여기에 SWOT분석의 묘미가 있다.

SWOT분석은 기업의 외적인, 내적인 요인을 고려한 전략기법으로서 WOTS, TOWS, SWOT 매트릭스 등으로 불린다.

▌그림 6-4▐ Strength+Weakness+Opportunity+Threat

일반적으로 환경은 기업의 여러 가지 활동에 많은 영향을 미치는 인자이다. 때문에 환경을 분석하는 것은 전략적 과정의 중요한 요소가 된다. 기업을 제대로 운영하기 위해서는 기업을 둘러싼 일반환경과 과업환경을 면밀히 분석하여 기업활동에 영향을 미치는 주요한 환경의 변화추세를 명확히 인식해야 한다.

따라서 환경분석은 목적달성에 이르는 조직능력에 영향을 미칠 수도 있는 현재, 미래의 기회와 위협을 명확히 하기 위해 조직환경을 추적하는 과정을 의미한다. 이것이 외적인 요인에 해당하는 개념이다. 환경을 분석한 이후에 기업에게 기회로 작용할 수 있는 환경요인과 위협을 가할 수 있는 환경요인에 관한 평가가 뒤따른다. 이것이 내적인 요인에 해당하는 개념이다.

SWOT분석에서는 필연적으로 기회와 위협이라고 부르는 외적인 환경과 강점과 약점이라고 불리는 내적인 자원에 대한 개념이 포함된다.

SWOT분석이란 환경을 분석하고 평가하여 기회와 위협을 찾아낸 후 기업내부능력을 분석하고 평가하여 강점과 약점을 찾아내서 기회와 강점을 연결시킴을 의미한다. 강점과 기회를 최대한 살리되, 위협을 극소화하고 약점을 제거하여 이상적인 기업을 운영함이 바람직하다.

결과적으로 전략의 역할은 기회와 강점을 극대화하는 일이다. 결국 효과적인 전략이란 기업의 강점을 동원하여 기회에서 얻을 수 있는 이점을 취하고, 약점을 피하거나 수정하고 보완함으로써 위협을 방어하는 일이라 할 수 있다.

표 6-6 SWOT분석의 구성요소

외적 환경	기회	• 기업목적 달성에 유리한 상황
	위협	• 위험(risk) • 기회가 없는 상황 또는 기업과 그의 전략을 해롭게 할지도 모르는 불리한 상황
내적 환경	강점	• 기업이 그의 목적을 달성하기 위해 사용할 수 있는 자원이나 능력
	약점	• 기업이 그의 목적을 달성하지 못하게 하는 기업 내에서의 한계, 결점, 부족

(1) SO 전략

Strength + Opportunity

SO는 기회와 강점이 결합된 아주 유리한 분면이다. 목표를 달성하기 위해 강점을 충분히 활용할 수 있는 분면으로서 모든 분면 중에서 가장 바람직하고 성공적인 분면이다. 목표달성을 위해 가장 효과적인 방법은 내가 보유한 능력을 환경적 기회에 잘 연결시키는 것이기 때문이다.

(2) ST 전략

Strength + Threat

목표를 달성하기 위한 능력은 충분히 보유하고 있지만 환경적 요소가 위협적이어서 기회를 잡지 못하는 상황이다. 이 분면에서는 성장보다는 주어진 위협적 요소를 극복하거나 회피하기 위해서 강점을 활용해야만 한다. 따라서 강점을 극대화시키면서 위협을 최소화시키는 것이 바람직하다.

(3) WO 전략

Weakness + Opportunity

환경적 요소는 나에게 긍정적이지만 그것을 이용하기에는 능력적 한계가 있는 분면이다. 그러므로 기회가 주는 이점을 충분히 살리면서 나의 약점을 극복하거나 극소화하는 것이 바람직하다.

(4) WT 전략

Weakness + Threat

이 분면은 약점을 지니고 있는데 환경적으로도 위협에 직면한 상황이다. 여기에서는 다소 방어적인 전략이 필요하다. 위협을 회피하고 약점을 최소화시키는 것이 바람직하다.

그림 6-5 SWOT분석에 따른 전략적 계획의 수립과정

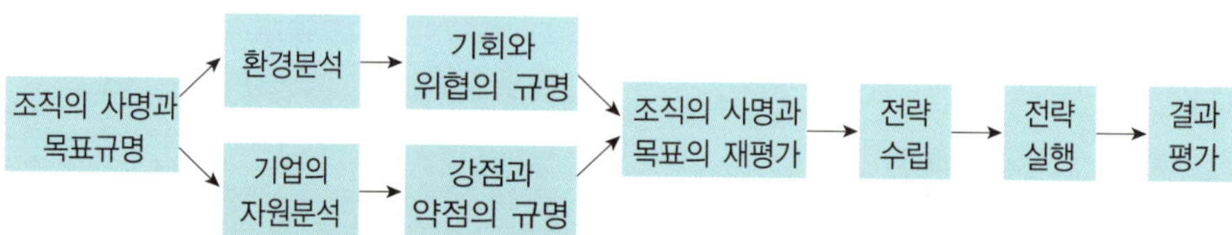

BOBOS 문제

보보세제는 강한 세척력으로 많은 고객들로부터 사랑을 받아왔다. 이미 시장에서 자리를 잡은 기업임에도 불구하고 늘 고객들에게 최선을 다했다. 고객으로부터 조그만 불만이라도 접수되면 그 소리에 귀를 기울이고 즉시 제품공정에 반영했기 때문에 고객들로부터 강한 신뢰를 받고 있었다. 그리고 보보세제가 많이 판매되는 지역에 대규모의 아파트 단지가 들어설 예정이라 잠

재고객도 많았다. 그러던 차에 경쟁사인 모모세제가 새로운 세제를 판매할 예정이라는 정보가 입수되었고, 보보세제에는 치명적인 결함이 발견되었다.

보보세제는 어떻게 해야만 할까?

좋은 점

과거			미래
	Strength 고객과의 강한 신뢰감	Opportunity 판매지역에 대형 아파트 건설 예정 (잠재고객의 증가)	
	Weakness 상품의 결함 발견	Threat 경쟁회사에서 신제품 출시 예정	

나쁜 점

BOBOS 한 말씀

경쟁사의 상대적 약점에 대해 당신의 강점을 집중해 공략하라.

– 브루스 헨더슨 –

BOBOS 뼈다귀

4차 산업혁명은 자라(Zara)처럼

2016년 4차 산업혁명을 제창한 세계경제포럼(WEF)의 클라우스 슈밥 회장은 '사이버시스템과 물리시스템의 통합'이라고 정의했다. 사물과 데이터가 융합되어 통합적으로 움직인다는 뜻이다. 또 다른 측면에서는 초연결이라 말하기도 한다. 사물과 데이터가 모두 연결되어 정보를 주고받는다는 뜻이다.

모든 사업에서 재고를 남기지 않으면 성공이라고 말한다. 재고는 예측을 잘못해 발생한다. 정확히 예측할 수 있다면 재고를 남기지 않고 이익을 볼 수 있다. 하지만 대부분의 회사는 정확한 예측을 할 수 없기 때문에 재고를 남기게 되고 결국 재고정리를 할 수밖에 없다. 그러나 재고정리를 하지 않는 기업들이 있다. 의류업체 유니클로와 자라가 대표적이다.

일반적인 제품의 생산과 판매 공정을 보면 기획 → 디자인 → 생산 → 마케팅 → 판매가 순차적으로 이루어진다. 제품수요를 예상하여 제품을 기획·디자인하여 판매한다.

기획-판매 사이클이 긴 기존 생산방식

실시간 정보공유로 사이클 단축되는 4차산업혁명 생산방식

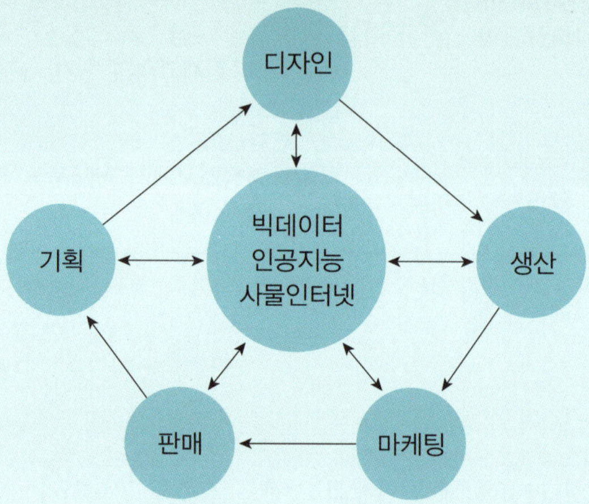

이러한 제품들은 미리 생산해 놔야 하므로 초기투자와 재고가 많을 수밖에 없다. 제품이 팔리고 사용자들의 반응이 다음 제품에 반영되기까지 상당한 시간이 걸리기 때문이다.

의류제품의 경우 거의 1년 주기로 제품 피드백이 이루어진다. 소비자 요구사항을 디자인에 반영하는 기간이 거의 1년이라는 말이다. 이러한 제품들의 판매성과는 정확한 예측에 달려있다. 그러나 예측이란 항상 부정확하기 때문에 결국 재고가 쌓이고 결산이 끝나면 떨이판매를 해야 한다.

자라와 유니클로는 4차 산업혁명이라는 말이 나오기 전부터 생산과 판매공정을 4차 산업혁명 개념에 맞게 개선해왔다. 이들 회사에도 기존 생산방식처럼 모든 단계가 존재한다. 그런데 각 단계가 순차적으로 이루어지는 것이 아니라 원형으로 구성되어 진행된다. 그리고 그 중앙에는 빅데이터 · 인공지능(AI) · 사물인터넷(IoT)으로 구성되는 데이터센터가 자리 잡고 있다.

이 데이터센터에 의해서 거의 실시간으로 각 단계에서 일어나는 정보가 상호 '연결'되어 공유되고 '융합'된다. 마케팅 단계에서 수집되는 정보, 판매되는 제품에 대한 소비자의 반응, AS센터에 들어오는 소비자의 불만사항들이 동시에 공유된다. 기획과 디자인 담당자들은 오늘 현재 소비자들이 좋아하는 취향을 실시간으로 알게 된다. 수시로 변하는 소비자 요구사항을 충족시키기 위해 한꺼번에 많이 생산하지 않는다. 다품종 소량생산 시스템으로 운영하는 것이다. 새롭게 매장에 도착한 제품들은 한 달 전 소비자 취향을 반영한 제품들이다. 1년 전 예측을 토대로 만들어진 제품에 비해 월등한 경쟁력을 지닌다.

매장에는 한 달 전 팔리던 물건은 더는 보이지 않는다. 이렇게 하면 당연히 재고가 생기지 않는다. 재고가 생기지 않으면 성공이다. 이것이 바로 유니클로와 자라가 단시간에 세계적 회사로 성장하게 된 이유이기도 하다. 자라는 H&M을 벤치마킹했지만 이제는 업계의 선두주자이다. 계절별로 신상품을 내놓는 것 외에 모든 제품의 생산주기는 2주이다. 고객의 욕구, 트렌드 등을 파악할 수 있는 빅데이터를 철저하게 활용한다. 이처럼 소비자 요구사항을 직접 생산에 연결해주는 것이 빅데이터, AI, IoT 기술이다.

4차 산업혁명의 구체적 실행목표는 고객 요구사항이 생산에 반영되는 주기를 단축하는 것이다. 주기가 1년인 회사는 이를 6개월로 단축하는 것이 목표이고, 6개월인 회사는 3개월로 줄이는 것이 목표가 될 수 있다.

고객의 요구사항을 신속히 제품 또는 서비스의 기획과 생산에 결합하는 방법에는 여러 가지가 있을 수 있다. 회사에 따라 산업에 따라 다를 수 있다. 어떤 회사는 엑셀 파일을 이용할 수 있고, 어떤 회사는 데이터베이스 또는 빅데이터를 사용하여 할 수 있다. 더욱 복잡하고 큰 회사는 인공지능과 빅데이터 또는 블록체인을 이용해야 가능할 수 있다. 이처럼 모든 산업에 목적은 동일하지만 방법은 다양할 수 있다.

자료 : 중앙일보, 2018. 3. 19(저자 수정)

2) 사업포트폴리오 기법

보보에게는 고민이 하나 있다. 평생 사료장사를 통해 적지 않은 재산을 모았지만 상당부분을 사회에 환원하고 나니 남은 돈이 별로 없었다. 그리고 평소 소신은 될 놈에게 투자하자는 것이었다. 큰아들인 모모는 태어날 적부터 기대를 한 몸에 받고 태어나서 모든 것이 평탄했다. 그러다 보니 동기부여가 안 되었다. 보보의 기대를 저버리고 진국을 떠돌며 방랑자 생활을 했다. 보보는 마음이 아팠지만 자식의 인생을 좌지우지할 수는 없었다. 작은아들 알폰소는 태생부터가 부실했지만 노력형이었다. 알폰소를 보면 성공한 이들 중에 둘째가 많고, 그 사실이 인간은 부족한 것을 채우기 위해 부단히 노력한다는 동기부여이론과도 무관하지 않은 것 같았다.

보보가 가진 재산은 한정되어 있었고, 어느 한쪽을 선택해야만 했다. 어느 쪽을 선택할지는 보보가 알아서 해야 할 일이겠지만 바로 여기에 사업포트폴리오 기법의 묘미가 있다.

사업포트폴리오 기법은 PPM(Product Portfolio Management)으로 흔히 불리며 전략이라기보다는 전략을 결정하기 위한 기법이라고 할 수 있다. 전략이 포함하고 있는 가장 중요한 개념 중의 하나가 자원의 배분에 대한 문제이고, 그것이 한정되어 있다면 둘 이상의 사업부에 배분하기 위해서는 최선의 선택을 해야만 한다. 이때 필요한 것이 바로 사업포트폴리오 기법인 것이다.

이 분석에서는 전략적 사업단위(SBU : Strategic Business Unit)가 분석의 대상이 된다. 여기서 전략적 사업단위란 독자적인 사업계획과 경영자, 기능별 수준이 존재하는 대상을 의미한다. 예를 들어 삼성그룹에서의 전자부문, 화학부문, 보험부문 등이 여기에 해당한다고 볼 수 있다.

가장 많이 알려져 있는 것이 보스턴컨설팅그룹의 BCG 매트릭스와 제너럴일렉트릭의 GE 매트릭스이다. 여기서는 BCG만 소개하고자 한다.

가장 많이 알려진 BCG접근법(Boston Consulting Group approach)은 BCG 매트릭스, PPM(Product Portfolio Management), 성장-점유율(growth-share) 매트릭스 등으로 불린다. 경영자문회사인 보스턴컨설팅그룹과 연계하여 개발되었기 때문에 BCG라고 명명되었다. 1970년대 초에 처음으로 알려진 가장 간단한 기법이므로 포트폴리오 분석방법 가운데 가장 대중화된 기법이다.

BCG는 시장성장률과 상대적 시장점유율에 의해 각 사업들을 평가하고 이를 토대로 어느 사업을 성장시키고 어느 사업을 포기할 것인가를 전략적으로 결정하기 위한 것이다. 본 이론에서는 물음표, 별, 자금젖소, 개 등의 4가지 단어를 사용했다. 이를 전략분야의 선구자인 조동성 교수는 한국적 정서에 맞춰 복권, 태양, 돈주머니, 고물차 등의 단어로 바꿔서 제시하기도 했다.

(1) 물음표(question mark : 시장점유율 저, 시장성장률 고)

보통 처음 시작되는 사업들이 위치하는 영역이다. 성공할 수 있는 확률은 낮지만 일단 성공하게 되면 한 몫을 잡을 수 있는 복권과 같은 영역이다. 그러나 현재

시장에서의 지위가 매우 미약하기 때문에 시장점유율을 높이고 생산원가를 낮추기에는 많은 어려움이 있지만 시장의 자체적인 성장성은 높기 때문에 수익성의 상승이라는 가능성은 존재한다. 많은 자금이 소요되므로 경영자는 사업을 계속할 것인지에 대해 합리적인 결정을 해야 한다. 시장점유율이 낮기 때문에 단기간에 투자한 자본에 대한 회수는 곤란하다.

'별'로 끌어올릴 것인가의 여부를 결정한다

(2) 별(star : 시장점유율 고, 시장성장률 고)

물음표의 영역에 있던 사업이 궤도에 올라 성공하게 되면 별의 위치에 오르게 된다. 이 분면은 시장의 성장률과 점유율이 모두 높기 때문에 장기적으로는 수익의 증대를 가져오게 된다. 그러나 종래에는 성장률이 낮아져서 자금젖소로 전환된다.

현재의 지위를 지원하고 발전시킨다

(3) 자금젖소(cash cow : 시장점유율 고, 시장성장률 저)

시장점유율이 높은 분면이기 때문에 많은 수익이 창출된다. 여기에서 얻은 수익으로 자금수요를 충당할 수 있다. 그러나 이미 제품수명주기상의 성장기를 넘어선 분면으로서 기존제품의 비율을 줄이면서 새로운 제품의 개발을 준비해야 한다. 시장점유율을 유지하기 위한 전략이 필요하다.

다른 사업영역으로 수익을 이전한다

(4) 개(dog : 시장점유율 저, 시장성장률 저)

이 분면은 시장의 성장률과 점유율이 모두 낮다. 수익이나 손실이 모두 낮으므로 기업은 사업을 계속 유지할 것인지, 철수할 것인지를 진지하게 고려해야 한다. 수익이 계속 창출된다면 유지시켜야 하지만 사업을 매각함으로써 나오는 자금이 기업전체의 흐름으로 보았을 때 더 효과적이라면 철수해야 한다.

현재의 사업영역에서 철수한다

그림 6-6 BCG 매트릭스

별(태양) 물음표(복권)

시장성장률

자금젖소(돈주머니) 시장점유율 개(고물차)

3) 산업구조분석(경쟁전략)

장기전략계획이 쇠퇴하면서 산업구조와 경쟁전략에 대한 분석방법이 대두되었다. 포터는 산업 내에서의 기업행동을 분석하는 산업경제학을 경영전략분야로 도입하였다. 일반적으로 기업의 전략수립에 직접적인 영향을 미치는 환경은 일반적 환경이라기보다는 과업환경이고, 그 중에서도 특정한 기업이 속해 있는 산업환경으로 볼 수 있으므로 산업환경에 대한 분석이 심도 깊게 이루어져야 한다.

장기전략계획에 대한 대안으로 포터가 제시한 산업구조분석은 기업이 처해 있는 외부환경을 이해하는 데 도움을 줄 수 있는 전략적 사고를 어떻게 배양할 것인가에 초점을 두고 있었다. 여기에서 산업이란 그 기업과 경쟁하는 경쟁기업, 원료공급기업, 대체재생산기업, 구매자, 공급자 등 그 기업이 처해 있는 주요 외부환경을 포괄적으로 나타내는 개념이다.

포터는 기업의 수익성이 그 기업이 참여하고 있는 산업의 구조적 특성에 의해 결정된다고 밝혔다. 경쟁기업에 비해 경쟁우위를 차지하기 위해서는 각 산업의 특성에 따라서 원가우위[1]나 차별화우위[2]를 가져야 한다고 제시하고 있다. 원가우위는 시장에 먼저 진입한 기업의 경험곡선의 효과에 의해 원가를 낮추어 원가상의 우위를 달성하는 것이다. 원가상의 우위를 확보한 기업은 보편적으로 산업평균보다 높은 수익을 달성할 수 있다. 원가상의 우위는 그 자체만으로 강력한 진입장벽으로 작용된다. 원가상의 우위를 확보한 기업의 시장점유율이 증가할수록 경쟁기업의 이윤은 감소하게 된다. 차별화우위는 기업이 제공하는 제품이나 서비스를 차별화하여 독특한 메타포를 제공함으로써 다소 비싼 비용을 지불하면서도 기꺼이 그 제품이나 서비스를 구매할 의도를 이끌어낼 수 있도록 하는 전략이다. 차별화는 충성도가 높은 고객과 가격의 비탄력성으로 산업평균 이상의 높은 수익을 가져다준다. 차별화 그 자체가 높은 진입장벽으로 작용될 수 있다.

포터의 분석틀에 의하면 5가지의 경쟁적인 세력에 의해 산업의 수익률이 결정된다. 이 다섯 가지 중 세 가지는 수평적인 경쟁으로 대체재와의 경쟁(대체품의 위협), 잠재적 진입자와의 경쟁(신규기업의 참여위협), 기존사업자와의 경쟁(기존기업들 간의 경쟁)이 이에 해당된다. 그 밖의 두 가지는 수직적인 경쟁으로 공급자와 구매자의 교섭력이 있다.

포터 교수가 제시한 산업구조분석기법은 과거 SWOT분석에서 막연하게 외부환경의 기회요인과 위협요인을 분석하는 전통에 이론적 배경을 제시하고, 보다 구체적으로 기업의 외부환경을 분석할 수 있는 분석틀을 제공해주었다.

1) 동일한 혜택을 저가로 제공하는 전략(overall cost)
2) 고가격을 상쇄하고도 남을만한 특별한 혜택을 제공하는 전략(differentiation)

▮그림 6-7▮산업의 수익성을 결정짓는 요인

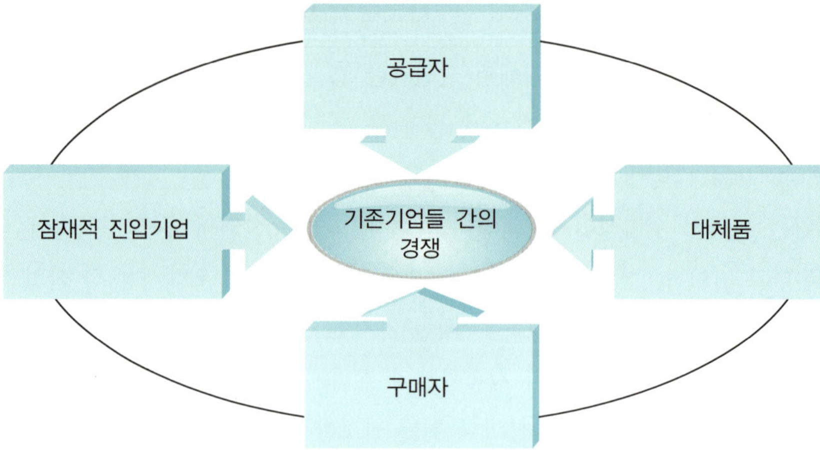

(1) 신규기업의 참여위협(잠재적 진입자와의 경쟁)

잠재적인 진입기업이란 현재는 특정 산업에 진입하여 있지 않지만 앞으로 특정 산업에 새롭게 진입하여 경쟁자가 될 가능성이 있는 기업을 말한다.

어느 한 산업이 높은 수익률을 올리고 있을 때, 새로운 경쟁기업들이 쉽게 뛰어들 수 있다면 산업의 수익률은 떨어지기 쉽다. 또한 실제적 진입이 일어나지 않는다고 해도 만일 다른 기업들이 언제든지 그 산업에 뛰어들 준비가 되어있다면, 그 산업에 속해 있는 기존기업들은 잠재적 경쟁자가 진입할 수도 있다는 위협 때문에 가격을 높게 받지 못하고 경쟁적인 수준으로 낮출 수밖에 없다. 그러므로 이러한 진입을 막을 필요가 있다. 따라서 진입장벽이 없는 산업에서는 가격이 경쟁적인 수준으로 낮아지고, 이윤 역시 시장 내의 기업수와 상관없이 정상이윤밖에 얻지 못하는 경우가 많다.

그러나 대부분의 산업에서 신규진입자들이 기존기업들에 비해 상당히 불리한 입장에 있는 것이 사실이다. 이같이 기존기업들이 신규진입기업에 비해 가지는 우위를 진입장벽이라고 한다. 진입장벽들은 그 산업에서의 경쟁기업의 진입을 약화시키고 높은 수익률을 유지할 수 있게 한다. 진입장벽은 효과적으로 신규진입을 억제한다.

대표적인 진입장벽에는 자본소요량, 규모의 경제, 절대적 비용우위, 제품차별화, 유통망, 정부규제와 제도적 진입장벽, 기존사업자의 보복 등이 있다.

BOBOS 뼈다귀 보복이 무서워!

진입장벽은 기존기업들이 신규기업에 비해 가지는 우위를 의미하며, 신규진입자에 대한 기존사업자의 보복가능성이 높으면 높을수록 더 효과적으로 작용한다. 이미 시장에 진입해 있는 기업이 신규진입자에게 가할 수 있는 보복에는 진입을 막기 위한 일시적 가격인하, 광고와 마케팅활동의 증대, 신규진입자에 대한 법적 제소 등의 방법이 있다.

영국의 브리티시 에어웨이는 대서양항공노선에 신규진입했던 버진 아틀랜틱을 시장에서 내몰기 위해 장기간 가격인하를 단행했었다. 그것으로도 모자라서 버진 아틀랜틱의 고객명단을 몰래 빼내어 그 고객들에게만 선별적으로 가격인하를 시도하는 접촉을 하는 비도덕적 방법까지 사용했다. 이 사실이 알려지면서 브리티시 에어웨이의 기업신뢰도와 이미지는 크게 추락했다. 반면 버진 애틀랜틱은 영국 내의 고객을 상대로는 이따금 애국심에 호소하는 광고전략을 활용하기도 하며, 기존 항공사들이 편안하고 안전하다는 광고전략에 집중하는 것과는 반대로 '이노베이트, 재미, 드라마틱, 기존의 생각을 뒤집는 마인드'를 광고에 담고 있다.

(2) 대체품의 위협(대체재와의 경쟁)

대체품은 일반적으로 동일한 기능을 수행하는 이질적 제품이다. 산업의 수익률은 소비자가 그 제품이나 서비스에 대해 기꺼이 지불하려는 가격에 따라 결정되므로 대체재의 유무에 따라 크게 달라지게 된다. 대체재가 많으면 많을수록 기업이 자신의 제품이나 서비스를 제공하는 대가로 높은 가격을 받을 수 있는 가능성은 줄어든다.

이와 같이 대체재의 존재가 그 산업의 가격결정에 영향을 미치는 정도는 크게 두 가지 요소에 의해 좌우된다.

- 소비자들이 쉽게 대체재로 옮겨갈 수 있는가 하는 문제
- 대체재가 가진 유용성

소비자가 특정 제품에 대해서 높은 충성도를 보유하고 있다면 제품의 가격 여부에 크게 영향을 받지 않는다. 그러므로 대체제로의 이동은 쉽지 않다. 또한 제품의 품질격차가 크다면 가격변동이 대체재로 이동하는 변수가 되기는 쉽지 않다.

(3) 기존기업들 간의 경쟁

대부분의 산업에서 경쟁의 양상과 산업 전체의 수익률을 결정하는 가장 중요한 요인은 이미 그 산업 내에서 경쟁하고 있는 기업들 간의 경쟁관계이다. 어떤 산업에서는 기업들끼리의 과다경쟁으로 인해 가격이 생산원가 이하로 내려가서 사업 전체적으로 손해를 보며, 또 다른 경우에는 기업들이 가격경쟁을 피하기 위해 담합을 하기도 한다. 또한 기업들이 광고 또는 신제품개발, 기술혁신 등으로 경쟁하는 경우도 많다.

산업 내의 기존기업들 간의 경쟁양상과 강도를 결정하는 요인은 산업집중도, 경쟁기업의 동질성과 이질성, 제품차별화, 초과설비, 비용구조 등이다.

BOBOS 뼈다귀

산업집중도

산업집중도란 동일산업에 속하는 기업의 수와 그 개별기업의 규모를 의미한다. 우리나라에서는 공정거래위원회에서 상위 3개 기업들의 시장점유율을 더하여 3사 집중도라는 지표를 발표한다. 만일 어느 산업에 단 세 개의 기업만 존재한다면 그 산업에서의 3사 집중도는 100%가 된다. 그에 비해 어느 산업 내의 세 개의 상위기업들의 시장점유율을 합한 것이 10~20% 정도라면 이 산업은 비교적 경쟁적인 산업이라고 볼 수 있다.

BOBOS 뼈다귀

세상은 빅3가 지배한다, 그러나 테리우스가 있다

테리우스

무한도전멤버의 테리우스

모든 산업에는 시장을 주도하는 3개의 핵심기업이 있다.

운동화는 나이키, 아디다스, 리복(세계시장의 80%)이고, 신용카드는 비자, 마스터, 아메리칸 익스프레스이다. 또한 대부분의 미국인은 맥도날드, 웬디스, 버거킹 셋 중의 하나의 햄버거를 먹고, NBC, ABC, CBS 중 하나의 뉴스 시청한다.

어느 나라의 산업구조에서나 나타나는 빅3구조는 성숙한 시장에서 일관되게 나타나는 현상이다. 빅3법칙이 시장에 작용하는 가장 큰 이유는 바로 효율성 때문이다. 이 법칙을 따른 산업구조에는 경쟁강도, 산업수익성, 고객만족 등이 가장 잘 결합된다. 시장전략수익효과(PIMS : Profit Impact of Market Strategies) 연구를 보더라도 1위(40%), 2위(20%), 3위(10%), 30% 틈새시장의 구조일 때 효율성이 극대화된다.

이와는 별개로 특정 지역 또는 특정 고객을 상대하는 '스페셜리스트' 기업을 분리해 틈새시장(니치마켓)이란 새로운 출구를 제시하고 있다. 커피시장의 빅3에 자극을 준 스타벅스나 비틀 등 신모델로 X세대 고객을 사로잡은 독일자동차회사 폭스바겐 등을 대표적 스페셜리스트라고 한다.

스페셜리스트는 테리우스군이라고도 불린다. 왜 그런 이름이 붙었을까?

386세대에겐 비교적 많이 알려져 있는 '캔디'라는 만화가 있다. 이 만화에는 수많은 님자들이 등징힌다. 인소니, 데리우스, 스테아, 아치, 윌리엄 등 모두가 21세기식으로 표현하면 꽤 괜찮은 품절남 또는 돌아온 반품남이다. 불우한 환경에서 자랐지만 아픔을 숨기고 항상 씩씩하고 밝게 생활하는 캔디라는 여자주인공을 둘러싼 다자관계이다. 그 중 테리우스는 전체 만화의 20% 정도의 분량에 등장한다. 그럼에도 불구하고 많은 사람들은 그를 남자주인공으로 착각하고 있다. 이 세상 어떤 드라마나 소설에도 잠깐 나왔다가 들어가는 남자주인공은 없다. 그럼에도 불구하고 그를 남자주인공으로 기억하고 있는 이유는 그에게는 뭔가 특별한 점이 있기 때문이다. 2002년 월드컵 당시 안정환은 '테리우스', '반지의 제왕' 등으로 불렸다. 우리 아가들은 그를 테리우스라고 부르며 열광하면서도 정작 그것이 어떤 의미인지는 몰랐을 것이다. 궁금한 아가들은 인터넷을 뒤져라. '캔디'는 시간이 아깝지 않게 느껴지는 세대를 넘어서는 고전이다.

자료 : 잭 디시세스의 '빅3법칙' 중에서(저자 재구성)

BOBOS 신문 삼성과 애플의 '나를 닮은 캐릭터' 경쟁

애플의 '미모지'

삼성의 'AR 이모지'

삼성전자와 애플이 사용자의 얼굴을 움직이는 이모티콘으로 표현하는 '이모지(Emoji, 그림문자)' 경쟁을 본격화하고 있다. '비주얼 커뮤니케이션'이 대세가 되면서 스마트폰의 주요 기능으로 자리 잡는 모양새다.

애플이 2018년 6월 연례 세계개발자회의(WWDC)를 열고 차기 모바일 운영체제인 'iOS 12'를 발표했다. 이용자의 얼굴 특징을 포착해 이를 3차원의 움직이는 이모티콘으로 구현한 '미모지(memoji)'를 비롯한 신기능과 구형 아이폰에서도 무리 없이 업데이트 버전을 이용할 수 있도록 속도를 개선한 점을 강조했다.

애플은 지난해 아이폰X을 발표하며 이용자가 표정을 지으면 이를 외계인, 원숭이와 강아지, 고양이 등에 붙여 움직이는 애니모지(Animoji) 기능을 선보였다. 미모지는 애니모지를 개인화버전으로 발전시킨 것으로 본인의 얼굴에 머리 모양, 색깔, 안경이나 귀걸이 등 장신구를 취향에 맞게 선택할 수 있다. 혀의 움직임까지 감지해 혀를 내밀어 '메롱' 표정을 지을 수도 있다.

미모지는 삼성전자가 올해 갤럭시S9에서 선보인 AR 이모지와도 닮았다. AR 이모지가 사람을 캐리커처로 그린 듯 좀 더 실제에 가까운 느낌이라면 미모지는 만화 캐릭터에 가깝다. 양사 모두 '나를 닮은 캐릭터'로 스마트폰 이용에 재미를 더하고 개성 있는 소통을 할 수 있다는 점을 강조했다.

AR 이모지는 애플의 애니모지를 모방했다는 지적을 받았고, 애플은 다시 삼성전자를 좇아 한 단계 더 발전시켰다.

애플은 개발자회의에서 2013년 나온 아이폰5S부터 아이폰X까지 애플의 모든 모바일 기기에서 이전보다 빠르게 작동하는 걸 느낄 수 있도록 노력했다고 강조하기도 했다. 업데이트로 구형폰을 무용지물로 만드는 '계획된 노후화'는 애플에는 해당하지 않는다는 뜻이다. 크레이그 페더리기 애플 소프트웨어 담당 부사장은 "앱 시작은 40%, 키보드 작동은 50%, 카메라 실행은 70% 더 빨라졌다"고 말했다.

자료 : 경향신문, 2018. 6. 5(저자 수정)

(4) 구매자의 교섭력

구매자의 교섭력을 결정하는 데는 두 가지 요소가 중요하다.

- 구매자들이 얼마나 가격에 민감한가의 정도
- 공급자에 대한 구매자들의 상대적인 교섭능력

제품차별화가 심할수록 구매자는 가격에 민감하지 않게 된다. 차별화되지 않은 제품, 즉 종이나 철강제품, 메모리형 반도체 등은 구매자들이 어느 특정 회사제품에 대해 브랜드 충성도를 갖고 있지 않으므로 싼 가격의 제품으로 쉽게 대체하려는 성향을 갖고 있다. 그러나 어떤 특정 부품이 제품의 품질을 결정하는 데 중요한 역할을 한다면 소비자들은 그 특정 부품을 비싼 가격을 지불하고서라도 구입하려고 한다.

그러나 구매자의 교섭능력에 더 큰 영향을 미치는 것은 판매하는 기업과 구매하는 기업 간의 교섭력의 차이이다. 첫째, 구매자의 공급자에 대한 상대적 크기가 중요한 요소가 된다. 둘째, 구매자들이 공급자의 제품, 가격, 비용구조에 대해 보다 자세한 정보를 가질수록 구매자의 교섭력은 강해진다. 셋째, 구매자들이 공급선을 바꾸는 데 많은 전환비용이 든다면 구매자의 교섭력은 떨어진다. 넷째, 수직적 통합을 할 수 있는 경우 구매자의 교섭력은 훨씬 강화된다.

일반적으로 구매자가 공급자보다 더 큰 기업일수록, 구매자의 금액의 크기가 공급자의 매출에서 차지하는 비중이 크면 클수록, 구매자가 훨씬 가격에 민감할수록 공급하는 기업의 수익률은 낮아진다.

(5) 공급자의 교섭력

강력한 구매자가 교섭력을 행사하여 가격을 낮춤으로써 공급자로부터 이익을 빼앗을 수 있는 것처럼, 공급자들도 자신의 교섭능력이 강할 때 가격을 높임으로써 자신의 이윤의 폭을 넓힐 수 있다. 구매자의 교섭능력을 분석하는 데 사용된 똑같은 요인들이 공급자의 교섭능력을 결정한다. 제품이 덜 차별화되고 일상재화가 될수록 공급자의 구매자에 대한 상대적 교섭력은 떨어지고 공급자의 이윤은 점차 낮아진다. 많은 산업에서 일상재를 공급하는 기업들은 종종 교섭력을 높이기 위해서 카르텔을 형성하기도 한다. 노동조합 역시 노동서비스를 공급하는 노동자들의 단체교섭력을 높여 구매자인 기업으로부터 더 많은 이익을 얻어내기 위한 조직이라고 볼 수 있다.

▮그림 6-8▮SWOT분석과 산업구조분석, 경영자원론과의 관계

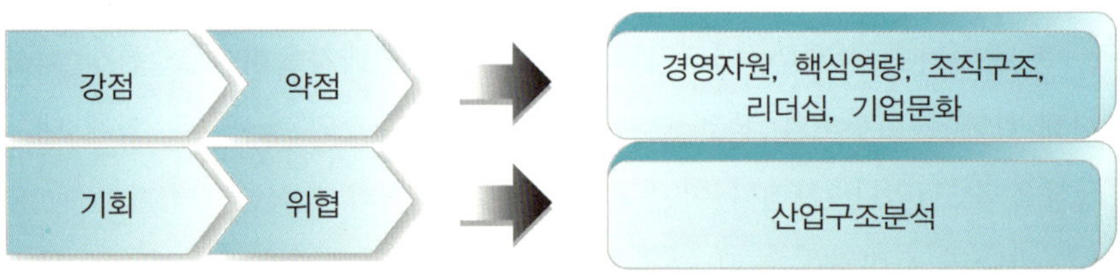

BOBOS 뼈다귀 → 삐에로쑈핑 VS 돈키호테

이마트가 2018년 6월 영동대로 스타필드 코엑스몰에 '삐에로쑈핑'을 개장했다. 면적은 지하 1층 893m²(약 270평), 지하 2층 1,620m²(약 490평) 등 총 2,513m²(약 760평)로

4만여 가지 상품을 진열해 판매하는 곳이다. 개점 후 하루 평균 1만 명이 방문하며 강남의 '핫 플레이스'로 급부상하고 있다.

체크인 카운터를 연상케 하는 매장 입구에는 '싸고 좋은 가격에 재미있고 희귀한 물건부터 매일 쓰는 일상용품까지 다양한 용품을 모아둔 어뮤즈먼트 디스카운트 스토어'라는 설명이 담긴 입간판이 서있다.

이마트는 연간 8조 원가량의 매출을 올리는 일본 잡화점 체인 '돈키호테'를 벤치마킹한 새로운 유통매장이라고 설명했다. 실제로 상품진열이나 고객동선 처리방식 등이 돈키호테 매장과 비슷하다. 하지만 차이점도 적지 않다. 무엇보다 출범과정이나 운영방식은 판이하다. 매장 콘셉트 등 국내 실정에 맞춘 '한국화' 작업도 상당히 이뤄져 있었다.

일본 도쿄 주오구 긴자에는 외국인들이 즐겨 찾는 긴자 한복판에 종합 할인점 돈키호테가 자리 잡고 있다. 입구에 들어서자마자 한국어는 물론이고 영어, 중국어, 프랑스어, 태국어 등 갖가지 언어가 들릴 정도로 다양한 나라의 관광객들이 쇼핑을 하고 있었다. 두 개 층으로 구성된 긴자점은 식품부터 화장품, 전자제품, 의류 등 '미니 백화점'이라 할 수 있을 정도로 갖가지 용품이 진열돼 있었다.

돈키호테는 1989년 창업 이후 단 한 해도 매출이 줄어든 적이 없는 일본 유통업계의 강자다. 버블경제 이후 '잃어버린 20년' 동안에도 매출이 700배 늘었다.

돈키호테가 처음부터 잘나간 것은 아니다. 1989년 3월 도쿄에서 문을 연 1호점은 매상부진으로 문을 닫을 위기에 처하기도 했다. 1990년대 말에는 돈키호테 매장과 심야영업에 반발하는 주민들의 거센 반대를 겪기도 했다. 2004년에는 여러 점포에서 연속적인 방화사건이 터지기도 했다. 창업주인 야스다 다카오 회장이 저서 「돈키호테 CEO」에서 "절망적인 생각에 휩싸여 하루하루를 버텼다"고 회고할 정도였다. 야스다 회장은 물러서지 않았다. 어려움을 피하지 않고 오히려 반전의 계기로 만들었다. 2007년 인수한 슈퍼마켓 체인인 '니가시키야' 매장을 규모가 큰 '메가 돈키호테'로 리뉴얼해 성장의 계기를 마련한 것이 대표적인 사례이다. 메가 돈키호테는 4년 가까이 적자를 내다가 2011년 흑자로 돌아섰다.

돈키호테가 각종 시행착오를 겪은 끝에 나온 결과물이라면 삐에로쑈핑은 치밀한 사전준비 끝에 탄생했다. 이마트는 지난해 초 정용진 신세계그룹 부회장 지시에 따라 온라인 쇼핑을 선호하는 젊은층을 오프라인 매장으로 끌어들이기 위한 새로운 사업모델을 만들기로 했다. 이후 색다른 재미를 선사하는 매장이 필요하다고 보고 돈키호테에 대한 시장조사에 나섰다. 정 부회장도 일본 돈키호테 매장을 직접 찾아가는 등 발품을 팔았다. 담당직원 100여 명이 수시로 일본을 방문해 삐에로쑈핑에 적용할 수 있는 방안을 찾았다. 이 과정에서 '단순히 물건을 사는 곳이 아니라 시간을 보낼 수 있는 곳'이라는 개념도 세웠다.

돈키호테는 상품구매는 물론 진열, 판매에 이르기까지 매장의 모든 업무를 총괄하는 권한을 담당직원에게 위임하고 있다. 본사는 가급적 간섭하지 않는다는 게 불문율이다.

매장실정을 가장 잘 아는 사람이 나서야 효과적이라는 경영전략에 따른 것이다. 이 때문에 돈키호테 매장마다 다른 상품구색을 갖추고 있다. 가격도 점포별로 차이가 있다.

반면 삐에로쑈핑은 현재 중앙집중형 관리체제로 운영된다. 상품구매나 재고관리 등을 본사가 주도한다. 이마트가 보유한 글로벌 제품 소싱이나 관리능력을 적극 활용하기 위해서다. 다만 상품진열, 제품홍보문구 등 현장직원이 발 빠르게 대응해야 하는 부분은 자율성을 보장해준다.

돈키호테의 상품 구성은 기존 대형마트와 70% 정도 겹친다. 돈키호테가 대형마트를 운영하지 않고 있는 만큼 고객이 겹칠 가능성이 없다는 점을 감안한 조치이다. 매장확충도 공격적이다. 창업 초기에는 도쿄를 중심으로 하는 수도권에 집중했지만 최근 들어서는 일본 전역과 미국 하와이에까지 매장을 세우고 있다.

반면 삐에로쑈핑은 상품구성이 대형마트와 30% 정도만 겹친다. 대형마트를 운영하는 이마트는 앞으로 그 비중을 더 낮출 방침이다. 삐에로쑈핑으로 인해 대형마트 매출이 줄어드는 것을 피하기 위한 조치이다. 이마트는 매장확충에 대해서도 신중한 분위기다. 삐에로쑈핑 매장을 공격적으로 늘리다 보면 기존 유통채널에 간섭효과가 발생할 수도 있어서다. 이마트 측은 "삐에로쑈핑을 대형마트와 백화점, 편의점, 슈퍼마켓을 보완하는 새로운 유통채널로 보고 있다"고 밝혔다.

돈키호테 매장에 들어서면 상품은 어지럽게 배치돼 있지만 의외로 조용하다. 반면 삐에로쑈핑은 로고송이 계속 나오면서 왁자지껄한 분위기를 연출한다. 삐에로쑈핑의 로고송은 가수 김완선의 '삐에로는 우릴 보고 웃지'를 9가지 버전으로 편곡해 만든 것으로, 쉴 새 없이 매장에 울려 퍼진다.

삐에로쑈핑에는 다양한 '유머 코드'도 녹아 있다. 이름부터 외래어 표기원칙에서 벗어난 '삐에로(피에로)' '쑈핑(쇼핑)'을 썼다. B급 감성을 보여주려는 의도가 엿보이는 대목이다. 매장 입구 바닥에도 '제정신일 의무 없음'이라는 문구가 있다. 이것저것 생각하지 말고 쇼핑에 열중하라는 노골적인 표현이다. 종업원이 입고 있는 티셔츠에도 '저도 그게 어딨는지 모릅니다'라는 문구가 쓰여 있다. 고객들이 보물찾기를 하듯 쇼핑하라는 메시지이다. 단순한 유니폼을 입고 고객들을 응대하는 돈키호테 종업원들과는 다른 모습이다.

자료 : 동아일보, 2018. 7. 14(저자 수정)

BOBOS 한 말씀

소나기는 하루 종일 내리지 않는다.

– 노자의 '도덕경' 중에서 –

핵심 체크

01. 목표관리는 인간을 Y론적으로 인식하고 구성원들이 목표설정에 참여하도록 하는 시스템이다.

02. 전략은 희랍어의 'strategos'에서 유래되었으며, 군사를 이끈다는 의미를 지니고 있다.

03. 전략의 수준은 기업전략, 사업전략, 기능별전략, 사회전략 등으로 구분된다.

04. 기업의 기본전략은 성장전략, 안정전략, 축소전략, 절충전략 등이다. 기업은 이익의 문제를 중요시하므로 성장전략이 주를 이룬다.

05. 성장전략은 기업의 규모를 확대시키고자 하는 전략이다.

06. 안정전략은 기존의 규모를 유지하거나 서서히 성장하고자 하는 전략이며, 중성전략의 성격을 띤다.

07. 축소전략은 기업규모를 줄이거나 자산을 처분하거나, 비용절감을 통해 기업의 효율성을 제고하는 전략이다.

08. SWOT분석은 환경을 분석하여 기회와 위협을 찾아내고, 기업내부능력을 분석하여 강점과 약점을 찾아내어 기회와 강점을 연결시키는 것이다.

09. 사업포트폴리오 기법은 전략을 결정하기 위한 기법이며 전략적 사업단위를 분석한다. 물음표, 별, 자금젖소, 개 등의 분면이 있다.

10. 산업구조분석은 기업의 외부환경, 즉 산업에 초점을 두며 기업의 수익성은 산업의 구조적 특성에 따라 결정된다고 제안한다.

11. 산업의 수익성을 결정짓는 요인은 잠재적 진입기업, 기존기업들 간의 경쟁, 대체재와의 경쟁, 구매자와 공급자의 교섭력 등이다.

CHAPTER

07

의사결정

Management of BOBOs

Management of BOBOs

1. 의사결정의 정의
2. 의사결정의 과정
3. 의사결정의 유형
4. 의사결정의 모형
5. 개인의 의사결정에 영향을 주는 요인
6. 의사결정의 장애요인
7. 의사결정의 기법

Chapter 7 의사결정

보보의 경영학
Management of BOBOs

BOBOS 책 의사결정과정의 비밀

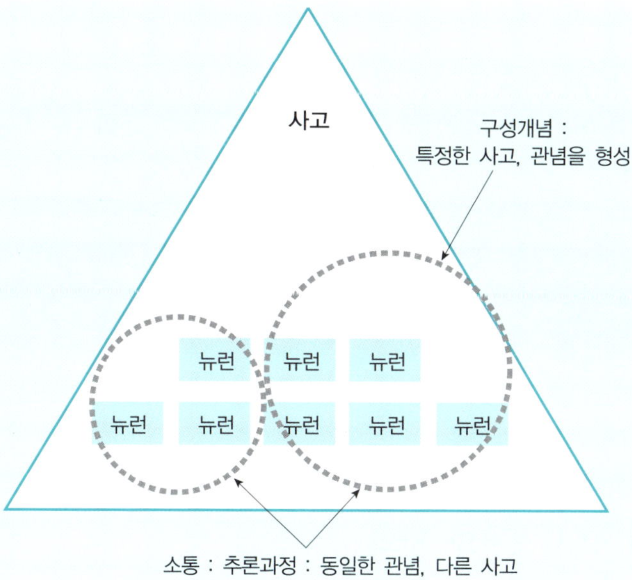

뇌는 아주 특별하고 신비에 싸인 기관이다. 사고, 말, 그리고 복잡한 운동패턴을 관장하는 기관인 대뇌피질은 대략 300억 개의 뉴런으로 구성되어 있고, 뉴런들은 '사고'라는 건물을 짓는 벽돌과 같다. 이렇게 다양한 뉴런들은 서로 '얘기(talk)'하고 싶어 한다. 뉴런들은 상호소통과정을 통해 일정한 군집, 즉 뉴런군을 구성하는데 이런 군집은 일종의 채팅방과 비슷하다. 뉴런의 군집이 이른바 구성개념(construct), 즉 특정한 사고나 관념을 형성한다. 게다가 이런 군집들도 서로 소통하기를 좋아하는데, 이런 상호소통과정은 각 구성개념들을 연계시켜주는 추론과정을 수반한다. 왜 동일한 관념이 다른 사람들에게 서로 다른 사고를 일으키게 되고 동일한 사람이 때에 따라 사고를 하는지를 바로 이 과정이 부분적으로 설명해준다.

뇌는 대부분의 시간을 자기 자신과 소통하는 데 보내는데, 이때 상호 간의 대화는 우리가 '보거나 들을 수 없는' 침묵의 언어를 사용한다. 뉴런군들은 행위, 감정, 그리고 사고에 관해 대화를 나눈다. 이따금 이런 상호대화의 결과가 의식 차원으로 솟아올라 우리가 자각하게 되기도 한다. 어떤 경우 우리 내부에서 그런 대화가 이루어지고 있다는 '느낌'이 들기도 하지만 그것이 정확히 무엇인지 알 수 없을 때가 있으며, 우리는 대부분 대화가 일어나고 있는지조차도 인지하지 못한다. 우리의 인지 여부와는 상관없이 뇌활동은 인간의 마음을 형성하고, 이 마음은 다시 사고를 구성하는 도구가 된다. 그래서 인지신경과학자들은 "마음은 뇌활동의 결과이다(mind is what the brain does)"라고 말하면서 이를 '마음/뇌(mind/brain)'라는 개념으로 표현한다.

의식은 인지에 대한 인지이며, 복잡한 사회에서 인간이 건전한 활동을 하기 위한 전제 조건이다. 또한 의식은 우리의 의사결정능력에도 영향을 미친다.

그러나 의식적 마음에 의존하는 접근방식만으로는 충분하지 않다. 의식활동은 겨우 인간인식의 5%만을 차지하기 때문이다. 의식적 마음은 무의식적 과정이 만들어낸 행위를 설명할 뿐이다.

무의식적 과정은 일반적으로 매우 유용하다. 인간의 직관이나 본능적인 반응을 통해 무의식적 마음에 지혜가 농축되어 있음을 확인할 수 있다. 의사결정과정에서 무의식적 과정이 의식적 과정보다 훨씬 효과적이고 능률적이다. 게다가 많은 무의식적 과정은 언어나 비언어적인 언어를 배우는 능력과 마찬가지로 선천적이다.

자료 : 제럴드 잘트먼의 '소비자의 숨은 심리를 읽어라' 중에서

1 의사결정의 정의

인간은 의식적이든 무의식적이든 의사결정(decision making)을 하는 본능적 속성을 지니고 있다. 하루 24시간의 삶을 살아가면서 적게는 수백 개에서 많게는 천문학적인 개수까지의 의사결정을 하게 된다. 의사결정의 결과가 별로 중요하지 않은 의미를 지니고 있을 때는 체계적인 과정이 필요하지 않을 수도 있으나 그 결과가 매우 중요한 의미를 지닐 때는 체계적인 과정이 필수적이다.

경영학의 많은 분야가 기업에서 가장 유리한 대안을 선택하는 과정으로서의 의사결정에 초점을 맞추고 있다. 기업적 측면에서 보았을 때 모든 계층에서 이루어지는 필수적인 활동으로서의 의사결정의 개념에 초점을 맞추게 되지만 본서에서는

개인의 의사결정에 초점을 맞춤으로서 주체적 역량을 강조하고자 한다.

그림 7-1 일반적인 의사결정모델

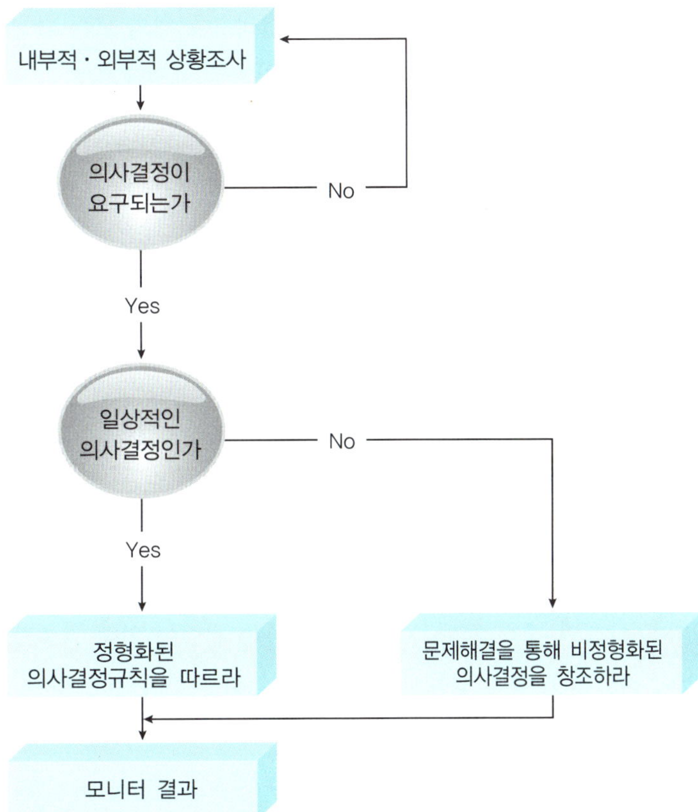

표 7-1 의사결정의 정의

몬디	대체안들을 탐색하고 평가하여 그 중에서 하나를 선택하는 과정
사이번	의사결정은 기업경영 곧 그 자체이다
비톨	경영자가 조직의 문제를 찾아내고 이를 해결하려고 시도하는 과정
피어스	두 개 이상의 대체안으로부터 하나의 행동과정을 선택하는 과정
스토너	구체적인 문제를 해결하기 위해 행동과정을 분명히 하고 선택하는 과정
데프트	문제와 기회를 확인하고 그것들을 해결하는 과정

의사결정(decision making)이란 단어의 정의는 생각한 바를 결정하는 것이다. 그렇다면 왜 생각한 바를 결정함에 있어서 구체적인 절차들이 필요한 것인지 생각해볼 필요가 있다.

기업이라는 조직체에는 일정한 목표가 있다. 그리고 기업의 모든 활동들은 궁극적으로 그 목표를 향해 가기 위한 것이다. 마찬가지로 개인에게도 일정한 목표가 있으며 그 목표에 보다 체계적으로 다가가기 위한 대안으로서 의사결정의 과정은 매우 중요하다.

보보는 지금 개껌을 사러 이마트에 가려고 한다. 이마트에 가기 위해서는 큰 길을 따라 건널목을 두 번 건너 곧장 가는 길이 있고, 집 뒷골목으로 나가 꼬불꼬불한 길을 따라 한참을 걷다가 굴다리를 지나 돌아가는 길이 있다. 어느 길로 갈 것인가? 크고 곧은 길이 항상 제일 좋은 길인가? 그것은 아무도 모른다. 보보가 처해 있는 상황이나 기분에 따라서 얼마든지 달라질 수 있는 것이다. 만약 그날 보보가 너무 바빠서 시간적 여유가 없었다면 큰길로 가야할지도 모른다. 그러나 만약 시간적 여유가 있고 굴다리 밑에 놀러오곤 하는 비둘기들을 감상하고 싶다면 먼 길을 돌아 이마트에 갈지도 모른다. 여기서 중요한 점은 모든 의사결정은 여러 가지 요건에 따른 타협의 결과라는 것이다. 여러 가지 변수에 의해 최종적으로 선택된 의사결정이 목표의 달성에 있어서 가장 완벽한 해답은 아니다. 다만 최적의 대안을 추구한 결과로서 나타나는 것이다. 그렇기 때문에 사이먼은 제한된 합리성하에서 최적의 해답을 추구하는 접근방법이 중요하다고 제안한 바 있다. 이는 후술하고자 한다.

의사결정의 과정이 중요한 것은 그것이 전반적인 모든 활동에서 필수적으로 이루어지는 개념이기 때문이다. 사이먼은 "기업경영은 바로 의사결정과정이다"라고 했는데, 개인의 삶도 바로 의사결정과정의 합이기 때문에 그만큼 그 체계적 과정이 중요하게 언급되는 것이다.

조직 전체의 측면에서 의사결정의 질이 경영자의 업적과 조직효과를 측정하는 척도가 되고 기업의 성패를 좌우하는 요인이 된다면 개인의 삶과 목표에 있어서 그 성과를 좌우하는 것도 의사결정의 질에 달려있다.

그러므로 의사결정은 일상적이고 반복적이고 덜 중요한 것이 있을 뿐 모든 인간과 조직의 모든 계층에서 이루어지는 필수적인 활동이다.

그림 7-2 21세기 의사결정자의 복합적 요인

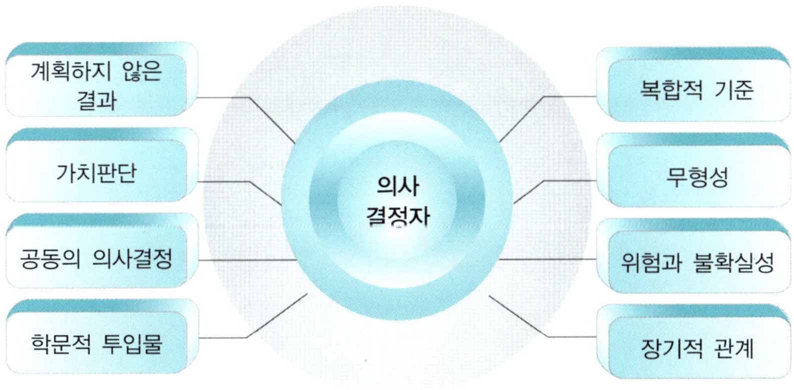

BOBOS 뼈다귀 **어떤 거짓말**

스키여행을 떠났던 학생 두 명이 시험시각까지 돌아오지 않았다. 그 전날부터 그날 밤까지 꼬박 스키를 타느라 정신이 없어서 시간가는 줄 몰랐던 것이다. 두 학생은 교수를 찾아가 타이어가 펑크나서 그랬노라고 변명을 했다. 교수는 이튿날 두 학생이 재시험을 치를 수 있도록 했다. 두 학생을 각각 다른 방에 앉힌 교수는 단 두 문제만 냈다.

(1) 5점짜리 문제 : 물의 화학식이 무엇인가?

(2) 95점짜리 문제 : 어느 쪽 타이어인가?

BOBOS 뼈다귀

좌뇌와 우뇌의 기능

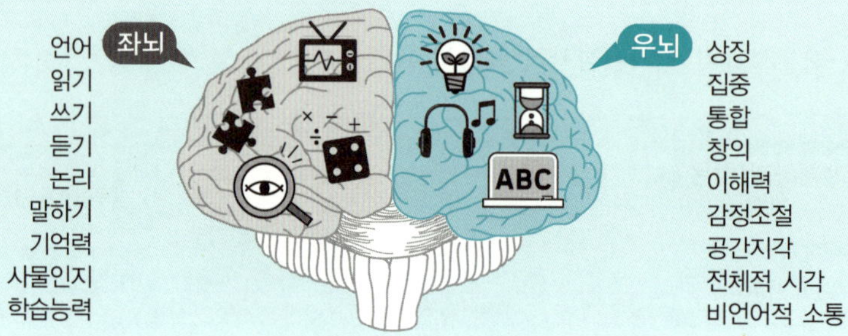

BOBOS 한 말씀

우리의 마음은 우리의 이성으로는 도저히 이해할 수 없는 이유가 있다.

– 파스칼 –

2 의사결정의 과정

의사결정이 대체안들 중에서 하나를 선택하는 과정이라고 볼 때 그 방안을 얻기 위한 일련의 단계로 구성된다. 일반적으로 문제의 인식, 대안의 탐색, 대안의 평가,

표 7-2 의사결정과정의 단계

피어스와 로빈슨	① 문제의 한정, ② 목표의 설정, ③ 해결안의 생성, ④ 대체안의 선택, ⑤ 의사결정의 수행, ⑥ 의사결정결과의 평가
체링톤	① 문제의 확인, ② 목표의 설정, ③ 해결안의 개발, ④ 해결안의 평가, ⑤ 대체안의 선택, ⑥ 의사결정의 수행, ⑦ 평가 및 통제
데프트	① 의사결정 필요의 인식, ② 원인의 진단과 분석, ③ 대체안의 개발, ④ 대체안의 선택, ⑤ 대체안의 수행, ⑥ 평가 및 피드백
바론과 그린버그	① 문제의 규명, ② 목표의 확인, ③ 사전결정, ④ 대체안의 개발, ⑤ 대체안의 평가, ⑥ 대체안의 선택, ⑦ 대체안의 수행, ⑧ 피드백

대안의 선택, 대안의 실행, 실행결과의 평가 등으로 이루어진다.

1) 문제의 인식

의사결정과 문제해결이라는 개념은 상호대체적으로 사용될 수 있을 만큼 의사결정과정에서 문제의 인식은 매우 중요한 단계이다. 문제가 현재의 상태와 내가 바라는 상태와의 차이를 의미하는 개념이므로 문제를 인식하고 그것을 구체화하는 과정이 첫 단계가 된다.

그러므로 가장 처음에 해야 할 일은 개인이 당면한 문제가 무엇인지 확인하는 것이다. 내가 지금 자리하고 있는 실제상태와 바람직한 상태와의 차이를 규정짓고 찾아내는 작업이 필요하다.

개인에게는 추구하고자 하는 목표가 있고 이것이 달성되지 못한 상태가 문제 그 자체가 될 수 있다. 또한 내가 추구하고자 하는 목표와 관련하여 이미 발생했어야 하는 문제임에도 불구하고 아직 발생되지 않은 상태로서의 문제의 의미가 있는데, 이는 기회로 해석될 수도 있다.

개인이 문제를 정확하게 진단하지 못하는 가장 큰 이유는 지각상의 문제이다. 모든 개인에게는 자신을 보호하거나 방어하려는 경향이 있다. 내게 유리한 정보만을 선택하고 부정적인 정보는 피하거나 왜곡하게 된다. 또 한 가지 이유는 문제가 발생할 수 있는 여러 가지 징후들을 문제 그 자체로 해석함으로써 일어나는 오류이다. 그러므로 문제를 인식한다는 것은 의사결정과정의 직접적인 단계가 아니라 사전단계라고도 볼 수 있으며 의사결정과정의 출발점이 된다.

21세기의 바람직한 인재상은 적극적으로 문제를 해결할 수 있는 문제해결자이며 문제발견자이다. 개인에게 주어지는 여러 가지 문제를 해결할 수 있는 능력은 필수적이며 이와 더불어 일어날지 모르는 미지의 문제를 적극적으로 찾아낼 수 있는 능력이 필요하다.

문제는 그 문제가 지닌 긴급도와 중요도에 따라 우선순위가 결정된다. 긴급도와 중요도에 따라 문제가 한 단계 여과되어서 한정되면 문제인식단계는 거의 해결된 것과 마찬가지이다. 그러므로 문제의 본질을 명확하게 하기 위해서는 의사결정과정에 도움이 되는 정보를 수집하고 도움이 되지 않거나 필요 없는 정보는 제거하는 여과과정이 필요하다.

BOBOS 이야기 문제를 정확하게 인식해서 세계 최고의 갑부가 되다

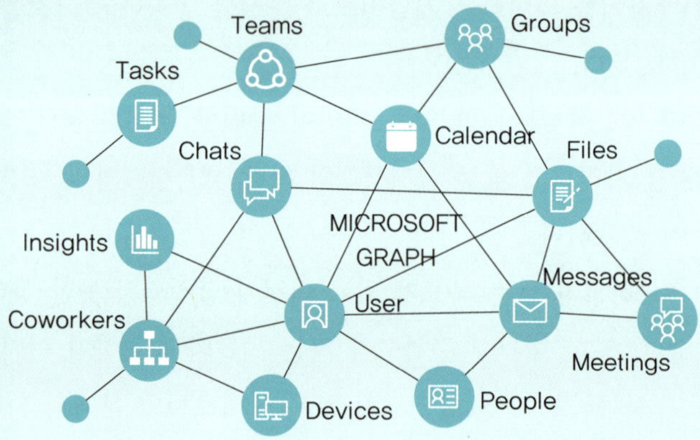

빌 게이츠는 컴퓨터산업이 당면한 문제를 정확하게 인식하고 비전과 기회를 포착한 대표적인 인물로 꼽힌다. 그는 컴퓨터산업의 미래를 하드웨어가 아닌 소프트웨어로 보았다. 그러한 관점은 소비자들이 당시로서는 받아들일 수 없을 정도로 획기적이었다. 왜냐하면 소프트웨어는 하드웨어를 사면 그냥 공짜로 따라오는 제품이라는 게 그 시절의 고정관념이었기 때문이다. 그는 단돈 50달러에 사들인 MS-DOS의 전신인 Q-DOS를 IBM에 납품하면서 시장의 90%를 장악한다. 그러한 시작과 과정은 오늘날 마이크로소프트의 운영체제가 소프트웨어의 표준으로서 존재할 수 있는 토대를 마련했다.

BOBOS 이야기 제프 베조스의 철학

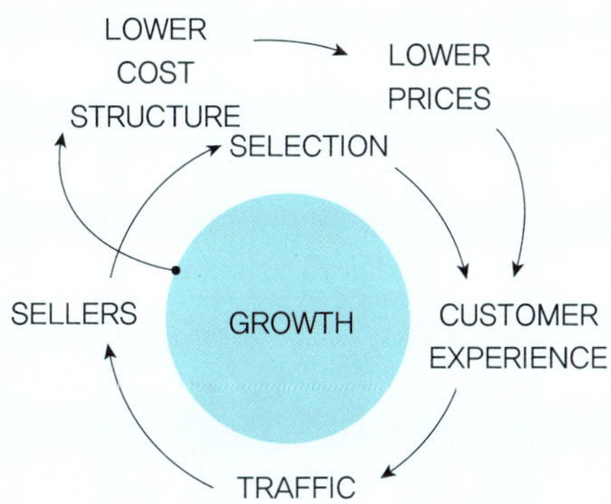

A napkin sketch by Jeff Bezos

"제프 베조스는 우리가 무엇을 구매하는지 알고 있다."

그는 고객에 대한 데이터가 얼마나 중요한지 처음부터 알고 있었다. 시작은 책이었다. 책은 어디에서 사든 비슷한 형태라 처음 거래하는 고객도 안심하고 주문할 수 있는 상품이었다. 그의 판단은 옳았고 작은 온라인 서점이었던 아마존은 사업의 정체성이 무엇인지 헷갈릴 만큼 다양한 사업에 진출하고 있다. 그는 구축된 데이터를 바탕으로 물류, 클라우드 컴퓨팅, 빅데이터, 인공지능, 우주기술까지 사업영역을 확대하고 있다.

2) 대안의 탐색

문제를 정의한 이후에는 문제와 관련된 정보와 자료를 수집하고 해결책을 찾기 위한 활동이 이루어진다. 이 단계는 실제로 문제를 해결할 수 있는 가능한 여러 가지 대안을 찾아내는 단계이다.

개인이 완벽하게 가능한 대체안을 찾아낼 수 없다고 전제하더라도 의사결정과정에서 제한된 시간과 상황 속에서 있을 수 있는 가능한 한 많은 대체안을 찾아내는 과정이 필요하다.

최종적인 의사결정과정이 이루어지기 이전에 되도록 많은 대체안들을 찾아내고, 고려한다면 의사결정의 질은 그만큼 좋아진다. 양질의 대체안들을 찾아내기 위해 여러 기법이 동원되기도 한다. 다양한 사람들과 다양한 사고발상기법, 상황 등을 통해 창의적인 대체안들이 생성될 수 있다.

BOBOS 신문

4차 산업혁명을 이끌 로봇인재가 필요하다

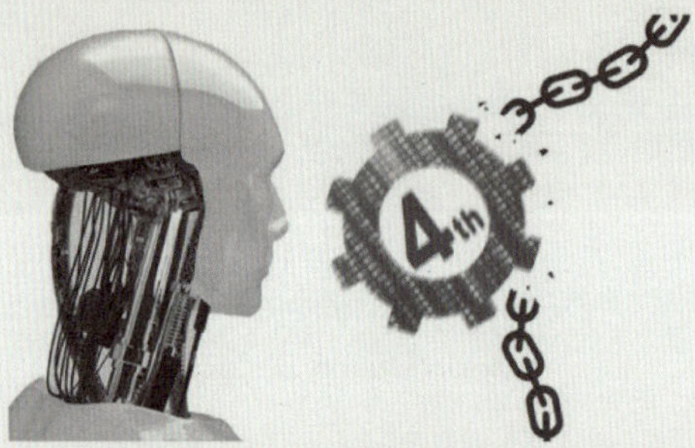

다보스포럼 창립자이자 회장인 클라우스 슈밥은 4차 산업혁명이 '우리가 하는 일'을 바꾸는 것이 아니라 '인류 자체'를 바꿀 것이라고 내다봤다. 미래학자들은 물리학(RT), 디지털(DT), 생물학(BT) 경계가 허물어지는 거대한 융합시대가 될 것이라고 예측한다. 한마디로 전 세계 사회, 산업, 문화적 르네상스를 불러올 과학기술 대전환기가 시작될 것으로 보는 셈이다. 4차 산업혁명은 스마트혁명이다.

그런데 이 혁명이 미래가 아닌 현실이라는 데 문제가 있다. 글로벌 IT기업 아마존의 경우 고객정보 및 배송이력, 물류창고 위치와 상품재고 현황을 머신러닝(기계학습)으로 분석해 고객이 주문 전에 물품배송을 예측하는 시스템을 활용하고 있다. 주간 500억 회 주문배송이 이 시스템을 통해 이루어지고 있다. 이뿐만 아니다. 미국 내 13개 물류센터를 1만 5,000대에 달하는 KIVA 로봇을 투입해 자동화했다. 단순 물류자동화가 아니라 이동경로 계산과 최적화에 머신러닝 기법을 활용했다. 물류순환 속도를 75분에서 15분으로 5배 높였다. 이로 인해 재고비용은 50%가 감소했고, 총 운영비용은 20% 절감되는 높은 생산성 효과를 얻었다고 한다. 아마존은 이미 전자상거래 기업이 아니다. 130만여 개 세계 기업을 대상으로 AWS라는 웹서비스를 제공해 연간 15조 원 이상 매출을 일으키는 클라우드 비즈니스 기업이다. AI 시대를 맞이해 대용량 분산 딥러닝 훈련이 가능한 애플리케이션 서비스사업도 시작하고 있다.

중국의 추격도 무섭다. 바이두는 세계적인 AI 석학 앤드류 응 교수를 최근 영입한 뒤 새로운 머신러닝 기반 전자상거래 서비스를 준비하고 있는 것으로 알려졌다. 이 기업뿐 아니라 세계 대부분 글로벌 기업이 AI기술에 전폭 투자를 하고 있는 것은 이미 알려진 사실이다. AI와 빅데이터 기술을 확보하지 못한 기업은 곧 경쟁구도에서 사라질 것으로 보인다.

3차 산업혁명이 정보기술혁명이었다면 4차 산업혁명 시대는 제조업이 IT가 되는 시대다. 그 중심에는 빅데이터와 AI를 기반으로 하는 스마트팩토리가 있다. 그러나 최근 한 조사에 의하면 우리나라 제조경쟁력을 결정짓는 생산성 지표는 여전히 제조강국 독일, 일본뿐 아니라 미국에도 한참 못 미친다. 생산성과 환경 모두 매우 낙후된 실정이다. 우리 중소기업은 절체절명 위기에 놓여있다고 본다. 치열한 글로벌 기업환경에서 우리 제조기업이 살아남기 위한 변화와 혁신이 필요한 시점이다.

4차 산업혁명 시대의 도래는 사회 각 부문에 상당한 영향을 끼칠 것으로 예상되는데, 일반 대중의 입장에서는 특히 어떤 직업을 갖기 위해 어떤 교육을 받아야 하는지가 당면 과제가 될 것으로 보인다. 새로운 기술이 등장하고 상용화되면 이를 활용하는 직업군이 유망하다고 각광받게 되기 마련으로, 그에 어울리는 교육 및 지식함양은 필수적인 덕목이 될 것이기 때문이다.

현재 한국사회의 교육제도는 시대의 변화에 부합하지 않는다는 것이 소비자 대부분의 인식이었다. 현재의 암기식 · 주입식 교육제도가 4차 산업혁명의 시대에 맞는 않으며, 특히 대학교육의 문제점을 지적하는 목소리가 매우 높았다. 4차 산업혁명 시대에는 좋은 직업을 결정하는 데 있어서 대학 교육의 중요성이 지금처럼 크지 않을 것이라는 시각도 많았다. 한편 4차 산업혁명 시대에 가장 필요한 능력은 창의성이라는 데 대부분이 공감하는 것으로 나타났다. 창의성은 기존의 지식을 잘 응용해서 새로운 상황에 적응하는 능력이고, 기존에 없는 새로운 지식을 만들어내는 능력이기 때문에 새로운 기술과 수많은 정보를 적극적으로 활용해야만 하는 4차 산업혁명 시대에 창의성이 더없이 중요한 자질로 평가될 것이라고 예상된다.

자료 : 전자신문, 2018. 7. 9
세계일보, 2018. 7. 9(저자 수정)

베이킹소다 사용설명서

가습기 살균제와 라돈 침대 문제까지 불거지면서 화학물질에 대한 공포감, 이른바 '케미포비아(Chemophobia)'가 다시 확산되고 있다. 믿고 사용할만한 생활용품이 없다는 불안감 속에서 친환경 세제로 떠오른 것이 베이킹소다와 베이킹파우더이다. 본래 과자와 빵을 부풀릴 때 주로 사용됐지만 최근에는 '만능살림꾼'으로 쓰임새가 다양해졌다. 표백이나 세척, 탈취효과도 낼 수 있다. 둘 다 비슷한 성분이 들어있지만 제빵 시에는 베이킹파우더만 사용해야 하는 종류가 따로 있으므로 제빵과 세척의 목적이 동시에 있다면 베이킹파우더를, 천연세제로만 활용한다면 베이킹소다를 선택하는 것이 좋다.

베이킹소다의 신맛을 없애기 위해 이를 가공한 베이킹파우더의 경우 '알루미늄 프리' 제품이 가장 주목받고 있다. 알루미늄, 구리, 납 등 중금속 화학물질을 꺼리는 소비자들은 베이킹파우더에서도 성분을 꼼꼼하게 살피는 성향이 강해졌기 때문이다. 베이킹소다와 베이킹파우더는 환경친화적이고 심리적 안정을 돕는다.

1. 베이킹소다는 거품이 일어나지 않지만 지방산을 중화시키는 성분이 들어있어 세정효과를 낼 수 있다. 기름기도 사라지고 탄 냄비의 세척도 가능하다.
2. 과일이나 채소는 베이킹소다를 푼 물에 5분 담가둔 후 씻으면 잔류농약에 대한 걱정없이 먹을 수 있다.
3. 전자레인지나 가스레인지, 싱크대 등의 오염물에 베이킹파우더를 뿌려 닦아주면 깨끗해진다.
4. 침대 매트리스를 세척할 때는 매트리스 위에 베이킹소다를 뿌리고 30분 후 진공청소기로 빨아들여 습기와 냄새를 없앤다. 이는 호텔에서 매트리스를 관리할 때 사용하는 방법 중 하나이기도 하다.
5. 빨래를 할 때 베이킹소다를 넣으면 세탁과 표백효과를 볼 수 있다. 베이킹소다와 식초를 1대 1로 섞어 넣은 후 물과 함께 돌리면 세제 없이도 세탁기 청소가 가능하다.
6. 화학성분 세안제를 피하고 싶다면 베이킹소다로 각질제거 효과를 볼 수 있다. 물에 베이킹소다를 한 스푼 넣어 녹인후 부드럽게 마사지하듯 세안하면 된다.
7. 두피관리를 위한 천연 샴푸로도 가능하다. 미지근한 물에 베이킹소다를 살짝 넣어 섞은 후 두피를 마사지하듯 문질러주면서 머리를 감는다. 마지막은 트리트먼트 효과를 내기 위해 시판용 식초를 물에 섞어 찬물로 씻어낸다.
8. 베이킹소다를 치약으로 사용하면 미백과 살균효과가 있고, 천연치약이기 때문에 물로 많이 헹궈내야 한다는 부담감도 없다.

자료 : 헤럴드경제, 2018. 5. 31(저자 수정)

3) 대안의 평가

앞서의 과정을 통해서 몇 개의 대안이 개발되면 의사결정자는 여러 기준에 근거해서 대안들을 분석한다. 그리고 이 과정이 끝난 이후에 평가작업이 이루어지게 된다.

객관적으로 좋은 대안이라고 하더라도 개인의 목표와 내가 가진 자원의 배분적 측면에서 조화를 이룰 수 없다면 그 대안은 선택될 수 없다. 또한 의사결정 이후의 만족도와 그에 수반되는 비용도 신중하게 고려해야 한다.

과거의 의사결정과정에 대한 미련은 버리는 것이 좋다. 비록 그것이 현재시점에서 안 좋은 결정이라는 생각이 들더라도 다시 되돌리기에는 너무 많은 시간과 노력이 들었기 때문에 미련을 갖게 되었을 수도 있다. 이것은 단지 안 좋은 결정이라는 생각만으로 끝나지 않는다. 왜냐하면 앞으로 다가올 미래의 의사결정에도 부정적인 영향을 미칠 수 있기 때문이다.

BOBOS 신문

일본 전자왕국의 부활

소니의 로봇 강아지 '아이보(aibo)'

전자왕국 일본이 긴 겨울잠을 끝내고 의미있는 날갯짓을 보이며 한국경제의 유일한 버팀목인 정보기술(IT) 업계를 위협하고 있다.

히타치제작소와 소니, 파나소닉 등 일본의 IT산업을 대표하는 기업들은 이미지 센서, 자동차 배터리 등 부품뿐만 아니라 TV를 비롯한 완제품 시장에서도 과거의 영광을 되찾는 분위기다. 인공지능(AI)과 로봇 등 차세대 성장동력으로 꼽는 분야에서도 핵심기술을 바탕으로 한 발 앞서나갈 태세다.

세계 1위의 전기차 배터리업체 파나소닉은 최근 배터리에 들어가는 코발트 비중을 2~3년 안에 5%까지 낮춘다는 계획을 발표했다. 앞선 기술력에 대한 자신감을 내비친 것이다. 코발트는 전기차 배터리 제조가격의 22% 정도를 차지하는 양극재의 핵심원료로 투입 비중이 줄어들면 가격경쟁력이 높아지게 된다.

최근 영국 TV 평가전문 웹사이트 'HDTV 테스트'와 소매유통업체 '크램프튼&무어'

는 예상 외의 조사 자료를 내놓으며 관련 업계의 이목을 집중시켰다. 자체 TV제품 평가전에서 파나소닉을 '올해의 최고 TV(Best TV of 2018)'로 선정한 것이다. QLED TV(양자점발광다이오드)와 OLED(유기발광다이오드) TV로 세계 프리미엄 TV 시장을 주도하고 있는 삼성전자와 LG전자 중 한 곳이 선정될 것이란 전망은 깨졌다. 전문가들은 세계 TV 시장에서 일본의 부활을 알리는 신호로 해석했다. 특히 대부분 가정의 중심자리를 차지하는 TV 시장에서의 브랜드 이미지 회복이기 때문에 그 의미가 더 크다는 평가다. TV는 사물인터넷(IoT) 등 차세대 기술의 플랫폼 역할로 거듭나고 있다. 따라서 미래 시장의 확보 측면에선 반드시 필요한 분야다.

일본 IT업체들은 AI와 로봇 등 차세대 기술도 앞서 나가며 미래에 대한 전망을 밝게 하고 있다. 올해 초 열렸던 국제전자제품박람회(CES)에서도 소니 등 일본 IT업체들은 차세대 기술을 선보이며 업계의 이목을 집중시켰다.

올해로 창업 100주년을 맞은 파나소닉은 전시장 전체를 일상생활에 맞춘 다양한 스마트 솔루션들을 중심으로 구성했다. 미래형 차량용 디지털 콕핏인 '스마트비전 콕핏', 주거용 태양광 패널을 비롯한 에너지 솔루션, AI에 기반한 포터 로봇 솔루션 등의 신개념 기술들은 이 회사의 다음 100년에 대한 자신감으로 해석됐다.

업계 1위의 스마트폰 이미지센서 업체인 소니도 자동차용 센서 시장으로의 영향력 확대를 선언하며 차별화를 꾀했다. 또 신형 반려견 로봇 '아이보(Aibo)'를 선보이면서 AI의 대표적인 두 매개체로 떠오른 로봇과 자동차 시장을 향한 새로운 행보를 알렸다.

중국은 삼성보다 폴더블 스마트폰을 먼저 출시할 정도로 많은 분야에서 한국을 이미 쫓아왔고, 일본 IT업계도 전기차 배터리 등 미래 먹거리에 대규모 투자를 하며 한국을 위협하고 있다.

자료 : 아주경제, 2018. 7. 25(저자 수정)

4) 대안의 선택

앞서의 과정들을 통해 몇 가지 대안들이 도출되었는데 이 중에서 기업에게 가장 최선이라고 생각되는 대안을 선택해야만 한다. 여러 가지 대안들 중에서 오직 하나만이 선택되기 때문에 무척 어렵고 중요한 단계가 된다. 더욱이 문제가 복잡하거나 불확실성이 높은 상황이라면 결정은 더욱 어려워진다.

대안의 선택과정에서는 개인에게 최선의 것이 무엇인지에 대한 이해와 수용이 전제조건이 된다. 선택을 하기 위해 수집된 정보, 그 정보를 활용할 수 있는 개인의 능력, 문제의 중요도, 문제해결결과가 미치는 영향 등 여러 가지 조건들이 개입된다. 그러나 무엇보다 중요한 것은 대안의 선택을 통한 결과가 효과적이고 능률적이어야 한다는 것이다.

이 단계에서는 내가 꼭 해야 하는 것과 바라는 것의 의미를 구분하고 최적의 합리성을 기하기 위해 최종적인 안을 선택하는 것이 중요하다.

BOBOS 뼈다귀!

클라우드 보완한 '에지 컴퓨팅'이 온다?

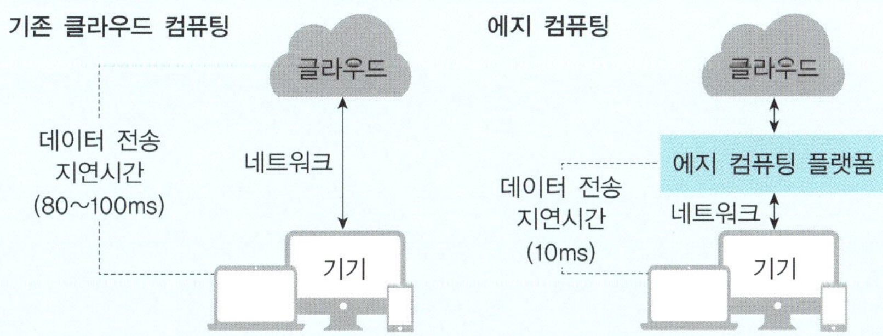

휴렛팩커드엔터프라이즈(HPE)의 기술발표 행사 'HPE 디스커버 2018'에서 안토니오 네리 HPE 최고경영자(CEO)는 앞으로 4년간 에지 컴퓨팅[1]에 40억 달러(약 4조 원)를 투자할 계획이며, 에지 컴퓨팅이 기업용 정보기술(IT)의 진화를 촉진할 것이라고 발표했다. 2015년 이후 지속적으로 연구개발(R&D)비를 줄여온 HPE가 3년 만에 대규모 투자를 결정했는데 바로 그 분야가 에지 컴퓨팅이다.

마이크로소프트(MS)도 지난 4월 에지 컴퓨팅과 사물인터넷(IoT) 분야에 50억 달러를 투자하겠다고 발표했다. 'PC업계의 전설' 마이클 델 회장이 이끄는 델테크놀로지스 역시 지난해 10월 에지 컴퓨팅에 10억 달러를 투자하겠다고 밝혔다.

영어 단어 에지(edge)는 '가장자리'라는 뜻이다. 에지 컴퓨팅은 네트워크의 중앙이 아니라 가장자리에서 데이터를 처리한다는 의미다. 중앙집중처리 방식인 '클라우드 컴퓨팅'의 반대 개념이다.

클라우드 컴퓨팅은 일상 속으로 깊숙이 파고들었다. 사진을 클라우드 저장공간에 올리는 것부터 유튜브 영상을 온라인으로 편집하는 일, 웹브라우저로 프레젠테이션 자료

1) 분산돼 있는 소형 서버가 데이터를 실시간 처리하는 기술이다. 네트워크 가장자리(에지)에서 먼저 데이터를 처리한다는 의미를 담고 있다. 중앙 서버가 모든 데이터를 처리하는 클라우드 컴퓨팅(cloud computing)과 대비된다. 실시간 대응이 필요한 자율주행, 스마트팩토리 등의 핵심기술로 꼽힌다.

를 만드는 일 등이 모두 클라우드 컴퓨팅에 포함된다.

클라우드 컴퓨팅은 쉽게 말해 고성능 컴퓨터가 업무를 대신 처리하는 기술이다. 사용자는 데이터 저장과 처리, 콘텐츠 사용 등을 네트워크 중앙에 있는 서버에 맡길 수 있다. 컴퓨터시스템 구축 및 유지, 보수비용을 아낄 수 있어 인기가 높다. 최근에는 머신러닝, 빅데이터 처리 등 고성능 시스템이 필요한 업무를 클라우드 컴퓨팅이 대체하고 있다. 아마존의 아마존웹서비스(AWS), MS의 애저가 대표적인 클라우드 컴퓨팅 서비스다.

그러나 IoT 기기가 본격 보급되면서 클라우드 컴퓨팅은 한계에 부딪혔다. IoT 기기가 제공하는 데이터가 폭증하면서 중앙컴퓨터가 이를 모두 처리하기 버거워졌다. 데이터를 처리하는 데 걸리는 시간도 문제점으로 떠올랐다.

에지 컴퓨팅은 이런 한계를 분산처리기술로 보완한다. 각 IoT 기기에서 분석할 수 있는 데이터는 현장에서 바로 처리한다는 개념이다. 자율주행, 스마트팩토리, 가상현실(VR) 등 즉시 대처가 필요한 기술이 떠오르면서 에지 컴퓨팅은 4차 산업혁명의 필수 기술로 주목받고 있다.

에지 컴퓨팅은 인공지능(AI) 기술 발전으로 부각됐다. AI를 오프라인에서 구현할 수 있게 되면서 IoT 기기를 통해 자체적인 데이터 처리가 가능해진 것이다. 구글이 지난해 10월 공개한 AI 카메라 '클립스'가 그렇다. 인텔의 AI 전용칩 모비디우스를 탑재해 사람 얼굴을 학습하거나 특정 순간을 자동으로 포착하는 기기다. 아마존이 지난해 11월 발표한 AI 카메라 '딥렌즈'도 같은 개념의 기기다.

5세대 이동통신(5G) 서비스 도입도 에지 컴퓨팅이 뜨는 배경 중 하나다. 내년 상반기 한국을 시작으로 5G 서비스가 상용화되면 초고속·초저지연 데이터 전송이 가능해져 IoT 기기의 통신능력이 향상된다. 통신사들은 사용자 가까운 곳에 모바일 에지 컴퓨팅(MEC) 환경을 구축해 데이터 지연시간을 줄이면서 망의 혼잡도를 낮추는 것을 목표로 삼고 있다. 에지 컴퓨팅이 5G 서비스의 핵심기술인 셈이다.

글로벌 시장조사기관들은 에지 컴퓨팅을 IT 기업의 새 먹거리로 주목한다. 가트너는 '2018년 10대 전략기술' 리스트에 에지 컴퓨팅 기술을 올렸다. 트렌드포스는 에지 컴퓨팅 시장이 2022년까지 연평균 30% 이상 성장할 것으로 내다봤다.

자료 : 한국경제, 2018. 7. 10(저자 수정)

5) 대안의 실행

최종적으로 대안이 선택되면 이를 실행에 옮기게 된다. 선택된 대안이 충실하게 실행될 때 효과적인 의사결정이 가능하게 된다. 선택된 대안이 성공하는가 실패하는가의 여부는 그것이 행동화되는 것에 달려있기 때문에 선택보다 수행이 더 중요할 수 있다. 이렇게 실행과정이 중요한 것은 대안의 효과는 수행 이후에 평가될 수 있기 때문이다.

BOBOS책 **의사결정은 너무 어렵다?**

존 F. 케네디는 의사결정의 의미를 놓고 "최종적으로 내린 의사결정은 준수자에게, 때로는 결정자 자신에게도 미궁으로 남는 경우가 있다. 의사결정과정은 항상 어렵고 혼란의 연속인 것이다. 그리고 가장 깊이 연관된 사람에게조차 의문스러운 것이다"라고 토로한 적이 있다.

의사결정과 관련된 대부분의 학설은 '주어진 환경에서 인간의 행동은 논리적이기 때문에 예측이 가능하다'고 믿는 초기 경영학자들 이론에 기초해서 만들어졌다.

이제는 다양한 모델과 컴퓨터가 제공하는 각종 소프트웨어, 여러 분석도구를 적용하면 의사결정을 내릴 수 있다고 믿는다. 이것은 다른 사람들의 경험에서 얻은 교훈을 토대로 훌륭한 의사결정을 내릴 수 있다는 것이다. 그러나 컴퓨터의 소프트웨어에 의해 제공되는 해결책이 최선의 해답이라는 생각은 위험하다. 현실세계에서 경영자들은 직관과 경험, 분석을 모두 고려해서 결정을 내린다.

자료 : 스튜어트 크레이너의 '75가지 위대한 결정' 중에서

6) 실행결과의 평가와 피드백

의사결정의 마지막 단계는 결과에 대한 평가와 피드백이다. 결과에 대한 평가는 선택된 대안과 그 방법이 효과적이었는지 검토함으로써 이루어진다. 그리고 실제 결과와 기대한 결과를 비교하여 차이가 있으면 통제와 조정이 이루어지게 된다.

의사결정의 유효성을 높이고 그 결과에 따른 성과를 극대화시키기 위해서는 철저한 피드백이 필수적이다. 피드백과정은 단순히 의사결정과정의 모든 과정을 검토하는 수준이 아니라 창조적 관점과 사고를 통해 의사결정과정의 내용 자체를 보다 효과적인 방향으로 변화시킬 수 있어야 한다.

의사결정과정의 전체적인 측면에서 이런 결과가 나오게 된 변수들은 무엇이었는지, 만약 새로운 변수들이 투입된다면 어떤 방법으로 대처할 것인지 등이 충분하게 검토되어야 한다.

BOBOS 이야기 페리에의 실수

페리에 150주년 기념 엔디 워홀 리미티드 에디션

1990년 2월 미국에서 판매되는 '페리에 생수'에서 벤젠성분이 검출되었다. 페리에는 즉각적인 조치를 취하는 대신 파장을 막는 데 급급했다. 처음에는 지하에서 길어 올린 천연 발포성 생수이기 때문에 벤젠이 페리에와 상관없다고 주장했다.

이는 곧 미국 전역에 알려졌고, 로널드 데이비스 CEO는 페리에 생수를 리콜하기로 결정했다. 이에 더해 프랑스 모기업에서는 문제의 원인을 밝혀낼 때까지 전 세계에 공급된 1억 6천 만 병의 페리에를 모두 리콜하기로 결정했다.

얼마 후 문제의 원인이 밝혀졌다. 페리에 생수를 만드는 과정에서 탄산가스를 주입하는 여과기에 통과시킬 때 벤젠이 섞여서 들어갔다는 것이다. 벤젠주입을 해명하는 과정에서 생수에 발포성분을 첨가하는 가공과정을 거쳤다는 것이 드러난 것이다. 이것은 페리에에게 치명적인 사건이었다. 이전까지 페리에 생수는 '천연탄산수'라는 제품콘셉트를 갖고 있던 브랜드였다. 페리에 생수는 물과 이산화탄소 가스를 따로 추출하는 중간과정을 거친 후 생수에 탄산을 첨가하는 방식이기 때문에 엄밀히 본다면 자연산 탄산수라고 보기 어렵다는 게 만천하에 드러난 것이다.

페리에는 사건의 대응에 있어서 치밀하지 못했다. 미국 페리에와 유럽 본사 간 대응이 일원화되지 않고, 각자 서로 다른 경로로 정보를 수집하고 분석했다. 때문에 전 세계 리콜이라는 다소 과장된 대응을 하고 만다. 페리에는 시스템을 정비하고 6월에 다시 판매를 재개했다. 그러나 치밀하지 못한 대응으로 시장의 1위 자리를 에비앙에게 내주고 네슬레에게 인수되고 만다.

▮그림 7-3▮ 의사결정의 과정

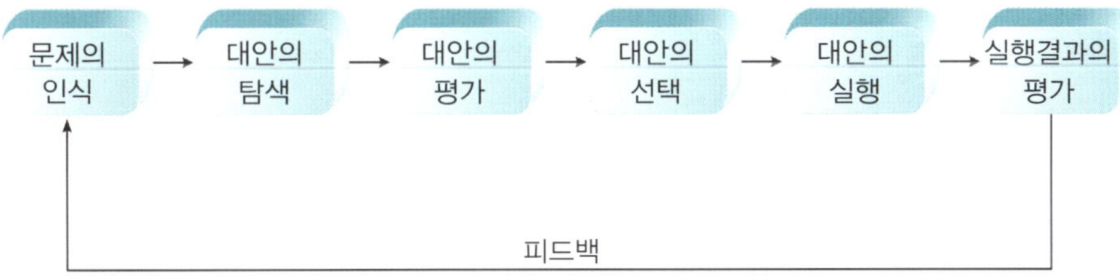

BOBOS 뼈다귀

베르사이유의 장미

'베르사이유의 장미' 중 오스칼의 실제모델

만화 '베르사이유의 장미'를 기억하는가?

최근 인터넷에서 불후의 명작으로 재판매되고 있는 이케다 리요코의 대표작이다. 베르사이유의 장미는 프랑스 대혁명을 배경으로 하고 있는 무게감 있는 만화이다.

프랑스 대혁명이 일어나기 직전 굶주림에 지친 군중들은 "빵을 달라"고 시위를 벌였다. 왕비였던 마리 앙뜨와네뜨는 그런 군중들을 바라보면서 "빵만 먹으니까 저런 문제가 생기는 거야. 고기도 먹고, 우유도 먹고, 골고루 먹으면 이런 문제가 없을 텐데"라고 말했다는 일화가 있다. 사실이거나 아니거나, 재미나 악의로 지어낸 것이거나 아무튼 전해져 내려오는 유명한 야사 중 하나이다.

마리 앙뜨와네뜨는 왜 그런 말을 했을까?

군중들의 시위를 보면서 그녀는 문제가 발생되었음을 인식했다. 그러나 문제의 원인에 대해서는 잘못된 판단을 하여 제대로 된 해결책을 내놓을 수 없었던 것이다.

문제의 인식이 중요하다는 것을 보여주는 하나의 사례이다.

BOBOS 한 말씀

분별이 있다거나 합리적인 태도는 어느 정도의 지적 겸손을 전제로 한다. 오직 이런 것들만이 자신의 잘못을 자각하고 실수를 습관적으로 잊지 않는 자들을 사로잡을 수 있다. 이것이야말로 우리가 전지적 존재가 아니며 우리의 지식 대부분은 다른 이들에게서 빌려온 것이라는 깨달음의 탄생이다

- 칼 포퍼 -

3 의사결정의 유형

1) 계층에 따른 유형

앤소프에 의한 분류로서 경영계층에 따라 세 가지 유형으로 구분된다. 최고경영층의 전략적 의사결정, 중간경영층의 관리적 의사결정, 하위경영층의 업무적 의사결정 등으로 분류된다.

(1) 전략적 의사결정

기업의 최고경영층이 담당하며, 기업의 내부문제보다는 외부환경문제와 관련이 있다. 예를 들어 기업의 목표, 성장계획과 전략, 기업이 생산하고 있는 제품계열과 판매하고자 하는 시장에 대한 검토와 선정 등을 결정하는 것이다.

(2) 관리적 의사결정

기업의 중간경영층이 담당하며, 기업의 제자원이 보다 좋은 성과를 거둘 수 있게끔 조직화하는 것과 관련되는 의사결정이다. 예를 들어 조직설계, 자원조달, 자원개발 등에 관한 문제를 해결하는 의사결정이 그것이다

(3) 업무적 의사결정

일반종업원이 담당하며, 정형화된 문제들을 주로 다루게 된다. 기업의 자원변환 과정에 있어서의 능률을 극대화하는 것과 같은 것으로 가격결정, 마케팅전략의 설정, 생산일정계획, 평균재고량 선정 등이 이에 해당된다.

2) 문제의 성격에 따른 유형

노벨상을 받은 사이먼에 의한 구분으로서 정형적인 것과 비정형적인 것으로 분류된다.

정형적 의사결정은 잘 구조화된 문제를 취급하는데 가장 효율적인 방법이지만 문제가 덜 구조화되어 있을 때는 독특한 해결안을 개발하기 위해 비정형적 의사결정에 의존해야 한다.

조직은 직면하는 다양한 환경 속에서 활동을 하기도 하지만 반복적인 환경 속에서 활동을 영위하기도 한다. 조직의 활동을 일상적인 활동과 비일상적인 활동으로 구분하게 되면 이런 활동에 대한 의사결정은 정형적 의사결정과 비정형적 의사결정으로 나눌 수가 있다.

그림 7-4 조직계층과 의사결정상황

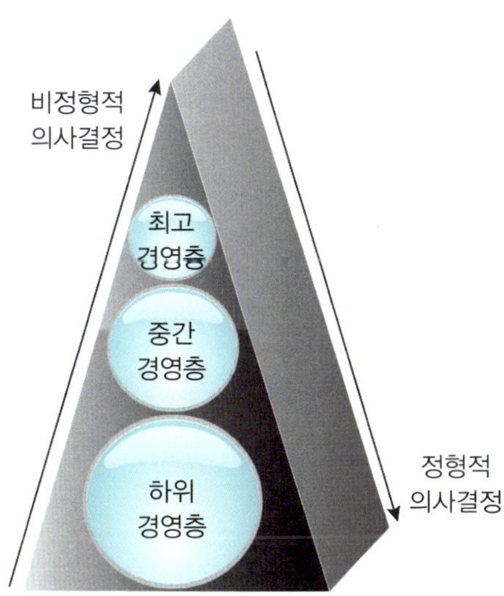

(1) 정형적 의사결정

미리 결정된 규칙에 의해 이루어지는 일상적이고 반복적인 매우 구조화된 의사결정을 의미한다. 문제의 구조가 명확하여 틀에 박힌 일정한 절차와 방법에 따라 기계적으로 결정하는 것으로서 의사결정을 위한 표준화된 절차나 지침을 가지고 있다.

- 의사결정과정에 많은 비용과 노력을 투입하지 않아도 된다.
- 조직의 내부적인 문제가 주를 이룬다.
- 문제가 반복적이며 명확하게 정의될 수 있다.
- 문제의 구조가 명확하고 문제해결절차가 존재한다.
- 대안을 평가하는 기준이 분명하다.
- 의사결정이 구조화되어 있다.
- 주로 하위경영층에 의해 이루어진다.
- 단기적 성격을 지닌다.
- 결과에 대해서 상대적으로 확실성의 수준이 높다.

(2) 비정형적 의사결정

정형적 의사결정과는 반대로 상황이 특수하거나 비정형적인 경우에 이루어진다. 때문에 의사결정시 많은 불확실성을 포함하게 된다.

- 문제가 정의되기 어렵다.
- 문제와 관련된 해결절차가 존재하지 않는다.
- 경영자가 당면하는 대부분의 중요한 문제이다.
- 최고경영층에 의해 이루어진다.
- 관련정보를 충분히 얻기 어렵다.
- 명확한 기준이 존재하지 않는다.
- 장기적 예측의 성격이다.
- 조직의 생존과 관련된 문제이다.
- 위험을 최소화할 수 있는 의사결정이 요구된다.
- 상대적으로 불확실성의 수준이 높다.

3) 주체에 따른 유형

(1) 개인적 의사결정

개인적 의사결정은 한 개인이 다른 사람의 도움을 받지 않고 오직 자신이 보유하고 있는 정보에 근거하여 독자적으로 해결안을 선택하는 과정을 의미한다.

다양한 지원과정이 결여되기 때문에 충분한 정보를 확보할 수 없다는 단점을 지니고 있다. 그러나 시간적 제약이 의사결정과정에 중요한 변수로 작용하는 상황에서는 비교적 짧은 시간 안에 신속하게 의사결정을 할 수 있다는 장점이 있다.

(2) 집단적 의사결정

21세기에는 조직규모, 조직구조, 업무양상 등이 복잡하고, 확대되면서 불확실성의 위험을 예방하기 위해 다수의 구성원들이 참여하여 하게 되는 집단적 의사결정의 비중이 높아지고 있다.

사이먼은 "인간은 제한된 합리성에 의해 행동한다"라고 했고, 제니스는 "완벽한 개인은 없다"라고 주장했는데, 이들의 주장은 복잡해진 오늘날의 조직 속에서 개인의 정보처리능력에는 한계가 있다는 것을 시사하고 있다.

집단의 리더는 어려운 문제를 해결하기 위해 전문가에게 조언을 구하기도 하고, 다양한 방법의 회의를 통해 해결안을 모색하기도 하고, 다수의 구성원들을 의사결정과정에 참여시킴으로써 동기부여를 극대화시키고, 집단 내의 커뮤니케이션을 활성화시킬 수 있다.

표 7-3 집단의사결정의 장점과 단점

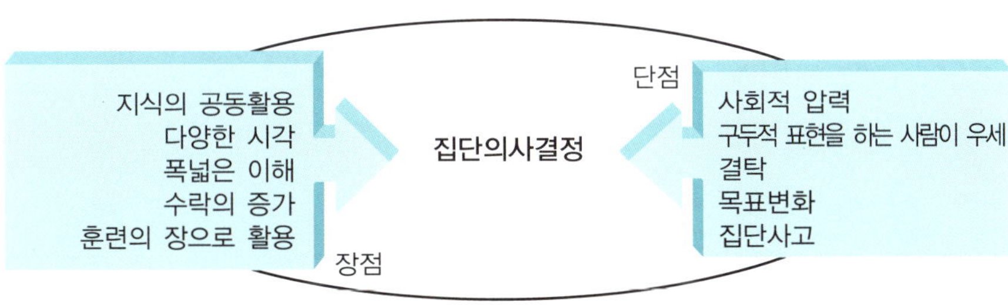

BOBOS 뼈다귀! → 기회의 신

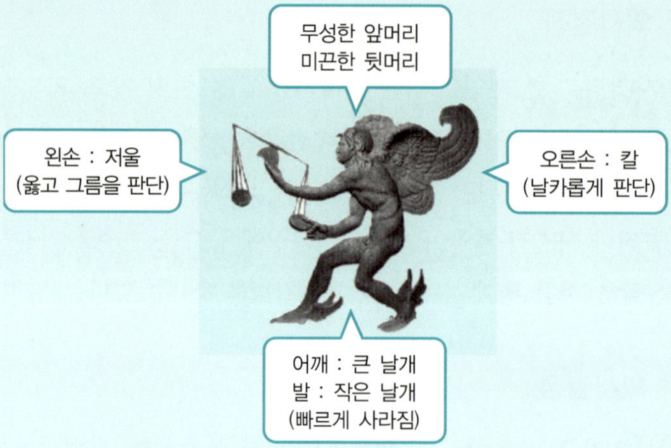

제우스의 수많은 아들 중 카이로스는 '기회의 신'이다. 누구든 기회를 얻고 싶으면 카이로스를 잡아야만 한다. 그러나 그의 몸은 미끄러워서 머리채를 잡는 방법 밖에는 다른 방법이 없었다. 수많은 사람들이 카이로스를 바라보기만 할 뿐 잡지 못했다.

왜 그랬을까?

기원전 4세기 경 그리스 조각가인 리시포스는 카이로스의 형상을 조각했다. 형상의 앞머리는 숱이 많은데 뒷머리는 대머리였다. 왼손에는 저울을 들고 있고, 오른손에는 칼을 쥐고 있으며, 어깨에는 커다란 날개가 달려있고, 발에는 작은 날개가 달려있다.

앞머리가 무성한 이유는 그를 쉽게 잡을 수 있도록 하기 위해서이고, 뒷머리가 대머리인 것은 그가 한 번 지나가고 난 후에는 다시 붙잡지 못하도록 하기 위해서이다. 그러므로 미리 앞에서 기다리고 있다가 잡지 않는 이상 기회를 잡을 수 없다.

어깨와 발에 날개가 달린 이유는 최대한 빨리 왔다가 빨리 사라지기 위해서이고, 왼손에 저울을 들고 있는 이유는 그가 왔을 때 옳고 그름을 판단하기 위해서이며, 오른손에 칼을 쥐고 있는 이유는 옳다고 판단될 때 마치 칼처럼 날카롭게 판단하기 위함이다.

기회의 신은 미리 앞에서 잡지 않는 이상 잡을 수 없다. 마찬가지로 급변하는 환경을 미리 예측하고 알맞은 방법으로 대처하는 것은 매우 어렵다. 왜냐하면 사이먼에 의하면 인간은 제한된 합리성에 의해 행동하기 때문에 합리성에 한계가 있기 때문이다.

BOBOS 한 말씀

옳게 시작하라, 그러면 언제나 쉽다.
옳게 시작하라. 그러면 언제나 휴식한다. 이것이 기준이다.
따라서 어떤 일을 할 때면 늘 지켜보라.
만일 그대가 평화롭다면, 편안하다면, 긴장되지 않고 휴식 속에 있다면,
그렇다면 그것은 옳은 것이다.

– 오쇼의 '장자, 도를 말하다' 중에서 –

4 의사결정의 모형

1) 개인적 의사결정모형

(1) 합리적 · 경제적 모형

합리적 접근이란 문제를 해결하기 위해 개인이 보유하고 있는 정보를 체계적으로 분석하고 그 과정을 통해서 최적의 대안을 선택하고 실행하는 것이다. 합리적 접근은 최소의 비용으로 최대의 효과를 얻으려는 것과 같이 최대한 목표를 달성할 수 있는 대안을 선택한다.

최대치의 목표를 달성하기 위해서는 관련정보를 되도록 많이 수집하는 과정이 필요하고, 수집된 수많은 정보들 속에서 최적의 대안을 선택해야만 한다. 그러나 인간은 제한된 합리성의 원칙에 입각한 존재이기 때문에 언제나 최적의 것을 선택하는 것은 현실적으로 불가능하므로 다분히 이론적인 개념이다.

현실적으로 인간의 사고와 행동은 완벽할 수 없고 합리적일 수만은 없다.

- 합리적 접근법의 가정
  - 인간은 의사결정과정에 대한 모든 정보를 가지고 있다.

- 대안을 선택하고 실행하는 모든 과정에 대해 완벽하게 이해하고 있다.
- 인간은 언제나 가장 최적의 이익을 가져다줄 수 있는 판단을 한다.

'죄수의 딜레마'에 빠진 AI, 협업할까 경쟁할까?

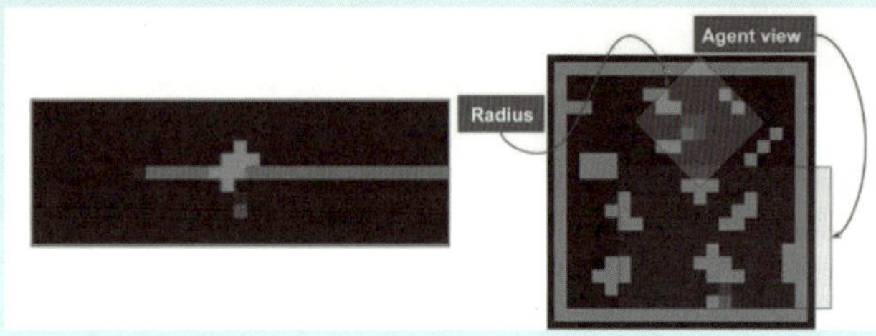

'사과 모으기 게임'과 '사냥 게임'

'죄수의 딜레마'는 경제학자 메릴 플로드와 멜빈 드레셔가 제안한 것으로서 서로 협력하면 최고의 결론을 얻을 수 있음에도 불구하고 상대방을 믿지 못하고 자신에게 유리한 것을 선택하여 결국 불리한 결과를 얻는다는 것이다.

죄수의 딜레마는 공범 두 명이 체포되어 각기 따로 심문받는 상황에서 시작된다. 경찰은 기소에 필요한 증거가 부족하기 때문에 두 사람에게 따로 똑같은 제안을 한다.

두 사람 모두 묵비권을 행사하면 6개월만 복역하면 된다. 반면 두 사람 모두 자백하면 2년을 복역하게 된다. 하지만 한 사람이 묵비권을 행사하고 다른 한 사람이 자백하는 경우에는 자백한 사람은 풀려나고 묵비권을 행사한 사람은 5년을 복역하게 된다.

보편적인 생각으로는 모두 묵비권을 행사할 것 같지만 상황은 그렇게 돌아가지 않는다. 결과적으로 두 사람 모두 자백을 하게 된다. 상대방이 자백하고 자신이 침묵하면 자신이 불리해지고, 상대방이 묵비권을 행사하고 자신이 자백을 하면 자신이 유리해지기 때문이다. 죄수의 딜레마는 서로를 신뢰하지 않고 자신에게만 유리한 조건을 선택하면 최선의 결과는 발생하지 않는다는 것을 알려주는 재미있는 이론이다. 이는 한 개인이 자신의 이기심을 채우기 위해 최대의 이익을 추구할 때 사회 전체가 최선의 결과를 얻는다는 아담 스미스의 제안에 대한 반증으로 거론되기도 한다. 존 내쉬는 '내쉬의 균형'을 통해 서로 협력하고 경쟁상황을 줄였을 때 죄수의 딜레마와 같은 최악의 상황을 면할 수 있다고 제안했다.

현실에서는 어떨까? 구글 딥마인드(DeepMind)가 AI들이 '죄수의 딜레마'와 같은 상황에서 어떻게 행동하는지 연구한 내용을 발표했다.

딥마인드는 연구를 위해 두 가지 다른 성격의 게임을 진행했다. 첫 번째 '사과 모으기 게임(Gathering)'은 가운데에 쌓여있는 사과를 모으되 상대방을 공격해 일시적으로 사과를 모으지 못하도록 방해할 수 있는 게임이다. 즉 '공격'이 자신에게 유리하게 작용하는 게임이다. 이 게임에서는 더 정교하게 프로그래밍된 AI일수록 더 공격적인 성향을 띠는 것으로 나타났다. 자신이 모을 사과가 충분히 있음에도 일단 상대방을 공격하고 나섰다.

두번째 '사냥 게임(Wolfpack)'은 한 플레이어가 사냥에 성공하면 주위에 있는 다른 플레이어 모두 득점하는 게임이다. 공격보다는 '협업'이 유리하게 작용하는 게임이다. 이 게임에서는 더 정교하게 프로그래밍된 AI일수록 상대 플레이어와 협업을 잘했다.

연구 결과는 게임의 규칙과 문맥에 따라 AI가 취하는 행동이 다르다는 것을 증명했다. 공격하면 이득을 취하는 규칙에서는 공격적으로 행동했고, 협력하면 이득인 상황에서는 협력한 것이다.

딥마인드 연구팀은 AI가 상황에 따라 다른 행동 양상을 띠는 이유가 AI가 수행하기 더 까다로운 쪽으로 행동을 취하기 때문이라고 설명했다. 사과 모으기 게임에서는 다른 플레이어를 조준하고 공격하는 일이 더 까다롭고, 사냥 게임에서는 상대 플레이어를 쫓아다니며 협업하는 일이 더 어렵다.

이는 경제, 교통 등 여러 복잡한 조건에 AI를 투입할 경우 각 상황에 따른 적절한 규칙을 만들어야만 AI를 우리가 원하는 대로 가동할 수 있다는 사실을 알려준다.

자료 : 조선비즈, 2017. 2. 10(지지 수정)

(2) 관리적 모형

인간이 완벽하게 정보를 수집하고 대안을 선택하고 수행하는 능력을 지니고 있어서 합리적 결정을 할 수 있다면 좋겠지만 그렇지 못한 경우가 대부분이다. 왜냐하면 인간은 제한된 합리성에 의해 움직이는 존재이기 때문이다.

대안과 관련된 양질의 정보를 완벽하게 수집하고 싶지만 현실적으로는 시간적 압박, 정보의 불확실성, 환경적 변수, 능력제한 등으로 최적의 결과를 얻는 것은 거의 불가능하다.

그러므로 관리적 모형은 제한적 합리주의를 지향하는 개념이다. 따라서 의사결정과정에 있어서 최적의 대안을 선택하기보다는 만족스러운 대안을 선택하게 되며, 제한된 합리성을 인정하고 완벽한 정보를 보유하고 있지 않더라도 의사결정을 하게 된다.

▮그림 7-5▮합리적 모형과 관리적 모형의 비교

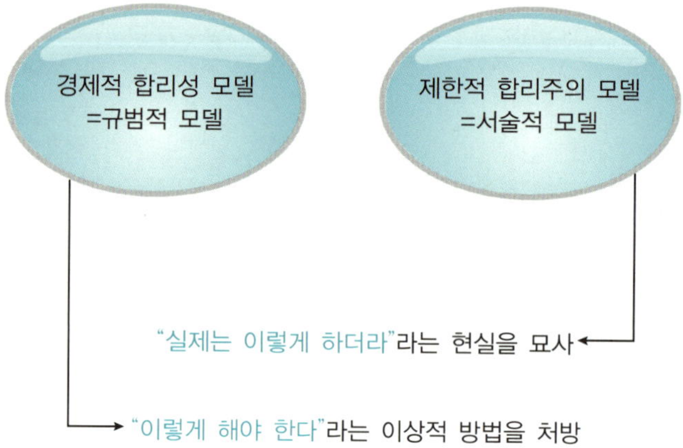

BOBOS 뼈다귀

바늘 찾아줘!

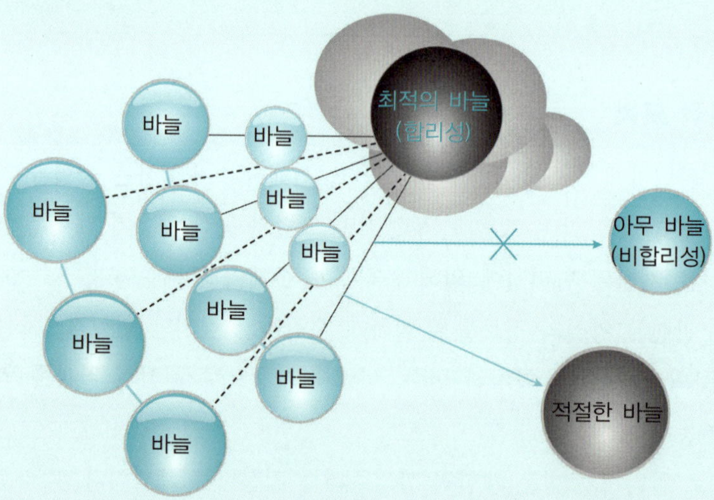

사이먼은 인간은 완벽할 수 없으며 그렇게 합리적이지도 않다고 주장한다. 그렇기 때문에 보다 현실적 관점에서 의사결정을 이해하고 있다. 마치 바닥에 떨어진 수백 개의 바늘 중에서 하나의 바늘을 선택하듯이 의사결정을 하자는 것이다.

보보에게는 지금 바늘이 꼭 필요하다. 보보의 발밑에는 수백 개의 바늘이 널려져 있다. 고작 바늘 하나이더라도 보보는 그 바늘들 중에서 제일 좋은 바늘을 선택하고 싶다.

이것이 합리성에 해당된다. 그러나 수백 개의 바늘을 일일이 살펴보고 그 중 최고의 것을 골라내는 것은 너무나 오랜 시간을 요구한다. 그렇다고 그냥 아무 것이나 집어 사용할 수는 없다. 너무 비합리적이기 때문이다. 그러므로 보보가 선택한 바늘이 최고의 바늘은 아니더라도 그 바늘이 녹슬었거나, 부러졌거나, 길이가 적합하지 않지만 않다면 그냥 사용한다.

그러므로 대안을 선택할 때 최고의 것이라고는 할 수 없더라도 정해놓은 적절한 기준을 통과할 수 있는 대안이라면 가장 먼저 발견되는 것을 선택한다.

▮그림 7-6▮ 제한된 합리성

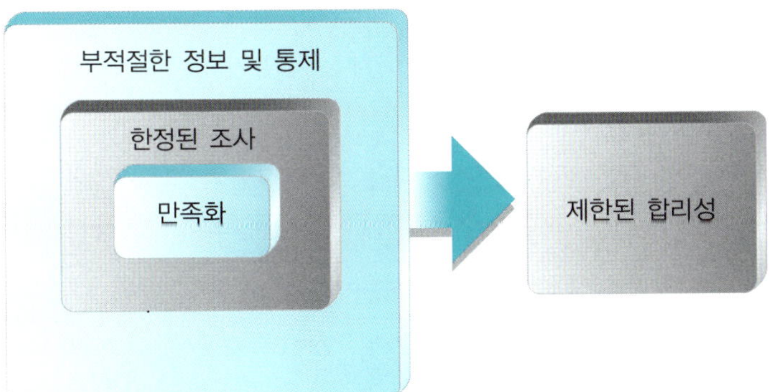

자료 : D. Hellriegel & J.W. Slocum, *Organizational Behavior,* Thomson South-Western, 2007.

(3) 직관적 모형

직관적 모형은 제한된 합리성의 가정에 근거하고, 비정형적인 의사결정의 유형에 속하는 개념이다.

직관(intuition)은 인간이 지닌 오감을 넘어선 여섯 번째 감각이다. 이는 다분히 선천적인 요소가 강하며, 오랜 경험에서 우러나오는 무의식적인 판단과정이다. MBTI의 N에 해당되는 개념이다. 그러나 의사결정모형에서 의미하는 직관은 감각에 근거한 합리적 결정과 전혀 다른 별개의 차원이 아니라 상호보완적인 의미를 지닌다.

현실에서 경영자들은 사실에 근거한 분석만으로 결정을 내리지는 않는다. 오히려 직관에 의존하는 경우가 많다. 수없이 많은 사람들을 만나는 CEO들은 사람을 만났을 때 처음 몇 초의 직감으로 그 사람을 어떻게 대할 것인지를 결정한다. 이것은 면접에서도 마찬가지다. 이미 면접관들의 마음은 처음 몇 초에 다 결정된다. 나머지 시간은 그것을 확인하는 것뿐이다.

현실에서는 이런 순간적인 직관능력을 원시적인 육감으로 치부하고, 논리와 체계적 지식을 요구한다. 그러나 논리와 지식에 근거한 합리적 사고는 안정적인 상황에는 적합할지 모르지만 변화라는 요인이 가미되면 커다란 도움이 안 될 수도 있다. 때문에 순간적인 직관은 어떤 과학이나 정보의 통합보다 때로는 강력할 수 있다. 그러므로 이것은 '생각하지 않고 생각하는 힘'이다. 선천적 요소가 강하다고는 하지만 후천적으로 꾸준히 정보를 수집하고 경험을 쌓아나가면 이 능력을 향상시킬 수 있다. 직관이 아무리 뛰어나다고 해도 경험이 없이는 평범한 순간적 판단에 불과할 수 있다.

직관적 의사결정이란 논리적 분석보다는 오랜 경험과 그로 인해 축적된 보이지 않는 판단에 의한 의사결정이라 볼 수 있다. 현실적 영역을 넘어섰다고 해서 반드시 비합리적이라고 볼 수는 없다. 왜냐하면 의사결정과 관련된 환경이 너무 복잡할 때는 오랜 경험에서 우러나오는 직관이 오히려 도움을 주기 때문이다.

BOBOS 뼈다귀

전략적 직관

좋은 아이디어는 예기치 못한 순간에 섬광 같은 통찰력으로 올 때가 많다. 그것은 느닷없이 일어난다. 머릿속에서 동시에 떠오른다. 우리는 점들을 연결한다. 하나의 커다란 각성이 다가올 수도 있고, 작은 깨달음들이 모여 길을 보여줄 수도 있다.

그것은 동양철학, 고전적 군사전략, 비즈니스 전략, 인지심리학에도 등장한다. 이렇게 다양한 소스를 통합하면 인간이 관여된 모든 분야에서 행동철학의 핵심을 차지하는 것은 섬광 같은 통찰력이라고 주장하는 현대적인 분야에 도달하게 된다. 나는 이 새로운 분야를 '전략적 직관'이라 부른다. 그것은 모호한 육감이나 본능적인 직감 같은 평범한 직관과 전혀 다르다. 평범한 직관은 일종의 감정이나 느낌이지 생각이 아니다. 전략적 직관은 정반대다. 그것은 느낌이 아니라 생각이다.

전략적 직관은 순간적인 판단과도 다르다. 순간적인 판단이란 엄밀히 말해 '전문가 직관(expert intuition)'으로서 뭔가 익숙한 것을 인식할 때 점프하듯 순식간에 결론에 도달하는 빠른 속도의 생각을 말한다. 말콤 글래드웰이 「블링크」를 통해 소개한 것이 전문가 직관이다. 전문가 직관은 항상 빠르다. 그리고 익숙한 상황에서만 작동한다. 전략적 직관은 항상 느리다. 그리고 좋은 아이디어가 필요한 새로운 상황에서 작동한다. 이러한 차이는 결정적이다. 전문가 직관은 전략적 직관의 적이 될 수도 있기 때문이다. 인간은 자신이 하는 일에 능숙해질수록 비슷한 문제들을 더 빨리 해결할 수 있는 패턴을 인식하게 된다. 전문가 직관은 그런 식으로 작동한다. 그런데 새로운 상황에서 우리의 뇌가 좋은 해답을 찾기 위해 새로운 연결을 만들기까지 시간이 훨씬 더 오래 걸린다. 섬광 같은 통찰력은 한순간에만 일어나지만 그 순간이 찾아오기까지 몇 주일이 걸릴 수도 있다. 한편 전문가 직관은 익숙한 것을 봤을 때 빠른 시간 안에 순간적인 판단을 할 수 있다. 따라서 전략적 직관을 훈련하려면 새로운 상황을 인식하고 전문가 직관이 작동하지 않게 해야 한다. 새로운 점들이 독자적으로 연결될 수 있도록 기존의 점들을 분리해야 한다.

자료 : 윌리엄 더건의 '제7의 감각' 중에서(저자 재구성)

BOBOS 뼈다귀!

유레카!

창조에 이르는 결정적인 상상력은 어떤 특정한 순간에 나타난다. 이를 심리학자 이서 케스틀러는 '이연연상(Bisociation)'이라고 제시했다.

창조자들은 해결하고 싶은 어떤 문제에 직면할 때 모든 열정과 정열을 쏟아붓는다. 그러나 그렇다고 해서 문제가 풀리는 것은 아니다. 문제해결이 여의치 않아 지적 좌절과 정서적 곤경에 빠지면 그들은 방황하고 고민한다. 그러다가 어느 순간, 그때까지는 서로 관계가 없었던 어떤 경험과 자신의 목표의식이 돌연 관계를 맺는다. 이러한 관계형성이 바로 이연연상이다. 이연연상으로 인해 그동안 모호했던 생각이 적절하고 우아한 개념의 형태로 머릿속에 번쩍이게 된다.

아르키메데스는 시라쿠사의 왕 히어론 1세로부터 왕관이 순금으로 되어있는지의 여부를 알아내라는 명령을 받고 그 문제를 풀기 위해 몰두하면서 고민에 빠져 있었다. 그러던 어느 날, 아르키메데스는 목욕탕에 들어가면서 욕조 안의 물이 자기 몸의 부피만큼 흘러넘치는 것을 보고 자기도 모르게 '유레카(알았다)'라고 소리쳤다. 어느 순간 문제의 해법과 목욕탕 물이 서로 만나 이연연상을 일으킨 것이다. 이 깨달음으로 아르키메데스는 순금 여부를 해결했고, 더 나아가 오늘날까지 전해지는 부력의 원리를 발견한 것이다.

자료 : 윤석철의 '삶의 정도' 중에서(저자 수정)

그림자료 : 조선닷컴

BOBOS 한 말씀

인간은 노력하는 한 방황한다. 그러나 계속 노력하면서 몰두하는 자는 구제받을 수 있다.

– 괴테 –

2) 조직적 의사결정모형

(1) 쓰레기통모형

쓰레기통모형은 합리적 모형만으로는 인간의 의사결정행동을 이해할 수 없기 때문에 제시된 모형이다.

두 차례의 오일쇼크 이후 조직의 환경은 안정적이고 불변하는 A차원의 환경에서 유동적이고 불확실한 B차원의 환경으로 변화했다. 이런 상황에서는 제한된 합리성만으로 모든 문제를 파악하고 처리할 수 없다. 여러 제약조건과 변화하는 변수가 많다 보니 합리적 순서에 의해서만 의사결정을 할 수는 없으며 마치 쓰레기통으로 보일 정도로 우선순위가 없는 뒤죽박죽인 의사결정이 행해지기도 한다.

쓰레기통모형의 가장 큰 특징은 문제의 인식에서 문제의 해결까지 의사결정의 과정이 연속적인 특징을 보이지 않는다는 것이다. 문제를 인식하더라도 해결과정까지 서로 연결되지 않을 수도 있고, 문제가 제대로 정의되지 않은 상태에서도 대안이 결정될 수 있으며, 문제가 많이 존재하더라도 대안이 없는 경우가 있다.

쓰레기통모형에서 제시하는 요인들은 문제, 해결대안, 의사결정자, 결정시점 등이다. 이 네 가지 독립된 요인들은 일정한 규칙 없이 이리저리 엉키다가 우연히 네 가지 요인들이 만나게 되면 바로 결정이 이루어진다. 따라서 대안이 성공적인 것이 된다는 것은 적절한 타이밍이나 행운적 요소에 달려있다.

그림 7-7 쓰레기통모형

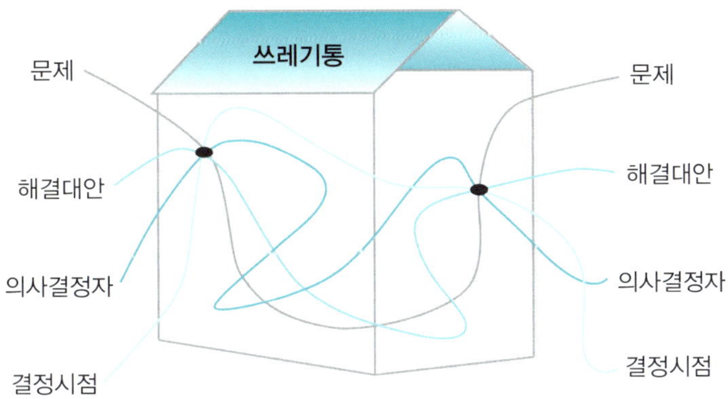

(2) 카네기모형

카네기모형은 제한된 합리성을 공식화하고 의사결정과정에 새로운 시각을 제공해주었다.

정보의 관점에서 본다면 모든 정보는 최고결정권자에게 집중이 되어 의사결정이 이루진다는 것이 지배적인 관점이었다. 그러나 카네기모형은 의사결정과정에는 수많은 사람들이 연관되어 있고, 최종적 선택은 이 사람들의 연합에 기초한다고 가정한다.

연합은 목표와 문제의 우선순위에 대해서 합의하는 관리자들의 협력체가 될 수도 있고, 스탭, 노조, 고객 등과 같은 외부집단이 포함된 협력체가 될 수도 있다.

▌그림 7-8▐ 카네기모형

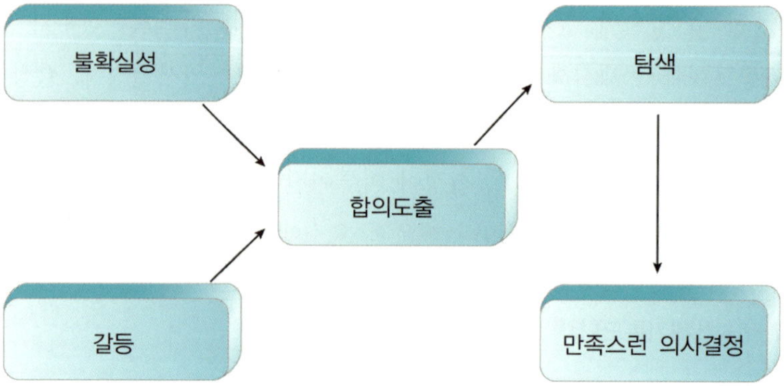

BOBOS 뼈다귀 → 아름다운 의사결정

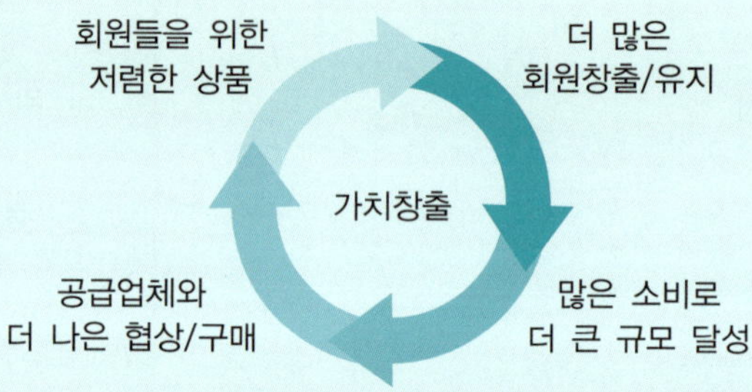

코스트코의 비즈니스 모델

짐 시네갈은 다소 늦은 나이인 47세에 코스트코를 창업했다. 코스트코는 '회원제 창고형 할인마트'로 불리는 대표적인 '브릭앤드모르타르(brick and mortar, 벽돌과 회반죽)' 유통업체이다.

시네갈은 어린 시절을 고아원에서 보내다가 11세가 되어서 재혼한 어머니와 살게 되었다. 그는 샌디에이고 시립대 학생이던 18세 때 대형할인점인 '페드마트(FedMart)'에서 아르바이트를 하다가 정식직원이 된다. 그 과정에서 창업자인 솔 프라이스로부터 "가치를 창출하고, 직원과 고객을 섬기며, 납품회사를 존중하고, 이 모든 과정을 통해 주주에게 보답한다"는 사업철학을 배웠다.

짐 시네갈은 '기버(giver)'이다. 보편적으로는 자신의 이익을 더 많이 챙기려는 사람이 성공할 것이라고 생각하지만 자신의 이익보다 타인을 먼저 생각하는 사람이 성공할 가능성이 높다. 이러한 사람을 '기버(giver)'라고 부른다.

그는 대형할인점의 오래된 영업관행인 고수익 추구를 포기했다. 코스트코는 제품의 공급가격을 낮추어 그만큼을 고객에게 돌려준다. 때문에 이익률은 2~3% 정도로 매우 낮다. 그러나 역으로 이러한 방식으로 유통업체의 절대강자가 되었다.

코스트코는 건강한 경쟁을 좋아한다. 짐 시네갈은 경쟁업체인 월마트의 진입을 허용하지 않는 주정부를 찾아가 월마트가 들어올 수 있도록 설득하기도 한다. 그래야 코스트코가 나아질 수 있다고 믿는다. 덕분에 최고의 매출을 올리는 코스트코 근처에는 모두 월마트가 있다. 그는 건강하고 적절한 경쟁이 코스트코를 성장시켰다고 믿는다. 그러한 그의 철학 덕분에 글로벌 금융위기 때에도 코스트코는 성장했다. 당시 그는 업계에서 가장 저렴한 제품의 가격을 또다시 인하함으로써 경제위기로 힘들어하는 소비자들을 배려했다. 그는 협력업체와도 건강한 관계를 맺고 있다. 코스트코의 매장 안에는 '공정무역'과 관련된 제품들이 도처에 진열되어 있다. 그는 상생함으로써 승자가 되는 방법을 알고 있다.

그는 직원들에게도 '기버(giver)'이다. 월마트 등 경쟁업체의 직원들은 연봉의 25%를 건강보험료 등으로 지출하지만 코스트코의 직원들은 연봉의 8%만 지출한다. 나머지 차액은 코스트코에서 지원한다. 정년도 없다. 때문에 건강한 노인들이 점원으로 상당수 활동 중이다. 그는 적자가 나도 직원에게 가는 혜택을 줄이지 않는 것이 코스트코의 의무라고 말한다.

그의 연봉은 35만 달러 수준이다. 코스트코 매출의 절반 정도인 코카콜라 CEO의 연봉은 1,447만 달러이다. 무려 47배나 많다. 짐 시네갈은 CEO가 현장에서 일하는 직원보다 몇 백배나 많은 연봉을 받는 것은 잘못된 일이라고 말한다.

우리나라 롯데의 빅마트, 신세계의 트레이더스와 같은 창고형 할인매장은 코스트코를 모델로 한 것이다. '아마존 시대'에도 코스트코의 매출은 증가하고 있다.

자료 : 이신영의 '콘트래리언' 중에서(저자 수정)

5 개인의 의사결정에 영향을 주는 요인

1) 스키마

스키마(Schema)는 과거의 경험에 의해서 형성된 인간의 인지구조를 의미한다. 우리는 일정한 경험을 통해 특정한 사건이나 그와 관련된 자극들을 기억하고 있다. 그러므로 스키마는 인지적인 그림과 같다.

개인이 만났던 사람들, 눈으로 인식한 사물들, 경험한 사건들에 대해서 머릿속에 형성된 의미체계이기 때문에 일상적인 일들에 대해서는 체계적인 분석과정을 생략하고 습관적으로 스키마에 의해 대안을 선택하게 된다.

그러나 비일상적이고 비정형적인 문제에 직면했을 때, 어떤 사안에 대해 스키마가 형성되어 있지 않을 때는 체계적 분석과정을 통해 결정을 내리게 된다.

그림 7-9 스키마의 의미

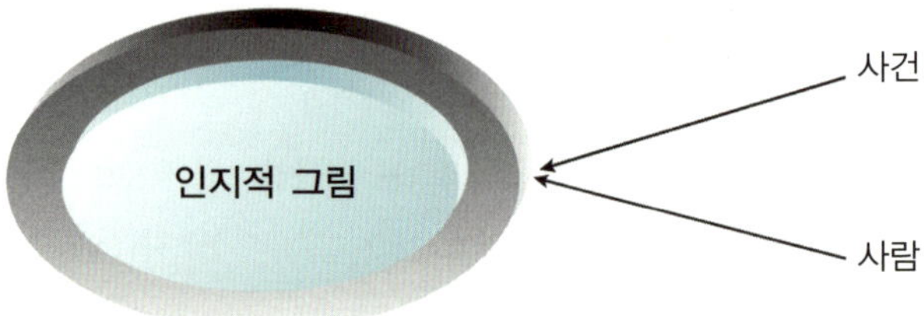

일상적 현상에 직면한 경우에는 심도 있는 분석과정을 생략한 채 자동적 · 습관적으로 스키마가 제공하는 대안을 선택하게 됨

BOBOS 뼈다귀

CGV에 대해 가지고 있는 스키마

스키마 : CGV
등장인물 : 자동매표기, 검표원, 관객

장면 1 : 입장
관객은 매표소로 간다
자동매표기에서 영화를 검색한다
원하는 영화를 선택한다
신용카드로 지불하고 표를 받는다

장면 2 : 입장
검표원에게 표를 보여준다
상영관에 들어간다
자리를 찾아 앉는다

광고와 영화를 본다

장면 3 : 퇴장

영화가 끝난다

팝콘과 음료수 케이스를 정리한다

상영관을 나온다

BOBOS책 로봇이 인간을 대체할 수 없는 이유

인간이 동물과 다른 점은 과거를 회상하는 능력에 있다. 회상은 의식의 진화에 의해 나타나는데 이 자의식은 경험을 무한히 수용하기 위해 저장을 뇌의 다른 부분, 즉 '기억의 흔적'에 넘긴다. '의식'은 시간을 따르고 '흔적'은 시간을 따르지 않는다. 생각의 속임수는 뇌의 이와 같은 '일원적 이중장치'에 의해 나타난다. 이러한 이중장치가 고독, 착각, 후회, 집착, 공감, 그리고 알면서 하지 않거나 모르면서 하는 뇌의 특성으로 나타난다. 이것이 상상력이고 문화와 예술을 창조한 동력이었다. 그리고 이 허구성은 효율성을 중시하는 인공지능이 결코 흉내내지 못하는 뇌의 고유한 인문학적 기능이다. 인간다움을 구성하는 이중마음을 인공적으로 만들기는 쉽지 않다.

의식과 감각의 이중장치는 서로 견제하면서 자리다툼을 벌이기 때문에 균형을 잃기 쉽다. 그리고 균형이 깨질 때 정신질환이나 사회병리가 나타난다. 감각과 의식이 균형을 취하는 데는 잘 짜인 이야기가 필수적이다.

자료 : 권택영의 '생각의 속임수' 중에서(저자 수정)

그림자료 : 만화 '인사이드 아웃'

2) 개인의 속성

우리가 삶을 영위하면서 행하게 되는 모든 일들에 대해서 개인이 가지고 있는 성격, 가치관, 신념, 고정관념, 선택적 지각 등의 속성들이 많은 영향력을 행사한다.

성격이 의사결정과정에 영향을 미치는 이유는 성격이 기반이 되어 세상을 보는 관점, 인간관계를 형성하는 태도, 정보를 받아들이는 방법 등이 달라지기 때문이다. 또한 개인의 성격특성에 따라 어떠한 인간관계를 형성하느냐에 따라서 협력이나 정보수집과 같은 중요한 과정에 긍정적인 도움을 받을 수도 아닐 수도 있다.

개인이 지니고 있는 가치관이 중요한 이유는 가치관이 그 개인을 형성하고 있는 신념 그 자체이기 때문이다. 기회의 신의 사례처럼 가치관은 옳고 그름을 구분하는 잣대가 된다.

고정관념, 선택적 지각과 같은 지각의 오류는 개인이 정보를 왜곡되지 않게, 긍정적으로 수용함에 있어 커다란 장애요인으로 작용한다. 지각의 오류에는 다음과 같은 개념들이 포함된다.

(1) 고정관념(stereotyping)

사람을 평가할 때 개인차를 무시하고 그가 속한 집단에 대한 지각을 바탕으로 평가하게 되는 것이다. 어떤 특정한 대상이나 집단에 대해 많은 사람들이 공통으로 가지는 비교적 고정된 견해와 사고를 의미한다. 즉, 지각과정을 단순화시켜 다른 사람을 유사성의 범주에 귀인시키는 경향을 말한다.

대개의 경우 뚜렷한 근거가 없고 감정적 판단에 근거하며, 한 개인의 개인차를 무시하고 그가 속한 집단의 평가에 근거하여 일반화하는 경향이 있다.

20세기를 대표하는 정신의학자인 엘리자베스 퀴블러 로스(Elisabeth K. Ross)는 말한다.

"편견에서 벗어나는 것이 곧 자유이다."

〈예〉

- 여성은 감정적이고, 남성은 지성적이다.
- 이탈리아인은 바람둥이고, 미국인은 이성적이다.
- 젊은이들은 혁신적이고, 늙은이들은 보수적이다.
- 눈이 큰 사람은 겁이 많고, 눈이 작은 사람은 겁이 없다.

BOBOS 뼈다귀

화성인의 언어와 금성인의 언어

화성에서 온 사람과 금성에서 온 사람은 서로 다른 언어를 사용한다. 때로는 통역관이 필요할 정도이다. 흥미로운 점은 금성에서 사용하는 언어와 화성에서 사용하는 언어에는 똑같은 어휘들이 존재하는데, 문제는 그 어휘들이 서로 다른 의미로 사용된다는 데 있다.

자기감정을 충분히 전달히기 위헤 여지들은 미치 지마다 시인이 된 듯 각양각색의 과장과 은유, 막연한 표현 등을 총동원해 사용한다. 그리고 남자들은 어리석게도 이런 표현들을 곧이곧대로 받아들인다. 말의 의미를 잘못 해석한 그들은 여자의 예상과 달리 비협조적인 반응을 보이는 게 보통이다.

여자의 말을 곧이곧대로 해석한다는 것이 사실과 정보를 전하는 수단으로써만 언어를 사용해 온 남자들에게는 쉽게 오해를 불러일으킬 수 있다. 또한 그 같은 반응은 서로 간의 논쟁을 야기시킬 수도 있다.

금성인의 말	화성인의 대응
• 외출을 하지 않아	• 어제도 나갔었잖아
• 모두들 나를 무시해	• 안 그런 사람도 있어
• 일하기 싫어	• 하기 싫으면 그만둬
• 아무도 내 말을 듣지 않아	• 내가 듣고 있잖아
• 제대로 되는 일이 없어	• 내 잘못이라는 거야?

자료 : 존 그레이의 '화성에서 온 남자 금성에서 온 여자' 중에서(저자 수정)

(2) 현혹효과(halo effects)

현혹효과는 고정관념과 깊이 관련된다. 한 사람이 보유하고 있는 좋거나 나쁜 자질, 행동 등을 보고 그 사람의 전부를 판단하게 되는 일반적 경향이다.

요즘 이미지메이킹이 중요하게 부각되는 이유는 현혹효과와도 관련이 있다. '블링크(blink)'[2]라는 단어가 의미하는 것처럼 순간적으로 첫 만남에 판단되는 인상에 기초해서 다른 모든 것들이 결정되기 때문에 현혹효과를 무시할 수 없는 것이다.

예를 들어 '공유'는 '잘 생겼다', '잘 생겼으니까 심성도 바를 것이다', '심성이 바르니까 좋은 일을 많이 할 것이다'로 객관적이지 못하게 사고가 연결되는 것을 의미한다.

BOBOS 뼈다구!

재미있는 착시의 오류

인간이 느끼는 길이와 크기감각은 주변과의 비교에 의해 영향을 받는다. 때문에 주변의 상황이 변하면 실제 길이나 크기와는 다르게 보인다. 이런 현상을 심리학에서는 '착각'이라 부른다. 특히 시각에서 일어나는 착각을 '착시'라고 한다. 심리학자 그레고리는 착시가 생기는 이유는 사물을 볼 때 무의식적으로 대상물과의 거리를 생각하고 거리에 맞춰서 대상물의 크기를 인식하기 때문이라고 했다. 또한 멀어져가는 사람을 볼 때 거리가 배로 늘어나면 크기는 반으로 줄어야 하는데, 그다지 작게 느껴지지 않는다. 이는 인간의 시각에는 대상을 동일인물로 인식하여 안정적으로 지각하고자 하는 항상성 경향이 있기 때문이다.

에드워드 보링의 그림은 이 분야의 원전이다. 사람에 따라서 노파로도, 젊은 여인으로도 보인다. 통계적으로 남성은 젊은 여성을, 여성은 노파를 더 먼저 보는 경향이 많았다. 루빈의 잔은 흰 바탕을 보면 잔으로 보이지만 검은 바탕을 보면 사람의 옆모습으로 보인다. 분트 착시에서 보이는 두 개의 직선은 같은 길이이다. 하지만 수직선이 수평선에 비해 더 길어 보인다. 분트 착시를 이용하면 세로줄의 옷이 가로줄의 옷보다 더 날씬해보이는 효과가 있다. 뮌스터버그 착시는 가로로 회색 선분은 모두 수평이지만 마치 휘어져 있는 것처럼 보이는 착시효과이다. 체르너 도형에서 오른쪽 아래로 향하는 사선은 모두 수평이다. 하지만 짧은 선의 영향으로 수평이 아닌 것처럼 보인다. 이는 평행선에 사선이 들어가면 더 이상 평행으로 보이지 않게 되는 원리를 이용했다. 사선의 기울기가 커지면 착시현상도 심해진다. 샌더 착시의 그림에서는 직선 BC의 길이가 직선 AB보다 길어 보이지만 실제로 두 직선의 길이는 같다. 델뵈우프 착시에서는 가운데 있는 두 개

2) '블링크'는 말콤 글래드웰에 의해 제시되었으며 2초 안에 일어나는 순간적인 판단을 말한다. 순간적인 판단(snap judgment)은 무의식의 영역에서 일어나는 문제해결방식으로, 우리가 보통 직관 또는 통찰이라고 부르는 능력과 비슷하다. MBTI의 iNtuition과 비슷한 개념이다.

의 검은 원은 같은 크기이지만 오른쪽 원이 더 커 보인다.

에드워드 보링의 그림

루빈의 잔

분트 착시

뮌스터버그 착시

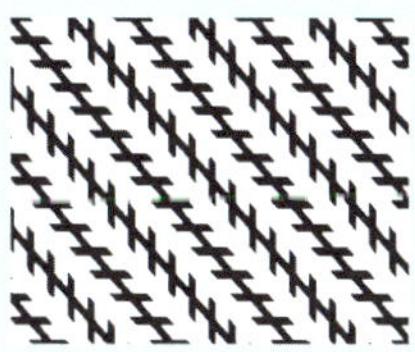

체르너 도형

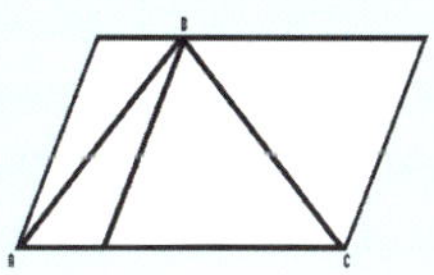

샌더 착시

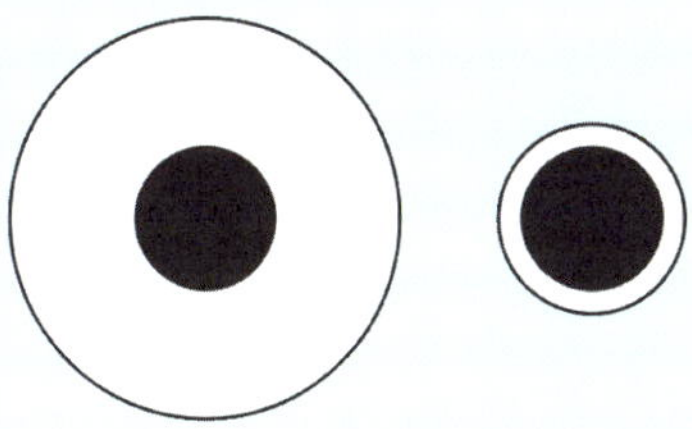

델뵈우프 착시

(3) 투사(projection)

투사는 기본적으로 내가 받아들이기 힘들거나 어려운 것들을 타인에게 돌림으로써 불안을 감소시키는 것이다. 그러므로 나의 생각이나 감정을 숨길 수 있는 효과적인 방법이 된다.

투사는 인지의 재구성에 있어서 중요한 역할을 하게 되는데 의식으로 떠오른 사고를 자신의 것이라 생각하지 않고 다른 사람이 가지고 있는 사고라고 믿게 된다. 타인을 나의 환상(reflection)인 것처럼 보게 되는 것이다. 프로이드(Freud)는 이것을 '더 이상 의식 밖으로 추방시킬 수만은 없는 억압된 욕구에 저항하기 위한 필사적 방어'라고 정의했다.

보보는 모모가 미워 죽겠다. 그러나 사회적인 평가와 자존심 때문에 그 감정을 그대로 표현할 수가 없다. 그래서 그 미움의 감정을 억압시키게 되지만 감정은 여전히 그 자리에 있다. 따라서 오히려 모모가 자신을 미워한다는 지각을 발달시키게 된다. 즉 왜곡된 방법으로 억압된 자신의 감정을 표현하는 것이다. 전통적인 투사의 오류는 관리자의 욕구와 부하의 욕구가 같다고 전제하는 것이다.

로르샤흐 잉크반점 검사는 대표적인 투사적 기법이다.

표 7-4 로르샤흐 잉크반점 반응

범주이름	범주의 본질	예시반응	가능한 해석
위치	반응이 일어나는 반점의 위치	"전체적으로 옥수숫대를 상기시키네요."	개념적으로 생각하는 능력을 암시 (전체 반점에 기초한 반응)
		"저것은 망치처럼 보이네요."	정확하고 엄밀해지려는 욕구를 암시 (일반적으로 주목되는 세부에 기초한 반응)
결정인	반응을 이끌어 낸 반점의 특성	"피 흘리는 고래네요."	정서성이 높음을 암시 (색채에 기초한 반응)
		"날아다니는 박쥐네요."	상상력이 높음을 암시 (지각된 운동에 기초한 반응)
내용	반응의 주관적 주체	"저 남자는 누군가에게 얻어 맞았네요."	적대적 감정에 대한 불안을 암시 (공격성을 포함한 반응)
		"파도로 다이빙하는 사람이군요."	강한 환성적 삶을 암시 (인간운동을 포함한 반응)

주: 로르샤흐 검사반응이 놓이게 되는 세 가지 범주가 있다. 왼쪽 열은 두 번째 열에서의 정의에 의한 범주이름이다. 세 번째 열은 각 범주에 놓인 반응의 예를 제시한다. 오른쪽 열은 각 예에 대한 해석과 왜 이런 해석을 하게 되었는지에 대한 지표를 제공한다

자료 : Carver, C.S. & M.F. Scheier, *Perspectives on Personality*, Allyn & Bacon, 2004.

BOBOS 신문 무엇을 그린 그림일까요?

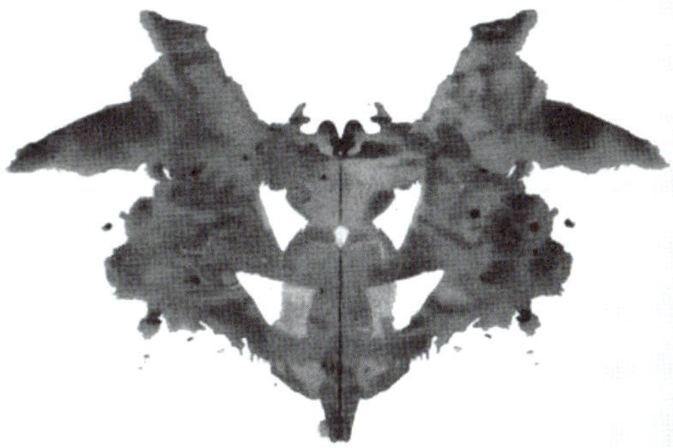

로르샤흐 테스트의 1번 그림

로르샤흐 테스트는 프로젝티브 테스트(projective test)의 일종이며 스위스의 정신의학자인 로르샤흐가 창안했다. 좌우 대칭인 아무 뜻도 없는 잉크의 얼룩이 어떻게 보이는가에 따라 인격장애를 진단하는 테스트이다.

잉크 무늬가 어떠한 모양으로 보이는가에 따라 그 사람의 성격이나 정신상태, 무의식적 욕망 따위를 판단할 수 있으며 성격심리학, 문화인류학 따위의 분야에 널리 응용되고 있다.

본래 뜻이 없는 도판의 모양을 주로 하여 보거나, 운동을 주로 하여 보거나 또는 그 내용, 반응시간, 반응태도 등으로 진단한다. 이에 대한 반응은 천차만별이며, 고정된 표준을 잡기가 어렵기 때문에 일반적인 테스트처럼 단순하지 않아 전문적인 연구와 경험이 필요하다.

로르샤흐 테스트에 쓰는 잉크 얼룩 1세트(10장) 모두가 2009년 온라인 백과사전 '위키피디아(Wikipedia)'에 그대로 공개돼 심리학자들이 크게 반발한 바 있다. 잉크 얼룩별로 사람들이 가장 흔히 응답하는 것까지 올라와 있다.

심리학자들은 잉크 얼룩들이 공개되면 테스트가 무의미해진다고 주장한다. 예를 들어, '1번 잉크 얼룩'을 볼 때 사람들은 일반적으로 박쥐, 나비, 나방을 생각한다고 위키피디아는 설명한다. 이 정보를 접하고 테스트를 받는 이는 자연히 위키피디아에 거론된 동물들을 먼저 떠올리게 된다. 추상적 그림들을 '어떻게 인식하고 반응하느냐'로 성격을 판단하는 로르샤흐 테스트에서 이런 사전정보는 치명적이라는 것이다.

심리분석 훈련을 받지 않은 비전문가가 함부로 로르샤흐 테스트에 따른 진단을 내리는 것에 대한 우려도 크다. 스티브 브레클러(Breckler) 미국 심리학협회 회장은 "잉크 얼룩들이 공개돼 아무나 테스트할 수 있게 돼서는 안 된다"며 "심리학자 윤리강령은 테스트

자료에 대한 보안을 지킬 것을 규정하고 있다"고 말했다.

일부 심리학자들은 잉크 얼룩들이 위키피디아에 공개됐다 해도 테스트는 여전히 유용하다고 본다. '무엇처럼 보이는가'만 따지는 게 아니라, 얼룩의 색깔이 얼마나 짙어 보이는가, 얼룩이 얼마나 움직이는 것처럼 보이는가 등등을 총체적으로 보기 때문이다. 또 어차피 인터넷을 뒤지면 여기저기 게재된 얼룩 10장을 다 구할 수 있고, 또 새로운 잉크 얼룩 모양을 만들어 테스트에 사용하면 된다는 반론도 있다.

자료 : 조선일보, 중앙일보(저자 수정)

BOBOS 뼈다귀 마녀사냥

하워드 파일의 '마녀의 체포'

인간은 때로 화가 나고, 짜증이 나고, 원망도 하게 된다. 이런 부정적인 감정을 그대로 표출하거나 억누르는 것은 바람직하지 않지만 타인에게 투사하여 타인을 희생양으로 삼는 것도 바람직하지 않기는 마찬가지이다. 전염병, 천재지변 등 감당하기 어려운 사건으로 인한 절망으로 인해 내적으로 쌓인 분노와 원망을 타인에게 투사함으로써 자신에 대한 분노를 표출하는 경우가 있다. 이러한 분노가 사회 전반에 잔뜩 쌓이면 사건이 된다. 중세의 마녀사냥이 대표적이다. 우리가 잘 모르는 한 사람의 노파가 있다. 사람들과 대화도 하지 않고 옷차림도 이상하다. 사소한 갈등이 쌓이게 되면 누군가가 웅성거리기 시작한다. 저 노파는 이상한 사람이야. 이러한 의혹은 계속 커져서 부풀어 오른다. 그리고 노파는 진짜 마녀가 된다. 그리고 그 마녀는 나쁜 일들을 몰고 오는 나쁜 사람이 되어버린다. 결국 마녀로 의심받는 노파의 희생을 통해 부정적 감정을 해소하려 하게 된다. 이러한 종류의 투사는 나의 부정적인 감정을 타인의 희생을 통해 해소하려 하기 때문에 매우 위험한 일이다.

(4) 기대(expectation)

기대는 지각하는 사람의 기대가 그 대상이 되는 사람에게 실제로 나타나게 만드는 과정을 의미한다. 반두라(A. Bandura)와 같은 사회학습이론가(social learning theorist)들은 사람들 간에 차이가 나는 인지적 요소들 중의 하나로 기대를 제시하고 있다.

사회학자 고프만이 제시하는 '낙인'이나 로젠탈과 자콥슨이 제시하는 '피그말리온 효과', 머턴이 제시하는 '자기충족적 예언' 등이 이와 같다. 이는 '기대는 실현된다'는 의미를 포함하고 있다. 머턴이 제시했던 자기충족적 예언은 긍정적인 셀프토크이다.

피그말리온 효과(Pygmalion effect)[3]는 긍정적 기대 실현의 효과만을 지칭하는 것이 아니라, 긍정적이건 부정적이건 대상에 대한 기대가 그 대상의 행동으로 실현되는 현상을 모두 의미한다. 자기충족적 예언(self-fulfilling prophecy), 지각의 준비(conceptual readiness)라고도 한다. 이는 우리 자신에게도 적용될 수 있다. 우리의 무의식은 진짜와 가짜를 구별할 수 없기 때문에 자신에게 무심코 하는 말들이 무의식에 저장되고 이것은 우리의 삶에 커다란 영향을 미치기 때문이다. 때문에 편견이나 고정관념이 대상의 행동이나 자아개념으로 실현되는 현상도 포함된다. 초기 인간관계론의 호손실험에서 나타난 호손효과(Hawthorn Effect)와도 유사한 결과를 보인다. 이는 영화로도 만들어졌으며 Weird Science(1985년), Mannequin(1987년),

3) 하버드대학의 로젠탈(Robert Rosenthal) 교수가 처음 사용한 개념이다. 초등학교 학생들과 교사들을 대상으로 한 실험에서 평균 정도의 지능을 가진 아이들을 시험을 통해 선발한 뒤 "이 아이들은 특별하며 앞으로 지적 발달이 빠르고 학업성적도 높아질 것이다"라고 교사들에게 거짓으로 이야기하였다. 일정기간이 지난 후 아이들의 성취노는 월등하게 향상되었다.

Mighty Aphrodite(1995년), S1m0ne(2002년) 등이 있다.

강준만 교수는 피그말리온 효과를 극단으로 표현해서 "말하는 대로 된다"는 슬로건으로 압축할 수 있다고 했다. 그는 이 효과에 의해 자식들은 부모가 써준 스크립트에 따라 인생을 살게 된다고까지 말하고 있다. 이처럼 타인이나 자신에 대한 기대는 반드시 결과에 영향력을 미치게 된다.

BOBOS 책 피그말리온 신화

위의 그림은 피그말리온 신화와 관련된 명화이다. 그림 왼쪽부터 장 레옹 제롬의 '피그말리온과 갈라테이아', 브론치노의 '피그말리온', 번 존스의 '영혼을 얻다' 등이다.

지중해에 피그말리온이란 젊은 조각가가 살고 있었다. 볼품없는 외모를 지녔던 그는 사랑에 대해서는 체념한 채 조각에만 정열을 바쳤다. 그러다가 자신도 언젠가는 사랑을 얻을 수 있을 것이란 기대로 심혈을 기울여 여인의 나체상을 조각했다. 그 조각은 누가 보더라도 완벽한 여인상이었고 그는 정성스럽게 다듬어갔다. 시간이 지나면서 그는 점차 그 여인상에 대해 연민의 감정을 가지게 되었고 나중에는 사랑의 감정으로 싹터갔다. 그래서 매일 꽃을 꺾어 여인상 앞에 바쳤다.

어느 날이었다. 섬에서 자신의 소원을 비는 축제가 벌어졌다. 피그말리온은 여신 아프로디테에게 그 여인상을 사랑하게 되었다고 말하며 아내가 되게 해달라고 간절히 빌었다.

기도를 마치고 집에 돌아온 피그말리온은 여인상의 손등에 입을 맞추었다. 그런데 놀라운 일이 일어났다. 손에서 온기가 느껴지기 시작하는 것이었다. 놀란 피그말리온이 그녀의 몸을 어루만지자 조각상에서 점점 따스한 체온이 느껴지면 사람으로 변해가기 시작했다. 피그말리온의 순수한 사랑을 받아들인 신이 그 조각을 아름다운 여인으로 만들어주었던 것이다.

그리스 신화에 나오는 피그말리온에 대한 이야기이다.

교육학 용어 중에서도 이 신화에서 따온 '피그말리온 효과'라는 것이 있다. 교사가 어떤 학생을 '우수할 것이다'라는 기대로 가르치면 그 기대를 받은 학생은 다른 학생보다 더 우수하게 될 확률이 높다는 이론으로 자기충족적 예언이라고도 불린다. 그것은 비단 학생에게만 국한되는 일이 아니라 모든 사람에게 일어나는 일이다. 사람은 누군가가 나를 기대하고 있고 높이 평가해주면 그것에 닮아가는 특성이 있다.

무슨 일이든 기대한 만큼 이루어진다는 평범한 사실을 피그말리온의 신화에서 다시 한 번 확인할 수 있다.

자료 : 박성철의 '행복한 아침을 여는 101가지 이야기' 중에서(저자 수정)

6 의사결정의 장애요인

1) 개인적 의사결정의 장애요인

복잡한 정보를 수집하고 처리하는 데 있어서 인간이 부딪히는 능력제한이라는 요인은 의사결정과정에 부정적 영향을 미친다. 이런 요인 이외의 다양한 요인들이 의사결정에 있어서 체계적인 오류를 발생시킨다.

(1) 구성오류(framing)

인간은 똑같은 문제임에도 불구하고 부정적인 어휘로 표현할 때는 위험추구적인 결정을 하는 경향이 있고, 긍정적인 어휘를 사용하는 경우에는 위험회피적 결정을 하는 경향이 있다.

보보생명과학연구소는 지금 신약개발에 매진하고 있다. 이 기적의 신약을 개발하는데 성공할 경우 웃음바이러스에 감염되어 미친 사람처럼 웃다가 힘이 빠져 죽게 되는 웃찻사병을 완벽하게 치료할 수 있다. 신약개발연구에 지원한 웃찻사병에 걸린 사람은 1,200명이다.

보보프로그램과 모모프로그램, 두 가지 대책방안이 제시되었다.

보보프로그램을 선택하면 1,200명의 환자 중에서 400명을 확실하게 살릴 수 있다. 모모프로그램을 선택하면 1,200명의 환자가 모두 살 가능성이 1/3이고, 모두 죽을 가능성이 2/3이다.

72%의 사람들이 보보프로그램을 선택했고, 28%의 사람들만이 모모프로그램을 선택했다. 사람들은 1,200명의 환자 중에서 1/3을 살릴 수 있는 가능성보다 400명을 살릴 수 있는 확실성을 더 선호하는 것으로 나타났다.

그래서 이번에는 다른 방식으로 표현을 해보았다. 물론 내용은 같다.

알폰프로그램을 선택하면 800명이 죽게 된다. 라헬프로그램을 선택하면 1,200명 모두가 죽지 않을 가능성이 1/3이고, 1,200명 모두가 죽을 가능성이 2/3이다.

학생들은 어떤 프로그램을 선택하고 싶은가?

알폰프로그램은 보보프로그램과 같은 내용이다. 라헬프로그램은 모모프로그램과 같은 내용이다. 다만 표현만 다르게 했을 뿐이다. 그런데 결과가 재미있다.

알폰프로그램을 선택한 사람은 22%, 라헬프로그램을 선택한 사람은 78%였다.

그림 7-10 구성오류의 사례

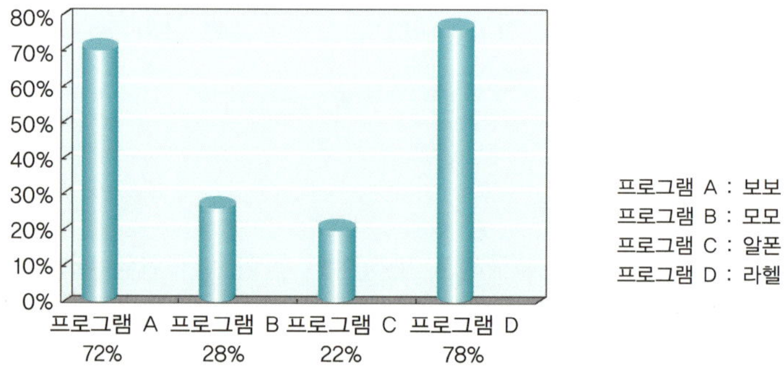

(2) 단순화경향(heuristics)

인간은 때로 복잡한 정보의 홍수 속에서 어려운 의사결정문제에 직면하게 되면 체계화된 분석방법 대신 근거 없는 주먹구구식의 단순한 방법에 따라 의사결정을 하게 된다. 결과는 우습기까지 하다.

그러나 단순화경향이 항상 의사결정의 수준을 떨어뜨리는 것만은 아니다. 때론 도움이 될 수도 있다. 그러나 단순화경향의 기본적 오류는 의사결정과정에 반드시 필요한 양질의 정보를 파악하지 못하도록 하기 때문에 대부분 부정적 결과를 낳는다.

BOBOS 문제

이 사람들의 직업은 무엇일까요?

보보는 회계사에 대해서 매우 고리타분하고 계산적이기 때문에 현실감각이 뛰어난 사람들이라는 편견을 가지고 있다. 그리고 변호사에 대해서는 말만 잘하고 옷차림이 번드르르하며 사교성이 뛰어나다는 편견을 가지고 있다.

보보는 오늘 오랜만에 경영동우회에 참여했다. 그 어떤 때보다도 회계사와 변호사로 활동하는 동문들이 많이 참석했다. 이 동우회에 참석한 회계사의 수는 변호사의 수보다 세 배나 더 많았다.

보보가 어떤 동문을 만났을 때 첫인상이 매우 사교적이고 패션감각이 뛰어나 보였다. 이 사람은 회계사일 가능성이 변호사일 가능성보다 세 배나 더 많다. 그러나 보보는 변호사가 말을 잘하고 패션감각이 뛰어날 것이라는 고정관념을 이미 가지고 있기 때문에 이 사람을 변호사라고 생각하는 오류를 범하게 된다.

(3) 몰입의 에스컬레이션(escalation of commitment)

몰입의 에스컬레이션은 어떤 일에 대해서 실패할 것이 자명함에도 불구하고 일의 비효율적 진행을 계속하려는 경향(ineffective course of action)을 의미한다.

여러 가지 정황과 수집된 정보에 의거하면 결과가 실패로 끝날 것임이 확실함에도 불구하고 인적자원, 물적자원, 시간 등을 계속해서 제공하게 되는 오류이다.

퀘이커 오츠사의 경우가 이에 해당된다. 퀘이커 오츠사의 회장이었던 스미스버그의 사례는 몰입의 에스컬레이션 중 최악의 사례로 꼽힌다. 그는 스내플이라는 브랜드를 탐냈다. 그래서 스내플이라는 브랜드를 더욱 성장시키고자 1994년 19억 달러에 인수한다. 1901년에 설립된 퀘이커 오츠사는 1983년에 게토레이를 인수해 이미 상당한 성공을 거둔 상태였다. 한 번 성공을 맛본 퀘이커 오츠사는 또 다른 M&A를 준비하고 있었는데, 그때 선택한 것이 스내플이다. 스내플 또한 코카콜라와 펩시콜라라는 양대 기업에 밀려 인수자를 찾고 있던 상황이었다.

스내플 인수 이후 퀘이커 오츠사는 미국 소프트 드링크 업계에서 3위로 올라선다. 그러나 예상했던 것과는 다르게 스내플의 매출액은 계속 떨어지기만 했다. 퀘이커 오츠사는 스내플의 실적이 전년 대비 74%나 감소했다는 사실을 계약서에 서명하기 직전에야 알게 되었다. 스미스버그는 자신의 판단이 매우 적절했음을 증명하고자 계속해서 막대한 돈을 투자했다. 스내플을 위해 새로운 포장, 라벨, 더 많은 광고를 했고, 그 브랜드를 포기하는 게 좋겠다는 의견을 묵살하고 반대하는 사람들은 누구나 해고했다. 매출액은 점점 더 떨어지고, 기업에 막대한 손해를 입혔다. 결국 퀘이커 오츠사는 1997년 스내플을 다시 3억 달러라는 헐값에 매각할 수밖에 없었다. 닥터 페퍼가 스내플을 인수한 뒤 닥터 페퍼 스내플 그룹은 포춘이 선정한 2017년 '가장 존경받는 기업'에서 음료부문 6위에 오르기도 했다.

몰입의 에스컬레이션을 피하기 위한 예방책 중의 하나는 의사결정의 책임을 분산시키는 것이다. 책임을 나누어 가지게 되면 실패한 결과에 대해서 책임을 느끼기보다는 책임의 분산을 경험하게 된다. 그래서 의사결정자는 한 개인의 이미지 손상과 책임에 대한 부담감 없이 그릇된 의사결정에 대한 미련을 쉽게 버릴 수 있다.

BOBOS 뼈다귀 망한 줄 알았던 '아이리버'가 돌아왔다

아스텔앤컨

2000년대 초반 음원 스트리밍 서비스가 없었던 시기에는 MP3 플레이어가 큰 인기를 끌었다. 당시 아이리버(옛 레인콤)는 좋은 음질과 눈길을 끄는 디자인으로 사용자들에게 호평받았고, MP3계의 아이돌로 급부상했다. 입소문이 돌면서 아이리버는 설립 4년 만에 국내 시장점유율 70%를 차지하기도 했다. 또한 세계 시장점유율 25%를 기록하며 MP3 분야에서는 삼성전자 못지않은 위상을 자랑했다.

한때 애플, 소니 등의 회사와 어깨를 나란히 할 정도로 성장세였던 아이리버는 모바일 시대가 도래하면서 주춤하게 된다. 애플의 아이튠즈와 결합된 아이팟이 출시되면서 매출에 치명타를 받았다. 게다가 결정적으로 2007년에 MP3 플레이어의 기능을 고스란히 담은 아이폰이 출시되고, 삼성전자 등 다른 브랜드에서 스마트폰을 경쟁적으로 내놓으면서 MP3 전용 플레이어에 대한 수요가 급감해 파산위기로 내몰렸다.

MP3 플레이어가 추억의 제품으로 잊혀져갔지만 아이리버는 포기하지 않고 다양한 시도를 한다. 초심으로 돌아가 음질로 다시 한번 승부를 건다. 2012년에 출시된 고음질 재생기 브랜드 '아스텔앤컨(Astell & Kern)'이 그 결과물이었다. 또한 아이리버의 우수한 기술력을 포착한 SK텔레콤은 2014년에 회사를 인수한다. 아이리버로서는 MP3를 만드는 기업 이미지에서 탈피해 오디오 종합기업으로 재도약을 준비한 것이다.

아스텔앤컨은 음질에 민감한 음악 마니아들을 중심으로 사랑받고 있다. 가격대는 상당하지만 일빈 재생기기에서는 들을 수 없는 초고음질의 음악을 들을 수 있다. 사용된 오디오 장치는 하이파이(Hi-fi)로, 저음부와 고음부가 모두 충실하게 잘 나오도록 음역을 넓히고 왜곡을 줄였다. 이 기술력은 3년 연속 CES 혁신상을 수상하며 세계적으로 인정받기도 했다. 이에 더 나아가 아이리버의 제조기술은 인공지능을 활용한 스피커에도 활용되어 SK텔레콤과 함께 국내 최초 AI 스피커 '누구(Nugu)'를 만들어 내기도 했다.

자료 : 인터비즈(저자 수정)

BOBOS 한 말씀

행복한 자와 불행한 자를 식별하라.
그리하여 행복한 자를 곁에 두고 불행한 자를 멀리 하라.
불행은 대개 어리석음의 대가이며,
그에 가담하는 사람에게 가장 거세게 전염되는 질병이다.
아무리 적은 재앙도 문을 열어주어서는 안 된다.
그 뒤에는 언제나 더 크고 많은 재앙이 숨어있기 때문이다.

– 발타자르 그라시안의 '세상을 보는 지혜' 중에서 –

2) 집단적 의사결정의 장애요인

(1) 집단사고(group think)

집단사고는 높은 응집력을 가진 집단에서 구성원 개개인의 상호합의에 대한 요구가 지나치게 큰 나머지 이것이 부적 결과를 초래하는 대표적인 오류이다.

집단응집력이란 구성원들 간의 좋은 관계, 집단에 대한 충성도와 애착 등의 다양한 요인을 포함하는 현상이다. 만약 개개의 구성원들이 유사한 신념, 가치관, 사고방식, 성장환경 등을 가지고 있다면 응집력은 더욱 커지게 된다.

인간은 보편적으로 한 개인이 한 의사결정보다 집단의 의사결정이 보다 나을 것이라고 생각한다. 이때 집단의 응집력이 강하면 집단의 의사결정에 대해 더 많은 신뢰를 하게 된다. 이런 경우 개인의 생각과 의견보다는 집단적 사고에 부합되는 아이디어에 더 많은 가치를 두게 된다.

집단사고가 반드시 부정적 결과를 초래하지는 않지만 때로는 비이성적, 비현실적, 비합리적, 획일적, 정형화된 사고가 될 수 있다.

BOBOS 문제

오른쪽 비교카드에서 제시된 세 선들 중 왼쪽 카드의 기준선과 길이가 같은 선은 어느 것인가?

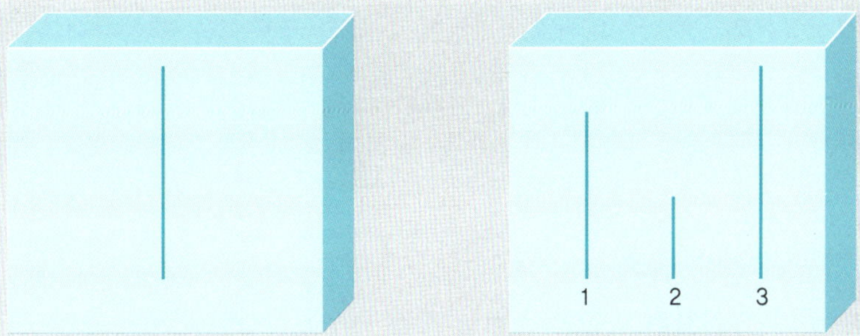

기준선 비교선카드

사회학자인 애쉬 교수는 1955년 '선(line)의 길이에 관한 실험'을 통해 사람은 집단의 결정에 순응함으로써 자기의 견해를 굽히는 비합리성을 가지고 있음을 보여주었다. 이를 애쉬효과(Asch effect)라고 부른다.

애쉬효과에 의하면 다수가 공유하는 잘못된 생각 때문에 한 개인의 옳은 판단이 영향을 받게 된다. 이 실험의 초점은 정답을 알고 있음에도 불구하고 실험대상자가 얼마나 다수의 구성원들이 선택한 틀린 답을 쫓아가는가를 알아보려는 것이다.

실험대상자들이 집단동조현상을 보이는 이유는 두 가지로 보인다.

첫째, 정답이 무엇인지 불확실했기 때문에 다른 사람들에게 의존한다.

둘째, 정답에 대한 확신이 있더라도 일관되게 같은 대답을 하는 집단으로부터의 소외가 싫었기 때문에 무조건 동조하게 된다.

애쉬효과처럼 사회적 영향력이나 압력은 개인의 의사결정에 상당히 강력한 영향력을 행사한다.

(2) 집단양극화(group polarization)

집단양극화는 어떤 주제에 대해서 토론을 벌이던 구성원들 사이에서 극단적으로 한쪽 결과에 쏠림이 나타나는 현상을 의미한다.

처음에 어떤 주제에 대해 반대했던 구성원은 토론 후에는 보다 강력하게 반대하게 되며, 반대로 처음에 어떤 문제에 대해 찬성하던 사람은 토론 후에 더 강력하게 찬성하게 된다.

집단양극화가 위험한 이유는 구성원들이 극단적 사고와 태도를 형성하게 되기 때문에 문제의 본질과 상관없이 그릇된 의사결정을 유발할 수 있기 때문이다.

(3) 집단규모

의사결정집단의 규모는 의사결정과정에 다양한 영향력을 행사하게 된다.

일반적으로 참여하는 구성원의 수가 많으면 양질의 정보가 다양하게 쏟아져 나올 것 같지만 구성원의 수가 많아질수록 오히려 의사소통은 점점 더 어려워진다. 더욱이 만약 공격적인 소수가 토의를 지배하는 소수의 지배현상이 나타나게 되면 결과는 더 부정적이 된다.

집단의 규모가 커지면 비슷한 의견을 가진 구성원들끼리 파벌과 동맹 등과 같은 갈등의 잠재원인이 생겨날 수 있고, 의사결정과정이 형식적이 되고 정형적인 의사결정이 되는 경향이 있다.

(4) 책임의 분산(diffusion of responsibility)

책임의 분산은 책임을 안 져도 될 사람에게까지 분산이 가능하다는 것이고 혼자 책임져야 될 일도 다른 사람들과 같이 떠맡게 되기를 희망한다는 의미가 되기도 한다. 책임분산의 현상이 집단의사결정과정에도 적용된다면 결과가 나쁘더라도 개인이 책임을 떠안지 않으므로 문제해결과정에 신중하게 참여하지 않을 수 있다.

예를 들어 어떤 봉사모임에 네 명이 참여하고 있다면 어쩌다 한 번씩 그 사람들 중 하나가 빠져도 무방하다는 생각이 들지만, 한 명만 참여하고 있으면 자신이 빠지게 될 때 봉사에 문제가 생길 수 있으므로 오히려 참여율이 높아지게 된다.

길거리 살인사건

자크 루이 다비드의 '마라의 죽음'

사회적 증거의 법칙은 특별히 주어진 상황 안에서 우리 행동의 옳고 그름은 얼마나 많은 사람들이 우리와 행동을 같이 하느냐에 의해 결정된다고 주장하고 있다.

우리에게 주어진 상황이 애매모호하고 불확실성이 높아서 우리가 어떻게 행동하는 것이 올바른 것인지 쉽게 알 수 없을 때 우리는 다른 사람들의 행동을 보고 그대로 따라 행동하는, 즉 사회적 증거에 따라 행동하는 경향이 높다.

매우 애매모호한 상황에서 모든 사람들이 다른 사람들이 행동하는 대로 행동하려는 경향은 '다수의 무지(pluralistic ignorance)'라는 매우 흥미 있는 현상을 만들어낸다.

제노베스사건은 다수의 무지가 불러온 길거리 살인사건으로 잘 알려져 있다.

뉴욕시의 퀸스구에서 벌어진 평범한 살인사건이 구경꾼들의 무관심 때문에 전국적으로 큰 파문을 일으키게 된다.

제노베스(Genovese)라는 20대 후반의 여성이 밤늦게 일을 마치고 집으로 돌아오다가 집 근처에서 괴한에게 습격을 당하여 살해되었다. 그녀는 오랜 시간 동안 고통을 당하면서 수많은 목격자 앞에서 서서히 숨을 거두었다. 습격자는 무려 35분 동안이나 대로에서 그녀를 쫓아다녔다. 3번씩이나 오고가면서 그녀를 칼로 찔러 살해했다. 그녀가 습격당하고 있는 동안 38명이나 되는 이웃들은 아파트 창을 통해 그녀가 죽어가는 모습을 바라보면서도 그 어느 누구도 경찰에 신고하지 않았다.

복격자들의 누런거리는 소리와 침실에서 불 밝히는 소리에 놀란 실인자는 두 빈이나 모습을 감추었지만 아무런 일도 일어나지 않는 것에 안심하고 다시 돌아와 그녀를 쫓아가면서 칼로 찔렀다. 그동안 경찰에 연락한 사람은 아무도 없었다. 그녀가 숨을 거둔 다음 한 증인이 마침내 경찰에 알렸을 뿐이다. 왜 선량한 시민들은 단 한 사람도 경찰에 연락하지 않았을까?

사회심리학자인 라타네와 달리는 아무도 경찰에 연락하지 않은 이유는 너무 많은 목격자가 있었기 때문이라고 설명했다.

① 너무 많은 사람이 그 상황에 함께 있기 때문에 위기에 처해 있는 사람을 도와줄 개인의 책임감이 분산되는 것이다.

"누군가 도와주겠지."

"누군가 이미 신고했을 거야."

② 사회적 증거의 법칙과 다수의 무지라는 현상은 매우 밀접한 관계가 있다.

많은 경우 위기상황으로 보이는 사건이 실제 위기상황이 아닐 수도 있다.

길가에 누워 있는 사람은 심장마비인가? 아니면 술에 취해 잠든 사람인가?

어떻게 해야 하나?

옆집에서 싸우는 소리는 강도 때문일까? 유난히 시끄러운 부부 간의 말다툼인가? 괜히 잘못 끼어들어 욕먹는 것은 아닐까?

이런 불확실한 상황에서 우리는 어떻게 행동하는 것이 적절한 것인가를 결정하기 위해 다른 사람들의 행동을 조심스럽게 살펴보게 된다. 그 이후 우리는 우리 앞에 놓여 있는 상황이 진정한 위기상황인지 아닌지를 알게 된다. 그러나 우리도 깨닫지 못하고 있는 사실은 다른 이들도 우리처럼 사회적 증거를 찾고 있다는 것이다.

우리는 사람들 앞에서 가급적 당황하지 않도록 훈련받았기 때문에 사회적 증거를 찾을 때도 냉정한 모습으로 주위를 살핀다. 모두가 이런 모습을 보이고 있다면 비록 내부적으로는 당황하여 어쩔 줄 몰라 하고 있어도 최소한 외부적으로는 모두가 침착하게 위기상황을 바라만 보고 있는 모습을 발견하게 된다. 그 결과 사회적 증거의 법칙에 의해 그 상황은 위기상황이 아닌 것으로 판단하게 되고, 그리하여 다수의 무지라는 현상이 발생하게 되는 것이다.

자료 : 로버트 치알디니의 '설득의 심리학' 중에서

7 의사결정의 기법

1) 브레인스토밍(brain storming)

미국의 유명한 광고회사 BBDO의 창립자인 오스본이 개발한 창조성 개발기법으로서 일명 '오스본법'이라고도 한다. 1939년 GE사의 창조성 훈련과정을 진행하는 도중에 기술자들의 행동을 관찰한 오스본 박사가 그 일부를 광고계에 도입한 것이 그 시초로 알려져 있다. 광고회사에서 창조적인 사고를 촉신하기 위한 방법으로 개발되었으며 그의 저서 「독창력을 신장하라(1953)」에서 널리 소개되었다.

Storming은 회오리바람을 일으킨다는 의미로 브레인스토밍은 리더, 기록자 외에 10명 이내의 참가자(stormer)들이 기존의 관점에 사로잡히지 않고 자유로운 발상으로 아이디어나 의견을 내는 것이다.

6~12명 정도의 사람들이 모여 20분~1시간 가량 문제에 관한 리더의 설명을 듣고, 가능한 많은 대체안을 제시하면 이 대체안들은 비판받지 않고 기록된다. 그 후 토의와 분석이 이루어진다.

브레인스토밍의 목적은 보다 자유롭고 융통성 있는 사고를 증진하고 구성원들의 창조성을 촉진시키는 것이기 때문에 어떠한 내용의 발언이라도 그에 대한 비판을 해서는 안 되며, 오히려 자유분방하고 엉뚱하기까지 한 의견을 출발점으로 해서 아이디어를 전개시켜 나가도록 하고 있다. 이를테면 일종의 자유연상법이라고도 할 수 있다.

■ 규칙

- 어떤 아이디어도 평가받거나 비난받지 않는다.
- 아이디어의 평가가 아니라 생성이 목적이다.
- 어떤 아이디어도 용납된다.
- 질보다 양을 추구하여 다수의 아이디어를 산출한다.

• 타인의 아이디어에 의견을 결합하여 새로운 아이디어와 의견을 발상한다(무임 승차).

각 아이디어는 개인이 아니라 집단에 속한다.

■ 리더의 역할

• 특정인을 지목하여 아이디어를 요구하지 않는다.
• 나오는 아이디어의 맥락과 카테고리를 살핀다.
• 새로운 각도 또는 방향에서 아이디어가 나올 수 있는가를 살핀다.
• 브레인스토밍의 규칙이 잘 지켜지도록 구성원들을 지지하고 격려한다.

■ 서기의 역할

• 나오는 아이디어를 압축하지 말고 원안 그대로 다 기록한다.
• 일련번호를 붙이면서 기록한다.
• 이미 나온 아이디어가 또 나온다고 하더라도 또 기록한다.

■ 구성원의 역할

• 다른 사람의 아이디어에 편승하기 위해서 타인의 말에 경청한다.
• 아이디어를 말하려 하지 말고 자연스럽게 떠오르는 생각을 얘기한다.
• 좋은 아이디어가 나올 때는 어떻게 하면 그렇게 할 수 있을까? 묻고 또 묻는다.
• 아이디어가 나올 때마다 '참 좋은 생각이다'라고 말한다.

그림 7-11 브레인스토밍

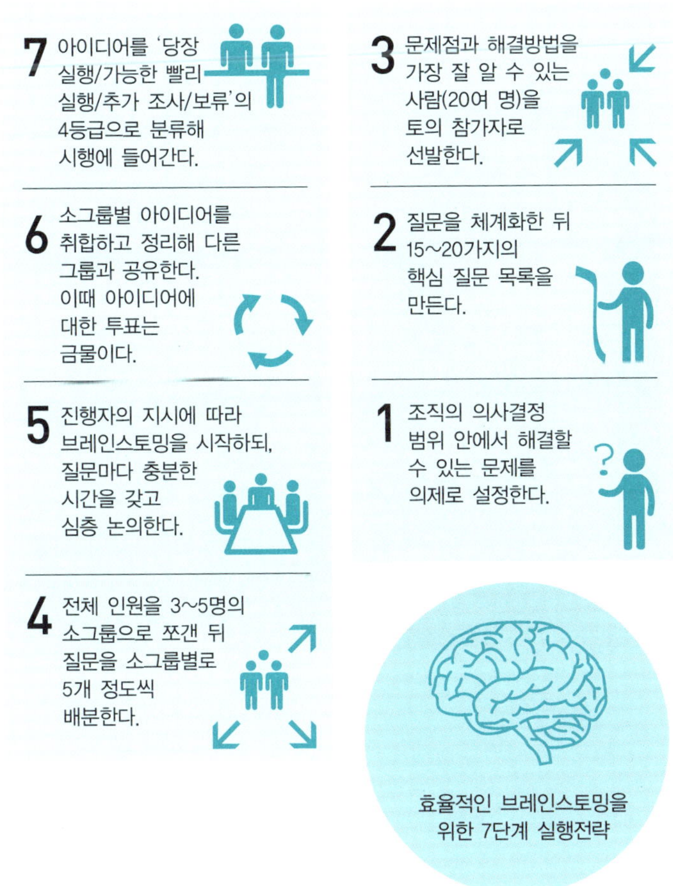

자료 : 맥킨지 쿼터리, 케빈 코인, 숀 코인

BOBOS 한 말씀

놀고 있는 동안에 아이디어는 스스로 모습을 나타내며 나아가 다른 아이디어를 낳게도 된다. 놀이의 상황에 충분히 젖어 친숙해 있으면 거기에서부터 장차 아이디어가 나올 수 있는 기반이 생긴다.

– 에드워드 디보노 –

BOBOS 책 메디치 효과

보티첼리의 '코지모 메디치의 메달을 든 남자의 초상'

브레인스토밍을 해도 안 되고 죽어라고 몰입해도 아이디어가 떠오르지 않는 경우가 있다. 그렇다면 이제 어떤 수단이 남아 있는가?

당신은 아마 아이디어 창출의 마지막 시도로 다른 분야에서 일하는 사람을 만나볼 것이다. 조그만 어린이에게 물어보기도 하고 기차에서 만난 이방인에게 황당한 질문을 던지기도 한다. '혹시' 하는 기대를 가지고 시도하는 열정의 끝부분이다.

당신만 그런 고민을 한다고 생각하지 마라. 이미 15세기 이탈리아 피렌체에서 지적 혹은 예술적 교류라는 것이 유행했다. 그것도 아주 다양한 분야의 사람들에 의해서 말이다. 벽을 허물고 서로의 전공분야와 문화를 공유하면서 당대의 유명한 조각가, 시인, 철학자, 화가, 건축가 등이 창조적 가치를 찾아내는 데 성공했다. 그들에게 지적 교류의 환경을 제공해준 사람들은 금융부자였던 메디치 가문이었다. 지식 교류의 중요성을 누구보다도 먼저 터득한 숨은 주역이었던 셈이다. 메디치 가문 덕분에 피렌체는 창조와 혁신의 온상지가 되었고, 르네상스 시대의 문이 활짝 열렸다.

이렇듯 다양한 분야의 사람들이 만나 창의적 아이디어를 소통하여 시너지를 만드는 것을 '메디치 효과(Medici effect)라고 부른다. 전혀 엉뚱해 보이는 분야에서 뜻밖의 특급 아이디어를 만들어내는 경우를 종종 볼 수 있는데, 이들 모두 일종의 메디치 효과를 활용한 것으로 보면 된다. 분야 및 업종 교류가 활성화된 현대사회에서 메디치 효과는 더욱 결정적인 역할을 한다.

자료 : 신완선의 '굿타이밍' 중에서(저자 수정)

2) 델파이법(Delphi method)

희랍신화에 의하면 자신의 미래운명을 알기 원하는 사람은 델파이 지성소(Delphic Oracle)의 도움을 얻을 수 있었다. 마찬가지로 오늘날 많은 의사결정자는 최선의 의사결정을 하기 위해 전문가의 도움을 필요로 하기도 한다.

델파이법은 미국의 랜드사(Rand Corporation)가 개발한 예측기법의 하나로서 앙케이트 수렴법에 해당한다. 한 문제에 대하여 다양한 분야의 전문가들의 독립적인 의견을 우편으로 수집한 다음, 이 의견들을 요약하고 정리하여 다시 전문가들에게 배부하여 일반적인 합의가 이루어질 때까지 서로의 아이디어에 대해 논평하게 하는 방법이다.

대면회합을 위해 여러 분야의 전문가들을 한 장소에 모이게 하지 않아도 양질의 평가를 이끌어 낼 수 있고, 의사결정과정에서 타인의 영향력을 배제할 수 있다는 장점이 있다. 그러나 모든 사람들의 응답을 다시 요약하고 정리하여 우송하는 과정이 합의에 도달할 때까지 계속되므로 소요되는 시간이 길고, 응답자에 대한 통제가 힘들다는 단점이 있다.

많은 시간을 요하는 방법이므로 신속한 의사결정을 필요로 하는 경우에는 사용이 불편하지만 의사결정의 범위가 넓거나 장기적인 문제를 해결하는 데는 매우 유용한 기법이다.

표 7-5 델파이법의 장점과 단점

장점	단점
• 다양한 전문가의 의견 수렴 • 타인의 영향력 배제	• 시간적 제약 • 응답자에 대한 통제가 불가능

3) 명목집단기법(nominal grouping technique)

여기서 '명목(名目)'이라 하는 것은 독립적으로 행동하는, 즉 이름만으로 집단을 구성함을 의미한다. 사람들이 모이기는 하지만 구두로 소통하는 것은 용납되지 않는다.

7~10명의 구조화된 집단으로 테이블에 둘러앉지만 서로 언어적인 소통을 하는 것은 금지된다. 각자 종이에 아이디어를 기록하고 5분 후에 각자가 기입한 아이디어를 발표함으로써 아이디어의 공유가 시작된다.

지명된 한 사람이 기록자로서 흑판에 구성원 전체의 모든 아이디어를 익명으로 기록하는데, 그때까지도 토의는 시작되지 않는다. 이것이 첫 단계로서 통상 20분 전후가 소요된다.

다음 단계에서는 각 아이디어에 대해 토의를 한다. 이 과정에서 많은 질문이 이루어진다. 그 후 투표를 통해 우선순위가 결정된다. 구성원들이 대면한다는 사실만 제외하고는 델파이법과 어느 정도는 유사한 방법이다.

표 7-6 델파이법과 명목집단기법의 비교

델파이법	명목집단기법
• 참가자는 서로가 익명 • 공간적으로 떨어져 있어 서로 만나지 않음 • 참가자 간의 의사소통이 설문지와 전달요원으로부터의 피드백을 통해 이루어짐	• 서로를 잘 앎 • 테이블 주변에서 대면 • 직접적으로 의사소통함

BOBOS 뼈다귀

통념을 만들어내는 정보

광고는 통념을 만들어내는 경이적인 도구이다. 리스테린은 19세기에 발명된 강력한 외과수술용 소독제로서, 이후 희석된 형태로 바닥 세척제와 임질 치료제로도 이용되었다. 하지만 이 제품이 진정으로 인기를 누리게 된 것은 1920년대에 '만성구취' 해결사란 딱지를 달고 시판되면서부터였다. 당시 리스테린 광고에는 외로운 젊은 남녀 한 쌍이 등장하는데, 사랑에 빠진 그들은 간절히 결혼을 원하지만 상대방의 입에서 나는 썩은 냄새 때문에 망설이게 된다.

"그의 입냄새가 그렇게 지독한데, 과연 내가 행복해질 수 있을까?"

광고 속의 여자는 이렇게 자문한다. 하지만 그때까지만 해도 입냄새를 그렇게 심각한 재난으로 여기는 사람은 없었다. 리스테린이 사회통념을 바꿔버린 것이다.

샤갈의 '탄생일'

광고비평가인 제임스 트위첼은 이렇게 기록했다.
"리스테린은 구강세척제만 만든 것이 아니라 입냄새라는 개념을 창조했다."

자료 : 스티븐 레빗 & 스티븐 더브너의 '괴짜경제학' 중에서(저자 수정)

4) 지명자 반론법(Devil's advocate method)

지명자 반론법은 일명 악마의 주장법으로 불리는 일종의 집단적 의사결정기법 중의 하나이다.

일단 의사결정을 위해 모인 집단을 둘로 나눈다. 두 개의 집단은 의견제시집단과 반론집단으로 구분된다. 주제에 대하여 한 집단이 제시한 의견에 대해서 반론자로 지명된 집단은 반론을 하게 된다. 두 집단의 토론을 통해 본래 제시된 의견을 수정하고 보완하는 과정을 통해서 최종적인 대안을 도출하게 된다.

반론집단이 반드시 하나의 집단으로 구성될 필요는 없고 동일한 집단 속에서 2~3명 정도의 인원이 반론집단의 역할을 담당해도 무방하다. 여기서 중요한 전제조건은 반론집단으로 구분된 사람들은 반드시 본래의 의견에 대해서 단점과 약점들을 지적해야만 한다는 것이다.

제시와 반론을 통해서 최종적으로 선택된 의견들은 여러 변수와 상황들에 대한 구체적인 대응방책을 포함하게 되고, 본래의 의견이 지닌 약점을 보완해서 수정하게 되므로 최종적인 의견은 보다 강력하고 현실적인 대안이 될 가능성이 높아진다.

지명자 반론법이 악마의 주장법이라 불리는 이유는 본래 천주교에서 성인(sainthood) 추대심사에 추천된 후보들의 성인추대 불가이유를 다양하고 구체적인 자료들을 통해 제시하도록 공식적 권한을 부여받은 사람을 악마(devil)라고 부른데서 기인되었다.

지명자 반론법은 전략적 의사결정을 함에 있어서 쉽게 활용될 수 있고, 집단 속에서 이루어지는 의사결정과정에서 건설적인 갈등을 유발하여 보다 효과적인 대안을 제시할 수 있다는 장점이 있다.

▮그림 7-12▮ 지명자 반론법의 과정

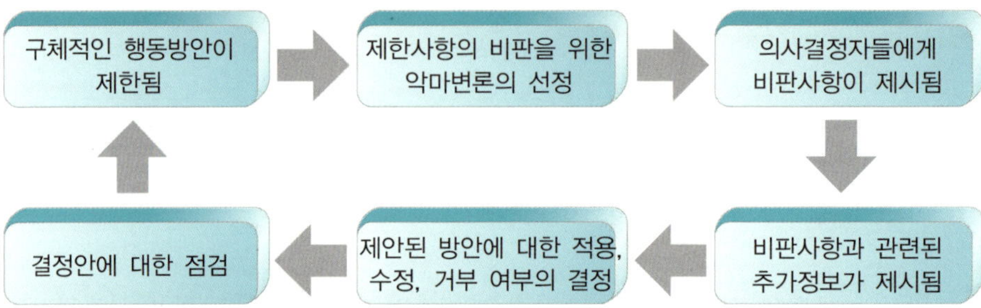

자료 : Cosier, R.A. & C.R. Schrivenk, Agreement and thinking alike : Ingredients for poor decisions, *Academy of Management*, February, 1997.

BOBOS 뼈다귀 **악마의 대변자(Devil's Advocate)**

악마의 대변자는 이름과는 달리 원래 좋은 의미로 쓰인다. 악마의 대변자는 가톨릭에서 성인을 추대할 때, 후보자의 약점을 드러냄으로써 건설적인 역할을 하는 사람을 지칭한다. 또한 집단 의사결정과정에서 한 사람이 의도적으로 반대입장을 취하게 함으로써 건전한 토론을 이끌어내는 사람을 의미하기도 한다.

가톨릭에는 실제로 이 직책이 존재한다. 400년이 넘는 전통을 지니고 있다. 어떤 인물을 성인(聖人)으로 추대하는 과정에서 가톨릭교회는 후보자의 잘못이나 단점을 이야

악마의 성경(Codex Gigas)에 실린 악마의 모습

기해줄 반대자를 임명한다. 이 사람은 후보자가 보여준 기적이 사기라든가, 성인이 될 수 없는 품성이라든가 등의 반대의견을 내세울 수 있어야 한다. 즉 성인이 되는 것을 막기 위해 악마의 역할을 해야 하는 사람인 것이다. 이런 과정을 거쳐서 하자가 없을 때 비로소 성인으로 추대받게 된다. 악마조차도 문제점을 집어내지 못할 때 성인의 자격을 갖추게 된다는 의미이다. 반대로 신의 대변자(God's Advocate)라는 직책도 있다. 천사의 대변자(Angel's Advocate)라고도 한다. 이 직책은 악마의 대변자와는 달리 성인으로 지목된 후보자의 장점을 거론하고 변호하는 역할을 수행한다.

악마의 대변인이라는 직책은 1587년 교황 식스투스 5세 때 만들어졌다. 그러나 1983년 교황 요한 바오로 2세 때 폐지되었고, 그 후 성인의 수가 급격히 증가했다. 무려 500여 명이 성인으로 추대되었고, 1,500명이 죽은 사람을 성인으로 추대하는 시복을 받았다. 현재 로마 가톨릭 당국은 성인식 과정에서 악마의 대변자를 선정하는 대신 후보자에 대한 비판을 비공식적으로 채택하고 있다.

미국의 유명 칼럼니스트 크리스토퍼 히친스는 무신론자로서 기독교와 테레사 수녀를 신랄하게 비판해 온 것으로 유명하다. 2002년 그는 교황청으로부터 세상을 뜬 테레사 수녀의 시복추대에 앞서 그녀를 비판해 달라는 요청을 받았다. 악마의 대변자로 위촉받은 것이다. 훗날 그는 이에 대해 익살스럽게 말했다.

"난 악마를 대신해서 공짜로 일해주는 무료변호사로 일했어. 공익을 위해서 말이야."

자료 : 갤리온(저자 수정)

BOBOS 책 경영은 기술이 아니라 예술이다

한 기업이 회사운영에 도움이 되는 '경영 컨트롤 패널'이라는 새로운 경영제어시스템을 개발했다. 그는 최신 컴퓨터의 가능성을 통해 경쟁력의 밑거름이 될 신개념을 구축하면 업계 최고, 나아가서는 전체 기업세계에서 최고가 될 수 있을 것이라 확신했다.

경영 컨트롤 패널의 목표는 사업에 영향을 미치는 모든 핵심요소를 체계적으로 정리하고 컴퓨터를 이용하여 다양한 수치결과를 확보하여 이 요소들이 각각 어떤 역할을 하고 종합적으로 어떤 영향을 미칠지 파악하는 것이었다. 그 기업의 CEO는 외부환경요인이나 경영 컨트롤 패널의 조치로 바뀌게 된 결과를 즉시 파악할 수 있고 이것을 제대로 활용하기만 한다면 사업목표를 가장 효율적으로 달성하고 전체 성과면에서 긍정적인 효과를 거둘 수 있으리라 믿었다.

드러커가 수업에서 소개한 경영 컨트롤 패널은 믿기 어려울 정도로 완벽해보였다. 사실 어떻게 보면 완벽하다고 할 수 있다. 기술은 엄청난 일을 해낸다. 일례로 조종사는 비행기를 조종하는 데 필요한 중요한 정보를 얻고 사업가는 다양한 변수를 토대로 영업수익 예상정보를 확보할 수 있다. 그러나 기술을 관리하고, 활용하며, 결과를 해석하고, 정보결과를 토대로 의사결정을 내릴 인간의 판단력이 반드시 수반되어야 한다.

의사결정을 내리는 데 도움을 얻고자 기술 및 자동화를 활용하는 것은 바람직하다. 하지만 성공을 위해 최종분석을 실시하고 기업이 반드시 따라야 할 행동을 결정하는 경영자의 역할을 기술이나 자동화가 대신해선 곤란하다.

자료 : 윌리엄 코헨의 '피터 드러커의 미공개 강의노트' 중에서

BOBOS 한 말씀

멋진 작품을 창조하기 위해서는 우선 상상력이 필요하다. 그러나 그것만으로는 부족하다. 예술적 지성이 반드시 뒤따라야 한다. 예술적 지성이란 현실과 상상력 사이의 점들을 연결할 수 있는 능력이다. 상상력은 가능성을 파악하고, 지성은 그 가능성을 머릿속에서 가공한다.

– 스탠 데이비스의 '예술가처럼 일하라' 중에서 –

핵심 체크

01. 의사결정은 여러 대체안들 중에서 하나를 선택하는 과정이다.

02. 의사결정의 과정은 문제의 인식, 대안의 탐색, 대안의 평가, 대안의 선택, 대안의 실행, 실행결과의 평가와 피드백 등으로 이루어진다.

03. 계층에 따른 의사결정의 유형은 전략적 의사결정, 관리적 의사결정, 업무적 의사결정 등이다.

04. 문제의 성격에 따른 의사결정의 유형은 정형적 의사결정, 비정형적 의사결정 등이다.

05. 개인적 의사결정은 한 개인이 자신이 보유하고 있는 정보에 근거하여 독자적으로 해결안을 선택하는 과정이다.

06. 집단적 의사결정은 다수의 구성원들이 참여하는 것으로서 정보를 함께 활용하고, 다양한 시각으로 접근하여 이해의 폭을 넓힌다.

07. 합리적 · 경제적 의사결정모형은 필요한 모든 정보를 보유하고 있다는 전제하에 최소의 비용으로 최대의 효과를 얻을 수 있는 대안을 선택한다.

08. 관리적 의사결정모형은 인간은 제한된 합리성에 근거한다고 전제하고 최적의 대안보다는 만족스러운 대안을 선택한다.

09. 직관적 의사결정모형은 제한된 합리성에 근거하고, 논리적 분석보다는 오랜 경험과 그로 인해 축적된 판단에 의한 비정형적 의사결정이다.

10. 쓰레기통모형은 문제의 인식에서 해결까지 연속적이지 않을 수 있으며, 문제, 해결대안, 의사결정자, 결정시점 등이 일정한 규칙 없이 이리저리 엉키다가 우연한 시점에 결정이 이루어지게 된다.

11. 카네기모형은 의사결정과정에 수많은 사람들이 연관되어 있기 때문에 최종선택은 연관된 사람들의 연합에 기초한다고 가정한다.

12. 스키마는 과거의 경험에 의해서 형성된 인간의 인지구조이다.

13. 고정관념은 개인차를 무시하고 그가 속한 집단에 대한 지각을 바탕으로 평가하는 것이다.

14. 현혹효과는 한 사람이 보유하고 있는 한 가지 특징을 보고 그 사람의 전부를 판단하게 되는 경향이다.

15. 투사는 의식으로 떠오른 사고를 자신의 것이 아니라 다른 사람의 사고라고 믿게 되는 것으로, 즉 타인을 통해 나를 보는 것이다.

15. 기대는 지각하는 사람의 기대가 그 대상이 되는 사람에게 실제로 나타나게 만드는 과정이다. 피그말리온 효과라고 한다.

16. 구성오류는 부정적인 어휘로 표현할 때는 위험추구적인 결정을 하고, 긍정적인 어휘로 표현할 때는 위험회피적인 결정을 하는 경향이다.

17. 단순화경향은 복잡한 정보 속에서 체계화된 분석방법 대신 단순한 방법에 의해 의사결정하는 것이다.

18. 몰입의 에스컬레이션은 실패할 것이 자명함에도 불구하고 비효율적인 진행을 계속하려는 경향을 의미한다.

19. 브레인스토밍은 참가자들이 기존의 관점에 사로잡히지 않고 자유롭게 아이디어를 내는 방법으로서 어떤 아이디어도 평가받거나 비판받지 않고 용납되며, 질보다 양을 추구한다.

20. 델파이법은 한 문제에 대하여 다양한 전문가들의 독립적인 의견을 우편으로 수집하고, 요약하고 정리하여 합의가 이루어질 때까지 다시 배부하는 과정을 통해 서로의 아이디어에 대해 논평하는 방법이다.

21. 명목집단기법은 사람들이 모이기는 하나 언어적으로 소통하는 것이 금지된 상태에서 각자의 아이디어를 기입하고, 이후 발표를 통해 아이디어를 공유한다.

22. 지명자반론법은 의사결정을 위해 모인 집단을 의결제시집단과 반론집단으로 나누어 한 집단이 제시한 의견에 대해 반론집단은 무조건 반론을 하게 하고, 토론을 통해 최종적인 대안을 도출하는 방법이다.

CHAPTER

08

조직구조

Management of BOBOs

Management of BOBOs

1. 조직과 조직구조
2. 직무설계
3. 조직구조의 원칙
4. 조직구조의 유형

조직구조

보보의 경영학
Management of BOBOs

8
Chapter

BOBOS책 경쟁력 있는 조직

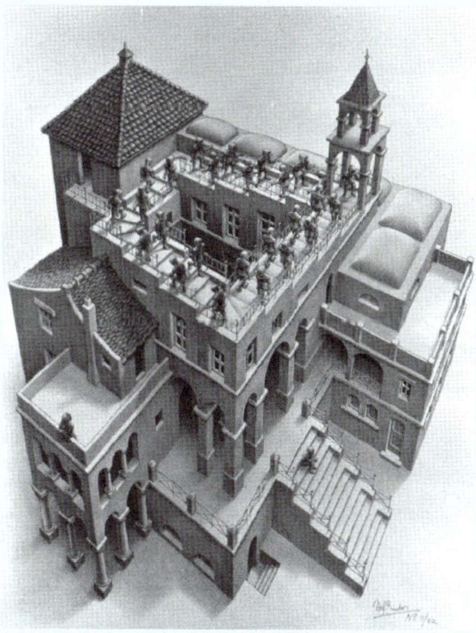

에셔의 '올라가기와 내려가기'

오늘날의 조직은 경영환경에 민첩하고 유연해야 한다. 최소한 핵심사업 분야에서만큼은 최첨단의 조직을 보유해야 한다. 가장 어려운 경영이슈의 경우 늘 그렇듯이 경쟁력 있는 조직을 구축하기 위해 필요한 의사결정은 최고경영자의 몫이 된다. 좋든 싫든 최고경영자는 조직실체에 대한 전략적인 의사결정을 하도록 요구받고 있다. 우선, 지식기반 조직을 구축하여야 한다. 둘째, 효과적이고 신속하게 강력한 고객의 요구에 대응할 수 있는 조직을 만들어야 한다. 셋째, 인터넷과 사업의 다양한 차원들을 통합할 수 있는 조직을 구성하여야 한다.

경영자가 조직설계와 관련하여 선택해야 할 첫 번째 사항은 기본구조에 대한 것이다. 기본구조의 선택은 사업전략에 대한 이해에서 시작된다. 해당 전략에 대해 어떤 구조가 적합한지를 분석하고 검토해가는 과정을 통해 경영자는 최적의 의사결정을 할 수 있다. 불행하게도, 현실적인 상황에서는 특정 전략을 놓고 보았을 때 최적의 대안이 될 수 있는 하나의 조직구조는 없다. 조직설계에 대한 의사결정을 하는 사람은 조직구조에 대한 대안들 각각의 강점과 약점을 열거해보아야 한다. 그리고 '빠른 생산주기가 더 중요한지 혹은 생산의 규모가 더 중요한지'와 같은 전략적 특성들에 대한 우선순위 체계를 개발해야 한다. 이런 과정을 통해 가장 우선순위가 높은 전략적 속성에 가장 잘 부합되는 구조가 기본구조로 선택될 수 있다.

자료 : 갤브레이스의 '조직설계방법론' 중에서

1 조직과 조직구조

우리는 앞서 기업을 운영하기 위해서 목표라는 것을 설정하고, 그에 합당한 자원의 배분과 최적의 의사결정과 같은 다소 복잡한 문제를 처리했다. 그러나 이 모든 것들은 선택된 전략을 수행할 수 있도록 알맞은 조직이 뒷받침이 되어주어야만 실행 가능하다.

조직이란 기업의 목표를 달성하기 위한 구조를 의미한다. 이 안에서 개인의 능력과 그들의 적성에 맞은 직무에 대한 배치가 이루어지고 그에 준한 과정들이 수행된다. 그러므로 기업의 목표를 달성하기 위한 골조에 해당된다고 볼 수 있다.

보보에게는 '한 해 동안 100만 원 어치의 사료를 판매할 것'이라는 목표가 있었다. 이 목표를 달성하기 위해서는 원재료인 사료는 물론 제품을 포장하고 운반하며 판매할 인력이 필요하다. 능력에 합당한 적합한 인재에 대한 배치는 계획화과정에서 가장 중요한 일 중의 하나에 해당된다.

보보는 모모에게는 운반에 관한 업무를, 알폰소에게는 판매에 관한 업무를 할당할 수 있다. 이러한 것들이 바로 조직화에 해당되는 개념이다. 즉, 조직화란 조직의 계획을 달성하기 위해서 자원을 수집하고, 할당하고, 과업을 구조화하는 기능이라고 할 수 있다. 그러므로 구체적으로 어떤 과업을 맡을 것인지, 누가 할 것인지, 그와 관련된 의사결정들은 누가 할 것인지에 관해 명확한 해답이 있어야 한다. 이들 관계를 명확하게 하기 위해서 권한과 책임에 대한 관계가 수립되어야 하고, 구성원들 간의 의사소통이 원활하게 이루어져야 하는 것이다.

그렇다면 조직구조란 무엇인가? 조직구조는 목표를 달성하기 위해 자원을 이용하는 방법을 결정하는 일과 그와 관련된 관계들을 형성하는 공식적 체계인 것이다. 쉽게 말해, 조직화가 '집에서 하는 일'이라면 조직구조는 '집'에 해당하는 개념이라고 할 수 있다. 여기서 한발 더 나아가 조직설계란 집은 집인데, 아파트인지, 단독주택인지, 빌라인지를 선택하는 과정이다. 즉, 경영자가 기업의 전략, 환경 등에 가장 적합하다고 생각되는 조직구조를 선택하는 과정인 것이다.

모두가 안 된다던 분야에서 대박난 사람들의 공통점

"얼간이 같은 창업자가 또 나타났군!"

"이런 애송이들을 몇 명이나 더 만나야 하는 거지?"

업계 전문가와 투자자들의 냉소와 무관심 속에서도 자신만의 방식을 굽히지 않았던 사람들이 있다.

"남의 집에서 잔다고요? 생각만 해도 불편하네요."

간이침대 3개로 사업을 시작한 '에어비앤비'는 세계에서 가장 들어가고 싶은 직장 2위에 올랐다.

"트위터나 페이스북과 다른 형식이라 생소하고 위험해요."

곤충채집을 좋아하던 소년이 성인이 되어 만든 '핀터레스트'는 현재 약 13조 원의 가치로 평가받고 있다.

"사무실을 같이 쓴다고요? 일이 될까요?!"

'위워크'를 만든 이스라엘 이민자 청년은 최근 30대 억만장자 대열에 합류했다. 이런 성공을 이룬 사람들의 공통점은 남들보다 '끈질기다는 것'이다.

'에어비앤비'는 살아남기 위해 시리얼을 팔아 회사를 유지했고, '핀터레스트'의 창업자는 그들의 첫 사업이 실패했음에도 투잡을 뛰며 불경기를 버텨냈으며, '위워크' 창업자는 부동산에 무지했지만 끈질기게 사업계획을 보완하면서 건물주를 설득해내기 시작했다.

어떤 일을 하든 저항과 실패는 있기 마련이다. 당신만 포기하지 않는다면 앞으로 그 어떤 일이 벌어질지 아무도 알 수 없다.

자료 : D채널(저자 수정)

2 직무설계

기업의 환경과 방향성에 적합한 조직구조를 선택하는 것도 중요하지만 직무를 어떻게 설계하여 종업원들의 동기를 유발시킬 것인가도 조직화의 주요 과제 중 하나이다.

직무설계(job design)는 경영자가 기업에서 수행하게 될 직무의 내용과 수행방법을 결정하는 과정이다. 운반을 담당하는 모모와 판매를 담당하는 라헬이 하는 일에 차이가 있듯이 그 차이에 따라 직무를 구성하는 활동이 다르다. 모모는 제품이 생산에서 판매자에게 거치기까지 손상 없이 최적의 비용으로 전달될 수 있도록 하는 일에 역점을 둘 것이고, 라헬은 어떻게 하면 더 많은 소비자들에게 제품을 전달할 수 있을지에 역점을 둘 것이다. 이러한 차이에 해답을 제시하는 것이 직무설계이다.

전통적 직무는 '직무'를 중심으로 '사람'을 어떻게 적응시킬 것인가의 문제, 즉 직무분석(job analysis)과 직무평가(job evaluation)를 주요 연구대상으로 삼았지만 현대적 직무는 '사람'을 중심으로 '직무'를 어떻게 설계하느냐의 문제, 즉 직무설계에 초점을 맞추고 있다. 조직에서 직무는 개인과 조직을 연결시켜주는 가장 기본적인 단위이기 때문에 직무설계를 통해서 조직구성원의 욕구와 조직의 목표를 통합시킬 수 있다.

전통적 단계에서는 전문화의 원리가 직무설계의 주요 방법이었고, 근대적 단계에서는 직무순환과 직무확대가 이용되었으며, 현대에 와서는 직무충실화와 직무특성모형이 개발되었다.

▮그림 8-1▮ 직무설계의 발전과정

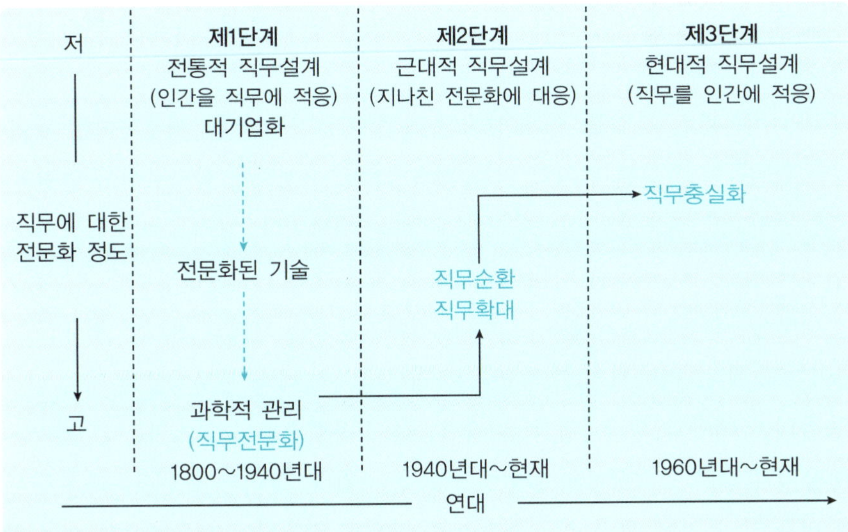

BOBOS 한 말씀

필요한 일부터 시작하라. 그 다음에는 할 수 있는 일을 하라.
그러다 보면 어느 순간 자신이 불가능한 일을 해내고 있음을 깨닫게 될 것이다.

– 아시시의 성 프란치스코 –

1) 직무전문화(job specialization)

'아이러브보보스'의 시작은 작은 구멍가게였다. 그때는 보보 혼자서 재료를 들여와 포장을 하고 운반을 하고 판매도 했다. 그러나 규모가 점점 커져가면서 보보 혼자서 모든 일을 감당할 수 없었다. 그래서 모모와 라헬을 불러들여 자신이 하던 일을 몇 개로 쪼개어 그들에게 나누어주었다. 그러다 보니까 일도 빨리 마무리되고, 혼자서 할 때보다 작업기술이 크게 향상되었다. 바로 이것이 직무전문화이다.

초기의 기업에서는 과업의 수나 조직규모가 크지 않았으므로 한 사람 또는 소수의 사람이 주어진 과업을 모두 수행할 수 있었다. 그러나 조직규모가 커지고, 이에 따라 과업의 규모나 수가 증대되면서 개인 혼자서 과업 전체를 감당해나갈 수 없게 되었다. 따라서 기업은 이런 문제를 해결하기 위해 직무전문화에 의한 과업설계에 관심을 갖게 되었다.

직무의 전문화란 과업을 질과 양적인 측면에서 가능한 한 세분화하는 것이다. 이는 종업원들이 한정된 범위의 일을 계속적으로 수행하게 함으로써 종업원의 숙련도를 높이고 조직능률의 상승을 목표로 하는 개념이다. 그러므로 오늘날의 전문화의 개념이 아니라 직무를 단위작업으로 작게 쪼개어 단순반복업무가 가능하도록 하는 대량생산의 원리를 기본으로 한다. 직무전문화는 과학적 관리법 적용의 기본 수단이기도 했다. 따라서 과학적 관리는 직무의 단순화와 전문화를 통해서 얻어지는 능률의 극대화와 생산성향상, 미숙련공을 고용함으로써 얻어지는 훈련비와 노무비 등의 감소로 조직성과의 실현에 도움을 주었다. 그러나 직무전문화는 단위작업에 비숙련노동자를 투입시킬 수 있는 방안으로 적용되어 사용자에게는 더 많은 편의를, 노동자에게는 고용에 대한 불안을 증대시키기도 했다. 그러므로 직무전문화는 그 자체의 많은 장점에도 불구하고 직무에 인간을 적응시킴으로써 나타나는 종업원의 권태와 불만 증대, 결근과 이직률의 증가, 직무의 비인간화 등의 문제를 발생시킴으로써 직무설계전략의 한계를 노출하게 된다.

BOBOS 뼈다귀

로봇의 역습

러다이트 운동은 19세기 영국 수공업자들에 의해 일어났던 폭동이다. 기계의 사용으로 일자리가 줄어들자 자신의 일자리를 빼앗겼다고 생각했던 사람들이 기계를 부수었던 사건이다.

21세기에도 우리는 19세기와 같은 걱정에 쌓여있다.

아디다스는 최근 직원 600명이 하던 일을 단 10명이 할 수 있는 지능형 공장 ‘스피드 팩토리(Speed Factory)’를 세웠다. 4차 산업혁명으로 탄생한 인공지능과 자동차 장비, 3D 프린팅 등의 기술이 결합해 과거와 전혀 다른 공장을 탄생시킨 것이다. 더욱이 생산 공장을 독일에 만들었다. 인건비 상승으로 중국과 베트남 등 동남아시아에 공장을 설립했던 ‘저임금 공장’시대를 끝내고 ‘프리미엄 공장’을 독일에 설립한 것이다. 1993년 독일 공장이 문 닫은 후 23년만의 일이다. 이 공장은 로봇과 3D 프린터가 결합해 소비자가

보치오니의 '대회랑의 폭동'

원하는 신발을 맞춤형으로 제작해준다. 연 50만 켤레의 운동화를 생산하는 데 필요한 직원은 10명뿐이다. 사람은 지능화된 로봇이 운동화를 직접 만들 수 있도록 기계가 소재를 인식할 수 있는 위치에 갖다놓기만 하면 된다.

나이키도 로봇을 투입해 제품을 생산할 채비를 하고 있다. 나이키가 도입을 준비 중인 로봇생산시스템은 '플렉스(Flex)'이다. 나이키가 플렉스를 이용해 주력상품 중 하나인 에어맥스 운동화를 제조할 경우 인건비와 소재비용이 각각 50%와 20% 급감할 전망이다.

유엔산하 국제노동기구(ILO)는 앞으로 10~20년 사이에 캄보디아와 인도네시아, 필리핀, 태국, 베트남 등 동남아지역의 일자리 가운데 56%가 로봇의 부상으로 사라질 것이라고 진망하고 있다.

나이키의 신발사업부문 생산직 근로자의 75% 이상이 베트남, 인도네시아, 중국에 집중되어 있다. 이렇게 되면 전 세계 100만 명에 달하는 나이키 생산직 근로자가 로봇에 밀려 일자리를 잃게 된다.

운동화 제작 시 노동력이 가장 많이 투입되는 공정은 발등을 감싸는 '갑피(upper)' 제조공정이다. 갑피는 바느질한 곳이 보이지 않아 마치 하나의 재로로 만들어진 것처럼 보이지만 실제로는 40개의 조각에 열을 가해 붙인 것이다. 그동안은 로봇을 투입할 수 없었지만 로봇 스타트업인 그래비트(Grabit)는 사람이 작업하는 것보다 20배 정도 빠른 속도로 갑피를 세작할 수 있는 로봇을 개발했다. 이 로봇은 사람이 10~20분 걸려 만들 수 있는 갑피를 1분만에 제작할 수 있다. 한 대의 로봇이 8시간 동안 300~600켤레의 갑피를 만들 수 있으며 근로자 한 명이 모니터링만 하면 된다.

나이키가 자동화 공정에 속도를 내는 이유는 비용 때문만은 아니다. 유행에 민감한 소비자층에 양질의 상품을 신속하게 제공하기 위한 목적도 있다. 패스트 패션시대가 도래했지만, 스포츠 브랜드는 기능성 운동화 등의 제작공정이 더 복잡해지면서 리드타임이 오히려 길어지고 있다. 전통적 공정에서 신발 하나를 만들려면 10가지 크기의 200개 조각을 손으로 일일이 잘라 이어서 붙여야 했다. 플렉스 공정에서는 레이저가 재료를 절단하고 로봇이 이를 접착시킨다. 통상 몇 개월 수준인 신발업계 리드타임을 플렉스는 3~4주로 단축시킬 수 있다.

자료 : 디시인사이드, 헤럴드경제(저자 수정)

2) 직무순환(job rotation)

모모는 하루 종일 사료 담는 일을 하다 보니까 무료해서 죽을 것만 같았다. 이제는 '사'자 들어간 것은 사랑이라 해도 싫을 지경이 되었다. 그러다 보니까 자연히 태만해지고 일에도 흥미를 잃어갔다. 이런 모모를 위해서 보보는 한 가지 꾀를 생각해내었다. 하루는 모모가 사료를 담고, 다음날은 라헬이 모모가 하던 일을 하고, 그 다음날은 보보가 하고, 즉 이렇게 사료 담는 일을 돌아가면서 하다 보면 단순반복작업에서 느껴지는 무료함은 훨씬 줄어들었다. 바로 이것이 직무순환이다.

직무순환이란 조직구성원에게 돌아가면서 여러 가지 직무를 수행하게 하는 것을 의미하다. 즉, 직무 자체의 내용은 그대로 둔 상태에서 작업자들로 하여금 수평적으로 비슷한 능력을 요구하는 여러 직무를 돌아가면서 번갈아 수행하게 하는 방법을 말한다. 비슷한 능력을 요구하는 직무라 하더라도 새로운 직무를 맡게 되면 직무에 요구되는 새로운 방법들을 익히고 익숙해지는 시간이 필요하기 때문에 직무에 완전히 적응될 때까지는 무료함을 방지할 수 있다. 직무순환이 가능하려면 작업자가 수행하는 직무가 상호교환이 가능해야 하고, 작업흐름에 있어서 커다란 작업의 중단 없이 직무 간의 원활한 교대가 전제되어야 한다.

직무순환은 서로 다른 직무로 조직구성원을 순환시킴으로써 작업자에게 다른 기술을 개발할 수 있는 기회를 제공해주고, 작업흐름을 전체적인 관점에서 이해하도록 해주기 때문에 지루함과 업무의 단조로움을 극복할 수 있다고 가정하고 있다. 그러나 이 방법은 수평적으로 비슷한 능력을 요구하는 직무를 순환시키는 방법이기 때문에 결국에는 다시 권태로움이 야기되는 근본적인 문제점을 지니고 있다.

표 8-1 직무순환의 장·단점

장점	단점
• 조직에 간접적 편익을 가져다줌 • 단기적으로는 권태로움을 방지할 수 있음	• 비용의 문제가 수반됨 • 능률의 손실 • 작업진행의 방해요인으로 작용 • 동기유발이 적은 직무에 대해서는 실효가 적음

3) 직무확대(job enlargement)

하루 종일 사료를 담는 작업을 하는 모모의 지루함을 달래주기 위해서 보보는 사료를 담는 작업에다가 몇 가지 작업을 추가시켰다. 사료를 담기 전에 맛보는 작업, 사료를 담은 후에 종류별로 사은품을 추가시키는 작업 등을 추가시켰다. 그랬더니 모모가 아주 좋아했다. 수행하는 단위작업의 양적 숫자가 늘어남으로써 바빠지므로 당장은 지루함을 방지할 수 있기 때문이다. 이때의 양적 확대는 수평적인 개념이다. 바로 이것이 직무확대이다.

직무확대란 한 직무에서 수행되는 과업의 수를 증가시키는 것이다. 직무의 다양성을 증대시키기 위해 직무를 수평적으로 확대시키는 방안을 의미하며, 직무가 보다 다양하고 흥미 있도록 하기 위해 직무에 포함되어 있는 기존의 과업들에 또 다른 과업들을 추가시키는 것이다.

직무확대는 단순반복적인 작업에 변화요소를 도입하거나 세분화된 작업을 몇 개 합쳐서 하나의 작업이 되도록 작업 자체의 내용을 재구성하는 것이다. 그러므로 직무가 확대되면 작업자들은 세분화된 직무가 아니라 과업요소의 다양성이 주어진 보다 큰 작업단위를 담당하게 된다. 아담 스미스가 주장했던 분업화·전문화에는 역행되지만 자신의 직무수행에 소요되는 시간주기가 연장되어 당장의 단조로움은 감소된다.

직무확대는 지나치게 단순화·전문화된 직무를 반복적으로 수행할 때 나타나는 불만족을 감소시켜 직무에 대한 전체감과 진취성이 증가될 수 있도록 동기를 부여하는 방법으로 작용한다. 그러나 기본적으로 수평적인 확대이기 때문에 직무의 본질적인 내용에는 큰 변화가 없어서 근본적인 해결책이 되지 못하고, 오히려 종업원들의 작업량을 증대시켜 이로 인해 남아도는 유휴인력을 감축하는 수단으로 익용되기도 한다.

4) 직무충실화(job enrichment)

1960년대에 이르러 직무확대를 비판하는 학자들이 출현하게 되었다. 그들은 종업원에게 의미 없는 직무에 의미 없는 과업요소가 추가된다면 그 직무는 작업자들에게 하등의 동기를 유발시키지 못하고, 여전히 단조롭고 의미 없는 작업일 뿐이라고 지적한다. 즉, 성숙한 종업원에게 심리적으로 중요한 것은 육체적 능력이 아니라 정신적 능력이라는 것이다.

직무충실화는 전통적인 직무설계방법과는 달리 직무성과가 직무수행에 따른 경제적 보상보다는 개인의 심리적 만족에 달려있다는 전제하에 직무수행내용과 환경을 재설계하는 방법이다. 즉, 다양한 작업내용이 포함되고, 보다 높은 수준의 지식과 기술을 요구하고, 자신의 성과를 계획・지휘・통제할 수 있는 자주성과 책임을 보다 많이 부여하고, 개인적 성장과 의미 있는 작업경험에 대한 기회를 제공할 수 있게끔 직무의 내용을 재편성하는 것을 말한다.

흔히 직무확대가 직무를 수평적으로 늘려서 부과한다는 점에서 수평적 직무확대라고 하며, 직무충실화는 직무를 수직적으로 늘려서 부과한다고 하여 수직적 직무확대라고 부르기도 하는데, 대부분의 경우에 있어서 직무충실화는 직무의 수평적 확대와 수직적 확대를 동시에 도모하고 있다.

직무충실화 이론은 매슬로우, 아지리스, 허즈버그 등 많은 행동과학자들에 의해 발전되었으며, 특히 매슬로우의 욕구단계설 중 상위수준의 욕구와 허즈버그의 이요인이론 중 동기유발요인, 맥클리랜드가 제시한 성취욕구이론의 3가지 욕구 중 성취욕구 등에서 그 이론적 근거를 찾아볼 수 있다.

BOBOS 뼈다귀 아마존은 무슨 기업이니?

세계 최고 부자
시가총액 세계 2위
미국 내 고용인원 2위
미국 연구개발투자 1위
세계 1위 클라우딩 서비스업체
4억 종 품목의 전자상거래업체

2017년 미국인터넷협회 연례 자선행사장에서 사회자가 아마존 CEO 베조스에게 대뜸 물었다.

"아마존은 도대체 무슨 기업입니까?"

온라인 쇼핑몰로만 알고 있는 이들도 있지만 사업영역이 물류, 클라우드 컴퓨팅, 동영상 스트리밍 서비스 등 전방위로 뻗어 나가고 있기 때문이다.

베조스는 웃으며 "다소 혼란스러울 것이다. 그러나 아마존이 하는 모든 일에는 '고객중심주의'라는 일관된 원칙이 있다"고 말했다. 독자가 찾는 모든 책을 신속하게 공급하는 것에서 나아가 이제는 고객이 필요한 것이면 유형이든 무형이든 모든 것을 다루는 기업이라는 뜻이다.

애플이 스티브 잡스의 작은 차고에서 출발했듯이 아마존도 베조스의 차고에서 온라인서점으로 출발했다. 베조스가 "주문받은 책을 우체국으로 직접 부치러 갔다"고 소개할 만큼 초라한 규모였다. 하지만 베조스의 판단은 옳았고, 영업한 지 불과 2년여 만인 1997년 '세계 최대서점'으로 성장했다.

아마존은 현재 온라인에서만 4억 종이 넘는 상품을 팔며 '에브리싱 스토어'로 불린다. 최초의 상품이 책이었다면 최후의 상품은 채소, 과일 등 신선식품이다. 신선식품은 재고부담이 더 크고 배달과정에 세심한 관리가 필요하지만 한번 사면 다시 구매하거나 정기구매하는 고객이 많아 온라인쇼핑의 '마지막 블루오션'으로 꼽힌다. 베조스는 2017년 미국에 400여 개 매장을 둔 유기농 마켓 체인 홀푸드를 인수하며 돌파구를 찾았다.

아마존의 끝없는 사업확장은 소매업에 그치지 않는다. 물류, 클라우드 컴퓨팅, 빅데이터와 인공지능(AI), 우주기술까지 사업영역을 넓히고 있다.

클라우드 서비스 시장에서는 MS와 구글을 제치고 세계 최강기업이다. 클라우드 서비스란 서버 등 컴퓨팅 자원을 필요한 만큼 빌려주고 사용료를 받는 정보기술(IT) 서비스다. 아마존의 클라우드 시스템 자회사 '아마존 웹서비스(AWS)'의 시장점유율은 40%에 이르며, AWS가 아마존 총영업이익의 73%를 창출했다. 아마존의 핵심사업은 이미 유통에서 서비스로 넘어왔다.

아마존은 시너지를 낼 수 있다면 전통산업도 가리지 않고 뛰어들어 '잡식성 공룡'으로 불린다. 구글, 페이스북 등 글로벌 IT 기업들이 4차 산업혁명 분야에 주력하는 것과 대비된다. 새로 진출하는 사업이 자신이 기존에 하고 있는 사업영역의 기반을 일부 훼손하는 '자기잠식' 효과가 일어나도 주저하지 않는다.

베조스가 온라인 도서판매를 담당하던 임원을 전자책 단말기 킨들 부문으로 발령 내면서 "자네의 임무는 여태껏 쌓아올린 사업을 죽이는 것일세. 종이책을 파는 모든 이들을 실직자로 만들 것처럼 디지털 사업을 진행하게"라고 말한 일화가 전해진다. 그만큼 새로 진출하는 사업에 대한 강한 의욕과 도전정신을 보여준다.

아마존의 끝없는 사업확장과 기존판을 뒤흔드는 포식자 전략에 '아마존 효과'라는 신조어도 생겼다. 아마존의 경영활동으로 관련 업계가 받는 쇼크를 말한다. 3월에는 '장난감 왕국'으로 불리는 세계 최대 장난감 전문점 토이저러스가 끝내 미국 내 사업을 접었다. 2000년 아마존에 10년간 온라인 판매 독점권을 주는 계약을 맺었다가 온라인 판로를 개척할 시간을 놓친 탓이었다.

아마존이 미국 경제에 미치는 영향은 막대하다. 고용인원은 미국에 4,700여 개의 매장을 둔 월마트에 이어 두 번째로 많다. 본사가 있는 시애틀에서만 4만 명을 고용하고 있다.

자료 : 동아일보, 2018. 7. 21(저자 수정)

3 조직구조의 원칙

1) 전문화(work specialization)

전문화란 조직의 구성원들이 되도록 단일의 전문화된 업무를 담당하도록 분담하는 것을 의미한다. 아담 스미스가 제시했던 분업의 원칙을 기반으로 한다고 볼 수 있다. 조직의 구성원들은 전문화를 통해 업무에 필요한 전문적 지식과 기술을 습득하여 능률을 향상시킬 수 있다.

2) 명령일원화(unity of comtmand)

명령일원화는 종업원들에 대해서 직접적으로 책임을 지는 상급자는 한 사람이어야 한다는 것이다. 이는 페욜이 제시했던 14개 원칙에도 해당된다. 만약 두 사람 이상의 상급자가 있으면 명령이 중복될 수 있고, 일의 우선순위에 대해서도 갈등이 일어날 소지가 있다. 또한 종래에는 결과에 대한 책임회피까지도 발생할 수 있다.

명령일원화의 원칙은 책임의 소재가 분명하고, 상급자에 의한 분명한 통제와 조정이 가능하며, 이로 인해 하급자는 안정적으로 업무처리를 할 수 있지만 조직을 군대조직처럼 경직시킬 수 있는 단점이 있다.

3) 감독의 범위(span of control)

감독의 범위는 한 사람의 경영자가 직접 감독할 수 있는 종업원의 수에 대한 한계를 의미하는 개념이다. 전통적 고전논자들은 통제를 완벽하게 하기 위해 작은 범위를 선호했다.

감독의 범위가 너무 커지면 철저한 감독이 어렵고, 이로 인해 경영능률이 떨어지고, 의사소통이 어려워진다. 반대로 감독의 범위가 너무 작으면 상급자의 능력이 충분히 발휘되지 못하는 단점이 있다.

4) 집권화와 분권화(centralization & decentralization)

집권하아 분권화는 조직의 권한이 어느 계층에 존재하는가에 따라 결정되는 상대적인 개념이다.

집권화는 조직의 권한이 상위 계층에 집중되어 있는 상태를 말하며, 분권화는 권한이 최고경영층에서 하위경영층에 이르기까지 조직전반에 걸쳐 위양되어 있는 것을 말한다. 따라서 하위계층에서 중요한 의사결정을 많이 하면 할수록 분권화의 정도는 높아지고 집권화의 정도는 낮아진다.

초기의 학자들은 집권화된 조직을 선호했다. 이러한 전통적 조직은 권력과 권한이 상부에 집중된 피라미드 형태의 구조였다. 그러나 오늘날의 조직에서는 마일즈가 제시했던 B차원의 환경, 즉 복잡하고 다변화된 동태적인 환경변화에 적응하는 것이 가장 큰 과제이기 때문에 조직의 계층에 관계없이 문제와 가장 근접해 있는 사람이 의사결정을 해야 한다는 생각이 지배적이다.

BOBOS 뼈다귀

일하기 좋은 10대 기업

1. 세일즈포스(SALESFORCE)

세일즈포스는 초기부터 독특한 기업문화를 일궈왔다. 직원의 자선활동 참여를 부러울 정도로 적극 권장하고, 명상실을 만들고, 몇 개 층을 통째로 할애해 고유의 '오하나(가족) 문화'를 조성했다. 일할 맛나게 하는 이 독특한 문화 덕분에 세일즈포스는 사상 처음으로 올해 포춘지 선정 일하기 좋은 100대 기업 1위에 올랐다. 회사는 직원들이 일한 보람을 느낄 수 있도록 금전적·정신적 지원을 하고 있다. 예컨대 직원이 추천한 사람이 입사할 경우 추천인에게 포상하는 기업들이 많다. 세일즈포스는 이 포상금으로만 550만 달러를 썼다. 또 좋은 성과를 거뒀는데도 18개월 이상 승진하지 못한 직원을 자체 소프트웨어로 파악해 이들이 새로운 도전을 찾도록 도움을 주고 있다. 직원들이 공동체에 봉사할 수 있도록 연 56시간의 유급휴가도 제공하고 있다.

one-one-one : 세일즈포스 직원들은 자기자본, 상품, 직원 업무시간을 각 1%씩 사회에 기부하겠다는 회사의 약속을 자랑스럽게 여기고 있다.

2. 웨그먼스 푸드 마켓(WEGMANS FOOD MARKETS)

100년 넘는 역사를 자랑하는 이 슈퍼마켓 체인에 대한 직원들의 충성심은 굳건하다.

웨그먼스는 작년 한 해 직원 역량계발에 5,000만 달러(장학금 500만 달러는 별도)를 투자했고, 공석 중 절반 이상을 내부 인원으로 충원했다. '음식을 통해 사람들의 건강과 삶을 개선한다'는 웨그먼스의 미션에 직원들은 '보람 있는' 일을 한다는 긍지와 '목적의식'을 느끼고 있다. 회사의 성숙한 시민의식도 여기에 한 몫을 단단히 했다. 웨그먼스는 매년 빈곤계층 지원을 위해 식료품 수십만 킬로그램을 기부하고 있다.

3. 얼티밋 소프트웨어(ULTIMATE SOFTWARE)

HR소프트웨어 전문 업체인 얼티밋은 상장기업이다. 하지만 '작은 가족기업'처럼 느껴질 정도로 '초현실적인 혜택'을 자랑한다. 401(k) 퇴직연금 제도를 통해 회사는 월급의 40% 가량을 적립해주고, 의료비 및 치과치료비도 전액 지원하고 있다. 바하마제도, 플로리다 디즈니월드 등으로 떠나는 '포상여행'도 매력적이다.

4. 보스턴컨설팅그룹(THE BOSTON CONSULTING GROUP)

이 글로벌 대기업은 기회의 평등을 중시한다. 연중무휴 컨설팅 업계에서 업무의 예측가능성을 높이기 위해 1억 달러 이상을 투자해 새 시스템을 구축하기도 했다. 일-삶 균형을 통해 '직원들은 더 행복하고 더 완전한 인간'이 됐다. 하급 직원들도 인정받는다는 느낌을 받고 있다. 한 직원은 "선 세계 어느 곳에서든 승진할 기회가 있다"고 말했다.

5. 에드워드 존스(EDWARD JONES)

금융자문업체 에드워드 존스의 직원들은 올해 장시간 근무로 많은 고생을 했다. 하지만 야구경기 입장권, 스타벅스 기프트 카드, 가장 바쁠 때를 위한 무료 아침식사 같은 것들이 그들의 노력에 대한 보상으로 제공됐다. 정기보너스, 가족 초청 밤샘 이벤트도 직원의 노고에 대한 '의미 있는 인정'이라 할 수 있다. 지역공동체와의 교류도 '멋진' 문화를 만드는 데 기여하고 있다.

6. 킴프턴호텔 & 레스토랑(KIMPTON HOTELS & RESTAURANTS)

킴프턴은 부티크호텔과 레스토랑 체인 사업을 영위한다. 직원들은 "회사의 다양성이 놀랍도록 높고, 비할 데 없이 훌륭한 포용성과 수용 문화"도 있다고 말하고 있다. 신입사원은 좋아하는 간식 등이 포함된 맞춤형 선물 꾸러미를 받고 있다. 직장에 애완동물을 데려오는 것도 대부분 허용된다.

7. 워크데이(WORKDAY)

기업용 소프트웨어 개발사인 워크데이는 직원복지의 천국이다. 무제한 휴가, 저렴한 대리육아 서비스는 물론, 세차・자전거 수리・네일아트 등 사내 복지시설을 운영하고 있다. 또 '대규모' 핼러윈 파티를 여는 등 한마디로 놀 줄 아는 기업이다. 솔직히 디즈니랜드에 온 기분이다. 샌프란시스코 사무실에는 미끄럼틀도 있다.

8. 제넨테크(ULTIMATE SOFTWARE)

제넨테크는 스위스 거대 제약사 로슈(Roche)의 자회사이다. 제약업계가 지닌 전반적 인상과 달리, 이 회사는 직원 중 소수자 비율 41%, 현장관리자 중 여성비율 46%를 자랑한다. 한 직원은 "내가 다녀본 회사 중 가장 포용적"이라고 평가했다. 여러 직원이 획기적인 신약을 통해 "사람들의 삶을 개선하고 있다"는 데 만족감을 표시했다.

9. 하얏트호텔(HYATT HOTELS)

하얏트는 소통을 강조한다. 디지털과 직접대면을 모두 활용해 투명성을 추구하고 있다. 직원들도 이를 인정하고 있다. "회사, 특히 이 호텔 경영진의 능력이 매우 뛰어나다고 느낀다." 일을 빨리 마친 하우스키퍼의 조기퇴근을 허용하는 등 독특한 제도와 각종 혜택도 좋은 분위기를 만드는 데 일조하고 있다.

하얏트 직원들은 회사의 숙박시설 대부분을 무료로 이용하고 있다.

10. 킴리 혼(KIMLEY-HORN)

설계 컨설팅업체인 킴리 혼의 직원들은 풍성한 혜택 덕분에 행복감을 느낀다. 회사가 직원 지급액의 2배를 적립해주는 획기적인 401(k) 퇴직연금제, 이익공유제, 100% 사측 지원 건강보험 덕분이다. 직원들은 직접 지역을 골라 새 시장을 탐색하는 등 자기만의 프로젝트도 시도할 수 있다. "그야말로 끝이 없는 기회를 가질 수 있다." 한 직원의 평가다.

자료 : 포춘코리아, 2018. 4(저자 수정)

BOBOS책 기계적 조직과 유기적 조직

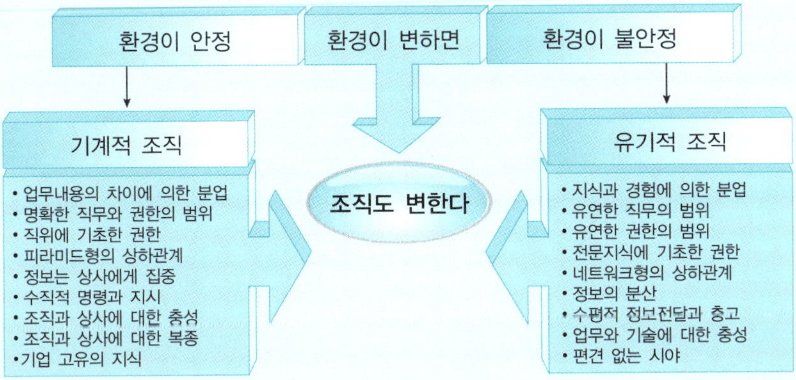

조직은 외부와 끊임없이 유기적 관계를 맺는다. 조직의 외부세계를 외부환경이라 부르는데 번즈와 스토커는 외부환경 가운데 '시장'과 '기술변화의 규모'가 조직구조를 결정한다고 생각했다. 사회학자인 번즈와 심리학자인 스토커는 조직이 직면하고 있는 환경의 차이가 조직구조에 어떤 영향을 미치는지 연구하였다.

번즈와 스토커는 환경을 '안정된 환경'과 '불안정한 환경'으로 나누었다. 이러한 구분은 마일즈의 A차원의 환경과 B차원의 환경개념과 유사하다. 그들에 의하면 안정된 환경에 놓인 조직은 기계적 조직을, 불안정한 환경에 놓인 조직은 유기적 조직을 채택하는 경우가 많다. 환경이 비교적 안정된 것으로 여겨지는 기존의 사업에서 환경이 불안정하다고 여겨지는 사업으로의 진출이 잘 이루어진 기업은 조직구조를 기계적인 조직에서 유기적인 조직으로 변경시키는 일에 성공한 기업이다.

기계적 조직은 관료제 조직과 마찬가지로 업무나 책임의 범위, 권한의 크기, 상하관계 등이 규칙적으로 확실하게 정해져 있는 조직이다. 환경의 변화가 거의 없거나 변하더라도 충분히 예측이 가능한 안정된 환경에서는 상사가 부하직원에게 적절한 명령을 내리고, 부하직원이 상사의 명령대로 움직이는 기계적 조직이 더 적합하다. 반면 유기적 조직은 규칙에 얽매이는 기계적 조직과 달리 업무나 책임의 범위, 권한의 크기, 상하관계 등이 모호하다. 이런 조직의 부하직원은 자신의 능력을 마음껏 발휘하여 자유롭게 일할 수 있다. 시장과 기술환경이 급변하는 불안정한 환경에 직면하고 있는 조직에서는 현장상황에 따라 능동적으로 대처할 수 있는 유기적 조직이 더 적합하다.

기계적 조직과 유기적 조직은 번즈와 스토커가 조직구조의 모델로 고안한 것으로 현실의 조직은 2가지의 모델 사이의 어딘가에 존재하는 환경적응론적 개념이다.

자료 : 히사노리 야마시타의 '경영의 절대지식 50' 중에서(저자 수정)

BOBOS 한 말씀

천지 만물은 자신만의 카리스마가 있다.
카리스마는 생명과 함께하는 정신적 기호라 할 수 있다.
우리에게는 강력한 카리스마가 필요하다.
카리스마는 긍정적 향상심과 강력한 에너지로 주위에 큰 영향을 미친다.
강력한 카리스마는 우리 인생에 행복과 성공을 가져다주고
인격에 무한의 매력을 더해준다.

– 타오 상윈의 '인생에 세 번 기회를 만나다' 중에서 –

4 조직구조의 유형

1) 라인-스탭조직(line and staff organization)

기본적으로 모든 조직형태는 최고경영자로부터 경영의 각 계층에 걸쳐 직접적인 명령체계를 가지는 라인조직(line organization)에서 출발한다. 이러한 라인조직은 최고경영자에서부터 하위계층에 이르기까지 명령권한이 직선적으로 연결되는 조직구조를 의미한다. 때문에 직계조직, 군대식 조직이라고도 한다.

라인조직은 업무의 부서화가 이루어지지 않은 매우 단순하고 초보적인 조직형태의 조직구조이다. 산업화의 초기단계에 많이 볼 수 있었던 조직형태이며, 오늘날 창업단계에 있는 극히 작은 규모의 기업이나 중소기업에서 많이 찾아볼 수 있다.

기업규모가 커지게 되면 생산이나 판매와 같이 기업목표 달성에 직접적인 영향을 미치는 일 이외에 그런 일들을 옆에서 도와주고 지원해주는 일들이 생겨나게 된다. 여기서 생산이나 판매와 같이 기업목표 달성에 필요한 핵심적인 활동을 책임지고 수행하는 구성원들을 라인(line)이라고 하고, 기획, 회계, 재무, 인사와 같이 전문적인 지식이나 기술을 사용하여 라인의 활동이 원활히 이루어질 수 있도록 도와주는 역할을 담당하는 구성원들을 스탭(staff)이라고 한다.

기업의 규모와 복잡성이 증대되면 될수록 경영자는 특정 분야에서 전문가로부터 도움을 받을 일이 많이 생긴다. 이에 따라 생산이나 판매와 같이 기업목표를 달성하는 데 필요한 핵심적인 활동을 수행하는 단순한 라인조직에 전문적인 지식이나 기술을 가지고 라인의 활동을 도와주는 조직이 필요하게 된다. 이렇게 하여 탄생한 조직이 바로 '라인-스탭조직(line and staff organization)'이다.

▮그림 8-2▮라인조직

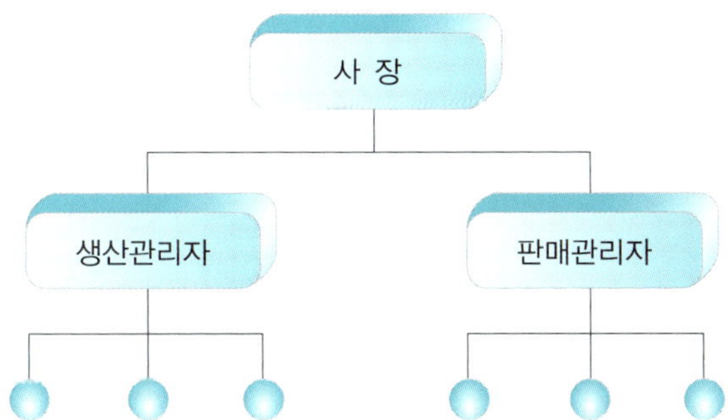

▮그림 8-3▮라인-스탭조직

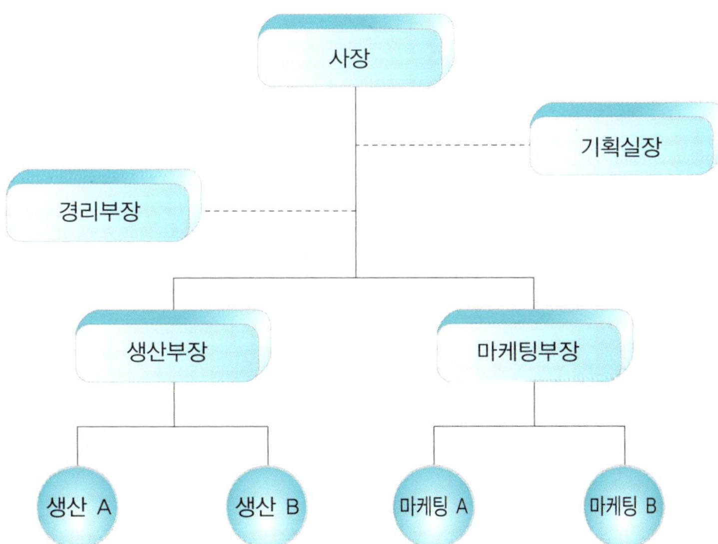

오늘날 가장 일반적인 조직구조로서 거의 모든 기업들이 이 조직형태를 따르고 있다. 스탭 전문가들은 라인의 최고경영자에게 전문적 지식과 기술을 제공한다. 그러나 스탭의 취지는 조직이 바람직한 방향으로 나아가거나 기업목표를 달성할 수 있도록 조언을 하는 역할을 할 수는 있지만 라인부서에 직접적 명령을 할 수 있는 권한을 가지지는 못한다는 데 있다.

BOBOS 뼈다귀

수평적 사고

논리적 사고는 각 'A→B→C'와 같이 각 사고의 단계가 올바르게 이어지는 것이 대전제다. 타당하다고 여겨지는 정답을 이끌어내기 위해 논리를 깊이 파고들어가기 때문에 '수직적 사고'라고 불리기도 한다.

이에 비해 수평적 사고는 해결책을 이끌어내기 위한 순서나 과정은 별로 문제되지 않는다. 조리를 세워 생각할 필요도 없고, 오히려 시작지점에서 점프하여 갑자기 해답에 도달해도 상관없다. 수평적 사고에는 유일한 정답이라는 것이 없다. '수평' 방향이라는 시점을 확대하는 사고법이므로 시점을 확대할 때 다양한 선택지가 생기는데 어떤 것이든 문제해결로 이어지기만 하면 전부 정답이다. 답이 많을수록 바람직하므로 모든 의견에 '그런 방법도 있군'이라는 태도를 보이는 사고법이다. 때문에 상식에 얽매이지 않고 매사를 다른 각도에서 보도록 유념하는 사고법이다. 때로는 주어진 전제를 뒤집으면 완전히 새로운 발상이 생겨나기도 한다. 이질적인 것끼리 조합하거나 기존의 가치관을 뒤집어서 그때까지 없었던 무언가를 만들어내는 것은 수평적 사고만이 갖는 특징이다.

자료 : 기무라 나오요시의 '약은 생각' 중에서(저자 수정)

2) 기능별 조직(functional organization)

기능별 조직은 고전이론의 중심개념인 테일러리즘의 기능별 직장제도(functional foremanship)에서 유래되었다.

기능별 전문화의 원칙에 따라 전문지식과 기능을 지닌 각 상위관리자가 자기가 담당한 기능에 관해서는 다른 부서의 부하직원에게도 직접적으로 명령·감독할 수 있는 권한이 위양되는 조직구조이다. 기능별 부서의 능률을 제고할 수 있다는 장점이 있다.

종업원은 한 사람의 상위자로부터만 명령을 받는 것이 아니라 여러 명의 상위사로부터 명령을 받을 수 있다. 이는 같은 고전론자였던 페욜이 제시했던 14개 경영원칙 중 명령통일의 원칙에 위배되기도 한다.

▮그림 8-4▮ 기능별 조직

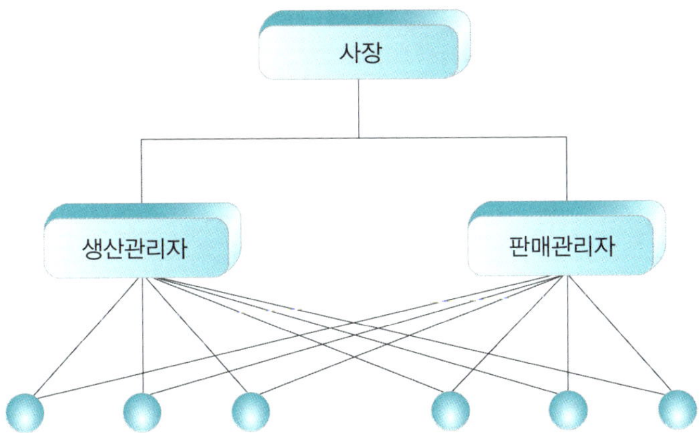

표 8-2 기능별 조직의 장·단점

장점	단점
• 전문화의 극대화 • 여러 전문가로부터의 조언 청취 • 종업원 양성기간 단축	• 명령통일의 문제 • 상위자들의 권한의 중복 • 갈등과 책임회피의 여지

3) 사업부제조직(divisional organization)

기업의 규모가 확대되고 기업을 둘러싼 환경과 제품이 복잡해지면서 다양한 제품이나 서비스를 동일한 기능별 조직 내에서 생산하기가 어려워졌다. 때문에 제품이나 시장 또는 지역을 기초로 부문화하여 만들어지는 조직형태가 생겨났는데 이를 사업부제조직이라 한다. 오늘날 다국적기업들이 지역적으로 분산되어 있는 자회사들을 경영하기 위해 가장 보편적으로 채택하고 있는 조직형태이기도 하다.

특정 제품에 관련되는 경영활동은 대부분 해당 사업부문의 책임자에 의해 이루어지기 때문에 사업부의 책임자는 대부분의 권한을 보유하고 행사하게 된다. 사업부는 자주적이고 독립적인 지위를 가지게 되며, 경우에 따라 하나의 독립적인 기업과 마찬가지로 많은 일을 주어진 권한 내에서 스스로 결정하고 처리할 수 있다.

그림 8-5 사업부제조직

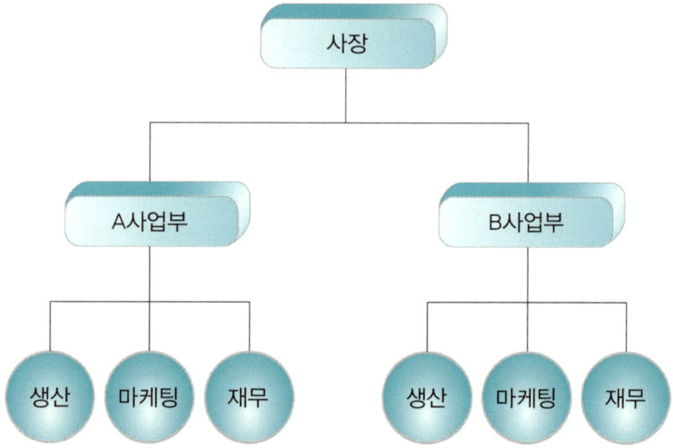

사업부제조직은 라인-스탭조직에 비해 사업단위별로 권한과 책임을 부여함으로써 시장요구에 비교적 빠르게 대처할 수 있다는 장점이 있다. 또한 사업의 성패에 대한 책임소재도 분명히 할 수 있어 책임회피에 따른 갈등이 일어날 소지가 적다. 반면 사업부마다 중복된 부서가 있어 자원의 낭비를 초래하거나, 각 사업부 간의 지나친 경쟁을 유발하여 기업 전체적인 목표달성을 저해할 수도 있다.

BOBOS 뼈다귀 회사 속의 회사

비즈니스를 잘하는 경영인은 고객의 의사결정 상황을 이용한다. 레스토랑 입구에 오늘의 메뉴를 잘 보이도록 배치하는 것도 이에 해당한다. 대안이 많다는 상황을 만들어놓고서 '그러나 부담 갖지 말고 좁혀라' 하는 적절한 메시지를 제공하여 의사결정자를 선택권으로 끌어들이는 것이다. 고객을 편하게 해줄 뿐 아니라 같은 음식을 대량판매하게 되니 조리가 쉬워지고 품질이 향상된다.

과거에 GM이 포드를 앞지르는 과정에서 사용했던 사업전략이 '회사 속의 회사'이다. GM이라는 우산 아래에 여러 회사를 독립하여 운영하는 방식이다. 고객의 다양한 선호도를 고려하여 스포츠카를 좋아하는 그룹에는 폰티악, 편안한 중형세단은 올즈모빌, 상류층의 고급고객에게는 캐딜락, 저렴한 제품을 원하는 대중은 시보레로 대응했다. 마치 여러 회사의 제품인 것처럼 구분하여 고객의 선택권에 직접적으로 대응했던 것이다. 같은 식당에서 간판을 여러 개 걸고 영업하는 것과 비슷한 전략이다. 이 모두가 고객에게 제공되는 선택의 모호성을 줄이려는 노력이다. 고객은 참으로 묘한 심리를 가지고 구매행위를 한다. 많아도 탈, 적어도 탈, 너무 단순해도 탈, 너무 복잡해도 탈이다. 그래서 고객의 소리를 듣는 것이 비즈니스 의사결정의 필수요건이 된다.

자료 : 신완선의 '굿 타이밍' 중에서(저자 수정)

4) 매트릭스조직(matrix organization)

20세기 중반 이후부터 기업의 조직구조를 시장중심으로 만들 것인가 아니면 기능중심으로 만들 것인가에 대한 진지한 논의가 이루어졌고 이를 해결하기 위한 일환으로써 매트릭스조직이 제안되었다.

사업부제조직은 다양한 환경변화에 적합하게 대응할 수 있다는 장점은 있으나 기능이 중복되는 경우가 있으므로 많은 비용을 부담해야 한다는 단점이 있다. 예를 들면 제품마다 사업부를 만들면 소비자의 욕구변화에 따른 신속한 대응은 할 수 있지만 이를 위해 많은 종업원을 고용해야 하며, 같은 설비를 중복해서 갖추어야 하기 때문에 많은 비용이 필요하게 된다. 이런 문제 때문에 사업부제조직으로는 새로운 환경변화에 적극적으로 대처하기 어려울 수 있다. 이를 해결하기 위해 시도된 조직형태가 바로 매트릭스조직이다.

매트릭스조직은 한쪽에는 생산, 재무, 마케팅, 인사, 공정, 노무 등과 같은 전통적인 기능별 또는 업무별 부문이 있고, 또 한쪽에는 프로젝트별 또는 지역별 부문이 있어서 이들을 바둑판처럼 엮어서 만든 조직이다. 매트릭스조직의 경우에 종업원들은 대부분 원래의 기능별 부문으로부터 파견된다. 그러나 어떤 프로젝트 업무가 진행되는 기간 동안에는 프로젝트 업무를 담당하는 조직의 경영자에게 속하게 된다. 이런 조직형태에서는 원래의 기능별 부문경영자는 종적인 권한을 행사하게 되고, 프로젝트팀의 경영자는 각 기능별 부문을 초월하여 횡적인 권한을 행사하게 된다.

매트릭스조직은 인적 자원을 효율적으로 사용할 수 있고, 시장의 새로운 변화에 융통성 있게 대처할 수 있다는 장점이 있다. 하지만 기능별 상급자와 프로젝트별 상급자라는 두 명 이상의 상급자를 갖게 되므로 이들로부터 서로 다른 명령을 받을 경우에는 혼란이 발생하게 된다. 따라서 매트릭스조직을 운영할 때는 프로젝트팀에게 어떤 업무를 맡길 것인지, 누가 성과를 평가할 것인지 등의 여부를 명확히 해둘 필요가 있다.

표 8-3 매트릭스조직의 장·단점

장점	단점
• 기능별 전문가들의 협력 • 다양한 기능의 습득 • 조직의 융통성	• 상급자들의 혼란 야기 • 업무조정의 어려움 • 효율성의 저하

▌그림 8-6▌매트릭스조직

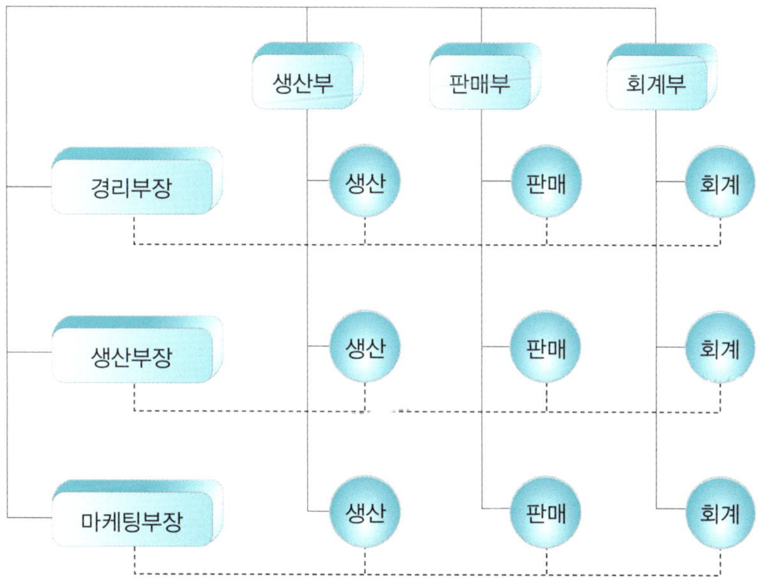

5) 팀조직(team organization)

21세기 글로벌 경영환경하에서는 단순한 라인-스탭조직을 구성하여 기업을 경영하게 되면 급격한 환경변화에 대응하기 어려워진다. 이에 따라 기업들은 의사결정구조를 보다 단순하게 축소시키고 급속히 발전하는 기술적 혁신을 보다 빨리 수용할 수 있는 조직체계를 갖출 필요가 있다. 이런 필요에 부응하는 가장 보편적인

표 8-4 **팀조직의 장·단점**

장점	단점
• 부서 간의 장벽 파괴 • 신속한 의사결정체계 • 매트릭스조식의 이중적 명령, 보고체계 탈피 • 구성원의 의사가 최고경영자에게 여과 없이 전달 • 성과에 대한 평가가 용이 • 동기부여	• 구성원의 능력에 의존 • 유능하지 못한 구성원의 경우 오히려 기존의 조직보다 성과가 떨어질 수 있음 • 구성원의 능력을 일정수준 이상으로 유지하기 위한 교육훈련비용의 부담

조직구조 중의 하나가 바로 '팀조직'이다. 팀조직이란 상호 보완적인 기술이나 지식을 가진 소수의 구성원들이 자율권을 갖고 기업의 목표를 달성하도록 구성된 조직이다.

(1) 업무단위형 팀조직

기업 전체의 업무를 일정한 기준으로 세분화하여 작은 단위를 하나의 팀으로 형성하는 것을 의미한다. 사업부제조직 안에서 작은 단위로 형성되어 지속적으로 운영되어 가는 것이 일반적인 형태이다.

그림 8-7 업무단위형 팀조직

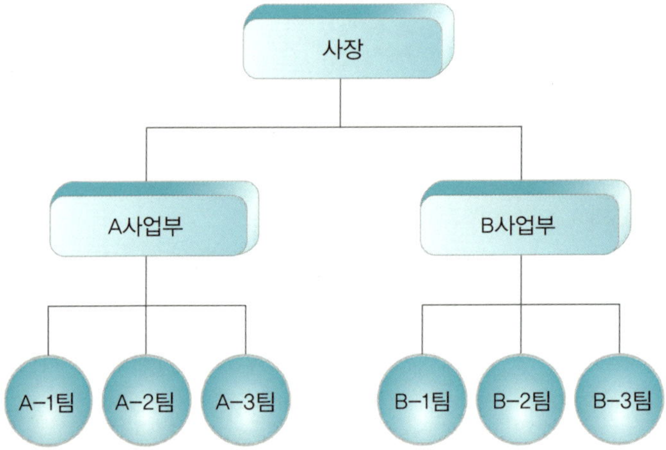

예 보보제과는 대형마트에 제품을 납품하고 있다. 보보제과는 사업부를 제과사업부(A사업부)와 빙과사업부(B사업부)로 나눈다. 계약이 이루어지면 계약내용에 따라 제과사업부에서는 빵과 과자 등을, 빙과사업부에서는 아이스크림, 빙수 등을 만들어 납품한다. 지역별로 사업부의 팀을 나누어 납품물량을 만든다.

(2) 프로젝트형 팀조직

프로젝트형 팀조직은 태스크포스(task force)조직에 해당한다. 어떤 구체적인 문제를 해결하기 위해 만들어지고 일단 문제가 해결되거나 임무가 완성되면 해체되어 버리는 조직의 형태이다.

이는 어떤 특수한 업무를 단기간 내에 수행해야 하는 경우 그때마다 기능별 조직에서 파견을 받는 형식으로 형성된다. 따라서 프로젝트형 팀조직은 일시적인 특별업무를 수행하기 위해 조직 전체를 대대적으로 재개편하지 않아도 되는 것이 큰 장점이다.

그림 8-8 프로젝트형 팀조직

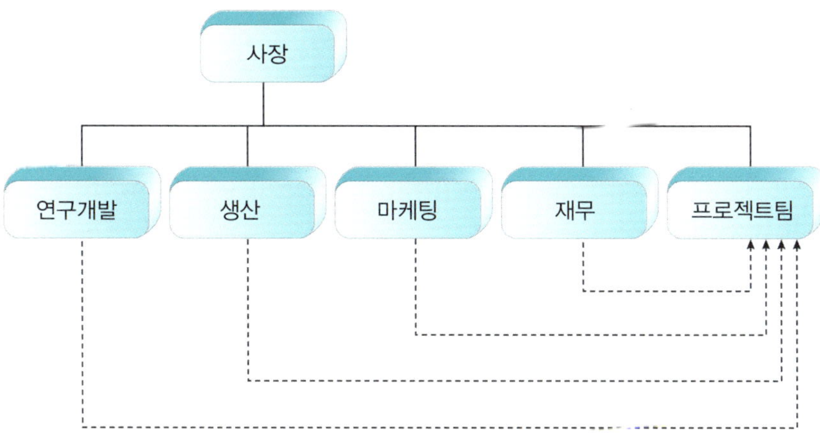

예 프로젝트팀은 기업이 신제품을 개발할 때 매우 효과적이다. 이때 연구개발부서에서 1~3명, 생산부서에서 1~3명, 마케팅부서에서 1~3명 등으로 프로젝트 추진조직을 구성한다고 하자. 이 조직에서는 새로운 신제품을 개발하기 위해 고객의 욕구는 어떠한가, 어떻게 하면 제품을 개발할 수 있는가, 그리고 생산부서에서는 어떤 과정을 통해 생산할 것인가 하는 등의 다양한 부서의 의견을 자유롭게 교환하면서 신제품을 개발할 수 있다.

BOBOS 뼈다귀 **왜 팀제인가?**

「성공하는 사람들의 7가지 습관」이란 책으로 유명한 스티븐 코비는 "왜 팀제인가?" 라는 질문에 재미있는 비유를 했다. 그는 '리더십 양성'을 위한 교육과정에서 부・과제는 조정경기와 팀제는 래프팅경기와 각각 비슷하다고 설명했다.

우선 조정경기를 보자. 리더는 맨 뒤에 앉아서 노를 젓지 않고 지시만 한다. 경기장은 잔잔한 호수이며 우승의 조건은 '얼마나 빠르냐'이다. 조원의 시선은 리더에 고정되어 지시만 기다린다. 따라서 조정경기에서의 리더는 관리자에 가깝다.

반면 래프팅은 항상 변화하는 급류 속에서 경기한다. 리더의 위치는 정해져 있지 않고 상황에 따라 달라진다. 리더는 같이 노를 저으며 역할을 나눠 가진다. 언제 배가 뒤집힐지 모르는 급박한 환경이다. 따라서 우승조건에서도 속도보다는 '살아남느냐'가 더 중요하다. 조원의 시선은 리더에만 고정된 것이 아니라 각자 처한 환경을 동시에 보면서 닥쳐오는 여건변화에 스스로 판단해 대응한다. 리더의 역할은 단지 조원들의 판단을 도와 배의 전복을 막으면서 빨리 목적지까지 가도록 유도하는 것이다. 그는 진정한 의미의 리더이다.

BOBOS 한 말씀

권한위임이야말로 관료제의 가장 이상적인 해독제이다.

– 워렌 버핏 –

6) 네트워크형 조직

21세기에 접어든 기업의 가장 큰 걱정거리는 환경의 변화이다. 때문에 경쟁력 있는 기업으로서 거듭나기 위해서는 환경변화에 적극적으로 대응하며 자율적인 변화를 수행할 수 있게 하기 위한 조직구조가 필수적이다. 이를 위해서는 조직이 유연하고 가벼워져야 한다. 21세기 미래기업의 조건 중 가장 중요한 것은 유연성과 효율성이기 때문이다.

변화하는 경제환경에서 기업의 가장 심각한 문제 중 하나는 기존의 가치나 질서에 집착하여 환경변화를 감지하지 못하거나 감지하여도 대응할 수 있는 능력을 갖추지 못하는 데 있다. 유연성이란 기존가치나 질서에 집착하는 경직성에서 벗어나 필요에 따라 탄력적으로 변화할 수 있는 정도를 의미한다. 기존가치에의 집착에서 오는 경직성은 양날의 검과 같다. 조직은 주어진 환경에 대응하기 위해 그 환경에 적절한 경영이념과 전략들을 강구하게 되고 그런 것들이 경영상 효과적임을 알게 되면 계속해서 사용하게 된다. 이런 과정을 통해 선정된 경영이념과 기법들이 기업의 관례로 자리를 잡게 되고, 그런 관례가 기업의 핵심역량 중 하나로 정착되게 된다. 그러나 한때 그 기업의 성장을 도왔던 핵심역량도 변화하는 환경에 맞추어 탄력적으로 조정되지 않으면 새로운 환경에 적합하지 않게 되는 순간이 반드시 온다.

예를 들어 1960년과 1970년대의 대기업들이 규모의 경제를 바탕으로 노동집약적인 경공업을 짧은 시간 내에 급속도로 추진한 것은 재벌총수의 명령만 떨어지면 일사분란하게 돌진해 나갈 수 있었던 군대식 조직문화 때문이었다. 군대식 문화는 종적 질서를 중요시하는 유교적 문화와 당시 군정이 영향을 배경으로 형성되었으며 우리 기업조직의 핵심역량이었다. 그러나 1980년대 이후 경제환경이 급변하게 되어 경쟁의 차원이 노동집약산업의 규모의 경제에서 지식집약산업의 혁신능력으로 바뀌면서 과거 우리 기업의 장점이었던 군대식 조직문화는 가장 심각한 걸림돌이 되고 말았다. 이런 상황에 대해 바튼은 핵심역량이 핵심경직성으로 변모했다고 표현했다.

기업의 반 정도가 창업 후 3년 이내에 망하여 폐업하게 되고, 전체 기업의 평균수명도 20년 이하인 데 비해, 지난 100년 이상 생존하고 성장해왔던 성공적인 기업도 있다. 이들에 대한 연구결과를 보면, 이들 기업이 가진 중요한 특성 중의 하나가 환경의 변화에 따라 탄력적으로 변화하는 유연성이다. 경쟁력 강화를 위한 상시적 협력, 글로벌 다양성에 대한 존중 등이 장수기업의 핵심역량이자 조건이다.

강력한 기업으로 성장하는 데 핵심적 역할을 했던 전략, 관행, 행동양식 등이 더 이상 유효하지 않은 이유는 이들이 현재와 미래의 경영환경에는 적합하지 않기 때문이다. 경직성에서 벗어나려면 조직이 지속적으로 유연성을 갖도록 노력해야 한다. 이를 위해서는 규모가 급격히 비대해진 기존의 많은 기업들은 불황기를 이겨내기 위해 기업 내의 유사부문을 통폐합하고 간접부문을 과감하게 축소하여 불필요한 업무를 제거해야 한다.

다만 조직구조가 무조건 날씬해진다고 해서 기업이 다양한 역량을 모두 보유할 수는 없다. 따라서 가장 중요한 핵심역량부문에 경영자원을 집중하고 비핵심부문에 대해서는 아웃소싱, 전략적 제휴, 분사 등을 효과적으로 수행할 수 있는 네트워크형 조직구조가 선호되는 것이다.

네트워크형 조직구조는 기술의 발전과 경쟁의 가속화 등에 대응하여 한 기업이 계속적으로 경쟁력을 확보하면서 동시에 중소기업적 장점을 살리는 방법 중의 하나이다. 네트워크를 구축함으로써 비록 개별회사이름은 달라도 마치 하나의 거대기업과 같은 효과를 누리게 되며, 유연성과 효율성을 기할 수 있다. 전통적인 피라미드형 조직은 내부통제를 위한 수직적 개념의 조직인 데 반해 네트워크형 조직은 상호협조를 통해 시너지 효과를 얻기 위한 수평적 개념의 조직이다. 이런 네트워크형 조직은 조직의 경계가 약하기 때문에 환경변화에 유연하게 적응할 수 있는 개방형 시스템이다.

BOBOS 뼈다귀

네트워크조직 이렇게 구축하라

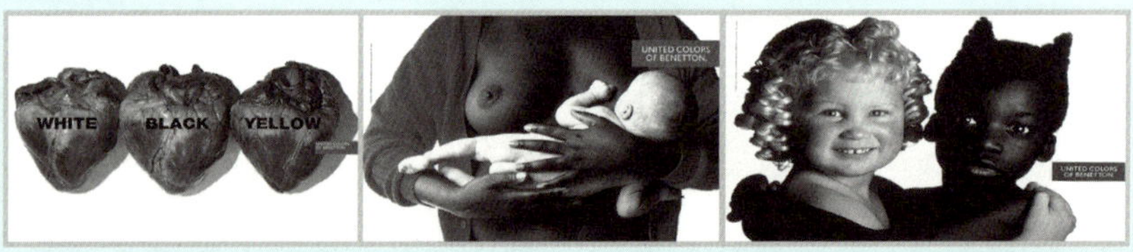

베네통의 테마광고

'United Colors of Benetton'이라는 슬로건으로 잘 알려진 이탈리아의 베네통은 전쟁, 인종갈등, 마약 등 사회적 테마를 주제로 한 광고로 잘 알려진 기업이다. 1965년 낡은 직조기 한 대로 시작하여 현재 세계 120여 개 국가에 5,000여 개 소매점을 거느리고 있으며, 한 해에 20억 유로에 달하는 매출을 올리고 있는 기업이다.

베네통은 기업이 성장함에 따라 본사, 본사 내 자체 공장 및 하청공장, 다수의 판매대리인과 소매점들이 거미줄처럼 연결된 네트워크조직으로 진화해 왔다. 이 과정에서 네트워크의 허브로서 주도권을 확보하고 성공적으로 이끈 요인은 다음과 같다.

첫째, 베네통은 큰 조직규모를 기반으로 네트워크 관계에 있는 다수의 공급자와 소매점들에 대해 높은 협상력을 가지고 있었다. 또한 매년 30~40개의 새로운 색상을 창출하고 패션을 주도하는 능력도 네트워크를 지배하는 중요한 원천이 되었다.

둘째, 사업 초기부터 재무적 어려움을 겪는 협력관계에 있는 소규모 하청공장이나 소매점들에 대한 자금지원을 해왔다. 이를 통해 네트워크를 안정화시켰고, 관련 기업들로부터 신뢰를 쌓을 수 있었다.

셋째, 사업초기부터 소수의 직영공장을 운영해 의류생산원가구조에 대한 정보를 깊이 있게 파악하고 공급자들의 원가나 가격을 적절하게 관리해 나갈 수 있었다.

넷째, 세계 각국 소매점들의 이미지 통합화 작업 지원, 자동생산 및 물류시스템 도입을 통한 공급자들의 생산성 제고 지원, 옷을 만든 뒤 염색하는 '후염가공기술'의 개발과 지원 등 네트워크 관계에 있는 협력기업들의 성과향상을 위해 다각적으로 노력해왔다.

다섯째, '컬러마케팅', '테마마케팅' 등으로 브랜드 인지도를 높이기 위한 광고와 기업홍보에 매출의 6% 이상을 지속적으로 투자하고 있다. 이를 통해 동사는 패션업계에서 브랜드 이미지 1,2위를 차지하는 세계적 패션브랜드로 성장할 수 있었다.

베네통은 협력기업들과의 네트워크를 주도하는 중심기업(Hub)으로서의 지위를 확고히 하고, 네트워크조직의 장점을 십분 활용하여 '패션창조와 원가절감'이라는 기업의 목표를 성공적으로 달성하고 있다.

자료 : LG경제연구원

J.R. Galbraith, *Designing Organization*, Jossey-Bass, 1995.

BOBOS 뼈다귀 시어스의 몰락

세계 최고의 유통업체가 어디인지 물어본다면 수저 없이 아마존이나 월마트라고 할 것이다. 그러나 아버지 세대에게 같은 질문을 한다면 가장 먼저 시어스를 떠올릴 것이다. 1893년에 창업한 시어스는 아마존과 월마트를 능가하는 미국 최고의 유통업체였다. 초창기에는 매장 하나 없이 우편판매라는 혁신적인 방법으로 초고속 성장을 이어갔고, 1969년에는 세계 최고의 유통업체가 되었다. 1974년에는 세계 최고의 빌딩인 시어스 타워를 세웠다. 시어스의 전성기는 거기까지였다.

워렌 버핏은 시어스 몰락의 근본적인 원인이 관료제 때문이라고 말했다. 관료제는 산업혁명 이래 가장 이상적인 조직형태로 알려져 있다.

산업화 시대에는 공장과 대량생산이 중요한 가치였다. 기술 자체가 진입장벽이었다. 기업이 무엇을 만들어 어디에 팔지가 명확했다. 이 시기에는 선도적인 기술로 제품을 만들고 팔아본 사람이 성공해서 기업을 세우고, 리더는 성공경험을 더 큰 규모에서 효율적

시카고의 랜드마크 시어스타워(현재 윌리스타워)

으로 수행하기 위한 목적으로 기업을 조직화했다. 그러다보니 조직의 형태는 리더의 지시를 다수의 노동자들이 따를 수 있는 최적의 형태가 되어야만 했다. 즉 피라미드조직이 유효했다.

피라미드 형태의 조직은 무엇을 해야 하는지 정해져 있고, 리더가 어떻게 해야 하는지를 알고 있으므로 리더로부터 피라미드 형태로 내려오게 되어있다.

관료제의 장점은 해야 할 일이 명확하면 신속하게 일이 정해진다는 것이다. 그러므로 공무원 조직이나 금융권은 잘 맞는다. 하지만 해야 할 일이 불분명해지면 관료제 조직은 느리게 굴러간다. 산업화 시대까지는 관료제가 잘 맞았지만 산업화 시대가 끝나자 상황이 달라졌다. 관료제는 구조상의 한계 때문에 변화에 기민한 대응이 어렵다. 관료제의 의사소통방식은 탑다운이다. 윗사람이 판단하고, 아랫사람이 일을 하면서 허락을 받고, 다시 윗사람이 최종결정하는 형태이다. 그러다보니 느릴 수밖에 없다.

월마트의 신의 한수는 창고형 할인매장이었다. 시어스의 리더들은 부동산 중개와 주식으로 사업을 다각화했다. 그러나 1982년에 미국에 경제불황이 닥쳤다. 1987년 10월에는 블랙 먼데이가 터졌다. 증시가 대폭락하고 시어스는 어려워졌다. 반면 월마트는 얇아진 미국인들의 주머니를 공략하며 성장할 수 있었다. 시어스의 관료들이 시대를 잘못 읽은 것이다.

아마존은 1995년에 온라인 유통사업을 시작했다. 반면 시어스는 1999년까지 온라인 판매를 시작하느냐 마느냐를 두고 리더들끼리 싸웠다. 온라인 사업이 오프라인 사업에 지장을 줄 수도 있다는 게 이유였다. 2011년 아마존은 시어스의 매출을 추월했다. 2017년 드디어 시어스는 아마존을 통해서 온라인 판매를 하기로 결정했다.

관료제는 과거의 성공을 경험과 자산으로 가지고 있는 리더의 리더십에 중앙집권적으로 의존하기 때문에 시어스의 사례처럼 최신 환경에 민감하게 대응하기 어렵다. 의사결정에 대한 단계도 복잡하기 때문에 신속한 결정도 힘들다. 2017년 시어스의 대표 에드워드 램퍼트는 시어스의 존속 가능성이 희박하다고 말했다.

아마존의 한 엔지니어가 블로그에서 뭔가를 보고 팀장에게 아마존도 그걸 해야 한다고 말했다. 팀장은 CEO 제프 베조스에게 말했고, 엔지니어는 베조스에게 자신의 생각을 말했다. 베조스는 즉시 엔지니어에게 엔지니어가 설명한 프로젝트를 맡겼다. 아마존만 이런 게 아니다. 팀제 구조의 기업들은 모두 이런 식으로 일한다. 구글의 주요 서비스들도 탑다운 방식으로 누군가 지시해서 만들어진 것이 아니다. 직원들의 자율적인 실험으로 만들어졌다. 지메일, 구글앱, 구글어스가 그렇게 탄생했다.

자료 : 다음 브런치(저자 수정)

BOBOS 뼈다귀

단순성이 해답이다

업무를 수행할 수 있는 가장 단순한 조직구조가 최상의 조직구조이다. 문제를 일으키지 않는 조직구조가 좋은 조직구조이다. 구조가 단순할수록 잘못될 가능성이 적다.

설계원리는 도구이다. 단지 적절하게 혹은 부적절하게 사용될 뿐이다. 이것이 전부다. 최대한의 단순성과 적합성을 얻으려면 핵심결과를 위해 필요한 핵심활동에 명확한 초점을 두고 조직설계를 시작해야 한다. 핵심활동을 최대한 단순한 설계 안에서 구조화하고 배치해야 한다.

조직은 그 자체가 목적이 아니라 목적달성을 위한 수단이다. 건전한 구조는 조직 건강의 전제조건이지 그 자체가 건강인 것은 아니다. 건강한 회사의 기준은 조직구조의 아름다움, 투명성, 완벽성이 아니라 기준은 사람들의 성과다.

자료 : 피터 드러커의 '매니지먼트' 중에서(저자 수정)

BOBOS 한 말씀

"잘못 든 길이 지도를 만든다."

아직 나 있지 않은 길을 가서 길을 만들어낸다는 뜻이다. 창의성은 새로운 길을 내는 것이다. 가끔 절벽을 만나기도 한다. 그렇지만 새로운 길을 찾으려면 그런 위험을 무릅쓰는 수밖에 없다.

– 박웅현의 '인문학으로 광고하다' 중에서 –

핵심 체크

01. 조직구조는 목표를 달성하기 위해 자원을 이용하는 방법을 결정하는 일과 그에 관련된 관계들을 형성하는 공식적인 체계이다.

02. 직무전문화는 과업을 질적 또는 양적인 측면에서 가능한 한 세분화하는 직무설계의 방법이다.

03. 직무순환은 직무 자체의 내용은 그대로 둔 상태에서 작업자들이 수평적으로 비슷한 여러 직무를 돌아가면서 수행하는 직무설계의 방법이다.

04. 직무확대는 한 직무에서 수행되는 수평적인 과업의 수를 증가시키는 직무설계의 방법이다.

05. 직무충실화는 직무를 수직적으로 증가시키는 것으로서 개인에게 자주성과 책임을 많이 부여하고, 개인이 성장할 수 있도록 직무수행의 내용과 환경을 설계하는 방법이다.

06. 라인조직은 최고경영자로부터 각 계층에 걸쳐 직접적인 명령체계를 가지는 조직구조로서 업무의 부서화가 이루어지지 않은 매우 단순하고 초보적인 형태이다.

07. 라인-스탭조직은 기업목표를 달성하는 데 필요한 핵심적인 활동을 수행하는 라인조직에 전문적인 기술과 지식으로 라인의 활동을 도와주는 스탭이 더해진 조직구조이다.

08. 기능별 조직구조는 전문지식과 기능을 가진 각 상위관리자가 자신이 담당한 기능에 관해서는 타부서의 부하직원에게도 명령과 감독을 할 수 있는 권한이 위임되는 조직구조이다.

09. 사업부제조직은 제품이나 지역을 기초로 부문화하여 만들어지는 형태로서 사업단위별로 권한과 책임을 부여함으로써 환경에 빠르게 대처할 수 있는 조직구조이다.

10. 매트릭스조직은 한쪽에는 생산, 재무, 마케팅, 인사 등과 같은 전통적인 기능별 부문이 있고, 또 한쪽에는 프로젝트별 또는 지역별 부문이 있어서 이들을 바둑판처럼 엮어서 만든 조직구조이다.

11. 팀조직은 상호보완적인 기술이나 지식을 가진 소수의 구성원들이 자율권을 갖고 기업목표를 달성하도록 구성된 조직구조이다.

12. 네트워크형 조직은 핵심역량에 자원을 집중하고 비핵심부문에서는 아웃소싱, 전략적 제휴, 분사 등의 형태로 협력하는 유연하고 수평적인 조직구조이다.

CHAPTER 09

리더십

Management of BOBOs

Management of BOBOs

1. 리더십의 정의
2. 특성이론
3. 특성이론과 행동이론의 가교
4. 행동이론
5. 상황이론(환경적응론)
6. 변혁적 리더십이론
7. 짐 콜린스의 5단계(Level 5) 리더십
8. 서번트 리더십

9 Chapter 리더십

보보의 경영학
Management of BOBOs

BOBOS 뼈다귀 가톨릭이라는 '기업'을 회생시키다

가톨릭은 '100萬 임직원' 사제들을 거느린 세계적 다국적기업이다.

프란치스코 교황이 취임했던 시기는 바티칸의 '위기상황'이었다. 1910년대 65%에 이르렀던 유럽의 가톨릭 신자 비율은 24%로 떨어졌다. 전임 교황인 베네딕토 16세는 598년 만에 처음으로 자진 사임했다.

하지만 프란치스코 교황은 취임 1년 만에 눈부신 성적표를 보여주었다. 매주 교황의 강론을 듣기 위해 바티칸을 찾는 신도는 8만 5,000여 명에 이른다. 전임 교황 시절 5,000여 명의 17배 규모다. 전 세계의 트위터 팔로어 숫자는 1,220만 명이다. 이코노미스트는 "경영학적 관점에서 본 프란치스코의 리더십에는 3가지 비결이 숨어 있다"고 했다.

이코노미스트는 경영학적 분석을 위해 가톨릭을 '세계에서 가장 오래된 다국적기업'에 비유했다. '전 세계의 유통 체인(성당)'에서 100만 명에 이르는 임직원(사제)을 보유한 '다국적기업'이라는 것이다. 그만큼 관료화하거나 비대해지기 쉬운 거대조직의 '핵심가치'로 되돌아간 것이 프란치스코 교황의 리더십에서 가장 빛난 덕목이라고 이코노미스트는 분석했다. '가난한 사람들을 위한 교회'로 가톨릭의 가치를 재정립했다는 것이다.

그는 유난히 '최초가 많은 교황'이다. 남미 대륙(아르헨티나) 출신 최초 교황, 최초의 예수회 출신 교황, 처음으로 '프란치스코'라는 이름을 쓴 교황이다. 타임지는 교황을 '올해의 인물'로 선정하며 '70대의 수퍼스타'라고 불렀다.

교황은 온라인과 오프라인을 넘나들며 '가톨릭은 낡고 고루한 것'이라는 이미지를 뒤흔들었다. 교황에게 제공되는 호화관저를 버리고 성직자 50여 명이 사는 숙소에 짐을 풀었다. 교황의 상징으로 통하는 벨벳망토 대신에 백색 신부복장을 착용했다. 즉석에서 신자들과 '셀피(셀프 카메라)'를 촬영하며 친근감을 전달하는 것도 빼놓지 않았다. BBC

는 '교황의 혁명(revolution) 방식은 부드러움'이라고 평했다.

교황은 조직개편 문제만큼은 '단호한 카리스마'를 보였다는 평가를 받았다. 컨설팅그룹 매킨지와 KPMG에 의뢰해 바티칸의 행정기구와 비리의 온상으로 지목되던 바티칸은행을 재점검하도록 했다. 교황청 개혁을 위해 추기경 8명으로 구성된 자문단도 설치했다.

'프란치스코 CEO'에 대한 지지는 두텁다. 최근 미국 가톨릭 신자의 85%가 교황을 지지한다고 응답했다. 가톨릭 전문지 내셔널가톨릭리포터의 존 앨런은 "교황이 취임 이후 '록스타'와 가까운 돌풍을 일으키고 있다. 혁명은 아니라고 해도 전례없는 일임엔 분명하다"고 말했다.

자료 : 이코노미스트

1 리더십의 정의

리더십이란 무엇인가?

남녀노소를 불문하고 리더십의 마법에 한 번이라도 사로잡혀 보지 않은 사람은 거의 없을 것이며, 리더십에 대한 대중적 관심은 이미 21세기의 트렌트로 자리 잡았다. 우리가 딛고 서 있는 이 시대는 리더십을 논하지 않고서는 조직의 성과와 생존조차도 불투명한 시기임이 분명하다.

그렇다면 리더십이 무엇인가라는 정의 그 자체보다는 도대체 무엇이 이토록 많은 사람들로 하여금 리더십에 빠져들도록 하는가에 대한 탐구가 더욱 중요하다고 생각한다.

뉴소트의 선구적 사상가인 에머슨은 일찍이 말한 바 있다.

"내가 태어나기 전보다 더 나은 세상을 만들어 놓고 떠나는 것, 그것이 성공이다."

가장 중요한 핵심은 변하지 않는다. 그것은 변화이다. 이미 많은 경영학자와 다른 전공분야의 학자들이 생존의 필수요인으로서의 변화의 중요성을 역설한 바 있으며, 다양한 학설을 통해 그것이 입증되었고 실천되었다.

인간은 생명을 부여받음과 동시에 죽음에 이르기까지 다양한 변화의 과정을 거친다. 이 변화에는 육체적, 심리적, 관념적 요인 등이 포함된다. 아무리 많은 학설을 동원해서 설명한다 하더라도 인간의 생은 그 자체만으로도 하나의 훌륭한 이론적 모델이 된다. 인간은 삶의 매순간마다 자신을 한 차원 더 높은 영역으로 도약·개선시켜야 할 의무가 있으며 자신의 발전을 통해 인류 전체의 발전을 돕는다. 그것이 사회적 동물인 인간이 가야 할 종착역이다.

그렇다면 리더십은 변화에 있어서 어떤 역할을 하게 되는가가 논점의 핵심이 될 것이다.

웹스터가 사전을 저술한 이래 성경 외의 역사상 최고의 베스트셀러인 웹스터사전에서는 리더와 리더십을 다음과 같이 정의하고 있다.

리더(leader)란 '이끄는 그 무엇(something that leads)', '이끄는 사람(a person that leads)', '물고기를 덫으로 들어가도록 인도하는 무엇(something for guiding fish into a trap)' 등으로 정의된다.

많은 사람들에게 '코이(KOI)'라는 일본잉어는 무한한 잠재력을 지닌 생명체의 상징으로 여겨진다. 알려진 것처럼 코이(KOI)라는 비단잉어는 일본에서 관상용으로 많이 길러진다. 코이(KOI)는 어항 안에서는 불과 몇 센티미터 밖에 자라지 않지만 강과 같은 넓은 환경에서는 그 크기를 90에서 120센티미터까지 성장시킬 수 있다. 그래서 잠재력의 한계가 없다는 것을 인간에게 깨우쳐주는 생명체로 그 경이로움을 인정받고 있다. 그러나 모든 인간이 코이(KOI)와 같은 무한한 잠재력을 개발시킬 수 있는 능력을 선천적으로 갖고 태어나는 것은 아니며, 그 일정 수준까지 우리를 이끌어줄 수 있는 매개체를 필요로 하기도 한다. 이때 필요한 것이 '리더십'이다.

리더십(leadership)이란 '리더의 지위(the position of a leader)', '이끄는 능력(capacity to lead)', '리더들(LEADERS)' 등으로 정의된다. 따라서 'lead', 'leadership' 등의 단어 속에는 '타인에게 영향을 미치는…'이라는 의미가 내포되어 있다. 수많은 논자들의 정의를 보더라도 리더십의 정의는 영향력의 사용을 포함함을 내포하고 있다.

리더십이론의 권위적 근거가 되고 있는 'Handbook of leadership'은 리더십을 집단구성원 사이의 상호작용으로 정의하고 있다. 즉, 리더십이란 집단구성원이 집단 속에서 다른 구성원의 능력이나 동기를 수정하고자 할 때 생겨난다는 것이다. 따라서 성공적인 리더들은 자신의 영향력을 사용하고 필요한 자원들을 동원함으로써 기존의 패러다임과 관행들을 변혁시켜서 그 집단 혹은 조직의 명시된 임무를 보다 유익하고 효과적으로 달성한다.

일찍이 리더십의 개념은 '국가의 수반', '육군사령관', '우두머리', '왕', '군주', '총독' 등의 의미로 대부분의 사회에서 보편적으로 의미되어 왔다. 리더십은 상속, 임명 등에 근거한 '헤드십(headship)'에 반대하여 앵글로색슨이 지배하는 국가에서 우세하게 생겨난 개념이다.

▮그림 9-1▮ 리더십과 헤드십의 비교

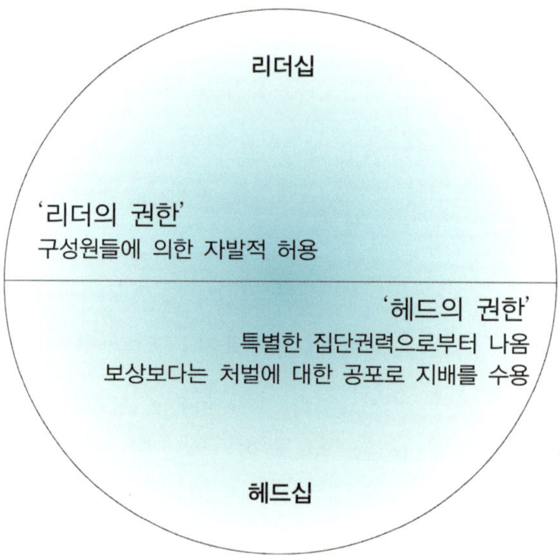

리더십과 헤드십을 어떻게 구별하느냐는 그 양자의 한계성을 어디에 두느냐에 달려있다.

리더십을 아주 넓게 해석한다면 헤드십은 그 안에 포함된다. 그러나 리더십의 개념을 보다 명확히 이해하려면 단순한 관료적 상사로서의 헤드십은 배제시킬 필요가 있다. 헤드십은 공식적인 조직의 직위만을 근거로 발휘되는 반면, 리더십은 그런 직위와는 관계없이 리더 자체의 권위를 근거로 하여 이루어진다. 따라서 헤드십이 일방적이고 강제적인 성격을 갖는 데 반해, 리더십은 상호적이고 자발적인 성격을 갖는다.

BOBOS 문제

언뜻 보기에는 매우 비슷한 단어로 여겨지지만 두 단어 사이에는 확연한 차이가 존재한다.

리더가 래프팅경기의 팀장이라면 관리자는 조정경기의 조장이다. 리더는 역동적이고 변화무쌍하며, 관리자는 정적이고 현재에 초점을 맞춘다. 리더에게는 그 일을 끝까지 해내고 경쟁에서 살아남았느냐가 중요하지만 관리자에게는 얼마나 빨리 같은 답에 도달했느냐가 중요하다. 래프팅경기의 팀장은 팀원과 생사고락을 함께하며 움직이지만 조정경기의 조장은 열나게 말만 많다.

리더십 전문가 베니스(Bennis)는 리더와 관리자에 대해서 아주 명쾌한 해답을 던졌다. 그는 리더는 변화를 유도하는 사람이고, 관리자는 현상을 유지하는 사람이라고 말했다. 또한 그는 리더와 관리자 간의 기본적 차이가 목적의식이라고 정의하고, '리더'는 올바른 일을 하는 사람, '관리자'는 일을 올바르게 하는 사람이라고 정의했다. 그리고 퓰리처상을 받은 번즈(Burns)는 리더의 역할은 제도적, 정치적, 심리적 및 기타 자원들을 움직여 상호 유익한 목적을 실현하게 하는 것이라고 말했다.

BOBOS 한 말씀

진정한 리더십이란 무엇일까?
리더는 단지 효율적으로 일을 처리하는 사람이 아니다.
리더는 '올바른 일'을 하는 사람이다.
리더는 목표달성을 위해 수단과 방법을 가리지 않는 사람이 아니라,
올바른 가치관에 따라 움직이는 사람이다.
리더는 자기의 장・단점을 정확히 알고
자기의 약점을 극복하기 위해 노력하는 사람이다.

– 게리 맥킨토시의 '리더십의 그림자' 중에서 –

BOBOS 신문

우주마저 접수한 리더십 끝판왕

'달인' 김병만이 정글에 이어 우주에서도 남다른 리더십으로 멤버들과 환상의 팀워크를 뽐냈다.

tvN '갈릴레오 : 깨어난 우주'에서는 김병만과 하지원은 보급품 수색팀으로, 닉쿤과 세정은 RAM 연결통로 건설미션을 위해 노력했다.

김병만과 하지원은 커맨더와의 통신이 단절된 상황에서도 포기하지 않고 보급품을 찾아나섰다. 결국 김병만이 보급품을 찾아냈고 무사히 기지로 돌아올 수 있었다. 하지원은 "난 진짜 길치다. 김병만 덕분에 빨리 찾았다"라고 안도했다. 김병만은 "내비게이션이 없었을 때 매니저 경험 덕"이라고 겸손함을 보였다.

RAM 연결통로 건설을 위해 지지대를 세우던 닉쿤과 세정, 다른 크루들은 점점 지쳐갔다. 이에 세정은 트와이스의 '치얼업'을 부르고 춤을 추며 인간 비타민 역할을 했다. 이에 크루들도 다시 미소를 되찾았다.

다시 재회한 모든 크루들은 철조망으로 기지에서 다음 미션을 이어나갔고, 김병만의 통솔 아래 빠르게 완성돼갔다. 페루인 크루는 감탄하며 "김병만은 진짜 리더같다. 그의 말을 믿게 되는 힘이 있다"라고 만족했다. 하지원은 "정글에 이어서 우주까지 그의 리더십이 발휘됐다"라고 덧붙였다.

커맨더 일라리아도 "이 팀은 팀워크가 참 좋다. 처음 오면 우주복을 입고 벗는 것조차 힘들어하는 사람들이 많은데 이 팀은 대단하다"라고 칭찬했다. 김병만도 "우리 팀워크 좋다"라고 덧붙였다.

자료 : 엑스포츠뉴스(저자 수정)

표 9-1 리더십의 발전과정

이론	접근방법	대표적 연구
특성이론 (1940~1950)	효과적인 리더의 특징이나 특성은 존재한다	• 마이너의 연구 • 맥클리랜드의 연구 • 버드, 스톡딜의 연구
행동이론 (1950~1960)	효과적인 리더의 행위는 존재한다	• 아이오와대학의 연구 • 오하이오주립대학의 연구 • 미시간대학의 연구 • 블레이크-무턴의 관리격자이론
환경적응론 (1970~현재)	효과적인 리더십은 리더의 특성뿐만 아니라 환경을 이루는 상황에 의해 결정된다	• 피들러의 환경적응론적 모형 • 하우스의 통로-목표이론 • 허시-블랜차드의 상황적응론 • 브룸-예턴-자고의 리더십의 의사결정모형 • VDL모델(Vertical Dyad Linkage Model)

2 특성이론

보보는 대여섯 살 때부터 골목대장이었다. 학창시절에는 리더의 자리를 뺏기지 않았다. 무엇이 보보를 리더로 만들었을까? 보보에게는 다른 견공들에게는 없는 비법이 있었을까?

우선 그의 덩치는 다른 견공들과는 비교할 수 없을 정도로 위풍당당했다. 사회성도 좋아서 견공들뿐만 아니라 많은 사람들의 사랑을 독차지 했다. 혈통도 죽여주는 도무지 부족한 점을 찾아볼 수 없는 행운견이었다.

학교행사가 있는 날이면 보보네 집 식구들이 개떼처럼 몰려와서 행사를 도왔으며, 보보 스스로도 다른 견들을 리드하는 특출한 능력을 보였다. 그는 그 자체만으로도 카리스마가 넘쳐나는 견이었던 것이다. 바로 이것이 특성이론의 핵심이다.

특성이론은 가장 오래된 리더십이론으로서 효율적인 리더는 비효율적인 리더와 명확하게 구별되는 몇 가지 특성과 자질을 가지고 있다는 가정에서 출발한다. 따라서 성공적인 리더들은 어떤 공통된 특성을 지니고 있는가를 집중적으로 연구하여 개념화한 이론이다.

이 이론은 제1차 세계대전 초에 미국심리학협회가 실시한 연구결과에서부터 대두되기 시작했다. 이 이론에 따르면 훌륭한 리더는 리더로서의 독특한 특성과 자질을 가지기 때문에 그가 처해 있는 상황이나 환경이 바뀌더라도 항상 리더가 될 수 있다는 것으로서 리더가 가지고 있는 특성, 즉 자질을 대상으로 하므로 '자질론'이라고도 한다. 따라서 연구의 초점은 리더 개인의 개인성 또는 자질에 둔다. 그러므로 리더십은 타고난 것이라는 가정에서부터 시작한다.

스톡딜(Stogdill, 1974)은 1949년부터 1970년(21년) 사이에 163편의 연구를 통해서 신체적 특성, 사회적 배경, 지적 능력, 개성, 과업수행요인, 사회관계요인 등을 리더와 부하, 효율적 리더와 비효율적 리더를 구분해주는 특성요인이라고 밝혔다. 타고난 자질이 리더를 구분하는 특성임에도 불구하고 스톡딜 또한 상황적 요인들의 영향을 고려하지 않을 수 없다고 했다.

어떤 특정한 상황에서 리더가 될 수 있도록 만든 한 특성을 소유한 사람이 다른 상황에서는 리더가 되지 못하는 경우도 있다. 또한 어떤 시점에서는 리더가 되는 데 도움이 되었던 특성들이 시간의 경과 후 그렇지 않은 경우도 있다. 때문에 보편적인 일련의 특성을 확인해내는 것은 매우 어렵다.

리더십특성에 관한 연구결과는 매우 포괄적이고 광범위하기 때문에 연구결과의 의미에 대한 해석이 매우 주관적이 될 수 있다. 또한 특성론은 특성들의 확인을 강조했을 뿐이지 구성원이나 업적에 어떤 영향을 미치는지에 대해서는 강조하지 않았다. 예를 들어 높은 지능을 가진 리더가 그와 같은 특성을 갖지 않은 리더보다 더 좋은 성과를 만들어내는가와 같은 질문에 대한 해답을 주지 못하고 있다는 것이다.

그리고 결정적인 점은 리더의 특성이 확인되었다고 해도 그러한 특성을 갖도록 교육·훈련시킨다는 것은 매우 어렵다는 것이다. 특성이란 쉽게 변화하는 성질의 것이 아니기 때문이다.

그러나 무엇보다도 이 이론의 기본적 실패는 상황적 요인을 무시했다는 점이다. 그리고 특성요인의 측정이 너무 모호하고, 상황에 따른 중요성의 정도를 파악하기 어렵다는 한계를 가지고 있다. 그렇기 때문에 현장에서의 리더선발, 리더십 활용에 실용적이지 못하다는 단점을 가지고 있다.

그럼에도 불구하고 변화된 특성이론이 다시 대두되고 있는 원인은 리더의 특성이 집단구성원을 지휘하는 데 매우 중요한 역할을 담당하고 있으며, 리더의 특성과 효과적인 리더십 간의 연결은 상황적 요인으로 크게 공헌하기 때문이다.

그림 9-2 리더십의 특성이론

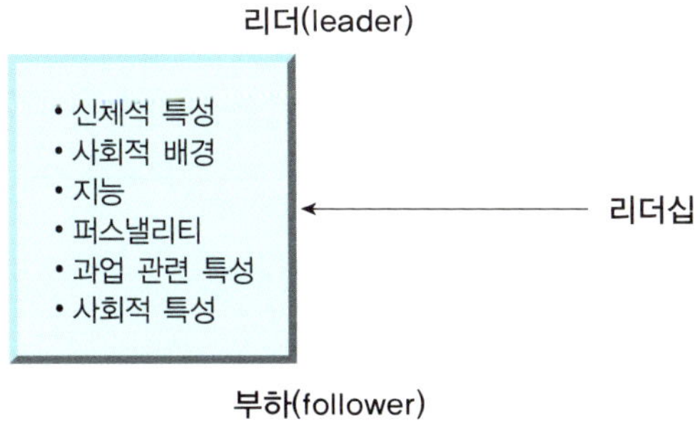

표 9-2 리더십 특성

육제적 특성	사회적 배경	지능
• 연령 • 체중 • 키 • 인상	• 교육 정도 • 기동력 • 사회적 지위 • 가정환경	• 능력 • 판단력 • 결단력 • 언변
퍼스낼리티	**과업과 관련된 특성**	**사회적 환경**
• 독립심 • 자신감 • 지배력 • 공격성	• 성취욕구 • 창의성 • 결과에 대한 관심 • 책임감	• 감정이입능력 • 통합력 • 협동력 • 사교성과 대인관계능력

표 9-3 스톡딜의 연구목록

1차 연구목록	2차 연구목록
• 지능(intelligence) • 민감성(alertness) • 통찰력(insight) • 책임감(responsibility) • 솔선 & 주도성(initiation) • 지속성(persistence) • 자신감(self-confidence) • 사교성(sociability)	• 책임감 & 추진력 (drive for responsibility and task completion) • 활력 & 지속성(vigor persistence in pursuit of goals) • 모험성 & 독창성 (venturesomeness and originality in problem solving) • 솔선 & 주도성의 발휘 (drive to exercise initiative in social situation) • 자신감 & 자기정체감 (self-confidence & sense of personal identity) • 의사결정 및 활동의 결과를 수용하려는 자발성 (willingness to tolerate decision making and consequence) • 대인 간의 스트레스 완화를 위한 준비성 (readiness to absorb interpersonal stress) • 욕구불만과 지연을 참아내는 수용성 (willingness to tolerate frustration and delay) • 다른 사람의 행동에 영향을 미치는 능력 (ability to influence other person's behavior) • 목표를 위해 사회적 상호작용시스템을 구조화하는 역량 (capacity to structure social interaction system to the purpose at hand)

BOBOS 뼈다귀

코카콜라의 승리

미국과 자본주의를 상징하는 코카콜라는 1886년 미국 애틀란타의 약사인 존 펨버튼이 발명했다. 그는 당시 두통치료제를 만들기 위해 설탕, 구연산, 카라멜 등의 재료에 코카나무 잎과 콜라나무 열매의 추출물을 혼합했다. 후에 코카콜라를 인수한 에이서 캔들러에 의해 이 시대 최고의 음료로 자리매김하게 되었다. 그는 값싸게 코카콜라 권리를 사서 1888년에 'The Coca-Cola Company'라는 이름의 회사를 차렸다. 코카콜라 특허상표에 2,000달러 정도를 지불한 것으로 알려져 있다.

코카잎이라는 특성 때문에 초창기 신문에는 '코카콜라에는 무엇이 들어있는가?'라는 의문을 제기하는 기사가 실리기도 했다. 캔들러는 즉시 광고를 내어 "코카콜라 때문에 코카인 중독을 일으킨 사례를 누구라도 제시해보라"고 도전하기도 했다. 그만큼 자신이 있었다.

코카콜라는 처음에는 일종의 약이라는 특성이 강했다. 캔들러는 제조의 기본체제를 갖춘 후 '우수한 의사들도 코카콜라를 심신의 피로, 두통, 권태감, 우울증에 좋은 약으로서 추천하고 있다'라는 내용의 편지를 써서 약국에 우송하기도 하였고, '어떤 계절에도 어울리는 탄산음료'라고 선전하기도 했다. 특히 '코카콜라의 주고객은 효능이 없는 것에는 돈을 쓰지 않는 비즈니스맨이나 전문직종에 종사하는 사람들이다'라고 강조했다. 즉 코카콜라를 일에 쫓기고 있는 사람들을 위한 강장제라고 은근히 강조한 것인데 이것은 한동안 마케팅전략의 핵심이 되었다. 그리고 당시 콜라병 디자인에 100만 달러의 상금을 걸었고, 유리병 공장직원이 디자인하여 현재의 콜라병 디자인이 탄생되었다.

캔들러는 고객에게 직접 판매하는 것 외에도 유통업자나 탄산수 매장의 경영자들과 이익을 나누는 길을 택했다. 그는 자기이익을 30퍼센트로 하고, 대신 중개업자나 소매업자가 상당한 마진을 얻어서 이익을 낼 수 있도록 했다. 때문에 그들은 한결같이 코카콜라 선전에 사활을 걸고 매달렸고, 코카콜라는 미국대륙 전체로 뻗어나갈 수 있었다. 캔들러는 이미 오늘날 애플의 경영방식과 비슷하게 일을 하고 있었고, 잘 해냈다.

코카콜라는 지금의 산타클로스 이미지를 창조한 기업이기도 하다.

자료 : 신완선의 'CEO 27인의 리더십을 배우자' 중에서(저자 수정)

BOBOS 뼈다구

에이서 캔들러의 리더십

1. 돈은 발전적인 방향으로 유통한다.
2. 검소한 생활에서 창조적 사고가 생성된다.
3. 도덕적인 행동을 통해 평판을 얻는다.
4. 상사의 무기력한 행동은 무기력한 결과를 낳는다.
5. 생산자는 소비자에게 정직한 태도를 보여줘야 한다.
6. 일어나서 일하라.
7. 도덕성 없는 열정은 성난 황소에 불과하다.

3 특성이론과 행동이론의 가교

특성이론이 결정적인 특성목록의 범위와 한계를 규정하는 데 실패하고 특성의 결정에서 매우 주관적인 결정을 하였다는 점, 성과와 관계가 있는 특성을 찾아보지 않고 있다는 점, 이러한 여러 가지 요인들로 인해 리더십 훈련이나 개발을 위해 유용한 이론으로서의 역할을 하지 못하였다는 것 때문에 다른 관점으로서의 리더십이론에 대한 진지한 탐구가 시작되었다.

레빈(Lewin, 1939)에 의해 이루어진 아이오와대학의 연구는 행동이론의 시작으로 평가되기도 하고 특성이론과 행동이론을 잇는 가교의 개념으로 평가되기도 한다. 레빈(Lewin)은 게슈탈트 심리학을 연구한 독일의 심리학자로 미국으로 건너간 뒤에 사회적 분위기, 집단의사결정, 유대인문제 등 다양한 사회적 문제들을 심리학적 차원으로 연구했다.

그는 지능과 사회적 배경이 비슷한 초등학생들을 대상으로 리더의 유형에 따라 어떤 행동과 실적을 보이는가를 연구하였다. 이 실험에서는 대학생들을 전제형(authoritarian pattern), 방임형(laissez-faire pattern), 민주형(democratic pattern)의 리더로 훈련시키고 초등학생들을 세 집단으로 나누어 마스크를 만드는 작업을 수행하도록 하였다.

연구결과 작업의 양적인 면만을 보았을 때는 전제형 리더에 배속된 집단이 가장 많은 성과를 보였으나 질적인 면을 고려하였을 때는 민주형의 리더에 배속된 집단이 작업성과와 리더에 대한 만족도가 가장 높았다. 전제형 리더의 집단은 가장 많은 마스크를 만들었지만 질적인 완성도는 낮았고, 리더가 없을 때 태업을 하거나 다툼이 일어나기도 했다. 방임형 리더의 집단은 마스크수도 가장 적었고, 그나마 만들어진 마스크의 완성도도 낮았으며, 작업집단의 단결력도 떨어졌다. 민주형 리더의 집단은 양적인 마스크수는 적었지만 모두 양질의 마스크였으며, 무엇보다도 작업집단의 분위기가 밝고 부드러웠다. 또한 스스로 어떻게 하면 더 좋은 마스크를 만들 수 있는가에 대해서도 생각하면서 마스크를 만드는 창의적인 작업분위기가 조성되었다. 이 연구결과를 통해 리더십이 생산성에 미치는 영향에 대한 상세한 요인을 밝혀낼 수는 없었지만 민주형 리더와 구성원들 사이에는 긍정적인 만족관계가 성립된다는 것을 밝혀내었다.

표 9-4 리더의 유형

전제형	• 명령하기를 즐긴다 • 독단적이다 • 구성원의 참여를 허용하지 않는다
민주형	• 합리적 절차를 선호한다 • 구성원의 자발적 참여를 권장한다 • 집단토의를 즐긴다
방임형	• 구성원에게 완전한 자유를 준다 • 리더의 개입을 최소화한다

그림 9-3 레빈의 리더십 유형 실험모델

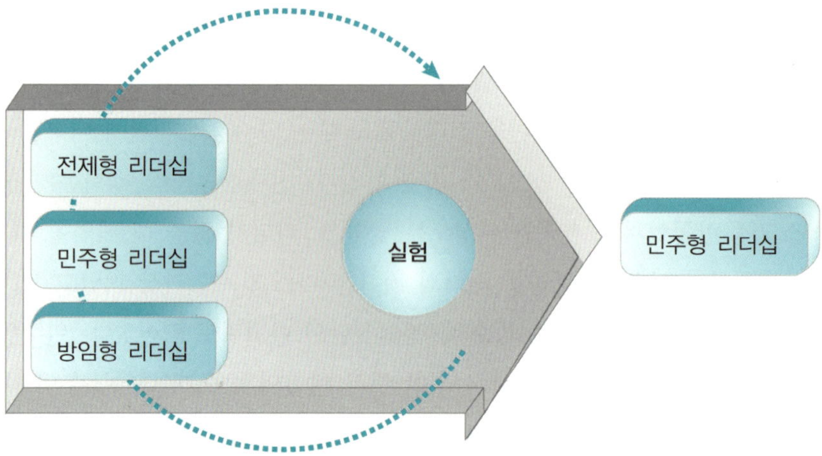

BOBOS 한 말씀

일관성 있게 사람들을 대하라.
일관성을 지니면 관계가 투명해진다. 또 누구나 편안하게 대할 수 있다.
사람들은 언제 어떤 상황에서나 한결같은 사람을 좋아한다.

– 테리 햄튼, 로니 하퍼의 '고래뱃속 탈출하기' 중에서 –

4 행동이론

보보와 모모는 학교 다닐 때 같은 반 짝꿍이었다. 둘은 친했지만 그들을 좋아하는 친구들은 항상 두 패로 갈리어서 대립했다.

보보는 대인관계지향적인 견공이었다. 친구들을 잘 다독거리고, 그들이 어려울 때 도와주고, 그들의 말에 귀를 기울였다. 그를 따르는 친구들은 보보의 이런 점을 높이 샀다.

반대로 모모는 성과지향적인 견공이었다. 그는 다방면에 능력이 뛰어나서 과제물을 훌륭하게 처리했다. 그래서 다른 견공들은 그와 한 팀이 되고 싶어서 안달을 했다.

바로 여기에 행동이론에 대한 해답이 있다.

1950년대부터 리더십연구자들은 모호한 특성이론에 실망하게 되고, 그들은 관리자들의 실제 직무에 있어서의 행동에 더 관심을 기울이게 되었다. 그들은 특성을 조사하는 대신에 부하들의 생산과 만족감과 같은 효율성을 측정하는 데 있어서의 행동을 설명했다.

특성이론과 행동이론의 차이는 적용의 관점이다.

특성이론이 근거가 있는 것이라면 리더는 기본적으로 태어나는 것이다. 반대로 행동이론적 관점에서 리더를 확인해주는 특별한 행동이 있다면 리더십에 대한 학습이 가능하다. 이는 리더의 공급이 확대될 수 있음을 의미하는 매우 중요한 관점이다. 대표적인 이론으로는 오하이오주립대학의 연구, 미시간대학의 연구, 관리격자이론 등이 있다. 이들은 각기 조금씩 다른 단어를 사용하고 있지만 그 공통된 내용은 '인간'과 '과업'이다.

1) 오하이오주립대학의 연구

제2차 세계대전 이후에 개발된 리더십 조사 프로그램 중에서 가장 중요한 연구

중의 하나가 바로 오하이오주립대학에서 이루어졌으며, 이를 '구조주도와 배려 리더십(Initiating structure and consideration leadership)'이라고 한다. 이 프로그램은 두 가지 요인의 리더십이론을 개발했는데, 이는 리더는 '직무중심적'이거나 '종업원중심적'이 된다는 것이다.

(1) 구조주도(initiating structure)

목표달성을 위해 부하들의 역할과 그에 수반되는 것들을 규정하고 구조화하는 것을 의미한다. 직무, 직무관계, 목표를 조직화하는 시도, 책임의 확정 등이 포함된다.

(2) 배려(consideration)

상호신뢰, 종업원의 아이디어에 대한 존중, 그들의 감정에 대한 존중, 리더와 추종자 간의 인간관계 등에 의해 특징지어지는 직무관계성이다.

오하이오주립대학의 연구에서는 구조주도와 배려를 하나의 단일한 연속체상의 두 점으로 보지 않고, 두 개의 독립된 별개의 개념으로 보았다. 이에 따라 리더의 행동을 두 가지 차원을 별개의 축으로 하여 조합한 네 개의 범주 속에 포함시키고

그림 9-4 오하이오주립대학의 리더십 유형

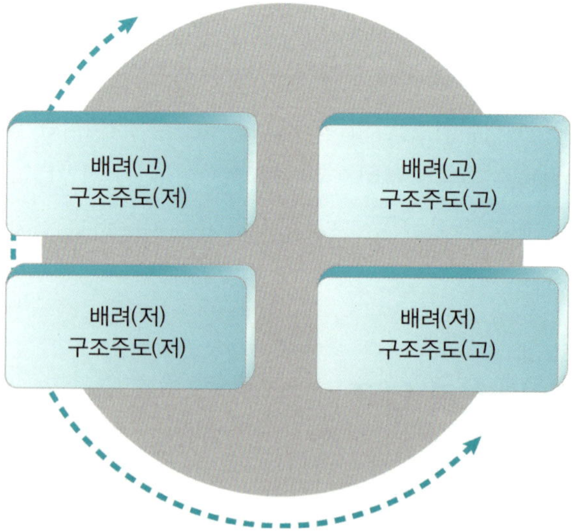

있다. 때문에 구조주도행동에서는 높은 성향을 보이는 리더가 배려행동에서는 낮거나, 구조주도행동에서는 낮은 성향을 보이지만 배려행동에서는 높은 성향을 보일 수 있다. 이는 리더가 어떤 한 가지 행동유형을 보여주는 정도는 다른 유형의 행동을 보여주고 있는 정도와 관련이 없다는 의미이다.

이 연구에 의하면 높은 구조화와 높은 배려의 리더유형이 낮은 구조화 또는 낮은 배려, 혹은 모두에 해당하는 사람보다 높은 업적과 만족을 성취할 수 있다.

표 9-5 리더십 행동유형 측정척도(LBDQ)

번호	설문내용
1	그는 부하들에 대해 그의 업무방침이나 요구사항을 분명하게 강조한다
2	그는 부하들에 대하여 개인적인 호감을 나타낸다
3	그는 부하들로 하여금 성과를 높이는 업무구상을 끌어내도록 노력한다
4	그는 부하들과 기쁨을 나눌 수 있는 일에 관심을 잘 갖는 편이다
5	그는 부하들을 규정과 지시 및 감독에 의해 엄격하게 통제한다
6	그는 부하들의 입장을 잘 이해해준다
7	그는 말을 할 때 부하들이 자유롭게 질문하는 것을 허용하지 않는다
8	그는 부하들과의 관계를 위해 그들에게 귀를 기울일 시간을 할애한다
9	그는 부하들이 잘못한 일에 대해서는 지적하고 교정하려고 한다
10	그는 혼자 있기보다는 가능한 부하들과 함께 어울리려고 노력한다
11	그는 부하들이 과업을 선택하게 하기보다는 그 자신이 직접 할당하려고 한다
12	그는 부하들의 개인적 입장과 복지에 관심을 가지고 돌본다
13	그는 업무를 치밀하게 계획하며 이를 기준으로 통제하며 추진한다
14	그는 부하들에게 그의 결정과 행동의 이유를 설명해준다
15	그는 부하의 성과를 측정하는 분명한 직무평가기준을 가지고 있다
16	그는 어떤 문제를 결정하거나 행동하기 전에 부하들과 상의한다
17	그는 업무가 추진되고 완료되어야 할 일정의 준수를 강조한다
18	그는 부하들이 자신의 업무를 잘 수행하도록 후원하고 격려해준다
19	그는 개인보다 조직을 중시하는 표준절차에 따른 업무추진을 강조한다
20	그는 부하들을 차별하지 않고 동등하게 대우한다
21	그는 조직에서의 관리역할의 중요성을 확실하게 알고 준수한다
22	그는 부하들의 업무과정이 상황에 따라 변화할 수 있음을 인정한다

23	그는 부하들에게 조직의 요구와 규정을 먼저 지킬 것을 강조한다
24	그는 부하들이나 업무관련자들에게 우호적이고 친근하게 대한다
25	그는 부하들에게 기대하고 있는 것이 무엇인지 명확히 알려준다
26	그는 부하들과 대화를 할 때 그들이 편한 마음을 갖도록 배려한다
27	그는 부하들이 조직의 목표달성을 위해 최선의 노력을 다하도록 기대한다
28	그는 부하들의 제안을 장려하고 그들의 제안을 성의 있게 다룬다
29	그는 부하들의 업무가 목표달성을 지향하여 조정되기를 원한다
30	그는 부하들에게 영향을 미칠 문제에 대해 부하들의 입장을 듣는다

자료 : Hemphill, J.K. & A.E. Coons, "Development of the Leader Behavior Description Questionnaire", In R.M. Stogdill & A.E. Coons, eds., 1957.
박유진, 현대사회의 조직과 리더십, 양서각, 1997.

참고 : 재인용과 일부 용어의 수정 후 사용
홀수문항은 구조주도행동, 짝수문항은 배려행동을 기술한 것임.

2) 미시간대학의 연구

오하이오주립대학의 연구와 거의 비슷한 시기에 미시간대학에서도 리더의 행동적 특성과 성과와의 관계를 연구했다.

리커트(Likert, 1947)를 중심으로 한 미시간대학의 연구팀은 관리자와 종업원들을 대상으로 강도 높은 인터뷰를 수행했다. 최초의 연구들은 보험사의 지역관리자들, 대규모 제조회사의 감독자들, 선로 보선반의 감독자들을 포함하여 다양한 리더들을 대상으로 실시되었다. 효율성의 기준으로 시간당 생산성, 직무만족, 결근율, 불량률, 손실, 종업원과 관리상의 동기부여 등을 사용했다. 연구의 초점은 리더행동, 집단과정, 집단수행 측정치 간의 관계를 파악하는 데 있었다.

그 결과를 바탕으로 해서 리더십에 대하여 두 가지 기본적인 접근방법을 이용했는데, 그것은 '생산지향형(직무중심형, job-centered style)'과 '종업원지향형(종업원중심형, employee-centered style)'으로 구분된다.

(1) 생산지향형 리더행동(직무중심형)

생산성을 높이기 위해서 직무의 기술적·과업적 측면을 강조하는 것을 의미한다. 부하들을 지도하고 독려하여 달성 가능한 목표를 설정하도록 한다.

오하이오주립대학의 '구조주도'와 유사하다.

(2) 종업원지향형 리더행동(종업원중심형)

부하의 욕구에 개인적 관심을 가지고 구성원 간(종업원중심형)의 개인차를 받아들임으로써 대인관계를 강조하는 것을 의미한다. 그들이 수행할 직무보다 종업원의 복지를 더 강조하는 개념이다.

오하이오주립대학의 '배려'와 유사하다.

미시간대학의 연구는 종업원지향형과 생산지향형을 하나의 연속선상에서 파악했기 때문에 한 사람의 리더가 두 가지 범주의 행동을 함께 할 수는 없다고 가정했다. 이 연구에서는 종업원지향형 리더가 생산성과 만족도에 있어서 생산지향형 리더보다 높은 것으로 나타났다.

그림 9-5 | 미시간대학의 리더십 유형

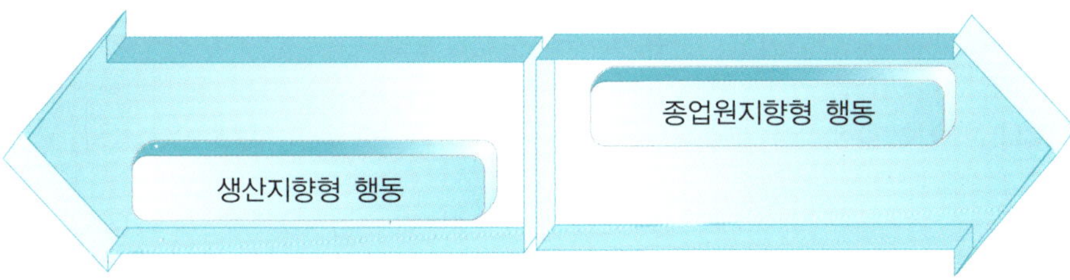

| 보보의 만화 | 일만 하니 아프다

자료 : 네이버 웹툰 '잡다한컷' 중에서

BOBOS 뼈다귀

끌리는 사람

만화 '원피스'의 루피

고대 이집트의 파라오는 희소식을 갖고 궁전에 사자가 도착하면 극진히 대접했다. 반면 수많은 난관을 뚫고 산 넘고 물 건너 달려온 사자의 소식이 불길한 것이면 그가 아무리 수고를 했다 해도 그 자리에서 목을 베었다. 이는 오늘날 대인관계에도 중요한 시사점을 준다.

언젠가 친구와 함께 소풍을 가기 위해 땅콩버터와 젤리 샌드위치를 준비했다. 피크닉 가방을 들고 한껏 들뜬 기분으로 집을 나서는데, 이웃집 남자가 아는 척을 했다.

"소풍 가시나 봐요. 이런! 오늘 비가 온다고 하던데요."

나는 그의 얼굴을 땅콩버터와 젤리 샌드위치로 문질러버리고 싶은 마음이 굴뚝 같았다. 그의 우울한 기상예보 때문이 아니라 그의 기분 나쁜 묘한 미소 때문이었다.

몇 달 전이었다. 시외버스를 타기 위해 힘차게 달린 적이 있다. 숨을 헐떡거리면서 계산대에 돈을 넣는데, 계산원이 히죽거리면서 "오 이런, 버스는 5분 전에 떠났어요"라고 말하는 것이었다. 정말이지 그 사람의 목을 자르고 싶었다.

명심하라 상대를 화가 나게 만드는 건 뉴스가 아니다. 그것을 전달할 때 나타나는 태도다. 어쩔 수 없이 좋지 않은 소식을 전해줄 때 사람의 마음을 사로잡는 사람들은 각별히 자신의 태도에 유의한다.

수술을 권고하는 의사는 환자에게 깊은 연민과 동정을 나타내야 한다. 해고사실을 종업원에게 알리는 사장은 자책하는 얼굴을 하고 있어야 한다. 비행기 추락사고를 담당하는 항공사 직원은 가장 먼저 유가족과 슬픔을 나눌 수 있어야 한다. 좋지 않은 소식을 전하는 사람은 그 소식을 받는 사람과 감정을 공유해야 한다.

뉴스를 전하기에 앞서 받는 사람을 염두에 두어라. 그 다음에 미소를 짓고, 한숨을 지으며, 또는 흐느끼며 그것을 전하라. 뉴스에 대해서 당신이 어떻게 느끼는지에 따르지 말고, 받는 사람이 그것을 어떻게 느끼며 받는지에 따르라.

자료 : 레일 라운즈의 '사람을 얻는 기술' 중에서(저자 수정)

3) 블레이크-무턴의 관리격자이론

블레이크와 무턴(Blake & Mouton, 1964)에 의해 이루어진 관리격자이론은 오하이오주립대학의 연구를 더욱 구체화시킨 이론이다.

생산에 대한 관심과 인간에 대한 관심이라는 두 가지 차원을 기초로 하여 5가지 리더십유형을 구분하고 있다. 생산에 대한 관심은 리더가 과업달성을 위해 어떻게 노력하고 있는가를 의미하며, 인간에 대한 관심은 리더가 종업원들을 위해 어떻게 배려하고 있는가를 의미한다. 보다 더 구체적으로 두 가지 차원을 각각 9등급으로 나누어 81개의 격자를 형성하고, 이들 가운데 이론전개의 편의상 생각할 수 있는 5가지의 기본적 리더십유형을 제시했다. 두 축선은 9점 척도로 되어 있고, 각 척도상의 1은 최소한도의 관심을 나타내는 것이며, 9는 최대한도의 관심을 나타내는 것이다.

(1) 무관심형(1 · 1 볼모형)

- 인간과 생산 모두에 무관심하다.
- 최소한의 노력만 한다.
- 리더십을 거의 행사하지 않는다.
- 직무에 대해 소극적이다.
- 인간관계를 거의 갖지 않는다.
- 명확한 의견을 제시하지 않는다.

(2) 생산지향형(9 · 1 과업형)

- 생산에 대한 관심은 많고 인간에 대한 관심은 적다.
- 종업원을 기계처럼 다룬다.
- 종업원은 목표달성의 수단이다.
- 지시 이외의 의사소통은 하지 않는다.
- 지나치게 통제적이다.

(3) 인간지향형(1 · 9 인기형)

- 생산에 대한 관심은 적고 인간에 대한 관심은 많다.
- 구성원의 만족에 관심이 많다.
- 종업원들의 감정과 욕구를 중요시한다.
- 종업원들이 편안한 환경에서 일하도록 돕는다.

(4) 중용형(5 · 5)[1]

- 생산과 인간 모두에 적당한 관심을 갖는다.
- 적당한 수준에서의 능률과 사기를 유지한다.
- 생산에 대해서도 인간적 욕구에 대해서도 관심을 보이지 않는다.

(5) 이상형(9 · 9 팀형)

- 생산과 인간 모두에 관심을 갖는다.
- 성과와 만족을 최대화시키고자 한다.
- 종업원의 욕구를 충족시키고자 한다.
- 종업원의 참가를 자극하고 촉진시킨다.
- 업무과정을 진정으로 즐긴다.

블레이크와 무턴은 5가지 유형 중 조직의 목표를 달성함과 동시에 개인욕구를 충족시킬 수 있는 이상형이 가장 바람직한 유형이라 제시했다.

1) 대부분의 학자들이 중도형 또는 중용형으로 번역했는데, 중도(中道)는 불교에서 치우치지 않는 바른 도리, 양극단에 치우치지 않는 중정(中正)의 도를 의미하고, 중용(中庸)은 과하거나 부족함이 없이 떳떳하며 한쪽으로 치우침이 없는 상태나 정도를 의미하며, 지나치거나 모자람이 없이 도리에 맞는 것이 중(中)이며, 평상적이고 불변적인 것이 용(庸)이다. 또 다른 의미로는 중용은 아리스토텔레스의 덕론의 중심 개념으로 이성으로 욕망을 통제하고, 지견(智見)에 의하여 과대와 과소가 중간을 정하는 것을 이르며, 재능이 보통이거나 그런 재능을 가진 사람을 일컫는 말이다.

▌그림 9-6▐ 블레이크와 무턴의 관리격자모형

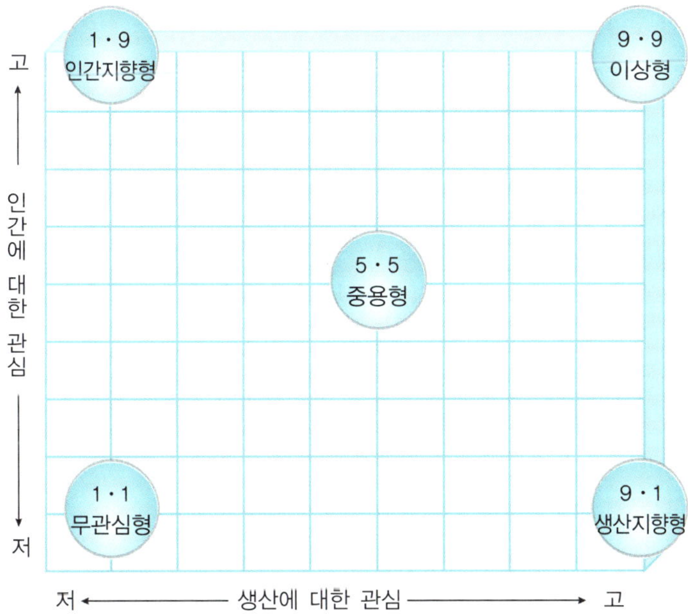

BOBOS 문제

행동이론은 크게 과업과 인간이라는 두 가지 차원으로 대표될 수 있다. 학자에 따라서 두 문제가 독립적으로 나타날 수도 있고, 극단의 한 가지 행위만 나타날 수도 있다고 제안했다. 그렇다면 여기서 우리는 생산과 인간이라는 두 분면에 대한 포괄적 정의를 짚고 넘어갈 필요가 있다.

어의상의 개념만으로는 생산과 인간은 극과 극에 위치한 것으로 보인다. 그러나 다양한 연구들을 통해 극단적 개념들이 몰고 오는 심각한 결과들을 살펴볼 수 있었다.

산업사회 초기에는 '공급은 스스로의 수요를 창출한다'는 '세이의 법칙'에 따라 얼마나 빨리 많은 제품을 공급하느냐가 중요한 가치였다. 그래서 인간의 만족에 대한 진지한 고려 없이 붕어빵처럼 많은 물건들을 찍어냈고 그 결과 우리와 같은 평범한 노동자들은 심각한 정신병을 앓았다. 심하게는 돈을 벌기 위해 들어간 직장에서 도망치기도 했다. 돈보다 더 무서운 것은 끝도 없이 계속 되는 붕어빵 만들기였던 것이다. 역으로 극단적인 인간에 대한 고려도 생산의 효율성에 여러 가지 악영향을 초래했다. 때문에 이제는 두 극단의 문제를 함께 고려해야 할 필요성이 도래했다. 우리에게는 그 연장선상에서 열린 마음으로 생산과 인간의 관계를 수용해야 할 의무가 있다.

아직도 이해가 안 되었거나 보보의 충고를 받아들일 수 없다면 도서관에 가서 저자의 전편 '보보의 인간관계론'을 탐독하라. 이건 다음 장으로 넘어가기 위한 숙제다.

표 9-6 행동이론의 정리

이론	저자	리더십의 유형	내용	참고
오하이오 주립대학 연구	Hemphill & Coons (1957)	구조주도	• 직무에 대한 할당 • 할당된 과업의 수행 • 작업방법에 대한 지시 • 목표의 조직화	구조주도와 배려를 동시에 사용할 수 있음
		배려	• 상호신뢰 • 감정의 교류와 존중 • 종업원의 아이디어 존중	
미시간 대학 연구	Likert (1961)	생산중심형	• 직무의 기술적·과업적 측면의 강조 • 인간의 수단화	극단의 한 가지 행위만 사용할 수 있음
		종업원중심형	• 종업원의 욕구에 대한 관심 • 개인차의 수용 • 대인관계의 강조	
관리격자 이론	Blake & Mouton (1964)	무관심형 (1·1 볼모형)	• 모든 분면에 대한 무관심 • 직분유지를 위한 최소한의 노력 • 리더십의 행사가 거의 없음	• X축은 '생산에 대한 관심' • Y축은 '인간에 대한 관심 • 9×9=81개의 유형 • 대표적으로 5개의 유형으로 제시
		생산지향형 (9·1 과업형)	• 최고의 목적은 효율성 • 인간의 기계화	
		인간지향형 (1·9 인기형)	• 종업원의 만족 • 우호적 분위기 • 즐거운 조직풍토	
		중용형(5·5)	• 과업과 사기의 균형	

		이상형 (9·9 팀형)	• 리더와 종업원들이 목표를 공유 • 성과와 만족을 동시에 최대화시킴

행동이론은 리더의 행동의 중요한 구성요소를 제시함으로써 리더십의 효력을 발생시키도록 하는 이론이다. 리더는 어떤 상황에서는 과업지향적이 될 필요가 있고, 다른 상황에서는 관계지향적이 되기도 한다. 역으로 본다면 어떤 종업원은 성숙도 수준이 낮아 지시행동을 사용하는 리더를 필요로 하는가 하면, 또 다른 종업원은 지원적 행동을 하는 리더를 필요로 하기도 한다. 그래서 행동이론은 리더가 자신의 행동을 두 가지 차원으로 분할해서 숙고하도록 하는 방법을 제시하고 있다.

BOBOS 문제

보보와 모모, 누가 옳은가?

개강 후 첫 번째 강의시간이다.

〈과업적 측면〉

보보 교수는 강의실에 들어와 자신을 소개하고, 출석을 부른 후 한 학기 강의계획서를 배부하였다. 간단하게 강의계획서에 소개되어 있는 내용을 설명하고, 첫 번째 과제를 내주고 수업을 끝마쳤다.

〈관계적 측면〉

모모 교수는 강의실에 들어와 자신을 소개하고 강의계획서를 나눠주었다. 수업내용에 대한 소개에 앞서 학생들로 하여금 자신에 관해 이야기할 수 있는 기회를 주고 자신의 전공, 자신의 교외활동 등의 발표를 통해 수강생들끼리 친숙해질 수 있는 기회를 제공하였다.

※두 교수는 자신들의 행동유형에 대한 학생들이 반응에 따라 강의의 효과를 위해 자신들의 리더행동을 변화시켜 볼 것을 고려하게 될 것이다. 우리 클래스는 어떠한지 토의해보자.

BOBOS 뼈다귀

칭찬은 고래도 춤추게 한다

호비와 쿠우의 어드벤처 : 고래의 노래

경영관리와 리더십의 권위자인 캔 블랜차드는 전 세계적으로 리더십과 동기부여이론을 강의하고 있다.

그는 칭찬의 힘이란 칭찬이 긍정적인 힘에 더욱 집중할 수 있도록 도와준다고 주장한다. 이를 설명하기 위해 '뒤통수치기반응'과 '고래반응'이라는 단어를 사용했다.

'뒤통수치기반응'이란 그냥 앉아서 일을 망칠 때까지 기다리는 것을 의미한다. 그리고 나서 잘못을 지적함으로써 자신이 훨씬 똑똑하다는 것을 보여주려 한다. 그런 식으로 일을 처리하는 상사를 '갈매기 관리자'라고 한다. '갈매기 관리자'는 직원들이 일을 잘못할 때까지 놔뒀다가 어느 순간 갑자기 나타나 소리를 지르면서 불평을 쏟아내는 유형이다. 이것이 바로 '놔뒀다 공격하기'라는 고전적 유형의 관리방식이다.

반대로 사람들이 잘한 일을 찾아내는 행동방식을 '고래반응'이라 한다.

작가는 1976년 샌디에고로 여행을 갔다가 씨월드 해양관에서 범고래 샴의 쇼를 보게 된다. 그리고 기존에 알고 있었던 상식에 의거하여 범고래는 무시무시한 바다의 포식자라는 사실을 알고 있었기 때문에 멋진 쇼는 불가능할 것이라고 생각하고 있었다. 그러나 상상 외로 멋진 쇼를 보았고 그 원인이 궁금해졌다. 그래서 수석 조련사를 만났고 그를 통해서 범고래와의 관계도 인간관계와 다르지 않다는 것을 알게 된다. 멋진 쇼의 비결은 상대방에 대한 긍정적인 관심과 칭찬이었던 것이다.

자료 : 캔 블랜차드의 '칭찬은 고래도 춤추게 한다' 중에서

BOBOS 신문

AI 킬러로봇 안 만들겠다

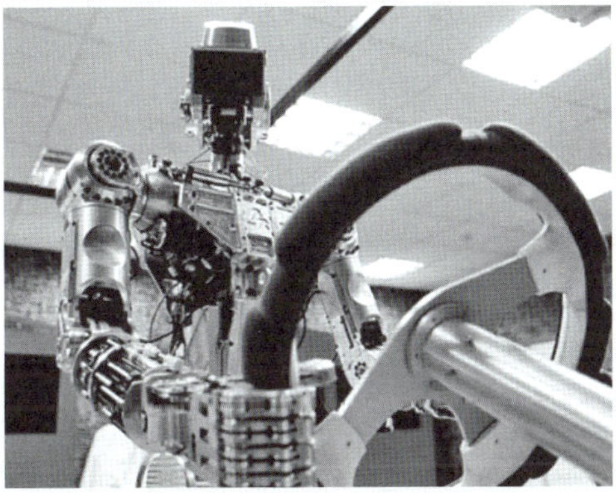
러시아 고등연구재단(FPI)이 개발 중인 전투 로봇 '이반 터미네이터(Ivan Terminator)'

'법칙 1. 로봇은 인간을 다치게 해서는 안 되며 행동하지 않음으로써 위험에 처한 인간을 방관해서도 안 된다. 법칙 2. 법칙 1에 위배되지 않는 한 로봇은 인간의 명령에 복종해야 한다.'

로봇과 함께 살아가는 인간사회의 모습을 그린 공상과학영화 '아이, 로봇'(2004년)에 등장하는 '로봇의 법칙' 중 일부다. 유명 SF작가 아이작 아시모프가 1950년 세운 로봇의 원칙을 차용했다. 2035년을 배경으로 한 이 영화는 미래 로봇에 대한 인간의 기대감과 두려움을 함께 보여줬다.

기술은 생각했던 것보다 훨씬 빠르게 발전했다. 로봇에 관한 법칙이 영화의 배경이 된 시기보다 17년 일찍 선언된 것이다. 전 세계 36개국 150개 기업 2,400명 이상의 인공지능(AI) 연구자들은 스웨덴 스톡홀름에서 열린 '2018 국제인공지능협력회의(IJCAI)'에서 '인간을 식별하고 공격하는 무기를 만드는 데 참여하지 않겠다'고 선언했다.

책임 있는 기술개발을 위해 결성된 단체 '미래의 삶 연구소(Future of Life Institute)'는 전 세계 2,400여 명의 연구자가 이 같은 내용의 동의서에 서명했다고 밝혔다. 이 동의서에는 구글 딥마인드 바둑 프로그램 '알파고' 개발자 데미스 허사비스, 전기자동차 업체 '테슬라'와 민간 우주업체 '스페이스X'의 최고경영자(CEO) 일론 머스크 등 정보기술(IT) 업계의 유명 CEO들과 엔지니어들이 서명했다.

이들은 공개 선언서에서 "AI는 이미 군사시스템에서 더 많은 역할을 할 준비가 끝났다"며 세계 리더들이 AI 기술사용에 대한 가이드라인을 제시할 시점이 됐다고 촉구했다. 또 "AI를 이용한 자율살상무기는 핵이나 생화학무기와 완전히 다른 특성을 갖는다. 일단 한쪽이 이를 도입하면 전 세계가 끝없는 군비경쟁으로 치닫게 될 것"이라고 우려했다.

AI 기술이 무기 제작에 사용돼서는 안 된다는 연구자들의 목소리가 나온 것은 처음이 아니다. 지난해 AI와 로봇 전문가 100여 명은 유엔에 'AI 무기가 제3의 전쟁을 불러올 것'이라는 내용의 공개서한을 보냈다.

자율살상무기를 개발하고 있다는 의혹이 불거져 기업이나 국가기관이 연구를 중단한 사례도 있다. 자율살상무기는 LAWS(lethal autonomous weapons systems) 혹은 킬러로봇이라고 불린다. 지난해 4월 구글 직원 3,000여 명은 구글이 미 국방부와 협력해 진행하는 '메이븐 프로젝트'가 공격용 AI 드론 개발로 이어질 수 있다는 논란이 일자 순다르 피차이 CEO에게 서한을 보내 연구를 중단시켰다. 한국의 KAIST도 한 차례 홍역을 치렀다. 올해 4월엔 KAIST가 한화그룹 계열사인 한화시스템과 국방인공지능 연구센터를 열자 세계 로봇학자들이 '자율살상무기를 개발하는 것 아니냐'며 KAIST에 '연구 보이콧'을 선언했다. 이 논란은 KAIST가 "연구센터는 방위산업과 관련한 물류시스템 개발에 활용될 것"이라고 해명한 끝에야 잠잠해졌다.

모든 전문가들이 'AI 디스토피아론'을 주장하는 것은 아니다. 마크 저커버그 페이스북 CEO는 대표적인 AI 낙관론자다. 저커버그는 지난해 "기술은 지금까지 항상 좋은 곳에도, 나쁜 곳에도 사용돼 왔다. 어떤 일이 일어날지 미리 생각할 필요가 없다"며 AI의 발전속도에 제동을 걸려는 이들을 비판했다. 마이크로소프트 창업자 빌 게이츠도 AI 낙관론을 펴고 있다.

자료 : 동아일보, 2018. 7. 20(저자 수정)

5 상황이론(환경적응론)

지금까지 검토했던 접근방법은 리더의 개인적 특성에 초점을 둔 1차원적 접근방법과 과업과 인간이라는 2차원적 접근방법이었다. 그러나 특성론과 행동론 모두 효과적 리더의 유형을 완전히 해명할 수는 없었다. 이에 효과적인 리더십유형은 여러 가지 상황에 따라 다르다는 환경적응론적 리더십연구로 초점을 옮겨 리더십 유형을 상황과 관련시켜 3차원적으로 연구하기 시작한다.

어떤 종류의 리더와 리더십행동은 다른 어떤 것보다도 몇몇의 부하들과 상황 속에서 더 효과적일 수 있다. 즉, 서로 다른 종류의 리더와 리더십행동이 부하와 상황 속에서 어떻게 보다 적합할 수 있느냐를 설명하는 이론인 것이다.

1) 피들러의 상황이론

이 모형은 특성이론과 상황이론의 결합이라고 할 수 있으며, 피들러에 의해

1974년 개발되었다.

이 모형은 효과적인 집단업적은 부하들과 상호작용하는 리더의 유형과 리더에게 영향을 미치고 통제를 가하는 상황과의 적당한 연결에 달려있다고 제안한다. 리더가 리더십의 발휘를 위해서는 상황에 대한 이해가 필수적이다. 왜냐하면 효과적인 리더십은 리더의 행동유형을 적절하게 상황과 잘 조화시키는 데 달려있기 때문이다.

피들러는 LPC 질문서(the least-preferred co-worker questionnaire)를 개발하여 이 도구를 통해 개인이 과업지향적(task oriented)인지 관계지향적(relationship oriented)인지를 측정했다.

표 9-7 LPC 척도

1. 쾌활한 사람	8 7 6 5 4 3 2 1	쾌활하지 못한 사람
2. 친절한 사람	8 7 6 5 4 3 2 1	불친절한 사람
3. 거부적인 사람	1 2 3 4 5 6 7 8	수용적인 사람
4. 긴장하고 있는 사람	1 2 3 4 5 6 7 8	여유 있는 사람
5. 거리를 두는 사람	1 2 3 4 5 6 7 8	친근한 사람
6. 냉담한 사람	1 2 3 4 5 6 7 8	다정한 사람
7. 지원적인 사람	8 7 6 5 4 3 2 1	적대적인 사람
8. 따분해 하는 사람	1 2 3 4 5 6 7 8	흥미로워 하는 사람
9. 싸우기 좋아하는 사람	1 2 3 4 5 6 7 8	잘 조화하는 사람
10. 우울한 사람	1 2 3 4 5 6 7 8	쾌활한 사람
11. 개방적인 사람	8 7 6 5 4 3 2 1	폐쇄적인 사람
12. 험담을 잘하는 사람	1 2 3 4 5 6 7 8	관대한 사람
13. 신뢰할 수 없는 사람	1 2 3 4 5 6 7 8	신뢰할 수 있는 사람
14. 사려 깊은 사람	8 7 6 5 4 3 2 1	사려 깊지 못한 사람
15. 심술궂고 비열한 사람	1 2 3 4 5 6 7 8	점잖고 신사적인 사람
16. 마음에 맞는 사람	8 7 6 5 4 3 2 1	마음에 맞지 않는 사람
17. 성실하지 않은 사람	1 2 3 4 5 6 7 8	성실한 사람
18. 좋은 사람	8 7 6 5 4 3 2 1	좋지 않은 사람

자료 : Fiedler, F.E. & M.M. Chemers, *Improving Leadership Effectiveness,* John Wiley, 1982(저자 수정)

참고 : 1. 조직생활 속에서 함께 일하기 어려웠던 사람을 생각하고 그 사람에 대한 평가를 한다.
2. 가능한 빠른 속도로 생각나는 대로 체크한다.
3. 57점 이하는 과업지향적 리더, 64점 이상은 관계지향적 리더

그는 개인의 기본적 리더십유형은 리더십성공에 있어 중요한 요인이라고 믿었고, 그래서 그 유형을 찾고자 LPC 질문서를 개발했다. 이 질문서는 18개의 대조적인 형용사로 이루어져 있다.

이 질문서를 통해서 기본적인 리더십유형을 결정하게 된다. 이에 따라 낮은 LPC 리더들은 과업지향적인 리더십을 강조하고, 높은 LPC 리더들은 관계지향적인 리더십을 강조한다는 사실을 알 수 있다.

LPC 질문서를 통해 개인의 기본적 리더십유형이 결정되면 리더와 상황과의 연결이 필요하게 되는데, 피들러는 세 가지 상황요인을 제시했다.

표 9-8 피들러의 세 가지 상황요인

리더와 구성원과의 관계	구성원들이 리더에 대해 갖고 있는 신뢰, 믿음, 존경의 정도
과업구조(과업의 구조화)	할당된 여러 과업이 얼마나 명확하게 정해져 있는가의 정도
지위권력(리더의 직위력)	리더가 고용, 해고, 훈련, 승진, 임금인상 등과 같은 권력변수에 영향을 미치는 정도

(1) 리더와 구성원과의 관계

조직의 분위기, 상호신뢰, 하위자의 충성심, 리더에 대한 존경과 호감 등을 의미한다. 과업수행 시 분위기가 긍정적이고 리더를 신뢰할 수 있다면 리더와 구성원과의 관계는 우호적인 것으로 설명될 수 있다. 반면 부정적이고 갈등이나 마찰이 잦으면 리더와 구성원과의 관계는 비우호적인 것으로 설명된다.

(2) 과업구조

실행해야 할 과업의 내용이 명확하게 규정되어 있는지, 과업상의 절차가 알기 쉽게 정해지고 기록되어 있는지를 의미한다. 잘 구조화된 과업은 리더에게 더 많은 통제력을 주고, 그렇지 않은 과업은 리더의 통제력을 감소시킨다. 통제의 범위는 리더의 영향력행사에 있어서 매우 중요한 개념이다.

(3) 지위권력

리더가 하위자에게 영향력을 행사할 수 있는 권한의 양을 의미한다. 여기에는 합법적 권력이 포함된다. 리더가 합법적으로 부여된 지위에 의해 하위자들에 대한 채용, 승진, 급여인상 등의 권한을 가지고 있을 때 리더의 영향력은 강해진다.

다음 단계에서는 세 가지 환경변수의 관점에서 상황을 평가하게 된다. 리더와 구성원 간의 관계는 좋고 나쁨으로, 과업구조는 높고 낮음(구조화와 비구조화)으로, 지위권력은 강함과 약함으로 나타나게 된다.

그림 9-7 피들러의 모형

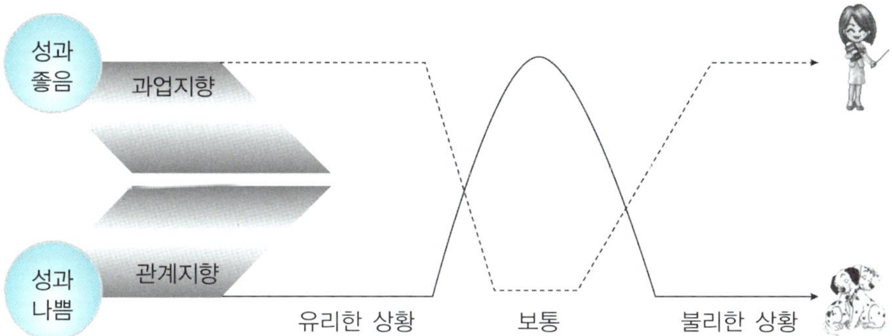

상황범주	Ⅰ	Ⅱ	Ⅲ	Ⅳ	Ⅴ	Ⅵ	Ⅶ	Ⅷ
리더-구성원관계	좋음	좋음	좋음	좋음	나쁨	나쁨	나쁨	나쁨
과업구조	높음	높음	낮음	낮음	높음	높음	낮음	낮음
지위권력	강함	약함	강함	약함	강함	약함	강함	약함

피들러는 1,200개 이상의 집단을 상대로 하여 8개의 범주에서 과업지향적 리더십유형과 관계성을 비교했다. 결과는 과업지향적인 리더는 매우 유리한 상황과 매우 불리한 상황에서 더 나은 업적을 이루는 경향이 있다는 것이다. 또한 관계지향적 리더는 보통의 상황에서 더 나은 업적을 수행한다. 즉, 상황이 리더에게 매우 유리하거나 불리한 경우에는 낮은 LPC 리더가 우세하고, 상황이 보통일 때는 높은

LPC리더가 우세하다는 것이다.

그의 연구는 리더십이 행사되는 과정이 리더, 부하, 상황 등의 수많은 요인에 의해 영향을 받는 복잡한 과정임에도 불구하고 이들 요인을 지나치게 단순화시키고 있다는 점에서 비판받고 있다. 즉, 그는 리더와 부하의 가치, 태도, 선호, 집단의 응집력, 규범, 조직설계, 조직문화, 기타 환경적인 요인이 리더십과정에 미치는 효과를 거의 고려하지 않고 있다.

또한 LPC 척도 자체에 대한 의문이 문제가 된다. LPC 척도는 다른 사람의 행동특성을 측정하도록 하여 자신의 리더십유형을 측정하도록 구성되어 있다. 때문에 이 측정도구에는 기본적으로 투사(projection)[2)]의 원리가 개입되어 있다. 따라서 다른 사람의 특성을 표시한 척도를 통해 자신의 리더십유형을 측정한다는 것은 의미가 없다는 비판을 받고 있기도 하다. 과업지향적인 측면이 강한 사람들은 '함께 일하기가 가장 싫은 사람(LPC : least preferred coworker)'을 부정적인 시각으로 볼 수밖에 없다. 왜냐하면 그 자체가 과업달성에 방해가 되기 때문이다. 반대로 관계지향적인 사람들은 '함께 일하기가 가장 싫은 사람(LPC : least preferred coworker)'을 과업지향적 사람보다는 더 긍정적으로 인식한다. 왜냐하면 관계지향적인 사람의 일차적 욕구는 사람들과 원만한 관계를 유지하는 것이기 때문이다.

그의 모형이 많은 비판을 받고 있음에도 불구하고 철저한 검증을 거치고 있을 뿐 아니라, 실제 상황에서도 상당한 실증적 지지를 얻고 있는 것도 사실이다.

2) 자기 자신에게 있을 수 있는 속성이나 특성을 타인을 통해 보게 되는 방어기제의 일종이다. 대개의 경우 열등감을 은폐하려는 행동을 중심으로 전개된다.

BOBOS 뼈다귀 사랑의 원리는 투사?

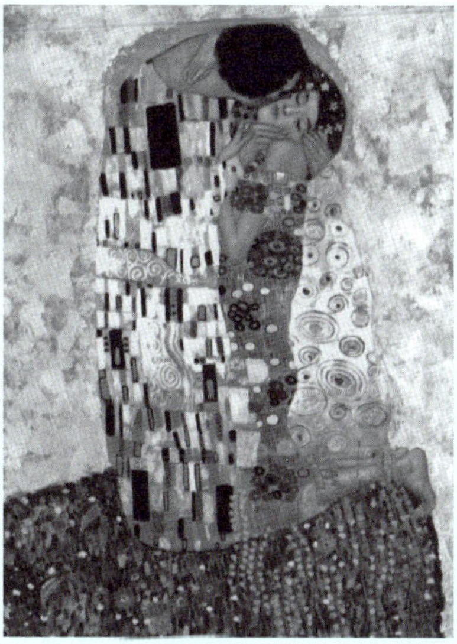

클림트의 '키스'

인간은 흔히 타인도 나와 유사할 것이라고 판단하는 경향이 있다. 타인도 나와 같은 생각을 하고 나와 같은 특성을 지니고 있다고 가정하게 된다. '자신과의 유사성효과(similar-to-me effect)'라고도 한다. 투사는 인지의 재구성에 있어서 중요한 역할을 하게 되는데 의식으로 떠오른 사고를 자신의 것이라 생각하지 않고 다른 사람이 가지고 있는 사고라고 믿게 된다. 타인을 나의 환상(reflection)인 것처럼 보게 되는 것이다.

사랑에 빠진다는 말은 곧 투사를 한다는 말이다. 특히 사랑하는 사람에게 자신의 그림자 중 최고의 부분인 신의 이미지를 투사하는 것이다. 그러므로 사랑하는 이는 모든 숭고함과 신성함의 소유자가 된다. 이런 체험은 극단적으로 편향된 것으로 시소의 오른쪽에서만 벌어진다. 따라서 이 경험은 시소의 반대쪽에 그림자를 키우게 된다. 사랑하다가 돌아섰을 때보다 더 씁쓸한 것은 없다고 느끼는 것도 바로 이 때문이다.

대부분의 결혼은 투사에서 비롯된다. 그래서 반드시 이 환상이 깨지는 시기를 겪는다. 다행히 눈꺼풀에 씌인 것이 벗겨지면 우리는 훨씬 인간적으로 변한다. 인간적으로 변한다는 것은 결혼생활이 훨씬 견고한 실체를 기반으로 지속된다는 뜻이다. 이럴 때 배우자는 맨 처음 투사단계 때와는 전혀 다른 사람이 되었다고 볼 수 있다. 사랑에 빠진 상태는 신에 가까워지는 체험인 반면, 견고한 실체를 바탕으로 지속되는 사랑은 평범한 우리의 일상을 높이 끌어올린다. 그러므로 우리는 어느 날 땅으로 되돌아와서 현실적으로 서로를 바라봐야 한다. 이때부터 비로소 성숙한 사랑의 가능성이 열린다.

짝사랑하고 있다면 그 상대에게 다음과 같이 말해보자.

"만일 당신이 나에게서 당신 자신의 이미지를 보는 대신에 있는 그대로의 나를 바라본다면 우리 사이에 뭔가 이루어질 수도 있을 텐데."

자료 : 로버트 존슨의 '당신의 그림자가 울고 있다' 중에서

2) 하우스의 경로-목표이론(통로-목표이론)

미시간대학의 '사회조사연구소'에서 존스, 마호니 등이 리더의 성과에 대한 영향을 분석하기 위해 '통로-목표'의 개념과 용어를 사용하기 시작했으나 본격적인 연구는 그로부터 많은 시간이 흐른 뒤였다. '통로-목표이론'의 대표적인 이론가로는 에반스와 하우스 등을 들 수 있다. 에반스는 1960년대 말부터, 하우스는 1970년대 초반에 '통로-목표이론'을 제시했다. 하우스(House, 1971)는 에반스(Evans, 1970)가 제안한 이론에 입각하여 보다 정교한 이론을 구성했다.

이 이론은 피들러의 것과 어느 정도는 유사하다. 그러나 피들러의 것이 '리더의 동기부여(욕구)'에 초점을 두고 있는 데 반해, 통로-목표이론은 '부하의 동기부여'에 초점을 두고 있다.

하우스는 "리더의 동기적 기능은 업무목표 달성을 위해 부하들에게 개인적 이익을 증대시키고, 경로를 명확하게 함으로써 이익에 이르는 경로를 보다 쉽게 이동하도록 하고, 장애물과 함정을 제거하는 과정에서 개인적 만족의 기회를 증대시키는 것이다"라고 정의했다.

따라서 '경로-목표이론'이란 어휘가 사용된 것은 이 이론이 리더가 부하의 작업목표와 개인적 목표에 관한 지각에 어떻게 영향을 미치는가를 강조하고, 이들 두 목표 사이에서 발생되는 경로(path, 연결) 또는 통로를 강조하기 때문이다. 그에 의하면 효과적인 리더는 부하들이 자신의 작업목표를 달성하도록 암초를 제거해줌으로써 통로를 따라 여행할 수 있도록 돕는다는 신념에서 비롯되었다.

조직구성원들이 조직 내에서 개인적으로 기대하는 목표는 보상이므로 리더의 역할은 부하들이 동기와 직무만족을 성취시킬 수 있도록 목표달성에 대한 개인적 보상을 증가시키고, 보상에 쉽게 도달할 수 있는 경로를 설정해주는 것이 리더십기능이라고 생각함으로써, 기본적으로 브룸의 기대이론에 입각하고 그 연장선상에 있다.

조직의 구성원들은 보상을 위해서 열심히 노력한다. 그러나 그들의 노력이 바로 보상으로 이어지는 것이 아니라 경로-목표이론에서는 두 단계의 과정을 거쳐야만 한다. 첫 번째 단계는 노력을 통해 성과를 달성하는 과정이고, 두 번째 단계는 성과를 바탕으로 보상이 주어지는 단계이다. 첫 번째 단계에 따른 부하의 기대를 1차 기대치라 하고, 두 번째 단계에 다른 부하의 기대를 2차 기대치라고 한다. 그리고 그 결과 주어지는 보상에 대한 매력을 유인가(valence)라고 한다.

모모는 지난 해부터 보보에게 아이보를 사달라고 끊임없이 졸라댔다. 보보가 없는 동안 너무 외롭고 심심해서 AI 강아지와 놀고 싶었다. 그러나 보보는 아이보의 가격이 너무 비싸다며 안 사주고 버티었다. 그러나 반려견 천만 시대에 아이보라도 곁에 있어주면 모모가 덜 외로울 것 같아 고민을 거듭했다. 그래서 내놓은 해결책이 국어성적을 30점 올리면 사주겠다는 타협이었다. 모모의 국어성적은 바닥이었기 때문이다. 30점의 점수를 올린다는 것은 성과에 해당되고 그에 따른 아이보는 보상이다. 때문에 모모가 죽기살기로 매달리는 것이 노력이고 30점을 올리는 것이 성과이며 이것들이 1단계의 과정에 해당된다. 그 결과 30점의 성과를 바탕으로 아이보라는 보상을 얻는 것이 2단계의 과정이다. 만약 아이보를 가지고 싶은 열망이 강할수록 유인가는 높아지고 아이보에 대한 열망이 떨어질수록 유인가는 낮아지게 된다.

이제 동기부여에서의 기대치와 리더십을 연결시키기 위해 리더의 유형을 분류해야 한다. 부하의 동기부여, 직무만족, 업적에 영향을 미치는 리더의 행동은 리더십상황에 의존한다. 리더가 할 일은 상황을 분석하는 것이다. 이때 상황의 본성

▮그림 9-8▮ 경로-목표이론의 모델

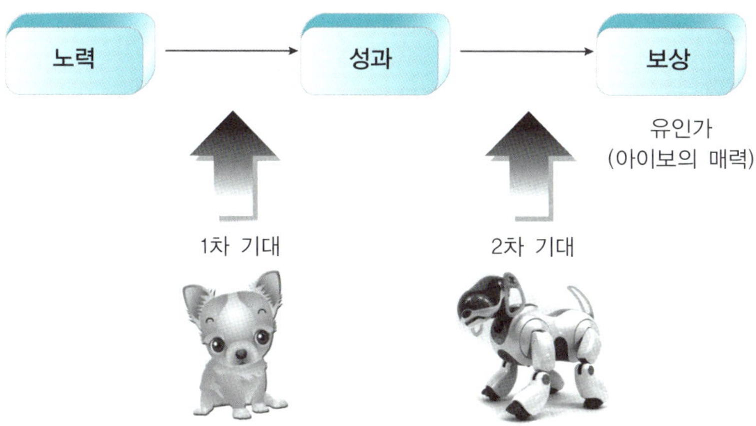

에 따라 4가지 리더십유형이 있을 수 있다. 이 이론에서는 피들러의 이론에서와는 달리 상황에 따라 네 가지 유형 가운데 특정 유형을 취할 수 있게 된다. 그리고 네 가지 유형의 리더십효과는 상황에 따라 달라지게 된다.

표 9-9 하우스의 리더십유형

지시적 리더십 (도구화)	• 오하이오주립대학의 구조구조와 유사 • 리더는 부하에게 과업을 명확하게 지시함으로써 무엇을 기대하고 있는지 알게 함
지원적 리더십	• 오하이오주립대학의 배려와 유사 • 부하에게 친절하고, 그들의 욕구와 복지에 관심을 가짐
참여적(참가적) 리더십	• 크게 보면 종업원지향적인 리더십유형에 속함 • 리더는 부하를 의사결정에 참여시키고 그들의 의견을 반영
성취지향적 리더십	• 도전적인 목표를 설정하고 부하의 능력을 최대한 발휘할 것을 기대함

경로-목표이론은 상황특성으로서 부하의 개인적 특성(통제의 위치, 능력, 경험 등)과 환경요인(과업구조, 공식적 권한체계, 작업집단 등)을 들고 있다. 이 이론은 동기부여와 리더십을 체계적으로 통합한 최초의 이론이다. 때문에 부하가 특정 상황에서 특정한 리더십유형에 대해 반응하는 이유를 이해하는 데 도움을 주고 있다.

BOBOS 한 말씀

리더십은 마음만의 문제가 아니라 신체와도 관련이 있다. 리더십은 지속적으로 강력하고 생생한 인상을 창출하는 문제이기도 하다.

젊은 시절의 엘리자베스는 흰 피부에 붉은 머리를 가진 연약하고 아름답고 매력적인 여인이었다. 그리고 예순네 살의 나이에도 여전히 건강하고 활력과 힘이 넘쳤다. 엄격한 운동, 특히 사냥과 춤을 즐긴 결과이기도 하다.

엘리자베스는 영원히 소녀처럼 살 수 있다는 환상을 가졌던 것은 아니지만 어쨌든 마음과 몸의 건강유지를 위해 노력했다.

> 나아가 그녀는 무릇 유능한 리더라면 힘찬 젊음과 건강을 보여줄 수 있어야 하며, 젊은 희망과 야망, 자존심을 고취할 수 있어야 한다고 믿었다.
>
> – 앨런 액슬로드의 '위대한 CEO 엘리자베스 1세' 중에서 –

3) 허시-블랜차드의 수명주기이론(SL : Situational Leadership)

실제 작업현장에서의 관리자들은 기존의 이론들이 현장에 도움이 안 된다고 불평했고, 그들이 직접 이용하고 적용할 수 있는 무엇인가를 요청했다. 허시와 블랜차드의 이론은 많은 관리사들의 관심을 끌었고, 그 가치를 증명했다. 때문에 오늘날 기업과 군대에서 교육훈련 프로그램으로 널리 쓰이고 있다.

수명주기이론의 초점은 리더십효과가 부하들에게 달려있다는 것이다(부하의 성숙도 수준).

초기의 허시와 블랜차느는 '과업과 관계(task and relationship)'를 이용하였는데, 이것은 오하이오주립대학의 연구와 관리격자이론에서 개발된 리더십유형과 유사하다. 그들은 리더의 행위를 과업행위(task behavior)와 관계행위(relationship behavior)의 2차원을 축으로 하여 4분면으로 분류하고 있는데, 그것이 바로 지시적(telling), 설득적(selling), 참여적(참가적, participating), 위임적(위양적, delegating) 유형이다.

(1) 지시적(높은 과업행동 낮은 관계행동, S1)

리더가 역할을 정하고 부하에게 과업수행에 관한 것을 지시하며 지시적 행동을 강조한다.

(2) 설득적(높은 과업행동 높은 관계행동, S2)

리더는 지시적 행동과 지원적 행동을 모두 발휘한다. 과업수행과 원만한 인간관계 모두에 노력을 기울인다.

(3) 참여적(낮은 과업행동 높은 관계행동, S3)

리더와 부하가 함께 의사결정에 참여한다. 리더의 역할은 업무를 촉진하고 의사소통을 촉진하는 일이다.

(4) 위임적(낮은 과업행동 낮은 관계행동, S4)

리더는 지시나 지원을 거의 하지 않는다. 과업과 관련된 의사결정의 대부분을 부하에게 맡기고 인간관계에 대해서도 별다른 노력을 기울이지 않는다.

그리고 여기에 구성원의 '성숙도(maturity)'를 추가시켰다. '성숙도'란 나이가 아니라 특정한 과업을 달성하기 위해 부하가 지니고 있는 능력과 의욕을 의미한다. 전자는 직무상의 성숙도, 후자는 심리적 성숙도이며 연속선상에 존재한다(① 달성가능한 목표의 설정능력, ② 책임을 지려는 의욕, ③ 교육과 경험).

성숙도는 가장 낮은 단계인 M1에서부터 가장 높은 단계인 M4로 나누어진다. 이에 따라 상황과 성숙도를 4가지로 나누어 거기에 맞는 리더십유형을 제시하고 있다.

표 9-10 네 가지 차원의 성숙도

성숙도 1(M1)	부하들이 직무를 수행할 수 있는 능력과 의지가 모두 없는 상태
성숙도 2(M2)	능력은 없지만 의지는 있는 단계
성숙도 3(M3)	능력은 있지만 의지는 없는 단계
성숙도 4(M4)	능력과 의지를 모두 가지고 있는 단계

허시와 블랜차드는 현장에서 실용적이고 쉽게 활용할 수 있는 리더십을 제공할 수 있다는 점에서 높이 평가되고 있지만, 실제의 작업상황에서 이론을 지지하는 실증적 연구가 부족하다는 지적도 받고 있다. 또한 부하의 성숙도가 후에 준비성으로 대체되었으나 그 개념이 명확하게 규정되어 있지 못하다는 비판도 받고 있다.

그림 9-9 허시와 블랜차드의 모형

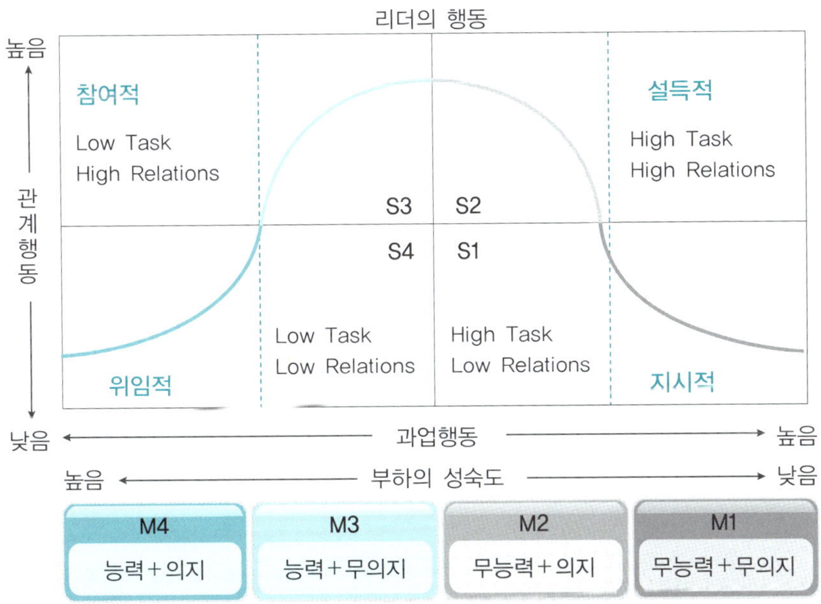

그러나 가장 결정적인 것은 그들이 제시한 상황적응론에 따라 행동한 리더가 높은 성과를 가져오며, 보다 나은 업무수행, 종업원의 만족을 가져온다는 증거를 제시하고 있지 못하다는 점이다. 그럼에도 불구하고 이 모형은 리더십의 효과가 상이한 부하들에 의해 신축적으로 다르게 나타날 수 있음을 알려주고 있다.

BOBOS 뼈다귀

최고의 권한위임, 링컨이 조지 메드 사령관에게 한 말

"지금까지의 상황으로 볼 때 장군보다 더 중요한 명령을 수행한 사람이 없었소. 나는 장군이 신뢰를 져버리지 않을 것이라 믿소. 장군은 이제 어떤 사소한 제한도 받지 않을 것이오. 장군의 군대는 장군의 적절한 판단에 따라 자유롭게 작전을 수행해도 좋소. 장군의 모든 군대는 장군의 명령에 따를 것이오."

BOBOS 한 말씀

누군가 항상 명령받기보다 설득된다면 그러면 그는 스스로가 그 계획에 참여하고 있다고 느낄 것이며, 이해와 열정으로 그 직무에 다가설 것이다

– 아이젠하우어 –

BOBOS 문제

허쉬와 블랜차드의 SL이론은 기본적인 관점이 부하이다. 그렇기 때문에 지금까지 보아왔던 다른 리더십과 같이 리더의 유형에서 출발하지 않는다. 따라서 기존의 개념이라면 부하들이 참여적 리더인 보보의 스타일에 맞추어야겠지만 SL이론에서는 부하인 모모의 성숙도에 따라 보보가 움직여주어야 한다. 그러므로 모모에게 알맞은 보보의 유형은 지시적 유형이 되는 것이다.

그림으로 설명하면 다음과 같다.

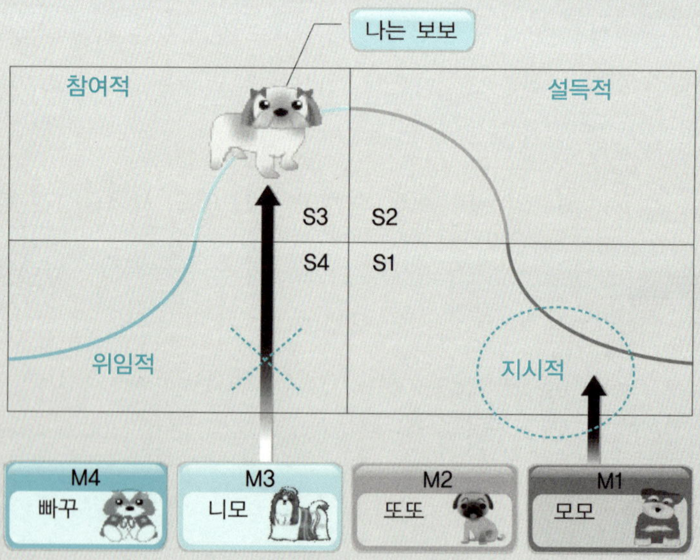

이는 다른 부하들에게도 마찬가지로 적용된다. 보보는 또또에게는 설득적 리더로, 니모에게는 참여적 리더로, 빠꾸에게는 위임적 리더로서 자신의 유형을 자유자재로 바꾸어 사용하여야만 한다. 이것이 SL이론이 현장에서 많이 활용되는 이유이자 장점이다.

아직도 이해가 안 된 학생이 있다면 문제가 심각하다. 정말 심각하다. 꼭 앞 장으로 돌아가서 다시 읽고 다음 장으로 넘어가라.

BOBOS 뼈다귀

구성원의 능력

웰링턴 장군은 영국의 보병과 나폴레옹의 군대가 마주쳐 싸움이 한창 치열하게 전개될 때 싸움의 현장으로 달려 나가 "나의 군대여, 굳게 일어서라. 영국에 다시 돌아간 후 이 싸움에 대해 너희들은 어떻게 말하려는가?" 하고 격려의 말을 하곤 했다. 영국군 주력부대가 강력한 프랑스군에 밀려 후퇴하려 할 때에도 "나의 계획은 마지막 사람까지 여기에서는 것뿐이다"라며 단호하게 맞섰다. 이처럼 영국군 승리의 배경에는 군사력으로는 밀렸어도 강력한 리더십으로 병사들에게 승리의 비전을 낱낱이 심어주고, 무한한 격려를 통해 병사들을 결전의지로 불태운 리더가 있었다. 이 일화는 리더의 리더십이 병사들의 숨어 있는 능력, 영웅다운 요소를 불러내고 이를 고무함으로써 평소에는 드러나지 않는 능력을 발휘하게 한 점에서 주의 깊게 새겨둘만 하다. 리더십과 숨어 있는 영웅성과의 놀라운 화학적 결합이 지상 최대의 적을 무찌르게 한 승리의 원동력이었던 것이다.

그의 이름은 우리에게는 웰링턴 부츠(Wellington boots)로 더 잘 알려져 있다. 웰링턴 부츠는 웰링턴 장군이라 불린 영국의 아서 웨즐리(Arthur Wellesley)의 이름에서 유래한 부츠이다. 주로 승마용으로 무릎까지 오는 긴 길이가 특징이며, 줄어서 웰링턴이라고도 부른다.

자료 : 인문경영연구소

특성이론적 관점으로 살펴본다면 실패하는 리더에게는 공통점이 있는데, 그것은 그들에게는 리더가 갖추어야 하는 몇 가지 특성들이 결여되어 있다는 것이다. 어떤 특성들이 리더십의 실패 여부와 관련이 있는가에 관해서는 확실하게 결론지을 수 없지만 대체적으로 창의력과 성취동기의 결여, 사회성과 인지적 역량의 부족, 커뮤니케이션 능력과 인간적 배려의 부족, 스트레스 저항력 부족, 자신감 결여 등으로 요약될 수 있을 것이다.

행동론의 핵심내용은 성공적인 리더십을 발휘하기 위해서는 리더가 구조주도와 배려의 행동을 동시에 보여줄 수 있어야 한다는 것이다. 행동론에 의하면 실패하는 리더란 항상 과업만을 중시하거나, 또는 항상 사람들과의 관계만을 중시하거나, 또는 둘 중 어떠한 성향도 보이지 않는 부류라고 할 수 있다.

환경적응론에 따르면 실패하는 리더가 따로 존재하는 것이 아니고 주어진 환경속에서 자기에게 맞는 유형을 선택하지 못하기 때문이다. 너무나 많은 상황변수들이 존재하기 때문에 그에 맞는 유형을 찾아내는 것이 쉬운 일만은 아니며 그만큼 실패의 가능성도 크다. 또한 거의 대부분의 경우에 선택은 리더에게 달려있어 이 또한 실패의 가능성을 높이고 있다.

앞서 살펴본 전통적 리더십이론들은 거의 통합이 안 된 채 리더의 어느 한 단면만을 설명하는 단점이 있다.

특성이론은 리더의 어떤 특정 자질이 효과성의 기준이 되는지 밝혀주지 못하며, 행동이론은 리더십행동 중 어느 측면이 가장 중요한지가 상황에 따라 달라지는 한계를 보이며, 환경적응론은 리더의 행동범위가 너무 포괄적이며 상황변수를 지나치게 단순화시킴으로써 리더의 유효성을 설명하기에는 미흡하다.

때문에 이들 이론들은 나름대로의 한계로 인하여 리더가 부하들에게 어떻게 어떤 영향을 미쳐야 하는가에 관하여 분명한 일치를 보고 있지 않다. 따라서 21세기에는 이제까지의 리더십과는 많이 다른 대안적 리더십이론이 필요하게 되었다.

BOBOS 뼈다귀!

리더십도 배부른 후에 생겨난다

영화 '웰컴 투 동막골'을 보면, 우연히 동막골에 들어와 지내게 된 인민군 장교가 동막골 사람들을 잘 아우르며 마을을 이끌어가는 촌장에게 이렇게 묻는 장면이 나온다.

"고함 한 번 지르지 않고 부락민을 동솔하는 영노력(리더십)의 비결이 뭡니까?"

그러자 촌장은 멀리 하늘을 보면서 이렇게 대답합니다.

"뭘 많이 먹여야지…"

아주 간명하면서도 통찰적이다. 뭘 많이 먹이는 게 리더십의 요체라는 것이다. 다소 감성적이기도 하거니와 깊은 통찰이 들어있다. 그래서 이것이 내가 개인적으로 가장 좋아하는 리더십에 대한 정의이다. 리더의 가장 중요한 덕목은 먹고사는 것을 걱정하지 않게 하는 것이 그 시작점이라고 생각한다.

자료 : 신병철의 '논백 리더십전략' 중에서(저자 수정)

BOBOS 책

리더십의 심리학

리더십은 어디에서 시작되는가? 변화가 시작되는 곳에서 리더십은 시작한다. 그러면 변화는 어디에서 시작되는가? 변화는 사람들 사이에서 강력한 물질적 · 심리적 욕구가 싹트면서 시작된다. 리더십은 근본적으로 변화와 얽혀 있고, 변화는 욕구와 필요의 역동성과 서로 얽혀 있어서 그 시작점을 찾는다는 것은 거미줄이 어디에서 시작되었는지를 찾는 것만큼이나 자의적이다.

개인의 자유를 존중하는 계몽주의 사상가들은 인정하거나 또는 적어도 눈감아주는 입장에서 욕구가 급증하는 것을 바라보았다. 인간이 만족할 줄 모르는 욕구를 가지고 있다는 점에서 동물과 구분된다고 여긴 흄은 인간이 그러한 욕구를 조절할 능력을 타고난 것으로 보았다. 벤담은 모든 인간이 자신의 쾌락을 극대화하기를 원하며, 하나의 욕구가 충족되면 새로운 욕구가 생겨나고 이것이 행위의 새로운 중심축이 된다고 생각했다. 자연 그대로의 욕구와 좀 더 고상한 욕구를 구분한 밀은 물질적 욕구의 충족이 지적·도덕적 욕구라는 교화로 이어져야 한다고 생각했다.

욕구의 정글을 어떻게 파악할 것인가? 매슬로우는 다른 사람들이 오직 무질서밖에 보지 못한 곳에서 질서의 가능성을 발견했다. 그는 욕구와 필요에 순위를 매겨 일종의 위계적 단계로 이론화했다. 욕구를 연구하는 대부분의 정신분석학자들은 욕구에 대한 부정과 그에 따른 사회적 폭력에 대해 설명해왔다. 그러나 매슬로우는 욕구의 충족과 그것의 위계적 단계에서 필요가 더 높은 단계에 이르렀을 때 일어나는 사람들의 동기유발과 행위의 변화에 많은 관심을 가졌다.[3)]

흥미로운 것은 매슬로우의 자아실현에 대한 욕망과 리더십에 대한 동기유발 사이의 연결가능성이다. 자아실현이라는 동기를 유발하고 그것을 특징짓는 자질들, 말하자면 창조성, 성장과 학습능력, 유연성, 개방성 그리고 심리학자 로버트 화이트가 말했던 타인을 대하거나 환경을 다루는 능력인 '효과성' 등이 리더십의 자질과 유사하다. 그러나 중요한 차이점이 있다. 매슬로우는 자아를 실현하는 인간을 스스로 통제하고, 자주적이며, 자신의 잠재력과 잠재되어 있는 자원에 의존하는 것으로 파악한 반면, 리더십과 관련된 자아실현은 다른 사람과의 상호실현 과정을 통해 추구되고, 사람보다 상위에 있는 가치와 목적에 대한 헌신에 의해 동기가 유발된다.

지도자의 자아실현의 본질은 외부지향적이다. 그는 추종자들의 욕구를 감정이입을 통해 이해하고, 그것을 하나의 가치로 정립하여 정당한 필요로 바꾼 뒤 이에 대처한다. 지도자는 추종자들이 욕구를 희망과 열정으로, 다음에는 좀 더 의미가 있는 기대로, 최종적으로는 요구로 탈바꿈시키게 도와준다. 그리고 이것은 지도자와 추종자가 함께 자아실현을 추구하는 과정에 헌신하는 것을 필요로 한다. 그들의 소속감, 자존심에 대한 욕구가 인정되고 충족되면서 효율성이 높아지고, '자신도 무엇이든지 될 수 있다'라는 자아실현에 대한 잠재력이 발동된다. 무엇보다 추종자는 스스로 결정할 수 있는, '우연을 숙명'으로 탈바꿈시키는 변화의 적극적인 행위자가 된다.

매슬로우의 개념이 가능성 있는 이유는, 그의 개념들이 리더십과 밀접하게 관련지을 수 있는 인간 변화를 명백하게 설명하고 있기 때문이다. 매슬로우의 자아실현은 개인주의 이데올로기의 좋은 예이다. 개인 내부의 신체적·심리적 힘이 필요의 단계를 따라 더 높은 단계로 올라가는 힘을 추동시킨다.

자료 : 제임스 맥그리거 번스의 '역사를 바꾸는 리더십' 중에서

3) 매슬로우는 욕구라는 단어보다 필요라는 단어를 주로 사용했다.

▮그림 9-10▮리더십이론의 발전

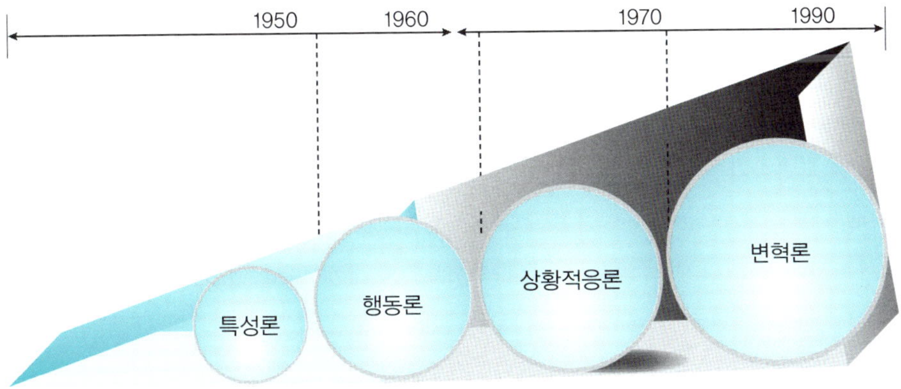

6 변혁적 리더십이론

리더가 갖추어야 하는 특성의 내용은 수십 년간의 연구를 통해 꾸준히 변화해 왔다. 신장, 체구 등의 신체적 특성, 창의력, 지성, 지식 등의 능력적 특성, 자신감, 정직성, 지배성향 등의 심리적·성격적 특성, 지구력, 환경적응력 등의 행동적 특성 등 여러 변화를 거쳤다.

과거의 특성이론은 연구방법상의 문제점들로 많은 비판을 받아왔으나, 최근 들어 방법론의 발달과 새로운 관점들의 등장으로 그 유효성이 다양한 측면에서 재조명되고 있다. 따라서 최근에 다시금 리더의 특성을 부활시키려는 움직임이 있으며, 리더의 능력을 중시하는 이론도 제시되고 있다. 이는 카리스마, 개별적 배려, 지적 자극 등을 그 요인으로 하는 변혁적 리더십(transformational leadership), 카리스마적 리더십(charismatic leadership), 대체이론(substitute for leadership), 특성론(attribution), 계시론(inspirational leadership), 카리스마의 개념 중에서 특히 비전에 강조점을 두고 있는 비전적 리더십(visionary leadership), 카리스마가 특히 조직문화와 깊은 관련성이 있음을 강조하는 문화적 리더십(cultural leadership) 등 다양하다.

이 중에서도 번즈와 베스의 변혁적 리더십이 새로운 흐름을 주도하고 있다. 변혁적 리더십이라는 단어는 다운튼(Downton, 1973)에 의해 처음으로 제시되었다. 그러나 변혁적 리더십이 중요하게 부각되게 된 계기는 번즈(Burns)와 베스(Bass)에 의해서였다. 특히 번즈는 변혁적 리더십과 거래적 리더십을 명확하게 구분했다. 또한 정치과학자였던 번즈는 매슬로우의 욕구단계설을 토대로 그의 이론을 정립했기 때문에 높은 윤리적·도덕적 수준을 요구하고 있다.

카리스마적 리더십은 변혁적 리더십이론의 모태가 되며, 변혁적 리더십의 중요한 일부분이다. 그러나 양자가 반드시 동의어는 아니며, 변혁적 리더십이 꼭 카리스마를 필요로 하는 것은 아니다.

새로운 리더십을 제시한 연구자들은 공통적으로 자신들이 연구한 리더십이 전통적으로 연구된 리더십과는 질적으로 큰 차이가 있음을 주장하고 있으며, 심지어 두 리더십 종류 간의 배타성까지도 논의되고 있다. 리더와 부하의 관계는 서비스에 대한 보상의 교환에 치중하는가, 아니면 리더가 추종자를 가르치고 변형하는가에 따라 전자를 '거래적 리더십(transactional leadership)', 후자를 '변혁적 리더십(transformational leadership)'이라고 명명한다.

그러나 유클(Yukl), 베스(Bass), 코터(Kotter), 홀터&베스(Halter&Bass) 등은 새롭게 제기된 리더십과 거래적 행위는 간단하게 이분관계를 갖는 것이 아니며 상호배타적이 아니라고 주장한다.

변혁적 리더십은 사명감을 전달하고, 학습경험을 자극하고, 새로운 사고방식에 영감을 불어넣는다. 또한 안정적이라기보다는 변화를 추구하는 과정이다. 특히 변혁적 리더십은 리더가 변화의 필요를 알아채고, 그 변화를 잘 이끌 수 있도록 상상력을 발휘하고, 그 변화를 효과적으로 수행할 수 있는 능력이다.

변혁적 리더십은 특성론에 의존하고 있으며, 부하의 신념, 가치관, 목적 등에 영향을 미치며 부하로 하여금 거래적 리더십에서 기대한 것 이상의 업적을 달성하도록 만드는 영감적인 리더십이며, 기업을 변혁시키고 부흥시키는 핵심이다.

변혁적 리더십과 거래적 리더십의 차이는 '변혁적 리더십'이 부하들의 높은 가치체계(자유, 평등, 정의 등)에 호소하여 그들의 의식을 고양시키며 스스로 할 수 있는 힘과 권한을 부여(empowering)함으로써 자발적 참여와 조직몰입을 이끌어내는 데 반해, '거래적 리더십'은 공포, 탐욕, 시기, 증오 등과 같은 감정에 의존하여 경제적·물질적 교환관계를 통한 만족을 추구하는 데 있다.

1) 변혁적 리더십의 구성요인

(1) 카리스마(idealized influence)

카리스마(charisma, 이상적 영향력)는 은사(gift)라는 뜻을 지닌 라틴어에서 유래되었다. 성경과 교회에서는 종교적 의미로 은총의 선물(gift of grace) 또는 성신(holy spirit)이라는 뜻으로 쓰여져 왔다. 리더의 초자연적 능력, 신성한 속성, 리더의 개성적 자질 등을 의미한다.

구성원들의 미래에 대한 비전을 제공하고, 자부심을 심어주고, 존경과 신뢰를 얻는 것이다. 이때의 비전이란 조직이 추구하려는 공유된 가치를 대변하는 이상을 의미하며 비대면적인 방법보다는 연설이나 잦은 비공식적인 대화를 통해서 핵심을 전달하는 것이 바람직하다.

(2) 영감(inspirational motivation)

카리스마적 리더십 내부에 존재하는 하위요인이다. 카리스마적 리더십은 영감을 불러일으키지만 영감은 카리스마적 리더십 없이는 생겨날 수 없다.

(3) 개별적 배려(individualized consideration)

오하이오주립대학의 배려의 개념과 유사하다. 리더가 자신의 영역 속에 있는 구성원들에게 개별적인 관심을 보여줌으로써 구성원들의 자기존중감과 자아정체성을 높일 수 있도록 도움을 주고, 우호적이고 친밀한 관계를 통해 결과적으로 리더가 카리스마적 속성을 보유할 수 있도록 돕고, 구성원들로 하여금 리더를 변혁적 인물로 지각하게 만드는 데 일조를 하며, 리더가 제시하는 비전에 더 가까이 다가갈 수 있도록 돕는다.

(4) 지적 자극(intellectual stimulation)

리더에 대한 강한 복종이나 신뢰에 의해 특징지어지는 카리스마와는 달리, 부하의 자율성을 보장하고 그들의 의존성향을 제거하는 속성을 지니고 있다. 그들은 부하들이 변혁적이고 새로운 시도에 도전하도록 자극하고, 스스로 문제해결책을 찾도록 격려한다.

카리스마, 개별적 배려, 지적 자극, 모두가 궁극적으로 부하의 행동을 조직성과에 연결시킴을 목적으로 하고 있다. 그러나 '카리스마'와 '개별적 배려'가 리더에 대한 구성원들의 자아개념, 인식전환에 초점을 두는 반면에, 지적 자극'은 인식전환을 통한 부하들의 직접적 행동변화에 더욱 중요성을 두고 있다.

변혁적 리더십이 강한 사명감, 리더와 부하 간의 신뢰감, 존중감을 통한 인격적 관계를 중시하는 데 반해, 거래적 리더십은 공식적, 제도적인 규칙, 보상, 규제 및

그림 9-11 변혁적 리더십

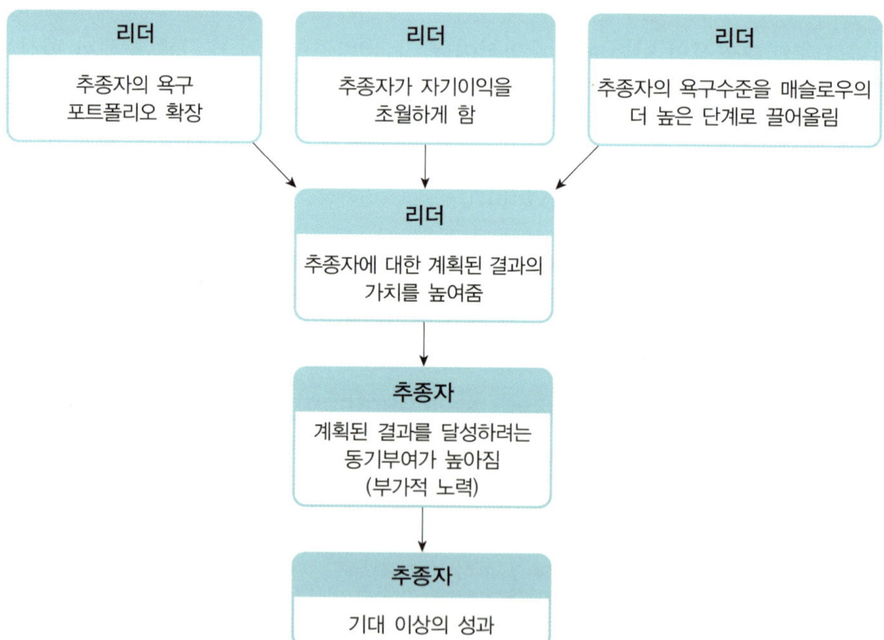

자료 : B. M. Bass, *Leadership and Performance Beyond Expectations*, Free Press, 1985, p.23
(저자 재구성)

벌 등에 근간을 두고 있다. 거래적 리더십은 개인이 가치 있는 어떤 것을 교환할 목적으로 다른 사람과의 협약에 있어서 주도권을 취할 때 발생한다.

일반적으로 리더와 부하들 간의 암묵적 교환을 한정하고 있는 기존의 전통적 이론은 모두가 거래적 리더십에 속한다고 볼 수 있다. 베스에 의하면 거래적 리더십은 피들러의 상황이론, 하우스의 통로-목표이론, 리커트의 미시간대학의 연구 등과 유사하거나 동일한 내용을 담고 있다. 왜냐하면 거래적 리더십은 리더가 보상이나 처벌을 사용하여 부하들이 자신의 직무요구를 충족시키도록 동기부여시키는 형태의 리더십이기 때문이다. 이때 중요한 것은 부하들의 이해관계 충족 여부에 따라 그들의 동기부여가 결정된다는 것이다.

2) 거래적 리더십의 구성요인

(1) 보상(contingent reward)

리더가 부하들의 업적수준과 만족에 관계된 보상을 하는 것을 의미한다.

이는 부하들의 업적과 만족, 모두와 관계된다.

(2) 예외관리(management-by-exception)

적극적 개념으로서의 예외관리는 기대된 성과기준에 부합되지 않은 과오, 예외, 편차에 대해 경고함으로써 적극적인 수정조치를 취하는 것이다. 이는 일반적으로 부하들의 성과와 직무만족에 부정적 영향을 미치고 있는 것으로 나타났다.

소극적 개념으로서의 예외관리는 가능한 한 문제가 뚜렷하게 돌출되지 않을 경우 어떤 행동도 취하지 않는 개념이다. 이는 중재의 성향이 있다.

(3) 자유방임(laissez-faire)

이는 일종의 무간섭이고, 방임이며, 부하들에게 책임감을 위임하는 것을 의미한다. 리더십의 부재가 있을 수 있다.

그림 9-12 거래적 리더십

리더
추종자의 욕구가 무엇인지 인식함

↓

리더
추종자의 욕구충족과 계획된 결과의 달성 사이에 어떤 교환관계가 존재하는지를 명확히 함

↓

추종자
계획된 결과의 가치(추종자에 대한 욕구충족가치)를 인식함

↓

추종자
바람직한 결과(기대된 노력)를 달성하도록 동기부여가 됨

자료 : B. M. Bass, *Leadership and Performance Beyond Expectations*, Free Press, 1985, p.23 (저자 재구성)

많은 연구들이 변혁적 리더십이 거래적 리더십보다 훨씬 더 효과적이었음을 증명해주고 있다. 그러나 간과할 수 없는 중요한 사실은 언제나 어떤 상황에서나 적합한 유일최선의 방법은 존재하지 않는다는 것이다(환경적응론적 관점). 리더십연구 분야에서 타의 추종을 불허하는 코터[4]는 변혁적 리더십과 거래적 리더십, 양자 모두를 적절하게 사용할 줄 알아야 훌륭한 리더가 될 수 있다고 주장한다. 또한 내들러와 터쉬맨(Nadler & Tushman)은 거래적 행위 없이는 변혁적 리더십의 효과를 극대화할 수 없다고 하면서 양자 간의 밀접한 관계를 강조하고 있다. 이들의 주장은 변혁적 리더란 부하의 높은 차원의 욕구를 자극하여 거래적 리더십의 영향력을 통합하고 증대시켜 높은 성과를 얻는 리더의 행동이며, 변혁적 리더십과 거래적 리더십은 상호보완적인 관계에 놓여있다는 것이다.

특히 유클(Yukl)은 거래적 리더십의 중심개념인 교환행위는 반드시 유형적 이익

4) John Kotter : 하버드대학 역사상 최연소 종신 정교수가 되었다.

에만 국한되는 것은 아니며, 변혁적 리더십에서의 '의미에 대한 몰입'도 리더와 하위자 간의 상호작용에서 발생된 교환물, 즉 거래적 결과라고 주장한다. 또한 변혁적 리더에 의해 제시된 비전 속에는 분명히 미래에 대한 유형적 이익이 하위자에게 약속되어 있다는 것이다. 이런 주장 등에 근거해서 유클(Yukl, 1989), 베스(Bass, 1985), 홀터 & 베스(Halter & Bass, 1988), 코터(Kotter, 1990) 등은 변혁적 리더십과 거래적 리더십은 간단하게 이분적 분리관계를 갖는 것이 아니며, 상호배타적이 아니라고 주장하고 있다.

표 9-11 변혁적 리더십과 거래적 리더십의 차이

	변혁적 리더	거래적 리더
현상	본질적으로 현상에 반대하거나 현상을 변화시키려고 노력한다	본질적으로 현상과 맞추거나 현상을 유지하려고 노력한다
목표지향성	이상화된 목표는 항상 현상과 크게 다르다	목표가 현상에 크게 어긋나지 않는다
시간에 대한 견해	장기전망을 가지고 있다	단기전망을 가지고 있다
동기부여	보다 높은 단계의 개인적 목표(자기실현)를 추구하도록 고무시킴으로써 부하들을 동기부여한다	즉각적이고 유형적인 보상을 얻도록 부하들을 동기부여한다
행동표준화	부하들로 하여금 혁신과 실험을 하도록 격려한다	부하들이 규칙과 관습을 따르는 것을 좋아한다
문제해결	문제를 제기한다. 함께 문제를 해결하거나 부하 스스로 문제해결을 하도록 격려한다	부하들의 문제를 해결해주거나 해답이 있는 곳을 알려준다

자료 : D.D. White & D.A. Bednar, *Organizational Behavior,* Allyn & Bacon, 1991.

▮그림 9-13▮변혁적 리더십의 추가적인 효과

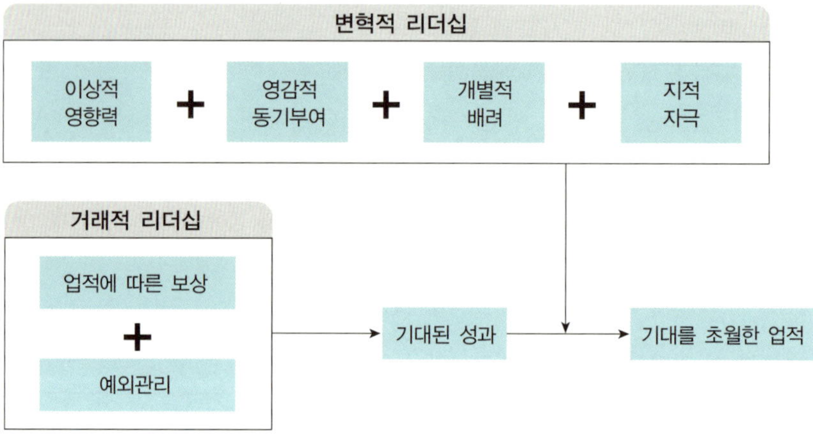

자료 : Adapted from B.M. Bass and B.J. Avolio, "The Implications of Transactional and Transformational Leadership for Individual, Team and Organizational Development", *Research in Organizational Change and Development,* 4, 1990, pp.231~271.

3) 변혁적 리더십의 두 가지 관점

변혁적 리더십의 초기연구는 대부분 정치적 리더에 대한 기술적 연구로부터 시작되었다. 번즈는 그의 저서 「리더십(1978)」에서 두 유형의 정치적 리더십인 거래적 리더십과 변혁적 리더십을 정의하였다.

거래적 리더십은 부하의 개인적 이익에 호소함으로써 부하를 동기부여한다. 즉 거래적 리더십은 한 사람이 가치 있는 어떤 것을 교환할 목적으로 다른 사람과의 접촉을 시작할 때 일어난다. 리더는 과업노력에 대한 대가로 임금, 지위 등을 거래한다. 물론 거래적 리더십도 가치를 포함하긴 하지만 그 가치는 명예, 공정성, 상호관계와 같은 거래과정과 관련된 가치를 말한다.

변혁적 리더십은 부하의 도덕적 가치에 호소함으로써 윤리적 쟁점에 대한 인식을 높이며 조직을 개혁할 활력과 자원을 동원한다. 따라서 변혁적 리더십은 리더와 부하 간에 높은 윤리의식, 동기부여, 목표의식 등을 불러일으키는 과정이다. 그러므로 변혁적 리더는 부하에게 복종 이상의 것을 요구하며, 여기에는 부하의 신념, 욕구, 가치에 있어서의 변화가 포함된다.

번즈의 변혁적 리더십은 그 근거를 매슬로우의 욕구단계설에 두고 있으며, 매슬로우의 욕구단계적 측면에서 본다면 부하들이 높은 수준의 욕구를 추구하도록 자극하여 '일상적인 자아'에서 '보다 나은 자아'로 상승하도록 한다. 또한 변혁적 리더는 부하를 개개인으로 보기보다는 전체인으로 보고, 부하와 공유할 수 있는 목표를 추구하며 변화한다.

베스는 변혁적 리더십의 전개에 있어서 그 출발점을 번즈의 이론으로 보고 있다. 베스는 거래적 리더십을 리더가 그에게 부응하는 부하들에게 보상을 한다는 교환관계로 보았다. 이런 관점의 문제점은 기대 이상의 업적을 불러일으키는 데는 보통 실패한다는 것이다. 반대로 변혁적 리더들은 기대 이상의 업적을 쌓도록 부하들을 동기부여시킨다.

오늘날 광범위하게 연구되고 있는 베스의 이론은 번즈의 이론에 근거하고 있으나 차이점은 존재한다.

첫째, 번즈는 변혁적 리더십과 거래적 리더십을 연속선상의 양 끝에 위치한 두 가지 유형의 리더십으로 지각했다. 그러나 베스는 두 유형의 리더십을 명확히 구분하지만 상호배타적인 것으로 보지 않았으며, 같은 리더일지라도 다른 상황과 다른 시간에는 두 가지 유형의 리더십을 모두 사용할 수 있다고 생각했다.

둘째, 번즈는 거래적 리더십을 순종에 대한 보상으로 보았다. 그러나 베스는 보다 넓은 측면에서 거래적 리더십을 정의하고 있다.

셋째, 번즈는 변혁적 리더를 긍정적이고 윤리적인 가치와 고차원적 욕구에 호소할 수 있는 계몽적인 리더로 한정하였으나, 베스는 변혁적 리더십은 그 영향이 부하에게 유익하든 그렇지 않든 간에 부하의 동기부여를 활성화하고 부하의 몰입을 증가시키는 리더십이며, 안정, 생존, 경제적 욕구 등과 같은 저차원적 욕구에 호소하는 리더도 변혁적 리더로서 배제하지 않았다.

그러나 부정적 방식을 사용하는 리더십을 구분하기 위해 유사 변혁적 리더십(pseudo transformational leadership)이라는 용어를 제시하기도 했다.

BOBOS 문제

변혁적 리더십과 거래적 리더십을 극단의 두 개념으로 인식하는 것은 바람직하지 않다. 보보는 이 문제를 통해 어떤 한 학자의 주장이 옳다는 것에 동의하기보다는 보다 넓은 시각으로 접근하기를 바라고 있다.

번즈의 관점에서 본다면 히틀러나 무솔리니 등은 변혁적 리더가 될 수 없다. 왜냐하면 그의 이론 자체가 윤리의식에 근거하고 있기 때문이다. 그러나 베스의 관점에서 본다면 동기부여를 활성화시키고 몰입을 증가시켜서 어떤 변화를 유도해내었다면 그는 바로 변혁적 리더이다.

BOBOS 책 웃는 얼굴

대니얼 골먼 교수는 흥미로운 사실을 알아내었다. 상사가 부하직원에게 인자하게 웃는 표정으로 질책을 한 경우와 찡그리고 화난 표정으로 칭찬을 한 경우를 비교해 조사한 결과, 부하직원들은 놀랍게도 전자보다 후자가 자신에게 더 부정적 평가를 내렸다고 생각한 것이다. 웃음과 분노, 행복과 미움의 감정은 거울처럼 주변 사람에게 즉시 반사되어 비춘다. 인간은 다른 사람의 기쁨이나 불쾌감을 감지하고 자신도 이런 반응을 유도하는 신경 세포체들을 가지고 있다. 이른바 거울 뉴런이라고 하는데, 오랜 시간 함께 한 부부가 서로 닮아가거나 드라마 주인공이 울 때 내 눈에 눈물이 나는 것도 다 이런 거울 뉴런 때문이다. 이러한 뉴런은 누구에게나 있고 선천적으로 타고난다. 아기들조차도 다른 아기의 울음소리를 들으면 따라 울기 때문이다. 더구나 아기는 생후 14개월만 지나도 다른 아기가 울거나 다치면 다가가 고통을 덜어주려고 노력한다. 거울 뉴런이 억제되었거나 발달하지 못했을 경우 남의 슬픔이나 고통에 반응하지 못하면 잔인한 행동도 서슴지 않는 사이코패스가 될 확률이 높다.

타인의 표정과 감정을 예민하게 잘 알아차리면 상대방을 더욱 잘 이해하게 되고 공감대 형성을 쉽게 할 수 있다. 사람들은 나의 고통을 이해해주고 함께 슬퍼해주는 사람에게 고마워하고 끌리게 되어있다. 이심전심에 능할수록 당신은 매력적인 사람으로 변해간다. 상사가 직원들을 잘 웃게 하고 편안한 분위기를 만들면 거울 뉴런이 활성화되면서 조직 분위기가 좋아지고 결속력이 높아진다. CEO의 유머와 밝은 웃음은 10분 안에 회사 직원들 전체를 행복하게 만들 수 있다.

자료 : SBS스페셜 제작팀의 '매력 DNA 그들이 인기 있는 이유' 중에서(저자 수정)

BOBOS 한 말씀

너를 미워하는 자들에게 친절을 베풀라

– 나자렛 예수 –

다중요인 리더십 설문지(MLQ Form 6S)(multifactor leadership questionnaire)

1. 나는 다른 사람들이 내 주위에 있는 것을 기분 좋게 느끼도록 한다	1	2	3	4
2. 나는 우리가 무엇을 할 수 있고 또 무엇을 해야 하는지를 몇 마디 짧은 말로 명확하게 표현한다	1	2	3	4
3. 나는 다른 사람들이 지금까지 해오던 문제들을 새로운 방식으로 생각하고 새로운 시각으로 보도록 하고 있나	1	2	3	4
4. 나는 다른 사람들이 자신을 스스로 개발해 가도록 돕는다	1	2	3	4
5. 나는 다른 사람들이 자신의 업무성과에 따른 보상을 받기 위해 무엇을 해야 하는지를 말해준다	1	2	3	4
6. 나는 다른 사람들이 합의된 업적기준을 충족시켰을 때 만족해한다	1	2	3	4
7. 나는 다른 사람들이 항상 같은 방식으로 계속 일하도록 하는 것에 만족하고 있다	1	2	3	4
8. 다른 사람들은 나를 완전히 신뢰하고 있다	1	2	3	4
9. 나는 우리가 할 수 있는 가능성에 대해 호소력 있고 감동적인 표현을 하고 있다	1	2	3	4

10. 나는 다른 사람들에게 복잡하고 어려운 문제를 새로운 시각으로 보는 방법을 제공한다	1 2 3 4
11. 나는 다른 사람들로 하여금 자신들이 하고 있는 일에 대해 내가 어떻게 생각하고 있는지를 알도록 한다	1 2 3 4
12. 나는 다른 사람들이 그들의 목표에 도달했을 때 그 목표달성을 인정해주고 보상을 제공한다	1 2 3 4
13. 일들이 잘되어 가고 있는 한 나는 어떤 것도 바꾸려고 시도하지 않는다	1 2 3 4
14. 다른 사람들이 무엇을 하려고 하든 나는 좋다	1 2 3 4
15. 다른 사람들은 나와 함께 하고 있는 것을 자랑스럽게 생각한다	1 2 3 4
16. 나는 다른 사람들이 자신의 일에서 의미를 찾도록 돕는다	1 2 3 4
17. 나는 다른 사람들로 하여금 자신이 이전에 전혀 의문을 갖지 않았던 일들에 대해 새로운 시각에서 다시금 생각하도록 한다	1 2 3 4
18. 나는 소외당하고 있는 듯한 사람들에게 개인적인 관심을 보인다	1 2 3 4
19. 나는 사람들이 그들의 업적에 따라 보상을 받고 있는가에 대해 주의를 기울인다	1 2 3 4
20. 나는 다른 사람들에게 그들이 자신의 일을 수행하기 위해 알아야 할 원칙들을 말해준다	1 2 3 4
21. 나는 다른 사람들에게 꼭 필요한 것만을 요구한다	1 2 3 4

이 설문지는 당신의 리더십 스타일에 대해 기술하고 있다. 21개 문항들이 제시되어 있다. 각각의 문항들에 대해 평가해보시오. 다른 사람들이라는 말은 당신의 부하나 고객 혹은 집단구성원들을 의미한다.

0=전혀 그렇지 않다　　1=이따금씩 그렇게 한다
2=때때로 그렇게 한다　　3=꽤 자주 그렇게 한다
4=항상은 아니지만 빈번하게 그렇게 한다

〈채점요령〉

각 요인에 대한 귀하의 점수는 설문지상의 세 가지 문항들의 점수를 합산함으로써 결정된다.

합 계

이상적 영향력 (항목 1, 8, 15) ······························ 요인 1
영감적 동기부여 (항목 2, 9, 16) ······························ 요인 2
지적 자극 (항목 3, 10, 17) ······························ 요인 3
개별적 배려 (항목 4, 11, 18) ······························ 요인 4
업적에 따른 보상 (항목 5, 12, 19) ······························ 요인 5
예외관리 (항목 6, 13, 20) ······························ 요인 6
자유방임적 리더십 (항목 7, 14, 21) ······························ 요인 7

점수범위 : 높음=9~12, 중간=5~8, 낮음=0~4

자료 : P.G. Northouse, Leadership, Sage Publications, Inc., 2004.
김남현, 리더십, 경문사, 2005(재인용).

7 짐 콜린스의 5단계(Level 5) 리더십

짐 콜린스(Jim Collins)는 「좋은 기업을 넘어 위대한 기업으로(Good to Great)」라는 저서에서 '좋은 것(good)'은 '위대한 것(great)'의 적이라고 말하면서 '단계 5의 리더십'을 제안했다. 또한 좋은 것이 크고 위대한 것의 적이라는 것은 단지 비즈니스만의 문제가 아니라 인간의 문제라고도 주장했다.

그는 1965년에서 1995년 사이에 '포춘(Fortune) 500'에 등장한 기업들 중에서 '좋은 회사에서 위대한 회사'로 도약한 기업들 11개를 찾아냈다. 애벗, 서킷시티, 패니마이, 질레트, 킴벌리클라크, 크로거, 뉴커, 필립모리스, 피트니보즈, 월그린즈, 웰스파고 등이 위대한 기업으로 선정된 조직들이다.

그는 1965년에서 1995년까지 '포춘 500'에 선정된 1,435개의 기업을 대상으로 치밀한 재무분서 끝에 11개 기업을 찾아냈는데, 선정 기준은 전환점 이후 15년간 시장의 최소 3배에 달하는 누적수익률을 보인 기업들이었다. 그들은 일정시점 이후에 비교기업군들과 확연한 차이를 보이며 성장했다.

점환점 이후에 애벗은 시장의 3.98배, 서킷시티는 18.50배, 패니마이는 7.56배, 질레트는 7.39배, 킴벌리클라크는 3.42배, 크로거는 4.17배, 뉴커는 5.16배, 필립

모리스는 7.06배, 피트니보즈는 7.16배, 월그린즈는 7.34배, 웰스파고는 3.99배의 수익을 달성했다.

전환시점에 그 기업들에게는 무슨 일이 있었던 것일까?

블랙박스를 전환시점으로 본다면 블랙박스 안에 11개 기업을 대표하는 몇 가지 특징들이 발견된다.

첫째, 11개 기업들은 대체적으로 외부의 저명 CEO를 영입하는 것에 대해 부정적인 인식을 지니고 있었다는 것이다. 한 기업을 제외하고는 모두 내부승진에 의한 인사였다.

둘째, 11개 기업의 CEO들은 고액보수를 위해 일하지 않았다. 그들은 해야 할 일, 더 나은 미래를 위해 일했다.

셋째, 그들은 해야 하는 것과 하지 말아야 하는 일을 명확히 구분하여 부적절한 낭비요소를 원천적으로 제거했다.

넷째, 규모가 크다는 것이 항상 옳은 것이 아니라는 점을 인식하고 내실 있게 움직였다.

다섯째, 그들은 모두 조용하게 움직였으며 블루오션의 중요성을 인식하고 있었다.

앞서 언급한 특징들을 정리해보면 11개 기업들이 보유한 가장 커다란 특징은 그들이 특별한 리더를 보유하고 있다는 것이다. 그들 기업들은 전환시점에서 한결같이 화성에서 온 것과 같은 '특별한 리더'를 보유하고 있었는데 그들이 바로 '단계 5의 리더'[5]이다.

20세기 후반부터 각광을 받아온 '변혁적 리더', '카리스마적 리더' 등은 '단계 5

5) 창문과 거울 효과 : 단계 5의 리더들은 일이 잘 풀릴 때는 창문 밖을 내다보면서 자신 외의 요인들에 찬사를 돌린다. 반면 일이 잘 풀리지 않을 때는 거울을 들여다보며 자신에게 책임을 돌린다.

의 리더'와 비교했을 때 치명적 약점을 가지고 있다. 크라이슬러를 기사회생시킨 리 아이아코카(Lee Iacocca)와 같은 인물은 표류하고 있는 조직에 분명 필요한 인물이다. 그러나 그들이 제대로 된 후계자를 양성하지 않고 조직을 떠나버렸을 때 그 조직은 다시 흔들리기 시작한다는 문제점이 있다.

그림 9-14 5단계의 계층구조

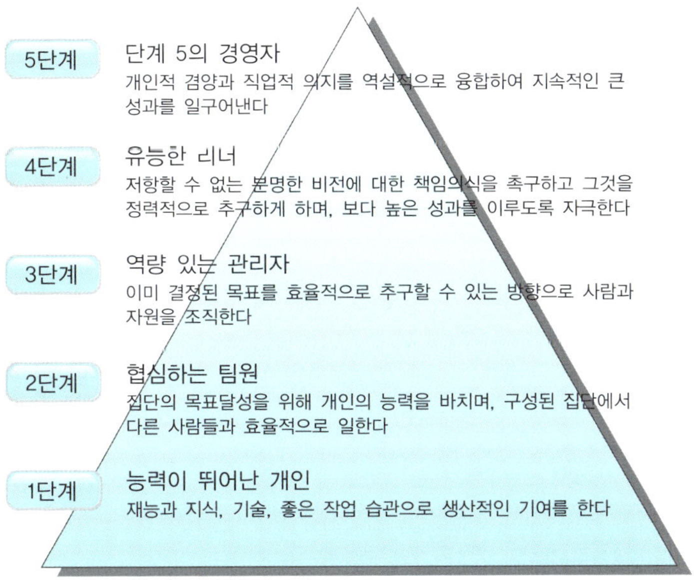

단계 5의 리더들이 자주 사용하는 단어와 표현들
조용한 자신을 낮추는 겸손한 조심스러운 수줍어하는 정중한 부드러운 나서기 싫어하는 말수가 적은 자신에 관한 기사를 믿지 않는

자료 : 짐 콜린스의 '좋은 기업을 넘어…위대한 기업으로' 중에서

'단계 5의 리더'들은 공통적으로 개인적 겸양과 직업적 의지의 융합을 효과적으로 보여주었다. 그들은 자신의 개인적 욕구를 털어내고 기업을 향한 보다 큰 목표를 세웠다. 그들에게 개인으로서의 이기심이 없는 것은 아니지만 누구보다도 강한 야심을 자신이 아니라 조직으로 향하게 했다는 것이 일반 리더들과의 차이점이다. 뒤에 후술하는 매슬로우의 자기실현인이 여기에 해당된다고 생각된다.

그러나 권력욕을 추구하게 하는 야망, 적개심 등은 '단계 5의 리더십'에서 요구하는 '겸양'과 상충되는 개념이기 때문에 그들이 조직에 등장하는 경우는 매우 드물다.

BOBOS 뼈다귀

목소리는 모든 것이다

소통은 인간관계와 사회생활을 성립시키는 매우 기초적인 조건이다. 이것이 원활하게 이루어지지 않게 되면 개인으로서는 사회적 적응에 부정적 원인이 되며, 사회적으로는 조직운영에 중대한 장애가 될 수 있다. 소통의 원론적인 의미는 언어나 몸짓 등을 매개수단으로 한 정신적·심리적 전달 교류라고 표현되며 어원은 '관계를 가지다', '공통분모를 가지다' 이다. 즉 소통은 넓은 의미로 무엇인가와 관계를 가지는 것을 뜻하며 좁은 의미로는 정보나 신호의 전달을 뜻한다.

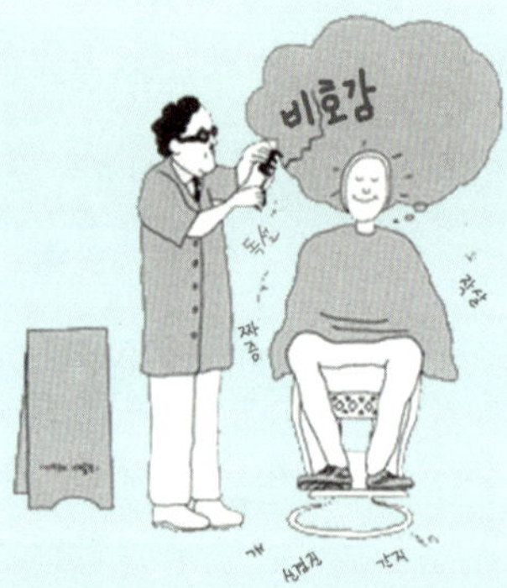

그림 : 위즈덤하우스

소통과 관련하여 가장 대중적으로 인용되는 '메라비언의 법칙(The Law of Mehrabian)'은 심리학자 앨버트 메라비언이 1971년 그의 저서 「Silent message」를 통해 제안했다. 한 사람이 상대방에게 메시지를 전달함에 있어서 언어는 7%를 담당하고, 나머지 93%는 비언어적인 영역으로서 청각이 38%, 시각이 55%를 차지한다는 것이다. 즉 목소리가 차지하는 비중은 38%, 다음으로 표정 35%, 태도 20%가 영향을 미치고 대화의 내용은 겨우 7%에 불과하다는 것이다.

이는 대화를 통한 소통을 할 때 말의 내용보다는 직접적으로 관계가 없는 요소들이 93%나 차지함을 뜻하며 소통이 단순히 말 혹은 대화만을 의미하는 것이 아니라 신체 모든 요소들에 의해 직접적인 영향력하에 있음을 이야기하고 있다. 만약 전화를 통해 메시지를 전달할 때는 목소리의 중요성이 82%까지 상승한다.

일반적으로 사람이 대화를 나눌 때의 목소리 음역은 100~4,000㎐, 보통 남자의 목소리는 100~150Hz 정도인데 100Hz는 1초에 성대가 100번 진동한다는 뜻이다. 소리가 높아질수록 주파수가 높아지는데, 높은 주파수일수록 파장이 짧아서 또렷하게 들려고 대신 전달거리는 짧다. 주파수가 낮은 중저음의 목소리는 반대로 안정감과 지적인 느낌을 주는 반면에 아주 낮은 저주파수의 음은 두려움과 경외감을 느끼게 한다.

대화의 현장에서 많은 사람들이 놓치고 있는 것, 바로 말투다. 말의 내용과 말의 형식은 학교에서, 가정에서 잘 배우고 있지만 말투에 대해서는 그동안 간과해왔다. 그러나 말의 내용보다, 말의 형식보다 관계를 결정짓는 힘은 말투에 있다. 인간의 마음은 이상하게도 사소한 말투의 차이에도 큰 영향을 받는다. 아주 작은 말투의 차이로 상대방의 부탁을 기꺼이 들어주기도 하고, 왠지 모르게 반발하고 싶어지기도 한다. 말투 하나만 가다듬어도 인생이 바뀐다. 말투만 바꿔도 막혔던 말문이 트이고, 원하는 것을 얻으며, 사람 사이의 분위기가 달라진다. 성공하는 사람들, 존경받는 사람들, 알고 보니 말투부터 달랐다. 말투는 인간관계를 구축하는 데 빼놓을 수 없는 중요한 역할을 한다.

말의 내용은 곧 '뜻'이다. 말의 형식은 곧 '행동'이다. 말의 뜻과 행동이 적절하게 조화를 이루어야 성공적인 대화를 할 수 있다. 말의 뜻과 행동이 하나의 목표를 향해 함께할 때만 대화는 아름다운 결과를 얻을 수 있다.

'말의 뜻'과 '말의 행동' 사이의 거리를 줄이는 노력을 하면 된다. 말의 내용도, 말의 형식도 아닌 제3의 영역에 있으면서 내용과 형식 사이의 거리를 줄일 수 있는 '말투'가 바로 그 해결책이다. 비호감에서 벗어나 호감형 이미지로 기억되고 싶다면 말투에 그 답이 있다는 것을 기억하자.

자료 : 김범준의 '모든 관계는 말투에서 시작된다' 한국경제TV, 조선일보(저자 재구성)

BOBOS 한 말씀

지혜란 원칙에 대한 꾸준한 일관성, 즉 그 사람의 성실성에서 나온다. 성실은 겸손과 용기에서 비롯된다. 겸손이란 만물을 통치하는 원칙이 존재한다는 사실을 인정하는 마음가짐이기 때문이다. 우주를 다스리는 것은 절대자이지 내가 아니라는 마음, 그것이 리더가 가져야 할 지혜의 첫걸음이다.

– 스티븐 코비 –

8 서번트 리더십

서번트 리더십(servant-leadership)이라는 단어는 하인(servant)과 리더(leader)라는 역설적인 두 단어가 합쳐져서 만들어진 단어이다. 지금까지 우리에게 알려진, 우리가 알고 있는 리더는 어떤 방식으로든 우리의 위에 서 있었다. 그러나 서번트 리더십은 진정한 리더가 되려면 추종자들의 밑에서 그들을 섬겨야 됨을 가르쳐주고 있다.

이전까지의 리더십의 개념은 모두 위에서 아래를 향했다. 리더십의 개념이 영향력을 행사한다는 의미를 내포하고 있으므로 더 많은 영향력을 행사하기 위해서는 위로부터 아래로 이어지는 수직적인 개념이 효과적이었던 시대가 있었다. 그러나 상황은 변했고, 급변하는 환경에 따라 조직구조도 수직적인 개념에서 수평적인 네트워크형 조직구조로 변화하고 있다. 따라서 리더도 이제는 추종자들을 섬기고, 그들을 도우며, 공동체적인 개념을 형성해야만 한다는 것이 서번트 리더십의 초점이다.

서번트 리더십을 처음 제안한 사람은 로버트 그린리프(Greenleaf)이다. 그는 서번트와 리더에 대하여 두 가지 명제를 던진다.

첫째, 이 두 가지 상반된 역할이 모든 사람들에게 통합될 수 있을까?

둘째, 만약 그것이 가능하다면 현실에서도 그런 사람이 생산적으로 생활할 수 있을까?

그린리프가 이 새로운 리더십에 대한 이론을 정립할 수 있도록 아이디어를 제공해준 것은 헤르만 헤세의 「동방으로의 여행」이란 소설이다.

이 소설의 기본적 주제는 간단하다. 동방국가를 찾아 여행을 떠나는 순례자들에 대한 이야기이다. 주인공 레오는 순례자 집단의 서번트, 즉 하인으로서 그들과 함께 여행을 떠난다.

레오는 여행길에서 순례자들의 하찮은 일을 도맡아 하고, 그들의 영혼을 위로하고, 그들의 불평을 들어주고 격려해주는 역할을 한다. 그는 헌신적으로 봉사하면서 여행에 차질이 없도록 격려해준다.

그러던 어느 날 레오가 갑자기 사라졌다. 순례자들은 레오를 서번트로 생각했었기 때문에 존재감을 거의 느끼지 못했었다. 그러나 레오가 사라진 직후부터 순례집단은 큰 혼란에 빠지게 된다. 그들은 이리저리 방향을 잃고 헤매게 된다. 그들은 레오 없이는 아무 일도 할 수 없는 존재들이었던 것이다.

그러던 중 순례자 중 한 사람이 어느 교단의 후원으로 레오를 찾아 나선다. 그는 몇 년을 찾아 헤맨 끝에 레오를 찾아냈다. 그리고 레오와 함께 교단으로 간다. 그는 그 교단에서 레오가 실제로는 교단의 책임자이자 정신적 지도자라는 것을 알게 된다.

그린리프는 이 소설을 통해서 서번트 리더십을 구상했고, 진정으로 위대한 리더가 되기 위해서는 우선 서번트가 되어야 한다고 생각했다. 그는 리더라는 자리가 서번트의 천성을 가지고 있는 사람에게 일시적으로 주어지는 것이라고 생각했다. 언제든 리더의 자리에서 물러날 수는 있지만 서번트의 천성은 사라지지 않는다는 것이다.

수직적인 피라미드형 조직구조가 수평적인 조직구조로 바뀌고 있다. 계층의 개념보다는 하는 일의 역할이 더 중요하게 부각되는 시대가 되었다. 그렇기 때문에 오늘날 모든 리더십은 '권한위임'을 중요하게 생각한다. 허쉬와 블랜차드는 그런 의미에서 통찰력 있는 학자들이다. 그들이 수명주기이론에서 제안하는 것은 부하들이 심리적·기술적으로 성숙된다면 리더의 권한을 줄여나가 그들이 더 잘할 수 있도록 만들어주자는 것이다. 가장 성숙한 리더십은 권한을 추종자들에게 위임한다.

표 9-12 서번트 리더십의 5-Point Star 모형

I : Inspire(영감 : 다른 사람들에게 영감과 감화를 줌)
S : Support(지원 : 정서적·물질적·정신적 지원)
T : Training(훈련 : 기술, 핵심역량, 업무수행방법, 질적 서비스 등을 훈련)
A : Acknowledge(인정 : 개인과 팀의 노력과 결과를 인정)
R : Reward(보상 : 유형의 보상과 기쁨, 자긍심, 팀정신과 같은 무형의 보상)

자료 : 김성국의 '조직과 인간행동' 중에서

BOBOS 한 말씀

너희 중에 누구든지 크게 되고 싶은 사람은 타인을 섬기는 사람이 되어야 하고 으뜸이 되고 싶은 사람은 모든 사람의 종이 되어야 한다

– 마가복음 10:44–45 –

핵심 체크

01. 리더십은 타인에게 영향력을 행사하는 과정이다.

02. 특성이론에 의하면 리더십능력은 타고난 것이며, 리더가 보유하고 있는 특성으로 인해 리더로 인정받는다.

03. 행동이론에 의하면 리더를 확인해주는 특별한 행동이 있으며, 공통된 내용은 인간과 과업이다.

04. 오하이오주립대학의 연구는 구조주도와 배려로 이루어져 있다.

05. 미시간대학의 연구는 생산지향형 리더와 종업원지향형 리더로 이루어져 있다.

06. 블레이크와 무턴의 관리격자이론은 81개의 리더십유형으로 구성되며, 편의상 무관심형, 생산지향형, 인간지향형, 중용형, 이상형 등으로 구분된다.

07. 피들러의 상황이론은 투사의 원리를 이용해 자신의 리더십유형을 진단하고, 리더와 구성원과의 관계, 과업구조, 지위권력 등 세 가지의 상황요인과 연결한다.

08. 하우스의 경로-목표이론은 리더가 목표를 달성함에 있어서 장애물을 제거하고 부하들을 돕는 것으로서, 부하의 동기부여에 초점을 맞춘다.

09. 허쉬와 블랜차드의 수명주기이론은 부하의 성숙도에 따라 리더의 유형을 융통성 있게 적용한다.

10. 변혁적 리더십은 부하들의 높은 가치체계, 신념 등에 호소하여 그들을 자극하고 성장시키는 리더십이다.

11. 변혁적 리더십은 카리스마, 지적자극, 개별적 배려 등으로 구성된다.

12. 카리스마는 은사라는 뜻의 라틴어에서 유래되었으며 한 인간이 지닌 비범한 자질, 재능 등을 의미한다.

13. 개별적 배려는 리더와의 친밀감을 높임으로써 리더가 제시하는 가치에 더 쉽게 다가갈 수 있도록 만든다.

14. 지적자극은 리더에 대한 의존성을 제거하고 한 개인이 성장하여 또 다른 리더가 되도록 돕는다.

CHAPTER

10

동기부여

Management of BOBOs

Management of BOBOs

1. 동기부여의 개념
2. 동기부여이론

동기부여

Chapter 10

보보의 경영학
Management of BOBOs

BOBOS 뼈다귀

인간을 움직이는 '밈'

칸딘스키의 '최초의 추상적 수채화'

'밈'은 리처드 도킨스가 자신의 저서 「이기적 유전자」에서 도입한 개념으로서 문화정보의 단위를 가리키는 말이다. 유전자에 담긴 화학명령이 인체에 미치는 영향과 비교하여 문화정보가 사회에 미치는 영향을 나타내려 했다. 밈은 그리스 단어 미메시스(mimesis), 즉 모방에서 비롯되었다.

문자생활이 함께 발전하지 않았다면 기술도 지금처럼 성공적으로 발전하지는 못했을 것이다. 지식이 비약적으로 성장한 시점은 정보를 신체 외부에 처음으로 기록하게 되면서부터다. 개인의 기억흔적에서 벗어나게 된 것이다. 그 전에는 정보는 오직 뇌에만 저장할 수 있었기에 그것을 머리에 지장하고 있던 사람이 다른 사람에게 전달하기 전에 죽으면 정보도 함께 소멸되었다. 정보를 신체 외부에 있는 상징물에 표현하는 방법을 발견하자 밈의 진화가 일어날 수 있게 되었다.

문학과 미술과 음악에서 충격의 가치가 몇 십 년마다 꾸준히 상승한다. 시인은 이전 세대의 시인보다 더 생생한 이미지, 더 감각적인 표현을 쓰지 않으면 주목받지 못한다.

매년 수천 편의 시 가운데 살아남는 몇 편은 더 감정적인 주체를 다루거나 가장 기이한 말장난을 하는 작품이다. 관심을 끄는 그림은 기존의 그림에 식상한 현대의 관람객들에게 가장 충격적으로 느껴지는 작품이다. 주목받으려면 새로운 밈은 반드시 과거의 밈과 분명히 달라야 하는데, 이목을 끄는 가장 쉬운 방법은 우리 유전자의 성향을 이용하는 것이다. 성욕, 호전성, 죽는다는 두려움은 고갈되지 않는 예술적 주제의 원천이지만 이 주제가 어떤 예술작품에 구체화되어 나타날 때마다 다음 작품은 그보다 더 시각적이고 노골적이어야만 하게 되었다.

오늘날 가장 널리 퍼져 있는 정보교환 매체는 TV이다. 이목을 끌고 관심을 유지하는 데도 가장 강력하고, 마음을 조작하고 악용하는 것 외에 풍요롭게 하는 데도 가장 널리 활용된다. TV라는 밈은 다른 수많은 대안을 배제하기 때문에 그 통제방법을 배우는 것이 무엇보다 중요하다. 우리가 주도권을 쥐고 밈을 우리 목적에 맞게 활용하지 않는다면, 대개 밈이 주도권을 잡고 자기 목적에 우리를 이용한다.

자료 : 칙센트미하이의 '몰입의 재발견' 중에서(저자 수정)

1 동기부여의 개념

"사람은 왜 일을 해야 하나요?"

인간이 왜 일을 해야만 하는가에 대한 질문은 인간이 무엇을 위해 어떻게 살아가야 하는가에 대한 질문이다. 물질적으로 주어지는 것들은 인간의 삶을 보다 편리하게 만들어주기 위한 전제조건이 되기는 하지만 일정한 수준을 넘어서면 더 이상의 풍요로움을 주지 못한다. 때문에 소유로서의 풍요로움이 인간을 움직이는 데는 한계가 있다. 그러므로 소유로서의 욕구에서 시작하여 한 단계 상승하는 더 높은 차원의 욕구로서 인간의 동기를 설명할 필요가 있다.

경쟁이 치열해지면 질수록 기업의 경쟁우위를 확보하는 것은 아날로그적인 역량인 사람, 즉 '인재'이다. 이 인재들이 전략을 성공적으로 실현시키기 위해서 그들에게 필요한 것은 적절한 '스킬(skill)'이다. 그러나 스킬의 획득과 그 안정적 발휘는 '동기부여(motivation)'가 전제가 되어야만 한다. 왜냐하면 인간에게는 일정한 외부적 압력이 있고 그 압력을 해소하기 위해 어떤 행위를 하지만 그것은 흐르는 강물처럼 이동하기 때문이다. 내부적으로 솟아오르는 그 무엇이 없이는 끊임없이 움직일 수 없다.

보보가 처음 '아이러브보보스'를 시작할 때만 해도 그렇게 큰 성공을 거두리라곤 생각지 않았다. 그러나 생각보다 사업이 번창해서 많은 돈을 벌었다. 그렇다면 왜 보보는 그 일을 선택해서 해야 했을까? 우선은 돈을 벌기 위해서였다. 그 이후에 어떤 변화가 일어났든 간에 처음 시작은 경제적 이유였다. 바로 여기에 동기부여에 대한 시작과 해답이 있는 것이다.

수많은 행동과학자들은 인간은 어떤 동인에 의해 동기부여가 되고, 그것을 충족시키려고 노력한다고 주장했다. 처음엔 그것이 경제적인 이유였을 것이고, 그러한 기본적인 것이 충족되다 보니까 사회적으로 사람들과 어울리고 싶고, 인정받고 싶고, 더 나은 일을 성취하고 싶은 욕구가 생겨났을 것이다. 우리는 지금 바로 그 이야기를 하고자 한다.

그림 10-1 동기부여의 메커니즘

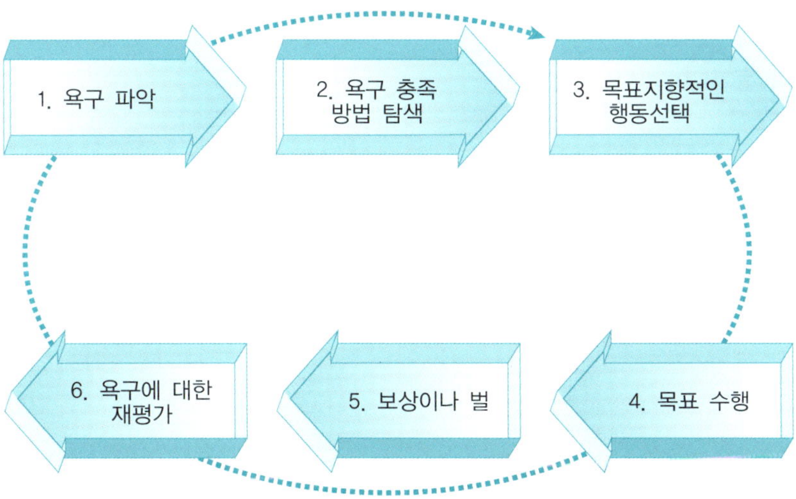

자료 : D. Hellriegel & J.W. Slocum, *Organizational Behavior,* Thomson South-Western, 2007(저자 재구성).

동기부여(motivation)는 '움직인다(to move)'는 의미를 지닌 라틴어의 'movere'에서 유래했다. 따라서 동기부여는 무엇인가를 움직이는 과정을 포함하는 개념이다.

동기부여(Motivation)를 한마디로 정의하면 '욕구를 만족시키려는 행동을 이끄는 내부적인 과정'이라고 할 수 있다. 즉 사람들은 자신의 욕구를 충족시키기 위해 일한다.

따라서 동기부여는 개인 및 조직의 목적을 달성하기 위해 자신과 타인을 움직이는 과정이며, 사람들의 행동을 일으키고 유지하는 영향력이다. 그리고 이러한 행동이 단순한 행동이 아닌 목표지향적인 행동과 관련되므로 일반적으로 동기가 부여된 종업원은 그렇지 않은 종업원보다 더 나은 업무성과를 위해서 더욱 노력할 것이다. 이때 목표는 종업원이 지닌 욕구나 기업이 달성하고자 하는 목적(생산성)을 의미한다.

동기부여를 시키는 가장 기본적 요소는 인간의 욕구이다. 동기부여이론은 욕구와 관련해서 어떤 요인이 동기부여를 시키는가 또는 어떠한 과정을 거쳐서 동기부여가 이루어지는가를 설명하고자 하는 두 가지로 구분된다. 전자가 내용이론(content theory), 후자가 과정이론(process theory)에 해당한다. 본서에서는 내용이론을 중심으로 서술하고자 한다.

표 10-1 동기부여이론의 구분

내용이론	과정이론
• 매슬로우의 욕구단계설 • 알더퍼의 ERG이론 • 허즈버그의 이요인이론 • 맥클리랜드의 성취욕구이론	• 브룸의 기대이론 • 포터와 로울러의 기대이론 • 아담스의 공정성이론

BOBOS 뼈다귀 가장 비싼 자원

가장 귀하고 비싸지만 아직 개발되지 않은 자원이 있다면 무엇일까? 바로 '사람'이다. 조직의 성패는 구성원들의 능력에 달려있다. 성장, 생산성, 성과, 목표달성, 수익성 등을 좌지우지하는 건 바로 평범한 개개인들이기 때문이다.

누군가에게 동기를 부여하는 것이 빠를까? 그들의 동기부여를 방해하는 요소들을 제거하는 것이 빠를까? 동기부여란 결국 스스로 할 수밖에 없는 것이다. 경영자가 할 수 있는 일이란 그저 구성원들의 잠재력이 자연스럽고 자발적으로 발휘될 수 있도록 환경을 조성하는 일뿐이다.

평범한 사람은 일할 때 자신의 능력 중 50퍼센트만 발휘한다고 한다. 나머지 50퍼센트는 대개 근무시간 내내 낭비하는 것이다. 동료들과 수다를 떨고, 인터넷 쇼핑을 하고, 늦게 출근해서 일찍 퇴근하고, 휴식시간이나 점심시간을 초과하고, 업무시간 중 개인용무를 처리하는 등 업무에 오롯이 집중하지 못한다. 이는 어느 조직이나 겪고 있는 가장 큰 '돈 낭비'이다. 이유가 무엇일까? 의욕의 부재다. 일을 최우선순위로 두지 않으며, 목표의식도 긴박감도 없다.

기업은 직원에게 왜 돈을 주는가? 그들의 능력을 최대치로 이끌어내기 위해서다. 경영자의 임무란 개인의 잠재된 50퍼센트를 이끌어내고 그 시간과 에너지를 생산적으로 활용하는 것이다. 누구나 할 수 있는 '적당한 50퍼센트'가 아닌 51퍼센트부터가 진짜 성과와 직결되는 것이다.

자료 : 브라이언 트레이시의 '동기부여 불변의 법칙' 중에서

BOBOS 신문

'제너레이션 센시블(Generation Sensible)'[1] 시대가 왔다

"저녁에 가족과 함께 보내는 시간이 좋다."

"지금 내게 섹스는 큰 흥밋거리가 아니다."

"따뜻한 욕조에 몸을 담그고 와인 한잔 마시며 책을 읽는 것을 좋아한다."

누가 한 얘길까. 바쁜 일상에 찌든 중년층을 먼저 떠올리겠지만, 모두 10대 청소년들이 한 말이다. 영국 임신상담서비스(BPAS)가 만 16~18세 1,000명을 대상으로 한 조사에 따르면 지금의 10대는 과거의 10대와 달리 성생활, 음주 등에 대한 관심이 덜하고 친구보다는 가족과 시간을 보내는 것을 선호하는 것으로 나타났다.

이 조사 발표 후 BBC 등 매체들은 1990년대 후반~2000년대 초중반 태어난 젊은 세대에 '제너레이션 센시블(Generation Sensible)'이라는 호칭을 붙였다. 센시블이란 실용적 · 합리적 · 분별력 있다는 뜻이다.

기존 젊은이에 대한 상식으로는 제너레이션 센시블을 이해하기 어렵다. 이들은 반항적이기보다는 체제적응적이고, 외출시간보다 집에 머무는 시간을 즐긴다.

이들은 기성세대 못지않게 웰빙을 추구한다. 영국 일간 텔레그래프는 "과거 10대가 숙취와 함께 아침으로 정크푸드를 먹었다면 제너레이션 센시블은 이른 아침 건강한 채식을 하고 인스타그램에 사진을 올린다"고 전했다.

1) 1990년대 후반에서 2000년대 초반 사이 태어난 10대 후반~20대 초반 세대를 가리키는 신조어이다. 센시블(Sensible)은 합리적 · 실용적이라는 뜻으로 이 세대의 젊은층이 과거 세대와 달리 음주나 흡연, 섹스 등에 관심이 적고 가족과 자신의 학업 등에 더 집중하는 경향을 말한다.

이와 같은 경향은 통계로도 확인된다. 영국 통계청에 따르면 만 24세 이하 흡연율은 2011년(25.7%)보다 약 8%포인트 가까이 떨어져 2017년에는 17.8%를 기록했고, 음주율은 2005년 60%에서 2017년 48%로 줄었다. 청소년 범죄도 줄어 지난해 영국에서 체포된 만 10~17세 청소년(7만 4,800명)은 10년 전(약 35만 6,000명)의 5분의 1 수준이다.

'애늙은이' 같아진 젊은층을 바라보는 시선은 엇갈린다. 일각에서는 '지루한 세대' 혹은 '시시한 세대'라고 부르기도 한다.

일부 전문가들은 2000년 전후 태어난 지금 젊은 세대가 사춘기 전부터 스마트폰에 노출돼 자랐다면서 기술발달과 소셜네트워크서비스(SNS)가 이들에게 영향을 미쳤다고 해석한다. 호주국립대 연구진은 6월 발표한 논문에서 "호주 뉴사우스웨일스 지역 청소년들이 바깥에서 보내는 시간보다 SNS와 동영상을 보는 시간이 늘면서 청소년 범죄가 줄었다"고 상관관계를 밝힌 바 있다.

미국에선 스마트폰의 해악성에 관한 논쟁이 붙기도 했다. 지난해 「i-Gen」이라는 책을 낸 심리학자 진 트웬지는 2007년 아이폰 출시 이래 젊은 세대가 "덜 반항적이고 참을성은 늘었지만 우울감이 높아졌다"면서 "스마트폰이 오프라인과의 단절을 통해 젊은 세대를 망친다"고 주장했다. 반면 또 다른 심리학자들은 트웬지가 편향된 통계만 사용했으며, SNS의 긍정적인 면이나 사회적인 맥락을 무시했다고 반박했다.

자료 : 동아일보, 2018. 8. 1(저자 수정)

BOBOS 한 말씀

행복추구와 이윤추구는 상호배타적이지 않다

- 빌 오브라이언 -

2 동기부여이론

1) 욕구단계설(욕구계층설, Need Hierarchy Theory)

그림 10-2 매슬로우이론과 프로이트이론의 비교

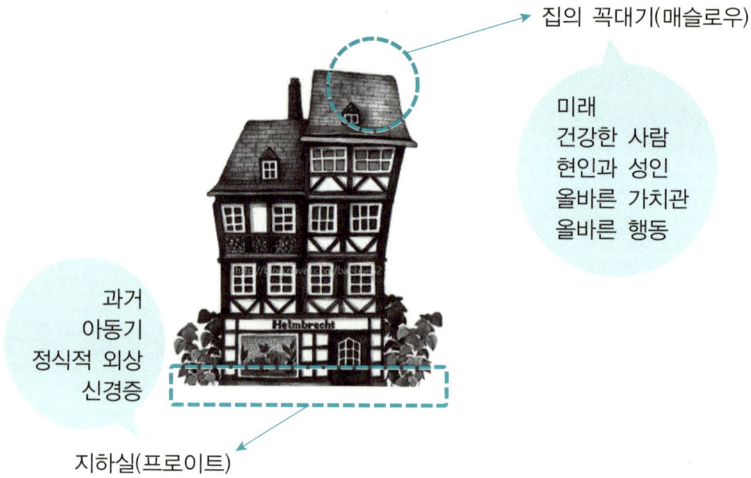

개인이 지닌 욕구와 동기부여의 이론으로 가장 널리 알려진 것은 매슬로우의 욕구단계설이다. 매슬로우(Maslow)는 인간에게 동기를 부여할 수 있는 욕구가 계층을 형성하고 있는 것으로 파악하였으며, 그 중 삶에서 가장 많은 것을 얻는 것처럼 보이는 사람들,[2] 즉 가장 충분히 기능하고, 가장 건강하며, 가장 잘 적응하는 사람들의 특성에 특별한 관심을 가졌다. 그는 그들이 어떻게 그렇게 완벽할 수 있고, 잘 적응할 수 있는가를 이해하는 데 대부분의 시간을 바쳤다.

매슬로우가 다른 심리학자들과 분명하게 구별되는 점은 빛과 어둠, 선과 악, 높이와 깊이 등 인간 본성의 이중성에 직면하여 이것을 이해하고자 많은 노력을 했다는 것이다. 매슬로우는 제2차 세계대전을 겪으면서 전쟁으로 인한 고통에 의해 심각하게 동요되었기 때문에 인간이 전쟁, 편견, 증오보다 나은 어떤 것을 할 역량

2) '자기실현인'-가장 충분히 기능하고, 가장 건강하고, 가장 잘 적응하는 사람들

이 있다는 것을 입증하는 데 그의 생을 헌신하기로 맹세했고, 이것은 평생의 연구로 이어져 '욕구단계설'이 탄생하게 된다.

욕구단계설은 1943년에 소개되었으며, 인간에게 동기를 부여하려면 단계별로 상승하는 인간의 욕구를 제대로 이해하고 있어야 한다는 것이다. 인간의 욕구는 낮은 단계의 욕구로부터 시작하여 그것이 충족됨에 따라서 차츰 상위 단계로 올라간다. 이러한 매슬로우의 이론은 브랜다이스대학에 재직할 당시에 집필한 「인간의 동기와 성격(Motivation and Personality)」이라는 책에서 소개되었는데, 인간의 다양한 욕구들이 피라미드와 같은 그림으로 묘사되는 위계를 형성한다고 보았다. 그림으로 나타내면 다음과 같다.

그림 10-3 매슬로우의 욕구단계설

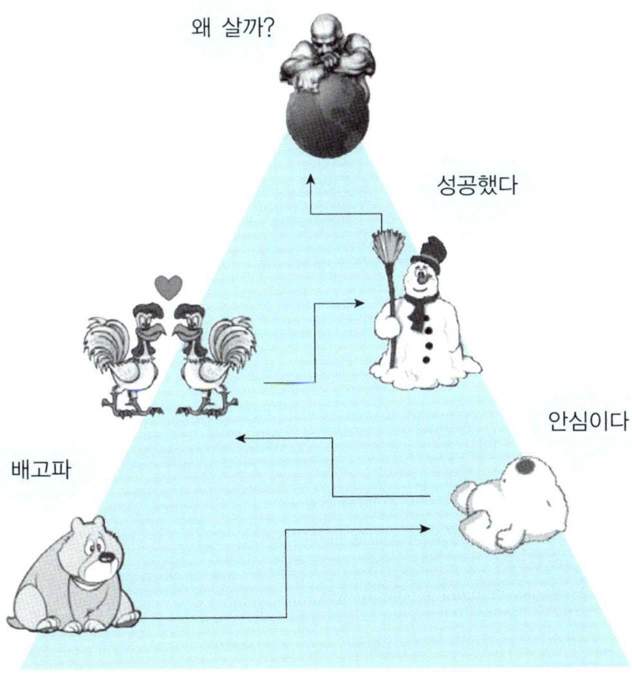

BOBOS 뼈다귀

매슬로우의 반란

호세 안톨리네즈 '미덕과 악덕 사이의 그리스도교인 영혼'

인간에 대한 기본적 욕구에 대해 매슬로우는 하나의 견해를 주장한다. 이러한 기본적 욕구에는 선과 악이 없다는 것이다.

서양문명에서는 인간 내면에 있는 동물성은 나쁜 것이고, 인간의 원시적 행동은 사악하고 탐욕스러우며 이기적이고 적의에 가득 차 있는 것이라고 믿고 있다. 신학자는 이를 원죄 또는 악마라고 부르며, 프로이트파는 이드(id)라고 부른다. 아주 오래 전부터 인간의 본능적 행동과 이성을 이분화해왔던 것이다.

그러나 매슬로우는 인간에게 있어서 이 양방향은 모두 본능일지 모른다고 주장한다. 더욱이 본능적 충동과 이성의 목표는 대립하는 것이 아니라 같이 움직이는 것이다. 이른바 '윤리성'이라는 것은 대부분 수용할 수 없는 것과 만족하지 못하는 것의 부대적 현상이라는 것이다. 매슬로우의 이러한 주장은 서양의 기독교 사상이 지배적인 사회에서는 혁명적인 것이었다.

자료 : 매슬로우의 '인간성의 심리학' 중에서

매슬로우는 인간의 내부에는 단계를 이루는 다섯 가지 욕구가 존재한다고 주장한다. 이러한 논리에는 다음과 같은 몇 가지의 가정이 자리 잡고 있다.

- 인간은 만족할 수 없는 욕구를 가지고 있다.
- 인간행동은 만족하지 못한 욕구를 채우는 것을 목표로 한다.

- 인간욕구는 기본욕구(생리적, 안전·안정욕구)에서부터 상위욕구(사회적, 자존, 자기실현욕구)까지 5단계로 이루어지며, 기본적인 욕구가 채워져야 상위욕구를 채우려 한다. 동기력의 강도는 피라미드의 윗 단계로 한 단계씩 이동함에 따라 약해진다.
- 일단 만족된 욕구는 더 이상 동기부여요인이 될 수 없다.

(1) 생리적 욕구(physiological needs)

의·식·주, 수면, 성생활 등과 같은 인간의 생명을 유지·보존하기 위한 가장 기본적인 욕구이다.

(2) 안전·안정의 욕구(safety needs)

신체적·감정적 위험으로부터 보호되고 안전해지기를 바라는 욕구이다.

(3) 사회적 욕구(social needs)

'사랑의 욕구', 집단을 만들고 싶다거나 동료들로부터 받아들여지고 싶다는 욕구이다.

(4) 자존의 욕구(esteem needs)

인간은 어디에 속하려는 욕구가 어느 정도 만족되면 어느 집단구성원 이상의 것이 되기를 원한다. 이는 내적으로 자존을 성취하려는 욕구(내적 존경욕구) 및 타인으로부터 인정을 받고 지위를 확보하려는 욕구(외적 존경욕구)이다.

(5) 자기실현의 욕구(self-actualization needs)

욕구수준의 최정상에 위치하며 인간이 바라는 최종적인 욕망으로, 자기가 지니고 있는 잠재적인 능력을 최대한 발휘하여 성취감을 충족시키고자 하는 욕구이다. 결코 충분히 충족될 수 없이 연속되는 욕구이다.

저차원(생리적, 안전과 안정)의 욕구일수록 매우 기본적이고 동물성이 강하기 때문에 강력하다. 고차원(사회적, 자존, 자기실현)의 욕구일수록 덜 동물적이고 더 인간적이기 때문에 미묘하고 요구가 덜하다.

자존의 욕구는 자기평가를 포함하고 있다. 이는 타인으로부터 인정받고 싶은 욕구를 포함하기 때문에 수용은 평가적이지 않을 수도 있지만 인정은 평가적이다. 따라서 내가 가지고 있는 어떤 요인 때문에 인정받고 존중받는다고 생각되기 때문에 인정에 대한 욕구는 더 세밀하다.

자존감을 유지하기 위해서는 두 가지 조건이 요구된다.

첫째, 사건은 반드시 내가 있을 때 일어나야 한다. 사건이 나의 통제에서 벗어나면 그 사건은 나와 관련이 없기 때문이다.

둘째, 그 사건은 반드시 좋거나 나쁜 의미를 지녀야 하고, 그럼으로써 자존에 대한 잠정적 의미를 갖게 된다.

자기실현은 인간의 동기 중 가장 고상한 유형이다. 자기실현은 자신의 유지나 고양을 촉진하는 특성을 가지고 있다. 자기실현을 통해 인간은 더 자율적이고 자족적이 되며, 삶은 더 확장되고 풍부하며 창조적이 된다. 자기실현은 인간 내부에서 일치성, 온전성, 통합성을 증진시키고 분열이나 불일치를 최소화한다.

▮그림 10-4▮ 욕구의 성격

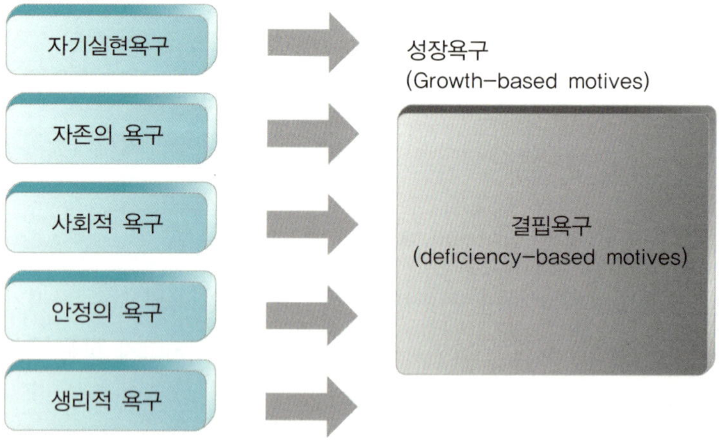

매슬로우는 낮은 동기(생리적, 안정, 사회적, 자존)를 결핍동기(deficiency-based motives)라 하고, 높은 수준의 동기(자기실현)를 성장동기(growth-based motives)라 지칭했다. 낮은 동기는 부족하기 때문에, 즉 결핍 때문에 생겨난다. 이는 유쾌하지 않은 상태를 벗어난다는 의미 이상은 없다. 그러나 높은 동기는 인간이 더 많은 것을 할 수 있으며 그 무한한 잠재력을 실현시키는 성장에 대한 욕구이다. 성장욕구는 정의, 선, 미, 질서, 조화, 완전, 자기충족 등과 같은 타고난 가치에 대한 욕구로 인간의 체험을 확장하고 삶을 풍요롭게 하는 것이다.

인간은 태어날 때부터 성장가치를 가지고 태어난다. 매슬로우에 의하면 가장 높은 가치는 인간성 그 자체 내에 존재하며 발견되는 것이다. 내적 본성은 선과 악보다 우선한다. 이것은 가치가 초자연적인 신 또는 인간성 외의 다른 원천에서 비롯되었다는 오래된 관습적 신념과는 매우 대립되는 개념이다.

인간이 성장가치를 충족시키지 못하면 메타병리(metapathology)에 빠지게 된다. 메타병리는 인간의 성장가치 충족의 실패와 관련해서 자기성장이 방해되는 것을 의미한다. 즉 메타병리는 자기실현자들이 자신의 잠재력을 표현하고, 사용하고 충족시키는 것을 방해한다.

상위욕구에 초점을 맞추기 전에 반드시 더 낮은 하위욕구를 다룰 필요가 있는데 여기에는 두 가지 이유가 있다.

첫째, 만약 보보가 더 높은 수준의 욕구를 만족시키려고 노력하는 동안 더 낮은 수준의 욕구 하나가 발달하기 시작하면 이 낮은 수준의 욕구는 보보로 하여금 높은 수준의 욕구에서 멀어지게 만든다. 때문에 보보는 더 기본적인 하위욕구에 관련된 일을 하도록 강요받게 된다.

둘째, 일련의 욕구들은 위로 이동하고 있다. 낮은 수준의 욕구로부터 자유로워져야 상위욕구로의 이동이 고려되어진다.

표 10-2 성장가치목록

- **전체성** : 일체성, 하나가 되는 경향, 상호연관성, 단순함, 조직, 구조, 이분법의 초월, 질서
- **완전성** : 필수, 의로움, 당연함, 필연성, 적합성, 정의, 완전, 당위성
- **완성** : 종료, 최종, 정의, 실현, 종결과 완결, 운명, 죽음
- **정의** : 공평함, 질서정연함, 합법성, 당위성
- **생동감** : 과정, 죽지 않음, 자발성, 자기조절, 완전한 기능
- **풍부함** : 분화, 복잡성, 복잡한 관련성
- **단순성** : 정직, 솔직, 본질, 추상적, 주된 구조
- **아름다움** : 의로움, 형식, 생동감, 단순함, 풍부함, 전체성, 완전성, 완성, 독특함, 정직
- **선함** : 의로움, 바람직함, 당위성, 정의, 자비, 정직
- **독특성** : 특이성, 개인성, 비교할 수 없음, 새로움
- **애쓰지 않음** : 편안함, 긴장, 경쟁 또는 어려움의 결여, 우아함, 완전하고 아름다운 기능
- **놀이** : 재미, 기쁨, 즐거움, 쾌활함, 유머, 풍부함, 애쓰지 않음
- **진실, 정직, 실체** : 솔직, 단순성, 풍부함, 당위성, 아름다움, 순수하고 깨끗하고 때묻지 않은, 완전성, 본질
- **자체로 충분함** : 자율성, 독립성, 자기 자신이 되기 위해서 다른 사람을 필요로 하지 않음, 스스로 결정함, 환경의 초월, 분리, 자기 자신의 원칙에 따른 삶

자료 : A. Maslow, *Toward a psychology of being*, John Wiley & Sons, Inc., 1968.

표 10-3 자기실현가들의 특성

자기를 실현하는 사람들은…
• 현실을 지각하는 데 있어서 효율적이고 정확하다. • 그들 자신과 타인, 자연을 수용한다. • 사고와 정서가 자발적이고, 인위적이기보다는 자연스럽다. • 문제 중심적이고, 영원한 철학적 질문에 관심이 있다. • 욕구충족에 있어서 독립적이고 자율적이다. • 일상적인 사건에 대해 끊임없이 감사한다. • 시공을 초월한 자연과의 일체감인 '광대한 감정'을 종종 경험한다. • 모든 인류와 자신을 동일시한다. 민주적이고 타인을 존중한다. • 오직 소수의 사람과 깊은 결속을 유지한다. • 일이 진행되는 과정 자체에 감사한다. • 철학적이고 사색적이며 적의 없는 유머감각을 갖는다. • 어린이와 같이 신선한 독창성과 창의성이 있다. • 그들이 살고 있는 문화로부터 내적 분리를 유지한다. • 충분히 강하고 독립적이며, 때로는 변덕스럽고 냉혹하게 보이는 자신의 내적 비전에 의해 인도된다.

자료 : Charles S. Carver & Michael F. Scheier의 'Perspectives on Personality' 중에서

매슬로우는 자기실현이 명확히 일어났던 순간에도 초점을 맞추었는데 이를 언급하기 위해 '절정경험(peak experience)'이라는 용어를 제시했다. 절정경험과 관련된 감정은 경외감, 경이로움, 황홀의 감정이다. 절정경험은 자아와 환경의 일치를 의미한다. 그것은 '내적 필요성'과 '외적 필요성' 또는 '내가 원하는 것'과 '내가 안 하면 안 되는 것' 사이의 조화를 의미하기도 한다. 절정경험은 수동적인 방식으로 나타날 수도 있고, 어떤 종류의 행위에 종사할 때 나타나기도 한다. 통계적으로는 여가시간보다 일하는 시간에 절정경험을 더 많이 한다는 보고가 있다. 절정경험의 경지에 이른 사람은 자유롭고 행복한 마음으로 자신의 운명을 흔쾌히 받아들인다. 그는 자신의 운명을 자기 의지대로 선택한다. 이와 비슷한 개념으로서 칙센트미하이(Czikszentmihalyi)는 '몰입(flow)'[3)]이라는 용어를 사용했다. 그는 "누구에게나 한 번쯤은 외적 조건들에 의해 압도되지 않고 우리의 행동을 스스로 조절할 수 있으며 내 운명은 내가 주인인 듯한 느낌이 드는 순간들이 있는데, 이때 우리의 기분은 마냥 고양되고 행복감을 맛볼 수 있으며 더 나아가 본인이 지향하고 싶은 삶의 이정표가 될 수 있다"라고 말했다.

절정경험은 어떤 활동에 열중해서 그 활동이 그 사람이 되는 것처럼 보이기도 한다. 중요한 것은 행해지는 무엇이 아니라 그것이 일어나는 방식이다. 무엇엔가 완전히 몰두할 수 있다면 그것은 절정경험이 된다.

매슬로우의 욕구단계설은 경영자들로 하여금 인간욕구에 대한 체계적인 인식을 최초로 갖게 해준 이론이었다. 또한 종업원들의 하위욕구를 어느 정도 충족시켜준 이후에도 동기부여효과를 지속적으로 얻기 위해서는 상위욕구를 충족시켜 줄 수 있는 조직분위기가 조성되어야 한다는 중요성을 일깨워준 이론이었다. 또한 인간의 성격이 어떻게 되어야 하느냐 라는 물음에 대한 답을 제공하였다. 인간은 시를 읽고, 음악을 듣고, 사랑에 빠지며, 때로는 절정경험을 체험하고 스스로를 실현하려 한다. 손에 잡히지 않는 이런 현상들이 존재한다는 것, 이 현상들이 인간다운 삶의 핵심적 측면이라는 것을 일깨워준 이론이기도 하다.

3) 삶이 고조되는 순간에 물 흐르듯 행동이 자연스럽게 이루어지는 느낌을 의미한다. 즉 의식이 경험으로 꽉 차 있는, 각각의 경험이 조화를 이루는 상태를 말한다. 일상생활에서 좀처럼 맛보기 어려운 경험이지만 그 순간에는 느끼는 것, 바라는 것, 생각하는 것이 하나로 어우러진다.

매슬로우의 욕구단계설은 오늘날 관계지향적 경영으로 재해석되고 있다. 관계지향적 경영은 "인간이 일과 생활을 영위하는 방식을 적절하게 관리함으로써 자신과 세상을 개선시킬 수 있다는 것과 그런 의미에서 그러한 관리법은 유토피아적 또는 혁명적 테크닉이 될 수 있다는 것을 가장 단순하게 말하는 방법이다"라는 매슬로우의 가치를 평범하게 실천하고 있다.

매슬로우의 가치를 재해석하고 적용한 칩 콘리는 "한 기업에 대해 사람들이 기억하는 것은 세세한 일상이 아니라 평생을 갈 수 있는 영감, 홍보해주고 싶은 마음, 자긍심을 우러나게 해주는 절정경험이며, 절정경험은 영원한 흔적을 남긴다"라고 말하고 있다. '그들을 행복하게 하면 그들은 더 열심히 일할 것이다'라는 인간관계론의 기본명제에 대한 21세기식 해석인 것이다. 그는 변화는 피라미드의 정상에서 생겨나 폭포수처럼 아래 방향으로 진행하면서 이루어지며, 높은 충성도는 기업이 제공한 절정경험을 겪은 직원, 고객, 투자자들로부터 생겨난다고 주장한다. 동기부여의 낙수효과[4)]인 셈이다.

▌그림 10-5 ▌칩 콘리의 욕구단계설의 재해석

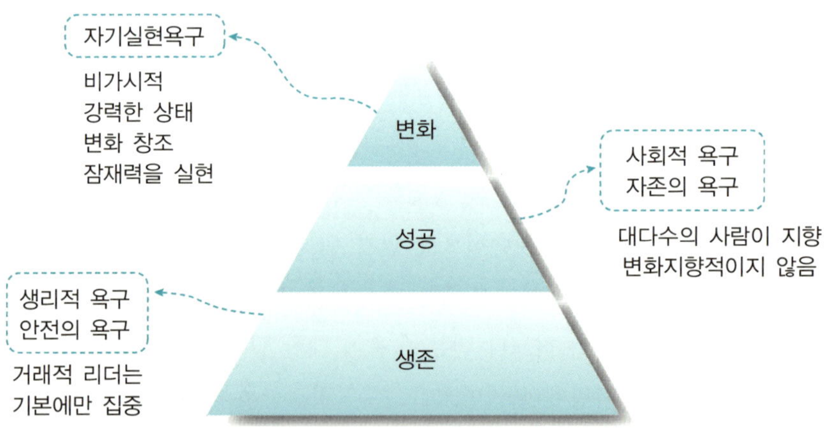

4) 낙수효과(trickle down)효과는 적하효과라고도 한다. 부유층의 소비증가가 저소득층의 소득증대로 연결되어 전체적인 경기부양효과가 나타나는 현상을 의미한다.

BOBOS 한 말씀

우리의 현재는 우리가 반복적으로 행하는 모습이다. 그러므로 월등함은 행동이 아니라 습관이다.

– 아리스토텔레스 –

BOBOS 뼈다귀

남편을 파는 백화점이 문을 열다

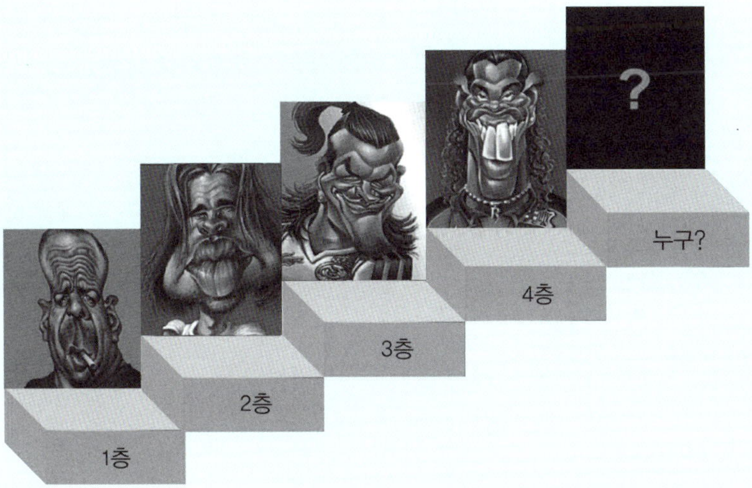

남편감을 파는 백화점이 새로 문을 열었다. 이 백화점에 가면 마음대로 남편감을 골라 살 수 있었다. 5층으로 되어있는 백화점에는 층이 올라갈수록 점점 더 고급스러운 상품을 진열해 놓았다.

단 규정이 하나 있었는데, 일단 어떤 층의 문을 열고 들어가면 더 이상은 올라가지 못하고 그곳에서 남편을 선택해야 했다.

두 여자가 꿈에 그리던 남편을 사려고 백화점을 찾았다. 백화점 1층에 당도하니 안내문이 하나 걸려 있었다.

"이곳에는 직업이 있고 아이들을 좋아하는 남자들이 진열되어 있습니다."

그러나 여자들은 만족하지 못하고 다음 층으로 올라갔다.

2층에도 안내문이 있었다.

"이곳에는 돈을 잘 벌고, 아이들을 좋아하며, 아주 잘 생긴 남자들이 진열되어 있습니다."

그러나 두 여자는 만족하지 못하고 위로 한 층을 더 올라갔다.

3층에 걸린 안내문.

“이곳에는 돈을 잘 벌고, 아이들을 좋아하며, 아주 잘 생겼고 집안일을 잘 도와주는 남자들이 진열되어 있습니다.”

“우와!”

여자들이 외쳤다. 그러나 그들은 계속해서 올라갔다. 4층에는 다음과 같이 적혀 있었다.

“이곳에는 돈을 잘 벌며, 아이들을 좋아하고, 아주 잘 생겼고, 집안일을 잘 도와줄 뿐 아니라 아주 로맨틱한 남자들이 진열되어 있습니다.”

“맙소사!”

두 여자는 경악했다.

“4층이 이 정도라면 위층에서 우리를 기다리고 있는 남자들은 어떨지 상상조차 안 돼!”

두 여자는 서둘러 5층으로 올라갔는데, 5층의 안내문은 다음과 같았다.

“5층은 비어 있습니다. 이곳은 사람들이란 결코 만족이란 것을 모르는 존재임을 확인시켜 주는 증거로만 사용됩니다.”

우리 아가들은 어떠한가? 1층에서부터 4층까지 모두 마음에 들지 않는다고? 안 사길 정말 잘했다고? 그렇다면 이 글을 허당으로 읽은 셈이니까 다시 읽어라. 이 글의 초점은 조지 클루니가 아니다.

자료 : 롤프 브레드니히의 ‘위트상식사전’ 중에서(저자 재구성)

BOBOS 문제

라헬은 며칠 전까지만 해도 따뜻한 집에서 엄마의 아낌없는 사랑을 받으며 왕자님처럼 살던 견공이었다. 그러나 2019년 3월 1일 라헬의 일곱 번째 생일을 맞아 온 가족이 월드컵공원으로 나들이를 가던 날부터 비극은 시작되었다.

긴 갈색털을 나부끼며 걸어가는 푸들 ‘알폰소’를 본 순간 라헬의 광기는 시작되었다. 엄마의 애타는 부름을 뒤로 하고 알폰소를 미친 듯이 쫓아간 라헬…알폰소는 그녀의 엄마 손에 이끌려 사라져버리고, 라헬 또한 수많은 인파 속에서 엄마를 잃어버리고 말았다.

그리고 경찰의 손에 이끌려 가게 된 곳은 ‘유기견 집단수용소’. 안락한 집과 사랑하는 가족들이 있던 라헬에게는 꿈에서도 상상하지 못할 끔찍한 곳이었다. 이런 곳에서 어떻게 여린 강아지들이 살아나갈까 싶은 비참함도 들었다.

그렇게 시작된 수용소에서의 삶은 그 전까지 라헬을 규정하던 모든 가치를 부정당하고 애완견으로서의 기본적인 권리조차 무시되는 극한의 시간들이었다. 매일 구더기가 들끓는 잠자리에 들며 사시사철 덩치 큰 광견들의 폭력에 시달려야 했다. 그러나 라헬은 뜻하지 않게 닥쳐오는 죽음 앞에서도 초연한 모습을 보였다. 허기를 채우기에도 턱없이 부족한 양의 사료를 먹는데 어떤 견들은 그 사료까지도 다른 견들을 위해 양보하고 있었다. 라헬은 한때 어떻게 그런 행동이 가능할까에 대해 생각하기도 했다.

라헬은 1년여간의 수용소 생활에서 자신과 더불어 다양한 견들의 삶과 죽음을 관찰해 나갔다. 결국 라헬은 수용소와 같이 개인의 힘으로 어쩔 수 없는 상황에서도 견공은 "주어진 환경에 대한 자신의 태도를 선택할 수 있다"는 진실을 깨달았다.

라헬을 비롯한 견공들의 머릿속을 잠식하기 시작한 의문들이 있다.

"난 누구인가?" "나는 왜 태어났고 살아가는 의미는 무엇일까?" "난 의미 있게 살고 있는 걸까?" "과연 이 세상에서 쓸모 있게 사는 존재들이 얼마나 될까?" "하지만 존재의 가치를 쓸모로 따질 수 있을까?" "그렇다면 가치의 기준은 무엇일까?" "기준이 있기나 할까?" "사랑 또한 현실세계에 있는 걸까?"

라헬은 이렇게 결론 내리고 있다.

질문을 멈추고, 머릿속에 그럴듯한 의미를 채워 넣으며 만족하지도 말고, 하루하루의 일상에서 삶이 요구하는 바를 묵묵히 해나가야 한다고 말한다. 자신을 한없이 초라하게 만들고 보잘 것 없이 느껴지는 일이라도 피하지 않고 묵묵히 해낼 때 그것은 다른 무엇으로도 대체할 수 없는 절대적인 가치를 지니게 된다는 것이다. 도저히 어쩔 수 없는 상황에서는 그것을 받아들이는 일이 오히려 살아갈 날들에 대한 긍정적 태도와 의지를 갖게 하기도 한다. 이런 존재의 의지가 계속될 때 결국 삶을 바꿀 수 있는 장기적이고 실질적인 힘이 되는 것이라고 말이다.

결국 라헬은 애타게 그리던 엄마를 만나 따뜻한 집으로 다시 돌아가게 되었다. 그러나 라헬의 삶은 이제부터가 시작이다.

※ 매슬로우의 욕구단계설의 관점에서 라헬의 가치이동을 생각해보자.

※ 라헬처럼 저차원의 욕구와 고차원의 욕구가 상충될 때 어떻게 해결하는 것이 옳은지 생각해보자.

BOBOS 문제

매슬로우가 제안했던 욕구의 위계는 미국문화권에 치중한 개념이었다. 매슬로우는 미국의 가난한 이민자가정에서 일곱 아이들 중 맏이로 태어났다. 매슬로우의 어머니는 매우 무식하고 잔인한 인물로 종종 묘사된다. 매슬로우는 자신이 가지고 있는 성격의 긍정적인 면에 관한 초점은 어머니의 훈육방식의 결과라고 말했다. 어머니의 적대적이고 일관되지 않은 특성들에 대한 반동형성이었던 것이다. 그는 불행했던 어린 시절의 경험으로 인해 인간의 가장 고상하고 좋은 점을 이해하려고 결심했다. 그의 이런 결심을 뒷받침한 또 하나의 계기는 1930년대와 40년대의 미국이 나치 독일에서 탈출한 지적인 유럽인들의 집합장소였다는 데 있다. 매슬로우는 그들이 어떻게 그런 매혹적인 삶의 방식에 도달했는지 이해하기 위해 연구했고, 인간은 더 나은 어떤 것을 할 수 있는 역량이 있다는 것을 증명하기 위해 그의 생을 헌신했고, 그의 연구를 통해 그렇게 살기 시작했다.

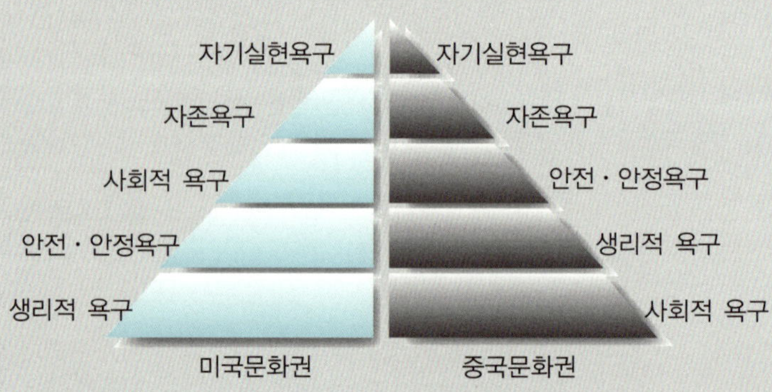

일반적으로 인간은 먹고, 자고, 입는 등의 가장 기본적인 욕구를 충족시킴으로써 더 상위의 욕구로 이동하지만 문화권에 따라서는 욕구의 위계가 뒤바뀌기도 한다. 이는 여러 학자들에 의한 다문화권의 연구에서 입증되었다.

BOBOS 뼈다귀

대인관계가 좋으면 오래 산다

하버드대학의 성인발달연구는 1937년부터 현재까지 80년 동안 진행되고 있다. 이 연구는 "잘 사는 삶에는 일정한 공식이 있을까"라는 기본적인 의문에서 출발했다. 조사대상자들은 하버드 대학의 엘리트 집단이었다. 연구팀은 정기적인 인터뷰, 설문을 통해 대상자의 신체적·정신적 건강을 체크해왔다.

행복하게 나이 들어가는 데 필요한 '행복요소' 7가지 중 50세에 5~6개를 갖춘 사람의 절반 가량이 80세에도 행복하고 건강하게 살고 있었다. 50세에 3개 이하를 갖춘 이들 중 80세에 행복하고 건강하게 사는 사람은 아무도 없었다. 행복하게 늙어가는 데 필요한 7가지 요소는 고통에 적응하는 성숙한 자세, 교육(평생교육), 안정적 결혼, 금연, 금주, 운동, 적당한 체중 등이다. 성공적 노후로 이끄는 열쇠는 지성이나 계급이 아니라 사회적 적성, 즉 인간관계였다. 형제, 자매들과의 관계도 중요한 요인으로 작용했는데, 65세에 잘 살고 있는 사람의 93%가 이전에 형제·자매와 원만하게 지낸 사람들이었다.

1967년부터 연구를 주도한 하버드 의대 정신과 교수 조지 베일런트는 "삶에서 가장 중요한 것은 인간관계이며, 행복은 결국 사랑"이라고 결론지었다. 그는 말한다. "인간의 삶은 과학으로 판단하기에는 너무나 인간적이고, 숫자로 말하기엔 너무나 아름답고, 학술지에만 실리기에는 영원하다."

자료 : 조지 베일런트의 '행복의 조건' 중에서(저자 수정)

BOBOS 한 말씀

언제나 간절해야 한다.
우연이랄까 기회랄까 그런 것이 눈앞을 스쳐 지나갈 때,
간절한 사람만이 그 기회를 움켜잡는다.
그래서 위기는 기회가 된다.

– 박성득·강호의 '백만장자와 함께한 배낭여행' 중에서 –

2) 허즈버그의 이요인이론 (동기유발-위생요인이론, Two Factor Theory)

1923년생인 허즈버그는 제2차 세계대전에 참전했다가 종전 이후 다차우 유태인 강제수용소에서 근무했는데 그곳에서의 생활은 그에게 강한 인상을 심어주었다. 미국으로 돌아온 허즈버그는 피츠버그대학에서 수학한 후 자신의 전공인 임상 심리학을 살려 미국 보건국에서 근무했다.

그는 매슬로우, 맥그리거 등과 함께 1950년대의 인간관계론 학파의 일원이다. 그의 저술 중 가장 큰 주목과 평가를 받은 것은 1968년 〈하버드 비즈니스 리뷰〉에 실린 논문이었다. '종업원에 대한 동기부여방법(One More Time: How do you motivate employees?)'이란 제목의 이 논문은 재인쇄되어 100만 부 이상 팔려 리뷰에 게재된 논문으로서는 가장 큰 인기를 끌었다.

2요인이론은 매슬로우의 문제점을 극복하기 위해 그의 연장선상에서 전개된 이론으로서 인간에게는 전혀 이질적인 두 가지 욕구가 동시에 존재한다는 개념이다. 허즈버그의 관심사는 "인간이 일에서 무엇을 찾는가"였다. 그는 이에 대한 해답을 구약성경에서 찾았다. 인간이 일을 통한 잠재력의 발휘에서 만족을 얻는 것은 아브라함으로 상징되는 인간존재적 측면이며, 일을 둘러싼 환경조건에서 오는 고통으로 불만을 느끼는 것은 아담으로 상징되는 동물적 측면이라고 보았다.

표 10-4 욕구의 구분

아담적 욕구	아브라함적 욕구
• 위생요인 • 불만족 요인	• 동기유발요인 • 만족요인
• 불쾌한 것을 회피하려는 욕구	• 계속적인 정신적 성장을 통해 잠재능력을 현실화하고자 하는 욕구

BOBOS 뼈다귀

아담과 아브라함

블라디미르 쿠쉬의 '에덴의 호두'

아담은 '구약성서', '창세기'에서 천지창조 이야기에 나오는 신이 만든 최초의 인간의 이름이다. 아담이라 이름 붙여진 것은 신이 인간을 흙(헤브라이어로는 아다마)으로 만들었기 때문이다. 또 헤브라이어로 아담은 동시에 인간 일반을 뜻하는 말로도 사용된다. 하와는 남자인 아담의 갈비뼈로 만들어진 인류 최초의 여자이다. 아담과 하와가 뱀의 유혹을 받아 신이 금한 '선악을 알게 하는 나무'의 열매를 먹었기 때문에 신은 이 두 사람을 에덴동산에서 추방했다. 이것이 실락원의 이야기이다. '구약성서'를 정전으로 하는 그리스도교에서는 이 이야기에서 인류 최초의 죄와 타락을 본다. 그리고 이 아담의 죄를 뒤의 모든 인간이 태어나면서 지고 있다고 생각하는 것이 이른바 원죄사상이다. 아담은 최초의 인간일 뿐만 아니라 인간의 본질을 나타내는 전형으로도 해석되어 왔다.

아브라함은 이스라엘인의 시조이다. 그는 신의 명령과 약속에 따라서 바빌로니아에서 북시리아를 지나 팔레스타인으로 이주한 유목민족의 우두머리이다. 정착 뒤에도 선주민, 이웃의 여러 나라와 마찰을 일으켰는데 최종적으로는 항상 약속의 신을 믿고 평화를 얻게 된다. 그리스도교에서는 신의 약속만을 신뢰하는 나그네와 같은 아브라함의 모습에서 신앙인의 모범을 찾으려고 한다.

자료 : 엠파스 백과사전

BOBOS 한 말씀

다음에 회의에 들어가면 볼펜으로 낙서하는 대신 발언자들의 생각 기저에 깔려있는 인간행동에 대한 가정들을 적어보라. 어떤 것들은 명백해 드러난다. 대부분 함축적이긴 하지만 상당히 쉽게 유추해낼 수 있을 것이다.

– 맥그리거 –

허즈버그는 아담과 아브라함이라는 인간성을 설정하고 인간에게는 불쾌감을 회피하려는 욕구와 정신적으로 성장하여 자기를 실현하려는 욕구가 있으며, 이들 두 욕구는 전혀 다른 요소에 의해 충족된다고 제안했다. 그의 이론을 이해하기 위해서는 성선설과 성악설을 이해할 필요가 있다. 아담은 성악설에 근거한 인간의 욕구를, 아브라함은 성선설에 근거한 인간의 욕구를 상징하고 있기 때문이다.

성선설은 맹자에 의한 제안된 것으로서 인의예지(仁義禮智)는 천성에서 발생하므로 인간의 본성은 선하다는 것이다. 인간이 다른 짐승과 구분되는 점은 선함이다. 기독교의 원죄사상에 근거한 서구에서는 소수의 철학자들에 의해 제시되었다. 루소는 인간의 본성은 원래 선한 것인데 인위를 거치면 악하게 된다고 주장했으며, 스토아학파는 인간은 자연의 이성법칙에 따르기만 하면 되며 바로 이것이 지선한 행위라고 주장했다. 성악설은 순자에 의해서 제안되었으며 "인간의 성품은 악하고 선한 것은 인위다"라고 주장하고 있다. 이는 선이 선천적인 것이 아니라 후천적인 것임을 시사한다. 그러므로 보편적으로 알려져 있는 것처럼 성악설은 절대적 의미에서 인간이 악함을 주장한 개념은 아니다. 또한 순자가 제안한 성품은 인간의 감성적 욕구를 지칭했기 때문에 맹자가 제안한 비감성적이고 순수한 인간본성과는 지칭하는 대상 자체가 다르다. 보다 정확하게는 맹자는 심선(心善)을, 순자는 정악(情惡)을 주장했다는 표현이 더 적절하다. 그러므로 성선설과 성악설이 정반대의 입장에 있다고만은 할 수 없다. 그럼에도 불구하고 아담과 아브라함은 성악설과 성선설의 입장에서 이해하는 것이 더 용이하다.

허즈버그와 그의 동료들은 피츠버그 산업지역의 11개 기업체의 종사자들을 대상으로 직무태도에 관한 연구를 시작하였다. 12회에 걸친 연구에서 낮은 지위에 있는 하위감독자, 직업여성, 농업분야관리자, 관리직에서 사직한 사람들, 병원보수유지 및 인사관리담당자, 생산감독자, 간호원, 주방장, 군무원, 엔지니어, 과학자, 주부, 교사, 기술자, 여성컴퓨터기술자, 회계사 등을 대상으로 하여 그들이 직무수행 중 즐거웠던 경험, 불쾌했던 사건 등을 회상하도록 한 다음 면접을 통해 왜 그런 감정을 느끼게 되었는지와 만족이 그들의 성과에 어떤 영향을 미치는지를 조사했다.

그는 ① 성취, ② 인정, ③ 일 자체, ④ 책임, ⑤ 승진, ⑥ 사회의 정책, ⑦ 감독기법, ⑧ 급여, ⑨ 대인관계, ⑩ 작업조건 등 10개의 요인을 제시하고 '어떤 경우에 기분이 매우 좋아졌는가?'와 '어떤 경우에 기분이 가장 나빴는가?'라는 질문을 던졌다. 이들 요인을 성향별로 분석한 결과 좋아하는 성향이 강한 것은 ①~⑤였고, 싫어하는 성향이 강한 것은 ⑥~⑩으로 나타났다.

그는 조사대상자 1,685명의 샘플로부터 유추된 직무불만족과 직무만족을 일으키는 요인을 분석했다. 이들 중 직무만족에 기여하는 요인은 81%가 동기유발요인이었고, 직무불만족에 기여하는 요인은 69%가 위생요인이었다. 즉 직무에 불만을 느낄 때에는 주로 직무의 환경(environment)이 문제가 되었고, 직무에 관해 만족을 느낄 때는 주로 직무의 내용(work itself)이 관련되었음을 발견하였다.

▌그림 10-6 ▌동기유발요인과 위생요인

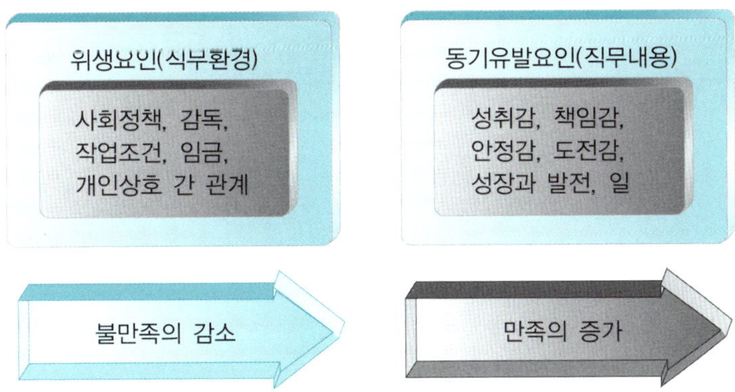

허즈버그가 '위생'이란 말을 쓴 것은 의학적인 면에서 그것들이 지닌 예방적 의미와 환경적 의미 때문이다. 즉, 위생요인이란 사람들의 직무에 대한 불만족을 미리 예방할 수 있는 환경적 조건이란 뜻이다. 이런 이미에서 위생요인을 '불만족요인'이라고도 부른다.

반면 동기유발요인은 사람들로 하여금 보다 나은 만족과 성과를 가져오게끔 동기를 부여하는 데 효과적이기 때문에 '만족요인'이라고도 부른다.

아담적 욕구의 충족은 단지 불만족의 감소만을 가져올 뿐이지 만족에는 영향을 미치지 못하는 반면, 아브라함적 욕구는 충족되지 못한다 하더라도 불만은 없고 충족되면 만족에 적극적인 영향을 준다. 즉 만족의 반대는 불만이 아니라 무만족, 불만의 반대는 만족이 아니라 무불만인 것이다. 즉 기존의 '만족과 불만족'이 연속선(continnum)의 개념이라는 점을 부정하면서 '만족'과 '불만족'은 서로 독립적 개념이라는 새로운 시각을 제시했다.

▮그림 10-7▮ 직무태도에 영향을 미치는 요인

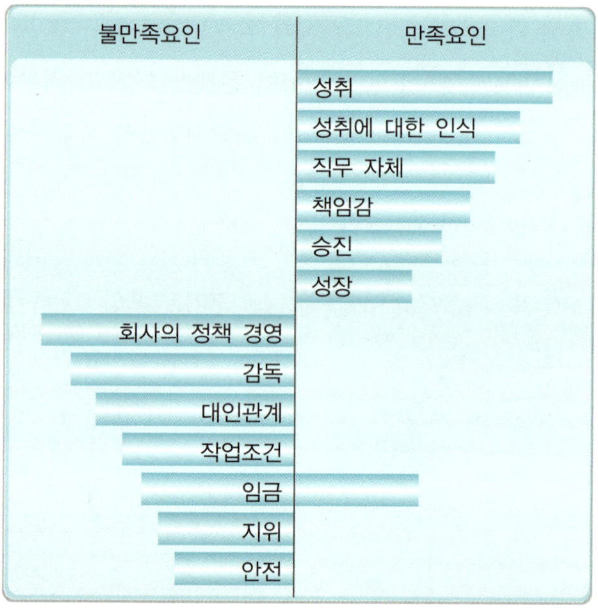

자료 : F. Herzberg, "One More Time : How do You Motivate Employees?", *HBR*, 1968.

허즈버그의 이론은 어떤 일의 결과가 가져다주는 인간의 모든 욕구의 충족 여부가 그 일에 대한 만족 또는 불만족을 가져오며, 만족하면 할수록 그 일에 대한 동기부여가 커지고, 불만족하면 할수록 동기부여가 작아진다는 전통적 견해와는 달리, 두 종류의 욕구 중 아브라함적 욕구의 충족만이 동기부여와 관련되어 있다는 점에서 많은 관심을 모았다. 이는 불만의 해소에만 관심을 가졌던 전통적 경영방식과는 전혀 다른 획기적 개념인 것이다. 또한 불만의 원인이 거의 제거된 선진공업국, 우량기업의 경영풍토에 혁명적 변화를 가져다주기도 했다.

▮그림 10-8▮ 전통이론과 허즈버그 이론의 비교

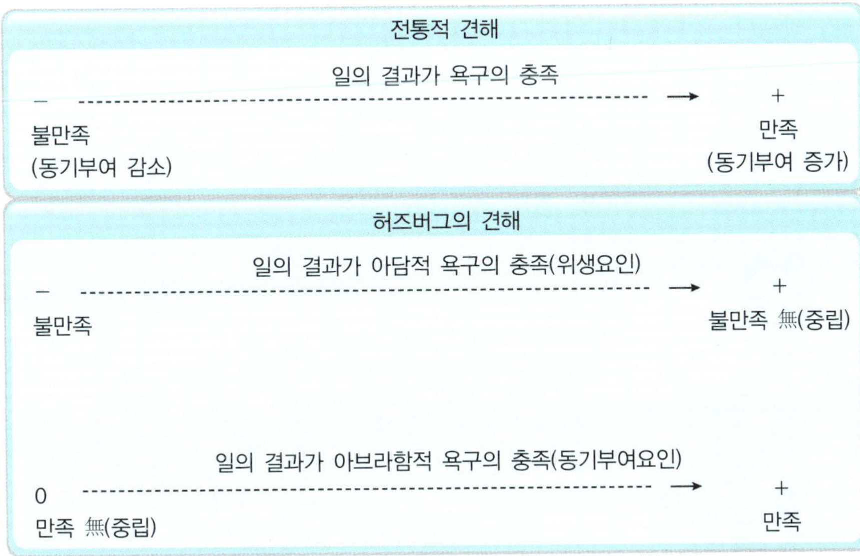

▮그림 10-9▮ 직무설계의 발전과정

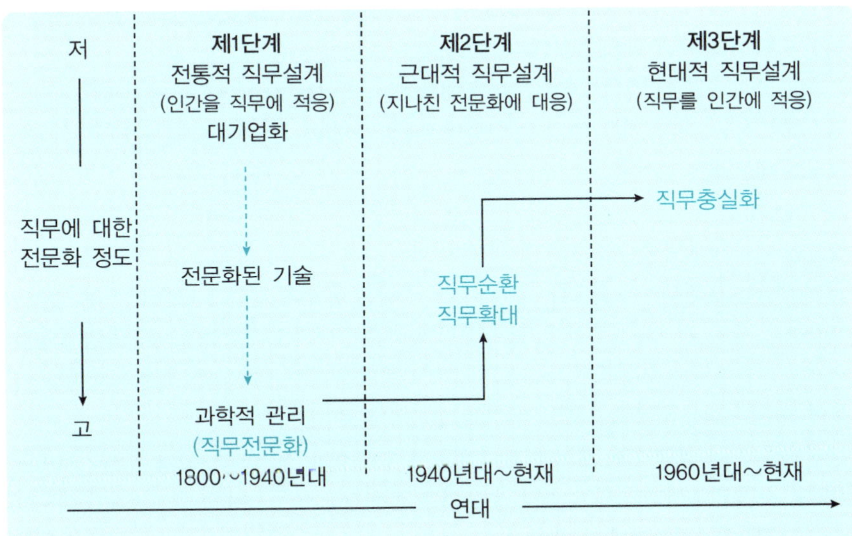

현대 기업에서의 위생요인은 상당 부분 충족되어 있다. 관리자에게 있어 보다 중요한 것은 동기부여 요인에 주목하고 정신적 성장 내지 자기실현욕구를 충족시

킬 수 있는 기회를 제공하는 것이다. 이 점에 대해 허즈버그는 단순한 수평적 직무 확대가 아니라 새로운 고도의 업무, 창의력의 발휘, 자주적인 계획 및 통제관리를 내용으로 하는 수직적인 직무충실화를 제안하고 있다.

BOBOS책 리더는 옳은 대답 대신 옳은 질문을 해야 한다

직원들을 동기부여하는 일은 효과가 없다. 그들은 언제나 이미 동기부여되어 있기 때문이다. 동기부여의 딜레마는 동기부여가 효과가 없는데도 불구하고 리더가 이에 대해 책임감을 느끼면서 발생한다. 사람들이 어떤 행동을 한다는 것은 이미 사람들이 그 행동을 하도록 동기부여가 되어있다는 사실이다. 즉 사람들은 언제나 동기부여가 되어있다. 그러므로 동기부여가 되었는가 아닌가를 묻는 것은 그 자체가 이미 잘못된 질문이다. 우리는 그들이 "왜 그 행동을 하도록 동기부여되었는가?" 하고 물어야 한다.

사람들이 어떤 행동을 하도록 이끄는 에너지는 저마다 그 특성이 다르다. 인간을 동기부여하는 어떤 요인들은 자신과 타인에게 행복감을 가져다주지만 유감스럽게도 그렇지 못한 요인도 많다.

어떤 일을 하도록 선택하게 만드는 동기부여는 그 일을 하게 만드는 동기부여와 다르다. 가치, 목표, 사랑, 기쁨, 열정 등에서 생겨나는 동기부여는 자존심, 권력, 지위, 외부적 보상에 대한 욕구 등에서 오는 동기부여와 다르다. 더 나은 사람이 되고자 하는 경쟁심에서 오는, 당신이 얼마나 발전하고 배웠으며 성취했는지 판단할 수 있는 동기부여는 다른 사람을 이기거나 남에게 잘 보이기 위해서, 또는 다른 사람의 호의를 얻으려는 경쟁심에서 발생하는 동기부여와 다르다. 동기부여의 진실은 이렇다. 인간은 배움을 통해 성장을 추구하고, 일을 즐기기를 원한다. 또 생산적인 사람이 되기를 기대하고, 누군가에게 긍정적으로 기여하기를 바라며, 오래 지속되는 인간관계를 지향한다. 이는 외부의 어떤 동기부여 요인이 작용한 결과가 아니라 바로 인간의 본성 때문이다.

사람들을 동기부여하는 일이 효과가 없는 중요한 이유 중 하나는 우리가 '동기부여란 사람이 가지고 있거나 가지고 있지 않은 어떤 것'이라고 아주 단순하게 가정하기 때문이다. 이 때문에 사람들에게 더 많이 동기부여를 하면 목표를 달성하고 성공에 이를 가능성이 더 커지리라 결론 내리게 된다. 동기부여가 많을수록 더 좋다는 사고방식은 너무 순진하고 어리석다. 마치 우리에게 얼마나 많은 친구가 있는지가 중요한 게 아니라 어떤 친구가 있는지가 진정한 문제인 것과 마찬가지다.

동기부여에 대해 전통적인 사고방식을 지닌 사람들을 이렇게 묻는다. 이 사람은 동기부여가 되었나? 얼마나 많이 동기부여가 되었나? 이런 질문으로는 오직 흑과 백, 예 또는 아니요 식의 단순한 이분법적 답변밖에 얻어내지 못한다. 이런 답변에서는 동기부여의 본질을 파악하기 위한 심도 있는 통찰을 얻어내기 어렵다.

하지만 "그 사람이 왜 동기부여가 되었는가?"라고 질문을 던진다면, 동기부여의 다양한 스펙트럼을 제시하는 답변을 끌어낼 수 있다. 그리고 각각의 동기부여 형태가 사람들에게 궁극적으로 어떤 결과를 가져다주는지 이해한다면, 동기부여 과학을 활용해 직원들을 긍정적 동기부여의 세계로 훌륭하게 인도할 수 있을 것이다.

자료 : 수잔 파울러의 '최고의 리더는 사람에 집중한다' 중에서(저자 수정)

3) 알더퍼의 ERG이론(ERG Theory)

ERG이론은 매슬로우의 욕구단계설이 직면한 문제점들을 극복하고자 실증적인 연구에 기반하여 제시한 수정이론이다. 그는 보다 현실적으로 인간의 욕구체계를 구분하고 욕구충족의 과정을 제시했다. 때문에 욕구에 우선순위가 있는 것은 아니다. 충족되지 않은 욕구는 그 열망이 커지고, 욕구가 충족되면 상위의 단계로 이동하기도 하고, 때로는 하위욕구에 대한 열망이 증대되기도 한다.

알더퍼는 인간의 욕구를 생존욕구, 대인관계욕구, 성장욕구 등 3가지로 구분했는데, 내용은 매슬로우가 제시했던 5단계의 욕구와 크게 다르지 않다.

(1) 생존욕구(existence needs : E)

배고픔, 목마름, 주거 등과 같은 모든 형태의 생리적·물질적 욕구이다. 임금이나 쾌적한 물리적 작업조건에 대한 욕구이며, 매슬로우의 생리적 욕구, 안전욕구에 해당한다.

(2) 대인관계욕구(relatedness needs : R)

작업장에서의 타인과의 대인관계와 관련된 모든 욕구이다. 매슬로우의 사회적 욕구와 유사하다.

(3) 성장욕구(growth needs : G)

창조적・개인적 성장을 위한 개인의 노력과 관련된 모든 욕구이다. 자기능력을 극대로 이용할 수 있을 뿐 아니라 새로운 능력개발을 필요로 하는 일에 종사함으로써 얻을 수 있다. 매슬로우의 자기실현욕구, 자존의 욕구에 해당한다.

기본적으로 매슬로우가 제시했던 내용과 개념에서 크게 벗어나지 않는 ERG이론은 몇 가지 가정에 근거하고 있다.

- 각 단계의 욕구가 충족되지 않을수록 그에 대한 바램이 크다.
- 하위욕구가 충족되면 상위욕구에 대한 바램이 커진다.
- 상위욕구가 충족되지 않을수록 하위욕구에 대한 바램이 커진다.
- 성장욕구가 충족될수록 이에 대한 바램은 더욱 커진다.
- 매슬로우와는 다르게 한 가지 이상의 욕구가 동시에 작용할 수 있다.

알더퍼의 이론이 매슬로우의 이론과 극단적으로 다른 점은 '좌절과 퇴행(frustration-regression)의 요소'이다. 이는 고차원의 욕구가 충족되지 않을 때, 그보다 낮은 저차원 욕구의 중요성이 커지는 상황을 의미한다. 매슬로우의 이론에서는 충족된 욕구는 더 이상의 동인이 되지 못했던 것과는 상반된다. 매슬로우는 하위의 욕구가 만족될수록 더 높은 고차원의 욕구로 진행해간다는 전제를 지니고 있는데 반해, 알더퍼는 고차원의 욕구가 충족되지 않거나 좌절될 경우에는 그보다 낮은 저차원의 중요성이 커질 수도 있다고 제안하고 있다. 예를 들자면 성장욕구가 충족되지 않을수록 생존욕구에 대한 바램이 커질 수도 있다는 것이다.

▮그림 10-10▮ 매슬로우와 알더퍼이론의 비교

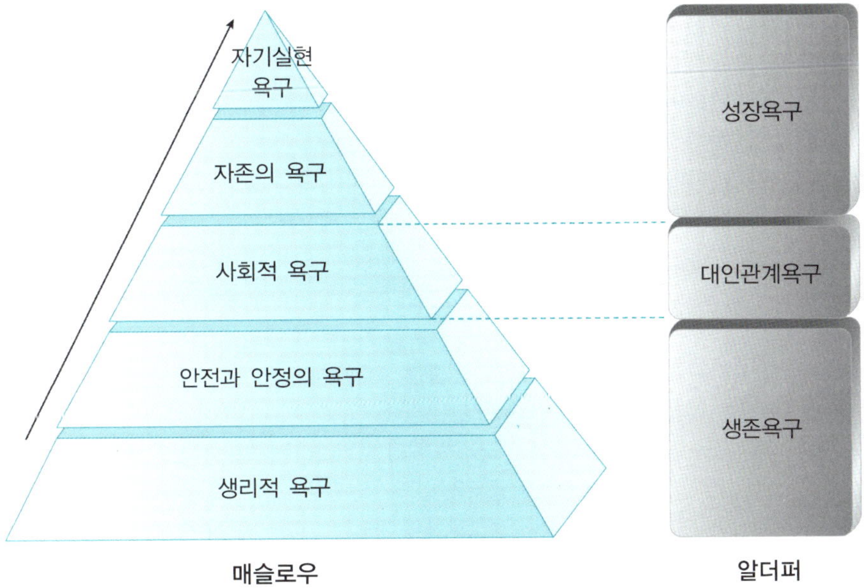

BOBOS 신문

인간욕구와 복지의 3단계

새가 두 날개로 날듯, 성장과 복지는 국가의 양 날개다. 이제는 성장이 중요한가 복지가 먼저인가라는 대립적 논쟁에서 벗어나야 한다. 그보다는 성장과 복지가 선순환되는가 혹은 악순환되는가가 논의의 핵심이 돼야 한다.

북유럽은 성장의 성과를 복지로 연결해 지속가능한 성장을 가능하게 했다. 반면 남유럽은 직접 지원 형태의 복지로 성장을 저해했다. 일자리 중심 복지는 장기적 체력을 키우지만, 퍼주는 복지는 정치적 효과는 있을지언정 성장을 위축시킨다. 영국은 '요람에서 무덤까지'라는 복지병 치유에 30년을 소모했다. 눈앞의 복지 극대화가 아니라 장기적 복지 극대화의 방안이 필요하다.

헌법 제34조는 '모든 국민은 인간다운 생활을 할 권리를 가진다'라고 명시한다. 국민의 인간다운 생활을 보장하는 것이 국가의 의무라는 것이다. 그런데 이 조항을 재해석하면, 국가는 세금을 통해 의무를 수행하나 세금은 국민이 낸다는 것이 된다. 국가는 단지 국민의 세금을 적절히 중재하는 역할을 할 뿐이다. 여기에서 국민이 부담할 수 있는 범위를 벗어난 복지는 지속 가능하지 않다는 평범한 진리가 도출된다.

국민은 모두 국가의 돈을 쓰고 싶어 하지만, 정작 국가가 국민의 돈을 쓰고 있는 것이다. 국가의 지원이란 다른 국민의 돈을 쓰는 것이다. 혹은 국가부채, 즉 다음 세대의 돈을 의미한다. 이러한 관점에서 성장과 복지가 선순환하는 4차 산업혁명의 복지정책을 알더퍼의 욕구 3단계 이론에 입각해 제시해보고자 한다.

1972년 알더퍼는 매슬로의 욕구 5단계설을 생존욕구 · 관계욕구 · 성장욕구라는 3단계로 줄여 제시했다. 생존욕구는 인간다운 삶을 위한 최저욕구이고, 관계욕구는 일을 통한 삶의 순환욕구이며, 성장욕구는 도전을 통한 사회 혁신의 욕구로 해석한다.

헌법 제34조의 '인간다운 생활'이란 생존의 욕구로 해석해야 할 것이다. 삶의 최저기준인 생존문제 해결은 국가의 최우선 항목이다. 맞춤형 사회보장은 삶의 최저기준을 뒷받침해야 한다. 효율이 복지의 최종목적은 아니겠으나, 국민 세금의 효율적 활용을 위해 인공지능(AI)과 블록체인 같은 4차 산업혁명 기술을 최대한 활용할 수 있다. 이러한 최저생활 보장의 복지원칙이 보편적 복지인가, 맞춤형 복지인가는 국가의 발전단계와 구조에 따라 결정된다는 점을 지적할 필요가 있다.

그러나 생존을 넘어 관계욕구까지 국가가 직접 해결하려는 것은 성장의 한계를 초래할 수 있다. 대표적인 사례가 세금으로 공무원 일자리를 만든 그리스의 몰락일 것이다. 생존의 욕구를 넘은 관계욕구의 복지는 성장과 선순환되는 일자리 기회 중심의 복지가 돼야 한다.

성장욕구는 기업가적 도전으로 사회를 혁신하는 힘의 원천이다. 기업가정신을 뒷받침하는 국가만이 일류국가로 도약하고 있다. 그런데 도전은 반드시 실패가능성을 내포한다. 정직한 기업가적 도전의 실패를 지원하는 혁신의 안전망이 혁신적 창업을 통한 신규 일자리를 창출한다. 생존욕구와 사회 안전망, 관계욕구와 일자리 안전망, 성장욕구와 혁신 안전망을 4차 산업혁명의 3대 복지정책으로 제시하고자 한다.

자료 : 아시아경제, 2018. 6. 12(저자 수정)

워라벨 = 더 잘살아보세

어느 곳에 몹시 달리기를 잘하는 사람이 있었다. 달리기에 있어서는 아무에게도 뒤진 적이 없다. 어느 날 그 집에 도둑이 들었다. 부스럭부스럭 하는 소리를 듣고 잠이 깨어 도망친 도둑을 쫓아갔다.

도중에 아는 사람을 우연히 만났는데, 말을 걸어왔다.

"그렇게 서둘러서 어디를 가?"

"도둑을 쫓고 있어."

"뭐라고? 그래서 그 도둑은 어디 있어?"

"아차, 아까 추월해 버렸네"

2018년 7월 1일부터 주 52시간 근로제가 시행됐다. 300인 이상 사업장은 주당 최장 근무시간을 종전 68시간에서 52시간으로 줄여야 한다. 다만 300인 미만 사업장은 2019년 말까지 법 적용이 유예된다.

근무시간이 줄어들면서 기대보다 걱정과 혼란이 앞서는 분위기다. 생산성 향상이나 경기부양 효과에 대한 논의는 한가한 얘기다. 현장에서는 '근로시간'의 개념부터가 헷갈린다. 저녁 회식자리에 부서장이 참석을 지시한 경우 근로시간으로 간주할지, 워크숍에서 레크리에이션을 즐기면 근로시간에 해당하는지, 주말 거래처와 골프는 근무시간에 포함해야 하는지 등 열 손가락으로 헤아릴 수 없을 정도다.

가장 큰 고민은 기업들이다. 변화된 환경에서 과연 경쟁력을 유지할 수 있을지, 불확실 요인이 커다란 게 하나 더 늘었다. 하나의 회사를 둘로 쪼갰다는 얘기도 들린다. 법인을 하나 더 세워 직원들을 절반씩 쪼개서 근로인원을 300인 이하로 맞추는 편법을 쓰는 것이다. 그러면 1년 6개월간 법적용유예가 가능하기 때문이다.

다행히 기업들의 불안과 현장의 혼선 등을 고려해 정부는 근로시간 단축에 반년 정도 계도기간을 두기로 했다. 또 노사가 업무량의 많고 적음에 따라 업무시간을 조정할 수 있도록 하는 탄력적 근무시간제 도입 등도 검토하고 있다. 일단 한숨은 돌렸지만 그렇다고 흐름을 돌릴 수는 없을 것이다.

ICT기술 발전 및 경제 패러다임 변화에 따라 '일과 삶의 균형을 맞춘다'는 워라벨(Work-life balance의 준말)이 라이프스타일로 자리 잡았기 때문이다. 농업이나 건설 및 전통적인 제조업에서는 투여하는 노동시간이 경쟁력의 절대 요소였지만 AI(인공지능)가 이끄는 제4차 산업혁명의 시대에는 그렇지 않다.

우리나라 경제도 이제까지는 선진국 따라잡기에 골몰했지만 글로벌 플레이어와 나란히 경쟁하기 위해서는 자세를 바꾸어야 한다. 앞에서 나온 고사에서처럼 쫓아가는 입장에서는 빠르게 달리는 것만이 최선이다. 선두만 보고 달리기만 하면 '우리도 한번 잘살아보세'가 가능했다. 하지만 이제는 방향 모색이 더 중요해졌다. 방향성 없이 빠르기만 했다간 오히려 자원만 낭비하는 꼴이 될 수 있다.

3D프린터가 주목받던 2012년, 영국의 경제 전문지 이코노미스트는 '제3차 산업혁명'이라는 특집기사를 냈다. 제조업 기지가 값싼 노동력을 따라 선진국에서 중국을 비롯한 아시아 각국으로 확산했으나, 기술발달과 함께 경쟁력을 구성하는 요소에서 노동량 변수가 줄어들 것으로 진단했다. 애플의 아이패드 소매가격 499달러 중 제조비용(원재료 및 인건비)은 187달러이며, 이 가운데 중국에서의 노동비용은 8달러에 불과하다고 소개했다. 21세기에는 값싼 노동력이 별다른 이점이 아니라는 결론이다.

일본의 대표적인 경제학자 요시카와 히로시는 「인구가 줄어들면 경제가 망할까」라는 책에서 "언젠가 제5차 산업혁명, 제6차 산업혁명이라 불리는 변화도 일어날 것"이라며 "앞으로 어떻게 될지 알 수 없지만 한 가지 분명한 것은 선진국의 경제성장은 사람의 수로 결정되는 것이 아니라 이노베이션(혁신)에 의해 이뤄진다는 것"이라고 갈파했다.

그렇다고 주 52시간 근로제가 마냥 우리를 행복으로 이끌리는 만무하다. 관건은 새로운 환경에 얼마나 탄력적으로 대응할 수 있을 것인가이다. 탄력적 대응이 가능하게 하려면 소통이 최선이다. 좋은 법을 만들고 법을 잘 지키는 것도 중요하지만 노동자와 사용자가 '혁신'과 경쟁력 강화를 위해 어떤 형태의 작업 시스템이 좋을지 함께 모색해 가는 것이다.

근로시간 단축은 혁신으로 승부하겠다는 선언이다. 워라벨, 즉 '더 잘살아보세'를 향한 새로운 항해가 바야흐로 시작됐다.

자료 : 비즈니스워드, 2018. 7. 1.
그림자료 : 세계일보

BOBOS 신문

사라지는 직업

1980년대 상고 졸업생들에게 은행은 단연 인기직장이었다. 안정적인 직장이라는 이미지에다 월급도 꽤 많았기 때문이다. 특히 영업점 맨 앞줄에 앉아 입출금 업무를 보는 텔러직에는 명문여상 우등생들이 몰렸다. 은행 텔러의 1차 수난은 1997년 외환위기였다. 고졸인력은 가장 먼저 '가지치기' 당했고, 이어진 취업난에 대졸자에게 밀려났다. 요즘 은행 텔러는 2차 수난을 겪고 있다. 인터넷뱅킹과 모바일뱅킹을 통한 금융거래가 크게 늘면서 지난해까지 6년간 은행 점포 1,600여 개가 문을 닫았다.

한국고용정보원은 '4차 산업혁명 미래 일자리 전망' 보고서에서 앞으로 사라질 직업 6개를 꼽았다. 은행 텔러, 진단 의사, 콜센터 직원, 계산원, 생산 · 제조 단순종사원, 창고작업원 등이다. '위기 직업'의 특징은 자동화나 인공지능(AI) 기술 도입에 드는 경비가 인건비보다 싸다는 점이다. 또 AI가 사람보다 월등히 잘할 수 있는 업무라면 멸종위기를 겪을 수밖에 없다. 인간이 로봇이나 AI보다 더 싸게, 더 뛰어나게 일할 수 있는 능력을 보여줘야만 일자리를 지킬 수 있다는 얘기다.

변화의 파고는 이미 시작됐다. 삼성서울병원은 2015년 의약품 조제 로봇을 도입했다. 이 로봇은 조제가 까다로운 항암제 파트에서 하루 6시간 일하며 평균 200여 건의 처방전을 소화한다. 로펌 대륙아주는 최근 'AI 변호사'를 채용했다. 수임사건의 판례나 법률을 분석하는 데 초보 변호사들이 사나흘 걸렸던 리서치 업무를 몇 분이면 끝낼 수 있다. 전문직도 기술진보에 따른 변화에서 예외가 아닌 셈이다.

기계에 일자리를 빼앗긴다고 디스토피아적인 미래를 떠올릴 것만은 아니다. 사라지는 직업이 있다면 새로 등장하는 직업도 있다. 고용정보원도 사물인터넷, 빅데이터, 가상현실, 3차원(3D) 프린팅, 드론, 정보보호 전문가 등을 뜨는 직업으로 꼽았다. 시대 변화에 맞춰 진로교육도 바뀌어야 한다.

시대가 바뀌고 있음에도 불구하고 직장인들이 희망하는 자녀직업 1순위는 변함없이 '공무원'이었다. 취업 포털 '사람인'이 직장인 853명을 대상으로 '희망하는 자녀 직업'을 조사한 결과이 같이 조사됐다.

이번 설문에서 응답자들은 자녀가 미래에 갖기를 원하는 직업으로 공무원(38.8%, 복수응답)을 가장 많이 꼽았고, 이어 교사, 교수 등 교육자(22.6%), 정보기술(코딩, 앱, 게임, 빅데이터 분석 등) 개발자(20.9%), 검사, 판사 등 법조인(18.3%), 의사, 간호사 등 의료인(16.5%), 디자이너, 음악가 등 예술 계통 종사자(15.4%), 기계 공학 과학자(14.8%) 등의 순이었다.

부모들이 10, 20년 뒤 직업을 가질 아이들에게 현재의 눈높이에 따른 꿈을 강요하고 있진 않은지 돌아볼 일이다.

자료 : 동아일보, 2018. 3. 5.
한국일보, 2018. 1. 25(저자 수정)

BOBOS 한 말씀

인간은 타자의 욕망을 욕망한다.

– 자크 라캉 –

4) 맥클리랜드의 성취욕구이론 (three-needs theory; achievement motivation theory)

하버드대학의 심리학자인 맥클리랜드(McClelland)는 기존까지의 욕구이론과는 전혀 다른 새로운 제안을 했다. 그는 인간욕구의 상위 측면만을 그 대상으로 연구하였으며, 인간행동의 대부분이 여기에서 기인하고 사회의 발전도 이들 욕구에 의한 것이라고 주장했다.

그는 "동기란 선호하는 경험과 목표를 둘러싸고 조직화되어 있는, 감정적 색채가 배어 있는 인지의 군집이다"라고 정의했다. 즉 동기는 생각과 열중하고 있는 무엇으로 나타난다. 이 생각들은 '원하거나' 또는 '원치 않는' 목표와 관계된다. 따라서 그것들은 감정적인 색조를 띤다. 이는 최종적으로 행동으로 나타난다.

예를 들어 지금 보보는 배가 너무 고픈 상태이다. 보보는 머릿속으로 피자, 떡볶이, 라면, 샌드위치 등등 많은 음식들을 상상하면서 위안을 삼고 있을 것이다. 이때 이들 음식에 대한 욕구는 신체조직에서 발생한다. 그것은 배고픔이라는 동기화 상태를 유발한다. 음식에 대한 욕구와 다르게 배고픔은 직접적으로 경험된다. 이는 심리적인 선입견을 만들고 다시 배고픔을 줄여주는 행동으로 유도한다. 욕구는 직접적으로 감각되지 않은 신체적 상태이며, 동기는 주관적으로 경험하는 것이다.

대부분의 전통적인 경제이론이 경제발전을 촉진하거나 저해하는 요인을 생산성, GNP 등과 같은 경제적 요인에서 찾고자 한 데 반해서, 일부 경제학자와 사회학자는 이를 인간의 심리적·사회적 요인과 같은 경제 외적인 요인에서 찾고자 했다. 맥클리랜드는 「성취하는 사회(The achieving society, 1961)」에서 경제발전에 중요한 심리적 요인을 기술하였고, 이를 '성취욕구'로 결론지었다. 즉 개인, 기업, 국가에 부족한 것은 자원이나 자본 등의 경제적 외부여건이나 능력, 지식, 기술이 아니라 강력한 성취동기라는 것이다.

그는 성취욕구란 인간이 인간다울 수 있도록 만드는 가장 바람직한 욕구라 전제하고 성취에 대한 상념이 클수록 성취동기가 높아지고 그에 따라 높은 성취가 가능하여 기업과 개인이 성장과 발전을 할 수 있다고 주장했다.

성취욕구에 의해 행동하는 사람들의 특성들은 경제발전에 있어 중추적 역할을 담당하는 기업가적 행동모형과 매우 유사하다. 성취욕구에 의해 움직이는 사람들은 적당한 모험을 하며, 업무과정의 진행사항에 대해 정보를 즉각적으로 피드백받기를 원하고, 경제적 보상보다는 내적인 만족을 얻을 수 있는 일을 찾아서 하며, 매우 과업지향적이다.

그의 성취이론은 종업원을 어떤 특정한 방법으로 행동하도록 하게 하는 세 가지의 욕구를 분명히 하였는데, 이들 중 둘 이상에 의해 동기부여되기도 하지만 많은 사람들은 이들 중 어느 하나의 욕구가 다른 것들보다 우세하고, 그에 의해 동기부여 된다고 주장했다.

그는 이들 욕구는 타고나는 것이 아니라 환경과의 상호작용과 경험을 통해서 후천적으로 학습되는 것이라고 주장했으며, 이 때문에 '후천적 욕구이론(acquired need theory)', '세 욕구이론(three-needs theory)'이라고도 한다.

(1) 성취욕(need for achievenment)

성공을 위해 강력한 노력을 하고, 독립적이고 복잡한 과업을 달성하고자 하는 욕망이다. 목표지향적이고 책임감이 강하다.

(2) 권력욕(need for power)

타인에게 영향을 미치거나, 통제하고, 경쟁하고, 권한을 실현하고자 하는 욕망이다. 타인을 자기가 바라는 대로 행동하도록 하려는 경향이 있다.

(3) 친화욕(need for affiliation)

타인과 우호적인 관계를 형성하고 갈등을 회피하려고 하는 욕망이다. 친절하고 동정심이 많다.

성취욕이 높은 사람이 그렇지 않은 사람에 비해 성취와 관련된 상황을 대할 때 몇 가지 방식에서 차이가 나타난다.

예를 들어보자. 보보는 성취욕이 아주 높은 상태이고, 모모는 성취욕이 매우 낮은 상태이다. 이들에게 과제가 주어졌을 때 그들은 어떤 과제를 선택하게 되겠는가?

모모처럼 성취욕구가 낮은 이들은 아주 쉽거나 아주 어려운 과제를 선호한다. 쉬운 과제를 선택하는 것은 납득하기 어렵지 않지만 어려운 과제를 선택하는 것은 쉽게 이해되지 않는 상황이다. 이는 도전적인 정신보다는 설사 실패를 한다 하더라도 과제의 난이도 때문이지 모모의 능력 때문이 아니라는 자기합리화가 가능하기 때문이다.

그렇다면 보보처럼 성취욕구가 높은 이들은 중간 정도로 어려운 과제를 선호하는 경향이 있는데 이것도 합리적으로는 이해가 쉽지 않다. 그들은 자신의 능력을 고려해서 도전적이지만 현실적인 직업적 목표를 택하는 것으로 보고되고 있다. 이들은 아주 어렵거나 아주 쉬운 과제에서보다 적절하게 어려운 과제에서 더욱 열심히 일한다. 왜냐하면 이런 과제들은 능력에 대한 정보를 가장 많이 제공하기 때문이다. 앞서 언급한 것처럼 성취욕구에 의해 행동하는 사람들은 정보를 즉각적으로 피드백받기를 원한다. 즉, 일의 결과를 빨리 알고 싶어 한다.

맥클리랜드는 1925년에서 1950년까지 세계의 23개 문화를 살펴보고, 1925년의 성취심상과 1925년부터 1950년까지의 경제성장 사이에 긍정적인 상관관계가 있음을 발견했다. 역사의 두 시점에서 경제성장의 두 가지 측정치를 얻었다. 연구를 통해 성취동기화는 경제적 성공을 예측했다. 그러나 성취욕구가 불리하게 작용하는 상황도 있다. 고위직이나 정치가들은 개인적 성취를 위한 기회를 가질 수 없다. 그들에게 부여된 과제는 타인을 움직이는 것이며, 이는 전적으로 다른 욕구에 근거한다. 만약 이런 상황에서 너무 많은 것을 하려고 시도한다면 오히려 전체적 수행은 더 나빠질 수 있다. 이에 대한 근거로 스팽글러와 하우스는 성취욕구가 미국 대통령의 효과적 업무수행과 역으로 관련됨을 발견했다.

맥클리랜드의 성취욕구이론을 매슬로우의 욕구단계설과 비교해보면 성취욕구와 권력욕구는 욕구단계설의 자존 및 자기실현욕구 일맥상통하며 사회적 욕구는 친화욕구와 비슷하다고 할 수 있다. 하지만 맥클리랜드의 친화욕은 사회의 구성원으로 존재하고자 하는 욕구를 넘어 관계맺기를 매우 좋아하는 성향을 의미한다.

맥클리랜드의 성취욕구이론은 세 가지 욕구의 분류에 따라서 종업원을 알맞은 직무에 배치함으로써 활용할 수 있다. 권력욕이 강한 사람은 타인의 권력이 미치는 직무에 배치하는 것보다는 타인의 행동을 통제하는 직무에 배치하는 것이 동기부여가 된다. 선행연구를 통해 미국 역대 대통령들 중에서 권력동기가 높은 사람들이 권력동기가 낮은 사람들에 비해 보다 더 효율적이었다는 것이 입증되었다. 친화욕이 강한 사람은 독립적으로 직무를 수행하는 곳에 배치하는 것보다는 다른 사람과 밀접한 관계를 유지할 수 있는 직무에 배치하는 것이 동기부여의 효과가 있고, 성취욕이 강한 사람은 도전할 가치가 없거나 우연에 의해서 목표를 달성할 수 있는 직무보다는 개인에게 많은 책임과 권한이 주어지는 도전적인 직무에 배치하는 것이 바람직하다.

여기서 한 가지 수의할 점은 책임감이 있는 사람들에게 권력욕구는 우선권에 대한 성실한 추구로 나타난다는 것이다. 이런 경우 권력은 사회적으로 수용되는 방식으로 표현된다. 반면 책임감이 낮은 사람들의 경우 권력욕구가 타인에게 나쁜 영향을 미치는 방식으로 표현될 수 있는데 여기에는 공격성, 성적 착취, 알코올이나 약물남용 등이 포함된다. 책임감이 없이 높은 권력욕구를 가진 남자들이 권력과 관련된 성공경험을 하거나 상상할 때 체내 테스토스테론 수치가 증가한다는 것이 증명되었다.

표 10-5 미국 대통령의 권력욕, 성취욕, 친화욕의 비교

대통령	동기		
	권력욕	성취욕	친화욕
부시 G.W.	중간	높음	낮음
클린턴 B.	중간	높음	높음
레이건 R.	높음	중간	낮음
케네디 J.F.	높음	낮음	높음
루스벨트 F.D.	높음	중간	낮음
링컨 A.	중간	낮음	중간
워싱턴 G.	낮음	낮음	중간

자료 : D. Hellriegel & J.W. Slocum, *Organizational Behavior,* Thomson South-Western, 2007.

BOBOS 뼈다귀 목표를 찾아내는 방법

올바른 목표설정을 위해 우리가 반복해서 묻고 답해야 할 질문은 다음과 같다. 지금 종이를 한 장 꺼내서 답을 적어보자.

질문 1 : "자신의 삶에서 가장 중요한 가치를 지닌 다섯 가지는 무엇인가?"

이 질문은 우리가 자신에게 무엇이 중요한지 그리고 같은 맥락에서 무엇이 덜 중요하거나 전혀 중요하지 않은지를 명확히 하는 데 도움을 준다.

질문 2 : "지금 나에게 가장 중요한 인생의 목표 세 가지는 무엇인가?"

30초 안에 이 질문에 대답한다.

이 방법을 '속기법(quick list)'이라고 한다. 자신에게 가장 중요한 목표 세 개를 쓰는 데 30초 밖에 없다고 생각하면 우리의 잠재의식은 자신이 갖고 있는 많은 목표들을 재빨리 분류한다. 가장 상위에 있는 세 가지 목표는 저절로 머릿속에 떠오를 것이다. 30초

안에 쓰더라도 30분 동안 쓰는 것 못지않게 정확한 답을 얻을 수 있다.

질문 3 : “앞으로 6개월밖에 살 수 없다는 것을 오늘 알게 되었다면 어떤 일을 하고 또 어떻게 시간을 보내겠는가?”

이것은 자신에게 진정으로 중요한 것이 무엇인지 알 수 있도록 도와주는 또 하나의 가치관 질문이다. 상상 속에서라도 우리가 살 수 있는 시간이 얼마 남아 있지 않으면, 자신의 삶에서 누가 그리고 무엇이 진정으로 소중한지를 알 수 있다. 죽어가면서 ‘직장에서 더 많은 시간을 보냈어야 했는데, 더 많은 돈을 벌었어야 했는데’라는 말을 하는 사람은 없다.

질문 4 : “복권에 당첨되어 갑자기 어마어마한 돈을 받았다면 어떻게 하겠는가?”

답을 쓰는 시간이 2분으로 제한되어 있고 자신이 쓴 것만 할 수 있다고 가정한다.

이것은 자신이 무한정의 시간과 돈을 갖고 있고, 아무런 두려움이 없는 상태에서 무엇을 할 수 있는지 알아보기 위한 질문이다. 자신에게 선택권이 있다고 느낄 때 우리가 지금과 다르게 얼마나 많은 일을 하고 싶어하는가를 깨닫게 되면 우리는 마음속 깊은 곳을 들여다 볼 수 있다.

질문 5 : “절대로 실패하지 않는다는 가정하에 꼭 하고 싶은 일 한 가지는 무엇인가?”

이 질문은 가장 중요한 질문이다.

그것이 무엇이든 우리는 적은 대로 될 수 있고, 가질 수 있고, 할 수 있다. 기록할 수 있다는 바로 그 사실이 우리가 그것을 성취할 수 있다는 것을 의미한다.

자료 : 브라이언 트레이시의 ‘성취심리’ 중에서(저자 수정)

▌그림 10-11 ▌욕구이론의 비교

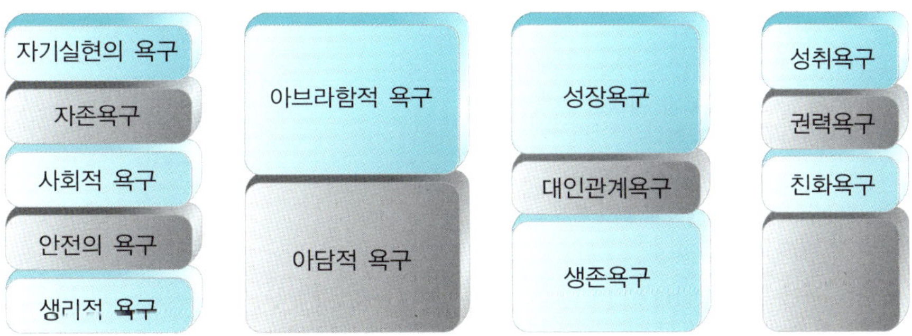

자료 : D.D. White & D.A. Bednar, *Organizational Behavior*, Allyn & Bacon, 1991.

표 10-6 욕구이론의 비교

구분	가설	장점	단점
욕구단계설	• 동기부여는 우세한 순위에 따라 배열된 욕구에 의존 • 욕구의 충족은 고차원의 욕구의 이동으로 이어짐	이해하기 쉬움	• 개인차보다는 유사성에 초점을 두는 경향 • 광범위한 실증적 지원의 부족
ERG이론	• 욕구단계설의 다섯 가지 욕구를 일반적 세 가지 욕구로 구분	실증적 지원	• 개인차보다는 유사성에 초점을 두는 경향
2요인이론	• 과업의 본성과 관련된 어떤 요인들은 동기유발요인으로 분류 • 작업환경과 관련된 어떤 요인들은 동기유발요인이 안 됨	• 논리적 • 실천하기 쉬움	• 더 많은 조사와 검증이 필요 • 개인차를 부정하고 극소화함 • 모든 삶이 유사하다고 가정 • 실증적 지원의 불일치
성취욕구이론	• 하나 이상의 욕구가 행동의 우열에 주된 영향을 줌	• 이해하기 쉬움 • 과거행동을 설명하는 데 사용됨	• 개인의 욕구를 정확히 식별하기 어려움 • 변하지 않는 동인을 지나치게 강조

성취욕구 측정설문지

	결코 아니다	거의 아니다	약간 아니다	때때로 그렇다	보통 그렇다	거의 항상 그렇다	항상 그렇다
1. 나에게 할당된 직무가 어려울 때 최선을 다해 일한다.							
2. 나에게 기회가 주어질 때 나는 혼자가 아닌 집단으로 일하려 한다.							
3. 나는 집단 내에서 리더로서의 활동적인 역할을 추구한다.							
4. 나는 내 주위 사람들에게 영향력을 행사하고자 한다.							
5. 나는 작업 중 과거의 성과를 향상시키려고 매우 노력한다.							

6. 나는 작업 중에 다른 사람들의 감정에 많은 관심을 기울인다.							
7. 나는 다른 사람들의 행동을 체계화하고 지시한다.							
8. 나는 작업 중 주위의 사건들에 많은 통제를 하려고 한다.							
9. 나는 적당한 위험을 무릅쓰고, 출세하기 위해 자진하여 어려움에 기꺼이 부딪힌다.							
10. 나는 다른 사람들과 공동작업을 하는 것을 좋아한다.							
11. 나는 집단에서 일할 때 지휘를 하려고 애쓴다.							
12. 나는 주어진 직무 외에도 기꺼이 업무를 찾아서 수행하려고 노력한다.							
13. 나는 다른 사람들에게 반대의견을 공개적으로 표현하지 않는다.							
14. 나는 공동작업자들보다 업무수행을 더 잘하려고 노력한다.							
15. 나는 작업과 무관한 사건들에 대해 내 주위의 사람들과 대화한다.							

성취욕구	친화욕구	권력욕구
1(　)	2(　)	3(　)
5(　)	6(　)	4(　)
9(　)	10(　)	7(　)
12(　)	13(　)	8(　)
14(　)	15(　)	11(　)
합계(　)	합계(　)	합계(　)

자료 : R.M. Steers & Branstein, D.N., A Behaviorally-Based Measure of Manifest needs in Work Settings, *Journal of Vocational Behavior 9*, 1976.

BOBOS 뼈다귀

스티브 잡스가 남긴 말

저는 오늘 세 가지 이야기를 하고자 합니다.

첫째, 인생의 전환점에 관한 이야기입니다.

전 리드 칼리지에 입학한지 6개월 만에 자퇴했습니다. 평범한 노동자였던 양부모님이 힘들게 모아뒀던 돈이 모두 제 학비로 들어갔는데, 대학 공부가 그만한 가치가 없다는 생각을 했습니다. 내가 진정으로 인생에서 원하는 게 무엇인지, 그리고 대학교육이 그것에 얼마나 어떻게 도움이 될지 판단할 수 없었습니다. 그래서 모든 것이 다 잘될 거라 믿고 자퇴를 결심했습니다.

지금 뒤돌아보면 참으로 힘든 순간이었지만, 제 인생 최고의 결정 중 하나였던 것 같습니다. 자퇴를 하고 서체 수업을 청강했습니다. 그때 저는 세리프와 산 세리프체를 배웠는데, 서로 다른 문자끼리 결합될 때 다양한 형태의 자간으로 만들어지는 굉장히 멋진 글씨체였습니다. 과학적인 방식으로는 따라 하기 힘든 아름답고, 유서 깊고, 예술적인 것이었고, 전 그것에 흠뻑 빠졌습니다. 사실, 이 때만해도 이런 것이 제 인생에 어떤 도움이 될지는 상상도 못했습니다. 그러나 10년 후 매킨토시를 처음 구상할 때 그것들은 고스란히 빛을 발했습니다. 매킨토시는 아마도 아름다운 서체를 가진 최초의 컴퓨터가 아니었나 생각합니다.

물론 그 순간들이 내 인생의 전환점이라는 것을 알아챌 수 없었지만 10년이 지난 지금에서야 모든 것이 분명하게 보입니다. 지금 여러분은 미래를 알 수 없습니다. 다만 현재와 과거의 사건들만을 연관시켜 볼 수 있을 뿐입니다. 그러므로 여러분들은 현재의 순간들이 미래에 어떤 식으로든지 연결된다는 걸 알아야만 합니다.

여러분들은 자신의 배짱, 운명, 인생, 카르마 등 무엇이든지 간에 그 무엇에 믿음을 가져야만 합니다. 이런 믿음이 저를 실망시킨 적은 없습니다. 언제나 제 인생의 고비 때마다 힘이 되어줬습니다.

두 번째는 사랑과 상실입니다.

저는 운 좋게도 인생에서 정말 하고 싶은 일을 일찍 발견했습니다. 제가 20살 때, 부모님의 차고에서 스티브 워즈니악과 함께 애플의 역사가 시작됐습니다. 제 나이 29살, 최고의 작품인 매킨토시를 출시했습니다. 그러나 이듬해 저는 해고당했습니다. 당시, 애플이 점점 성장하면서 저는 저와 잘 맞는 유능한 경영자를 데려와야겠다고 생각했고, 처음 1년은 그런대로 잘 돌아갔지만 언젠가부터 우리의 비전은 서로 어긋나기 시작했고, 결국 우리 둘의 사이도 어긋나기 시작했습니다. 저는 30살에 공공연하게 쫓겨나야만 했습니다. 저는 인생의 초점을 잃어버렸고, 뭐라 말할 수 없는 참담한 심정이었습니다. 저는 공공의 실패작으로 전락했고, 실리콘밸리에서 도망치고 싶었습니다. 그러나 제 맘속에는 뭔가가 천천히 다시 일어나기 시작했습니다. 전 여전히 제가 하던 일을 사랑했고, 애플에서 겪었던 일들조차도 그런 마음들을 꺾지 못했습니다. 전 해고당했지만, 여전히 일에 대한 사랑은 식지 않았습니다. 그래서 전 다시 시작하기로 결심했습니다. 당시에는 몰랐지만, 애플에서 해고당한 것은 제 인생 최고의 사건임을 깨닫게 됐습니다. 그 사건으로 인해 저는 성공이란 중압감에서 벗어나 초심자의 마음으로 돌아가 자유를 만끽하며, 제 인생 최고의 창의력을 발휘하는 시기로 살 수 있었습니다. 이후 5년 동안 저는 '넥스트', '픽사', 그리고 지금 제 아내가 되어준 그녀와 사랑에 빠져버렸습니다.

세기의 사건으로 평가되는 애플의 넥스트 인수와 함께 저는 애플로 복귀했고, 넥스트 시절 개발했던 기술들은 애플의 르네상스의 중추적인 역할을 하고 있습니다. 애플에서 해고당하지 않았다면 이런 엄청난 일들을 겪을 수 없었을 것입니다.

때로 세상이 당신을 속일지라도 결코 믿음을 잃지 마십시오. 전 반드시 인생에서 해야 할 일이 있었기에, 반드시 이겨낸다고 확신했습니다. 당신이 사랑하는 일을 찾아보십시오. 사랑하는 사람이 내게 먼저 다가오지 않듯, 일도 마찬가지입니다. 노동은 인생의 대부분을 차지합니다. 그런 거대한 시간 속에서 진정한 기쁨을 누릴 수 있는 방법은 스스로가 위대한 일을 한다고 자부하는 것입니다. 자신의 일을 위대하다고 자부할 수 있을 때는 사랑하는 일을 하고 있는 그 순간뿐입니다. 지금도 찾지 못했거나, 잘 모르겠다 해도 주저앉지 말고 포기하지 마십시오. 진심을 다하면 반드시 찾을 수 있습니다. 그러니 그것들을 찾아낼 때까지 포기하지 마십시오. 현실에 주저앉지 마십시오.

세 번째는 죽음에 관한 것입니다.

17살 때 이런 문구를 읽은 적이 있습니다. 하루하루를 인생의 마지막 날처럼 산다면 언젠가는 바른 길에 서 있을 것이다. 이 글에 감명받은 저는 그 후 50살이 되도록 거울을 보면서 자신에게 문곤 했습니다. 오늘이 내 인생의 마지막 날이라면 지금 하려고 하는 일을 할 것인가? "아니오"라는 답이 계속 나온다면 다른 것을 해야 한다는 걸 깨달았습니다.

인생의 중요한 순간마다 '곧 죽을지도 모른다'는 사실을 명심하는 것은 중요한 도구가 됩니다. 외부의 기대, 각종 자부심과 자만심, 수치스러움과 실패에 대한 두려움들은 '죽음' 앞에서는 모두 밑으로 가라앉고, 오직 진실만 남기 때문입니다. 죽음을 생각하는 것은 무엇을 잃을지도 모른다는 두려움에서 벗어나는 최고의 길입니다. 여러분들이 지금 모두 잃어버린 상태라면 더 이상 잃을 것도 없기에 본능에 충실할 수밖에 없습니다.

아무도 죽길 원하지 않습니다. 천국에 가고 싶다는 사람들조차도 당장은 죽음을 원하지 않습니다. 우리 모두는 언젠가는 다 죽을 것입니다. 아무도 피할 수 없는 삶이 만든 최고의 작품은 죽음입니다.

죽음이란 삶의 또 다른 모습입니다. 죽음은 새로운 것이 헌 것을 대체할 수 있도록 만들어줍니다. 지금의 여러분들은 '새로움'이란 자리에 서 있습니다. 그러나 언젠가는 여러분들도 새로운 세대들에게 그 자리를 물려줘야 할 것입니다.

저는 이제 새로운 시작을 앞둔 여러분들이 여러분의 분야에서 이런 방법으로 가길 원합니다.

Stay Hungry, Stay Foolish.

자료 : 스티브 잡스의 '스탠포드대학교 졸업축사' 중에서

BOBOS 뼈다귀

스티브 잡스의 문제해결능력

1998 1999 2001 2004 2005 2007 2008 2009 2010

1. 아무도 걸은 적이 없는 길을 가라.
2. 얻고자 한다면 먼저 버려라.
3. 각오란 위험을 떠안는 것이다.
4. 운은 자신의 힘으로 만들어낸다.
5. 핵심만을 압축하라.
6. 상식을 넘어서라.
7. 강점에 집중하라.
8. 기대는 사람을 기대대로 움직이게 만든다.
9. 굴욕에 대한 최고의 보복은 성공이다.
10. 아무도 도와주지 않는다면 직접 하라.

BOBOS 한 말씀

성공한 사람들의 공통점은 자신에게 주어진 불우한 운명을 거부하지 않고 겸허히 받아들였다는 점이다. 니체가 주장한 아모르 파티, 즉 자신의 운명을 사랑하는 자세가 그 사람을 성공할 수 있도록 만들었다고 볼 수 있다.

– 김병도의 '도전력' 중에서 –

핵심 체크

01. 동기부여란 '움직인다'는 의미를 지닌 라틴어 'movere'에서 유래되었으며 욕구를 만족시키려는 행동을 이끄는 내부적인 과정을 의미한다.

02. 매슬로우의 욕구단계설은 인간의 욕구를 다섯 단계로 구분하였고, 기본적인 욕구가 채워져야 상위단계로 이동한다.

03. 자기실현욕구를 충족하면 절정경험을 하게 되는데, 이는 경외감, 경이로움, 황홀한 감정으로 자아와 환경의 일치를 경험한다.

04. 허즈버그의 이요인이론은 아담과 아브라함이라는 인간성을 설정하고 인간에게는 불쾌감을 회피하려는 욕구와 정신적으로 성장하여 자기실현을 하려는 욕구가 있다고 제안한다.

05. 알더퍼의 ERG이론은 매슬로우의 욕구단계설에 기반하여 인간의 욕구를 생존욕구, 대인관계욕구, 성장욕구로 구분하고, 상위욕구가 충족되지 않으면 하위욕구에 대한 바램이 커진다는 '좌절과 퇴행의 요소'를 제안한다.

06. 맥클리랜드의 성취욕구이론은 중상의 욕구만을 대상으로 하고 있으며, 그 중 성취욕구가 많을수록 개인과 기업이 성장할 수 있다고 제안한다.

CHAPTER

11

커뮤니케이션

Management of BOBOs

Management of BOBOs

1. 의사소통의 개념
2. 의사소통의 유형
3. 의사소통의 수단
4. 의사소통의 과정
5. 자기주장성(self-assertion) 훈련
6. 의사거래분석(TA : transactional analysis)
7. 거래의 유형

커뮤니케이션

Chapter 11

보보의 경영학
Management of BOBOs

BOBOS 뼈다귀 얼굴신호

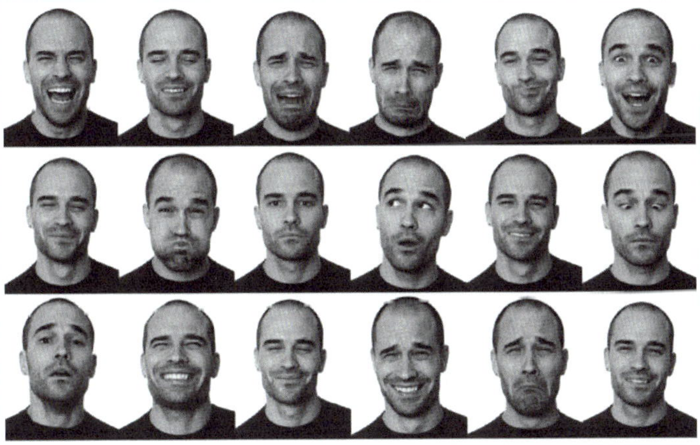

사람들은 대개 자신이 좋아하고 자신과 비슷한 생각을 가진 사람들과는 자주 눈을 맞추지만, 자신이 싫어하고 생각이 다른 사람이나 위협감을 느끼는 사람들과는 눈을 잘 맞추지 않는다. 어떤 사람을 대할 때 그 사람의 눈을 마주본다는 것은 스스로에 대해 반족감과 자신감, 신뢰감을 느끼며 자신이 무슨 말을 하고 있는지 잘알고 있다는 뜻이다. 상대에게 시선을 고정하고 있다는 것은 그 사람의 말을 경청하고 있다는 표시이다. 세심하게 상대의 말을 경청하는 사람들은 대화를 하는 시간의 70퍼센트 정도를 지속적으로 상대의 시선을 바라보는 데 할애한다. 상대와 시선을 마주치는 것은 곧 상대에게 "나는 다른 생각을 하지 않고 당신의 말에 귀를 기울이고 있습니다"라고 말하는 것과 같다.

상대와 눈을 잘 마주치지 못하는 사람은 시선을 마주치는 훈련을 해야 한다. 처음으로 시선 마주치기 연습을 할 때는 시간을 두고 조금씩 훈련해 나가도록 한다. 먼저 다른 사람의 이야기를 들으면서 상대와 눈을 마주치는 것부터 시작한다. 그런 다음 자신이 말할 때도 상대의 시선을 바라보려고 해본다. 시선을 마주치며 이야기하는 사람은 더 설득력 있어 보인다.

자료 : 토니야 레이맨의 '왜 그녀는 다리를 꼬았을까' 중에서(저자 수정)

1 의사소통의 개념

'communication'이란 어휘는 영어의 'common'을 의미하는 라틴어의 'communis'에서 유래되었으며 이 때문에 송신자는 수신자와의 공통성(commonness)을 형성하려 한다. 때문에 의사소통이란 한 사람의 머리에서 다른 사람의 머리로 느낌을 포함한 생각을 옮기는 과정이라고 볼 수 있다.

의사소통은 사람과 사람을 연결시켜주는 역할을 한다. 그런 의미에서 볼 때 의사소통이란 관계를 형성하고 유지시키는 어떤 종류의 활동이다. 또한 모든 기능을 가능하게 하는 수단이기도 하다.

표 11-1 의사소통의 개념

Dawson D.P.	의사소통은 한 사람의 머리에서 다른 사람의 머리로 느낌을 포함한 생각을 옮기는 과정이다.
Donaldson L.	의사소통은 효과적인 수단을 통한 정보와 이해의 상호교환이다.
Robbins S.P.	의사소통은 의미의 전달이고 이해이다.

의사소통이 경영의 핵심이 되는 이유는 계획화를 통해서 시작되는 경영의 기능들이 의사소통을 통해서만 실현될 수 있기 때문이다. 즉 관리자와 부하의 관계를 연결시켜주는 중추신경의 역할을 한다고 볼 수 있다. 루탄스는 성공적인 경영자는 48%를 의사소통에 할애한다고 했으며, 블레이크는 관리자들의 60% 이상이 조직의 효과에 있어서 주된 장애요인이 의사소통이라고 언급했다.

보보는 아이러브보보스라는 사료기업을 경영하면서 모모와 라헬과 많은 관계를 형성했다.

모모에게는 구체적인 작업의 지시를 위해서 '…를 해라'. '…는 이런 절차에 의해 이루어진다' 등의 이야기를 했다. 그런 소통을 통해서 구체적인 작업의 내용도 이해시키고, 정보도 전달할 수 있었으며, 왜 아이러브보보스는 돈을 벌어야 하는가 등에 대해서도 효과적으로 설명할 수 있었다. 이것이 바로 하향식 의사소통에 해당한다.

때로는 모모와 라헬도 보보에게 하고 싶은 말이 있었다. 그들은 열심히 일했지만 가끔씩은 보보에게 불만도 생겼고, 보보가 정해놓은 일의 절차가 마음에 들지 않을 때도 있었다. 그래서 새로운 아이디어도 제안하고, 그들의 느낌도 이야기했다. 바로 이것이 상향식 의사소통이다.

모모와 라헬은 서로 다른 일을 맡고 있었지만 동료였다. 그들은 때로는 좋은 사료란 어떤 것인가에 관한 정보도 공유해야 했고, 제때 사료공급이 되지 않을 때 문제를 어떻게 해결해야 하는지에 대한 것도 의논해야 했으며, 때로는 작은 문제가 생겨나 갈등의 소지가 있을 때 원활한 소통이 필요하기도 했다. 바로 이것이 수평식 의사소통이다.

위의 내용을 정리해볼 때 의사소통은 움직이는 과정이며, 의미를 교환하는 과정이다. 송신자가 전달하고자 하는 메시지가 암호의 형태로 어떤 경로를 통해 수신자에게 보내지면 수신자는 암호화된 메시지를 해독하여 송신자가 보낸 의미를 이해하는 모형을 따르게 된다. 이때 '의미(정보, 메시지, 아이디어)'는 수신자에게 의도하는 바대로 전달되지 않으면 무의미하게 되기 때문에, 의사소통은 송신자가 전달하는 바의 것이라기보다는 수신자가 이해하는 바의 것으로 볼 수 있다.

그림 11-1 의사소통의 모형

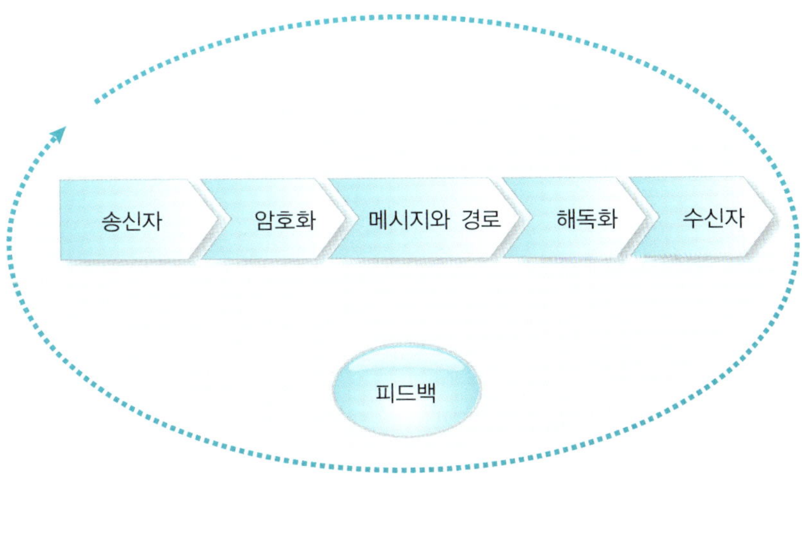

2 의사소통의 유형

1) 공식적인 의사소통

(1) 하향식 의사소통

메시지가 지시의 형태로 상급자로부터 하급자에 이르는 의사소통의 유형이다. 주로 구체적인 직무상의 지시를 위해서, 작업내용을 이해시키기 위해서, 작업에 대한 정보를 제공하기 위해서, 부하들의 업적에 대한 피드백을 하기 위해서, 조직의 목적을 이해시키기 위해서 활용된다.

고전론자들이 많이 이용하며, 전제적인 분위기를 조성하기 때문에 사기를 저하시킬 수 있다. 또한 정보가 계층을 통해 하향하면서 많은 양이 손실되고 왜곡될 수 있다는 문제점을 가지고 있다.

(2) 상향식 의사소통

대부분의 경우에 하급자가 상급자에게 하는 보고의 형태로 이루어지게 된다. 주로 새로운 아이디어의 제안을 위해서, 하급자들의 느낌을 피드백하기 위해서, 정보를 얻기 위해서, 문제해결을 위한 도움을 얻기 위해서, 상급자의 지시를 명확하게 이해하기 위해서 활용된다.

인간관계론자들로부터 강조되기 시작했으며, 하향식 의사소통과는 반대로 의사소통이 수축되는 경향이 있다.

(3) 수평식 의사소통

동일 계층의 사람들 사이에서 이루어지는 상호작용적 의사소통이며, 비공식적 의사소통의 주된 과제가 된다. 주로 부서 내의 문제를 해결하거나 부서 간의 협조가 필요할 때 지원을 위해 동료를 인간적으로 이해하고 가까워지기 위해 라인부서에 대한 스탭부서의 조언의 형태로 이루어진다.

정보를 공유하게 하는 주된 방법이며, 다양한 문제의 해결을 유도하고, 곡해나 왜곡으로부터 생길 수 있는 각종 갈등을 예방하고 해결한다.

(4) 사선식 의사소통

서로 다른 계층에 있는 사람들 사이에서 우회하면서 일어나는 의사소통의 유형이다. 통상 어느 한편 또는 양편에게 정보나 협조를 제공하려는 목적에서 일어나며, 다른 방향의 의사소통으로는 효과적일 수 없는 상황에서 유효하다.

그림 11-2 의사소통의 유형과 흐름

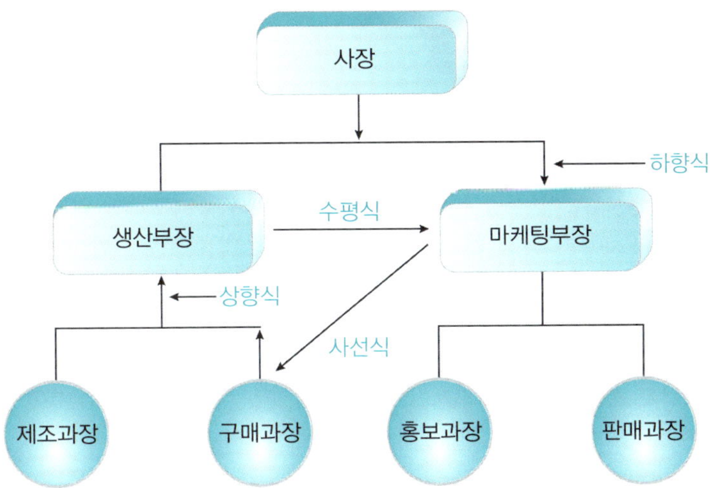

이야기하는 스마트워치

BOBOS 신문

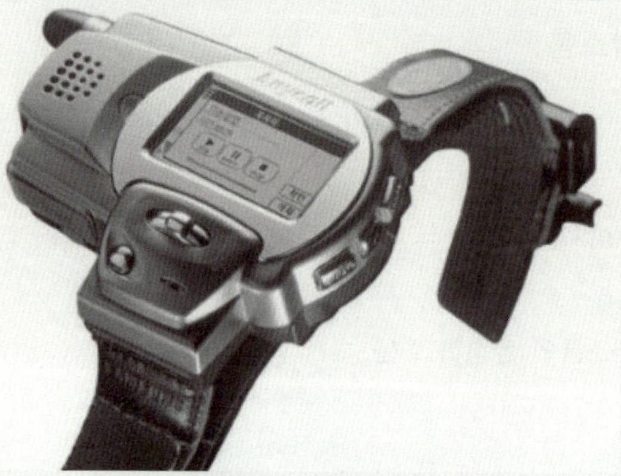

세계 최초 스마트워치 삼성전자 SPH-WP100

'스마트워치'는 무선통신 기능을 갖춘 웨어러블 디바이스로, 블루투스와 와이파이로 스마트폰과 연동해 사용한다. 롱텀에벌루션(LTE) 유심을 내장, 별도 기기 연동 없이 통화, 문자, 사회관계망서비스(SNS) 등을 이용할 수 있다. 건강, 운동에 대한 이용자 관심이 높아지면서 스마트워치 피트니스 기능이 강화되는 추세이다. 디바이스 제조사를 비롯해 이동통신 서비스 사업자, 포털사업자 등이 스마트워치 시장에 잇달아 뛰어들면서 이른바 '손목 쟁탈전'이 뜨겁게 펼쳐지고 있다.

스마트워치가 처음 모습을 드러낸 건 1999년이다. 당시 삼성전자는 'SPH-WP100'이라는 손목시계형 워치폰을 처음 선보였다. 디자인은 투박하고 세련미가 떨어지지만 일반 전화기가 아닌 손목에 착용한 기기로 통화를 할 수 있다는 건 과감한 시도였다. 전화번호는 20개까지 저장할 수 있었고, 음성으로 통화 상대를 지목해 전화를 연결하는 방식이었다.

하지만 시대를 너무 앞서 갔던 탓이었을까. 워치폰은 독특한 디자인으로 젊은 소비자의 관심을 끄는 데 성공했지만 판매흥행으로 이어지진 못했다. 미국 정보기술(IT) 전문 매체 폰아레나는 "당시 시계전화라는 개념은 너무 시대를 앞서 갔던 것"이라고 평가했다.

20년이 흐른 2018년, 스마트워치 기술은 눈에 띄게 빠른 속도로 진화했다. 내장형 임베디드 심(eSIM)을 삽입, 스마트폰 연동 없이 단독 통화가 가능해졌다. 스마트워치 전용 요금제가 등장하면서 이통사 수익모델로 자리 잡았다. 심박수를 실시간 체크하고 걸음 수, 칼로리 소모량 등 건강상태를 확인하는 건 기본이다. 등산, 사이클, 수영, 러닝 등 운동 종목별 트레이닝 방법을 제공하고 결과 데이터를 분석하는 '코치선생님' 역할까지 한다.

인공지능(AI) 음성비서 기능을 탑재한 스마트워치가 대세이다. 삼성전자가 하반기 선보이는 '갤럭시워치'도 빅스비 2.0을 지원하는 것으로 알려졌다. 음성으로 각종 애플리케이션(앱)을 제어하는 방식인데, 사용자인터페이스(UI) 진화와도 밀접한 연관이 있다. 스마트워치는 대부분 1인치대 작은 화면을 갖추고 있기 때문에 손가락 터치로 제어하는 게 쉽지 않다. 메시지를 보내는 등 자판을 활용할 때에는 불편함이 상당했었다. 오인식률만 최소화할 수 있다면 음성으로 스마트워치를 제어한다는 건 상당히 매력적이다. 이밖에 무선충전, 방수 · 방진, 사진촬영 기능을 장착하는 등 스마트워치의 기술발전이 꾸준히 이루어지고 있다.

삼성전자는 지난해 기어S3 업그레이드 버전인 '기어스포츠'를 선보였다. 기어스포츠는 이용자 운동활동을 기록하고, 섭취한 음식 칼로리를 간편하게 기록할 수 있어 운동량을 조절하는 데 효과적이다. 5ATM 등급 방수를 지원, 육상에서 하는 운동뿐 아니라 수영 기록 측정도 가능하다.

이통3사는 '키즈워치' 경쟁이 한창이다. 피트니스보다 자녀의 안전과 오락적인 요소를 강조한 것이 특징이다. 부모의 스마트폰과 연동해 사용하기 때문에 가입자 이탈을 막고, 스마트워치 요금제 신규 가입자를 유치하는 효과가 탁월하다.

SK텔레콤은 '쿠키즈워치 준'이라는 제품에 디즈니의 미키마우스, 겨울왕국 엘사, 마블 아이언맨 등 인기 캐릭터를 적용, 인기를 끌었다. 부모는 자녀의 이동경로, 지도맵을 통한 실시간 위치 확인, 안심시역 이탈 시 알림 등 안심기능 등을 활용할 수 있다.

KT는 인기캐릭터 무민을 적용한 '무민키즈폰'이 대표 제품이다. 무민키즈폰은 기가지니 음성 AI로 단말제어, 지식검색, 날씨, 대화, 영단어번역, 500만 화소 카메라를 이용한 사진 · 스티커 촬영, 무전기 기능을 이용한 전용톡(무전톡), 자녀위치 조회, 영어노래 콘텐츠 등 차별화된 기능을 지원한다.

LG유플러스 '카카오프렌즈 키즈워치'는 AI 서비스가 탑재된 스마트워치이다. 이용자는 기본적으로 제공하는 음성통화, 문자, 주소록 기능, 가족지킴이 앱과 연동한 자녀보호 · 안전확인 서비스, AI 기반 음성제어, 일상대화, 한영사전, 날씨 서비스 등을 활용할 수 있다.

자료 : 전자신문, 2018. 7. 29(저자 수정)

▮그림 11-3▮의사소통에 있어서 과거경험의 일치된 암호

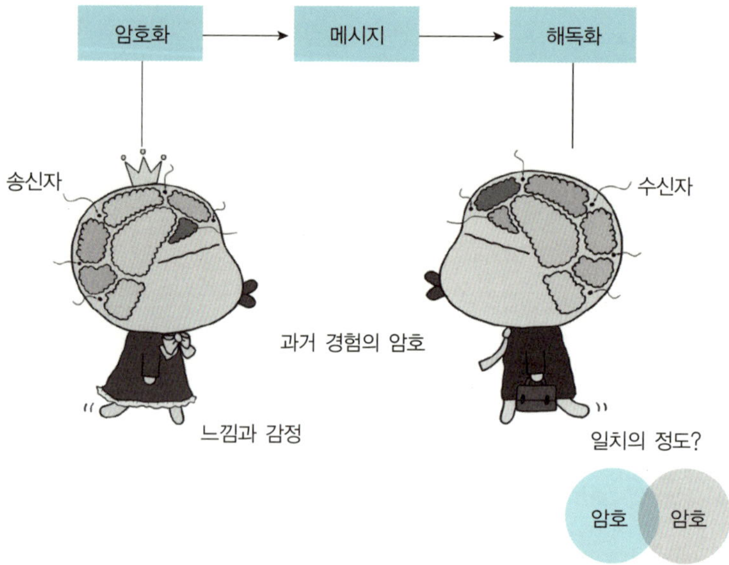

자료 : J.B. Lau & M. Jelinek, *Behavior in Organization*, Irwin, 1984(저자 재구성).

BOBOS 한 말씀

세상에는 좋은 것도 나쁜 것도 없다. 단지 생각에 따라 좋고 나쁨이 결정된다.

\- 셰익스피어 -

2) 비공식적인 의사소통

비공식적인 의사소통은 공식적인 경로의 외부에 존재하면서 조직 내부의 권한 계층에 집착하지 않는 의사소통을 의미한다. 공식적인 의사소통이 조직에 속한 사람에 관련된 것이라면 비공식적인 의사소통은 개인적인 것에 관련된다. 주된 경로는 사람과 사람 사이의 인간관계적 측면이다.

비공식적인 의사소통은 어떤 일정한 방향으로 흐르는 것이 아니고, 한 방향에 한정되지도 않는다. 즉 어느 곳에서도 시작될 수 있고 어느 곳에서도 끝날 수 있다. 비공식적인 사교집단에 의해 만들어지며, 포도넝쿨(grapevine)이라 불린다. 그

흐름이 여러 방향으로 한없이 뻗어나가는 양상을 보이기 때문이 붙여진 이름이다.

■그림 11-4■공식적 의사소통과 비공식적 의사소통

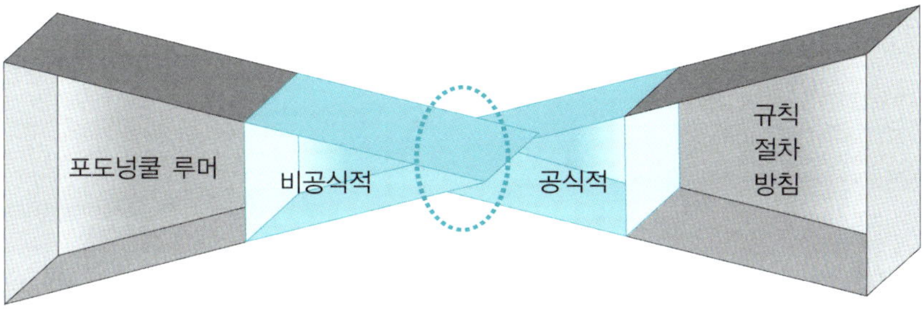

관리자가 통제할 수 없으며, 대다수의 종업원들이 포도넝쿨이 조직 내에서 일어나는 일들에 대한 주된 정보원이고, 때때로 공식적 경로를 통해서 전달되는 메시지보다 더 많은 영향을 미치기도 한다. 정보가 중요할수록 더 빠르게 전달되며, 전달의 모형은 문시직·비언어석인 것보다는 구두적인 것이 많다. 또한 수신자는 한 사람이 아니라 여러 사람일 경우가 많다.

포도넝쿨은 직무를 수행하면서 관련된 정보를 얻기 위해 활용되기도 하고, 구성원 개개인의 관심과 이익을 반영하기도 한다. 정보의 상당량은 흐름의 과정에서 왜곡되는 경우가 많고, 주로 조직이 불안정한 시기에 더 의존하게 되는 의사소통의 유형이다.

표 11-2 포도넝쿨의 유형

실오라기형 (single strand)	한 사람이 다른 사람에게, 그 사람은 다시 다른 사람에게 경로를 따라 정보를 전달하는 유형
수다쟁이형 (gossip)	직무에 관련되지 않지만 흥미 있는 정보를 갖고 있는 사람이 많은 사람들에게 전달하는 유형
무작위형 (probability)	재미는 있지만 중요하지 않은 정보를 가진 사람이 닥치는 대로 정보를 전달하고, 정보를 전달받은 사람도 그런 방식으로 전파시키는 유형
덩어리형 (cluster)	정보를 갖고 있는 사람이 몇몇 사람을 선택해서 정보를 전달하는 유형

▮그림 11-5▮포도넝쿨의 유형

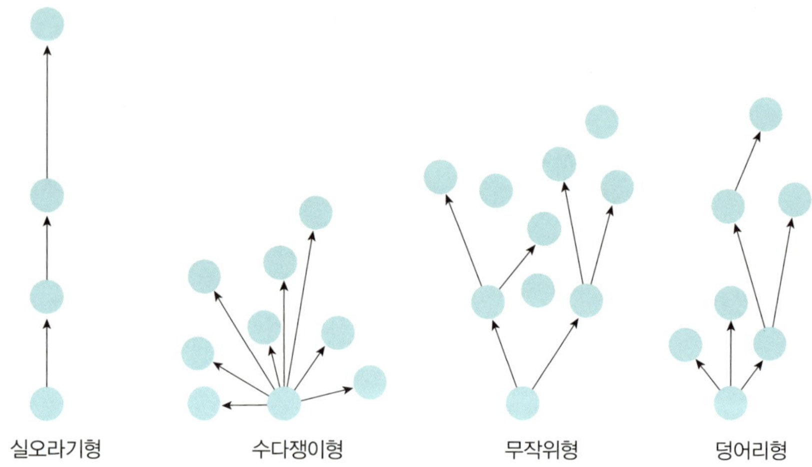

3 의사소통의 수단

1) 언어적인 수단

(1) 구두적인 수단

구두적인 의사소통은 빠르게 전달하고 빠르게 피드백받을 수 있다는 장점이 있다. 그러나 메시지가 전달되는 과정에서 왜곡될 여지가 크다는 단점이 있으며, 많은 사람들에게 메시지가 전달되는 경우에는 각자 해석이 달라질 수 있으므로 왜곡이 더 심해진다.

주로 대면적 대화, 연설, 전화를 통한 대화, 포도넝쿨, 회의 등을 통해 이루어진다.

- 어조가 높으면 적대감을, 낮으면 만족감을 일으킨다.
- 소리가 크면 강조된다.
- 너무 빠르거나 느리지 않은 적정한 속도가 요구된다.

(2) 문서적인 수단

문서적인 수단은 인적인 것과 비인적인 수단으로 구분되며, 인적인 것에는 서신, 메모, 보고서, e-mail 등이 있고, 비인적인 것에는 회사소식, 포스터, 게시물, 간행물 등이 있다.

구두적인 수단과는 달리 기록으로 자료가 남겨지기 때문에 매우 정확하며, 많은 대중에게 전달할 수 있다는 장점이 있지만, 상대적으로 피드백이 늦고 많은 시간이 소요된다는 단점을 가지고 있다.

호감을 얻는 마법의 단어

즐거운 대화를 시작하는 마법의 단어는 '좋다'이다.

"네 셔츠 정말 예쁘다!"

"좋은 연필이네. 멋있다!"

"나는 너의 OO를 좋아해"는 기분 좋은 대화를 시작하는 마법의 주문이다. 셔츠의 색상이나 연필 등 사소한 무엇이라도 좋다. 중요한 것은 이 긍정의 의미를 소리내어 말로 전하는 일이다. 왜냐하면 상대방에게 관심이 있다는 사실을 나타내는 의사표현이기 때문이다. 부끄러워서 대놓고 상대방을 칭찬하기 어려운 사람이라면 이 문장을 이용해 보길 바란다.

"헤어스타일 바꿨어요?"

간단하지만 상대방에 대한 관심을 표현한 말이다. 만약 그렇지 않다는 대답이 돌아오더라도 "아, 그래요?"라고 말을 받은 뒤, 한 단계 적극적인 질문을 해보자.

"어딘가 좀 달라졌는데. 이상하네."

이와 같이 사소하지만 애정 어린 질문으로 인해 대화를 계속 이어나갈 수 있게 된다.

사람을 만나면 먼저 상대방의 장점을 찾아보자. 그리고 상대가 기분 좋게 들을 수 있는 칭찬을 용기 내어 밖으로 말해보자. 대화의 물꼬를 트는 마법의 문장은 누구에게나 적용된다.

지료 : 히데시바 후미카의 '같은 말도 듣기 좋게' 중에서(저자 수정)

2) 비언어적인 수단

비언어적인 수단은 언어적인 정보를 사용하지 않는 모든 것을 포함한다. 얼굴표정, 육체언어, 말의 억양 등이 이에 해당한다. 프로이트는 "보는 눈을 가졌고 듣는 귀를 가진 사람은 인간이 비밀을 유지할 수 없다는 것을 확신할 것이다. 만일 그의 입술이 조용하면 그의 손가락 끝으로 말하고 모든 기공을 통하여 누설하는 배반을 한다"고 말한 바 있다.

비언어적인 수단은 애매하기 때문에 언어적인 수단을 수반하지 않으면 곡해가 일어날 수 있고, 의사소통의 효과가 감소될 수 있다. 또한 각 나라별, 문화별 차이가 크기 때문에 각기 다른 문화에 대한 이해가 요구된다. 언어적인 수단을 수반하지 않으며 의미를 알 수 없는 경우가 있고, 그 결과 의사소통의 효과를 감소시키기 때문에 대부분의 경우에 언어적 수단에 대해 보조적으로 사용하는 것이 바람직하다. 언어적인 수단과 일치하지 않는 방식으로 행해지면 정보를 받아들이는 수신자는 혼란에 빠지게 되고 왜곡이나 장애가 일어날 수 있다.

BOBOS 뼈다귀

몸은 진실을 말하고 있다

2005년 브레드 피트와 안젤리나 졸리는 그들이 함께 출연한 영화 '미스터&미세스 스미스'의 기자회견장에서 둘이 함께 사진을 찍었다. 당시 브래드 피트는 제니퍼 애니스톤과 결혼한 상태였다. 머지않아 두 사람은 헤어지게 된다. 이미 소문은 무성한 상태였다. 스타가 사진을 찍고 대중이 스타의 사진을 보는 것은 어디까지나 일방적인 커뮤니케이션이지만 세상 사람들이 실상을 정확하게 파악하는 데는 불과 몇 초밖에 걸리지 않았다.

당시 찍힌 사진에서 안젤리나 졸리는 브래드 피트에게 등을 돌린 채로 손을 뒤로 모으고 있다. 이렇게 뒷짐을 지는 자세는 보통 '나는 겁먹지 않았다'는 표현으로 해석된다. 뒷짐을 지고 선 안젤리나 졸리는 '침착하고 새침하면서도 자신감이 넘쳐' 보인다. 이것이 바로 안젤리나 졸리가 본인의 자세를 통해 전달하려는 메시지다. 졸리는 무성한 소문에 잔뜩 위축되어 웅크리고 있기보다 침착하고 당당한 모습을 보여주고 싶었던 것이다.

브래드 피트는 오른손을 주머니에 넣은 자세다. 얼굴을 보면 웃음기 없이 입을 꼭 다물고 있다. 이런 입술모양은 말을 하지 않으려 할 때 자주 취하는 몸짓이다. 밝히고 싶지 않은 비밀을 가지고 있다면 누구든 거의 무의식적으로 나오는 반응이다. 브래드 피트의

입술모양과 주머니에 손을 넣은 자세를 합치면 뭔가를 감추고 있는 사람의 이미지가 완성된다.

굳게 다문 입술은 "모든 것은 안에 담아두겠다"는 표시이다. 분노, 죄책감, 양심의 가책 또는 수치심의 표시다. 이런 감정을 느낄 때면 우리는 자신도 모르게 입을 굳게 다문다. 우리를 해칠 만한 뭔가가 들어오는 것도 나가는 것도 완강하게 거부한다는 표시다.

입술을 깨물 때에 동원되는 근육들이 여기에도 동원된다. 화를 꾹꾹 눌러 참는 상황이다. 뇌에서 가장 오래된 파충류 뇌가 활성화되어 우리가 전투태세를 갖출 때도 이런 표정이 나온다. 화난 사람이 당신을 이런 식으로 쳐다본다면 상대가 당신을 물어뜯지 않으려고 참고 있다는 의미다.

이제 전체적으로 종합해보자. 보통 배우들이 함께 사진을 찍는다는 것은 말 그대로 그들이 함께임을 보여주기 위해서이다. 하지만 해당 사진에서 두 사람은 일부러 '분리'와 '단절'을 보여주려는 것 같다. 이런 자세를 통해서 결국 그들은 무의식중에 많은 사람들이 짐작하고 있는 바를 확인시켜준다.

자료 : 토니아 레이맨의 '몸짓의 심리학' 중에서(저자 수정)

BOBOS 뼈다귀 어려운 대화 다루기

대화가 잘 풀리지 않을 때 염두에 두어야 할 것이 있다. 우선 동의하면서 대화를 시작하라. 당신의 생각이 타인과 다를 때 두 사람이 합의점에 이를 수 있는 부분에서 대화를 시작하라. 그것이 맨땅에 헤딩하는 것만큼 힘들더라도 그렇게 하라.

'그러나'라는 단어보다는 '그리고'라는 단어를 자주 사용하라. '그러나'라는 단어는 '내 머릿속의 지우개'와 같은 작용을 한다. 당신이 아무리 좋은 말을 했어도 '그러나'라는 단어를 사용함으로 인해서 방금 전에 했던 말의 가치를 지우개처럼 지워버린다.

'너'라는 단어 대신에 '나'라는 단어를 자주 사용하라. '나'라는 단어는 상대방으로 하여금 나의 느낌과 생각을 명확하게 이해할 수 있게끔 만들어주는 반면, '너'라는 단어는 상대방에 대한 비난의 표현이 될 수 있다. '나'라는 말은 대화 중 방어적 태도를 감소시켜주면서 편안하고 부드러운 대화가 될 수 있도록 만들어주는 마법의 단어이다.

자료 : A. Leatz & W. Stolar, *Communication Briefings, as adapted from Career Success : Personal Stress*, McGraw-Hill, 1992.

4 의사소통의 과정

1) 송신자

상대방에게 메시지를 보내는 사람으로서 원천(source), 착상자, 아이디어화 등으로 불린다. 송신자에 의해서 의사소통이 시작되며, 송신자가 생각하는 의미를 언어적 상징에 의해 암호화해서 전달하게 되므로 '암호를 만드는 사람(encoder)'이라고도 한다.

2) 암호화

의사소통은 송신자가 수신자와 무언가를 공유하는 순간에서 비롯되며, 이때의 무엇이 메시지가 되고 암호화되어 전달된다. 암호화는 메시지의 내용을 글, 말, 제스처 등의 형태로 바꾸는 과정이다.

3) 메시지

송신자가 전달하고자 하는 상징적인 형태를 의미한다.

4) 매체 및 경로

메시지가 결정되고 암호화가 선택되면 이것은 어떤 경로를 통해 수신자에게 전달된다. 대면적 대화, 전화를 통한 대화, 회의 등의 구두적인 것과 차트, 메모 등의 문서적인 것, 보조적으로 사용되는 비언어적인 것 등이 포함된다.

5) 해독

송신자가 보낸 메시지를 수신자가 암호를 풀어 해석하는 과정을 의미한다. 수신자의 해독이 송신자가 의도한 바에 가까울수록 더욱 효과적인 의사소통이 된다.

6) 수신자

송신자가 보낸 메시지를 수신하고 해독하는 사람으로서 해독자(decoder)라 한다. 쌍방적 의사소통의 경우에는 최초의 송신자가 다시 수신자가 되어 해독자가 되기도 한다.

7) 피드백

송신자의 의도대로 메시지가 전달되었는가를 확인하는 과정이다. 수신자의 반응을 송신자에게 다시 되돌려 전달한다. 이 과정에서 수신자가 송신자가 되고 최초의 송신자가 수신자가 되어 과정이 역으로 흐르게 된다.

8) 잡음

의사소통과정에서 의도한 메시지를 방해하고 왜곡시킬 수 있는 모든 종류의 요소를 의미한다. 의사소통의 전 단계에서 일어날 수 있다.

▮그림 11-6▮의사소통의 과정

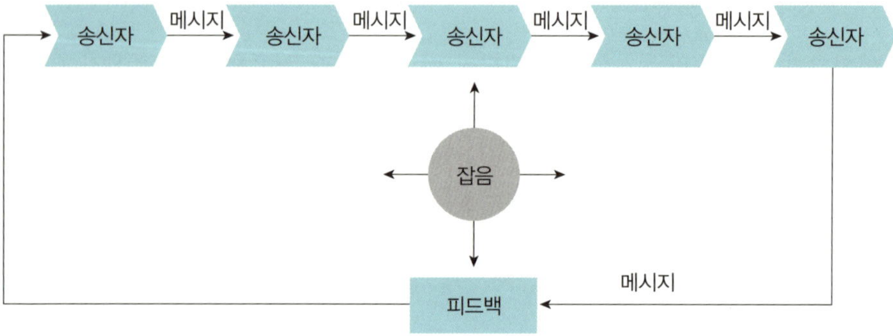

BOBOS 신문 우리 아가가 '알렉사'를 불렀다

영국에 사는 로티 레저와 마크 브래드 부부는 "생후 18개월 아들이 말을 배우는 과정에서 처음 한 말이 엄마도 아빠도 아닌 '알렉사'였다"고 밝혀 화제가 됐다. 알렉사는 미국 IT기업 아마존이 개발한 인공지능(AI) 스피커 '에코'에 내장된 AI의 이름이다. 호출신호로 "알렉사"를 외치면 잠들어 있던 알렉사가 깨어나 사용자의 음성명령을 수행한다. 영국의 '알렉사 베이비'는 신생아 때부터 부모가 AI 스피커에서 알렉사를 불러내는 모습을 보며 자랐다.

글로벌 정보기술(IT) 업계에서는 AI 스피커에 중독되는 것과 AI 스피커의 데이터 관리가 새로운 논쟁거리로 부상하고 있다. 아마존, 구글, 마이크로소프트, 애플 등이 AI 스피커 시장에서 치열하게 경쟁하며 시장을 키우고 있는 만큼, 관련 소비자 교육과 데이터 보호 노력이 필요하다는 것이다. 특히, 어려서부터 AI 스피커를 통해 정보를 찾고 문제를 해결하는 데 익숙한 어린이, 청소년들의 정보보호에 대한 우려가 커지고 있다.

아마존이 2014년부터 판매한 에코는 현재 전 세계 AI 스피커 시장을 주도하고 있다. 포브스에 따르면 지난해 아마존 에코의 판매량은 2,200만대 이상이다. 알렉사가 할 수 있는 기능도 빠르게 늘었다. 2016년 상반기만 해도 알렉사가 할 수 있는 기능은 1,000가지 남짓이었지만 지난해 말엔 쇼핑, 음악 재생, 우버 호출 등을 포함해 2만 5,000가지 일을 처리할 수 있게 됐다. 그만큼 사용자들의 AI 스피커 의존도가 높아지고 있다. 그러자 아마존은 한 걸음 더 나갔다.

아마존은 지난달 9일 어린이용 AI 스피커 '에코 닷 키즈 에디션'을 출시했다. 이 스피커엔 어린이에게 동화를 읽어주는 오디오북과 아마존뮤직 사용권, 부모가 쓰는 에코와 자녀의 에코 연결기능 등이 포함됐다. 부모가 사용시간을 제한할 수 있고, 부적절한 어휘가 포함된 콘텐츠를 제외하는 기능도 있다. 미래의 아마존 고객이 될 어린이를 일찌감치 AI 알렉사의 친구로 만들기 위한 아마존의 전략이란 해석이 지배적이다. 이른바 '알파세대(Generation Alpha)'를 노린 것이다.

미국의 정보기술 전문지 와이어드와 세대분석 전문가 마크 맥크린들에 따르면, 2010년 이후에 태어난 알파세대는 신기술에 전례 없이 많이 노출됐다. 똑똑해진 기기, 연결된 사물, 물리적 · 디지털 환경이 융합된 세계에서 나고 자란 이들은 놀이, 배움, 상호작용의 과정이 이전 세대와 다르다. 음성으로 유튜브 영상을 검색하고, AI 스피커에서 정보를 탐색하는 데 거리낌 없는 것도 이들의 특징이다.

국내도 AI 스피커 시장이 급성장 중이다. 지난달 시장조사업체 카날리스 발표에 따르면 한국은 올해 1분기 AI 스피커 73만대가 판매돼 영국을 제치고 세계 3대 시장에 올랐다. 1위는 미국(분기 판매량 410만대), 2위는 중국(180만대)이었다.

국내 기업들도 '알파세대'와 그 부모인 밀레니얼세대(1980년 이후 출생 세대)를 잡기 위한 경쟁이 치열하다. KT, SKT, LG유플러스 등 이동통신 3사와 네이버, 카카오 등은 어린이 오디오북, 동요, 외국어 교육 콘텐츠 등을 대폭 늘리고 있다. AI 스피커 사용자를 늘리고 AI가 사용자의 음성 명령어를 정확히 인식하도록 하는 데 초점이 맞춰져 있다.

자료 : 중앙일보, 2018. 6. 14(저자 수정)

BOBOS 뼈다귀 완벽한 거짓말

대부분의 사람들은 이야기가 비논리적이고 뒤죽박죽일 때, 시간상 순서가 맞지 않아 보일 때, 모순되고 불합리한 점들이 드러날 때, 무엇보다도 상대가 황당무계한 이야기를 할 때 거짓을 간파한다. 겉보기에 부조리한 이야기는 비현실적인 느낌을 주기 때문에 뛰어난 거짓말쟁이는 정직한 인상을 주기 위해 되도록 모순이 없고 논리적으로 들리는, 무엇보다도 평범한 이야기를 정확한 시간순으로 들려주려고 노력한다.

그런데 사실은 정반대다. 진실을 얘기하는 사람은 미리 준비하는 일이 드물기 때문에 오히려 중간중간 기억이 안 나는 부분이 있으며 심지어 이야기가 모순되고 시간적으로 순서가 안 맞을 수도 있다. 또 이야기가 특이할수록 사실일 확률도 높아진다.

그렇기 때문에 뛰어난 거짓말쟁이는 특이한 것을 피한다. 또한 그는 거짓말과 관련해 대부분의 사람들이 고정관념을 가지고 있다는 사실을 안다. '눈을 쳐다보지 않는다', '몸을 돌린다', '말을 더듬는다', '땀을 흘린다' 등 당황해서 하는 몸짓은 거짓말쟁이를 나타내는 전형적인 비언어적 특징이라는 견해가 널리 퍼져 있다. 그러나 이런 생각은 완전히 틀렸고 과학적으로도 근거다 없다. 뛰어난 거짓말쟁이는 이런 선인견들을 알고 의심을 사는 행동들을 억제할 수 있다.

뛰어난 거짓말쟁이는 어떻게 하면 상대에게 정직한 인상을 주는지 알고 있다. 사람은 대화할 때 상대가 몸을 자기 쪽으로 향하면 당장 그에게 호감을 느낀다. 또 상대가 자주 미소지으면, 비언어적 차원에서 더 적극적으로 제스처를 많이 쓰면, 대화상대에게서 1.2에서 3미터 사이의 적절한 사회적 거리를 유지하면, 너무 지나치지 않은 범위에서 시선을 자주 맞추려고 하면 당장 호감을 느낀다. 능숙한 거짓말쟁이는 대화에서 긍정적인 사람인 척함으로써 이런 효과를 더욱 높일 줄 안다. 긍정적인 태도는 무엇보다 믿음을 주기 때문이다. 우리는 모두 거짓말을 하지만 우리 중에 극소수만이 완벽하게 통달한 진정한 거짓말의 대가이다.

누구나 나서서 진부한 거짓말을 할 수 있다. 그것은 예술이 아니다. 비밀은 듣는 사람들이 그 말을 믿게 만드는 데 있다. 진정으로 위대한 예술이 다 그러하듯 거짓말의 예술도 근면함과 더불어 수많은 층으로 이루어진다. 화가는 색색의 안료와 투여도료를 겹쳐 칠해 층을 만들고, 음악가는 멜로디와 리듬, 목소리, 악기로 된 층들을 작곡하고, 작가는 단어로 된 층들을 포개며, 거짓말쟁이는 거짓말을 쌓아올려 명작을 만든다.

자료 : 클라우디아 마이어의 '거짓말의 딜레마' 중에서(저자 수정)

BOBOS 한 말씀

남의 단점은 덮어두고, 완고함은 잘 타일러라

– 채근담 –

5 자기주장성(self-assertion) 훈련

사회심리학자 맥도갈(W. McDougall)은 인간행동의 대부분을 본능의 발현으로 이해했다. 그는 도주(flight), 거절(repulsion), 호기심(curiosity), 투쟁(pugnacity), 자기비하(self-abasement), 자기주장(self-assertion), 친성(parental) 등 일곱 가지의 기본적 본능을 제시했다.

그는 인간본능은 특정 사물을 지각하게 하고 관심을 표시하게 하며 이 사물에 대해 어떤 특정한 방식으로 행동하게 하는 타고난 정신적 성질이라고 했다. 또한 이는 맹목적이라기보다는 목표지향적인 것이라고 생각했다.

자기주장성이란 적절한 방법으로 어떤 사람이 원하는 것을 요청하는 동안 감정과 사고를 표현하는 과정이다. 즉, 자기주장성은 타인의 권리를 침해하지 않으면서도 효과적으로 자신의 의견을 전달할 수 있는 능력이다. 자기주장성 훈련을 통해 타인의 감정을 상하게 하지 않으면서도 더불어 자신의 권리도 침해당하지 않을 수 있는 효과적인 방법을 습득할 수 있다.

자기주장성 훈련을 통해서 사람들은 근심상황을 생산적 방법으로 다루는 법을 배우게 된다. 참가자들은 감정을 표현하고, 호의를 요청하고, 칭찬을 주고받고, 행동의 변화를 요청하고, 납득할 수 없는 요청을 거절하는 법을 배운다. 건강한 사람들은 다른 이들의 정당성을 침해하지 않고 자신의 정당성을 주장할 때 자기주장적인 행동을 한다. 때문에 많은 기업에서 구성원들이 자기주장성을 습득할 수 있도록 훈련시킨다. 포드, 월트 디즈니, 트랜스 월드 에어라인, 미국정부 등에서도 자기주장성 훈련을 도입하였다.

1) 수동적 행동

수동적 행동을 하는 사람은 '나는 옳지 않다(I'm not OK)'는 생활자세 속에 존재한다. 때문에 자기부정과 자기희생을 수반한다. 뒷부분에 나오는 의사거래분석에서 다루게 되는 자아상태 중 '자연스런 어린이'와 '양육적인 어버이'의 자아상태로부터 나오는 행동이다.

수동적 행동을 하는 사람은 많은 스트레스를 받으며 종종 고통에 빠지게 된다. 따라서 긍정적인 자기개념이 빈약하고, 행복하지 않고, 종종 공포에 사로잡힌다. 그들이 사용하는 비언어적 의사소통은 자신감 없이 눈을 내리깔거나, 조용하게 말하고, 도와달라는 수동적인 태도 등이다.

사람들은 수동적 행동을 하는 사람들을 종종 이용하려는 경향이 있다. 많은 사회학자들의 연구에 의하면 남자들은 여자들의 업무를 방해하고, 그녀들의 아이디어를 무시하며, 많은 여성들이 이를 관대하게 보아주는 태도를 보인다. 이는 개인과 조직 모두에게 비생산적인 행동이다.

〈수동적 행동〉

2) 공격적 행동

공격적 행동을 하는 사람은 '나는 옳지 않다(I'm not OK)'는 생활자세 속에 존재하지만 다른 사람들을 통제하는 과정에서 '나는 옳다(I'm OK)'는 방향으로 향상되도록 노력한다. 공격적 행동은 '적응적인 어린이'와 '비판적인 어버이'의 자아상태로부터 나온다.

그들은 매우 경쟁적이고 지는 것을 싫어하기 때문에 자기 가치를 향상시키기 위해 승리하여야 하며, 다른 사람들의 정당성을 침해하는 경향이 있다.

공격적 행동을 하는 사람들은 뻔뻔하게 요구하고, 거칠게 행동하고, 무례하고, 저돌적인 양상을 보인다. 그들은 자기확신이 강한 듯 보이지만 표면적으로 나타나는 행동들은 종종 자기개념이 빈약한 결과이다.

공격적인 행동에 맞부딪칠 때, 다른 사람들은 그러한 행동에 응수하거나 움츠리거나 굴복한다. 즉 그들과의 접촉을 아예 피하거나 싸움에 대비하게 된다. 그들이 사용하는 비언어적인 의사소통은 차가움을 의미하는 날카로운 눈빛과 찌푸린 표정, 높은 톤의 큰 목소리, 빠른 제스처, 협박하는 듯한 자세 등이다.

조직생활 속에서 어떤 부류의 여성들은 공격적이 되는데, 이는 남성 중심의 조직생활에서 살아남고 경쟁하기 위해서 필요한 행동이라고 느끼기 때문이다. 이 행동 또한 개인이나 조직에게 모두 해로울 수 있다.

〈공격적 행동〉

3) 수동적–공격적 행동

수동적–공격적 행동을 하는 사람들은 세 가지 중요한 방법을 활용한다.

첫째, 이 유형의 사람은 산발적으로 두 가지 유형의 행동을 하게 된다. 예를 들어 관리자는 부하에게는 매우 공격적이지만 자신의 상사에게는 수동적이다. 또는 어느 순간에는 수동적이었던 사람이 다음 날에는 공격적이 되기도 한다. 이러한 유형의 사람은 무엇을 기대하는지 예측할 수 없기 때문에 함께 일하기 매우 힘든 상대가 된다.

둘째, 수동적인 행동을 하고 바로 공격적인 행동을 한다. 예를 들어 어떤 종업원이 마지못해 어떠한 일에 동의하고 나서 문을 쾅 하고 소리 나게 닫거나, 일처리 직후 처음 만난 사람에게 고함을 치는 경우가 여기에 해당된다.

셋째, 수동적 행동은 하지만 속으로는 적개심을 쌓는 경우가 여기에 해당된다. 수동적 행동이 반복적으로 쌓이면 공격적인 행동으로 나타나게 된다.

〈수동적-공격적 행동〉

4) 자기주장적 행동

자기주장적 행동은 '나는 옳다-너도 옳다(I'm OK, You're OK)'라는 생활자세에 근거하며 '성인'의 자아상태로부터 나온다.

자기주장적 행동을 하는 사람들은 긍정적인 자기개념을 가지고 있기 때문에 공격적인 행동의 사용 없이도 자신의 감정과 사고를 자유롭게 표현하고, 요청할 수 있다. 이 유형의 사람은 타인의 정당성을 침해하지 않으면서도 자신의 정당성을 주장할 수 있다. 때문에 다른 사람들을 위협하지도 않고 통제하지도 않는다. 그들은 자신감이 있고, 친숙하게 행동하며, 정직하고 긍정적인 자기이미지를 만들어 나가기 때문에 다른 사람들로부터 존경을 받는다.

그들이 사용하는 비언어적인 의사소통은 밝고 즐거운 음성, 확고한 태도, 똑바른 자세, 미소, 따뜻하게 눈을 맞추는 것과 같은 긍정적이고 대면적인 표현을 수반한다.

자기주장적 행동은 '승-승(Win-Win)'상황을 창조하지만 유념해야 할 것은 수동적이고 공격적인 행동이 적절한 상황도 분명 존재한다는 것이다.

〈자기주장적 행동〉

BOBOS책 **당당하게 거절할 때 나를 보호할 수 있다**

"당신은 참 어리석군요! 더 잘하지 못하겠거든 내일부터 회사에 나오지 마세요!"

상사는 내게 소리를 질렀다. 그의 얼굴이 붉으락푸르락해졌고 목에는 굵은 핏줄이 돋았다. 그는 소지 잘 지르기로 유명했다. 그의 비서였던 나는 가장 손쉬운 타깃이 되었다. 나는 속상하고 화가 났고, 무엇보다도 자존심이 상했다.

문제를 해결하기 위한 새로운 행동양식을 스스로 선택하기 전까지는 매번 같은 상황이 되풀이될 것이라는 것을 깨달았다. 내 처지를 깨닫자 이제 변화해야 할 때라는 감이 왔다. 한 권의 책이 내가 그런 결단을 내릴 수 있도록 도와주었다. 매뉴얼 스미스의 「'아니오'라고 말할 땐 죄책감을 느껴요」라는 책이었다. 책에는 여러 가지 질문들이 있었는데 그 가운데는 "사람들이 당신을 마음대로 다루는가?"라는 질문도 있었다. 내 대답은 "그렇다"였다. 그건 분명히 좋지 않은 일이었고 나는 간절히 도움을 바라고 있었다.

책에 나오는 '주장해야 할 권리헌장'은 타인들과의 사이에 건강한 경계선을 마련하기 위해 꼭 필요한 것들이었다. 그 가운데는 온갖 이유와 핑계로 자신의 행동을 정당화하지 않을 권리, 마음을 바꿀 권리, "모릅니다"라고 말할 권리, 심지어 실수할 권리 등이 포함되어 있었다. 작가는 "우리에겐 죄책감을 느끼지 않고 아니요 라고 말할 권리가 있습니다"라는 문장으로 리스트를 매듭지었다.

나는 그 책을 통해 다른 사람들을 기쁘게 하기 이전에 어떻게 하면 나를 기쁘게 할 수 있을지에 대해 배웠다. 내 행복을 가장 먼저 선택할 권리가 있고, '아니오'라고 말할 수 있고, 왜 "아니오"라고 말했는지 설명하지 않을 권리도 있다는 것을 배웠다. 이 책은 가장 먼저 챙겨야 할 사람이 나 자신이라고 말하며, 모두를 기쁘게 한다는 것은 불가능하며 실패할 수밖에 없다는 것을 가르쳐주었다.

나는 그 책을 통해 배운 대로 실천하기 시작했고, 나를 존중하고 타인을 존중하면서 다른 이들에게 존중받기 시작했다. 그 책은 구름 낀 고속도로에서 어디로 가야 할지 몰라 방황하고 있던 내게 기어를 어떻게 조작해야 하는지, 어떻게 왼쪽으로 방향을 틀어야 하는지 가르쳐주고 성공으로 향한 고속도로를 달려가게 해주었다. 이제 나는 내 마음이 내킬 때 "예"라고 말하고, "아니오"라고 말해야 할 때 주저하지 않고 "아니오"라고 말할 수 있다.

자료 : 잭 캔필드의 '내 인생을 바꾼 한 권의 책' 중에서(저자 재구성)

BOBOS 한 말씀

예의바른 거절이 무례한 승낙보다 낫다.

– 프랑스 속담 –

표 11-3 자기주장성의 단계

자기주장성의 단계
1. 목표를 설정한다.
2. 어떻게 '승-승'상황을 창조할 것인지 결정한다.
3. 자기주장적인 국면을 계발한다.
4. 당신의 계획을 지속적으로 이행한다.

표 11-4 수동적, 공격적, 자기주장적 국면

수동적 국면
수동적 인간은 그들의 입장을 일관되게 유지하지 못하고 제한적인 표현을 사용한다.
• 난 모르겠어요.
• 상관없습니다.
• 미안해요.
• 단지 나의 의견이에요.
• 당신을 괴롭히고 싶지 않아요. 하지만…
• 그것은 정말 중요하지 않아요. 하지만…

공격적 국면
공격적 인간은 다른 이들의 정당성을 침해하면서 그들의 입장을 요구한다. • 당신은 필요없어… • 당신의 의견은 옳지 않아. • 당신은 무엇을 말하는지 모르고 있어. • 당신은 잘못했어. • 당신은…해야만 해.
자기주장적 국면
자기주장적 인간은 그들의 입장을 일관되게 유지하고, 타인의 정당성을 침해하지 않는다. • 이해하지 못하겠습니다. • 난 지금 무엇을 원합니다. • 난 지금 무엇을 필요로 합니다. • 나는…하고 싶어요. • 아니오, 난 더 이상 할 수 없을 것 같아요. • 당신이 더 이상 그런 유머를 사용하지 않았으면 더 좋겠어요. • 나의 의견은… • 당신이…를 알기 원한다고 생각했어요.

BOBOS 한 말씀

만일 자신의 참 모습과 직면하는 용기만 있다면 자신의 결점을 알고 개선하여 성공할 수 있다. 또 과거의 실패 중에서 이익을 만들어낼 수도 있다. 즉, 자신의 약점만 알고 있으면 우리들은 어디에서나 배울 수 있다. 그것에 비해 자신을 분석하지 않고 얼렁뚱땅하려고 하거나 핑계거리만을 생각한다면 누구든 자신을 성장시킬 수 없다.

– 나폴레온 힐 –

6 의사거래분석(TA : transactional analysis)

의사거래분석은 교류분석이라고도 하며 인간의 퍼스낼리티 속에 행동을 자극하고 조정하고 통제하는 세 가지 원천, 원초아(Id), 자아(Ego), 초자아(Super-Ego)[1]가

1) 원초아(Id) : 인간의 성격 중에서 생물학적이고 본능적인 요소를 지칭하는 것이다.
자아(Ego) : 외부 현실과 초자아의 제한 속에서 원초아의 욕구를 표현하고 만족시키는 정신기제를

있다고 제안한 프로이트의 이론에 기반하여 1957년 미국의 정신과 의사인 에릭 번(Eric Bern)에 의해 개발되었다. 이는 인간의 교류나 행동에 관한 이론이자 이에 기반하여 실시하는 치료요법이기도 하다. 오늘날에는 정신요법보다 교육훈련 프로그램으로 더 널리 활용되고 있다.

의사거래분석은 개인치료에 사용되기도 하고, 특히 집단치료에 적합한 상호역동적인 심리치료이다. 이는 성격의 인지적 · 합리적 · 행동적인 면을 모두 강조하며 내담자가 새로운 결정을 내리고 삶의 과정을 바꿀 수 있도록 하기 위한 적극적인 치료법이다.

주요 개념들은 부모(Parent), 어른(Adult), 어린이(Child), 결정(decision), 재결정(redecision), 게임(game), 극본(script), 라켓(racket), 스트로크(strokes), 할인(discounting), 우표수집(stamps) 등이다. 또한 세 가지로 구분되는 행동 형태인 부모(Parent), 어른(Adult), 어린이(Child) 자아상태로 설명된다.

의사거래분석은 모든 사람은 서로 다른 자아상태(ego state)를 가지고 있으며, 이는 어버이, 어른, 어린이로 구성된다고 제안하고 있다. 사람들은 세 가지 자아상태로 인격을 이루고 이 인격은 행동의 원천이 된다. 그렇기 때문에 이들 중 어느 하나의 입장에서 다른 이들과 의사소통을 하게 된다. 그러므로 이는 역할을 의미하기보다는 심리적인 실체를 의미한다.

에릭 번(Eric Bern)은 "비록 그 위치에서 절정에 달했던 초기의 경험이 지워지지 않는다 해도 초기의 결정이 변화될 수 있다고 믿는다. 일단 결정된 것도 다시 결정될 수 있다"고 말하면서, 인간은 언제나 새로운 결정을 내릴 수 있으며 과거에 구속되지 않는다고 주장했다. 그러나 인간이 선택할 수 있는 능력은 갖고 있으나 자율적인 존재가 되기에 필요한 자각을 얻는 사람은 많지 않다고 보았다.

의미한다.
초자아(Super-Ego) : 프로이트의 성격구조에서 마지막으로 발달하는 체계로서 사회규범과 기준이 내면화된 것을 말한다.

표 11-5 의사거래분석의 목적

1. 선택의 자유, 마음대로 바꾸는 자유, 다시 일어나는 반응과 새로운 자극을 도모하기 위함
2. 개인이 부모로부터 친근감을 가지면서 독립하는 것
3. 실패자에서 성공한 사람으로 변화하는 것
4. 어린이, 어른, 부모 자아상태의 사이를 자유롭게 왕래하는 것
5. 어린이로부터 왕자나 공주가 되는 것
6. 개인의 잠재력 성장과 향상
7. 원활한 의사소통

의사거래분석의 목적 중 '어린이로부터 왕자나 공주가 되는 것'이라는 개념은 쉽게 이해되지 않을 수도 있다. 한국적 문화에서는 왕자병과 공주병이라는 신조어 때문에 긍정적인 개념으로 인식되지 않기 때문이다. 그래서 이해가 쉽도록 하기 위해 신학자이자 경영학자이며 심리학자인 안셀름 그륀이 쓴 글귀를 통해 설명하고자 한다.

"우리 안에는 신적 품위가 존재하고, 그것은 이 세상에 속한 것이 아니기 때문에 이 세상의 어떤 힘도 우리로부터 이것을 빼앗아 갈 수는 없다. 죽음 직전과 같은 완전히 무력한 상황에서도 우리의 왕과 같은 품위는 어느 누구도 빼앗아 갈 수가 없다."

"인간은 육화된 하느님의 말씀이다. 그래서 우리 각자가 지닌 과제는 자신에게 주어진 하느님의 유일한 말씀이 드러나도록 하는 것이다. 유일성은 내가 가치있다고 생각하고 자랑하려는 온갖 종류의 장점들과는 무관하다. 유일성은 하느님께서 나를 만드셨다는 사실로 성립된다."

본서에서는 안셀름 그륀[2)]이 제안했던 신적 품위의 의미를 한 가지 종교에 고착

2) 성 베네딕도 수도회 사제.
성 오틸리엔과 로마 성 안셀모대학에서 철학과 신학을 전공하고, 논문 「구원의 십자가를 통해」로 신학박사 학위를 받음. 뉘른베르크에서 경영학 공부. 수도승 전통의 원류를 심도 있게 구명하여 이를 칼 구스타프 융의 분석심리학과 비교하는 작업에 몰두함.

시키고 싶지는 않다. 여기서 왕자나 공주라는 단어를 이해함에 있어 신적 품위는 오히려 파올로 코엘료[3]가 자신의 저서에서 여러 번 언급했던 우리 안의 내적 신성이라고 보는 것이 무방할 것이다. 그러한 내적 신성을 발견하고 이끌어내자는 의미 정도로 해석하고자 한다.

의사거래분석의 목적은 사람을 진단하는 것이 목적이 아니라 교육을 받은 사람이 자신의 특징을 이해하고 자신의 장점을 살리기 위한 자료를 제공하는 것이 목적이다.

BUBOS 책 나르시시즘, 정말로 나에 관한 것

워터하우스의 '나르키소스'

나르시시즘과 이타주의는 정반대 편에 서있는 것이다. 완벽하게 이타주의적인 사람은 거의 없으며, 우리 대부분은 어느 정도 나르시시즘에 빠져있다. 물론 지나친 나르시시즘은 병리학적으로 문제가 된다. 나르시시즘과 이타주의 사이의 균형은 우리의 감정적인 건강, 특히 자기 자신의 가치평가에 달려있다.

로마의 시인 오비디우스는 나르시스라는 말의 유래를 실화를 통해 들려주었다.

나르키소스는 강의 신 케피소스와 님프 리리오페 사이에서 태어난 아들이다. 그가 열여섯 살이 되었을 무렵, 그의 황홀한 미모를 몰라보는 사람은 없었다. 그는 자신에게 몰려드는 남녀 구애자들을 경멸하며 뿌리쳤다. 자부심이 너무 드높았기 때문이다. 님프 에코는 사랑에 빠져 속절없어 하고 있었지만, 그에게 말도 붙여보지 못하고 우물쭈물하고 있었다. 결국 나르키소스는 그녀를 서설했다. 슬픔에 무너진 그녀는 목소리로만 남게 되었다. 그녀와 마찬가지로 퇴짜를 맞은 한 청년이 나르키소스가 평생 그 자신만을 사랑하며 살아가게 해달라고 신께 기도를 올렸다. 여신 네메시스는 나

3) 브라질 출신의 소설가로 '연금술사', '베로니카 죽기로 결심하다', '브리다', '11분', '포르토벨로의 마녀', '순례자' 등 수많은 소설을 출간했다. 그의 소설은 일관되게 내면의 빛과 마음의 순례를 그 주제로 하고 있다.

르키소스가 헬리콘 산에 갔다가 목이 말라 한 샘에 멈추게 하는 것으로 그의 기도를 들어주었다. 물에 비친 자신의 모습을 본 나르키소스는 그 이미지와 바로 사랑에 빠져 버렸다. 그는 물 위에 자신이 반사된 모습을 끌어안을 수 없었다. 그 자리에서 자신을 떼어낼 수 없었던 그는 그곳에서 굶어죽었다. 그러나 시신은 남지 않고 그 자리에 꽃 한 송이만 피어났다. 그의 이름을 따서 나르키소스(수선화)라고 부르게 되었다. 나르키소스는 저승으로 건너가는 스틱스 강을 지나면서도 수면 위에 비친 자신의 모습을 보려고 뱃전에서 몸을 굽혔다고 한다. 정신분석에서 자기애를 의미하는 나르시시즘은 나르키소스의 이름에서 유래한 것이다.

〈나르시시즘적인 사람들의 특징〉

- 다른 사람들과의 커뮤니케이션에서 눈에 드러날 정도로 자기에게만 집중하는 모습을 보인다.
- 관계를 만들고 유지하는 것을 어려워한다.
- 상황파악을 잘하지 못한다.
- 감정이입능력이 부족하다.
- 다른 사람들이 보는 방식으로 자기 자신을 보는 데 서툴다.
- 모욕받는 것을 상상하는 것만으로도 극도로 민감하게 반응한다.
- 죄의식 때문에 느끼는 수치심에 쉽게 무너진다.

자료 : 칼 알브레히트의 'S.P.A.C.E. 호감의 법칙' 중에서

BOBOS 한 말씀

가장 빛나는 별은 아직 발견되지 않은 별이고,
당신 인생 최고의 날은 아직 살지 않은 날들이다.
스스로에게 길을 묻고 스스로 길을 찾아라.
꿈을 찾는 것도 당신,
그 꿈으로 향한 길을 걸어가는 것도 당신의 두 다리,
새로운 날들의 주인은, 바로 당신 자신이다.

– 토마스 바샵의 '파블로 이야기' 중에서 –

1) 어버이 자아상태

어버이는 어린이의 행동에 모델을 제공한다. 이 모델은 평생 동안 한 사람의 마음속에 남는다. 어버이 자아상태는 어린 시절의 부모 또는 이에 대체되는 사람에 대한 관찰에서 연유된다. 5세 전후의 아이들은 양육자의 말이나 행동을 무비판적으로 받아들여 내면화시킨다. 당시의 자신은 왜소했고 의존적이었으므로 어버이는 언제나 옳았다는 기억 때문에 이 상태에 있는 사람은 어버이처럼 생각하고 행동하려는 경향이 있다.

(1) 비판적 어버이(CP : critical parent)

부모의 윤리, 도덕, 가치판단 등의 기준이 내면화된 자아상태로서 엄격한 아버지처럼 행동하는 경우가 여기에 해당된다. "해라", "하지 말아라"는 표현을 많이 사용한다.

(2) 양육적 어버이(NP : nurturing parent)

자애스럽고 친절하게 자녀를 돌보는 말이나 행동이 내면화된 자아로서 보호적·동정적·배려적 성격이 강하다. 따뜻한 어머니처럼 행동하는 경우가 여기에 해당되며 남의 고통을 자신의 고통으로 여기는 면을 지니고 있다. 참가형·자유방임형 관리자의 경우 지원적·관계적 성향이 많으므로 이 유형이 많다.

BOBOS 책 **신은 모든 곳에 있을 수 없기에 어머니를 만들었다**

우리 몸에는 디옥시리보 핵산(DNA)이라는 우아한 문자에 새겨진 메시지가 흐른다. 사슬, 사다리, 생명의 흐름, 어떤 메타포로 부르건 이것은 죽은 자의 메시지를 아직 태어나지 않은 사람에게 전달한다. 그 메시지가 전하는 것은 무엇인가? 그 사슬에 나는 무어라고 쓰고 싶은가?

그저 이렇게 쓰고 싶다. 사람을 사랑한다는 것은 힘겨운 일이다. 만일 사랑이, 그 속에서 혹은 그 자체로 생명이 흐르는 중심이 아니라면, 단테가 말한 것처럼 사랑이 별을 움직이지 않았더라면, 우리가 어찌 그 무게를 감당할 수 있겠는가? 사랑은 모든 것을 견디

클림트의 '여자의 세 시기'
(The three ages of woman)'

게 한다. 하느님의 역사가 대부분 그렇듯, 사랑도 양날의 검이다. 우리 안에는 사랑의 씨앗이 심어져 있다. 사랑의 시작은 본능적인 일이겠지만 결국은 선택이다. 자유의지를 가진 피조물에게는 그럴 수밖에 없다. 사랑은 계속해서 선택하며 살아야 하는 우리 삶의 일부다.

사랑이라는 어머니의 특별한 메시지를 세포에 담고 있을 아직 태어나지 않은 아기들과, 우리 어머니가 성령처럼 품고 있던 모든 아이들에게, 어머니가 실천하며 살았던 가장 진실한 말을 전한다. 그 힘든 일을 받아들여 축복되게 하고, 별을 움직여라.

자료 : 버지니아 스템 오언스의 '어머니를 돌보며' 중에서

▌그림 11-7 ▌어버이(the Parent)

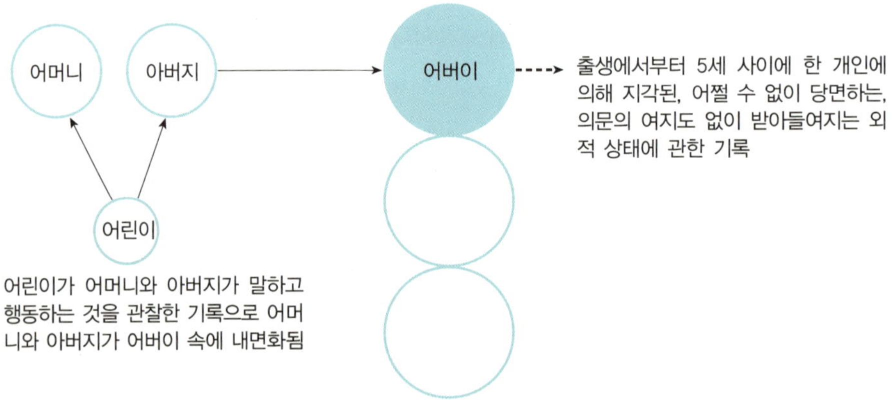

자료 : 이한검, 인간행동론, 형설출판사, 2001(저자 재구성).

2) 어린이 자아상태

5세 전후에 경험했던 상황들, 부모와의 관계에서 형성된 감정 등이 내면화된 것으로서 이 자아상태의 사람은 어린 시절의 기억을 갖고 그때처럼 생각하고 행동한다.

(11) 자연스런 어린이(FC : free child)

내면에서 일어나는 것들을 자연스럽게 그대로 나타내며 호기심이 많고, 즐겁고, 재미있고, 상상력을 표현하는 행동을 보여준다.

(2) 적응적인 어린이(AC : adapted child)

부모나 사회적 권위로부터 관심을 얻기 위해 그들의 요구에 부응하려는 성향이다. 순응적·소극적·의존적·반항적인 특징을 지닌다. 이 자아상태의 사람은 화내고, 공포를 느끼고, 근심하고, 부정적이고, 노여워하는 양상을 보인다. 종업원들이 감정적이 될 수 있으므로 관리자는 이 행동유형은 피하는 것이 좋다.

▮그림 11-8▮어린이(the Child)

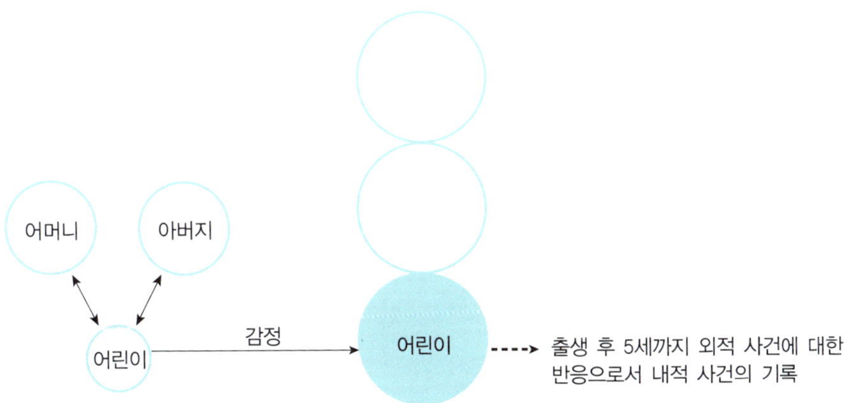

자료 : 이한검, 인간행동론, 형설출판사, 2001(저자 재구성).

3) 어른 자아상태

현실을 객관적으로 다루는 상태이며, 논리적 사고와 합리적 행동을 한다. 이 자아상태의 사람은 감정이 아닌 사실에 입각하여 행동하기를 좋아한다. 사려 깊고 감정에 휘둘리지 않는다. 이는 나이와 관계되는 것이 아니라 교육과 경험에 관련된다. 객관적·합리적·분석적·지성적·논리적 경향이 강하다.

▌그림 11-9▌어른(the Adult)

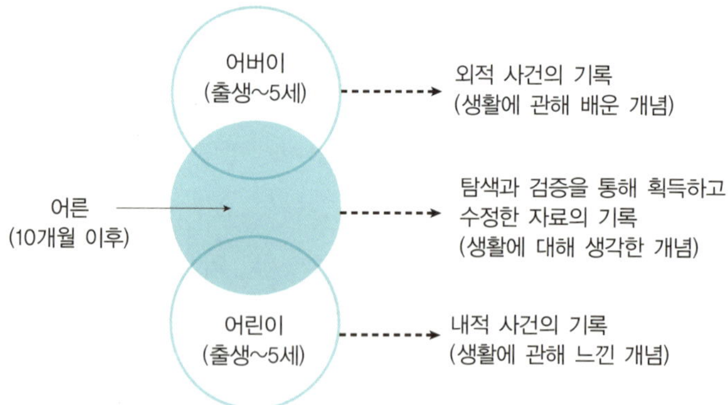

자료 : 이한검, 인간행동론, 형설출판사, 2001(저자 재구성).

BOBOS 책 메아리

벡스터의 '나르키소스와 에코'

그리스 신화에 나오는 요정 에코는 메아리라는 말의 기원이다. 오드리산의 요정들과 놀기를 좋아하는 제우스는 올림포스산을 내려와 자주 지상을 방문하는데, 마침내 제우스의 아내 헤라가 이를 의심하고 요정들과 노는 제우스를 잡으러 내려온다. 제우스는 아내 헤라의 주의를 분산시키기 위해 아름다운 목소리를 가진 에코로 하여금 헤라에게 재미있는 이야기를 길게 해서 자신이 하는 일에 시선을 주지 못하도록 했다. 마침내 속임수라는 것을 알아챈 헤라는 화가 나 에코의 아름다운 목소리를 빼앗고 남의 말만 바보같이 반복하도록 하는 벌을 내렸다. 그때부터 에코는 메아리처럼 남의 목소리만 되풀이할 수밖에 없었다. 에코는 아름다운 사냥꾼 청년 나르키소스를 만나 사랑에 빠지지만, 독선적으로 자기주장만을 하는 나르키소스에게 사랑한다는 자신의 속말은 하지 못하고 단지 그의 말만 반복해 결국 사랑을 잃어버리고 죽음에 이르게 된다.

에코 요정에 관한 신화는 커뮤니케이션에 관한 이야기이다. 남의 상황을 고려하지 않고 자기주장만을 강제하는 유형이 나르키소스라면, 자기만의 독창적인 이야기는 하지 못하고 남의 말만 복제하는 유형이 에코다. 왜곡된 의사소통 사회에 사는 우리는 또 다른 나르키소스이고 또 다른 에코일 뿐이다.

자료 : 임영호의 '커뮤니케이션을 공부하는 당신을 위하여' 중에서

BOBOS 한 말씀

우리는 우주에 흔적을 남기기 위해 여기에 있다.

– 스티브 잡스 –

표 11-6 세 가지 자아상태

부모 자아상태 (Parent ego state)	ⓟ	NP	비판적 어버이 (CP : critical parent)
		CP	양육적 어버이 (NP : nurturing parent)
어른 자아상태 (Adult ego state)	Ⓐ		
어린이 자아상태 (Child ego state)	ⓒ	FC	자연스런 어린이 (FC : free child)
		AC	적응적인 어린이 (AC : adapted child)

표 11-7 자아상태의 해석

높으면	자아상태	낮으면
1. 양심적, 권위적, 책임감, 정의감, 선악감, 도덕감, 이상추구 2. 편견에 의한 평가 3. 자기주장 강요 4. 경청하지 않음 5. 상대방은 겉으로는 납득하는 척하지만 위축해서 자기주장을 하지 않다가 어느 시기에 반발하게 됨	CP	1. 관용적 vs 소신 없음 2. 일관된 생활태도를 유지하지 못함 3. 적당주의자

높으면	자아상태	낮으면
1. 모성적 풍성함 2. 양육적, 보호적, 지지적, 헤아려줌, 돌보아주기, 동정, 거절 못함 3. 과보호의 결과 버릇이 없어도 묵인하게 됨 4. 너무 간섭을 하면 참견이 많아짐 5. 위의 것들이 누적되면 의타심을 심어주게 됨. 따라서 어린이나 부하의 자주성, 자율성을 빼앗아 버리게 됨	NP	1. 쌀쌀하고 불안감을 줌 2. 상대방은 위축됨 3. 높은 경우 여러 가지 심신 증상이 나오므로 아이들이나 직원들에게는 이것이 중요한 의미로 작용됨

높으면	자아상태	낮으면
1. 합리적, 이성적, 능률적, 객관적 2. 냉정, 신중, 사무적 3. 현실지향적 4. 상대방에 대해 감정적이 되기보다는 성인으로서 타이르는 태도를 보임 5. 상대방도 상대적으로 안정되고 사실추구적, 정보수집지향적이 됨 6. 너무 높으면 물질만능, 무감정, 자기중심적이 됨	A	1. 사실에 의거한 정확한 판단이나 지시가 부족함 2. 심리적으로 불안정

높으면	자아상태	낮으면
1. 자발적, 적극적, 상상적, 직관적, 공상을 좋아함 2. 희로애락의 감정을 솔직히 표현 3. 상쾌한 생동감 4. 상대방은 당신과 함께 지내는 것을 즐김	FC	1. 정신적으로 위축되어 있음 2. 활력이 적은 인간이 될 가능성이 높음 3. 자기자신을 억압하고 있기 때문에 불안한 심리로 다른 사람에게 나쁜 영향을 줄 수 있음

5. 인생을 즐기는 태도를 당신으로부터 이어받을 수 있음		

높으면	자아상태	낮으면
1. 순응, 타협, 감정억압 2. 무리해서라도 상대방의 기대에 따르기 위해 자신을 희생함 3. 타인의 눈이나 말에 신경을 쓰게 됨 4. 걱정이 많고 불안감이 많으므로 아이들이나 직원도 신경질적인 감정을 갖고 겁내는 태도를 보임 5. 때로는 상대방이 하라는 대로 행동하여 결과적으로 상대방이 제멋대로가 되기도 함	AC	1. 독선적인 면이 강하게 나타남 2. FC가 높고 AC가 극단적으로 낮을 때는 자기중심이 되어 "제멋대로다"라는 비판을 받을 수 있음 3. 인간관계가 원활하게 풀리지 않음

〈자아상태를 활성화시키는 행동 – CP〉

- 약속을 지킨다.
- 주어신 업무는 확실히 해낸다.
- 책임을 갖고 행동한다.
- 목표를 갖는다.
- 결정된 일은 완수한다.
- 자신을 신뢰한다.
- 공사를 구분하여 행동한다.
- 자신에게 엄격한 기준을 적용한다.
- 바람직하지 않은 행위에 주의를 준다.
- 동작을 시원스럽게 한다.
- 사물의 옳고 그름을 명확히 한다.
- 흑백을 명확히 한다.

〈자아상태를 활성화시키는 행동 – NP〉

- 어린이와 하위자에게 상냥하게 말한다.
- 격려의 말을 해준다.

- 상대방 입장에서 생각한다.
- 상대방의 장점을 파악하려고 노력한다.
- 용기를 북돋아준다.
- 어린이에게 스킨십을 한다.
- 봉사활동을 한다.
- 사람에게 편견을 갖지 않는다.
- 관대한 애정을 갖는다.
- 친절한 마음가짐으로 행동한다.
- 상대의 이야기를 친근감 있게 듣는다.
- 모성적인 풍부함을 갖는다.
- 타인이 도움을 요청하면 기분 좋게 받아들인다.
- 자녀와 타인을 잘 보살펴준다.

〈자아상태를 활성화시키는 행동 – A〉

- 감정을 통제하며 냉정하게 대화한다.
- 확실한 예산 안에서 행동한다.
- 사물을 명확히 판단하도록 한다.
- 주위상태에 주의를 기울인다.
- 객관적으로 생각한다.
- 무엇이든 계획을 세워 행동한다.
- 가능성을 추정하도록 한다.
- 사실에 따라 생각하는 습관을 갖는다.
- 찬성과 반대, 양쪽의 의견을 묻는다.
- 감정적이 되지 않도록 한다.
- 5W1H를 묻는다(who, when, where, what, why, how).
- 사물을 공평하게 본다.

〈자아상태를 활성화시키는 행동 – FC〉

- 마음에 여운을 갖는다.
- 예술에 심취하며 풍요로운 마음을 갖는다.
- 대자연을 접하고 느낀다.
- 많은 사람들로부터 다양한 이야기를 듣는다.
- 최선을 다할 수 있는 일을 갖는다.
- 자질구레한 일에 구애 받지 않는다.
- 사물에 대한 강한 호기심을 갖는다.
- 생각을 하면 곧바로 행동에 옮긴다.
- 적극적으로 행동한다.
- 마음 내키는 대로 하고 싶은 일을 한다.
- 태도, 감정을 그대로 나타낸다.
- 명랑하고 원만한 대인관계를 유지한다.
- 언제나 생기발랄하게 행동한다.
- 자신의 의견을 적극적으로 피력한다.
- 낙관적으로 생각하고 행동한다.

〈자아상태를 활성화시키는 행동 – AC〉

- 타인의 이야기에 귀를 기울인다.
- 자신의 기분을 조절한다.
- 적당히 자신을 억제한다.
- 항상 주위를 배려한다.
- 타인의 눈을 생각한다.
- 상대의 의견을 순수하게 들어준다.
- 풍파를 일으키는 일은 하지 않는다.
- 세부적인 일까지 신경을 쓴다.
- 타인이 정한 사항에 따른다.

- 불만이 있더라도 얼굴에 나타내지 않는다.
- 불쾌한 감정을 웃는 얼굴로 숨긴다.
- 주위를 의식하고 체면을 차린다.

BOBOS 뼈다귀

남자는 혼자 묻고 혼자 답한다

르누아르의 '신문을 읽고 있는 모네'

남자는 전사, 보호자, 문제해결자로 진화해 왔다. 그들의 두뇌편향과 사회적 조건화는 남자들에게 공포나 불확실성을 절대로 내보이지 말라고 가르쳐왔다. 바로 이런 이유 때문에 까다로운 문제해결을 의뢰받은 남자는 "제게 맡겨주시겠습니까?" "제가 좀더 생각해보겠습니다" 하고 말하게 되는 것이다. 그리고 사실 그는 조금 더 생각을 한다. 자기 혼자서, 무표정하게 앉아서.

그는 해답을 얻었을 때에만 비로소 말을 하거나 환히 웃는 얼굴이 되어 해결안이 있다고 알린다. 남자들은 여자들처럼 말로 적절히 표현하는 능력이 부족하기 때문에 자기 혼자서 머리 속으로 생각한다. 남자가 조용히 앉아서 창밖을 내다본다면 그는 자기 자신을 상대로 대화를 하고 있는 것이다. 만약 이렇게 앉아 있는 남자를 여자가 본다면 그녀는 남자가 따분해하거나 게으름을 핀다고 생각하고 그에게 말을 걸거나 아니면 뭔가 소일거리를 주려고 애쓸 것이다. 하지만 그렇게 하지 않는 것이 현명하다. 그런 사색의 순간에 방해를 받은 남자는 화를 벌컥 낼지도 모른다. 그는 한 번에 하나밖에 하지 못하는 것이다.

자료 : 앨런 피즈와 바바라 피즈의 '말을 듣지 않는 남자, 지도를 읽지 못하는 여자' 중에서

BOBOS 뼈다귀

여자는 생각나는 대로 말해버린다

잔도메네기의 '수다'

여자의 두뇌는 언어를 주된 표현수단으로 사용하도록 구조화되어 있다. 사실 이것은 여자의 장점 중 하나이다. 만약 어떤 남자가 해야 할 일이 대여섯 가지가 된다면 그는 이렇게 말할 것이다.

"난 해야 할 일이 좀 있어. 나중에 봐."

그러나 여자는 대안과 가능성 등 어떤 문제에 관련된 사항을 두서없이 생각나는 대로 말해버린다.

여자들은 생각나는 대로 솔직하게 말하는 것을 다정하고 또 인간적인 것이라고 생각한다. 그러나 남자는 그렇게 생각하지 않는다. 그 남자의 개인적인 입장에서 보자면, 여자가 자신에게 해결해주기를 바라는 문제를 열거하는 것이라고 생각한다. 그래서 초조해지고 당황하게 된다. 그는 여자에게 문제해결방법을 일러주고 싶어하는 것이다. 남자들은 여자들이 얘기할 때 해결안을 추구하는 게 아님을 이해해야 한다. 여자들은 여자들대로 남자가 아무 말이 없을 때 그걸 심술궂거나 무심한 태도로 파악해서는 안 된다.

말을 통해 인간관계를 구축하는 것은 여성의 두뇌회로에서 하나의 우선사항이다. 여자는 별 어려움 없이 하루에 평균 6~7천 단어의 말을 한다. 여자는 또 의사소통을 위해 8천~1만 개의 제스처, 표정, 머리끄덕임 이외에 추가로 2~3천 개의 소리를 사용한다. 이렇게 볼 때 여자는 자신의 메시지를 전달하기 위해 하루 평균 2만 개 이상의 의사소통 '단어'를 사용한다.

남자는 하루 2~4천 개의 단어, 1~2천 개의 소리, 2~3천 개의 몸짓언어를 사용한다. 그는 하루 평균 약 7천 개의 의사소통 '단어'를 사용한다. 여자의 1/3에 불과하다.

이러한 사실은 영국 의학협회의 보고서인 '여자는 남자보다 턱이 아플 가능성이 네 배나 높다'를 뒷받침한다.

자료 : 앨런 피즈와 바바라 피즈의 '말을 듣지 않는 남자, 지도를 읽지 못하는 여자' 중에서

7 거래의 유형

1) 상호보완적 의사거래

특정한 자아상태로부터 송신한 메시지가 다른 사람의 특정한 자아상태로부터 예측했던 반응을 얻을 때 일어난다.

〈유형 1〉

■ 유형의 정리

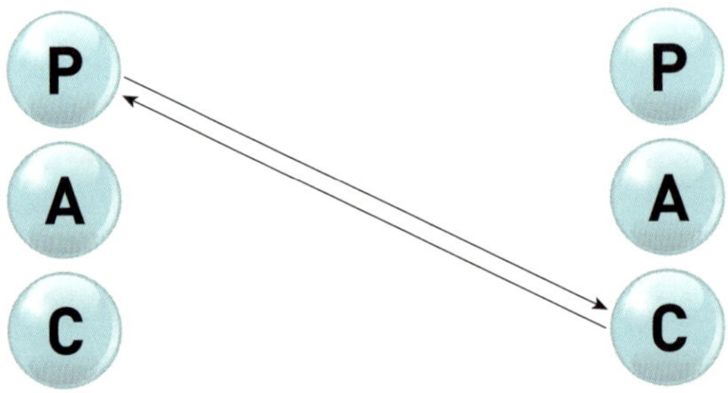

또 다른 예는 직무를 끝마치기를 원하는 관리자가 종업원이 그 일을 하기를 기대하는 경우이다. 상사는 어른 대 어른의 수준으로 행동한다.

〈유형 2〉

■ 유형의 정리

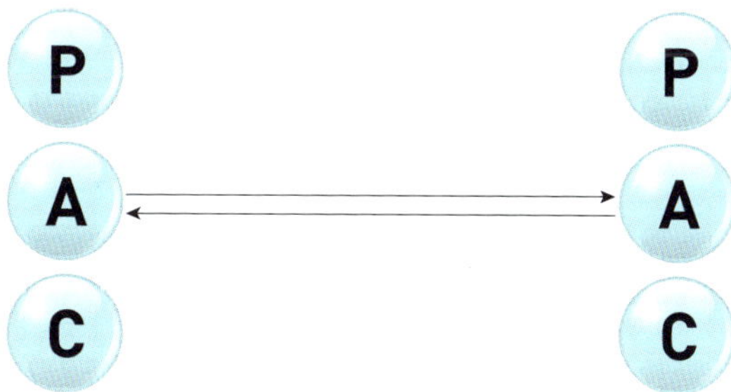

소모적인 논쟁을 일으키지 않고도 효과적인 의사소통의 결과를 산출하며, 인간관계와 직무성과에 도움을 준다. 하위자가 어른으로 질문하면 관리자는 어른으로 대답하고, 하위자가 어린이 자아상태를 취하면 관리자는 어버이로 반응한다.

2) 상호교차적 의사거래

관리자가 올바른 자아상태를 선택하지 못했을 때 일어나고, 결과적으로 대인간의 문제를 일으킨다. 즉, 적당하지 않거나 기대하지 않은 반응이 있을 때 일어난다.

〈유형 1〉

■ 유형의 정리

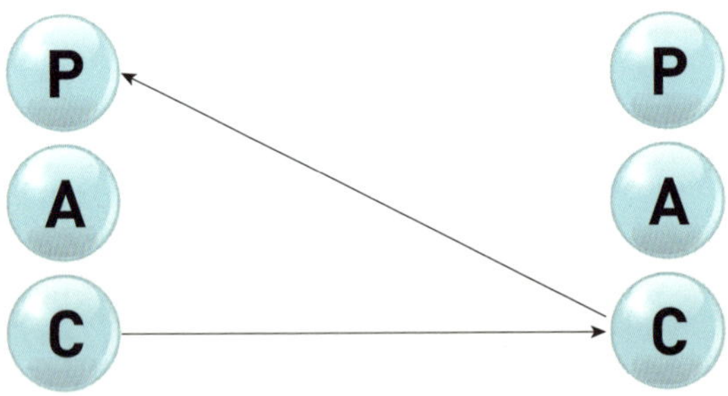

〈유형 2〉

■ 유형의 정리

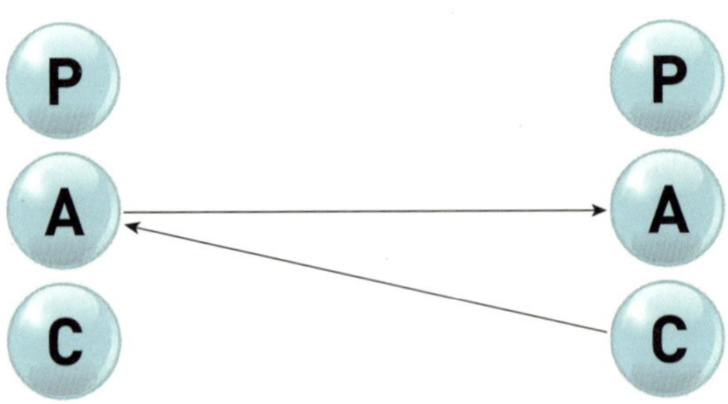

이 유형은 관계에 놀라움과 실망감을 안겨주고, 감정을 상하게 하며, 종종 논쟁으로 끝을 맺어 인간관계를 망치거나 단절시킨다.

3) 비노출적 의사거래

메시지가 어떤 것을 전달하고 있는데 그것이 의미하는 바가 따로 숨겨져 있을 때 일어난다.

〈유형〉

▪ 유형의 정리

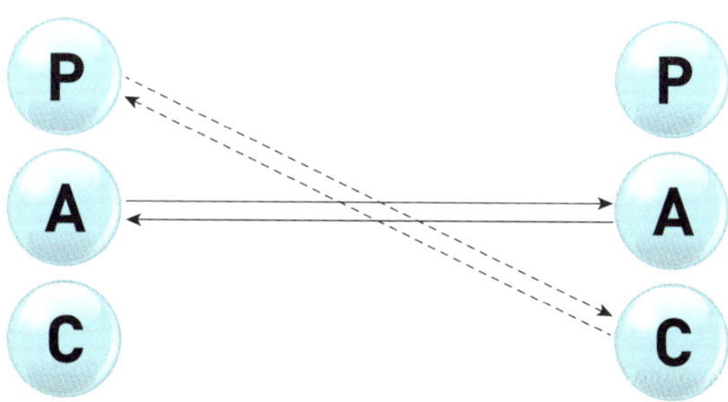

이 유형은 시간을 소모적으로 낭비시키고 인간관계를 단절하는 원인이 된다. 그러므로 원활한 의사소통과 인간관계를 지속시키기 위해서는 숨겨져 있는 의미를 찾아내는 노력이 필요하다.

▌그림 11-10▌일어나기 쉬운 의사거래의 종류

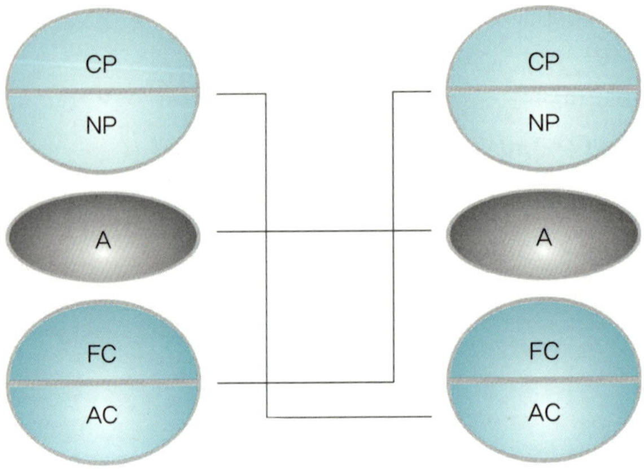

보보의 시

내 손은 하루 종일 바빴지
그래서 네가 함께 하자고 부탁한 작은 놀이들을
함께 할만큼 시간이 많지 않았다
너와 함께 보낼 시간이 내겐 많지 않았어

난 네 옷들을 빨아야 했고, 바느질도 하고, 요리도
해야 했지
네가 그림책을 가져와 함께 읽자도 할 때마다
난 말했다
"조금 있나가 하자, 얘야."

밤마다 난 너에게 이불을 끌어당겨 주고
네 기도를 들은 다음 불을 꺼주었다
그리고 발끝으로 걸어 조용히 문을 닫고 나왔지
난 언제나 좀 더 네 곁에 있고 싶었다

인생이 짧고 세월이 쏜살같이 흘러갔기 때문에
한 어린 소년은 너무도 빨리 가버렸지
그 아인 더 이상 내 곁에 있지 않으며
자신의 소중한 비밀을 내게 털어 놓지도 않는다

그림책들은 치워져 있고
이젠 함께 할 놀이들도 없지
잘 자라는 입맞춤도 없고, 기도를 들을 수도 없다
그 모든 것들은 이제 세월 속에 묻혀 버렸다

한때는 늘 바빴던 내 두 손은
이제 아무 것도 할 일이 없다
하루하루가 너무도 길고
시간을 보낼만한 일도 많지 않지
다시 그때로 돌아가 네가 함께 놀아 달라던
그 작은 놀이들을 할 수만 있다면

– 류시화의 '지금 알고 있는 걸 그때도 알았더라면' 중에서 –

자아상태 설문지

각 질문의 빈칸에 점수를 기입하고 세로로 합산을 하면 총 5개의 점수가 나오게 되는데 CP, NP, A, FC, AC의 순서이다.

그렇다(2점) 보통이다(1점) 아니다(0점)

1	자기의 손익을 생각하고 행동하는 편이다					
2	자신을 자유롭게 행동하는 사람이라고 생각한다					
3	남의 말을 가로막고 자기 생각을 말하는 일이 있다					
4	생각하고 있는 바를 말하지 못하는 성격이다					
5	다른 사람을 엄하게 비판하는 편이다					
6	다른 사람의 입장을 잘 배려하는 편이다					
7	상대방의 좋은 점을 잘 알아차리는 편이다					
8	대화 중에 감정적이 되는 일이 적다					
9	호기심이 강한 편이다					
10	시간이나 금전에 대한 약속을 소홀히 하는 것을 싫어한다					
11	사람들로부터 좋은 인상을 받고 싶어한다					
12	다른 사람의 부탁을 거절하지 못하는 편이다					
13	다른 사람에게 양보를 잘하고 앞으로 나서지 않는 편이다.					
14	사회의 규칙, 윤리, 도덕 등을 중요하게 생각한다					
15	깊게 생각한 다음에 결정한다					
16	싫은 일은 핑계를 대고 뒤로 미루는 경향이 있다					
17	아이들이나 남의 일을 돌보아주는 것을 좋아한다					
18	자기 생각을 끝가지 주장하기보다는 타협하는 일이 많다					
19	감성적이기보다는 이성적인 편이다					
20	예절이나 규범에 까다로운 편이다					
21	의견이 서로 다를 때는 양쪽 의견을 모두 듣고 결정한다					
22	오락, 음식 등에 대한 탐욕이 많은 편이다					
23	다른 사람들에게 책임감을 강하게 요구하는 편이다					
24	타인에게는 융통성이 있는 편이다					

25	불만이 있더라도 참는 편이다					
26	다른 사람의 안색이나 말에 신경을 쓰게 된다					
27	"해야 한다. 하지 않으면 안 된다"는 말을 자주 사용한다					
28	말하고자 하는 것을 서슴없이 말해 버리는 편이다					
29	작은 잘못이라도 흐지부지 지나치지 않는 편이다					
30	다른 사람의 기대에 어긋나지 않도록 노력하는 편이다					
31	자신의 감정을 억누르는 편이다					
32	원하는 것을 손에 넣지 않으면 못배기는 편이다					
33	무슨 일이나 사실에 입각해서 판단한다					
34	"야, 멋있다. 와" 등의 감탄사를 자주 사용한다					
35	스스로에 대해 자신감이 없고 열등감을 느낄 때가 많다					
36	여러 가지 책을 많이 읽는 편이다					
37	농담을 잘하는 편이다					
38	화내는 일이 많은 편이다					
39	좋다, 나쁘다를 분명하게 말한다					
40	앞으로의 일을 냉정하게 생각하고 행동한다					
41	잘 모르는 것은 질문을 하거나 상의해서 처리한다					
42	아이들이나 부하의 잘못에 대해 관대한 편이다					
43	상대방의 말에 귀를 기울여 공감하는 편이다					
44	아이들이나 부하를 엄격히 교육시키는 편이다					
45	흥에 취하면 도가 지나치는 행동을 할 때가 있다					
46	누군가가 길을 물으면 친절히 가르쳐준다					
47	감정이 풍부하고 눈물이 많은 편이다					
48	친구나 가족들에게 무엇이든 사주는 것을 좋아한나					
49	몸이 좋지 않을 때는 자중해서 무리를 피한다					
50	동정심이 많다고 생각한다					

BOBOS 문제

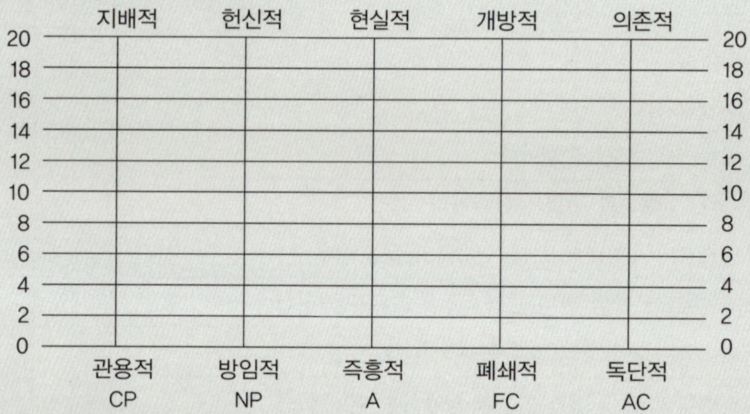

자신의 모습을 개선한다는 것은 마음그림표에서 말하는 P, A, C 간의 에너지 배분을 바꾼다는 의미가 된다.

다음과 같은 점을 배려하여 계획을 세운다.

1. 현재의 모습을 확인한다.
2. 바람직한 모습을 명확히 한다.
3. 높은 것은 낮추고 낮은 부위는 높이도록 한다.
4. 저항을 감안하여 특히 낮은 곳을 높이도록 한다.

〈이상적인 유형〉

NP를 정점으로 해서 AC로 내려가는 언덕형

타인을 위해 행동하고(NP)

적절히 명랑하고, 자신을 적절히 표현하고(FC)
친절하고 돌보기도 잘하나(NP)
자신을 희생하면서까지 하지는 않는다(AC).
상대를 설득해서 협력을 촉진한다(A).

이러한 유형은 타인과의 사이에 따뜻한 교류를 형성하는 유형이다. 즉 자신감이 있고, 좋은 인간관계를 유지하는 유형이다. 겉으로 보여지는 성격은 온화하지만 마음은 강건한 외유내강형이다.

BOBOS 뼈다귀 나를 위해 살아야 한다

타인에게 인정을 받으면 확실히 기분이 좋아진다. 하지만 인정받는 일이 반드시 필요한 것인가 하면 그렇지는 않다.

대체 왜 인간은 타인의 인정을 바라는 걸까?

대개의 경우 그것은 상벌교육의 영향이다. 적절한 행동을 하면 칭찬을 받는다. 부적절한 행동을 하면 벌을 받는다. 이러한 상벌교육의 결과로 생기는 것은 "칭찬하는 사람이 없으면 적절한 행동을 하지 않는다", "벌주는 사람이 없으면 부적절한 행동을 한다" 등과 같은 잘못된 생활양식이다.

우리는 타인의 기대를 만족시키기 위해 사는 것이 아니다. 유대교 교리에 이런 말이 있다. "내가 나를 위해 내 인생을 살지 않으면 대체 누가 나를 위해 살아준단 말인가?" 누구를 위해 사느냐고 하면 당연히 나를 위해 살아야 한다. 우리는 궁극적으로 '나'를 생각하며 산다.

타인으로부터 인정받기를 바라는 사람은 '이런 사람이면 좋겠다'는 타인의 기대를 따라 살게 된다. 진정한 자신을 버리고 타인의 인생을 살게 된다. 타인으로부터, 부모로부터 인정받지 못하면 자신감을 잃어버리는 삶이 과연 건전하다고 할 수 있을까?

"신이 보고 있으므로 선행을 쌓는다"라는 생각. 그러나 그것은 "신이 존재하지 않기 때문에 모든 악행이 허용된다"라는 허무주의와 등을 맞대고 있는 사상이다. 우리는 설령 신이 존재하지 않더라도 신에게 인정받지 못한다고 해도 주어진 삶을 살아야 한다. 오히려 신이 없는 허무주의 세계를 극복하기 위해서라도 타인에게 인정받는 것을 부정할 필요가 있다.

삶의 목표 자체가 '타인의 기대를 충족시키는 것'이 되면 삶이 괴로워진다. 타인의 시선에 신경을 곤두세우고 다른 사람의 평가에 전전긍긍하느라 나라는 존재는 억누르게 된다. 즉 자기 마음대로 행동하지 못하게 된다. 행복한 인생을 위해서는 나와 타인의 과제를 분리할 필요가 있다.

자료 : 기시미 이치로, 고가 후미타케의 '미움받을 용기' 중에서(저자 수정)

BOBOS 한 말씀

완벽한 사람은 없다. 따라서 어느 누구도 완벽한 관계에 따라 행동할 수는 없다. 우리에게는 제각각 나름대로 부족한 점이 있고, 따라서 우리는 싫어도 실패를 인정하고 한계를 수용할 수밖에 없다.

– 제임스 F. 매스터슨 –

핵심 체크

01. 의사소통이란 영어의 'common'을 의미하는 라틴어 'communis'에서 유래되었으며 한 사람의 머리에서 다른 사람의 머리로 느낌을 포함한 생각을 옮기는 과정이다.

02. 하향식 의사소통은 지시의 형태로 상급자에서 하급자에 이르는 의사소통의 유형이다.

03. 상향식 의사소통은 주로 하급자로부터 상급자에게 보고의 형태로 이루어지는 의사소통의 유형이다.

04. 수평식 의사소통은 동일계층의 사람들 사이에서 이루어지는 상호 간의 의사소통이다.

05. 사선식 의사소통은 서로 다른 계층에 있는 사람들 사이에서 우회하면서 일어나는 의사소통이다.

06. 비공식적인 의사소통은 포도넝쿨(grapevine)이라고도 불리며, 주된 경로는 조직의 인간적 측면이고 정보가 중요할수록 더 빠르게 확산되는 특징이 있다.

07. 의사거래분석은 미국의 정신과 의사인 에릭 번에 의해 창안되었으며, 모든 사람은 서로 다른 자아상태를 가지고 있으며, 어버이, 어른, 어린이 자아상태를 통해 소통을 하게 된다.

08. 어버이 자아상태는 어린 시절 부모나 이에 대체되는 사람에 대한 관찰에서 비롯되는 것으로서 비판적 어버이와 양육적 어버이 자아상태로 구분된다.

09. 어린이 자아상태는 5세 전후에 경험했던 상황이나 부모와의 관계에서 형성된 감정 등이 내면화된 것으로서 자연스런 어린이와 적응적인 어린이 자아상태로 구분된다.

10. 어른 자아상태는 현실을 객관적으로 다루고, 논리적이고 합리적인 자아상태이다.

11. 상호보완적 의사거래는 특정한 자아상태로부터 송신한 메시지가 다른 사람의 특정한 자아상태로부터 예측했던 반응을 얻을 때 일어나는 의사거래의 유형이다.

12. 상호교차적 의사거래는 적당하지 않거나 기대하지 않은 반응이 있을 때 일어나는 의사거래의 유형이다.

13. 비노출적 의사거래는 메시지와 의미하는 바가 따로 숨겨져 있을 때 일어나는 의사거래의 유형으로서 인간관계 단절의 원인이 된다.

CHAPTER

12

통제화

Management of BOBOs

1. 통제의 정의
2. 통제의 유형
3. 통제의 과정
4. 통제의 기법

Chapter 12

통제화

보보의 경영학
Management of BOBOs

BOBOS 뼈다귀 이미 알고 있어도 틀린 경우가 많다

빵을 먹으면 속이 불편해지는 소화기 환자들의 푸념에 연민의 정을 느낀 켈로그는 환자들의 불편이 빵 속에 남아 있는 효모 때문일 것이라고 상상하고, 효모를 사용하지 않는 대용식을 만들기 위한 준비과정에 들어갔다. 우선 밀을 삶아서 한국의 납작 보리쌀처럼 얇게 눌러내어 환자들에게 제공해보았지만 결과는 실패였다. 맛도 없고, 씹어먹기 힘들다는 것이 실패의 원인이었다. 켈로그는 밀을 삶는 시간, 삶은 밀을 눌러내는 롤러의 압력, 속도 등 데이터를 바꿔보면서 실험을 계속했다. 그래도 결과는 실패의 연속이었다.

그러던 어느 날 밀을 삶아놓고 아직 실험에 들어가지 않았는데 병원장 지시로 긴급히 시카고에 다녀올 일이 생겼다. 일을 마치고 사흘 만에 돌아와 보니 삶아놓고 간 밀은 그동안 뜸이 들고 퉁퉁 불어있었다. 켈로그는 뜸이 든 밀을 버릴까 생각하다가 실험이나 한 번 더 해보고 버리자는 마음으로 롤러에 넣고 돌려보았다. 그랬더니 놀랍게도 지금까지와는 다른 결과, 즉 밀알들이 종이처럼 얇은 박편(flake)이 되어 나왔다.

이들 박편은 입에 넣으면 눈송이처럼 녹을 만큼 충분히 얇았고, 우유에 타서 환자들에게 급식해보니 대환영이었다. 시리얼 식품이 먹기 쉽고, 소화가 잘 되고, 밀의 껍질까지 먹을 수 있어서 장의 건강에 좋다는 점이 환자들이 환영하는 이유였다. 켈로그는 과거에 잘 안 되던 일이 성공으로 바뀐 원인을 생각해보았다. 과거에는 밀을 삶아서 바로 롤러에 넣고 돌렸기 때문에 밀의 중심부가 수분이 충분히 닿지 못해서 단단한 핵으로 남아있었다. 그러나 삶아놓은 밀을 사흘간 두자 수분이 밀의 중심부까지 균등하게 침투한 것이 성공의 원인 같았다. 켈로그는 옥수수, 보리 등으로도 시리얼을 개발했다. 환자들은 퇴원한 뒤에도 시리얼을 우편으로 주문하기에 이르렀고, 이 성공을 기반으로 설립된 켈로그의 회사는 오늘날 세계 정상급 브랜드로 성장하였다.

자료 : 윤석철의 '삶의 정도' 중에서(저자 수정)

1 통제의 정의

통제는 현재의 경영성과를 측정하여 기업의 목표와 비교해보고 만약 실제 결과와 계획 사이에 차이가 발생하였을 때는 사전에 설정한 계획에 도달할 수 있도록 필요한 수정조치를 취하는 일련의 과정을 의미한다.

통제는 계획화, 조직화, 지휘화 등의 경영기능의 마지막 단계로서 여타의 기능과 상호의존적인 경영기능을 완성하는 중요한 기능이다. 마지막 단계라고 지칭하는 이유는 여타의 기능을 점검하는 과정이기 때문이며, 사실상 모든 경영의 기능은 개별적으로 분리될 수 없는 상호의존적인 주기적 특성을 지닌다. 계획화, 조직화, 지휘화 등은 그 중요도에 따라 순서를 정하는 것이 아니며 현실에서는 순서가 변경될 수도 있다. 그럼에도 불구하고 통제화가 맨 마지막 기능의 완성을 의미하는 이유는 그것이 여타의 기능들에 의해 영향을 받는 과정이기 때문이다.

통제기능은 계획기능과 밀접하게 연결되어 있다. 경영과정을 '계획 → 실행 → 통제(Plan-Do-See)'의 순환과정이라고 볼 때 계획은 통제를 수단으로 해서 완성되는 것이며, 역으로 통제과정은 계획을 전제로 할 때 의미가 있는 것이다. 따라서 계획과 통제는 상호 밀접한 관련이 있다고 볼 수 있다. 그러므로 통제의 기본적 목적은 계획이 얼마나 잘 수행되고 있는가를 확인하는 과정으로서 목표가 잘 달성되고 있는가의 여부를 판단하여 달성될 수 있도록 수단을 강구하는 과정인 것이다. 따라서 목표가 달성될 수 있도록 하기 위해서는 어떤 수단이 필요한가, 목표를 어떻게 변화시켜야 하는가를 결정하는 것이 통제의 기능에 해당된다.

통제의 과정이 필요한 이유는 조직의 구성원들이 기업목표에 맞도록 그들이 맡은 업무를 제대로 행하고 있는지 확인하고 추적해서 그들의 역할을 계속적으로 주지시키기 위해서이며, 급변하는 환경 속에서 환경의 변화에 따라 계획을 지속적으로 수정하고 보완해야 하기 때문이다.

표 12-1 통제의 정의

쿤츠	조직목표를 달성하기 위한 구체적인 계획이 달성되었는지를 확인하기 위해 업적을 측정하는 과정이다.
그린	구체적인 계획, 업적표준 등에서 설정된 기대된 목표에 일치하도록 조직활동을 조절하는 과정이다.
분	계획화에서 설정된 표준이 실제 어떻게 이루어지고 있는지 계속 분석하고 측정하는 과정이다.

그림 12-1 통제의 초점

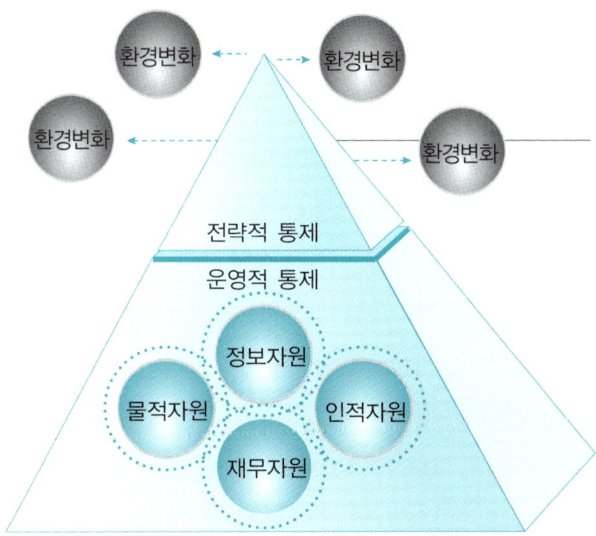

자료 : J.A., Pearce & R.B. Robinson, *Strategic Management*, Irwin, 1991.

2 통제의 유형

통제는 행하는 시기에 따라 사전통제(preliminary control), 과정통제(process control), 사후통제(post-action control)로 구분할 수 있다.

사전통제는 피드포워드통제(feedforward control), 방향조정통제(steering control) 또는 예방통제(prevention control) 등으로 불린다. 사전통제는 예방의 특성을 지닌 통제로서 실제 경영활동이 수행되기 전에 실시하는 통제이다. 즉, 자원의 투입(input)에 초점을 두는 통제를 의미한다. 그러므로 자원의 투입에 따른 최적의 효과를 기대하고 발생할 수 있는 문제를 미리 예방한다는 차원에서 최대의 목적은 양질의 자원에 대한 투입이다. 따라서 준비의 특성이 가장 강한 사전적이고 미래지향적인 통제의 유형에 속한다. 그러나 이 유형의 가장 큰 단점은 최적의 투입 대비 최적의 효과를 기대하기 때문에 양질의 다양한 정보의 적시공급이라는 문제가 가장 큰 관건이 되므로 정보의 질이 떨어졌을 때는 큰 효과를 기대하기 어렵다는 것이다.

과정통제는 동시통제(concurrent control), 실시간통제(real-time control) 또는 가르기통제(screening control)라고도 부른다. 가르기통제는 전체 프로그램을 계획하면서 수정할 수단이나 방법을 제공한다는 의미에서 명명되었다. 과업통제는 과업의 수행과정에서 어떤 일이 발생하고 있는가에 초점을 맞추는 통제이다. 그러므로 과정 중에 다음 과정이 이루어지기에 앞서 상위자의 허락을 받아야 한다. 즉, 최종결과가 나타나기 전에 계획대로 진행되는가를 확인하고 수정조치가 동시에 이루어지는 통제의 특성을 지닌다. 다른 통제의 유형에 비해 정보를 많이 활용하는 통제이기 때문에 가장 중요하고 가장 많이 쓰이는 유형의 통제이다.

사후통제는 피드백통제(feedback control), 사후행동통제(post-action control) 또는 산출물통제(output control)라고도 부른다. 사후통제란 실제로 과업이 수행된 후에 산출(output)에 초점을 두고 수행되는 통제로서, 사전통제나 과정통제와는 달리 최종적인 제품이나 서비스를 분석하는 통제를 말한다. 사후통제는 사전통제나

▮그림 12-2▮통제의 유형

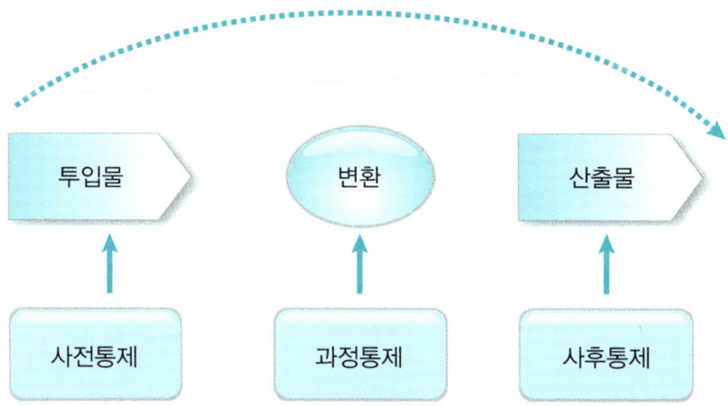

▮그림 12-3▮사전통제와 사후통제시스템의 비교

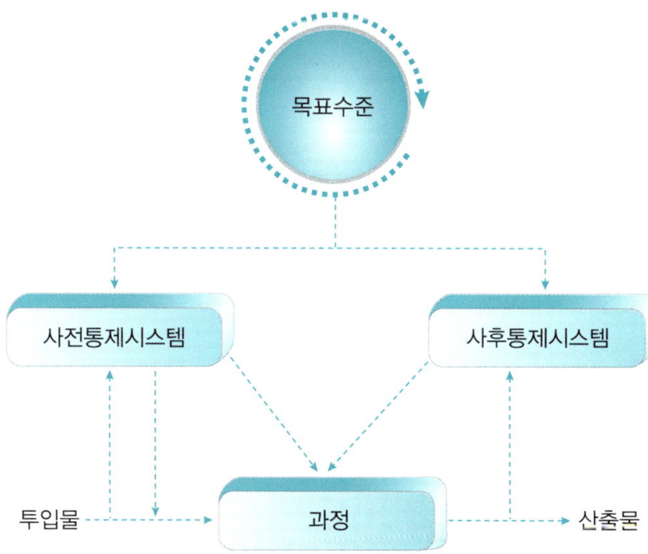

자료 : C.R. Anderson et als., "Stage of the product life cycle, business strategy, and business performance", *Academy of Management Journal*, 1984.

과정통제만큼 유용하지는 않지만 조직활동의 전체적 효율성 평가에 대한 정보를 제공해주고, 경영자에게는 미래 계획이나 활동의 평가에 이용될 수 있는 피드백 정보를 제공해주고, 종업원의 평가기준과 보상을 하기 위한 기초자료를 제공해준다. 또한 대부분의 경우에 원하는 만큼 충분한 정보를 얻기 어렵기 때문에 가장 일반적으로 사용되는 통제의 유형이다.

BOBOS 뼈다귀

로봇 강아지와 반려견은 공존할 수 있을까?

11년 전 단종됐던 로봇 강아지 '아이보'가 주인을 알아보고 감정을 흉내내면서 조금 더 실제 애완견과 비슷해진 모습으로 진화해서 돌아왔다.

소니는 2017년 11월 1일 인공지능(AI)을 탑재한 강아지 모습의 로봇 아이보(aibo)를 공개했고, 2018년 1월 판매를 시작했다.

아이보는 무게 2.2㎏에 30㎝ 크기의 아이보리색 강아지 모습이며, 가장 큰 특징은 AI와 카메라를 탑재해 주인을 알아보고 미소에 반응하는 등 감정을 흉내낼 수 있다는 점이다. 주인의 칭찬을 알아듣고 멍멍 짖거나 귀를 쫑긋하고 꼬리를 흔드는 방식으로 반응하며, 28개 관절로 달리거나 엎드리는 동작을 구사할 수 있다.

이전 아이보는 강아지 눈이나 코를 제대로 표현하지 않았지만, 새 아이보는 유기발광다이오드(OLED)로 만든 눈동자를 깜박일 수 있고, 코끝도 갈색으로 그려 넣었다.

소니는 1999년 아이보 첫 모델을 출시해 15만대를 순식간에 판매했으나 TV 사업의 출혈을 막고자 2006년 아이보 사업을 중단했다.

히라이 가즈오 사장은 "당시 아이보 중단은 힘든 결정이었지만 AI와 로봇 개발을 멈추지 않았다"면서 "사람들과 친밀한 관계를 맺는 능력을 가진 로봇이 소니의 미래를 제시할 것으로 믿고 1년 6개월 전부터 아이보 신형 개발을 추진해왔다"고 말했다.

소니는 아이보와 반려견의 공생 가능성을 탐색하는 흥미로운 실험을 진행하기도 했다. 이 실험에는 동물학자인 '이마이즈미 타타하끼(今泉忠明)' 씨가 참여했다. 로봇 전문매체 '로봇 스타트'에 따르면 견종과 연령이 상이한 주인으로 이루어진 총 10개 팀이 이번 실험에 참가했다. 소니의 애완견 로봇인 '아이보'에 대한 개들의 반응을 살펴보고 3개 팀을 뽑아 2주간 아이보와 공동생활을 하도록 했다. 공동생활을 통해 개의 행동과 변화를 관찰했다. 관찰결과는 '이마이즈미' 씨가 분석했다.

이번 실험결과 개들이 아이보에 대해 아이보를 생물로 인식하고 서열을 매기는 행동도 관찰됐다. 일반적으로 애완견은 처음 만나는 물체에 대해 냄새를 맡아보고 생물인지 여부를 판단한다. 이번 실험에서 개들은 아이보의 냄새를 맡고, 동료로 인식해 동일한 자세를 취하는 모습도 관찰됐다. 개들은 흔히 상대방이 자신보다 훨씬 크면 두려움을 느끼거나, 너무 작으면 상대하지 않는 습성을 보이는데 개들은 아이보의 크기가 적당하다고 생각하고 동일한 자세를 취하는 행동을 보였다. 이는 로봇 애완견과 개의 공생 가능성을 보여주는 것으로 해석된다.

공동생활을 하면서 개들은 아이보가 자신의 영역에 들어오는 것에 대해 경계심을 갖거나 괴롭히는 대신에 자신의 영역에 있는 것을 인정해주고 함께 노는 등 변화된 모습을 보였다. 이 과정에서 서열을 매기려는 행동도 관찰됐다. 실험에 들어가기 전에 연구팀은 개들이 아이보를 보고 정신적으로 스트레스를 받지 않을까 걱정했는데 아이보를 자신보다 서열이 낮은 귀여운 존재로 느끼면서 정신적으로 안정되는 경향을 보였다.

아이보는 일본어로 친구, 반려자라는 뜻이다.

새로 나오는 아이보는 19만 8천 엔(약 194만 원)으로 저렴하지는 않다. 아니 매우 비싸다.

자료 : 연합뉴스, 2018. 1. 11. 2017. 11. 1.
로봇신문, 2018. 7. 27(저자 수정)

3 통제의 과정

통제의 과정은 ① 계획의 설정, ② 성과의 측정, ③ 성과와 표준의 비교, ④ 수정조치의 강구 등으로 이루어진다.

▮그림 12-4▮통제의 과정

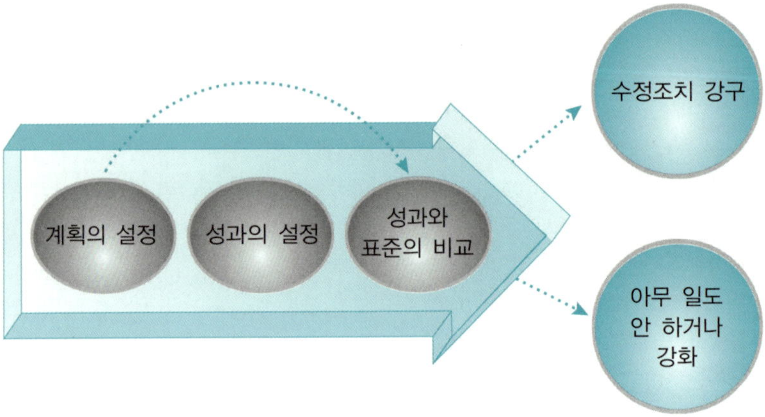

1) 계획의 설정

계획의 의미는 조직의 목표를 설정하고 그 목표를 달성하기 위한 구체적인 수단을 개발하는 과정을 포함한다. 즉, 실제로 과업을 수행할 때 달성해야 하는 목표에 대한 성과를 측정할 때 그 표준이 되는 것이다. 따라서 성과에 대한 표준이 설정되어 있지 않다면 기업의 활동을 측정할 도구가 없게 되는 것이다. 계획에 대한 표준에는 기업의 수익, 시장진입 정도, 생산의 효율성, 제품의 지배적 우위, 인재양성, 구성원들의 업무에 대한 능력과 의욕, 기업의 사회적 책임과 윤리경영 등이 포함된다.

성과에 대한 측정은 일반적으로 조직의 구성원들이 자신의 업무를 얼마만큼 잘 수행하였는가에 달려있다. 따라서 목표를 어느 수준으로 설정했느냐가 상당히 중요하다. 목표란 개인이 달성하려는 성과표준, 즉 예산목표이다. 목표설정은 하급자의 동기유발, 행동, 과업성과에 영향을 미치는 것으로 간주된다. 지금까지의 연구결과에 의하면 구체적이고 달성하기 어려운 목표나 너무 쉬운 목표보다 적정수준의 목표를 설정하는 것이 바람직하다고 알려져 있다. 이는 지나치게 높은 목표를 설정해 놓은 경우 구성원의 능력에 한계가 있다는 고정관념 때문에 오히려 동기부여가 되지 않고, 지나치게 쉬운 목표는 하려는 의욕 그 자체를 발생시키지 못하기 때문이다.

목표를 설정할 때는 상급자가 하급자에게 부여하는 목표수준과 하급자가 받아들일 수 있는 목표수준이 적정하게 유지되어야 하며, 목표수준이 적정하게 유지될 때 하급자는 기업의 목표를 개인의 목표로 받아들여 내적인 동기부여를 강화시킬 수가 있다.

2) 성과의 측정

통제과정의 두 번째 단계는 경영활동의 성과를 측정하는 과정이다. 이때 성과란 경영활동의 실제 결과이다.

일단 표준이 설정되면 활동을 통해 표준이 얼마만큼 달성되고 있는가를 지속적으로 측정해야 한다. 투입물과 산출물, 즉 업적을 비교하고 평가한다. 이렇게 하여 성과를 목표와 비교하여 나타나는 차이에 대해 신속한 수정조치를 취하여 계획에서 이탈하지 않도록 돕는다.

3) 성과와 표준의 비교

통제과정의 세 번째 단계는 측정된 성과와 사전에 설정된 표준을 비교하는 것이다. 통제의 최종적 조치 이전의 마지막 단계이다. 양자 사이의 차이가 크게 나타나기 전에 적절한 조치를 강구할 수 있도록 지속적으로 실시함이 요구된다.

성과에 대한 표준이 간단하고 절대적이라면 양자를 비교하는 일이 쉬운 일이겠지만 만약 절대적이 아니라 해석의 여지가 많다면 양자를 비교하는 일은 상대적으로 어렵게 된다.

4) 수정조치의 강구

표준과 성과를 비교하여 평가한 결과에 따라 수정조치를 취할 것인가의 여부가 결정된다. 만약 적절하다면 더 이상 아무런 통제를 하지 않거나 보다 강화하고, 부적절하면 행동을 올바르게 수정해야 한다. 그러므로 통제는 더 이상의 아무런 통제도 하지 않는 상태, 업적의 수정, 표준의 수정 등의 행동결과로 나타나게 된다.

단순히 표준과 성과와의 차이만을 주시할 것이 아니라 그 차이의 원인을 규명하여 그에 부합하는 조치를 취함이 요구된다. 현실적으로 결과가 표준과 일치하게 되면 현재의 상태를 유지하는 것이 바람직하고, 결과와 표준 사이의 차이가 커질수록 결과를 도출하는 방법에 대한 조정이 이루어져야 하며, 결과가 표준에 크게 어긋난다면 계획이나 표준을 변경해야만 한다. 그러므로 상황이 변화되어 기존의 표준이 지나치게 높거나 낮다고 판단된다면 현실에 맞게 표준 그 자체를 조정해야만 한다.

BOBOS 뼈다귀

진실의 순간(The Moment of Truth)

'진실의 순간'은 고객이 기업이나 제품에 대한 이미지를 결정하게 되는 15초 내외 짧은 순간을 의미한다. 즉 종업원이 고객과 직접 만나게 되는 순간을 의미한다. 고객들은 약 15초 정도의 짧은 시간 동안 종업원과의 만남을 통해 인상을 결정하고 제품의 구매나 서비스의 이용 여부를 결정한다. 고객에게는 15초 동안의 짧은 경험이 전체적인 서비스를 판단하는 기준이 된다.

'진실의 순간'은 MOT라 불리며 'Moment De La Verdad'라는 스페인의 투우용어를 영어로 옮긴 'The Moment of Truth'에서 유래했다. 'Moment De La Verdad'란 투우에

서 투우사가 소와의 대결에서 급소를 찔러 숨을 거두게 하는 결정적인 순간을 의미한다.

스칸디나비아항공사는 얀 칼슨 사장의 주도로 고객접촉에서의 서비스 혁신을 추진했다. 고객이 비행기를 탔을 때 이용하는 모든 환경이 깨끗해야 항공사에 대한 이미지가 좋아질 것이라고 생각하고 모든 디테일을 청결하게 유지할 수 있도록 세심한 노력을 기울인 결과 1년 만에 적자에서 흑자로 전환됐다. 쿠팡은 창업 초기에 직원이 200명에 불과했는데 그 중 콜센터 직원이 100명이었다. 그래서 소비자 불만에 민감하게 대처할 수 있었고, 쿠팡맨을 통해 물류의 품질을 획기적으로 향상시킴으로써 내부고객과 외부고객 모두의 만족을 극대화시켰다.

BOBOS 신문

회전초밥 아이디어는 컨베이어벨트에서 나왔다

당신이 위장에 악성 종양이 생긴 환자를 치료해야 하는 의사라고 가정하자. 수술은 불가능한 상황이고 강한 빙사신을 쐬면 종양늘 없앨 수 있지만 이 경우 방사선이 지나가는 길에 있는 다른 정상 세포들까지 파괴된다. 정상세포에 손상이 없을 정도로 방사선의 강도를 낮추면 종양을 소멸시킬 수 없다. 어떻게 해야 할까?

1980년 미시간대 연구진이 미국 인지심리학회지에 발표한 '유추적 문제 해결'이란 논문에 따르면 위 문제를 듣고 바로 답을 내는 사람은 10% 정도다. 하지만 다음의 이야기를 들려주면 정답률이 확 올라간다. 한 장군이 적군의 요새를 점령하려 한다. 이 요새로 향하는 길은 여러 갈래지만 길목마다 지뢰가 매설돼 있다. 이 지뢰들은 소규모 병력엔 반응하지 않는다. 하지만 소규모 병력으로는 요새를 함락시킬 수 없다. 해답은? 병력을 여러 갈래의 길로 나누어 투입해 일시에 공격하는 것이다.

사람들에게 종양 문제를 묻기 전에 장군의 요새 공격 이야기를 미리 읽게 했더니 종양 문제의 정답자 비율이 10%에서 30%로 증가했다. 또 요새 공격 이야기가 종양 문제 해결에 도움이 된다는 설명까지 덧붙이면 정답자 비율이 92%까지 올라갔다고 한다. 종양 문제의 답은? 요새를 공격할 때처럼 낮은 강도의 방사선을 여러 방향에서 동시에 종양을 향해 쏘는 것이다.

지뢰 이야기와 종양 문제는 내적 관계가 유사하다. 이처럼 여러 현상이나 시스템 사이의 내적 관계의 유사성 또는 기능적 유사성을 인식하는 방식을 유추라 한다.

유추에는 크게 기능 유추와 운영시스템 유추, 이미지 유추가 있다. 기능 유추의 대표적 예는 회전초밥이다. 일본 오사카에서 겐로쿠라는 작은 생선초밥 가게를 운영하던 히로이시 요시아키가 1947년 아사히 맥주공장의 컨베이어벨트를 보고 영감을 얻어 만든 시스템이다.

운영시스템 유추의 예로는 일본의 유니클로가 있다. 야나이 다다시 회장은 미국대학의 생활협동조합 매장을 보고 사업 아이디어를 얻어 유니클로를 세웠다. 문구류와 의류 등을 창고처럼 쌓아놓고 물건을 파는 시스템을 보고 '저렴한 캐주얼웨어를 부담 없이 셀프서비스로 파는 가게'라는 사업 콘셉트를 세울 수 있었다.

마지막으로 이미지 유추의 대표적 예로는 이탈리아의 알레산드로 멘디니가 디자인한 와인 병따개 안나 G가 있다. 멘디니의 연인 안나 질리의 이미지를 형상화한 것이라고 한다.

이처럼 유추는 신선하면서도 파괴적인 영감을 주는 데 도움을 주는 사고방식이다. 어떤 문제를 풀다가 벽에 막혔을 때 혹은 신사업 아이디어가 필요할 때 유추적 문제해결법을 동원해보면 어떨까?

자료 : 동아일보, 2018. 7. 18(저자 수정)

4 통제의 기법

경영자는 다양한 조직 내의 문제를 처리하기 위해 다양한 통제기법과 시스템을 활용한다. 그러나 이들 기법에 대해서는 아직 체계화가 불충분하기 때문에 명확한 기준도 마련하지 못하고 있다. 본서에서는 3가지 개념을 간략하게 소개하고자 한다.

첫째, 경영기능을 고려한 구분이다. 이 구분을 따르는 학자들은 ① 재무, ② 생산, ③ 인사, ④ 마케팅, ⑤ 정보의 관리에서 각각 통제기법을 논의하고 있다.

둘째, 기법을 활용하는 계층을 달리하는 구분이다. 이는 통제기법을 최고경영층에서 활용하는 것과 중간관리층에서 활용하는 것으로 구분하고 있다. 여기에 경영정보를 추가하여 설명하기도 한다.

셋째, 경영계층과 통제시점에 따라 주된 통제시스템을 구분하고 이에 목표관리와 정보시스템을 추가하여 설명하고 있다.

▮그림 12-5▮ 경영계층별로 적용되는 통제시스템

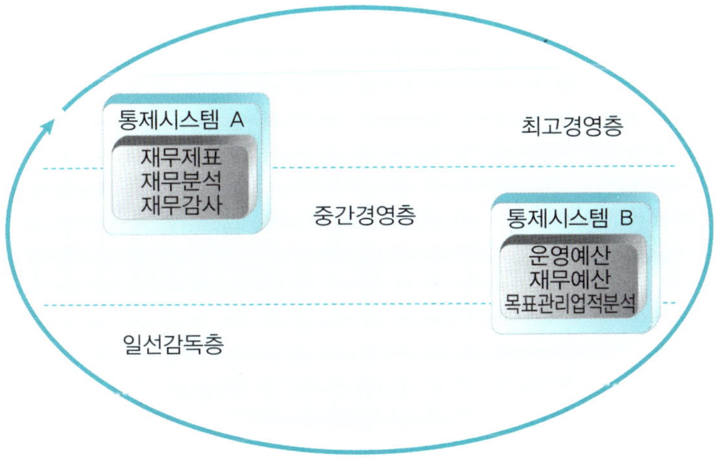

▮그림 12-6▮ 경영계층과 통제시점에 의한 주된 통제시스템

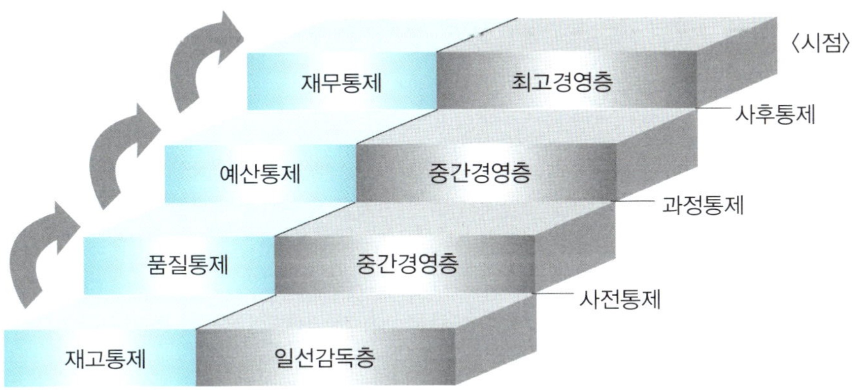

BOBOS 뼈다귀 AI 스피커의 실수

글로벌 인공지능 스피커 시장이 요동치는 가운데, 핵심 플레이어인 아마존 에코가 최근 민감한 실수를 저질러 눈길을 끈다. 인공지능 스피커 시장이 빠르게 대중화 전철을 밟으며 지금까지 생각하지 못했던 부작용이 발생하고 있다는 평가다.

최근 구글의 구글홈은 부동의 최강자 아마존 에코를 누르고 인공지능 스피커 시장 점유율 1위를 기록했다. 실제로 시장조사업체 카날리스에 따르면 올해 1분기 글로벌 인공지능 스피커 시장에서 구글홈은 320만대의 출하량으로 점유율 32%를 기록해 1위에 올랐고, 아마존 에코는 250만대 판매에 그쳐 점유율 28%로 2위에 이름을 올렸다. 구글홈이 구글의 검색 점유율을 중심으로 동력을 확보한다면, 아마존 에코는 전자상거래 중심의 인공지능 생활밀착형 전략을 구사하는 대표적인 기기다.

에코의 강세는 인공지능 스피커 시장에서 당분간 계속될 가능성이 높지만, 최근 잦은 구설수에 오르고 있다.

CNBC는 24일 아마존 에코가 한 가족의 사적인 대화를 녹음해 제3자에게 전송하는 일이 벌어졌다고 보도했다. 에코의 인공지능 알렉사가 가족의 이야기를 임의로 녹음한 후 연락처 명단에 저장된 특정 인물에게 전달했다는 뜻이다. 민감한 사생활 침해논란으로 이어질 수 있는 사안이라 후폭풍이 거세다.

아마존은 즉각 실태조사에 나섰다. 아마존은 에코가 가족의 대화 중 특정 단어를 '녹음하고 전송하라'는 명령어로 인식했을 가능성에 무게를 두고 있다. 사적인 대화에 불과하지만 에코가 그 중 몇 단어를 녹음과 전송으로 오해했다는 뜻이다. 사적인 대화가 유출된 가족이 다수의 에코를 보유하고 있기 때문에 에코와 에코가 서로 이야기를 주고받은 후 대화가 유출됐을 가능성도 배제하지 않고 있다.

아마존 에코 알렉사의 실수는 이번이 처음은 아니다. 지난해 초 미국의 CW6 TV는 아마존 에코를 이용해 아버지의 허락을 받지 않고 집에 쿠키를 주문한 소녀의 해프닝을 보도했다. 당시 남성 앵커가 보도 말미 테스트를 명목으로 "알렉사, '인형의 집'을 주문해줘"라고 멘트했고, 그 순간 방송을 듣고있던 미국 전역의 에코가 실제 명령으로 인식해 실제 아마존에서 판매하는 인형의 집을 자동으로 구매하는 일이 벌어진 바 있다. 논란이 확산되자 아마존은 에코들이 주문한 인형의 집 주문을 전부 취소했다.

지난해 7월에는 에코가 스스로 경찰에 신고를 하는 일도 벌어졌다.

미국 뉴멕시코 지역에서 에두아르도 바로스라는 남자가 여자친구를 폭행한 일이 벌어진 후 경찰이 그를 체포한 일이 발생했다. 당시에는 '간단한 폭행사고'로 취급됐으나 논란은 체포 후 벌어졌다. 폭행을 당한 여자친구가 경찰에 신고하지 않았는데 경찰이 출동했기 때문이다. 수사결과 경찰에 신고한 것은 에코로 판명됐다. 긴급 전화기능이 없는 에코가 폭행과정에서 나온 몇 마디의 단어를 추론해 자동으로 신고했다는 말이 나왔으며, 일각에서는 아마존이 에코에 긴급통신기능을 탑재하는 테스트를 진행하는 도중에 발생한 일이라는 추론도 했다.

웃음소동도 있다. 지난 4월 트위터에는 에코 등에 탑재된 알렉사가 갑자기 혼자 웃는 현상을 목격했다는 트윗들이 올라왔다. 공개된 영상을 보면 알렉사는 명령을 받지도 않았는데 갑자기 전자음이 섞인 소름끼치는 웃음을 터트린다. 에코가 특정 단어에 '웃어라'와 비슷한 명령어를 임의로 인지해 벌어진 일이라는 설명이다. 아마존은 웃음 명령어를 '알렉사, 너는 웃을 수 있니?(Alexa, can you laugh?)로 바꾸며 논란을 진정시켰다.

에코를 둘러싸고 벌어지는 해프닝이 심각한 오류는 아니다. 에코가 가장 대중적인 인공지능 스피커인데다 생활밀착형 플랫폼과 인공지능 기술력의 연결을 시도하는 과정에서 발생한 일종의 통과의례로 보는 편이 맞다. 다만 에코의 실수를 바탕으로 인공지능 스피커 전략을 새롭게 구축하는 일이 필요해보인다.

자료 : 이코노믹리뷰, 2018. 5. 26(저자 수정)
전자신문, 2018. 3. 8.

BOBOS 뼈다귀 고객을 위한 마법의 공간을 만들다

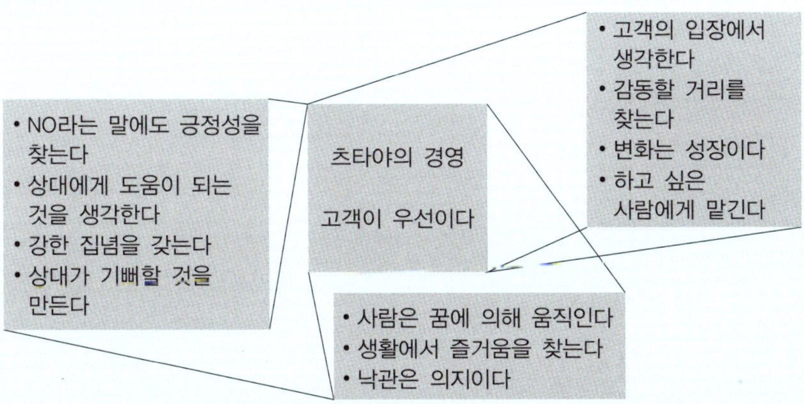

도쿄의 다이칸야마는 신주쿠, 도쿄타워, 오다이바 등 비교적 잘 알려진 관광지에 비

하면 낯선 곳이다. 지난 수십 년 동안 한적한 고급 주택가였던 다이칸야마는 외국인들이 자주 찾는 관광지가 아니었다. 그러한 다이칸야마가 지금 국내외 관광객들을 끌어모으고 있다. 이곳에는 츠타야서점이 있다. 츠타야서점은 지역경제를 활성화시키고 관광객을 끌어모으고 있다. 츠타야서점을 기획한 마스다 무네아키는 미래의 소비사회는 상품이 아닌 라이프스타일이라는 점에 초점을 맞추었다.

다이칸야마의 츠타야서점은 인터넷만으로는 얻을 수 없는 것, 숲속의 바람, 커피향기, 삶을 발견하는 기쁨 등을 고객에게 선사함으로써 놀라운 성공을 거두었다. 이곳에는 라이프스타일을 제안하는 수천 권의 잡지를 모아 둔 매거진 스트리트, 반려동물과 함께 산책할 수 있는 공원, 요리책 코너에 곁들여진 세련된 식기와 진귀한 식재료들, 프랑스 여행 가이드북 옆에 비치된 근사한 화집들 등 지금까지 그 어느 곳에서도 볼 수 없었던 진귀한 것들로 가득 차있다. 츠타야서점의 신화는 지금도 진행되고 있다.

자료 : 마스다 무네아키의 '취향을 설계하는 곳, 츠타야' 중에서(저자 수정)

BOBOS 한 말씀

단순한 것은 복잡한 것보다 어렵다. 단순하게 하기 위해서는 생각을 명료하게 하는 많은 노력이 필요하다. 그러나 그 시점에 도달하면 세상을 움직일 수 있는 힘이 생기기 때문에 그만한 가치가 있다.

– 스티브 잡스 –

■ 참고문헌

Anderson, C.R. et als., "Stage of the product life cycle, business strategy, and business performance", *Academy of Management Journal*, 1984.

Bandura, A., *Self-Efficacy : The Exercise of Control*, Freeman, 1997.

Bass, B.M. and B.J. Avolio, "The Implications of Transactional and Transformational Leadership for Individual, Team and Organizational Development", *Research in Organizational Change and Development*, 4, pp.231~271, 1990.

Bennis, W.G., "Becoming a leader of leaders", in R.Gibson, *Rethinking the Future*, Nicholas Brealey Publishing Ltd., 1996.

Bennis, W.G., *On Becoming a leader*, Addison-Wesley, 1989.

Bennis, W.G. & B. Nanus, *Leaders : The Strategies for Taking Charge*, Harper & Row, 1985.

Berko, R.M., A.D. Wolvin & D.R. Wolvin, *Communicating : A Social and Career Focus*, Houghton Mifflin Company, 1998.

Bono, E., *Lateral Thinking : Creativity Step by Step*, Harper & Row, 1970.

Boone, L.E. & D.L. Kurtz, *Management*, McGraw-Hill, 1992.

Bryman, A., *Charismatic Leadership in Organizations*, SAGE Publications, 1992.

Burns, J.M., *Leadershiip*, Harper & Row, 1978.

Carver, C.S. & M.F. Scheier, *Perspectives on Personality*, Allyn & Bacon, 2004.

Collins, J., *Good to Great : Why Some Companies Make the Leap...and Others Don't*, Harper Collins, 2001.

Conger, J.A. & R.N. Kanungo, *Charismatic leadership in Organizations*, SAGE, 1998.

Cosier, R.A. & C.R. Schrivenk, Agreement and thinking alike : Ingredients for poor decisions, *Academy of Management*, February, 1997.

Daft, R.L., *Management*, Dryden Press, 1991.

Deluga, R.J., "A Historiometric Analysis of Presidential Charismatic Leadership : Franklin Roosevelt To Ronald Reagan", *Deluga EAM*, 1997.

Deluga, R.J., "Relationsip of transformational and Transactional Leadership with Employee Influencing Strategies", *Group & Organization Studies,* 1988.

Diener, E., Subjective well-being : The science of happiness and a proposal for a national index, *American Psychologist,* 55, 2000.

Dierterly, D.L. and B. Schneider, "The effect of organizational environment on perceived power and climate a laboratory study'. *Organizational Behavior and Human Performance,* 11, 1974.

Dolbier, C.L., M. Soderstrom, and M.A. steinhardt, "The ralation between self-leadership and enhanced psychological, health, and work outcomes", *The Journal of Psychology,* 17, 2001.

Doyal, G. and I. Gough, *A theory of human need,* London Macmillan Education LTD, 1991.

Fiedler, F.E. & M.M. Chemers, *Improving Leadership Effectiveness,* John Wiley, 1982.

Galbraith, J.R., *Designing Organization,* Jossey-Bass, 1995.

Gillespie, D.F. & D.S. Mileti, "Technology and the Study of Organizations: An Overview and Appraisal", *Academy of Management Review,* Jan., 1977.

Greenberg, J. & R.A. Baron, *Behavior in Organizations : Understanding and Managing the Human Side of Work,* Allyn and Bacon, 1993.

Greene, S.G. & M.A. Welsh, "Cybernetics and Dependence : Reframing the Control Concept", *AMR,* Vol.13, 1998.

Harris, O.J., *Managing People at Work,* John Wiley, 1976.

Hellriegel, D. & J.W. Slocum, *Organizational Behavior,* Thomson South-Western, 2007.

Hemphill, J.K. & A.E. Coons, "Development of the Leader Behavior Description Questionnaire" In R.M. Stogdill & A.E. Coons, eds., 1957.

Herzberg, F., "One More Time : How do You Motivate Employees?", *HBR,* 1968.

Hodgetts, R.M., *Organizational Communication : A managerial perspectives*, Harcourt Brace College Publishers, 1986.

Hellriegel, D. & J.W. Slocum, *Organizational Behavior,* Thomson South-Western, 2007.

Hoggard, L., *How To Be Happy,* Optomen Television Ltd., 2005.

Hoffman, G.T., *Management,* Houghton Mifflin Company, 2004.

Kast, F.E. & J.E. Rosenzweig, *Organization and Management : A Systems and Contingency Approach,* McGraw-Hill, 1985.

Kreitner, R., *Management,* Houghton–Mifflin, 1993.

JLau, J.B. & M. Jelinek, *Behavior in Organization,* Irwin, 1984.

Leatz, A. & W. Stolar, *Communication Briefings, as adapted from Career Success : Personal Stress,* McGraw–Hill, 1992.

Lewis, P.S., S.H. Goodman & P.M. Fandt, *Management,* Thomson, South–Western, 2004.

Maslow, A., *Toward a psychology of being,* John Wiley & Sons, Inc., 1968.

Maslow, A., *Motivation and Personality,* Harper & Row, 1954.

McCready, S., *The Discovery of Happiness,* MQ Publications Limited, 2001.

Mundel, M.W., *Motion and time Study,* Prentice–Hall, 1970.

Nadler, D.A. & M.L. Tushman, "Beyond the Charismatic Leader : Leadership and Organizational Change", *California Management Review,* Vol.32, 1990.

Naisbitt, J., *China's Megatrends : The 8 Pillars of a New Society,* Tantor Media Inc., 2010.

Northouse, P.G., Leadership, Sage Publications, Inc., 2004.

Pearce, J.A. & R.B. Robinson, *Strategic Management,* Irwin, 1991.

Quinn, J.B. et als., *The Strategy Process,* Prentice–Hall, 1988.

Reinecke, J.A. & W.F. Schoell, *Introduction to Business,* Allyn and Bacon, 1983.

Robbins, S.P., *Essentials of Organizatinal Behavior,* Prentice–Hall, 2005.

Robbins, S.P., *Management : Concepts and applications,* Prentice–Hall, 1988.

Schein, E.H., *Organizational culture and leadership : A dynamic view,* San Francisco: Jossey–Bass Publishers, 1985.

Shermer, M., *Why Darwin Matters ; The Case Against Intelligent Design,* Henry Holt & Company, 2007.

Steers, R.M. & Branstein, D.N., A Behaviorally–Based Measure of Manifest needs in Work Settings, *Journal of Vocational Behavior,* 1976.

Stogdill, R.M., *Handbook of Leadership,* The Free Press, 1974.

Travel, C.N., *The Third Industrial Age : Strategy for Business Survival,* Macmillan, 1982.

White, D.D. & D.A. Bednar, *Organizational Behavior,* Allyn & Bacon, 1991.

Williams, J.C., *Human Behavior in Organization,* 1978.

권택영, 생각의 속임수, 글항아리, 2018.
기시미 이치로 · 고가 후미타케, 미움받을 용기, 인플루엔셜, 2014.
김난도 · 이준영 · 이향은 · 전미영 · 김서영, 트렌드 코리아 2018, 미래의창, 2017.
김남현, 리더십, 경문사, 2005.
김남현 · 이주호, "조직의 문화유형, 최고경영자의 리더십유형 및 행동성과에 관한 실증 연구", 「인사 · 조직연구」, 제5권 제1호, 1997.
김성국, 조직과 인간행동, 명경사, 2001.
김승호, 김밥 파는 CEO, 황금사자, 2011.
김학진, 이타주의자의 은밀한 뇌구조, 갈매나무, 2017.
게리 유클, 현대조직의 리더십이론, 시그마프레스, 2004.
노안영 · 강영신, 성격심리학, 학지사, 2002.
라젠드라 시소디어, 위대한 기업을 넘어 사랑받는 기업으로, 럭스미디어, 2008.
레일 라운즈, 사람을 얻는 기술, 토네이도, 2007.
로버트 브루스, 익스트림 팀, 에코의 서재, 2007.
로버트 프랭크, 승자독식사회, 웅진지식하우스, 2008.
로버트 치알디니, 설득의 심리학, 21세기북스, 2013.
마이클 레빈, 깨진유리창법칙, 흐름출판, 2006.
매슬로우, 매슬로의 동기이론욕구 5단계 이론, 유엑스리뷰, 2018.
매슬로우, 인간성의 심리학, 산노대학출판부, 1987.
미야타 야히치로, 경영학 100년의 사상, 일빛, 2001.
미하이 칙센트미하이, 몰입의 재발견, 한국경제신문사, 2009.
배철현, 창세기, 샤갈이 그림으로 말하다, 코바나, 2011.
박기찬, 경영의 교양을 읽는다, 더난, 2005.
박유진, 현대사회의 조직과 리더십, 양서각, 1997.
빅터 프랭클, 죽음의 수용소, 청아출판사, 2005.
빌 브린, 제프리 홀렌더, 책임혁명, 프리뷰, 2011.
손병석, '무정념 : 현인에 이르는 스토아적 이상과 실천', 철학연구, 철학연구회, 제80집, 봄, 2008.
쇼펜하우어, 발타자르 그라시안, 세상을 보는 지혜, 아침나라, 2008.
수잔 파울러, 최고의 리더는 사람에 집중한다, 가나출판사, 2015.
스탠 데이비스, 예술가처럼 일하라, 밀리언하우스, 2008.
스튜어트 크레이너, 75가지 위대한 결정, 더난, 2001.

스티븐 레빗 · 스티븐 더브너, 괴짜 경제학, 웅진지식하우스, 2007.
심재희, 퍼거슨 리더십, 메가트렌드, 2007.
엘 고어, 위기의 지구, 삶과 꿈, 2000.
오유석, 쾌락, 문학과 지성사, 1998.
오준석 등, 전략경영시대의 경영학, 웅지경영아카데미, 2001.
오쇼, 장자, 도를 말하다, 청아출판사, 2006.
우에니시 아키라, 나를 변화시킨 운명의 한 마디, 인터미디어, 2005.
윌리엄 사이먼, iCon 스티브 잡스, 민음사, 2005.
윌리엄 코헨, 피터 드러커의 미공개 강의노트, 문학수첩, 2008.
윤석철, 삶의 정도, 위즈덤하우스, 2011.
이시이 히로유키, 콜드리딩, 웅진윙스, 2006.
이신영, 콘트래리언, 진성북스, 2014.
이은숙 · 신제구 · 백기복, "슈퍼리더십과 셀프리더십이 자기 권능감과 성과에 미치는 영향에 관한 탐색적 연구", 「인사 · 조직학회」 추계학술발표회 발표 논문, 2000.
이재규 · 최용식, 현대경영학, 창민사, 2004.
이재규, 재미있는 기업이야기, 21세기북스, 1999.
이한검, 인간행동론, 형설출판사, 2001.
윌리엄 더건, 제7의 감각, 비즈니스맵, 2008.
윌리엄 파운드스톤, 당신은 구글에서 일할 만큼 똑똑한가?, 타임비즈, 2012.
장영광, 생활 속의 경영학, 신영사, 2009.
제럴드 잘트먼, 소비자의 숨은 심리를 읽어라, 21세기북스, 2004.
조나단 와이트, 애덤 스미스 구하기, 북스토리, 2017.
조지 베일런트, 행복의 조건 : 하버드대학교 · 인간성장보고서, 프런티어, 2010.
조환익, 한국, 밖으로 뛰어야 산다, 청림출판, 2009.
짐 코리건, 스티브 잡스 이야기, 움직이는서재, 2015.
짐 콜린즈, 좋은 기업을 넘어 위대한 기업으로, 김영사, 2002.
제이 겔브레이스, 조직설계방법론, 시그마인사이트컴, 2005.
제임스 맥그리거 번스, 역사를 바꾸는 리더십, 지식의날개, 2006.
칩 콘리, 매슬로우에게 경영을 묻다, 비즈니스맵, 2009.
캔 블랜차드, 칭찬은 고래도 춤추게 한다, 21세기북스, 2003.
피터 드러커, 매니지먼트, 청림출판, 2007.
히사노리 야마시타, 경영의 절대지식 50, 새로운 제안, 2005.

森本三男, 經營學の原理, 中央經濟社, 1978.

Designing and Implementing Leadership Development Systems, Linkage

LG경제연구원

네이버

다음

대한상공회의소

삼성경제연구원

위키디피아

한국정보통신기술협회

www.ccrs.or.kr

www.daraemaeul.co.kr

www.ncchome.or.kr

www.smilemicrobank.or.kr

www.storysearch.co.kr

www.withanimal.net

찾아보기

| 저자약력 |

이임정

명지대학교 대학원 경영학과 졸업(경영학박사)
연세대학교 리더십센터 출강
연세리더십캠프 리더십 강사
한국경영교육학회 이사
필립 모리스 슈퍼바이저 리더십 역량진단·강의
MBTI Training Workshop 수료

[논문 및 저서]

Concept, role and meaning of self-efficacy on understanding of transformational leadership
The Study on personality of Type A and Type B correlation with transformational leadership
The Study on restructuring result & direction of enterprise
한국감정원 직무분석을 통한 중장기 경영전략연구
보보의 리더십
보보의 인간관계론
NCS 기반 대인관계능력
전자상거래와 e-비즈니스
창업실무 외 다수

보보의 경영학(제3판)

2005년 1월 25일 1판 1쇄 발행
2019년 2월 25일 3판 1쇄 발행

저　　자 | 이임정
발 행 인 | 이수영
발 행 처 | 도서출판 청람
서울시 마포구 독막로 288(대흥동, 세양상가 109호)
전　　화 | 02) 3272-2601~2
팩　　스 | 02) 3272-2603
홈페이지 | http://www.crbooks.co.kr
이 메 일 | crbooks@daum.net
등　　록 | 2000년 8월 26일 제6-0509호

ISBN 978-89-5972-672-1 93320　　[정가 26,000원]